स्मृतियों का आँगन

AF762305

सोमेश कुमार

Made with ♥ on the Notion Press Platform
www.notionpress.com

Dedicated to my grand father.

क्रम-सूची

क्रम-सूची

भूमिका

शेष विश्व से अलग एक द्वीप जैसे गाँव में मेरा जन्म हुआ था जहाँ से शहर आना जाना अत्यंत ही कठिन था। वर्षा ऋतु में तो यह असंभव ही हो जाता था। लोगों के कन्धों पर डोली पर बैठ ही संभव हो पाता था। घोड़ा, बैलगाड़ी अथवा पैदल ही चार कोस अर्थात लगभग तेरह किलोमीटर जंगलों और खेतों के मध्य से होते हुए फैजाबाद से आमघाट मार्ग तक पहुँचना होता था। यह आमघाट गोमती नदी के इस किनारे पर था और नदी पर पुल न होने के कारण जो एक्का दुक्का बसें चलती थीं, वहीं तक जाती थीं और उनके लौटने की प्रतीक्षा कभी कभी घंटों करनी पड़ जाती थी। यदि किसी के पास बाइसिकिल हुई तो सूखे मौसम में उसका सहारा मिल जाता था। जंगल में भैंसे, सांड़ और भेड़ियों का भी भय बना रहता था। मेरा गाँव जनपद के सबसे पिछड़े क्षेत्र में स्थित माना जाता था। बताते हैं जब मैं कुछ माह का हुआ तो माता जी मेरे सहित फैजाबाद आ गयी थीं क्योंकि पिता जी यहीं सर्विस कर रहे थे और उनके छोटे भाई लोग अपनी पढ़ाई। धीरे धीरे मैं बड़ा होता गया और फिर उच्च शिक्षा के लिए यह स्थान जब छूटा तो फिर स्थायी तौर पर यहाँ निवास का समय कभी नहीं आया। विभिन्न स्थानों पर शिक्षा ग्रहण कर जब मैं सुलतानपुर आया तो पूरी सर्विस वहीं व्यतीत कर अवकाश प्राप्त कर अंत में निवास करने सपरिवार लखनऊ आ गया। यदि मैं अपने अतीत पर दृष्टि डालूँ तो ईश्वर की कृपा से मेरा जीवन पारिवारिक दायित्वों का निर्वाह और यथोचित पुरुषार्थ करते हुए सुख समृद्धि के साथ व्यतीत हुआ है जिसके लिए मैं ईश्वर का बारम्बार आभार व्यक्त करता हूँ। यह पुस्तक मेरे अनुभवों और सत्य घटनाओं पर आधारित संकलित संस्मरणों का लेखन है और किसी की भावनाओं को ठेस पहुँचाने का कोई मन्तव्य नहीं है। व्यक्तिगत निजता प्रभावित न हो इसलिए पात्रों व स्थानों के नाम परिवर्तित हैं ।

सोमेश कुमार

1

संस्कारों की नींव

संस्मरण लिखना कठिन कार्य होता है। इसलिए नहीं कि कितना याद है अथवा कितना नहीं अपितु इस वजह से कि अपनी भी त्रुटियों को साफगोई से वर्णित करते हुए कैसे घटनाओं को सबके समक्ष प्रस्तुत किया जाये। यही स्थिति नियमित रूप से डायरी लिखने वालों की भी होती है। किन्तु ऐसा भी देखा गया है कि लिखने वाला अपनी गलतियों और यदि स्पष्ट रूप से कहा जाये तो वह अपने अपराधों तक को अवगत न कराते हुए दैनिक घटनाओं का प्रस्तुतीकरण करके उसे दैनन्दिनी या डायरी की संज्ञा दे देता है। परन्तु इसके विपरीत यहाँ मेरा उद्द्येश्य ईमानदारी से सत्य को प्रस्तुत करना है ताकि वर्णित घटनाओं का जो भी पठन करे वह उनका स्वयं विश्लेषण कर किसी भी प्रकार का लाभ यदि सम्भव हो तो ग्रहण कर सके।

रिटायरमेंट के फंक्शन के अवसर पर मेरे मित्रों ने अवकाश प्राप्ति के उपरांत मुझे पुस्तक लिखने का सुझाव दिया था। किन्तु पुस्तक लिखना एक महत्वपूर्ण और गंभीरता पूर्वक किया जाने वाला कार्य है जिसे प्रारम्भ कर समापन की स्थिति में लाना आवश्यक होता है। और फिर इस इंटरनेट के युग में पर्याप्त पठनीय और सभी विषयों से सम्बंधित बृहद सामग्री बेहद आसानी से उपलब्ध है और पुस्तक का महत्त्व वह नहीं रहा जो हुआ करता था। अनुभव लेने वालों की संख्या भी दिनोदिन घटती जा रही है क्योंकि अनुभव भी समय के साथ साथ अपनी प्रासंगिकता छोड़ते जा रहे हैं। कल का अनुभव आज उपयोगी होगा इसकी कोई भी गारंटी नहीं है। अतः यह सोचकर कि सबको सबकुछ पता है पुस्तक लिखने के विषय में नहीं सोचा। यह दिमाग में अवश्य आता था कि संस्मरण लिखा जाये जो याद है और भविष्य में किसी प्रकार भी उपयोगी हो सकता है। और आज से प्रारम्भ किये गए इस लेखन का मुख्य कारण भी यही है। इसमें मैंने फैक्ट्स को ही बतलाने का प्रयास किया है। कहीं कहीं अपने विचारों की भी अभिव्यक्ति किया है। इसके अतिरिक्त इसे लिपिबद्ध करने का एक उद्देश्य और भी है। प्रायः लोगों को अपनी अनुपस्थिति में किसी विवादित बिंदु पर अपना पक्ष रखने

का अवसर नहीं मिल पाता। इसलिए भी संस्मरण के रूप में लिखे हुए साहित्य का लाभ हो सकता है जिसे अवसर आने पर लोग आपका पक्ष समझने के लिए उपयोग में यदि चाहें तो ला सकें और आपके विषय में भी जान सकें। उदाहरणार्थ यदि कोई कहे कि मुझे शराब का व्यसन था तो लोग विश्वास न भी करें तो शक तो कर ही सकते हैं। लेकिन यदि मैंने यहाँ लिख दिया है कि मैंने कभी भी शराब नहीं पी तो इसे सत्य माना जाना चाहिए। वैसे तो झूँठा आरोप लगाने वाले और आपके वक्तव्य को भी गलत कहने वालों की संख्या भी निजी स्वार्थ में आसक्ति के कारण बढ़ती ही जा रही है। खैर, हमें यहाँ यह स्पष्टीकरण देने की आवश्यकता नहीं है कि मेरे इस संस्मरण लिखने का क्या उद्देश्य है। मात्र आवश्यकता और प्रासंगिकता ही मूल उद्देश्य है। समय का उपयोग तो इससे जुड़ा ही हुआ है। साथ ही मेरी अनुपस्थिति में यह मेरे विचारों का भी कार्य करेगा। संतोष की बात तो यह है कि अभी मेरी स्मरणशक्ति पूर्ण तथा पूर्ववत ही है और जो नहीं स्मरण है उसे विशेष प्रकार का संकेत करते हुए ही प्रस्तुत करूंगा। यह सुनिश्चित करूँगा कि जो भी विवरण दिया जाये वह वास्तविक और सत्य हो। समय के क्रम में लिखना मेरा उद्देश्य नहीं है और न ऐसा अब संभव ही है। लेखन में यदा कदा कभी कभार पुनरावृत्ति की सम्भावना अवश्य है।

जब बात मिथ्याभाषण यानी झूँठ बोलने की हो तो आज के समय में सत्य को ही बोलना और शत प्रतिशत सत्य का आचरण यदि देखा जाए तो निश्चित ही दिखना असंभव है। लोग झूँठ बोलकर कह देते हैं कि यह झूँठ थोड़े न है। ऐसा तो सामान्य रूप से सभी आचरण करते हैं। इस विषय में जब मेरे बच्चों ने कभी मुझसे कुछ पूँछा और मैंने जानबूझ कर यदि हँसी मे सही बात नहीं बतलाई तो वो कहते थे कि पिता जी झूँठ बोल रहे हैं। तब मुझे उन्हें समझाना पड़ता था कि कुछ अवसरों पर बोली गयी झूँठ बात झूँठ की श्रेणी में नहीं आतीं। यथा हास परिहास में या किसी बड़े जनहित की पूर्ति के उद्देश्य से बोला गया झूँठ। इन अवसरों के विषय में अनेक उदाहरण हमारे धार्मिक ग्रंथों में वर्णित हैं। अब मोबाइल के समय में तो झूँठ बोलना और भी सामान्य बात हो गयी है। क्योंकि आपस में वार्ता भी अब अधिक होने लग गयी है। रही बात झूँठ बोलने की तो यह मानव के स्वभाव में ही शामिल हो जाता है यदि बचपन में सत्य बोलने की दृढ़ नींव न डाली जाये। इसमें आयु शिक्षा सामाजिक श्रेष्ठता आदि कुछ भी माने नहीं रखती। यदि आपके स्वभाव में झूँठ बोलना आ गया तो आप आजीवन चाहे मृत्यु शय्या पर ही क्यों न हों झूँठ तब भी बोलेंगे। ऐसा प्रायः ठेठ अपराधी करते ही हैं। अतः व्यक्ति को हमेशा सचेत रहना चाहिए और बिना ठीक से परखे किसी की बात पर भरोसा नहीं कर लेना चाहिए। फिर चाहे वो उसके माता-पिता, भाई-बंधु आदि ही क्यों न हों।

झूँठ बोलने से बुरी आदत मेरे विचार से और कोई नहीं होती। इसमें आपकी प्रतिस्पर्धा झूँठ बोलने वालों के साथ निरंतर चलती रहती है। क्योंकि वो ही आपके संसर्ग को पसंद करते हैं और उनका मित्रवत व्यवहार आपके साथ भली भांति चलता रहता है। जो लोग झूँठ

दिल से नापसंद करते हैं वो आपसे दूरी बनाये रखना ही उचित समझते हैं और यदि आपसे सम्बन्ध रखते भी हैं तो आपके उच्चारित प्रत्येक वाक्य को भलीभांति परखते रहते हैं। मेरा स्वभाव जीवन में सत्य पर टिके रहने का रहा है। हालाँकि बचपन में दो तीन बार झूँठ अवश्य बोला लेकिन समझदार होने के बाद फिर कभी झूँठ नहीं बोला। या कहिये सौभाग्यवश आवश्यकता ही नहीं पड़ी अथवा कोई मजबूरी भी नहीं आयी। एक बार मैंने घर पर बतलाया था कि आज स्कूल दस बजे का है जबकि वह प्रातः का ही था। जब मैं पिता जी के साथ स्कूल गया तो हेड टीचर ने कहा बेटा आज आने में बहुत देर कर दी। और वो मुस्कुरायी थीं। एक प्रसंग जूनियर कक्षा का है जिसमे मैंने एक किताब अपने से बड़े क्लास के एक स्टूडेंट से पढ़ने के लिए ली थी और वह पिता जी को बहुत पसंद आ गई थी । बाद में मैंने उससे कह दिया था या मुझे कहना पड़ा था कि खो गयी। वो किताब हस्त रेखा विज्ञान पर थी। उसने कोई बात नहीं कही थी और टाल दिया था। यह उसकी आयु के अनुरूप बहुत ही प्रशंसनीय प्रतिक्रिया थी और मुझे अपने इस कृत्य पर आज भी बहुत ग्लानि व शर्मिंदगी है। मैने विश्वास तोड़ा था और झूँठ बोला था।

श्री रामचरितमानस की एक चौपायी है 'तनु तिय तनय धामु धनु धरनी। सत्यसंध कहुँ तृन सम बरनी॥' तो सत्य से बड़ा कोई धर्म नहीं होता। यह एक ऐसा गुण है जो आपकी सभी इन्द्रियों की वास्तविक प्रतिक्रिया व्यक्त करता है। जिव्हा को वही उच्चारित करना चाहिए जो मस्तिष्क ने आपकी इन्द्रियों द्वारा अनुभव किया है। कुछ अलग बोलना हाथ पैर टेढ़े करके चलना या एक आँख बंद करके चलने जैसा है क्योंकि आप अपने अंगों का प्राकृतिक रूप से संचालन नहीं कर रहे हैं और मूर्खतापूर्ण आचरण भी कर रहे हैं। उसी प्रकार मस्तिष्क के द्वारा सही संकेतों को परिवर्तित या विपरीत प्रकार से उच्चारित करना एक मानसिक व्याधि ही नहीं अपितु अपराध की श्रेणी में भी आता है। कासिम ने अशर्फियों के विषय में झूँठ नहीं बोला क्योंकि उसकी माँ ने कहा था कि बेटा झूँठ कभी मत बोलना और उसके इस गुण ने उन डाकुओं को भी प्रभावित कर दिया था। झूँठ से मुझे अत्यधिक नापसंदगी है अथवा यह भी कह सकते हैं कि घृणा है।

श्री रामचरितमानस एक ऐसा प्रकाशपुंज है जिसे दैविक कृपा होने पर ही समझा जा सकता है। जिस प्रकार इसकी मान्यता है और लोगों की श्रद्धा है वह वास्तविक रूप में इसमें निहित सुविचारों के कारण ही है। इसके किसी भी बिंदु पर यदि किसी को कोई आपत्ति है तो वह उसके द्वारा इसको समझने में कमी रह जाने के ही कारण होती है। यह अद्वितीय ग्रन्थ है जिसे तुलसीदास द्वारा प्रगट किया गया है। यह बतलाना उचित नहीं होगा कि मैंने इसका स्वाध्याय किस प्रकार और कितनी गंभीरता से किस प्रेरणा से किया है। सर्वप्रथम मैंने इसे सन उन्नीस सौ छियासी में क्रय किया था जब मैं दिल्ली में था।

प्रायः मनुष्य सोचता है कि अपने भविष्य का निर्माता वह स्वयं है। किन्तु ऐसा है नहीं

क्योंकि अत्यधिक परिश्रम करने वाले को भी कभी कभी निराशा ही हाथ लगते पाया गया है। वहीं कोई व्यक्ति बिना अधिक परिश्रम के भी बहुत अधिक सफलता प्राप्त करता हुआ दिखता है। इस विषय में मेरा विचार बिलकुल स्पष्ट है कि विधि का विधान बहुत ही महत्त्व रखता है। यह पूर्व से ही निर्धारित होता है कि किसी व्यक्ति को क्या प्राप्त होना है अथवा किन किन परिस्थितियों से होकर गुजरना है इसमें हम कोई भी फेर बदल नहीं कर सकते। क्योंकि प्रेरक वही है जिसने विश्व का निर्माण किया है। जब सिद्धांतों पर ही ब्रह्माण्ड गतिमान है तो मनुष्य ही क्या किसी भी चर अचर को जिन परिस्थितियों से होकर गुजरना है, वह भी किन्ही सिद्धांतों पर ही निर्भर करता होगा। दैविक प्रेरणा के कारण आज का किया गया कार्य कभी भी फलीभूत हो सकता है। तत्काल या वर्षों उपरान्त हम उसके प्रभाव को प्राप्त करते हैं। परन्तु यह भूल जाने के कारण कि यह परिणाम किस कार्य के फलस्वरूप आज दिख रहा है उसमे हम सम्बन्ध स्थापित नहीं कर पाते और कहते हैं कि यह स्वतः या मेरे द्वारा किये कार्य के कारण अथवा अकस्मात बाई चांस हो गया। जैसे अबसे बीसों वर्ष पूर्व जो बहुत ही घनिष्ठ और प्रिय था आज वह जब फ़ोन करता है तो उसका फ़ोन भी पिकअप करने का हम कष्ट नहीं करते। संबंधों में ऐसा परिवर्तन दीर्घकाल में किये गए छोटे छोटे गलत कार्यों के कारण आ जाता है। ऐसी स्थितियाँ स्वतः अकस्मात नहीं बन जातीं बल्कि हम स्वयं निर्मित करते हैं क्योंकि कोई अदृश्य शक्ति हमसे ऐसे कार्य कराती रहती है।

हम आज क्या कर रहे हैं इस पर हमें विशेष ध्यान रखना चाहिए। क्योंकि उसी पर हमारा भविष्य निर्भर करता है या निर्मित होता है। बचपन में दिए गए संस्कार किसी के लिए भी बहुत ही महत्त्व रखते हैं और इसमें परिवारजन का ही प्रथम योगदान होता है। जैसी संगत वैसा ही आचरण, वैसा ही स्वभाव। बच्चे बड़ों को अपना आइडियल अर्थात आदर्श मानकर आचरण करते हैं। मेरे बचपन के कार्यकाल में मेरे सबसे छोटे चाचा रवि शंकर जी का बहुत ही बड़ा योगदान रहा है। गीताप्रेस की बालकों से सम्बंधित पुस्तकों को मुझे लाकर पढ़ने हेतु देना मेरे लिए अमृत तुल्य रहा है। वीरता, दृढ़ता, सत्यनिष्ठा सत्य पर चलने का स्वभाव, परिश्रम आदि अनेक गुणों को मैंने उन पुस्तकों में वर्णित पात्रों के माध्यम से जाना और उन्हें आत्मसात किया। अब यह आत्मसात करने वाला गुण कहाँ से आया इसे मैं ईश्वरीय प्रेरणा के कारण प्राप्त हुआ समझता हूँ। क्योंकि बहुत से बच्चे उन्हीं पुस्तकों को पढ़ते रहे होंगे किन्तु उन्होंने उन गुणों को अपने जीवन में आत्मसात नहीं किया रहा होगा। इन बालोपयोगी पुस्तकों की पूरी लिस्ट अभी भी प्रेस की वेबसाइट पर उपलब्ध है। हमें याद पड़ता है कि मेरी पहली कहानी की पुस्तक पंचतंत्र की कहानियाँ थीं जो सचित्र थीं और जिन्हे रवि शंकर जी ने लाइब्रेरी से ईशू कराकर दी थी। वो स्वयं पुस्तकों विशेषतर उपन्यासों को पढ़ने में अत्यधिक रुचि रखते थे और उसके दुष्प्रभाव के कारण ही हो सकता है उनके नेत्रों की ज्योति क्षीण हुई हो। उनकी शिक्षा तो प्रभावित होनी थी ही। आश्चर्य तो यह होता है कि

उनके बड़े भाइयों ने उनपर अनुशासन लगाने का प्रयास क्यों नहीं किया था और एक व्यक्ति को जिसकी स्मरण क्षमता बहुत ही अच्छी थी, को इस प्रकार का उपन्यास प्रेमी अथवा लती बनने से क्यों नहीं रोका।

उनकी स्मरण क्षमता तो मैं इस प्रकार आकलन करता हूँ कि उन्हें विभिन्न महान व्यक्तियों के जीवन के विषय में बहुत ही सूक्ष्म ज्ञान था। उन्होंने मुझे अनेकों महान विभूतियों की लिखी कहानियाँ सुनाईं थीं जिनके पात्रों के नाम याद रखना कठिन कार्य था। आल्हा उदल, शिवा जी, पृथ्वी राज चौहान, राणा प्रताप आदि के विषय में तो बहुत ही विस्तार से वर्णन किया था। एक तो उनकी कहानियों को सुनाने की शैली बहुत ही रोचक थी दूसरा उनका कथा चित्रण दोनों ही श्रेष्ठ थे। प्रायः रात्रि के समय में मैं उनसे बचपन में कहानियों को सुनाने का आग्रह करता था और वो सुनाते भी थे। शर्त यह रहती थी कि मैं हुँकारी भरता रहूं अर्थात 'हाँ' बोलता रहूं और उनका हाथ दबाता रहूं। ऐसा वो निश्चय ही मेरे जागते रहने के संकेत के रूप देखते रहे होंगे क्योंकि उस समय अँधेरे में देखकर यह जानना मुश्किल होता था। उस समय बच्चों को शाम के समय अन्धेरा होते ही प्रायः नींद आने लग जाती थी। तो जब तक उनकी शिक्षा विद्यालय में प्रारम्भ नहीं हो जाती तब तक तो ठीक है लेकिन तत्पश्चात उन्हें रात्रि में थोड़ा देर तक जागने की आदत डालने की क्रिया शुरू हो जाती है और इसका अभ्यास कराया जाना होता है। तो वो यह सब मुझे जगने के अभ्यास डालने के लिए भी करते रहे होंगे। क्योंकि मुझे याद है कि मैं कभी कभी नींद के कारण बैठ तक नहीं पाता था परन्तु वो मुझे बिठाये रखते थे या बैठने के लिए बाध्य किया करते थे। आज यह सब एक इतिहास बन चुका है लेकिन इसका यह परिणाम है जो मैं आज इतने वर्षों उपरान्त भी उन्हें याद कर रहा हूँ और उसका प्रभाव सभी के सामने है।

इस प्रकार मेरे जीवन में संस्कारों का निर्माण मुख्यतः उनके द्वारा ही किया गया जिसके लिए मैं जीवन पर्यन्त उनको याद करता रहा और आभारी रहा हूँ। हाँ, हो सकता है कि पारिवारिक कारणों से कभी बाद में विवाद भी उनसे हुआ रहा हो किन्तु जो सत्य है वह सत्य रहेगा ही। और यही कारण रहा होगा जो उनकी मृत्यु पर उनके शव के समक्ष भूमि पर दरवाजे की दहलीज पर ही बैठ मैं इतना विकल होकर रोया था। उतना मैं अपने जीवन में किसी के भी देहावसान पर फिर नहीं रोया। उनका निधन अकस्मात ही बावन वर्ष की अवस्था में हृदयाघात के कारण हो गया था और जब मैं स्वरूपगंज उनके आवास पहुँचा तो सभी शोक मग्न थे किन्तु अब उनका रुदन रुक चुका था। केवल उनकी पत्नी ही उनके निकट बैठ कर अभी रोती जा रहीं थीं और कह रही थीं कि 'कोई उन्हें उठा दे'। उनके भी आंसू अब समाप्त से हो चुके थे। मेरी स्थिति तो इतनी दयनीय थी कि मैं यह सोच रहा था कि हे ईश्वर यह क्या हो गया। उनका शरीर निश्चेष्ठ एक काया मात्र रह गया था। सब कुछ समाप्त हो चुका था। मैं जनवरी की उस ठंढ में एक जीप बुक कर अकेले ही सुलतानपुर से स्वरूपगंज पहुँचा था।

कोई पास आकर मुझे शांत करवाने वाला भी नहीं था यद्यपि माता जी एवं मेरे परिवारजन वहाँ थे। कुछ समय पश्चात मेरे चचेरे भाई चंद्र प्रकाश जी ने आकर कहा था कि भैया अब शांत हो जाइए और आगे के विषय में क्या किया जाना है उस पर विचार कीजिये। इस विषय में चंद्र प्रकाश जी मुझसे अधिक मैच्योर थे। या हो सकता है किसी ने उन्हें यह कहने के लिए निर्देशित किया रहा हो। फैज़ाबाद से पिता जी व देवेंद्र प्रकाश नहीं आए थे। देवेंद्र अंत्येष्टि के समय सीधे अयोध्या घाट पर आये थे। रवि शंकर जी के बच्चे काफी छोटे थे और पुत्र मात्र सात वर्ष का था जिसके विषय में उन्होंने क्या क्या सोच रखा रहा होगा, उन्हें ही पता रहा होगा। तीन लड़कियों के पिता वो पहले से थे और बाद में दो जुड़वा बच्चे हुए जिनमे यह एक पुत्र भी पुत्री के साथ था।

2

पक्षपात या प्रेम

रवि शंकर जी अपनी माँ के बहुत ही प्रिय थे क्योंकि वो चार भाई और एक बहन में सबसे छोटे थे। उनका अपनी माँ का इतना प्रिय होना उनके एक बड़े भाई के लिए ईर्ष्या का कारण भी बन गया था और वह समय व्यतीत होने के साथ साथ उनका अम्मा जी के प्रति द्‌वेष में भी परिवर्तित हो गया था। यह द्‌वेष अंत में अत्यधिक गंभीर हो गया था। जब मैंने नारायण प्रसाद जी से अम्मा जी के निधन के उपरान्त इस विषय में पूँछा कि ऐसा क्यों था तो उन्होंने बतलाया था कि अम्मा रवि शंकर जी को उनसे चुरा कर दूध-दही पिलाती, खिलाती थीं। ऐसा बचपन में नहीं बल्कि वयस्क, बड़े होने के बाद की घटनाएँ हैं। इसके स्पष्ट होने के बाद मेरी धारणा जो नारायण प्रसाद जी के प्रति मेरे मन में थी वह बदल गयी थी। क्योंकि मैंने अपने सामने ही उन्हें उनसे विवाद के दौरान यह कहते सुना था कि उनकी मृत्यु हो जाये तो वो ब्राह्मण को भोज देंगे। माँ-बाप को अपने बच्चों में शैशव अवस्था के उपरान्त किसी प्रकार का भेद भाव तो नहीं ही करना चाहिए अन्यथा इसका दुष्प्रभाव भाई-बहनों में आपसी संबंधों में भविष्य में पड़ने की पूरी संभावना बन जाती है और माँ-बाप की छवि तो बिगड़ती ही है। कुछ के लिए वो हितकारी और कुछ के लिए वो शत्रुवत आचरण धारण किये हुए से प्रतीत होते हैं। अम्मा जी का नारायण प्रसाद जी के प्रति नकारात्मक व्यवहार इनके विवाह के उपरान्त अवश्य ही कुछ अधिक बढ़ गया रहा होगा। माताएँ जब बहू से अच्छा व्यवहार स्थापित नहीं कर पातीं और विरोध में आ जाती हैं तो आज नहीं तो कल सम्बंधित पुत्र से भी विरोधपूर्ण विपरीत व्यवहार करने लग ही जाती हैं। ख़ास रूप से तो तब जब पुत्र पत्नी का पक्षधर हो तो।

ऐसा नहीं कि अम्मा जी ही इन स्थितियों की पूर्णरूपेण जिम्मेदार थीं। नारायण प्रसाद जी की पत्नी का स्वभाव भी कुछ तो गलत था ही। वो घरेलू कार्यों में अधिक रूचि नहीं लेती थीं। घर में भोजन बनाना और सभी को परोसने आदि का ही एक मात्र ऐसा कार्य था जो घर में करना पड़ता था। अन्य कार्यों के लिए तो काम करने वाले लगे ही थे। मेरी याद से

उन्होंने कभी रसोई में मुख्य भूमिका जो रोटी सेंकने की होती थी शायद ही कभी निभाई हो। यह कार्य मेरी माता जी, जिठानी, और एक देवरानी ही प्रायः करती थी। क्योंकि रसोई में नहाकर अथवा सायंकाल कपड़े बदल कर ही प्रवेश करना होता था, इसलिए यह एक कठिन कार्य कम किन्तु जिम्मेदारी का अधिक होता था। हाँ बाहर से ऊपर के कार्य ये अवश्य करा देती थी। कार्यों में अरुचि के कारण इनके घर में किसी भी सदस्य के साथ आत्मीय और प्रेमपूर्ण सम्बन्ध भी नहीं बन सके थे। हालाँकि इनका व्यवहार बुरा नहीं था लेकिन उनकी यही एक कमी व्यवहारों को सौहार्द पूर्ण नहीं बना सकी। अम्मा जी प्रायः उनसे खफा रहने लगी थीं। परिणाम यह हुआ कि क्योंकि नारायण प्रसाद जी इसके उपरान्त भी अपनी पत्नी से स्वाभाविक प्रेम रखते थे तो वो भी अपने भाइयों में शंका की दृष्टि से देखे जाने लगे। और अम्माजी तो उनकी और भी विरोधी हो गयीं। इस प्रकार शुरू से अम्मा जी का जो उनके साथ पक्षपातपूर्ण व्यवहार था वह उनकी शादी के बाद युवा अवस्था और फिर प्रौढ़ावस्था तक और भी बिगड़ गया।

रवि शंकर जी का अम्मा जी का पक्ष लेने के कारण उनका सम्बन्ध नारायण प्रसाद जी की पत्नी के साथ भी बिगड़ गया और यह फिर समाप्त नहीं हो पाया। वैसे भी अम्मा जी और रवि शंकर जी ने सीधे या परोक्ष रूप से परिवार की एकता बिगड़ने में मुख्य भूमिका निभाई थी। इनके पिता जी तो हमेशा ही निरपेक्ष रहते थे। उन्हें यह घरेलू समस्याएँ प्रभावित नहीं करती थीं। वो न तो अम्मा जी का और न ही बहुओं में किसी का पक्ष लेते थे। बाबू जी निःस्पृह रूप से अपनी दैनिक चर्या सम्पादित करते रहते थे। हो सकता है वो यह समझते रहे हों की गलतियाँ दोनों पक्ष की रहती होंगी। परिवार की आंतरिक समस्याओं में वो शायद ही कभी हस्तक्षेप करते रहे हों। बाबा भगवती प्रसाद जी ने, जैसा वो ब्रिटिश राज में सब इंस्पेक्टर यानी दारोगा थे, जीवन पर्यन्त अपनी गरिमा और गंभीरता बरकरार रखी।

यहाँ तक कि उनको घर की आवश्यकता की कौन वस्तुएँ कहाँ से आ रही हैं और कैसे आ रही हैं उससे भी मतलब नहीं रहता था। इसकी व्यवस्था अम्मा जी के ही द्वारा अपने अन्य पुत्र या अन्य कार्यकर्ताओं के माध्यम से की जाती थी। ऐसा हो सकता है उनकी पुलिस की सर्विस के कारण समय न मिल पाने की वजह से, पूर्व से ही ऐसा होते रहने के कारण सामान्य व्यवस्था ही बन गयी रही हो। सर्विस पीरियड में भी घर की व्यवस्था अन्य लोग ही देखते रहे होंगे। भगवती प्रसाद जी बहुत ही विशिष्ठ ढंग से रहते थे। उनकी इस विशिष्ठता और गंभीरता के कारण गाँव के संभ्रांत जमींदार लोग भी उनसे दूरी बना कर ही रखते थे। उनकी ऊपर की और ऐंठी हुई बड़ी मूंछें, उनका दरोगा पद से रिटायर होना और साथ ही गंभीरता, जमींदारी के समय में उनका एक अलग ही व्यक्तित्व निर्मित करते थे।

परन्तु वो नारायण प्रसाद जी को कुछ अधिक ही समझदार मानते थे और महत्त्व भी देते थे। नारायण प्रसाद जी भी उनका बहुत सम्मान करते थे। बाबू जी के देहांत के उपरान्त उनकी

एकमात्र फोटो जो फ्रेम्ड थी, वो उठा ले गए थे और अपने पूजागृह में लगा लिए थे। बाबा जी मुझसे भी बहुत प्रेम व स्नेह रखते थे। मैं उनका सबसे बड़ा पौत्र होने के नाते उनकी इस अधिक स्नेहशीलता का पात्र बन गया था। मेरे जन्म के अवसर पर बन्दूक की फायरिंग करके उन्होंने और अन्य सभी ने ही प्रसन्नता व्यक्त की थी ऐसा मुझे बतलाया गया था। वो मुझे कितना महत्त्व देते थे उसका एक उदाहरण इस प्रकार है। चंद्र प्रकाश के पिता जी बाहर शहरी क्षेत्र में प्रायः पोस्टेड रहते थे, एक बार वो कांच की गोलियाँ चंद्र प्रकाश जी के खेलने के लिए लाये थे। मेरी भी इच्छा उन्हें खेलने की होती थी। बाबा जी जब फैज़ाबाद जाते थे तो घर के जिन सामानों को खरीद कर लाना होता था उसकी एक लिस्ट साथ लेकर जाते थे। मैंने उनकी लिस्ट में अपने लिए कांच की गोलियाँ भी लिखवा दिया था और आश्चर्य की बात तो तब हुई जब वो उन्हें भी क्रय कर के गाँव ले आये थे। मेरी आयु अधिकतम चार या पांच वर्ष की रही होगी। जब मैं शहर में होता और वो किसी कार्य से आ जाते थे तो मुझे अपने साथ चौक घंटाघर स्थित 'शुद्ध देशी घी से निर्मित मिठाई की दुकान' पर ले जाते और मिठाई खिलाते थे। तदोपरांत बजाजा स्थित भज्जामल की दूकान पर स्वादिष्ट मीठी चटनी भी कुल्हड़ में खिलाते थे। क्योंकि वो नगर कोतवाली में भी कार्यरत रहे थे अतः शहर के काफी लोग उनको जानते पहचानते भी थे। एक बार वो मुझे लिवाने मेरे विद्यालय भी अकस्मात पहुँच गए थे जब मैं कक्षा दो मे था।

उन्नीस सौ तिरसठ में हमारे गाँव में चकबन्दी हुई थी। बाबा जी प्रायः मुझे अपने साथ 'पड़ताल' पर जाते समय ले जाया करते थे। वो ग्राम प्रधान थे। उनका इस प्रकार पैदल कई किलोमीटर जाना और साथ में मुझे, जो मात्र पांच वर्ष का बालक था, को उन बड़े लोगों के मध्य ले जाना मैं आश्चर्य करता व सोचता हूँ कि वो ऐसा क्यों करते थे। एक दिन लौटते समय मुझे 'बग्घे' नाम के एक व्यक्ति के मृत शरीर को भी देखने का अवसर मिला था जिनका देहान्त रात्रि में ही हुआ था और जिनका घर रास्ते में एक छोटे पुरवे में पड़ता था। बग्घे एक छोटे कद के वृद्ध व्यक्ति थे और प्रायः हमारे दरवाजे और घर आया जाया करते थे। इनका अपना परिवार था या नहीं इसके विषय में मैंने कभी नहीं जानना चाहा था। इनकी विशेषता यह थी कि ये चलते फिरते ऊँचे स्वर में 'राम राम' बोलते रहते थे। इनके कहीं भी आने जाने का कोई समय निश्चित नहीं होता था और कभी कभी रात्रि में जब मैं कमरे में बिस्तर में होता था तो भी उनके ये शब्द मेरे कानों तक आ जाते थे। साठ वर्ष पूर्व के उन घने जंगलों से होकर जाने वाली पगडंडियों से घोर अँधेरे में होकर अपनी लकुटी लिए अकेले गुजरना उन्हीं के बस की बात थी। साथ के एक व्यक्ति ने उनके चेहरे से चद्दर हटाया था और पुकारा था 'बग्घे' और तभी बाबा जी के साथ मैंने उनका प्राण विहीन चेहरा अंतिम बार देखा था। इसी पड़ताल के दौरान मुझे बाबा जी का लोगों से किए जाने वाले व्यवहार को नज़दीक से देखने और जानने का कुछ अधिक अवसर मिला।

मेरे व्यक्तित्व में आत्मविश्वास और श्रेष्ठता का भाव उनके साथ रहने के कारण ही आया था। मैंने कभी भी शहरी धनी व्यक्तियों से अपने को इसी जमींदारी वाले प्रभाव के कारण कमतर करके नहीं आँका।

तो नारायण प्रसाद जी अपनी माता जी से बाद के समय में काफी असंतुष्ट रहने लगे थे। जब दादी जी को वृद्धावस्था में पैरालीसिस हो गया था तो यह और भी अधिक स्पष्ट होकर दिखने लगा था। इसके पीछे रवि शंकर जी के साथ उनका पक्षपात ही मुख्य कारण था। पक्षपात करना तो द्वैत भाव और वह किसी पराये से ही किया जा सकता है। अपने ही पुत्र के प्रति यह व्यवहार कभी भी सही और न्याय संगत नहीं कहा जा सकता है। हालाँकि दादी जी का स्वभाव मेरे प्रति बहुत ही अच्छा था और वो मुझे बहुत मानती भी थीं। यही द्वैत भाव मैंने अपने स्वयं के परिवार में भी देखा। माता जी का मेरे छोटे भाई के प्रति अंधप्रेम उनके लिए अंततः दुखदायक सिद्ध हुआ। मेरे ननिहाल में भी स्वार्थपरता एक ऐसा गुण था जो अधिकांश लोगों के भीतर मैंने महसूस किया था। यद्यपि मुझ पर उसका कोई अधिक प्रभाव नहीं पड़ने पाया। और यही अवगुण माता जी के भीतर भी एक सुषुप्त अवस्था में पड़ा था और जब उसको अवसर मिला तो वह स्पष्ट रूप से उभर कर सामने भी आ गया। देवेंद्र प्रकाश जी बचपन में अपने जन्म के उपरान्त काफी अस्वस्थ रहा करते थे। और माता जी ने उनके उपचार व जीवन रक्षा के लिए स्वाभाविक ही पर्याप्त कष्ट उठाया था। इससे कहीं अधिक कष्ट माता-पिता जी ने देवेश कुमार जी जो मुझसे छोटे थे और अंततः उनकी मृत्यु हो गयी थी, के लिए उठाया था। मेरे सामान्य रूप से स्वस्थ रहने के कारण इन लोगों को मुझ पर अधिक ध्यान नहीं देना पड़ा था और मै केवल दर्शक की भाँति अपने माता-पिता के इन दोनों बच्चों को लेकर किये जाने वाले बृहद संघर्ष का मात्र साक्षी बना रहा था। किन्तु इसका परिणाम यह नहीं होना चाहिए कि आप एक को ध्यान से परे रखकर दूसरे का अधिक ध्यान दें। यद्यपि मैं यह नहीं कहूंगा की मेरी अवहेलना हुई लेकिन प्रभाव तो पड़ा ही चाहे अनजाने में ही हो। और इस द्वैत भावना का दृष्टिगोचर होना मुझे अपनी यौवनावस्था से लेकर तब तक बना रहा जब तक मैंने इन लोगों से अपने को तटस्थ नहीं कर लिया।

मैंने स्नातक तक की शिक्षा यहीं फैज़ाबाद शहर में रहकर की थी तथा उसके उपरान्त एक प्रकार से मेरा इस स्थान और परिवार के बीच रहना लगभग छूट ही गया। जब कोई बाहर चला जाता है और यदा कदा ही मेल मिलाप होने की संभावना शेष रह जाती है तो आपसी प्रेम या तो बढ़ जाता है और या बढ़ा हुआ सा प्रतीत होने लगता है। अब वास्तविकता क्या है उसे आसानी से समझ पाना मुश्किल होता है। वास्तविकता का आभास आपको तभी होता है जब आप पुनः लौट कर परिवार में स्थायी रूप से रहना प्रारम्भ करते हैं। आपकी रिक्ति को लोग स्वयं का प्रसार करके आच्छादित कर चुके होते हैं और आपको पुनः अपना स्थान पाने की संभावनाएँ बिना उनको स्वयं को संकुचित किये नहीं हो सकती। और वे लोग अपने

को संकुचित करने में कष्ट या कभी कभी असमर्थ भी व्यक्त कर देते हैं और आपको संतोष या प्रतिरोध का सामना करना पड़ता है। विद्वेष की भावनाये भी जन्म ले लेती हैं। स्नातक के उपरान्त उन्नीस सौ सतहत्तर में जब मैं अध्ययन के लिए वहाँ से बलरामपुर गया तो स्थायी रूप से पुनः फैज़ाबाद नहीं ही लौटा और माता-पिता, भाई-बहन सभी ने हमारे द्वारा रिक्त किये गए भौतिक और मानसिक स्थान पर अपना प्रसार कर लिया था। मेरे आने पर स्वाभाविक रूप से समस्या उत्पन्न होनी ही थी।

लगभग ग्यारह वर्षों बाद जब मेरी सर्विस लगी तो पड़ोस के जनपद में ही मैं पोस्टिंग लेकर आ गया। यह एक सुअवसर ही था जो मैं पुनः अपने घर से इतना करीब आ गया था। क्योंकि जब मैं दिल्ली में पीएचडी कर रहा था तो मेरे अध्ययन का विषय कुछ इस प्रकार का था कि गृह जनपद के नज़दीक जीविकोपार्जन हेतु अवसर या सर्विस मिलने की संभावना नगण्य प्रतीत होती थी। एस्ट्रोफीजिक्स में अध्ययन या शोध और फिर अपने घर के नज़दीक इसका उपयोग जहाँ कोई इससे सम्बंधित प्रयोगशालाएँ भी न हों, न कोई संस्थान हों, असंभव ही था। लेकिन दैवयोग या संयोग कुछ इस प्रकार का बना जो मुझे भारत सरकार की एक अच्छी सर्विस सुलतानपुर में ही मिल गयी जो कि फैज़ाबाद से मात्र साठ किलोमीटर की दूरी पर था। मैंने अपनी नियुक्ति के लिए ऑप्शन भी सुलतानपुर, गोंडा और फैज़ाबाद, इसी क्रम में दिए थे। जिसमे प्रथम ऑप्शन स्वीकार भी हो गया था। सुलतानपुर से मेरा गाँव और फैज़ाबाद दोनों ही लगभग बराबर दूरी पर थे। सुलतानपुर में बाबा जी ने भी कई वर्षों तक सर्विस की थी और यह भी इस जनपद के चयन में एक महत्वपूर्ण कारण था। गृह जनपद फैज़ाबाद स्थानीय लोगों से जुड़े रहने और मेरा कार्यालय जिलाधिकारी कार्यालय से सम्बद्ध होने के कारण आने वाली समस्याओं को दृष्टिगत रखकर मैंने अंतिम ऑप्शन के रूप में रखा था। लेकिन अब मेरे पास निकट ही नियुक्त होने के परिणामस्वरूप मेरा फैज़ाबाद में अपने परिवारजनों के साथ रहने का अधिक समय मिलने लगा था और वह स्थान जो मैंने रिक्त कर दिया था उसे प्रयोग करने के कारण उन लोगों को जिन लोगों ने उसे आच्छादित कर रखा था उन्हें कुछ तो असुविधा होना स्वाभाविक और निश्चित था ही।

इसी वर्ष उन्नीस सौ अठ्ठासी में मेरा विवाह भी सम्पन्न हुआ था। ईश्वर का आशीर्वाद तो ऐसा था कि विवाह होने के तीन माह के भीतर ही मेरी सर्विस भी लग गयी थी। यह मेरे लिए सौभाग्य की बात थी कि मैं दिल्ली से पुनः अपने घर के पास पहुँच गया था। मेट्रोपोलिटन नगरों में रहने के अपने लाभ और नुकसान हैं। जिसमे नुकसान मुझे अधिक दीखते थे। इस दृष्टि से देखा जाय तो मै बहुत ही सौभाग्यशाली था। जिस विषय से सम्बंधित विभाग में मैंने कभी जाने की इच्छा व्यक्त की थी उसी में मेरी सर्विस लग गयी थी यद्यपि इस विषय में मेरे पास कोई अधीकृत डिग्री या डिप्लोमा नहीं था। मात्र स्वयं से अध्ययन किया विस्तृत ज्ञान ही था।

3

अपेक्षा व दायित्व

मैं जब पीएचडी कर रहा था तो उस दौरान मुझे अक्सर एनआईसी मुख्यालय जाने की आवश्यकता कम्प्यूटर उपयोग हेतु पड़ा करती थी। इसी समय में वहाँ के कार्यालय के क्रिया कलापों को देख कर मेरी रुचि इस विभाग में उत्पन्न हो गयी थी और मेरी यह इच्छा जागृत हो गयी थी कि यदि इस विभाग में सर्विस मिल जाती तो मेरी रुचि का आधुनिक क्षेत्र होने के कारण अधिक संतुष्टि रहती। और यह ऐसा ही हुआ था लेकिन अपने प्रकार से एक दूसरे रूप में। विभाग तो वही लेकिन यह उसका जनपद केंद्र था। मैं इसका प्रभारी नियुक्त हुआ था। यह एक अप्रत्याशित संयोग था। परिवार पड़ोस के ही जनपद में स्थापित था और प्रायः ही छुट्टियों में मेरा आना जाना होता रहता था। लेकिन अब मेरा सामना वास्तविकता से होना था। इस देश में एक सत्यता यह है कि प्रत्येक माँ-बाप अथवा व्यक्ति किसी से नहीं भी तो अपने बड़े पुत्र से या बड़े भाई से आर्थिक, शारीरिक व मानसिक प्रत्येक प्रकार के सहयोग की आकांक्षा ही नहीं होती अपितु यह उसे उनका अधिकार सा समझते हैं। और इसी कारण यदि उनके भीतर बचपन से अच्छे ढंग से विचार करने का गुण नहीं डाला गया है और अच्छे संस्कार नहीं डाले गए हैं तो उनकी इस प्रकार की इच्छा न पूरी होने पर उनके भीतर अपने बड़े पुत्र अथवा भाई के प्रति विपरीत विचार उत्पन्न होने लग जाते हैं। यदि पुत्र विवाहित है तो उसे अपनी पत्नी बच्चों और माता-पिता व भाई-बहनों के मध्य उचित सामंजस्य स्थापित करने में कठिनाई होने लग जाती है। यदि पत्नी सरल स्वभाव की सीधी और संतोषी प्रकृति की है तो उस पर परिवार के सदस्यों द्वारा आधिपत्य स्थापित करने का प्रयास किया जाता है और यदि वह भी चालाक और बुद्धिमान है तो सभी के स्वार्थों में टकराव की स्थिति उत्पन्न होनी प्रारम्भ हो जाती है। पत्नी के द्वारा ससुराल को अपना घर और परिवार के सदस्यों को अपना समझने की सहजता प्रायः उसके अपने ही हितों पर आघात साबित होने लग जाती है। यदि बहू को अपनी पुत्री के रूप में देखा जाय तो कभी भी समस्याओं का अंकुरण नहीं होगा यह निश्चित है। किन्तु मानव स्वभाव ही ऐसा है कि वह द्वैत की भावना से घिरा हुआ है और यही तो सांसारिक माया है जिससे मुक्त होने के

लिए व्यक्ति को सौ जतन करने पड़ते हैं। दूध गरम नहीं किया गया रहा होगा इसीलिए वह खराब हो गया के आरोप को यदि गरम करने वाला कहे कि मैंने गरम किया था और जिसके सामने गरम किया गया हो वह कहे कि मुझे याद नहीं तो इस समस्या का निराकरण कैसे किया जा सकता है। किसकी बात को सत्य माने और विश्वास करे ताकि दोनों संतुष्ट रहें। ऐसी स्थिति में तो यह स्पष्ट ही है कि दो में से कोई एक तो मिथ्या बोल ही रहा है। यदि इस घटना में पत्नी और बहन जुड़ी हुई हो और साथ ही माँ-बाप भी शामिल हो जाएँ तो विवाद होना तो निश्चित ही है। ऐसी स्थिति में माँ-बाप का कर्तव्य बनता है कि वो त्रुटि को आगे पुनरावृत्ति न हो ऐसा कहकर शीघ्रातिशीघ्र विवाद समाप्त कर दें। किन्तु ऐसी बातों में उनका किसी का पक्ष लेना समस्या को और भी अधिक दुखदायी बना देता है। और प्रायः होता ऐसा ही है। कोई भी भूल कर सकता है या कन्फ्यूज़न में हो सकता है। और जिसने भी झूँठ का पक्ष लिया वह किसी न किसी की दृष्टि में संदेह के घेरे में हमेशा के लिए आ ही जाता है। हालाँकि यह संदेह मात्र परिवार के ही भीतर सीमित रह जाता है। बाहरी लोग हमेशा पूर्वाग्रह से भरे होने के कारण हमेशा माँ-बाप को ही सत्य मानते हैं जब तक कि वह उनकी दृष्टि में गलत साबित न हो जाए। अपने पराये का विचार और धन की लोलुपता यह ऐसी चीजें है जिनसे पार पाना सामान्य मनुष्य के लिए लगभग असंभव है। हाँ यदि आप अपना विवेक जागृत कर लें तो इस अवगुण पर नियंत्रण अवश्य लगा सकते हैं। किन्तु मनुष्य को विवेक जागृत करने के लिए कठिन साधना और अभ्यास करना पड़ता है।

मेरे पिता जी अभी सर्विस में थे और गाँव से कृषि उत्पादों का लाभ मिलता रहता था। पिता जी चार भाई थे और इन लोगों में आपसी विभाजन उन्नीस सौ तिहत्तर में बाबा दादी जी के जीवनकाल में ही हो गया था। बाबा जी निःस्पृह और निर्लेप भाव से रहते थे और इस विभाजन का उनके ऊपर कोई विशेष प्रभाव नहीं पड़ा था। संपत्ति का पांचवा हिस्सा उनका लगाया गया था लेकिन वो एक प्रकार से देखा जाय तो सभी के थे और सबकुछ उनका ही था। उनका स्वभाव सबके समझने के वश का नहीं था। उनकी आवश्यकताएँ भी बहुत ही सीमित थीं। खैर संतोष की बात यह थी कि वो अभी किसी पर निर्भर नहीं हुए थे। न तो शारीरिक रूप से और न आर्थिक रूप से ही। विभाजन के उपरान्त सभी की जिम्मेदारियों और कृषि उत्पादों का आपस में बँट जाने का लाभ सभी के लिए उपयोगी साबित हुआ था।

मैं जब एनआईसी सुलतानपुर में अपनी सर्विस पा गया था तो दिल्ली विश्वविद्यालय के अपने एसबीआई सेविंग अकाउंट को क्लोज कराने के पूर्व उसमे जो भी पैसे अवशेष थे उसे बैंक ड्राफ़्ट के रूप में लाकर पिताजी को दे दिया था। ध्यान पड़ता है कुल करीब छह हजार रुपये के आस पास थे। उस समय इतने रुपये का काफी मूल्य हुआ करता था। हालाँकि मैं उस वक्त सर्विस कर रहा था और वेतन भी मिलने लगा था। लेकिन पैसे लाकर पिताजी को देने में मुझे अनेक कारणों से बहुत ही अधिक संतोष हुआ था। पिताजी ने भी मेरे गुजरात

जाते समय जब वेतन देर से आने की संभावना थी तो बिना किसी संकोच के लाकर दो हजार रुपये मुझे दिए थे। पिताजी की इच्छा थी कि मैं फैज़ाबाद में उनके साथ ही सपत्नी रहूँ और सुलतानपुर नियमित रूप से अप डाउन करते हुए सर्विस करूँ। वो कई लोगों का उदाहरण भी मुझे देते थे जो ऐसा कर रहे थे। लेकिन वह यह नहीं समझते थे कि मेरा पद उत्तरदायित्व पूर्ण है और अप डाउन करना अपने करियर के दृष्टिकोण से उचित नहीं होगा। उन्हें नहीं पता था कि हमारे विभागीय प्रोन्नति के नियम क्या हैं और उसमे कैसा कार्य आचार व्यवहार आदि अधिकारियों से अपेक्षित है। असलियत तो यह कि मेरी सर्विस और पद प्रभाव आदि के विषय में मेरे परिवार में कभी कोई जान ही नहीं पाया क्योंकि मैंने बतलाया ही नहीं। हालाँकि मैं सर्विस के प्रारंभिक समय में सुलतानपुर में अपने आवास की व्यवस्था होते हुए भी फैज़ाबाद से आता जाता रहता था। कार्यालय में अभी काम कम था। और फैज़ाबाद में परिवार का साथ भी मिल जाता था। आर्थिक रूप से भी अधिक उचित जान पड़ रहा था। फैज़ाबाद का यह घर यद्यपि छोटा और पुराने टाइप का था और यदि स्थाई रूप से रहना हो तो दूसरे मकान की व्यवस्था करनी भी जरूरी हो जाती जिसका हम लोगों ने प्रयास भी किया था। किन्तु लगभग सभी मकान जो हम लोगों ने तलाशे वो लोकेशन वाइज़ उपयुक्त नहीं थे। इसी बीच इन लोगों ने मजबूरन उन किरायेदारों से जो हमारे अपने ही एक मकान में रह रहे थे और खाली नहीं कर रहे थे, से कोई डील करके समझौता कर उसे खाली करा लिया। यह मकान उन्नीस सौ उनहत्तर में खरीदा गया था। यह मकान भी पुराना ही था लेकिन अपना था और उसमे कुछ निर्माण कार्य करा कर शिफ्ट हुआ जा सकता था। परिणामतः हम सभी लोग उन्नीस सौ नब्बे में उस मकान में पहले शिफ्ट हो गए थे और फिर उसमे निर्माण कार्य प्रारम्भ कर रहने हेतु समुचित रूप से योग्य बनवा लिया गया। एक वारामदे हेतु पैसे कम पड़ जाने के कारण माता जी के कहने पर उधार स्वरूप पांच हजार रुपये मैंने दिए थे। यह मकान माता जी के नाम था। इस मकान की लोकेशन पहले वाले के निकट होने के कारण किसी प्रकार की असुविधा पिताजी को कार्यालय व देवेंद्र प्रकाश और नीता जी को कॉलेज आदि आने जाने में नहीं हुई थी। विशेष बात तो यह कि मकान पक्का था जिसकी कल्पना मैं बचपन में किया करता था। हालाँकि यह मकान भी छह लोगों के रहने के लिए पर्याप्त नहीं था किन्तु कमरों की साइज़ पर्याप्त होने के कारण व्यवस्था हो जाती थी।

इसी बीच जब मैं सुलतानपुर आ गया था तो माता जी के स्वास्थ्य के विषय में एक चिंताजनक जानकारी हुई। वह यह कि उन्हें गर्भाशय का ट्यूमर है। यह जानकारी जब वो गोंडा जहाँ हमारे बड़े साले रवि प्रताप जी डॉक्टर थे वहाँ गयीं तो कन्फर्म भी हो गया था। यह भी ज्ञात हुआ कि उसकी साइज़ भी काफी बढ़ गयी है और शल्य क्रिया द्वारा उसको शीघ्र निकाल देना ही एक मात्र उपचार है। मै जब तक समस्या सामने न हो उस पर अधिक गंभीरता से विचार नहीं किया करता था। यह मेरा स्वभाव था। यद्यपि मेंरे उस स्वभाव में अब काफी परिवर्तन आ चुका है। अब मैं किसी समस्या का निदान किस किस प्रकार संभव

है उन सभी विकल्पों पर सोच विचार पूर्व से ही कर लेता हूँ। दो चार दिनों उपरान्त पिताजी को किसी ने सलाह दी कि सुलतानपुर जिला अस्पताल के सीएमएस डॉक्टर पिल्लई सर्जरी कार्य में बहुत ही सिद्धहस्त हैं और उनके किसी रिश्तेदार का इसी प्रकार का केस उन्होंने ठीक किया था। अतः क्योंकि मैं सुलतानपुर में आवास ले चुका था इन लोगों ने बिना और सोच विचार किये उन्हीं से ऑपरेशन कराने का निर्णय ले लिया। यद्यपि मैं यह समझता था कि फैज़ाबाद में भी चिकित्सालय काफी बड़ा व अच्छा है और यहाँ भी अच्छे सर्जन अवश्य ही होंगे किन्तु मैंने किसी प्रकार की अपनी राय नहीं दी कि इन लोगों को यह लगे कि मैं किसी प्रकार की जिम्मेदारी उठाने में हिचक रहा हूँ या सुलतानपुर नहीं चाहता। इस सम्बन्ध में ये लोग एक बार सुलतानपुर गए और डॉक्टर पिल्लई से मिलकर ऑपरेशन की तिथि आदि के विषय में विचार कर वापस फैज़ाबाद आ गए थे। मैं फैज़ाबाद में ही था। डॉक्टर पिल्लई मूलतः केरला के निवासी थे और वह प्रसन्न स्वभाव के अच्छे व्यक्तित्व के चिकित्सक थे। उन्होंने मुझे भी सुशिक्षित समझ कर अपना पूरा सहयोग भी दिया था। वो मुझे संभवतः इंजीनियरिंग कॉलेज का अध्यापक समझते थे। यह एक बड़ा ऑपरेशन था और उन्होंने बहुत ही कुशलता पूर्वक इसे संपन्न किया था। ऑपरेशन उपरान्त उन्होंने मुझे ऑपरेशन थिएटर में बुलाया था और एक छोटा जार लाने के लिए कहा था। तभी मैंने पहली और अंतिम बार ऑपरेशन थिएटर के भीतर का दृश्य देखा था। जार में ट्यूमर को बायोप्सी के लिए रखा जाना था। उन्होंने मुझे एक गिलास मुसम्मी का जूस भी लाने को कहा था। ऑपरेशन के समय केवल हमारा परिवार और मेरी धर्मपत्नी सीमा की अम्मा जी ही उपस्थित थे। वैसे मेरी माता जी ने अपने सभी नज़दीकियों व सम्बन्धियों को यह बतला दिया था लेकिन उस समय कोई भी नहीं आया था। यह ऑपरेशन कोई बहुत काम्प्लेक्स नहीं था लेकिन ऑपरेशन में रिस्क तो रहता ही है। ऑपरेशन लगभग एक घंटे चला था और हम सभी चिंतित तो थे ही।

वो लगभग आठ दस दिन अस्पताल में रही थीं जब तक कि पूर्णतया स्वस्थ नहीं हो गयीं। मैं तथा मेरी पत्नी इस दौरान रात्रि में अस्पताल में ही रुकते थे। इस बीच कुछ दिन तो उन्हें अपनी नित्यक्रियाएँ भी बेड पर ही पॉट में करानी पड़ती थीं। जो अधिकतर स्वयं ही किया जाता था। अंस्पताल का स्टाफ आनाकानी करता था। पेशाब तो ट्यूब के माध्यम से होता था और समय समय पर बैग को खाली करना पड़ता था। रही बात लैट्रिन की तो वो जब तक उनके टाँके मजबूत नहीं हो गए, लेटे लेटे ही पॉट में करना पड़ता था। पॉट को साफ़ व धुलना भी पड़ता था। यह कार्य मैं और मेरी पत्नी ही करते थे। देवेंद्र प्रकाश जी तो यह कार्य कर ही नहीं सकते थे और बहन नीता जी छोटे में ही शुमार हो जाती थीं। जबकि दोनों लोग पर्याप्त आयु के थे और मिल कर यह कार्य कर सकते थे, लेकिन कभी न तो अपनी ओर से उन्होंने कहा और ना हम लोगों ने ही निर्देशित किया। डिस्चार्ज होने के बाद माता जी कुछ दिन आकर हमारे निवास पर रहीं और तत्पश्चात फैज़ाबाद सभी लोग चले गए। बायोप्सी का सैम्पल देवेंद्र प्रकाश जी लखनऊ अकेले जाकर दे आये थे और उस टेस्ट का

परिणाम नकारात्मक आया था। देवेंद्र प्रकाश जी के ऊपर दायित्व ना डाले जाने के कारण उनसे महत्वपूर्ण कार्य कराने में सभी को संकोच होता था। हालाँकि वो आयु के अनुसार पर्याप्त बुद्धिमान और समझदार थे तथा सब कार्य करने में सक्षम भी थे। घर में छोटा होना प्रायः लाभप्रद होता है। क्योंकि किसी भी कार्य के लिए हमेशा एक अधिक कुशल व्यक्ति उपलब्ध रहता है।

एक और महत्वपूर्ण बात यह थी कि माता जी को ऑपरेशन थिएटर से प्राइवेट वार्ड तक जो कि काफी दूर प्रथम तल पर था, वहाँ तक स्ट्रेचर पर दो या तीन अपरिचित व्यक्तियों जो किसी पेशेंट के साथ आये थे, के सहयोग से हम ही लोगों को ले जाना पड़ा था क्योंकि कोई वार्ड बॉय उपलब्ध नहीं था। पिताजी ग्लूकोस बॉटल पकड़ कर साथ साथ गए थे। ये इंट्रावेनस ड्रिप थी जो लगी हुई थी। आपको सहयोग की आवश्यकता पड़ने पर वह किससे मिलेगा इसका आप निश्चित पूर्वानुमान कभी नहीं लगा सकते। यह केवल आपके भ्रम की बात है कि यदि आपने जिन व्यक्तियों के दुःख में आगे बढ़ कर सहर्ष योगदान या सहयोग किया है तो वे आपकी आवश्यकता पर उपलब्ध ही रहेंगे। यह भी हो सकता है उनमे कोई भी उस वक़्त उपस्थित न हो और कोई ऐसा व्यक्ति आकर आपको आपकी समस्या से निकाल कर सुरक्षित ले आये जिसे आप जानते तक नहीं हों। कुछ ऐसा ही उस समय माता जी को वार्ड में शिफ्ट करते समय हुआ था और कहें तो शल्य क्रिया के दौरान भी। उनकी दो सगी बहनें, दो सगी देवरानियाँ, तीन देवर आदि कोई भी उस समय नहीं आया था जबकि माता-पिता जी ने इन सभी के साथ इनकी बहुत ही विषम स्थितियों में सहायता की थी। केवल सीमा की अम्मा जी जो स्वयं भी कोई बहुत स्वस्थ नहीं रहती थीं, आयी थीं और ऑपरेशन के दौरान बैठी थीं। एक दो रिश्तेदार जो सुबह आये थे यह कह कर चले गए कि मैं अभी शीघ्र ही आ रहा हूँ। सायंकाल दैवयोग से अथवा सूचना मिले होने के कारण चंद्र प्रकाश जी के पिता जी अवश्य आ गए थे जिसके कारण मुझे और पिताजी को निश्चित ही बहुत संतोष का अनुभव हुआ था। ऑपरेशन थिएटर में जाने के बाद मन तब तक घबराता ही है जब तक पेशेंट को पूरा होश ना आ जाये। यह आशंका बनी रहती है कि कहीं डॉक्टर से या किसी अन्य कारण से कोई व्यवधान ना आ जाए जो गंभीर स्थिति ले ले। ऐसे अवसर पर अपने लोगों का साथ होना बल प्रदान करता है। यहाँ मैंने यह अनुभव प्राप्त किया कि व्यक्ति को यह मानकर कि उसे मानवता वश यथासंभव दूसरों की सहायता करनी चाहिए, अपना कर्म करते रहना चाहिए। लेकिन यह सोचना कि यदि मैंने लोगों के साथ सहयोग किया है तो मुझे भी आवश्यकता पर उनका सहयोग मिलेगा, ऐसा नहीं है, यह ईश्वर के विधान पर निर्भर करता है।

माता जी के उपचार में तथा अन्य सभी प्रकार के व्यय मैंने स्वयं ही किये थे। जब मैं सर्विस कर रहा हूँ और पर्याप्त वेतन मिल रहा है तो पिताजी से किसी प्रकार की मांग या सहायता का कोई औचित्य ही नहीं बनता था। मुझे याद है कि माता जी के स्वस्थ हो जाने के बाद

मैंने डॉक्टर पिल्लई को पांच सौ रूपये स्वतः प्रसन्नतापूर्वक दिए थे। उनके द्वारा किसी प्रकार की कोई धनराशि का संकेत पूर्व में कभी नहीं किया गया था। डॉक्टर पिल्लई को मैंने अपने पद या सर्विस का कोई परिचय कभी नहीं दिया था लेकिन एक बार उन्होंने मुझे प्रोफेसर कह कर सम्बोधित किया था। शायद वो मुझे केएनआईटी का अध्यापक समझते थे। तदोपरांत मेरी उनसे मुलाक़ात कभी नहीं हुई। उनका चित्र मन में एक सभ्य, गंभीर और सज्जन व्यक्ति के रूप में ही सोचने पर निर्मित होता है। उनकी पत्नी भी यहीं जिला महिला चिकित्सालय में सम्भवतः सीएमएस थीं। माता जी का ऑपरेशन एक बड़ी जिम्मेदारी वाला कार्य था। पिताजी की उपस्थिति मानसिक स्ट्रेस को अवश्य कम किये थी किन्तु घर में खाना पीना, माता जी के लिए अस्पताल की व्यवस्थाएँ, बर्तनों की सफाई आदि कार्यों को तो हम ही लोगों को करना पड़ता था। सहयोग वैसे यथासम्भव सभी का था। और सब कुछ बहुत ही कुशलता और अच्छे ढंग से सम्पादित हो गया था। बस केवल एक बात मेरे और मेरी पत्नी के लिए खटकने वाली थी और वह यह कि कभी सीमा की प्रशंसा नहीं की गयी। मेरी नहीं तो मेरी पत्नी की तो अवश्य ही होनी चाहिए थी क्योंकि अभी वह डेढ़ वर्ष पूर्व ही परिवार में आयी थीं और उन्होंने इस प्रकार की जिम्मेदारी सहर्ष निभाई थीं। मैं अस्पताल में हैंडपंप चलाता था और वो लैट्रिन पॉट को साफ़ करती थी। यदि आप किसी के भी सहयोग को अप्रीशिएट करते हैं तो आपका कुछ भी नहीं जाता अपितु सहयोग करने वाला उत्साहित होकर आगे अन्य लोगों के साथ भी इसी प्रकार का सहयोग करने के लिए और भी अधिक उत्साहपूर्वक आगे आने का प्रयास करता है। खैर, यह व्यक्ति की प्रकृति पर निर्भर करता है। कुछ लोग बात बात पर तारीफी करते हैं और कुछ लोग हमेशा ही मूक बने रहते हैं। व्यक्ति को ऐसा अभ्यास करना चाहिए कि दूसरों की प्रशंसा करने की प्रकृति ही उसकी बन जाए। माता जी के ऑपरेशन में मेरा कुल कितना व्यय हुआ था यह मैं अब भूल चुका हूँ।

4

असमंजस एवं निवृत्ति

फैज़ाबाद में कंधारी बाजार वाला मकान हम लोगों के शिफ्ट होते ही तुरंत नहीं बन गया था। कुछ दिन वह जिस स्थिति में था उसी स्थिति में देवेंद्र प्रकाश जी वहाँ रात्रि में अपनी पालतू पेट फीमेल डॉग सिली के साथ जाते थे। बाद में संभवतः इन्हीं लोगों ने पिता जी की सहमति न होते हुए भी अपने दैनिक आवश्यकताओं के सभी सामान वहाँ पहुँचा दिए थे और फिर मजबूर होकर पिता जी को भी अपना पुराना मकान जिसमे लम्बा वक़्त व्यतीत हुआ था, वहीं चले गए थे। आदमी जहाँ लम्बे समय तक रहता है उस स्थान को छोड़ने में कष्ट तो होता ही है। लेकिन आगे बढ़ने के लिए कुछ तो पीछे छोड़ना ही पड़ता है। नागपंचमी के आस पास जब हम दोनों लोग सुलतानपुर से अपने पुराने दालमंडी वाले मकान पर पहुंचे थे तब पता चला था कि ये लोग वहाँ से जा चुके हैं और फिर हम लोग कंधारी बाजार वाले घर चले गए थे। अपने मकान में रहना संतुष्टि संतोष और प्रसन्नता तो प्रदान करता ही है। अपने मकान में रहना भी एक प्रकार की आज़ादी ही होती है चाहे वह एक अलग प्रकार की ही हो और चाहे उसमे कुछ कष्ट ही क्यों न महसूस हो। यह अगस्त सितम्बर की बात रही होगी। तदोपरांत मकान के कुछ भाग का पुनर्निर्माण कार्य किया गया। आगे वाले बड़े कमरे को पूरा गिरवाकर उसे फिर से नया बनाया गया था। भीतर की तरफ स्नानगृह और किचेन वारामदे आदि के बन जाने के बाद मकान रहने योग्य हो गया था।

अब तक मेरे विवाह को लगभग दो वर्ष व्यतीत हो चुके थे। जब माता जी का ऑपरेशन का कार्य पूर्ण हो गया था तो उसके थोड़ा पहले ही हम लोगों ने यह महसूस किया था कि बच्चे के जन्म में विलम्ब हो रहा है। अतः सर्व प्रथम मैंने अपना चेकअप कराया जो कि नॉर्मल आया था लेकिन डॉक्टर ने कुछ दवाएँ प्रेस्क्राइब कर दी थीं। जब डॉक्टर रवि प्रताप जी सुलतानपुर आये थे तो मैंने यह उनको बतलाया भी था। तदोपरांत मैंने पत्नी को भी यहाँ मिशनरी अस्पताल में दिखाया और उनको वहाँ से एक सीरप व कुछ दवाएँ दी गयी थीं। कुछ ही दिनों बाद ईश्वर के आशीर्वाद से मेरी प्रथम पुत्री नेहा गर्भ में आयी थी। हम दोनों की

प्रसन्नता की सीमा नहीं थी। बात महत्वपूर्ण यह है कि कभी हमारे माता-पिता जी ने बच्चे के विलम्ब होने का कोई इशारा तक भी नहीं किया था। जबकि अपने अन्य दोनों बच्चों के विवाह के बाद उनके लिए उनके मन में मुझे शीघ्र ही इसकी इच्छा उत्पन्न हुई दिखी थी। विशेष बात बताने वाली तो यह है कि नेहा ने अपने जन्म के पूर्व से ही ऐसी व्यवस्था बनानी प्रारम्भ कर दी थी कि उसे उस पुराने दालमंडी वाले मकान में न रहना पड़े जिसमे मैंने घुटनों के बल चलना प्रारम्भ किया था, जहाँ से मेरी पूरी शिक्षा दीक्षा हुई थी। वह मकान अत्यंत छोटा था और परिवार के रहने योग्य था ही नहीं। बस एक दो लोगों के गुजारे के लिए लाला राम नारायण गुप्ता जी ने उसे काम चलने भर के लिए चार इंच की ईंटों की दीवार उठाकर उस पर टिन शेड रखवा दिया था। दो कमरे थे जो सोने और किचेन का कार्य करते थे। सामने की ओर जो कच्चा खपरैल था वह छोटा था, ऊपर से मिटटी गिरती थी और बारिश के मौसम में जगह जगह से टपकता भी था। पानी तो वैसे टिन वाले कमरों में भी दीवार के किनारों से आता था लेकिन उसको रोकने का प्रयास तारकोल आदि डाल कर थोड़ा बहुत कर लिया जाता था। गर्मी में ये कमरे बहुत अधिक गर्म होते थे जिससे बचने के लिए मेरे बचपन में ऊपर छप्पर जिससे टिन गरम न होने पाए रखवा दिया जाता था। आँगन का कुछ हिस्सा जो खपरैल की तरफ था वह कच्चा था जहाँ फूल पत्ती आदि उगाई जाती थी। वे पौधे मेरी शिशु काल की अवस्था में मेरे कुतूहल के लिए पर्याप्त होते थे। फूल, पौधों का उगना बरसात में केचुए, लिल्ली घोड़ियाँ विचित्र से प्रतीत होते थे। जुगनू भी कभी कभार निकलते थे।

यह मकान था तो छोटा ही लेकिन इसने बहुतों को आवश्यकता पड़ने पर शरण दी थी या सहायता की थी। जब भी गाँव के या घर के किसी व्यक्ति को शहर में कोई जरुरत होती तो वह आ जाता और उसकी भी रहने खाने की व्यवस्था यहीं हो जाती थी। उस समय परिवार और अपने नज़दीकियों के बीच बहुत ही सरल और आत्मीय सम्बन्ध होता था और सभी सुख दुःख में सामंजस्य बनाकर साथ में रह लेते थे। कोई किसी से असुविधा होने की बात नहीं करता था। सुविधाएँ और असुविधाएँ तो मानव जीवन का एक अभिन्न अंग होती थीं जिससे सभी अभ्यस्त होते थे। इसका एक कारण उस समय यह होता था कि लोगों का प्रदर्शन करने का स्वभाव ही नहीं होता था। अब तो लोग घर में अपना पदार्पण करते ही इस प्रकार घर का अवलोकन करते हैं जैसे वो उसे खरीदने की योजना बना रहे हों कि कितना वेल फर्निश्ड है या कहाँ क्या क्या कमियाँ हैं ताकि उसी के अनुसार इसका मूल्य लगाया जाये। और वो मूल्य लगाते भी हैं लेकिन आपकी समृद्धि का। उन्हें यह नहीं पता कि समृद्धि का तो आकलन वो कर सकते हैं लेकिन सुख का नहीं। यदि किसी के घर में मात्र जीवन यापन भर की ही वस्तुएँ हैं तो भी वो सुख से संपन्न हो सकता है और घर में अपार समृद्धि के साधन भरे होने के उपरान्त भी वह सुख से वंचित हो सकता है। पहले ऐसी सोच नहीं होती थी। खाने के लिए सामान्य भोजन हो और सोने के लिए एक चारपाई चद्दर बस। यदि प्रेम से किया गया आपका व्यवहार उसे वास्तविक प्रतीत हुआ तो वह जाकर आपकी प्रशंसा गाँव भर में करेगा

और बस इतना ही आपको पर्याप्त पुरस्कृत करने वाली बात बन जायेगी। लेकिन अब ऐसा नहीं है। यदि घर अव्यवस्थित है तो आप असभ्य लापरवाह हैं। यदि घर में महँगी वस्तुएँ नहीं हैं तो आप तंगी यानी विपन्नता में जीवन यापन कर रहे होंगे। भांति भांति की बातें आपका अतिथि अपने घर मोहल्ले या गाँव में जाकर चर्चा का विषय बनाएगा। शायद इसीलिए अब लोग कहते हैं कि फ़ोन से पहले बात कर लीजियेगा तब आइयेगा कहीं ऐसा न हो कि आप आएँ और हम लोग कहीं बाहर गए हों और आपको असुविधा हो। और इस बीच वह अपने घर को यथासम्भव सजा संवार लेता है।

तो इस छोटे से दालमंडी के मकान में बहुत से ऐसे लोग भी आये जो लोगों द्वारा बतलाये जाने पर आकर रुके। जब उन्नीस सौ उनहत्तर में मेरे नाना जगन्नाथ प्रसाद जी अपने ट्रांसफर के उपरान्त रीडगंज स्टेशन पर आये तो उनके बच्चों की शिक्षा भी पूरी करने में इसी घर ने सहयोग किया था। जनपद मुख्यालय में निवास होने पर किसी का भी यह एक सामान्य दायित्व बन जाता था।

माता-पिता का अपने बच्चों में किसी को अधिक प्रश्रय देना और किसी को कम उनके लिए तो अहितकर होता ही है अपितु इसकी हानि उस पुत्र या पुत्री को अधिक होती है जिसको प्रेमवश वो अधिक प्रश्रय देते हैं। क्योंकि उसकी त्रुटियों का वे विश्लेषण नहीं करते और तदनुसार सुधार का यथोचित प्रयास नहीं करते। फलस्वरूप उसकी त्रुटियाँ और अधिक बढ़ती जाती हैं और उनका परिणाम कभी न कभी उस पुत्र या पुत्री के सम्मुख अवश्य ही आता है। और यही नारायण प्रसाद जी की अम्मा जी के साथ भी हुआ था। इन गलतियों का प्रभाव आवश्यक नहीं कि तुरंत ही प्रदर्शित हो जाए। ये आज फलीभूत होकर अस्तित्व में आएगा या दस वर्ष बाद आयेगा अथवा आपके वंशजों के सम्मुख इसका विधान तो ईश्वर ही रचते हैं। रवि शंकर जी को दादी जी बहुत अधिक मानती थी। यह न केवल नारायण प्रसाद जी द्वारा ही मेरे संज्ञान में आया था अपितु यह वैसे भी मुझे बाल्यावस्था में प्रतीत भी होता था। वो सबसे छोटे थे तो प्रिय होना स्वाभाविक भी था किन्तु इस प्रेम में यदि कोई अपनी नैतिक सीमा को ही क्रॉस कर जाए और उस पर वह नियंत्रण न लगाए तो यह उचित नहीं था। कारण तो मुझे नहीं स्पष्ट किन्तु दादी जी का व्यवहार नारायण प्रसाद जी की पत्नी से बिलकुल ही सहज नहीं था। मैंने शायद ही कभी इन दोनों लोगों को आपस में सामान्य भाव से बैठ कर बातचीत करते देखा हो। नारायण प्रसाद जी का विवाह उन्नीस सौ साठ के आस पास हुआ रहा होगा और वह मेरी स्मृति में कहीं नहीं है। अतः यह स्पष्ट है कि मै दो तीन वर्षों की अवस्था से कम रहा हूँगा। क्योंकि तीन वर्ष के उपरान्त की मुख्य घटनाएँ तो मुझे थोड़ा बहुत याद ही हैं। स्वाभाविक है रवि शंकर जी दादी जी के पक्ष में ही रहते थे और जिससे वो प्रसन्न नहीं उससे वो भी विमुख।

जैसा मैं पूर्व में लिख चुका हूँ, मेरे संस्कारों के निर्माण में अथवा यह कहें कि मेरे जीवन को

एक दिशा जो छोटे चाचा जी ने प्रदान की उसका ही यह परिणाम है जो मै आज अपने जीवन में इस स्थान पर पहुँचा हूँ। कक्षा नौ में जीव विज्ञान में एक प्रयोग न कर पाने के कारण अध्यापक नरेन्द्र सक्सेना जी ने मेरा कान पकड़ कर मुझे डाटा था। इस प्रकार डाट पड़ने पर मैंने अपने आपको अत्यधिक अपमानित महसूस किया था और विद्यालय में तो नहीं किन्तु घर आकर मै रोया भी था। कारण जानने पर रवि शंकर जी ने मुझे समझाया था और सांत्वना दी थी। 'गिरते हैं शहसवार ही मैदाने जंग में, वो क्या गिरेंगे जो घुटनों के बल चलते हैं' पंक्ति मुझे उस अवसर पर जो उन्होंने मुझे समझाते हुए कोटेशन के रूप में कही वो मुझे हमेशा के लिए कंठस्थ हो गयी। यह घटना उन्नीस सौ इकहत्तर की थी। रवि शंकर जी की हृदयाघात से मृत्यु मेरे लिए एक बहुत दुखद घटना थी। युवावस्था में मेरे और उनके बीच जो भी संबंधों की दिक्कत रही हो लेकिन उस अवसर पर मेरा उस ढंग से विलाप इस बात का प्रमाण था कि मेरे हृदय में या मेरे अंतर्मन में उनके प्रति मेरी क्या अनुभूतियाँ थीं। जनवरी उन्नीस सौ निन्नानबे में उनका निधन हुआ था। चंद्र प्रकाश जी का मुझसे आकर यह कहना कि अब रोना बंद कीजिये और आगे क्या प्रक्रिया होनी है उस पर विचार कीजिये सुनकर मुझे आश्चर्य हुआ था। क्योंकि जब उनके तीनों सगे बड़े भाई हैं और कृपा शंकर जी, चचेरे भाई, अभी उपस्थित है तो मेरे विचार करने का प्रश्न कहां से उत्पन्न हो गया। वास्तव में बिंदु यह था कि उनकी अंत्येष्टि कौन करेगा इस पर निर्णय लिया जाना था। जनवरी माह की कुहरे भरी ठंडक जिसमे अंतिम क्रिया करने वाले को सभी कार्य परंपरागत रूप से सम्पादित करने हों वह एक बहुत ही जटिल और कष्टदायी कार्य था।

मेरे पिता जी हमेशा अस्वस्थ ही रहते थे। उन्नीस सौ उनहत्तर से उन्हें पाचनतंत्र की समस्या जब हुई तो आजीवन चलती रही। हमेशा ही परहेज वाला भोजन उन्होंने किया। अत्यधिक नियंत्रण उन्हें लगाना पड़ा था जो कि किसी के लिए आसान नहीं था। दो प्रकार का खाना बनाया जाता था। एक उनके लिए दूसरा अन्य सभी के लिए। माता जी ने भी काफी परेशानी उठायी। पिता जी को श्वसन सम्बन्धी भी समस्या थी और बहुत ही जल्दी उन्हें स्नोफीलिया हो जाता था। मेरे सगे चाचा नारायण प्रसाद तथा अजय प्रसाद जी भी आयु के कारण उतने मजबूत शरीर के नहीं थे। रही बात कृपा शंकर जी की तो वो अंत्येष्टि करने वालों के क्रम में तभी आते थे जब भगवती प्रसाद जी की शाखा में कोई तैयार न हो। हालाँकि मुझे यह ज्ञात हुआ था कि उन्होंने यह सोच रखा था कि यदि आवश्यकता पड़ी तो वो अंत्येष्टि करेंगे। वो आयु में मात्र पिता जी से छोटे थे। लेकिन ऐसी विषम परिस्थिति में प्रत्येक व्यक्ति को आगे आना ही पड़ता है और चाहिए भी। इतने लोगों के होते हुए भी अंत्येष्टि कौन करेगा इस पर अधिक विचार होने का प्रश्न उत्पन्न होना ही अपने आप में एक दुःखद और अकल्पनीय बात थी। हो सकता है कि ये अवसर अप्रत्याशित था और पूर्व में किसी के विचार में यह आया ही नहीं रहा होगा। उनका पुत्र अभी सात वर्ष का बच्चा ही था। नारायण प्रसाद जी के परिवार से आत्मीयता न होने के कारण उनका या नरेंद्र प्रकाश जी से आशा ही नहीं की जा सकती थी।

रवि शंकर जी के अजय प्रसाद जी तथा कृपा शंकर जी से उस समय बहुत ही मधुर सम्बन्ध चल रहे थे। जब भी वो गाँव जाते थे तो उनका अधिकांश समय इन्हीं लोगों के मध्य व्यतीत होता था। रहना, उठना बैठना और खाना भी इन्ही के साथ होता था। अजय प्रसाद जी के पुत्र हरेंद्र प्रकाश के तो वह परिवार सहित बहुत ही अंतरंग थे। हरेंद्र प्रकाश रक्षाबंधन अथवा भाई दूज में बिना किसी भूल के स्वरूपगंज अवश्य जाते थे। मेरे सम्बन्ध उन्नीस सौ पच्चासी के आस पास से पिता जी द्वारा बाहर एक कमरे के निर्माण के दौरान हुए विवाद की वजह से रवि शंकर जी से काफी बिगड़ गए थे जो जाकर उन्नीस सौ अट्ठान्नबे के आस पास नार्मल हुए थे जब उनके छत से गिरने के उपरान्त उनके चोट खाने पर मैं स्वरूपगंज उन्हें देखने गया। रवि शंकर जी पिता जी आदि के काफी समझाने के बावजूद भी मेरे विवाह के किसी कार्यक्रम में शामिल नहीं हुए थे। तिलक की मिठाई भी नहीं स्वीकार किये थे।

तदोपरांत अधिकतम मैं दो तीन बार ही स्वरूपगंज गया था। उनसे हुए विवाद के कारण को स्पष्ट करना भी तभी संभव हो पाया। मेरे संज्ञान में मेरी माता जी द्वारा यह लाया गया था कि कमरों के निर्माण के समय वो सहमत थे और स्वयं भी उस समय वो निर्माणकार्य का अवलोकन व देखभाल करते थे किन्तु बाद में न जाने क्यों वो विरोध करने लगे। इसीलिए मैं अपने परिवार का पक्ष लेते हुए उनसे विरोध कर बैठा था। मैं उस समय दिल्ली में रह रहा था। लेकिन जब मेरा स्वरूपगंज जाना हुआ तो उन्होंने बतलाया कि उनसे यह कहा गया था कि एक कमरा उनका और एक देवेंद्र जी का होगा जिसमे वो अपनी इलेक्ट्रो होमियोपैथी की प्रैक्टिस करेंगे। मैंने उन्हें विश्वास दिलाया कि मुझे इसका ज्ञान नहीं था और अगर अपने पारिवारिक शिव भगवान के मंदिर में उन्हें साक्षी मानकर यही बात वो कह देंगे तो मैं एक कमरा उन्हें स्वयं प्रदान करवा दूंगा। हालाँकि उन्होंने इस बात को अत्यधिक पुरानी हो जाने के कारण मुझे पुनः उठाने से मना कर दिया था।

यहाँ बात उनके अंत्येष्टि पर हो रही थी। मैंने हरेंद्र प्रकाश जी जो चौबीस वर्ष के वयस्क थे और उनके अत्यधिक अंतरंग थे को इस आशय से उपयुक्त पाया क्योंकि वो किसी सर्विस में न होने के कारण इस कार्य को आसानी से सम्पादित कर सकते थे। अतः मैंने उनके विषय में कहा। देवेंद्र प्रकाश जी को उनकी कमर की समस्या चल रही थी और मैं सर्विस में होने की वजह से लगभग पंद्रह दिनों का अवकाश लेने में कठिनाई महसूस कर रहा था। किन्तु हरेंद्र प्रकाश जी की माता जी द्वारा यह बिंदु उठाया गया कि यदि वो अंत्येष्टि करते हैं तो हरेंद्र प्रकाश जी का विवाह भी एक वर्ष तक नहीं हो पायेगा। वास्तविकता भी थी क्योंकि उनके सबसे बड़े पुत्र थे और विवाह योग्य होने के कारण वो उनके शीघ्र विवाह की इच्छा भी रखती थी। किन्तु ऐसी परिस्थिति में उनका यह तर्क मुझे बिलकुल ही अनुचित प्रतीत हुआ और मैंने आवेश में कह दिया कि अब मैं इस बात को दृष्टि में रखूँगा कि क्या विवाह एक वर्ष में आप कर लेती हैं या नहीं। और परिणाम यह हुआ कि हरेंद्र प्रकाश जी का विवाह इसके तेरह

वर्ष बाद हुआ। हो सकता है रवि शंकर जी की आत्मा भी उनके इस एक वर्ष के तर्क से प्रसन्न न हुई हो। मुझे कृपा शंकर जी ने समझाया कि आज अंत्येष्टि करके तुम आगे प्रक्रिया को लंबित कर देना और सुध तथा तेरही के लिए दो दिन पूर्व इसे प्रारम्भ कर सम्पूर्ण प्रक्रियाओं को परंपरागत रूप से पूर्ण कर देना। यह विषय ऐसा था जिसमे किसी भी प्रकार की आना कानी मेरे द्वारा करना ना तो उचित ही था न संभव ही। जब माता जी ने आपत्ति की तो मैंने यह कह कर कि और कौन करने को तैयार ही है, सहमत हो गया था। सभी के लिए मेरी सहमति एक बड़े संतोष की बात थी। जब अपने किसी सगे का शव घर पर रखा हो तो वह अत्यधिक गंभीरता और चिंता की बात होती है। जितना शीघ्र अंतिम क्रियाएँ समाप्त हो जाएँ उतना ही उचित होता है। जो आत्मा शरीर में है और जिसके माध्यम से ही यह शरीर अपना प्रतीत होता है, उसके निकल जाने के उपरान्त क्या मोह। शरीर इसी आत्मा के माध्यम से आपसी संबंधों का निर्माण करता है। इस आत्मा को हम जान समझ नहीं सकते क्योंकि यह ज्ञान इन्द्रियों से परे है। इसकी अनुभूति मात्र चेतना द्वारा जड़ में उत्पन्न की गयी चेष्टा को देखकर हम आंशिक रूप से अनुभव कर सकते हैं। जो शरीर को सम्पूर्ण मानता है वह बड़े भ्रम में जीता है। आत्मा को थोड़ा बहुत योग साधना द्वारा भी समझा जा सकता है लेकिन यह साधना बहुत ही कठिन है।

मुझे चाचा जी की अंत्येष्टि में कोई शारीरिक श्रम नहीं करना पड़ा था। सभी घर वालों ने बहुत ही भली प्रकार से उनके शव को स्नान कराया और अन्य कार्य सम्पादित किये थे। कृपा शंकर जी व उनके अन्य भाइयों ने पुत्रों के साथ मिलकर सारे कार्य सम्पादित किये थे। रवि शंकर जी को ह्रदयाघात प्रातः तीन चार बजे के आस पास हुआ था। ठंढक के दिन होने कारण उन्हें स्वरूपगंज से तुरंत किसी अच्छे चिकित्सालय नहीं पहुँचाया जा सका था। मुंह से सफ़ेद फेने की तरह के पदार्थ की उलटी होने के कारण चिकित्सक ने इसे हार्ट अटैक बतलाया था। बस एक डेढ़ घंटे के भीतर उनका स्वर्गवास हो गया था। सुलतानपुर में हमें सुबह नीचे की फ्लोर पर रहने वाले मित्र के फ़ोन द्वारा यह सूचना प्राप्त हुई थी। उन्हें यह सूचना फैज़ाबाद से दी गयी थी। मुझे अपने तब तक के चालीस वर्ष के जीवन में किसी की अंत्येष्टि प्रक्रिया को अधिक करीब से देखने का कोई अनुभव नहीं था और यह तो उम्मीद की ही नहीं थी कि मुझे अभी ऐसा करना पड़ सकता है और न ही मैं ऐसी किसी संभावना से स्वरूपगंज गया ही था। स्वरूपगंज से कृषि विश्वविद्यालय की बस से शव को अयोध्या लाया गया था, कोहरा काफी था और शव को बस के ऊपर लगे कैरिअर पर रखा गया था। मुझे याद पड़ता है कि मैंने व दो तीन और लोगों ने मिलकर ये काम किया था। मेरी मानसिक स्थिति विशेष थी क्योंकि अपना ही एक सम्बन्धी आज इस अवस्था में एकाकी एक सामान की भांति रखा हुआ था। अयोध्या में सरयू के तट पर उनकी दाह क्रिया की गयी। हरेंद्र प्रकाश जी ने पूरा सहयोग दिया था। दाह क्रिया में यदि मैं कहूँ तो मुख्य भूमिका उन्होंने ही निभाई थी। कृपा शंकर जी भी साथ साथ ही थे और उनके सहयोग को भी मैं अपने संतोष शान्ति के लिए

बहुत ही महत्वपूर्ण मानता हूँ। इस अवसर पर फतेहपुर से उनकी ससुराल से भी मामा सत्य प्रकाश जी को छोड़कर लगभग सभी लोग पहुँच गए थे। मेरे लिए कष्टकारी और भय दायक उनकी अस्थियों के अवशेषों को लेकर स्वरूपगंज वापस लौटना था। क्योंकि परिवार के सभी लोग और रिश्तेदार भी फैज़ाबाद में अपने अथवा रिश्तेदारों के यहाँ रुक गए थे। हरेंद्र प्रकाश जी कहाँ थे यह मुझे नहीं ज्ञात। मेरे साथ घर का कोई भी सदस्य स्वरूपगंज तक नहीं आया था। परिचितों में गाँव का एक लड़का सत्यनाम चौरसिया जो रवि शंकर जी को बहुत मानता था, बस वही साथ स्वरूपगंज तक आया था। अस्थि कलश हमारे पास ही था जिसमे मैं रवि शंकर जी को उपस्थित सा महसूस कर रहा था। मैंने यह पूरा कार्य श्वेत वस्त्रों में किया था और फिर कुछ दिनों तक श्वेत कपड़े को देखकर ही मुझे भय लगने लगा था। घर के बाहर जहां मैंने चिट बाँधी थी, उस ओर जाना या अंधेरे में स्नानघर तक जाने में मैं सिहरन महसूस करता था। वह स्थिति सामान्य नहीं थी और उसका वास्तविक चित्रण संभव नहीं है। जो नियति में लिखा है उसे तो होना ही है। सब कुछ ईश्वर के विधान पर पूर्व से ही सुनिश्चित कर रखा गया है। ईश्वर वह शक्ति है जो सब का नियंता है। उसे हम किसी भी नाम से सम्बोधित कर सकते हैं जैसा विभिन्न समुदायों के अपने अपने ईष्ट भिन्न भिन्न मानते हैं। उसी में से एक नाम 'राम' का भी है। जिस स्थान पर अंत्येष्टि हुई थी उस स्थान बची हुई अस्थियों व भस्म को एकत्रित कर सरयू जी में प्रवाहित कर दिया था और कुछ अस्थि कलश में अपनी स्वयं की प्रेरणा से रख लिया था। अंत्येष्टि के स्थान को धुल कर वहाँ ब्राह्मण के कहने से मैंने 'राम' शब्द लिख दिया था। अस्थियों को स्वरूपगंज लाने का मेरा उद्द्येश्य यह था कि क्योंकि रवि शंकर जी के अपने परिवार का वहाँ कोई नहीं गया था, अतः इन अस्थियों के माध्यम से वे लोग इन्हें अपनी सुविधानुसार गंगा जी में प्रवाहित कर शांति का अनुभव कर सकें। बाद में मुझे पता चला था कि उस अस्थि कलश को जिसे मैंने उनके घर के पिछले भाग में कृपा शंकर जी के सानिध्य में एक आम के पेड़ के नीचे भूमि में रख दिया था, को उनकी पत्नी आदि के द्वारा गंगा जी में प्रवाहित कर दिया गया था। हालाँकि इसके विषय में मुझे कब और किस वर्ष, यह अवगत नहीं कराया गया था। इसका एक उद्द्येश्य यह भी था की उनका पुत्र जो उस समय मात्र सात वर्ष का था, यदि चाहेगा तो वह भी अपना धर्म निर्वहन कर सकेगा।

आज भगवान राम का एक विशाल मंदिर अयोध्या में निर्मित हो चुका है जिसका प्रथम दर्शन प्रधानमन्त्री द्वारा किया गया है। यह मंदिर लगभग पांच सौ वर्षों से विवाद के कारण नहीं निर्मित किया जा सका था। आज इस कारण ही अयोध्या का रूप बदल गया है और यह वह अयोध्या नगरी नहीं रह गयी जो मेरे बचपन में हुआ करती थी। मैं अपनी स्मृति के अनुसार प्रथम बार अयोध्या जी चार पांच वर्ष की अवस्था में भगवती प्रसाद जी व अन्य गाँव के लोगों के साथ गया था। तब वहाँ सरयू के ऊपर कोई पुल नहीं था। बस एक पीपों का पुल था और मेले आदि विशेष अवसरों पर शासन द्वारा विशेष व्यवस्था की जाती थी। सरयू नदी बहुत

दूर रोड से ही दिखने लग जाती थी। मुझे याद है कि बाबा जी ने मेरे कान और नाक बंद कर डुबकी लगवाई थी। तदोपरांत नदी के किनारे कच्चे बालू वाले घाट पर पड़े एक तखत पर बैठ कर उन्होंने मुझे चन्दन आदि का टीका लगाया था और स्वयं भी पुजारी के दर्पण को देख अपना लगाया था। मैं वहाँ किनारे छोटे छोटे जल के गड्ढों में तैरती हुई मछलियों को देखने में अधिक रूचि ले रहा था। मैं समझता हूँ कि उस समय हनुमानगढ़ी से थोड़ा ही आगे बढ़ते नीले रंग की सरयू जी के दर्शन होने लग जाते थे और गहरा ढलान प्रारम्भ हो जाता था। निर्माण कार्य भी तब बहुत ही कम हुआ था। बस पुराने भवन ही थे उस समय उस स्थान पर। अजोध्या जी, जैसा उस समय लोग इसे श्रद्धा के कारण कहते थे, में प्रमुख दर्शनीय स्थलों में हनुमानगढ़ी, कनकभवन, और जन्मभूमि अवश्य होते थे। क्योंकि जन्मभूमि पर ताला लगा हुआ था और वहीं एक तखत पर बहुत से लोगों द्वारा ढोल मंजीरों के साथ भजन कीर्तन चल रहा था, जो मेरे लिए विशेष था। दानपात्र में शीशा लगा हुआ था और बाहर से डाले गए दान के रुपये दिख रहे थे। मैंने जिज्ञासावश बाबा जी से इसमे ताले के लगे होने का कारण और कीर्तन के विषय में पूँछा था। उन्होंने बतलाया था कि कीर्तन निरंतर ताला खुलवाने के उद्द्येश्य से किया जा रहा है। तब मैं उसका न तो इतिहास जानने की अवस्था में ही था न उन्होंने विस्तृत रूप से बाबरी मस्जिद के विषय में बतलाया ही था। यद्यपि इस स्थान के भगवान राम के जन्म के स्थल के रूप में मानने में मुझे विश्वास उस समय भी नहीं हुआ था क्योंकि सीता रसोई कच्चे भवन में थी जो मेरे लिए अविश्वसनीय था।

समयोपरांत यद्यपि भवन पर लगा हुआ ताला न्यायालय की निर्देश पर खोल दिया गया था लेकिन इस भवन के स्थान पर मंदिर निर्माण का प्रयास उन्नीस सौ नब्बे के दशक में गंभीरता और अधिक दृढ़ता के साथ आगे बढ़ा। क्योंकि अब तक मैं वयस्क हो चुका था इसलिए उसके उपरान्त की सारी गतिविधियाँ मुझे भलीभाँति स्मरण हैं। आज उसी स्थान पर एक विशाल व भव्य मंदिर में भगवान राम की सवा चार फ़ीट की प्रतिमा की प्राण प्रतिष्ठा हो चुकी है। अयोध्या में काफी विकास कार्य इस दौरान हुए हैं और अब पूर्व की अयोध्या के चित्र में और वर्तमान अयोध्या के दृश्य में बृहद अंतर आ चुका है। प्रतिमा की प्राण प्रतिष्ठा का कार्यक्रम भारत सरकार के दूरदर्शन के सभी चैनलों पर प्रसारित किया गया था और देश के लगभग सभी प्रसिद्द व्यक्तियों को प्रथम दिवस यहाँ आमंत्रित किया गया था। जन्मभूमि मन्दिर से सम्बंधित सभी घटनाओं के विषय में पर्याप्त जानकारी पुस्तकों और इंटरनेट पर उपलब्ध है। प्रधानमन्त्री जी भी स्वयं उपस्थित थे।

मैं दूसरे दिन सुबह स्नान करके सुलतानपुर के लिए वापस चल दिया था। जगदीशपुर होते हुए बस से मैंने आकर सम्पूर्ण वृत्तांत सीमा को बतलाया था। यद्यपि मेरे लिए यह सोचना कि दाह व अन्य कर्मकांड करने में लोग किस प्रकार पीछे हट रहे थे कुछ विचित्र लग रहा था क्योंकि रवि शंकर जी उन लोगों के ज्यादा घनिष्ट थे और अधिकतर ये उन्हीं के साथ

उठते बैठते थे। यह पूरा कार्य सम्पादित करने में यदि कृपा शंकर जी का निरंतर सहयोग नहीं होता तो मैं अकेला पड़ जाता। घाट पर लकड़ी आदि जो भी व्यय थे वो मैने ही किये थे। बाद में लकड़ियाँ कुछ कम प्रतीत होने पर एक क्विंटल और मंगाई गयी थीं जिसका मूल्य कृपा शंकर जी ने ही स्वयं प्रदान किया था। दाहसंस्कार की क्रिया का जो भय मेरे मन में व्याप्त हो गया था वह आसानी से मिटने वाला नहीं था और मुझे उससे मुक्त होने में लम्बा समय लगा था। मुझे अवसाद हो गया था और मुझे उसका इलाज भी कराना पड़ा। अग्रिम कार्यों के लिए निर्णय यह लिया गया था कि दसवें दिन सुध के तीन दिन पूर्व मैं वापस आकर चिट पुनः धारण कर लूंगा और फिर सारी क्रियाएँ नियमानुसार कर दी जाएँगी। हरेंद्र प्रकाश जी की माता जी ने घरेलू तैयारियों में सर्वाधिक सहयोग किया था और यदि सत्य कहा जाए तो वो अकेले ही थीं जिसने तेरही तक महत्वपूर्ण और मन से सहायता की थी। रवि शंकर जी की पत्नी मानसिक रूप से तो परेशान थी हीं लेकिन यदि सत्य कहा जाये तो उन्होंने इस तेरह दिन की प्रक्रिया के लिए सहमत ना होने के कारण असहयोग भी किया था। उनकी मंशा आर्यसमाजी विधि से तीसरे दिन हवन आदि कराने की थी। वास्तव में रवि शंकर जी को भी कर्मकांडों में अधिक विश्वास नहीं था लेकिन कुछ पारिवारिक परम्पराएँ होती हैं जिन्हें तोड़ना उचित नहीं होता जब तक बहुत बड़ी मजबूरी न हो। हम ही लोग उनकी आर्य समाजी विधि से सहमत नहीं हुए थे और परिवार की परम्परा के अनुसार दशमी और त्रयोदशी कार्य द्वारा ही उनके इस अंतिम कार्य को करने का निर्णय लिए थे। मुझे यह आभास था कि इस विधि में मुझे ही पूरा आर्थिक व्यय उठाना पड़ेगा और चाची रजनी जी सहयोग नहीं करेंगी। अतः मैं पुनः फैज़ाबाद होता हुआ तेईस जनवरी को सपरिवार बच्चों सहित स्वरूपगंज आ गया था। घबराहट की दवा मैं साथ रखता था जिन्हे डॉक्टर ने बताया था। स्वरूपगंज पहुंचते ही प्रक्रियाएँ जैसे घट बांधना, जल तिलांजलि देना, दीपक जलाना आदि कार्यों को मैंने कृपा शंकर जी द्वारा दिए निर्देशों के अनुसार प्रारम्भ कर दिया था। सात्विक भोजन, सात्विक आचार व्यवहार और अकेले तखत पर लेटना आदि मुख्य दैनिक चर्याएँ थीं। सीमा और हरेंद्र प्रकाश की माता जी के भी साथ होने के कारण मुझे विशेष समस्या नहीं हुई थी। सभी उपस्थित लोगों के नाश्ते व भोजन आदि का दायित्व मैंने उठा लिया था। जो वस्तुएँ घर पर नहीं थीं उन्हें क्रय करवाया था। रजनी जी एक कक्ष में अपनी बेटियों व एक भाई सूर्य प्रकाश के साथ एकांतवास कर रही थीं और घर में क्या हो रहा है उससे पूर्णतः विलग थीं। ऐसा नहीं कि वो मानसिक रूप से इतना विक्षिप्त थीं बल्कि इसलिए क्योंकि उनकी योजना के अनुसार यह सब नहीं किया जा रहा था। धन की कोई समस्या नहीं थी क्योंकि कुछ दिनों पूर्व ही एक सम्मिलित बाग बेंची गयी थी उससे उनके हिस्से की धनराशि लगभग उन्नीस हजार रुपये उनके पास थे, लेकिन उन तेरह दिनों तक वो अपने ही घर में सपरिवार अतिथि के रूप में रह रही थीं। उनके पांच बच्चे भी साथ में थे।

दशमी यानी सुध के दिन परिवार खानदान के सभी लोग इकट्ठे हुए थे। पिता जी संभवतः

तेरही में ही आये थे। सुध की प्रक्रिया समाप्त हो जाने के बाद मुझे अत्यधिक शांति मिली थी। अंतिम क्रिया के जो विभिन्न अंग होते हैं वे निश्चय ही जिस व्यक्ति ने दाह संस्कार किया है उसको शांति प्रदान करने हेतु बनाये गए हैं जो क्रमिक रूप से आपकी मानसिक स्थिति को शांत करने में सहायक होते हैं। सुध के दिन के बाद मेरा मन काफी हल्का हो गया था और ऐसा प्रतीत होता था जैसे रवि शंकर जी की आत्मा मेरे ही इर्द गिर्द रह रही थी और अब वह प्रसन्नतापूर्ण स्थिति में उस लोक को प्रस्थान कर गयी जो अदृश्य है और जहां उसे जाना चाहिए था। अगले दिन छब्बीस जनवरी मैंने अपने पुत्र के साथ वहीं विश्वविद्यालय में ही ध्वजारोहण में सम्मिलित होकर मनाया था। इस सन्दर्भ में यह बताना भी समीचीन होगा कि मैंने अपने पूरे सेवाकाल में गणतंत्र व स्वतंत्रता दिवस के ध्वजारोहण में प्रतिभाग अवश्य किया है। यदि विशेष स्थिति में सुलतानपुर में नहीं रहा तो स्थानीय किसी कार्यालय में जाकर ही सम्मिलित हुआ। कभी भी इन दिनों में मैंने अपने घर पर बैठकर दूर दर्शन के प्रसारण का आनंद नहीं लिया।

रजनी जी ने सुध के दिन आर्यसमाजी विधि से हवन पूजन की थी हालाँकि यह व्यवस्था पूरी इन्होने अपने स्तर से की थी और उसमें भी मैं सम्मिलित हुआ था। धार्मिक कार्य कैसे भी हों कल्याणकारी ही होते हैं। तेरही की पूरी व्यवस्था मेरे और हरेंद्र प्रकाश जी की माता जी द्वारा की गयी थी। राशन पूरा घर गाँव का था। पुलाव के लिए चावल अलग से खरीदना पड़ा था। पूरा व्यय मैंने किया था और जो आंशिक रूप से लगा रहा होगा वह हरेंद्र प्रकाश जी की माता जी का था। सब्जी एक साथ मंगाई गयी थी जो कि गाँव के ही एक व्यक्ति के माध्यम से आई थी जो स्वरूपगंज में दुकान करता था। हरेंद्र प्रकाश जी की माता जी का विचार सामान्य भोज कराने की थी और वो अपनी जगह सभी का आर्थिक सहयोग देखते हुए सही भी थीं। जिस व्यक्ति को मन वचन कर्म से पूरा सहयोग देना था वह उदासीन होकर अपने को अलग किये हुए था। उचित ढंग से भोज का आयोजन करने में खर्चा तो अधिक होना ही था जिसको कोई भी रजनी जी के व्यवहार के नाते करने को तैयार नहीं था। वैसे ही धन के प्रति आसक्ति सभी की होती है। अतः मैंने परिवार के सम्मान और रवि शंकर जी के प्रति आभार के नाते इसकी पूरी जिम्मेदारी ली। भोज में पूरी, कचौरी, दो प्रकार की सब्जियाँ, पनीर, सलाद और गुलाब जामुन, विद्युत् जनरेटर, पंडाल सब की व्यवस्था की गयी थी। मेरा मानना यह भी था की लोग यह न कहें कि किसी प्रकार की लापरवाही की गयी। मैं यह भी समझता था कि जो अंतिम क्रिया करता है पूरी जिम्मेदारी लोग उसी की समझते हैं। परिवार, रिश्तेदार, गाँव व विश्वविद्यालय के स्टाफ जैसा जिसको उचित समझा गया उन्हें रजनी, नारायण प्रसाद और कृपा शंकर जी के परामर्श से आमंत्रित किया गया था। भोज का कार्यक्रम बहुत ही संतोषजनक रूप से संपन्न हुआ था। इस कार्य में बाहरी सभी कार्य हरेंद्र प्रकाश जी द्वारा एक दो ख़ास मित्रों के सहयोग से किये गए थे। इस वजह से मुझे कोई असुविधा नहीं हुई थी। मेरे विचार के अनुमान से लगभग दो ढाई सौ लोग तो कुल हो ही गए रहे होंगे। पर्याप्त

भोजन बच भी गया था। यूनिवर्सिटी के किसी भी स्टाफ का योगदान नहीं था। जिन एक दो लोगों से आशा थी वो भी नहीं आये थे क्योंकि व्यवस्था पारिवारिक बन गयी थी और रजनी जी इन्वॉल्व नहीं थीं।

जिन नामों का मैंने पूर्व में ज़िक्र किया है वो सभी धन्यवाद के पात्र हैं। न केवल मेरे द्वारा अपितु रवि शंकर जी के परिवार द्वारा भी जो इस विषम समय में अपना अपना सहयोग दिए। कृपा शंकर जी का ख़ास तौर पर क्योंकि वो लगभग नित्य ही गाँव से आ जाते थे और हरेंद्र प्रकाश जी की माता जी का भी जिन्होंने अपने अनुभव का लाभ प्रदान किया था। तेरही के भोज में मेरे जो पैसे व्यय हुए उसका उल्लेख उचित नहीं होगा। लौटते समय मैं गैस सिलिंडर भी भरवा कर आया था ताकि किसी प्रकार की शिकायत इन लोगों को न हो। रवि शंकर जी की दो पुत्रियाँ वयस्क थीं और बात करने में तेज भी थीं। इन लोगों ने बताया था कि देहांत की रात के पूर्व चाचा जी ने कोई आयुर्वेदिक नयी दवा पी थी। तो इस प्रकार उनका जीवन समाप्त हुआ और वो उसी में समा गए जहाँ से आये थे। यदि कोई उन्हें निरंतर याद करने वाला रह गया तो मैं और उनका परिवार। उनके बच्चों में भी वो संस्कार या गुण नहीं आ सके जो वो चाहते थे जैसा कि मुझे बतलाया गया कि वे उनसे कुछ बातों को लेकर यदा कदा विरोध भी कर लेते थे।

5

पुत्र और पूर्वज

रवि शंकर जी अपनी अम्मा जी के बहुत प्रिय थे और अम्माजी उनको 'ननकऊ' कह कर हमेशा सम्बोधित करती थी। लेकिन जब दादी जी को पैरालिसिस हुआ और वो चारपाई पर ही पड़ गयीं तो उनके द्वारा उनकी कोई भी परिचर्या न की जा सकी। उनकी पत्नी सर्विस करती थीं और एक छोटी बच्ची होने के कारण वो चाहकर भी उनकी सेवा नहीं कर सकती थीं। मेरे विचार से उनका स्वभाव भी नर्सिंग वाला नहीं था। रवि शंकर जी की नेत्र ज्योति अधिक कम होने के कारण वो भी उनकी सेवा सुश्रूषा कर सकने में असमर्थ थे। जब दादी जी फ़ैज़ाबाद हमारे घर से उपचार के उपरांत लगभग दो माह रहकर वापस गाँव चली गयीं तो फिर वो उनसे न मिल सके। अम्माजी के गाँव जाने के उपरान्त यह तय किया गया था कि सभी पुत्र दो दो माह उनकी सेवा करेंगे और उनकी जिम्मेदारी उठाएँगे। जब उनकी सेवा का समय आया तो भी वो कुछ न तो कर सके ना उसकी व्यवस्था ही किये। अम्माजी अपने जीवन के अंतिम क्षणों तक उनसे मिलने उन्हें देखने की प्रतीक्षा करती रह गयीं। क्योंकि मैं गाँव पर ही था इसलिए उनके अम्माजी से न मिल पाने के कारण को नहीं जानता या कौन सी ऐसी मजबूरी थी जो ऐसा करने को वो बाध्य हो गए थे। लगभग इसी प्रकार का पुत्रमोह मेरी माता जी को भी देवेंद्र प्रकाश जी को लेकर था ऐसा मुझे स्थायी रूप से सुलतानपुर आ जाने के उपरान्त होना प्रतीत हुआ। ऐसा नहीं कि उन्हें मुझसे स्नेह नहीं था। जिस प्रकार का प्रेम व तत्सम्बन्धी सहयोग आदि की प्रत्याशा बड़े होने के कारण मुझसे की जाती थी, उसे पूरे मनोयोग से मैं करता भी था। मेरी लगभग तेरह चौदह वर्ष की अवस्था में देवेंद्र प्रकाश जी को चेचक निकली थीं और उस कष्टपूर्ण स्थिति में मैं विद्यालय से लौटने के उपरान्त हाथ मुंह धुल कर भूमि पर पीढ़े पर बैठ दुर्गासप्तशती का पाठ करता था। मैं संस्कृत भाषा में अधिक रूचि लेता था क्योंकि कंठस्थ करने का मेरा गुण व क्षमता बड़ी ही अच्छी थी। बड़े बड़े श्लोकों को मैंने कक्षा छह से ही याद करने की प्रतिभा हासिल कर ली थी। कक्षा आठ की परिषदीय परीक्षा में मेरी संस्कृत विषय में डिस्टिंक्शन आयी थी।

एक और कंठस्थ करने की क्षमता का उदाहरण मेरा लगभग दस पृष्ठों का जन्तु विज्ञान की पुस्तक का एक पूरा अध्याय, जैसा वह मुद्रित था, ज्यों का त्यों, शब्दशः याद कर डालना था। हुआ यों था कि देवी प्रसाद जी, भगवती प्रसाद जी के सबसे बड़े भाई, के एक नाती काफी प्रखर बुद्धि के हैं ऐसा माने जाते थे। उनकी कक्षा दस की बोर्ड परीक्षा में प्रथम श्रेणी बहुत ही अच्छे अंकों से आयी थी। मैं उनसे संभवतः दो वर्ष पीछे था। मैंने उनसे जब पूँछा कि आपको कुछ याद करने के लिए उस विषय को कितना पढ़ना पड़ता है तो उनका उत्तर था तीन बार। क्या तीन बार में सब याद हो जाता है, जब मैंने यह प्रश्न किया तो भी उनका उत्तर 'हाँ' में ही था। अब उनकी इस क्षमता को मेरे मन में अपने आप पर प्रयोग करने की जिज्ञासा उत्पन्न हो गयी। इस हेतु ही मैंने जन्तुविज्ञान का पहला पाठ 'मेढक का बाह्य आकार एवं प्रकार' को पढ़ कर याद करने की क्रिया प्रारम्भ कर दी। आज मेरे लिए भी इस पर विश्वास करना कठिन हो रहा है कि मैंने लेसन के प्रत्येक पृष्ठ को मात्र तीन बार पढ़ कर, पूरा का पूरा अध्याय तोते की भाँति कंठस्थ कर लिया था। मैं उस पाठ को प्रथम शब्द से अंतिम शब्द तक बिना किसी सहायता के सुना सकता था। मैंने उसे याद कर लिया था और स्वयं को सुनाता भी रहता था। यह मुझे मेरी इस प्रतिभा को स्वयं आंकने का एक अवसर था और मैंने उसे इस प्रकार अपने ऊपर टेस्ट किया था। मैं इसे मन ही मन दुहराता रहता था ताकि पूर्व का याद किया हुआ कहीं विस्मृत न हो जाए। मैं यह जान गया कि बौद्धिक क्षमता में मैं उनसे कम नहीं हूँ अब परीक्षा में अंक लाना तो अन्य अनेक फैक्टर्स पर भी निर्भर करता है। उन्होंने कक्षा बारह भी प्रथम श्रेणी में उत्तीर्ण की थी और उसके उपरांत उन्होंने गणित में भी इंटरमीडिएट किया था। वैसे वो चिकित्सा विज्ञान में प्रवेश हेतु तैयारी कर रहे थे। गणित में उनके अंक बहुत अच्छे नहीं आये थे। एमबीबीएस के लिए उनका चयन नहीं हो सका था और फिर उन्होंने जन्तुविज्ञान में स्नातक परास्नातक और पीएचडी भी किया। इसके उपरान्त वो दिल्ली में ऐम्स में वैज्ञानिक अधिकारी पद पर नियुक्त हो गए थे। वहीं से वो विवाह कर किसी के माध्यम से डब्लूएचओ की छात्रवृत्ति पर विदेश चले गए और फिर उन्नीस सौ चौरासी के उपरान्त उनसे मुलाक़ात नहीं हुई। जब वो दिल्ली में थे तो छब्बीस जनवरी की भीड़ में अचानक मिल गए थे तभी उनसे मेरा संपर्क हुआ था। उनके साथ मेरे सम्बन्ध अच्छे थे और एक बार मैं लखनऊ में उनके हॉस्टल में उनके साथ रात्रि में रुका भी था।

मेरा उच्चारण और स्वर अच्छा था अतः मुझे दुर्गासप्तशती पढ़ने में आनंद आता था। चेचक के विषय में यह पूर्णतः सत्य है कि इसका कोई चिकित्सकीय निदान नहीं है। मात्र स्वच्छता और सादा सुपाच्य भोजन ही अपने वश में होता है। साथ ही ईश्वर से कुशलता के लिए प्रार्थना करते रहना ही मन को शांति व बल देने के लिए एक साधन होता है। मैंने यह सहर्ष किया था जब देवेंद्र प्रकाश जी को चेचक निकली थी।

देवेंद्र प्रकाश जी की सर्विस आर्मी में धार्मिक शिक्षक के रूप में उन्नीस सौ तिरान्नबे में लगी

थी। इनका स्नातक स्तर पर एक विषय संस्कृत होने के कारण और ईश्वर के आशीर्वाद से यह संभव हुआ था। क्योंकि उनका शारीरिक रूप से व्यक्तित्व आर्मी में प्रवेश हेतु बिलकुल उपयुक्त नहीं था। लखनऊ से बंगलोर इंटरव्यू के लिए जब वो जा रहे थे तो मैं उन्हें पहुँचाने गया था। किन्तु इंटरव्यू के दौरान उनका चयन हो जाने पर उन्हें वहीं ज्वाइन करा कर रोक लिया गया था। उन्होंने ईमेल के द्वारा यह मुझे अवगत कराया था। यह एक भावुक क्षण था जब उनकी ईमेल मुझे प्राप्त हुई थी क्योंकि आर्मी की सर्विस में उनको फिर घर आकर अधिक दिनों तक रुकने का अवसर नहीं मिलने वाला था। हालाँकि यह प्रसन्नता का भी अवसर था। धार्मिक शिक्षक को प्रशिक्षण तो हर प्रकार का दिया जाता है लेकिन प्रमुख कार्य आर्मी के मंदिर में भजन पूजन कीर्तन अदि का संचालन ही होता है जैसा कि मैंने फैज़ाबाद के मिलिट्री मंदिर में देखा था।

देवी प्रसाद जी शासकीय सेवा में थे और गाँव पर ही रिटायर होने के पश्चात रहते थे। भगवती प्रसाद जी से छोटे दुर्गा प्रसाद जी थे जिनके पौत्र चंद्र प्रकाश जी हैं। चंद्र प्रकाश जी आयु में मुझसे लगभग एक वर्ष छोटे हैं और बचपन हम दोनो का एक साथ ही व्यतीत हुआ है। हम साथ ही खेले घूमे और युवा हुए। हम दोनो में निकटता आज तक जब भी मिले बनी हुई है क्योंकि ईगो को हमने मध्य में नहीं आने दिया। कभी कभार विवाद होना अपवाद के रूप में था। उनका विवाह बीस वर्ष की आयु में हो गया था और आज उनके बच्चों के भी बच्चे हो चुके हैं उनकी शिक्षा अधिक नहीं हो सकी क्योंकि उनके ऊपर खेती, कृषि की जिम्मेदारी शीघ्र आ गयी थी।

कृपा शंकर जी अपने माँ-बाप के अकेले पुत्र थे। हालाँकि इनके अन्य भाई-बहन भी जन्म लिए थे लेकिन उनका जीवन बहुत अल्पकालिक था। एक बहन के विषय में पिता जी बताते थे कि सम्भवतः सात आठ साल की होकर गुजरी थी। शायद रवि शंकर जी ने बतलाया था कि वो भी छह भाई-बहन थे जैसे कि इन लोगों के। आयु के विषय में उन्होंने कोई जानकारी नहीं दी थी। मेरे पिता जी से भी बड़े एक भाई ने जन्म लिया था किन्तु वो नहीं बचे थे। कृपा शंकर जी शांत प्रकृति के और प्रेमी व्यक्ति थे। वो सहकारिता विभाग में सर्विस करते थे और प्रायः छोटे छोटे कस्बों में उनकी नियुक्ति होती रहती थी। उनकी सर्विस लगने में जैसा कि मुझे ज्ञात हुआ था, देवी प्रसाद जी का योगदान भी था। वो अपना परिवार अपने साथ ही रखते थे और गाँव पर खेती बाड़ी का कार्य उनके पिता जी द्वारा सम्पादित कराया जाता था। दुर्गा प्रसाद जी गाँव पर अपना काफी प्रभाव बना रखे थे किन्तु इस प्रभाव में उनके प्रति लोगों का प्रेम कम भय ज्यादा था। जमीन काफी अधिक थी और जमींदारी तंत्र का प्रभाव उस समय तक समाप्त नहीं हुआ था। अतः उनमे वो सारी राजा प्रजा वाली भावनाएँ विद्यमान थीं। ये केवल घर की महिलाओं का ही ऐसा गुण था जो इस प्रजा वर्ग को अपनी सुहृदयता के कारण अपने प्रति प्रेम और निष्ठा बनाये रखने का कार्य करता था। वैसे ही भूमिहीन

किसानों के पास जीवन यापन करने के लिए जमींदारों के खेतों में कार्य करने के अतिरिक्त कोई अन्य मार्ग था भी नहीं। भगवती प्रसाद जी से बड़े जमुना प्रसाद जी के देहांत के बाद दुर्गा प्रसाद जी और भी अधिक प्रभावशाली हो गए थे क्योंकि अब पूरी तीन हिस्सों की जमीन इनके ही नियंत्रण में आ गयी थी। बाबा जी सर्विस करने के कारण हमेशा ही अन्यत्र पोस्टेड रहते थे। जमुना प्रसाद जी देवी प्रसाद जी से छोटे थे और ऐसा कहा जाता है कि वो बहुत ही धार्मिक प्रकृति के व्यक्ति थे जिसके कारण लोग उनको साधू दादा के नाम से भी बुलाते थे। इनका देहांत गाँव में कालरा फैलने के समय लोगों के स्वास्थ्य पर ध्यान देने की प्रक्रिया में शामिल होने के फलस्वरूप स्वयं प्रभावित हो बीमार पड़ जाने से हो गया था। उस समय उनकी आयु लगभग चालीस पैतालीस के आस पास रही होगी। जैसा बद्री नारायण जी, एक घनिष्ठ सम्बन्धी जिनसे मेरा संपर्क अंत तक बना रहा, ने बतलाया था। उनकी सुनते हैं दो शादियाँ हुई थीं लेकिन बच्चे नहीं थे। यह नहीं पता कि बच्चे हुए और बचे नहीं या हुए ही नहीं। पत्नियों का देहांत भी उस समय हो चुका था। गाँव में हैजा वीभत्स रूप से फैला था और लोग निरंतर मरते जा रहे थे। उनकी देखभाल और अंतिम संस्कार में, व्यवस्था बनाने के कार्य में, ये और इनके कुछ सहयोगी बहुत ही शिद्दत से लगे हुए थे और इसमें दुर्भाग्यवश ये भी नहीं बचे थे। वो आचरण से भी बहुत ही अच्छे व्यक्ति थे। बताते हैं वो अपनी माई के पैर के अंगूठे को धुल कर नित्य मस्तक से लगाते थे। उन्होंने अपने दरवाजे पर मार्ग के उस ओर एक बहुत ही भव्य चौपाल बनवाई थी जिसे हम लोग बारादरी भी कहते थे। यह बारादरी उस समय में संभवतः गाँव और आस पास के अत्यधिक सुन्दर भवनों में थी और मेरे सामने भी अस्तित्व में थी। लेकिन कालचक्र के प्रभाव से तथा उचित रख रखाव न होने के कारण धीरे धीरे गिरने टूटने लग गयी। इसका आधा हिस्सा जो दुर्गा प्रसाद जी के अधिकार में था उसका निर्माण फिर पक्के सीमेंट मसाले से कृपा शंकर जी ने करवा लिया है। जो भाग भगवती प्रसाद जी के हिस्से में था उसकी स्थिति दिनोदिन बिगड़ती गयी और अब वह भाग गिर पड़ गया है। जमुना प्रसाद जी, भगवती प्रसाद और स्वयं अपनी पूरी संपत्ति का अधिकार और मालिकाना एक प्रकार से दुर्गा प्रसाद जी के ही नियंत्रण में आ गया था।

देवी प्रसाद जी बहुत समय पूर्व इन लोगों के पिता जी के सामने ही अलग हो गए थे या यूँ कहे कि उनकी पत्नी द्वारा घर के सदस्यों के साथ उचित सामंजस्य न बिठा पाने के कारण अलग कर दिए गए थे। हालाँकि उनके सबसे बड़े होने के कारण उनका जो सम्मान था वह आजीवन बना रहा और किसी ने भी उनके अथवा उनकी पत्नी के सम्मुख विरोध का एक शब्द तक नहीं कहा। इनका निधन नवासी वर्ष की आयु में उसी प्रकार हुआ जैसे लोग महा मृत्युंजय मंत्र द्वारा ईश्वर से प्रार्थना करते हैं। वो अंतिम क्षण भी स्वस्थ थे और पानी लेने के लिए बाल्टी के पास ही बिना किसी कष्ट के प्रयाण कर गए थे। देवी प्रसाद जी कमर से झुक गए थे और कुबरी लेकर चलते थे। मात्र अस्थियों और को ढकने के लिए ही मांस त्वचा उनके शरीर में अवशेष थी। देवी प्रसाद जी उस समय के अनुसार उच्च शिक्षा प्राप्त किये हुए

व्यक्ति थे। रघुबीरलाल जी के प्रथम ज्येष्ठ पुत्र थे और बहुत ही पूजा प्रार्थना जैसे प्रयत्नों के उपरान्त उनका जन्म हुआ था। उनसे पूर्व तीन पुत्रियों का जन्म हो चुका था। इनमे से एक का विवाह लखनऊ दूसरी का जायस और तीसरी का पिपरवा नामक स्थानों पर हुआ था और सभी का परिवार, मात्र पिपरवा वाली का छोड़कर, आगे बढ़ा। पिपरवा मैं बचपन में एक बार गया भी था। इनके नामों को लेकर कभी कोई भी बातचीत नहीं हुई। पिपरवा के लक्ष्मी नारायण जीजा की चर्चा कभी कभार बाबाजी से मैंने सुना था। जिस शिव मंदिर की स्थापना की गयी थी उसमे अठारह सौ नब्बे के आस पास से आज तक प्रातः और सायं निरंतर पूजा चल रही है और रात्रि में दीपक जलाया जाता है। रघुबीरलाल जी ने पंडितों आदि के कहने पर घर में एक शिवलिंग की स्थापना कर उन्होंने मंदिर का निर्माण कराया और शिव भगवान की पूजा अर्चना करवाई थी। इसके बाद ही देवी प्रसाद जी और अन्य भाइयों का जन्म हुआ था। एक भाई जमुना प्रसाद के बाद और हुए, जिनका नाम भगवत प्रसाद रखा गया था लेकिन उनकी मृत्यु लगभग सात आठ वर्ष में हो गयी थी। इसके बाद जब माँ पुनः गर्भवती हुईं तो उन्होंने स्वप्न में देखा की भगवत प्रसाद कह रहे हैं कि माई मैं आ गया। इसी कारण जब गर्भस्थ बच्चे का जन्म हुआ तो उसका नाम आगे चलकर भगवती प्रसाद रखा गया। बाबा जी ने यह बतलाया था कि वो अपनी माँ को 'माई' कह कर ही बुलाते थे इसीलिए मैं माई शब्द का प्रयोग कर रहा हूँ। रघुबीरलाल जी बड़े जमींदार थे और धार्मिक व्यक्ति भी थे। हालांकि जिन विशेष गुणों का होना जमीन जायदाद की सुरक्षा के लिए होना चाहिए वो तो उनमे भी रहे ही होंगे। देवी प्रसाद जी जो भी शिक्षा नज़दीकी कस्बे में प्राप्त हो सकती थी उसे ग्रहण कर फिर लखनऊ अपनी बड़ी बहन के यहाँ चले गए थे और आगे की स्नातक की पढ़ाई उन्होंने वहीं रह कर किया था। उन्हें अंग्रेजी और फारसी का अच्छा ज्ञान था जैसा कि पिता जी बतलाते थे। अंग्रेजी में तो वह काफी अच्छे थे ही क्योंकि जब कभी उनकी मुझसे बात होती थी तो वे प्रसंग आने पर शेक्सपियर की पुस्तकों के कोटेशन भी उद्धृत करते थे और अच्छा उच्चारण करते थे।

वो मुझसे बहुत स्नेह करते थे क्योंकि मेरा स्वभाव बहुत ही विनम्र और शांत, जिज्ञासु प्रकार का था। मैं बड़ों के पास बैठकर उनकी बातें सुनना और प्रश्नोत्तर करना बहुत पसंद करता था। समझदार होने के बाद मैं जब भी गाँव में होता था तो समय निकाल कर उनके घर जाता और कुछ देर बातचीत किया करता था। घर में प्रवेश करते ही प्रेम से 'आओ बेटा कब आये' कहते थे। मुझे नहीं याद पड़ता इस प्रकार उन्होंने परिवार के किसी अन्य बच्चे को इस स्नेह से बुलाया रहा हो। उनके नाती लोग भी थे और उनके साथ वो क्या सम्बोधन करते थे इसकी जानकारी फिलहाल मुझे नहीं है। इनका जन्म जैसा कि मुझे ज्ञात हुआ अठारह सौ बान्नबे में हुआ था। जन्म के उपरान्त इनको बोलने में काफी समय लगा था और अकस्मात ही बोलना प्रारम्भ किया था। ऐसा मुझे बतलाया गया था कि वो जब बोले तो सर्वप्रथम अपने पिता जी को ही सम्बोधित किये थे जो उस समय शेविंग कर रहे थे। शिक्षा के उपरान्त इनकी सर्विस

भी प्रदेश सचिवालय में लग गयी थी और जैसा कि मोहल्ले के लोगों से मैंने सुना ये खजांची यानी कैशियर के पद पर भी थे। सर्विस से रिटायर होने के उपरान्त इन्होने फैज़ाबाद के दालमंडी मोहल्ले में एक अच्छे और पक्के आवास का भी निर्माण करा लिया था। और अपनी पुत्री राजेश्वरी का विवाह भी यहीं से किया था। बड़ी बेटी रामेश्वरी जी के विवाह के विषय में कभी चर्चा नहीं हुई। मकान उस समय के अनुसार अच्छा बना था और मैं जहाँ रहता था उसकी तुलना में बहुत ही सुविधाजनक और सुन्दर था। क्योंकि मेरा मकान किराये का था इसलिए तुलना का कोई औचित्य नहीं था। वैसे भी उस समय मकान आदि का किसी की प्रतिष्ठा से ज्यादह सम्बन्ध नहीं होता था। मात्र पद और स्वभाव से ही आपसी संबंधों का निर्माण होता था या कोई श्रेष्ठ माना जाता था। हालाँकि वो कभी मेरे सामने उस घर में चार छह दिनों से अधिक नहीं रहे अन्यथा मुझे याद रहता। केवल पेंशन आदि लेने के लिए उनका फैज़ाबाद आना होता था और कभी कभार वो भोजन मेरे यहाँ करने आ जाते थे। जब भोजन तैयार हो जाता था तो मुझे उनको बुलाने के लिए भेजा जाता था। हमारा और उनका घर उसी गली में नज़दीक ही था। हो सकता है उनका जो बड़े होने के बाद मुझसे स्नेह था वह मेरे इस कार्य से भी प्रभावित रहा हो। वो मितव्ययी भी थे जैसा मैंने अनुभव किया था क्योंकि उन्होंने कभी लक्ज़री के सामानों का संचय नहीं किया। उनके पास अंत तक एक ट्रांजिस्टर रेडियो भी नहीं था, यद्यपि वो जनरल अवेयरनेस में बहुत रुचि रखते थे। वह स्वयं और उनकी पत्नी मात्र दो लोग गाँव में रहते थे और खाने बनाने के कार्य में सहयोग भी करते मैंने उन्हें देखा था। प्रायः चाय आदि बनाने का कार्य तो वो कर ही लेते थे। दोनों लोगों को मैंने कभी आपस में विवाद करते नहीं देखा क्योंकि वह पत्नी की बातों पर अधिक ध्यान ही नहीं देते थे। उनकी धर्मपत्नी, मेरी बड़ी दादी जी, केवल साक्षर ही थीं। ऐसा भी पिता जी कहते थे कि ये आयु में देवी प्रसाद जी से बड़ी थीं। और उनकी त्वचा की झुर्रियों से मुझे ऐसा महसूस होता है कि वो अवश्य ही बड़ी रही होंगी। लेकिन इसका उनके संबंधों पर कोई प्रभाव नहीं दीखता था। इसका अभिप्राय यह कि या तो इन दोनों में आयु का अंतर बहुत ही कम था अथवा आयु को बिना सही बतलाये ही विवाह तय किया गया रहा होगा। बड़े बाबा जी की मृत्यु के उपरान्त ये एक दो वर्ष जीवित रहीं और फिर कुछ दिनों के लिए बीमार होकर स्वर्गवासी हो गयीं। कुछ समय के लिए राजेश्वरी जी इनको फैज़ाबाद लाकर रखे थीं लेकिन उनको यहाँ बंधन सा अनुभव होता था और फिर गाँव चली गईं। यहीं पर यहाँ इनके निष्ठावान भिखारी नाम के व्यक्ति ने अंत तक इनकी सेवा की थी। ये भी परम्परानुरूप पूजा व्रत आदि करती थीं। स्नान करने के बाद तुलसी जी के पौधे के पास बैठ कर 'सीताराम सीताराम' लिखी हुई एक छोटी सी पुस्तिका पढ़ते हुए मैंने देखा था। पुस्तिका की छपी हुई पंक्तियों पर ये अपनी उंगली चलाती रहती थीं और सीताराम सीताराम बोलती रहती थीं। यद्यपि ऐसा करते समय इनकी उंगली के स्थान और बोले गए शब्द में कोई तारतम्य नहीं होता था। मेरे खयाल से उस पुस्तिका में एक सौ आठ बार तो सीताराम छपा ही रहा होगा। इसके अतिरिक्त मैंने उन्हें कभी भी पढ़ते नहीं देखा। तुलसी जी को सिन्दूर का टीका लगाना भी उनकी पूजा में सम्मिलित था। तुलसी

जी काफी घनी होने के बावजूद सिन्दूर से टीकी रहती थीं। आँगन के पूर्वी ओर लगा यह पौधा क्या मज़ाल कि कोई अन्य बिना स्नान किये स्पर्श भी करने का साहस करे। यदि हम लोगों को कभी इसकी पत्तियों की आवश्यकता होती तो उनसे जाकर निवेदन करना पड़ता था। वहीं जो तुलसी के पौधे हम लोगों के घरों में होते थे उनकी पत्तियों को कभी भी तोड़ और मसल कर उसके अर्क को ज़रुरत होने पर आँख में डाल लिया करते थे। किसी प्रकार की इसमें रोक नहीं थी। इनका स्वभाव कुछ तो गलत रहा ही होगा जो पिता को अपने बड़े पुत्र देवी प्रसाद जी को अलग करना पड़ा होगा। हालाँकि मेरे सामने उनका कोई ऐसा स्वभाव नहीं दिखा जिसके कारण मैं असहज महसूस किया होऊँ। हाँ यह अवश्य है कि वो अपनी किसी भी क्षति को बर्दाश्त नहीं कर पाती थीं और जब बोलती थीं तो यह नहीं सोचती थीं कि वो अपनों से क्या बोले और क्या नहीं। क्योंकि वो अशिक्षित थीं और ऐसे ही परिवार से आयी रही होंगी इसलिए अनर्गल शब्दों का प्रयोग उनके लिए सामान्य रहा होगा। ऐसा मैंने एक आध बार देखा था। किन्तु बड़ी होने के कारण लोग हमेशा ही शांत रहते थे और फिर वो भी शांत हो जाती थीं। बड़े बाबा जी कभी भी विवाद में हस्तक्षेप नहीं करते थे हो सकता है वो उनका स्वभाव भली भाँति जानते रहे हों। मुझे तो देखते ही आनंद सा अनुभव करती थीं और पास बुलाकर बैठाती थी।

यह अवश्य है कि वो अपनी पुत्री और नातियों, जो फैज़ाबाद के उनके मकान में रहते थे, का समाचार अपनी बातों में प्राथमिकता पर रखती थीं। उनके घर यहाँ पर जो नियमित कार्यों को करने के लिए लोग लगे हुए थे वो लम्बे समय से कार्यरत थे। इससे यह तो स्पष्ट ही होता है कि बड़ी दादी जी कोई झगड़ालू किस्म की प्रकृति की नहीं थीं। हाँ जिससे नाराज़ हों उसके साथ जिद्द भरा व्यवहार या डांट फटकार करने में संकोच नहीं करती रही होंगी क्योंकि आयु में बड़ी थीं। उनकी बात पर लोग ध्यान भी नहीं देते थे। यह भी सत्य है कि उनके पास जो भी खाने योग्य वस्तु उपलब्ध रहती थीं उसे मुझसे खाने के लिए पूंछती अवश्य थीं और यदि मैंने कह दिया तो लाकर सामने रख भी देती थीं। वो खाने की वस्तुओं को बहुत दिनों तक संजो कर रखती थीं और कभी कभी तो वो खराब हो जाने की वजह से खाने योग्य रह भी नहीं जाती थीं। हो सकता है उनके घर कोई खाने वाला नहीं था इस वजह से ऐसा हो जाता था। हालाँकि मैं और चंद्र प्रकाश जी, यदि साथ में रहे तो, दोनों लोग यह बात अवश्य कर लेते थे कि भलीभांति देखकर ही खाना उचित होगा। यह हम उनसे बताते नहीं थे। जो भी हो यह उनके स्वभाव के इस पक्ष को तो स्पष्ट करता ही है। होली में गुझिया खाने हम लोग उनके यहाँ ज़रूर जाते थे और जहाँ तक मुझे याद है गुड़ और सोंठ की गुझिया ही हमेशा मिलती थी। उनके यहाँ कोई बनाने वाला भी तो नहीं था। इनकी लम्बाई सामान्य से अधिक थी, बिलकुल गोरे रंग की थीं, अच्छी बनावट की सुन्दर महिला थीं। युवावस्था में तो वो काफी आकर्षक रही होंगी ऐसा मैं सोच सकता हूँ। उनकी पुत्री भी लम्बी, सुन्दर, गोरी और अच्छे व्यक्तित्व की सुशिक्षित और बोलचाल में मृदुभाषी परिष्कृत महिला थीं।

वृद्धावस्था में उनको देखकर कोई भी कह सकता था कि वे घर गृहस्थी की देख रेख व संपत्ति की सुरक्षा रखने में समर्थ भूमिका निभाती रही होंगी। घर से बाहर तक, दरवाजे पर खड़े होने पर जहां तक उनकी दृष्टि जाती थी वह उनके निरीक्षण से बाहर नहीं होता था और वो दूर से देख सकती थीं कि वहाँ कौन व्यक्ति है और उसे उसके नाम से आवाज़ देकर सुनिश्चित भी कर लेती थीं। लेकिन यदि उनके निकट जाकर कोई खड़ा हो तो वे संदेह भरे शब्दों में पूंछती थीं क्या तुम फलां व्यक्ति हो। और यह हम सभी बच्चे आपस में कहते भी थे। देवी प्रसाद जी का देहांत उनके जीवित रहते ही हो गया था। मेरे सामने मेरे परिवार में किसी भी व्यक्ति की मृत्यु युवावस्था में नहीं हुई थी। शिशु अवस्था में तो उस समय ग्रामीण क्षेत्र में मृत्यु अधिक होती थी ही। चिकित्सीय सुविधा का उपलब्ध न होना इसका मुख्य कारण था। क्या धनी और क्या निर्धन सभी के साथ यह समस्या थी। देवी प्रसाद जी के पुत्र का निधन युवावस्था में ही हो चुका था। वो मिडिल तक की शिक्षा ग्रहण कर चुके थे और अपने दरवाजे पर ही स्थित बड़े से आँगन नुमा स्थान पर अपने गाँव के ही समवयस्कों के साथ ताश खेलते समय अचानक दौड़ पड़ने के कारण गिर जाने से उनके सीने में आई अंदरूनी चोट की वजह से कुछ दिनों के उपचार के उपरान्त स्वर्गवासी हो गए थे। इस दुर्घटना को किस तरह उनके माता-पिता ने बरदाश्त किया होगा वह कल्पना से परे है। पूरे परिवार के लिए यह कितनी दुखद स्थिति रही होगी उसे सोचना ही कष्ट देता है। यह एक हादसा था जो शीघ्र भुलाया नहीं जा सकता था और इसी लिए शायद इसका ज़िक्र कभी भी बड़े बाबा जी ने नहीं किया। तुलसी पति राम, जैसा उन का नाम बद्री नारायण जी ने बतलाया था, स्वस्थ, सुडौल और अच्छे शरीर के युवा व्यक्ति थे। उस समय उनकी आयु सत्रह अठारह वर्ष की रही होगी। उन्हें मेरे घर में तुलसीराम नाम से सम्बोधित किया जाता था। वो दुर्गा प्रसाद जी की आयु के समतुल्य थे जैसा कि बताया जाता है लेकिन छोटे थे।

जो मकान देवी प्रसाद जी ने फैज़ाबाद में बनवाया था उसकी सबसे ऊपरी छत की चहारदीवारी पर सामने की ओर 'तुलसी निवास' लिखा हुआ भी था। प्लास्टर पर उघेरा गया यह नाम मैं जब भी उधर से गुजरता अवश्य देख लिया करता था। यदि तुलसीराम जी जीवित होते तो गाँव के घर पर कहीं अधिक चहल पहल रहती क्योंकि आज दुर्गा प्रसाद जी के घर में दसियों पारिवारिक जन हैं। जब बड़ी दादी जी बड़े बाबा जी के देहांत के उपरान्त फैज़ाबाद अपनी पुत्री के साथ थीं तो मैं उनसे मिलने गया था। वो अस्वस्थ थीं और उपचार के लिए फैज़ाबाद आयी थी। किन्तु उन्हें शहर की जीवनशैली व रहने व चलने फिरने को उपलब्ध सीमित स्थान बंधन सा प्रतीत होता था और वो जिद्द करके वापस चली गयीं थीं। अम्मा और राजेश्वरी में सम्बन्ध जीवन भर अच्छे रहे जैसा मैंने अनुभव किया। पिता जी को वो 'लाला' कहती थीं जैसा कि कृपा शंकर जी भी अपने पिता को कहते थे। वापस गाँव जाने पर उनकी सेवा सुश्रूषा उनके द्वारा अनुग्रहीत लोगों ने किया था। लोग उन्हें देवी प्रसाद जी की

प्रतिनिधि के रूप में देखते रहे होंगे जिनका बहुत सम्मान था। फैज़ाबाद का मकान उनके ही नाम था लेकिन उन्होंने कभी इस बात की चर्चा नहीं की थी। जो भी हो वो इस मकान में मेरे सामने इसी अपने जीवन के अंतिम कुछ माह में चाहे ही आकर रही हों। आदमी योजनाएँ बहुत बनाता है लेकिन उसकी ये योजनाएँ ईश्वर की किस इच्छा के कारण बन रही हैं उसे कोई जान नहीं सकता। ईश्वर की योजना हमारी सोच से भिन्न ही होती है या कभी अनुरूप भी हो सकती है। अतः योजनाएँ मनुष्य को स्वयं बहुत आगे की नहीं बनानी चाहिए और ईश्वर को ही बनाने देना चाहिए। भविष्य में बहुत दूर तक का सोचना मूर्खतापूर्ण व कभी कभी हास्यास्पद भी हो सकता है। यदि देवी प्रसाद जी उस मकान पर रघुबीरलाल या अपना या अपनी पत्नी का ही नाम लिखवा दिये होते तो किसी प्रकार का किसी की छवि में अन्तर न आता। किन्तु यह पितृसत्तात्मक समाज होने के फलस्वरूप ही था जो उन्होंने पुत्र को इतना महत्त्व दिया था और उनका नाम ही लिखवाया था। यह देवी प्रसाद की मनःस्थित का भी द्योतक था।

रघुबीरलाल जी के दो विवाह हुए थे। उनमे एक अछोरा नामक स्थान से हुआ था। यहाँ की पत्नी से उनको कोई संतान नहीं थी और दूसरा विवाह बहेड़ा से हुआ था जिनसे हमारा खानदान आज अस्तित्व में है। अछोरा की पत्नी के एक भाई के निधन के बाद उनके दो छोटे बालकों को हमारे ही गाँव उनकी देख रेख के लिए ले आया गया था क्योंकि उनकी माँ का पहले ही देहांत हो चुका था। इनमे एक जब बड़े हो गए तो वापस अपने घर लौट गए थे लेकिन छोटे यहीं पर रुके रहे थे। ये ही बद्री नारायण जी थे। इन्होंने ही मुझे बताया था कि जमुना प्रसाद जी के निधन के बाद ही ये हमारा गाँव छोड़ दिए थे और प्रतापगढ़ आ गए थे। रघुबीरलाल जी का स्वर्गवास लगभग पचास पचपन वर्ष की आयु में ही हो गया था। उस समय भगवती प्रसाद जी छोटे ही, आठ दस वर्ष के रहे होंगे। बद्री नारायण जी के अनुसार देवी प्रसाद जी बहुत ही क्रोधी स्वभाव के थे। हालाँकि मैंने उन्हें किसी पर चिल्लाते हुए नहीं पाया। हो सकता है युवावस्था में रहे हों। क्योंकि वो घर में सभी से काफी बड़े थे इसलिए हो सकता है कि कोई उनसे किसी प्रकार का विवाद ही न करता रहा हो। किसी ब्राह्मण ने उनसे किसी बात पर आत्महत्या करने की बात कह दी थी तो उन्होंने भी कह दिया था कि यदि साहस हो तो कर लो और वह सामने ही नीम के पेड़ से कूद भी गया था और उसकी मृत्यु हो गयी थी। ऐसा बद्री नारायण जी और अन्य कहीं से मुझे ज्ञात हुआ था। जब मैं सुलतानपुर में था तो बद्री नारायण जी मुझसे मिलने यदा कदा अपनी अम्बेसडर कार से आ जाते थे। एक या दो बार वो मेरे आवास पर भी आये थे और भोजन किये थे। ये दुर्गा प्रसाद जी से आयु में कुछ ही छोटे रहे होंगे। ये हमारे परिवार के स्वाभाविक बहुत ही घनिष्ट थे और देखने सुनने में भी बाबा जी लोगों की भांति ही दीखते थे। प्रतापगढ़ चौक घंटाघर स्थित आभा काम्प्लेक्स इनकी पत्नी के ही नाम पर निर्मित है। यह स्थान किसी अकेली वृद्धा के नाम था जिनके साथ यह रहते थे और उन्होंने इसे इनको दे दिया था। हालाँकि इस पर अधिकार प्राप्त करने

के लिए इन्हें सुप्रीम कोर्ट तक जाना पड़ा था। मैं एक बार उनके जीवित रहते सपत्नी उनके घर गया था और एक दो बार वैसे अकेले ही। वो अपने बच्चों को मेरे गाँव को ही अपना बताते थे। इनके तीन पुत्र और पांच बेटियाँ थीं जो छुट्टियों में गाँव आती थीं और देवी प्रसाद जी के घर काफी काफी दिनों तक रुकती थीं। लगभग सत्तान्नबे वर्ष की आयु में इनका निधन हुआ। हमेशा खादी का कुरता पायजामा और नेहरू टोपी लगायी।

दुर्गा प्रसाद जी थोड़ा पतले शरीर के, पर्याप्त ऊँचाई, देखने में आकर्षक और थोड़ा कड़ी आवाज़ के व्यक्ति थे। इनका जन्म जैसा मैं समझता हूँ उन्नीस सौ आठ दस में हुआ था। हम बच्चे इनके सम्मुख बहुत सहज महसूस करते थे क्योंकि ये भी हम सबको पास बिठा बातचीत करना पसंद करते थे। बड़े भाइयों से बिना किसी आवश्यकता के नहीं बोलते थे। पैरों में गठिया थी और इनके पैर घुटने से पूरे नहीं मुड़ते थे। खाना खाते समय आधा पैर मोड़ कर ही बैठते थे। इनके लिए शौचालय अलग ही बना था। उनके लिए पालथी मार कर या उकरू बैठ पाना संभव नहीं था। एक डंडा लेकर उसी के सहारे कहीं भी आते जाते थे। ऐसा कब से था यह मुझे जानने का अवसर नहीं मिला या मैंने चाहा नहीं। लेकिन उन्होंने कभी इससे होने वाली असुविधा के विषय में बात नहीं की। मेरे विचार से उनकी यह समस्या उनके दैनिक चर्या की एक हिस्सा बन गयी थी जिसके साथ उन्हे जीवन जीने का पूर्ण अभ्यास हो गया था और वे प्रसन्नतापूर्ण जीवन व्यतीत कर रहे थे। वो अपनी खेती और ज़मीन जायदाद की व्यवस्था स्वयं ही देखते थे। जब उन्हें इस कार्य के लिए दूसरे पुरवे जाना होता तो स्वच्छ, स्त्री किया हुआ कुरता पायजामा, एक गमछा और सिर पर टोपी लगाकर जाते थे। हालाँकि ऐसा मुझे कुछ ही बार देखने का अवसर मिला था। उन्हें होमियोपैथी की भी यथावश्यक जानकारी थी और घर में इस पद्धति की दवाएँ भी रखते थे एवं आवश्यकता पड़ने पर लोगों का उपचार भी करते थे। इस कारण और गाँव में लम्बे समय तक रहने के कारण इनका मित्र समाज भी बड़ा था और बटवारे के उपरान्त मुख्य घर इनको ही मिला होने की वजह से दरवाजे पर अनेक लोग बाहर इनके पास बैठे रहते थे। नारायण प्रसाद जी ने बतलाया था कि बटवारे के समय वो इसी घर को लेकर जिद्द भी कर रहे थे और जब पर्ची डाली गयी तो उन्हीं के नाम निकली भी थी। बताते हैं बटवारे में कई स्थानों पर अपनी मर्जी ही चलायी थी। यद्यपि बाबा जी ने कभी ऐसा कुछ नहीं कहा और बताया कि वो अपने वर्तमान, स्वयं का निर्मित मकान चाहते भी थे क्योंकि यह बड़ा था और उनके परिवार के लिए ठीक भी था। हम लोगों वाला घर बाबा जी ने तब बनवाया था जब वो रिटायर होने वाले थे और एक में ही थे।

दुर्गा प्रसाद जी बीड़ी पीते थे और पान तम्बाकू कभी नहीं खाये। लेकिन वो बीड़ी के एडिक्ट नहीं थे। पैर की गठिया के कारण उनका चलना फिरना बहुत ही सीमित था। फिर भी हम बच्चों विशेषतः मेरे और चंद्र प्रकाश जी के लिए बहुत ही अच्छे थे। सावन में झूला डलवाने की बात हो, देवोत्थान एकादशी में हड़ा हड़ाई हो, गन्ने के मौसम में गन्ने के रस की व्यवस्था

करना और इसी प्रकार के विभिन्न अवसरों पर उन्हीं से हमारा आग्रह करना स्वाभाविक था। यद्यपि चंद्र प्रकाश तो उनके प्रिय थे लेकिन मैंने कभी यह महसूस नहीं किया कि मुझको वो कम महत्व देते रहे हों। वो देवनागरी भाषा अच्छी तरह से लिखना और पढ़ना जानते थे और कृपा शंकर जी को प्रायः पत्र लिख कर उत्तर देते रहते थे। छोटे आकार के अक्षरों में सेट ढंग से थोड़ा तिरछी अच्छी लिखावट थी। हम लोग उनको बैठकर एक आँख आधी बंद करके लिखते हुए देखते थे।

दुर्गा प्रसाद जी अपना अधिकांश समय दरवाजे पर या शिव भगवान के सम्मुख खपरैल के वारामदे में ही व्यतीत करते थे। वारामदे में उनका बिस्तर पलंग पर हमेशा ही बिछा रहता था और केवल रात्रि में दुमंजिले पर कमरे में सोते थे। यह हमारा पुश्तैनी घर था। पूर्व में हमारा घर तुरशमपुर में, जो देवगाँव के निकट है वहाँ हुआ करता था। पूर्वजों द्वारा उपयोग किये गए इस घर की गिरी हुई दीवारों को मैंने स्वयं देखा था। यह मकान गाँव तुरशमपुर के मुख्य मार्ग के बगल ही था। इसे पूर्वजों ने छोड़ दिया था और फिर आकर वर्तमान गाँव में बस गए थे। दुर्गा प्रसाद जी के घर में चार पांच कमरे, दालान, वारामदा, आँगन, रसोई और स्नानघर नीचे और एक बड़ा सा हाल नुमा कमरा सामने की ओर पूर्व से पच्छिम तक दुमंजिले पर बना हुआ था। दीवारें ईंट और मिटटी के गारे से जोड़ी हुई थीं। दुमंजिले का कमरा अधिक प्रयोग नहीं होता था और इसमें उत्तर की ओर लगी खिड़कियाँ बाहर की तरफ का सम्पूर्ण दृश्य दिखलाती थीं यद्यपि यदा कदा ही खोली जाती थीं। सभी खिड़कियाँ सामने के निचले खपरैल के वारामदे पर खुलती थीं और इन्हें ना खोलने के लिए बच्चों को सख्त निर्देश दिए गए थे क्योंकि इनमे सरिया आदि नहीं लगी हुई थी और बच्चों के लिए खतरनाक हो सकता था। किसी की उपस्थिति में ही कभी कभार जब हमलोग बड़े हुए तो उसे खोलते थे। छत तो इस कमरे की भी खपड़े की ही थी लेकिन ऊँची होने के कारण भीतर से एवं बाहर से भी यह बड़ा अच्छा लगता था और निवास को भव्यता देता था। अधिकांश भाग इस ऊपरी कमरे का रिक्त ही पड़ा रहता था मात्र कुछ पुरानी वस्तुओं के जैसे सुन्दर आकार का बड़ा और छोटा हुक्का जो कि प्रयोग में नहीं आता था और जिसकी ओर मेरी दृष्टि उसकी विचित्रता को देखकर प्रायः जाती थी। अपनी देख में मैंने दुर्गा प्रसाद जी को सीधे सादे व्यक्ति के रूप में ही देखा जो बाद में लम्बे समय तक अस्वस्थ रहे और उनकी गतिविधियाँ बहुत ही सीमित हो गयी थीं। कुछ दिनों तक तो वो चारपाई पर ही पड़ गए थे। युवावस्था में उनकी भी गाँव में हनक हुआ करती थी और खेत खलिहान में आदमी और महिलायें उनके रहने पर सहज महसूस नहीं करते थे।

6

घर और ननिहाल

यह वही घर था जिसमे रघुबीरलाल जी का पूरा परिवार निवास करता था। इस घर का पच्छिमी हिस्सा जो स्वयं अपने आप में काफी विस्तृत था, देवी प्रसाद जी को जिस समय उन्हें अलग किया गया, प्रदान कर दिया गया था। वह मकान भी दुमंजिला और एक आँगन दो अहातों सहित काफी बड़ा था और इसके दरवाजे पर रघुबीरलाल जी के बैठके सहित पशुओं आदि को रहने के लिए एक बड़ी सरिया बनी हुई थी। रघुबीरलाल जी का यह बैठका खपड़े का बना हुआ बारामदे के प्रकार का था जो तीन तरफ से घिरा हुआ था। इसी में जब देवी प्रसाद जी गया पिंडदान करके आये थे तो उन्होंने श्रीमद्भागवत कथा का पाठ करवा कर इसके सम्मुख प्रांगण में ब्रह्मभोज का आयोजन किया था। तभी मैंने अपने जीवन में पहली और अंतिम बार देवी प्रसाद जी को अपनी पत्नी के साथ गाँठ बाँध कर पूजा करते देखा था। इन लोगों की मृत्यु के उपरान्त यह पूरा भूभाग भगवती प्रसाद जी के नाम भूलेख में दर्ज होने के कारण उनके नातियों द्वारा उपयोग में नहीं लाया जा सका।

श्रीमद्भागवत के अवसर पर बैठके को आकर्षक रूप देने के लिए इसको सजाया गया था जिसमे ताखों आदि को रंगने व अन्य लिखावट का कार्य मेरे पिता जी द्वारा किया गया था। पिता जी की आर्ट और लेखन, कैलीग्राफी की भांति बहुत ही अच्छी थी। मैं अनुमान कर सकता हूँ कि इस पुराने मकान में, देवी प्रसाद जी के लिए पच्छिमी भाग छोड़ देने के उपरान्त शेष सदस्यों का रहना थोड़ा परेशानी वाला ज़रूर रहा होगा। जमुना प्रसाद और दुर्गा प्रसाद जी तथा उनके माता-पिता आदि इसी पूर्वी हिस्से के मकान में रहते थे। पहले शिव भगवान के मंदिर का द्वार पच्छिम दिशा की तरफ था किन्तु बाद में सुविधा के लिए पूर्व की ओर कर लिया गया था। बताया गया कि जमुना प्रसाद जी के समय में इसमें प्रायः भजन कीर्तन होता रहता था और साधु संत भी आकर रहा करते थे। भगवती प्रसाद जी ब्रिटिश शासन के समय में ही पुलिस में सर्विस पा गए थे।

श्रीमद्भागवत कथा के समय मैं और चंद्र प्रकाश छोटे थे। स्मरण रखने की अवस्था प्रारम्भ

ही हुई थी। चार पांच वर्ष के रहे होंगे। जो कथा वाचक थे वो पिता पुत्र थे। इन ब्राह्मण लोगों को आते जाते समय देख हम लोग 'पायलगी' बोलते थे। ये अम्बिका प्रसाद और उनके पुत्र आद्या प्रसाद त्रिपाठी जी थे जो अपने बड़े बालों और लम्बी दाढ़ियों के द्वारा साधु जैसे दिखते भी थे। अच्छी लम्बाई थी घने बालों और बढ़ी दाढ़ियाँ उन्हें विशेष बनाती थीं। पिता के सभी बाल श्वेत और पुत्र के काले थे। दोनों का रंग भी इसी प्रकार गोरा और सांवला था। अम्बिका जी का हमारे परिवार में बहुत सम्मान था। अम्बिका जी वर्ष में एक आध बार एक झोले में अपना कुछ महत्वपूर्ण सामान रख कर तीर्थाटन पर चले जाते थे और कथा वार्ता द्वारा अपना जीवन निर्वाह करते थे और कुछ धन बचा कर ले भी आते थे। एक बार वो इस प्रकार लौटते समय हमारे घर फैज़ाबाद भी आये थे। मैं छोटा था उस समय और तभी बड़ों से बातचीत के दौरान मैंने उनसे यह सुना और देखा भी था। उनके झोले में क्या था यह तो मैंने नहीं देखा किन्तु वो अपना एक हाथ का फोल्डिंग पंखा अवश्य दे गए थे। इसके विपरीत आद्या प्रसाद जी कभी गाँव से बाहर नहीं गए और वहीं स्थानीय स्तर पर कथा भागवत कहने के साथ साथ अपना कृषि का कार्य करते थे। आद्या प्रसाद जी का जीवन अधिक लंबा नहीं था और उनका देहांत शीघ्र ही प्रौढ़ावस्था में हो गया था। गाँव में रहने के कारण वो जमीन जायदाद के चक्कर में फँस गए थे और उनके भीतर वो गुण जो मैंने उनके श्रीमद्भागवत पाठ के दौरान सोचे थे वे नहीं रह गए थे। उन्होंने अपनी दाढ़ी भी बनवा ली थी। मेरी युवावस्था तक पहुंचते पहुँचते वो बिलकुल सामान्य ग्रामीण पंडित रह गए थे। क्योंकि वो दुर्गा प्रसाद जी के परिवार के पुरोहित थे अतः उनका आना जाना होता रहता था। उनके प्रति मेरे मन में कोई भी सम्मान का भाव शेष नहीं रह गया था क्योंकि उन्होंने एक बाग के कई महुए के पेड़ों पर निरंतर मिलते रहने वाले हम लोगों के अधिकार को जबरन मना कर दिया था। घटना के दौरान मैंने देखा था कि वो एक गुप्ती (अस्त्र) साथ में लेकर गए थे और यह उनसे बिलकुल ही अपेक्षित नहीं था। किन्तु यहाँ उन्होंने अपने ब्राह्मण होने का अनुचित लाभ उठाया था। वर्तमान में उनका पुत्र गाँव में कथा व भागवत करने का कार्य करता है।

अम्बिका प्रसाद का देहावसान वृद्धावस्था में जब वो स्वयं चलने फिरने में भी असमर्थ हो गए थे तो पचखा नक्षत्र में हुआ था और सुनते हैं कि वर्षा ऋतु में उनका दाह संस्कार भी मुश्किल से पूर्ण हो पाया था। मैं उस समय गाँव पर ही था और यह स्थिति अपने कानों से सुनी थी। इनकी दूसरी पत्नी से इनके तीन पुत्र थे जिनमे कन्हैया प्रसाद और गिरिजा प्रसाद से हम लोगों के पारिवारिक सम्बन्ध थे। अब ये दोनों जीवित नहीं हैं। अपने गाँव में हनुमान जी के मंदिर की स्थापना कन्हैया प्रसाद जी के तत्वावधान में ही हुई थी। कन्हैया जी लेखपाल थे और प्रोन्नति के द्वारा कानूनगो के पद से रिटायर हुए थे। इनका अधिकांश समय बाराबंकी जनपद में व्यतीत हुआ था।

नेहा की माँ को मैंने नेहा के जन्म के समय गोंडा भेज दिया था। करुणाश्रय क्रिश्चियन अस्पताल की मुख्य चिकित्साधिकारी ने बतलाया था कि गर्भ में बच्चा उल्टा है। अतः मैंने विचार किया कि ऐसी अवस्था में उसका जन्म ऑपरेशन के द्वारा ही होना है। गोंडा में रवि प्रताप जी के होने के कारण मुझे इस कार्य में वहाँ अधिक सुविधा और सुरक्षा अनुभव हुई। और मैंने यह भी सोचा था कि यदि मेरे द्वारा अपनी जिम्मेदारी पर सुलतानपुर या फैज़ाबाद में ऑपरेशन कराया गया और कहीं यदि कोई किसी प्रकार की शिथिलता रह गयी तो माइके पक्ष का पूरा आरोप मुझ पर आ जायेगा। अतः यह अधिक सुरक्षित और उचित भी होगा कि यह कार्य गोंडा में संपन्न हो जहाँ सीमा के माता-पिता, भाई अपनी पूरी संतुष्टि के साथ यह कार्य स्वयं अपनी देख रेख में कराएँ। जिम्मेदारी से हटना मेरा उद्द्येश्य बिलकुल नहीं था जैसा शायद रवि प्रताप जी ने अनुभव किया था।

लगभग बीस दिन पूर्व मैंने अपनी पत्नी को गोंडा बस के द्वारा पहुँचा दिया था। उन लोगों को कोई आपत्ति भी नहीं हुई थी न ही किसी ने कुछ कहा था। गोंडा में सहयोग के लिए और भी कई रिश्तेदार थे और अस्पताल में रहने के दौरान किसी प्रकार की कोई समस्या नहीं होनी थी। मैं तत्पश्चात सुलतानपुर में ही रहा। जन्म के अगले दिन ही पिता जी के पत्र से ज्ञात हुआ की पुत्री का जन्म हुआ है। रवि जी जो हम लोगों के दालमंडी में पड़ोसी थे और मुझसे छोटे थे सुलतानपुर किसी कार्य से आ रहे थे और उन्होंने ही लाकर वह पत्र दिया था। मैं उस समय अपने कार्यालय में ही था। उस समय तक लड़के और लड़की के जन्म में जो अनुभूति होती थी उसमे अंतर विद्यमान था। सत्य है कि मुझे सम्पूर्ण प्रसन्नता नहीं हुई लेकिन यह जानकर कि सीमा और बच्ची सुरक्षित हैं काफी संतोष हुआ था। रवि जी पत्र देकर जिस कार्य से उन्हें जाना था फिर नहीं गए थे क्योंकि उस समय जन मानस की स्थिति थोड़ा बिगड़ी हुई थी। राम जन्मभूमि का आंदोलन अपनी पराकाष्ठा पर था और अव्यवस्था, उग्रता आस पास के सभी जनपदों में फैली हुई थी। वो ऑफिस के बाद सीधे मेरे साथ आवास पर आ गए। नीता और ममता जी उस समय सुलतानपुर में ही थीं और हम सभी लोग रात्रि की ट्रेन से भीड़ होते हुए भी फैज़ाबाद आ गए थे। अगले दिन यातायात बाधित होने के बावजूद किसी प्रकार बारह बजे के आस पास मैं गोंडा पहुँच गया था। नेहा की माँ ऑपरेशन के बाद प्राइवेट वार्ड में स्वास्थ्य लाभ कर रही थीं और नेहा अलग बेड पर कपड़ों में लपेट कर लिटाई हुई थी।

मैंने पहली दृष्टि जब उस पर डाली तो विशेष प्रकार की प्रसन्नता की अनुभूति हुई थी। वह गोल चेहरे और बहुत ही अच्छी नाक नक्श की थी। उसकी लम्बाई बड़ी अच्छी थी जबकि वह अभी मात्र दो दिनों की ही थी। मुझे उसे सोती अवस्था में ही देखने का अवसर मिला था। कुल मिलाकर सबकुछ संतुष्टि प्रदान करने वाला था। कुछ दिन वहाँ रुक कर मैं फिर सुलतानपुर आ गया था। नेहा दिमाग से तेज़ थी और एक दो सप्ताह में जब मैं उससे मिलता था तो वो मुझसे चिल्ला चिल्ला कर अपने शब्दों में बातें किया करती थी जैसे मुझे पहचान रही हो।

इसके घुटनों के चलने की अवस्था तक कंधारी बाजार के घर का पूरा निर्माण हो चुका था और वह एक दिन भी हमारे पुराने दालमंडी वाले मकान में नहीं रही। अब यह दो कमरों का कुछ छोटा लेकिन पक्का मकान था। वैसे मैंने जैसा हर्ष नेहा के जन्म लेने पर अन्य सभी को होना चाहिए था, वैसा महसूस नहीं किया था। खुलकर किसी ने कुछ नहीं कहा लेकिन जो भाव सभी के चेहरे पर होना चाहिए था वह उत्साह वाला भाव मुझे दिखा नहीं था।

नेहा के जन्म के लगभग पन्द्रह दिनों बाद सीमा फैज़ाबाद आ गयी थीं लेकिन उनकी दवाएँ फिर भी चल रही थीं। ऑपरेशन के बाद जिस प्रकार देख भाल इनकी होनी चाहिए थी वैसी मेरे घर पर नहीं हो पा रही थी। मुझे इस स्थिति परिस्थिति का पहले से कोई न तो अनुभव था और न पूर्वानुमान ही था। यह मेरे माता-पिता का दायित्व था कि उनके खान पान का या बच्चा जन्मने के बाद माँ का जैसा ध्यान दिया जाना चाहिए था वह या तो स्वयं प्रदान करते या मुझे अवगत कराते। मैं तो अनभिज्ञ था ही और यदि माँ-बाप ही कहें कि पेट भर यदि दाल रोटी खाई जाए तो वह पर्याप्त होता है तो पुत्र उस पर विश्वास कैसे न करे। लड़कियाँ स्वाभाविक ही अपने माइके में अधिक सहज व स्वतन्त्र महसूस करती हैं। अतः मैंने नेहा व इनकी माँ को नियाँवा इनके परिवार के पास पहुँचा दिया और निश्चिन्त हो गया। सीमा की एक आदत या स्वभाव यह था कि वह अपनी तरफ से किसी प्रकार की मांग नहीं करती थी। मुझे ऐसी आशा नहीं थी कि अपने माँ-बाप, भाई व घर परिवार होते हुए ऐसा करना पड़ेगा। हालाँकि सीमा ने कभी ऐसी कोई बात मुझसे नहीं कही लेकिन समस्याओं की अनुभूति तो चेहरे के हाव भाव को देख कर हो ही सकती थी। पैसे की कोई समस्या नहीं थी। मुझसे स्वास्थ्य को सामान्य व संतोषजनक स्थिति में लाने के लिए जो खाद्य पदार्थ आवश्यक हैं वो यदि बतलाया जाता तो मैं खुद करता। यदि दूध एक कप से ज्यादा उपलब्ध नहीं था तो मुझसे बतलाया जाना चाहिए था। यदि मेवा आदि गर्म प्रभाव के होने के कारण अभी नहीं देना था तो फलों के लिए मुझसे तो कहा जाना चाहिए था। लेकिन मेरे माता-पिता ने कभी कुछ नहीं कहा न किया। यह मात्र मेरी माता जी की ही जिम्मेदारी नहीं थी अपितु पिता जी का भी अनुभवयुक्त होने के कारण दायित्व बनता था कि मुझे बतलाते। मैंने इन लोगों पर विश्वास किया था कि ये लोग ऐसी स्थिति में जो भी आवश्यक होगा उसे ख़ुशी से करेंगे या मुझसे कहेंगे। अभी कुछ ही माह पूर्व माता जी का ऑपरेशन हुआ था और उनको भी क्या क्या ध्यान देना चाहिए अवश्य पता रहा होगा। किसी के लिए भी यह विश्वास करना ही कठिन है कि ऐसा भी हो सकता है। मैंने बचपन में जब मेरी बड़ी मामी, शकुंतला जी ने, रीडगंज में नाना जी की सर्विस के दौरान जब बच्ची को जन्म दिया था तो उनके लिए विशेष प्रकार की खाने की अतिरिक्त मेवा युक्त चीजों को बनते हुए देखा था। गाँव में 'हरेरा' अवश्य बनता है। खैर अब तो मुझे इंटरनेट के द्वारा पर्याप्त जानकारी मिल चुकी है लेकिन अब ज़रुरत नहीं। व्यक्ति को अपनी पत्नी की सुख सुविधाओं का ध्यान स्वयं देना चाहिए जैसा कि वर्तमान पीढ़ी करने लगी है। माता-पिता पर पूरा विश्वास कर लेना मूर्खता भी हो सकती है।

यह ऑब्ज़र्व करते रहना चाहिए कि अपने किसी भी प्रिय की विषम स्थिति में किसी अन्य पर पूर्ण भरोसा करना किस स्थिति तक ही उचित है। ऑपरेशन के उपरान्त जब इतना रक्त स्राव हो चुका हो तो एक सामान्य सा बाल बच्चे दार व्यक्ति भी जानता है की महिला का किस प्रकार का खाना पीना और उसको आराम मिलना चाहिए। और उस स्थिति में तो और जब उसका स्वभाव किसी बात की शिकायत करने का न हो। इस युग में माता-पिता से भी आदर्श होने की निश्चित आशा नहीं की जा सकती। माता जी के ट्यूमर का भी ऑपरेशन इसी प्रकार सुलतानपुर में हुआ था। उनके खाने पीने, प्रोटीनेक्स, फलों और अन्य यथोचित व्यवस्था मैंने स्वयं की थी और फिर फैज़ाबाद आने पर स्वयं भी उन्होंने अपना ध्यान बखूबी दिया था। तो ऐसा नहीं कि उन्हें जानकारी नहीं थी। लेकिन शायद स्वयं और बहू में, वह भी जिसने लड़की को जन्म दिया हो, दोनों एक बराबर कैसे हो सकते हैं। अपने और पराये दोनों के साथ एक ही व्यवहार तो सरल, निष्पक्ष, सदाचरण, सदव्यवहार करने वाला व्यक्ति ही कर सकता है। किन्तु माता-पिता को यह तो जानना चाहिए कि जब वे लोग स्वयं उसी आयु के थे तो उनकी सोच क्या थी। क्या वो उसे इस समय ध्यान में रख कर आचरण कर रहे हैं या नहीं। क्या यह उदाहरण देना कि गाँव में औरतें बोझा लेकर आती हैं और बच्चे को जन्म दे देती हैं, जैसा पिता जी ने एक बार कहा था, उचित था। यदि वो लोग अपने पुत्र व बहू के स्थान पर आज होते तो क्या सोचते। इन लोगों ने डॉक्टर के प्रेस्क्रिप्शन को देवेंद्र प्रकाश जी से नियाँवा भिजवा दिया था, दवाएँ खरीद कर नहीं। यह तो अपनी प्रतिष्ठा के भी अनुरूप नहीं था। मैं सुलतानपुर में होता था।

मैंने यह अनुभव किया कि यदि कोई एक सदस्य ईमानदार व परिवार या समाज में बड़ों का आदर करने, सत्कार करने वाला व सरल स्वभाव का हो और अन्य सदस्य इन गुणों से रिक्त हो तो उसे धोखा, अर्थिक नुकसान, मानसिक कष्ट और अंततः पश्चाताप ही उसके हाथ लगता है। वह उन्हीं की तरह या तो अपने आप को भी बना लेता है और या वह अपने आप को उनसे अलग कर लेता है। संभावनाएँ यही अधिक होती हैं कि वह स्वयं भी उन्हीं की तरह बन जाए। ईमानदार बने रहने के लिए स्वयं का विवेक और कम से कम अपनी पत्नी या पति जो भी हो, उसका सहयोग अत्यधिक आवश्यक है। और मैं ही नहीं यह विचार एक आईएएस इंडिया टॉपर जिनसे मेरा काफी अच्छा सम्बन्ध रहा, उनका भी था। बचपन में मेरे मन में ये ईमानदारी, सत्य पर दृढ़ रहने, और मिथ्याभाषण न करने के जो संस्कार थे वो रवि शंकर जी द्वारा सुनाई व पढ़ाई गयी कहानियों के माध्यम से मेरे मन में स्थायी रूप से बैठ गए थे। किसी को धोखा देने का विचार तक मेरे मन में नहीं आता था और न कभी उभरा ही। बच्चा अपने माँ-बाप को देखकर ही आचरण करना सीखता है, लेकिन यह तब जब वह उनके साथ अधिक समय व्यतीत करता हो। किन्तु मेरे साथ ऐसा नहीं था। मैं बचपन से ही रुग्ण भाइयों में माँ-बाप के व्यस्त रहने की वजह से स्वतन्त्र ढंग से पला और बढ़ा। यदि माता-पिता जी के साथ कुछ विचार विमर्श करना पड़ा तो वह तभी जब आवश्यकता पड़ी।

दूसरी बात यह कि बच्चा अपनी तरफ से अपने माता-पिता को उनकी किसी त्रुटि के लिए इंगित भी नहीं कर सकता क्योंकि यह उसकी धृष्टता समझी जायेगी। गर्भस्थ अष्टावक्र ने कुछ गलत तो नहीं बोला था। तो यदि माता-पिता जी को कोई ऐसा कार्य करते हुए देखता भी था जो मेरे अनुसार ठीक नहीं होता था तो उसे मैं अनदेखा कर देता था। लेकिन ऐसी स्थिति में माता-पिता के प्रति उसकी भावनाएँ वे नहीं रह जातीं जो उनको वह आदर्श मान कर मन में रखना चाहता है कुछ इसी स्थिति में मैंने अपने आपको अपने माता-पिता जी के प्रति भी पाया था।

पैसों के मामले में मेरा बचपन कुछ अभाव में व्यतीत हुआ था। यदि भगवती प्रसाद जी का अनुग्रह न होता तो सम्भवतया मुझे पैसे होने के महत्त्व या उससे मिलने वाले आनंद के विषय में जानकारी भी न होती। वो जब भी फैज़ाबाद आते थे तो मेरा अधिकांश समय उन्हीं के पास व्यतीत होता था जब वो घर पर होते थे। वो बाहर से जब आते तो मौसमी फल मार्केट से लेते हुए प्रायः आते थे। गर्मी के दिनों में खरबूजा अवश्य ही होता था। साथ निकलने पर मोहल्ले की एक बेकरी की दूकान जिस पर 'गोपाल बेकरी' का बोर्ड लगा था, वहाँ से बिस्किट जरूर खरीद देते थे। मुख्य बिंदु जो सबसे अधिक महत्वपूर्ण है वह यह कि वे जिस दिन गाँव वापस जाते थे मैं उनके तैयार होते समय उनके पास ही रहता था और वो घर से निकलने के पूर्व मुझे कुछ पैसे दे जाया करते थे। आयु और वय के अनुसार मुझे याद पड़ता है कि दस पैसे से लेकर पांच रूपए तक उन्होंने मेरे छोटे से बड़े होने तक दिए रहे होंगे। उनके पैसे, जैसा वो मुझसे कहकर जाया करते थे, मैं कुछ विशेष अपने पसंद की खाने की वस्तु खरीदने में उपयोग करता था। मिठाई का शौक़ीन होने के कारण कभी कभी मैं अपनी इच्छानुसार मिठाई बाहर ही खरीद कर खाकर आता था। एक दो बार रवि शंकर जी ने उनके इस प्रकार पैसे देने को उन्हें टोंका भी था कि आदत बिगड़ जायेगी। जो भी हो, बाबा जी का उद्देश्य मेरी प्रसन्नता देखना था न कि उसका दुष्प्रभाव आंकना। हो सकता है वो यह जानते रहे हों कि इस प्रकार एक आध माह में ऐसा करने से मेरी आदत पर कोई बुरा असर नहीं होगा। हो सकता है उन्हें यह पता रहा हो कि मेरे पिता जी मुझे इस प्रकार पैसे निश्चय ही नहीं देते होंगे। हो सकता है भगवती प्रसाद जी के ज्येष्ठ भ्राता, माँ या उनके अन्य सम्बन्धियों ने उन्हें इसी प्रकार पैसे दिए हों और वे उस परंपरा को चलते रहते देखना चाहते रहे हों। हो सकता है वो सोचते रहे हों कि इस प्रकार यदि मेरे पास अपना पैसा होगा तो मैं पैसे के प्रबंधन के विषय में अभ्यास कर पाने में सक्षम हो जाऊँगा। यह क्रम उनका हमेशा ही बना रहा।

हालाँकि जब मैं बारह तेरह वर्ष का हो गया तो मुझे छात्रवृत्ति मिलने लगी और उसके पश्चात आजीवन मेरे पास मेरे दैनिक व्यय हेतु पैसे बने रहे। मात्र बचपन में कुछ वर्ष जब तक मैं घर से प्रायःस्वयं अकेले नहीं निकलने लगा तब तक अपनी कुछ इच्छाओं पर मुझे नियंत्रण अवश्य लगाए रखना पड़ा था। हो सकता है पिता जी का मितव्ययी स्वभाव इसका कारण

रहा हो और यह भी हो सकता है की उनके पास खर्चे ही अधिक रहे हों। एक बार जब मेरे नाना जी मालीपुर स्टेशन पर पोस्टेड थे तो मैं एक पोर्टर के साथ कुछ सामान क्रय करने या किसी अन्य कार्य से फैज़ाबाद आया था। उस समय घर पर केवल बाबा जी ही थे। हालाँकि मैं मालीपुर से खाना खाकर आया था, फिर भी उन्होंने मुझे पैसे बाहर कुछ खरीद कर खा लेने के लिए दिए थे। वो ऐसे व्यक्तित्व वाले थे जो कि पैसे माँगने पर कारण नहीं पूँछते थे। कम से कम मेरा तो अनुभव ऐसा ही है। मेरे जीवन में घर के किसी व्यक्ति का स्नेह मुझे मेरे प्रति मिला तो उसमे भगवती प्रसाद जी मुख्य हैं। मैंने उन्हें हमेशा शुद्ध शाकाहारी ही देखा था। पान, तम्बाकू, बीड़ी, सिगरेट, सुपारी और शराब भी किसी प्रकार का व्यसन उनमें लेशमात्र भी नहीं था। यद्यपि वो पुलिस विभाग में सर्विस किये थे। लेकिन उनके भीतर सब इंस्पेक्टर वाला रोब दूर से ही दिखता था।

नेहा के जन्म के उपरान्त माता-पिता जी ने अपने उत्तरदायित्वों की जाने अनजाने जो अवहेलना की उसे भी मैंने समयोपरांत भुला दिया था। सीमा ने उस समय तो कभी कुछ नहीं कहा लेकिन अब मेरे पूँछने पर उनका कहना है कि क्योंकि कोई भी व्यक्ति अपने माता-पिता, भाई-बहनों की त्रुटियों को नहीं स्वीकारता और निरपेक्ष होकर अपना व्यवहार नहीं करता है। उनकी इस बात में मुझे सत्यता भी जान पड़ती है कि यह हो भी सकता था, क्योंकि ऐसा पूर्व में हो भी चुका था। सीमा यह भी कहती हैं कि कुछ ही माह में जब नीता जी को चेचक हुई थीं तो उनके लिए माता जी किस प्रकार उनके स्वास्थ्य के विषय में सोचती थीं और कमजोरी न आने पाए इसलिए खाद्य सामान मँगाती रहती थीं, उसको ये ऑब्ज़र्व करती रहती थीं। ऐसा नहीं था कि इन स्थितियों में क्या करना चाहिए उसका ज्ञान उनको नहीं था अपितु यह अपनी और परायी लड़की के प्रति दो तरह के विचारों व व्यवहार के कारण था।

नेहा अधिकांश समय ठंडक के मौसम भर अपने ननिहाल में रहीं और इस मौसम के व्यतीत हो जाने के बाद मैं अपना परिवार सुलतानपुर ले आया। यद्यपि नियाँवा में उसको अधिकांश समय धूप में रखने के कारण उसका रंग काफी साँवला हो गया था लेकिन अपनी आयु के समकक्ष शिशुओं की तुलना में अधिक स्वस्थ, चंचल व सुन्दर थी। कालोनी के सभी लोगों की वह बहुत ही प्रिय थी और बच्चे उसको खिलाने के लिए लालायित रहते थे। सुलतानपुर में उसकी तेल मालिश व अन्य कार्य समुचित रूप से होती रही। वहाँ राजकरन पाण्डे जी के परिवार से उसको बहुत स्नेह मिलता था। उनकी पत्नी भी आकर उसे तेल मालिश कर देती थीं। उनके परिवार के सभी के सहयोग का आभार हम लोग हमेशा ही मानते रहे हैं।

मैं यह नहीं कहूंगा कि मेरे पिता जी के भीतर अनुकरणीय अच्छे गुण नहीं थे। वो गाँव व परिवार के लोगों को सहयोग करने में हमेशा तत्पर रहते थे। यदि कोई भी किसी कार्य अथवा बीमार पड़ने पर उपचार हेतु आ जाता था तो उसकी पूरी सहायता तत्परता से करते थे। अस्पताल में एडमिट करना, डॉक्टर से मिलवाना और रहने खाने आदि की भी व्यवस्था

करना मैंने स्वयं देखा था और उनके इन कार्यों में माता जी भी अपनी तरफ से पूरा सहयोग करती थीं।

उन्नीस सौ सरसठ में जगन्नाथ प्रसाद जी का तबादला फैज़ाबाद के रीडगंज स्टेशन जो बाद में नरेंद्र नगर के नाम से जाना जाने लगा, वहाँ हो गया। इसके पहले वो इलाहाबाद के निकट महेशपुर में कार्यरत थे। और वो सपरिवार यहाँ आ गए। क्योंकि नाना जी का बड़ा परिवार था इसलिए मेरे आयु के आसपास के उनके कई बच्चे भी थे इसलिए मुझे वहाँ जाने पर खेलने का बहुत ही आनंदपूर्ण अवसर मिलने लगा था।

एक उल्लेखनीय स्मृति है। मैं अपने विद्यालय से घर आया तो माता जी के विषय में पता चला कि वो दिन में ही रीडगंज चली गयी थीं। करवाचौथ का दिन था। मैं कक्षा चार में था और निश्चय ही नौ वर्ष से कम का रहा हूँगा। घर पर रवि शंकर जी थे और उन्होंने बतलाया कि सायंकाल सत्य प्रकाश जी किसी कार्य से बाजार तक आएंगे और अपने साथ ही मुझे भी लिवा ले जायेंगे। स्वाभाविक ही माता जी का मुझे बिना अवगत कराये अकस्मात चले जाना अच्छा नहीं लगा था। विद्यालय से आने के बाद मुझे भूँख भी लगी हुई थी। रवि शंकर जी ने बताया कि दाल रोटी रखी है और मैं कपड़े चेंज करने के उपरान्त हाथ मुँह धुलकर खाना खा लूँ यद्यपि दाल बनाते समय थोड़ा जल गयी है। अनमने मन से मैंने वह कसैली स्वाद वाली दाल और रोटियाँ खायीं थीं। मेरा मन तो रीडगंज में लगा हुआ था। यह निश्चित नहीं था कि कितने समय उपरान्त मामा जी का आना होगा। मैं जाकर दरवाज़े पर खड़ा हो गया। मैं साहस करके धीरे धीरे घर से बाहर आया और सड़क पर हनुमान जी के मंदिर के पास आकर सत्य प्रकाश जी की प्रतीक्षा करने लगा। अचानक मेरे मन में यह आया कि क्यों ना मैं अकेले ही वहाँ चला जाऊँ। मैं रिक्शे से इन लोगों के साथ प्रायः आता जाता रहता था और मार्ग मुझे पता था। यदि ये लोग मुझे बिना अवगत कराये निर्णय ले सकते हैं तो मैं क्यों नहीं। मैंने एक साइकिल रिक्शा वाले को बुलाया और उससे रीडगंज चलने के विषय में पूँछा और वह बीस पैसे में तैयार हो गया। मैंने रीडगंज पहुँचने पर माता जी से बीस पैसे लेकर रिक्शे वाले को दे दिए थे। उन्होंने मुझसे यह नहीं पूँछा कि मैं कैसे आया हूँ। रास्ते में रिक्शेवाले ने मुझसे पूँछा था कि क्या मैंने घर पर अनुमति ले ली है और क्या मैं रास्ता जानता हूँ। मैंने 'हूँ' में जवाब दिया था। यह मेरे बचपन का दूसरा मिथ्या वचन था। उसने एक और व्यक्ति को कुछ दूरी के लिए बिठाया था क्योंकि मैं बच्चा था और रिक्शे की सीट दो तिहाई तो खाली ही थी। मुझे खोजते हुए कुछ देर बाद रवि शंकर जी भी रीडगंज घर तक आये थे। किसी ने मुझे कुछ भी नहीं कहा था। यह मेरे साहसी और स्वेच्छाचारी होने का एक उदाहरण था।

ससुराल में कई साले सालियों के होने के कारण पिता जी भी अक्सर साइकिल से वहाँ आते जाते रहते थे। माता जी भी जब दो चार दिनों का अवकाश होता या कोई त्यौहार होता तो अपने माइके चली जाती थी। क्योंकि उनके जाने पर यहाँ सभी को खाने बनाने की समस्या

हो जाती थी इसलिए छुट्टियों में ही जाती थीं। रीडगंज मेरे दालमंडी के मकान से लगभग दो तीन किलोमीटर के बीच रहा होगा। यह शहर के बाहर उस समय एक बहुत ही सूना क्षेत्र था। चौक घंटाघर के बाद सूना होना शुरू हो जाता था और नगर कोतवाली के बाद तो रात्रि में रिक्शेवाले भी बहुत कम जाने को तैयार होते थे। इस प्रकार पिता जी का व माता जी का मेरे ननिहाल से संपर्क और घनिष्ठता धीरे धीरे तीव्र गति से बढ़ने लगी और दोनों परिवार रिश्तेदार न रहकर एक घर की भांति हो गए। मैं ऐसा महसूस करता हूँ कि यह नज़दीकी ही धीरे धीरे माता-पिता जी के स्वयं के स्वभाव के परिवर्तन में अपना प्रभाव डालने में उत्प्रेरक का कार्य करने लगी। अब वो अपने परिवार पर पूरी तरह से ध्यान केंद्रित करते हुए नहीं प्रतीत होते थे। सालों और सालियों का भी आना जाना, जब भी संभव होता, हो जाता था। हालाँकि ऐसा अधिक समय तक नहीं चल पाया और जगन्नाथ प्रसाद जी ने कुछ पारिवारिक कारणों से अपना स्थानांतरण जल्दी ही मालीपुर करवा लिया था और सपरिवार वहाँ शिफ्ट हो गए थे।

प्रायः ट्रांसफर होने पर बच्चों की शिक्षा दीक्षा में व्यवधान निश्चित आता ही है। मेरे एक मामा जी फैज़ाबाद के फ़ोर्ब्स इण्टर कॉलेज में अध्ययनरत थे और यह निर्णय हुआ कि वे अब हमारे घर में ही रहकर अपनी माध्यमिक शिक्षा पूरी करें। समय इसी प्रकार व्यतीत होता रहा और फिर ऐसा भी समय आया जब पिता जी के दो साले व एक साली एक साथ ही हमारे दालमंडी वाले निवास पर रहकर अध्ययन और इंटर्नशिप कर रहे थे। उस समय माता-पिता, मैं मेरे भाई व बहन और तीनों मामा मौसी, रवि शंकर जी भी उसी छोटे से मकान में एक साथ रह रहे थे। आठ लोगों का उस घर में रहना असुविधाजनक अवश्य रहा होगा लेकिन उस समय बड़े परिवारों का एक साथ रहना सामान्य बात हुआ करती थी इसलिए हम लोगों को विशेष कठिनाई नहीं प्रतीत हुई। हाँ, यह ज़रूर कि पिता जी के वेतन पर इसका प्रभाव दिखना स्पष्ट था। जगन्नाथ प्रसाद जी इन लोगों के रहने पर आर्थिक सहायता हेतु पच्चीस रुपये प्रति सदस्य के लिए अर्थात पचहत्तर रुपये मासिक देते थे। लेकिन मैं यह समझता था कि इतना पर्याप्त नहीं था। मेरा स्वभाव घरेलू बातों में संलिप्त होने का कभी नहीं रहा किन्तु घर में होने वाली घटनाओं, वार्ताओं पर मेरा ध्यान हमेशा बना रहता था। प्रारम्भ में सभी सहर्ष, सहयोग, प्रेम के साथ रहे लेकिन समय के साथ साथ बढ़ती हुई आर्थिक व अन्य समस्याओं ने अपना प्रभाव दिखाना प्रारम्भ कर दिया था और जो सहयोग, प्रेम, संतोष और आनंद था उसमे भीतर ही भीतर थोड़ी बहुत मात्रा में कटुता ने प्रस्फुरित होना शुरु कर दिया था। इसका असर पिता जी पर कुछ अधिक पड़ा था और उनकी पैसों की कठिनाई और भी बढ़ती गयी। जब सत्य प्रकाश जी छह माह की इंटर्नशिप व तेज प्रकाश जी की माध्यमिक शिक्षा पूरी हो गयी और वे पोलीटेक्निक डिप्लोमा करने के लिए वर्ष के अंत में छात्रावास में रहने चले गए तो केवल रजनी जी रह गयीं और आर्थिक दबाव कुछ कम हो गया था। किन्तु मेरे पिता जी के स्वभाव में कुछ चिड़चिड़ापन का होना मैं महसूस करने लगा था। चिड़चिड़ाहट में उनका

घर में माता जी से क्रोध में वाद विवाद भी बढ़ता हुआ मुझे दिखा था।

उन्नीस सौ इकहत्तर में जगन्नाथ प्रसाद जी रिटायर होने वाले थे और तब तक यही स्थिति घर में बनी रही। हम भाई-बहन भी समय के साथ साथ बड़े हो रहे थे और हमारी आवश्यकताओं में भी वृद्धि होना स्वाभाविक था। मैंने अनुमान लगाया कि पिता जी की इस चिड़चिड़े स्वभाव का कारण माता जी और रजनी जी का रवि शंकर जी के साथ अधिक लगे रहना और पिता जी की सुविधाओं के प्रति लापरवाही दिखाना था। मैं इस वर्ष कक्षा आठ में था और नए सत्र में नवीं कक्षा में जाने वाला था। इस समय देवेंद्र प्रकाश जी की आयु साढ़े छह वर्ष तथा नीता जी की लगभग पांच वर्ष रही होगी। गरमी की छुट्टियों के उपरान्त जब मैं गाँव से वापस आया था तो जगन्नाथ प्रसाद जी मालीपुर से सपरिवार रिटायर होकर अपने गृह जनपद फतेहपुर जा चुके थे। फतेहपुर में गाज़ीपुर कस्बे के निकट रहमतपुर, अपने पैतृक गाँव में उन्होंने अपना नया घर बनवा लिया था। रीडगंज में जब ये लोग थे तो उस समय रेलवे कालोनी में अन्य परिवार भी रहते थे, और वहाँ ढेरों बच्चे थे और मुझे वहाँ जाने पर खेलने में बहुत मज़ा आता था। बचपन में यदि आप बच्चों का समाज नहीं पाते तो बड़े आनंद से वंचित रह जाते हैं। जिस प्रकार बड़ों के अपने मित्र होते हैं जिनके साथ वो अपना समय प्रसन्नचित्त होकर व्यतीत करते हैं वैसे ही बचपन में भी बच्चे को अपनी आयु के बच्चों की आवश्यकता होती है और उनके साथ वो अपने प्रकार से विविध गतिविधियों द्वारा अपना मानसिक संतोष प्राप्त करते हैं। मैं बचपन में बहुत एक्टिव था और उछल कूद वाले खेलों में अत्यधिक रुचि रखता था। स्कूल में खेलने का एक निश्चित पीरियड होता है और वहाँ विद्यालय के नियम व नियंत्रण होते हैं। अपनी रूचि के अनुसार खेलने का पर्याप्त समय विद्यालय में नहीं प्राप्त होता। और आवश्यक नहीं कि वहाँ सहपाठियों की भी रूचि आपकी रूचि के अनुसार ही हो।

यही स्थिति जब जगन्नाथ प्रसाद जी महेशपुर में नियुक्त थे तब थी। मेरे जीवन के प्रारम्भिक वर्षों में मेरा ननिहाल वहीं था। मुझे प्रतीत होता है कि मेरी स्मृति तब से ही विकसित होनी प्रारम्भ हुई थी। लगभग तीन वर्ष या उसके उपरान्त की बातें मुझे लगभग स्पष्ट ढंग से स्मरण हैं। और यह शुरुआत गाँव, फैज़ाबाद और महेशपुर की घटनाओं की स्मृति होने के कारण मैं मानता हूँ। महेशपुर का मेरा समय, खेलना, स्टेशन पर उचित वक़्त पर जाकर वहाँ के क्रिया कलाप, प्लेटफार्म पर धक्का देकर चलाये जाने वाले ठेलों को ढकेलने का प्रयास कर अपनी ताकत आजमाना, तौलने वाली मशीन पर खड़े होकर उसपर लगी स्केल को एडजस्ट करना, सिग्नल देने वाली लालटेन को साफ़ कर उसमे तेल बत्ती आदि भरते, लगाते देखना शीशे को घुमा कर कैसे उससे लाल या हरी रोशनी निकलती है अनुभव करना, गेंद जैसे टोकन को बड़े से छल्ले में फँसाया जाना और निकालना, टोकन को स्टेशन की मशीन में नाना जी द्वारा डाला जाना और निकालना, टेलीफोन में चाभी भर के फ़ोन

करना, टेलीग्राफ के नोब को विशेष ढंग से जल्दी जल्दी दबाना छोड़ना, सिग्नल अप और डाउन करने की प्रक्रिया को केबिन में जाकर देखना, पटरियाँ खिसककर कैसे ट्रेन की लाइन को बदलते हैं समझना, डिब्बों को आपस में जोड़ना और अलग करना और बर्फ की सिल्ली उतारते समय उससे टूटे हुए टुकड़ों को उठाना आदि भिन्न भिन्न गतिविधियाँ जो भी रेलवे से जुड़ी हुई होती थीं उनका अनुभव मैंने उसी दौरान प्राप्त किया और फिर आज तक कोई विशेष जिज्ञासा मेरे मन में नहीं रह गयी और वे सभी मष्तिष्क में आजीवन के लिए संचित हो गयीं। मुझे या कहें तो हम सभी बच्चों को नाना जी के निर्देश थे कि ट्रेन के जाने के बाद ही कोई प्लेटफार्म पर जा सकता है। ट्रेन के टाइम पर भीड़ के समय कोई नहीं जायेगा। होता यह था कि ट्रेन के समय पर पेड़ों और समोसे आदि बेचने वाले आते थे और प्रायः शाम होने पर हमलोगों की उन्हें खरीदने खाने की इच्छा होती थी और हम लोग तभी ट्रेन के स्टेशन छोड़ने के उपरान्त जाते थे। नाना जी के स्टेशन मास्टर होने के कारण पूरा स्टाफ हमलोगों से परिचित भी था। लल्लू हॉकर से मेरा पेड़ा खरीदना और मामा मौसी लोगों का समोसे क्रय करना ही सामान्यतया होता था। नानी जी हम सभी बच्चों को दस पांच पैसे देती थीं जो उस समय पर्याप्त होते थे।

महेशपुर की मेरी गतिविधियाँ और क्रिया कलाप मेरे मन में इस प्रकार अंकित हो गए कि वे जीवन पर्यन्त समय समय पर उभर कर मेरी यादों में आते रहे। जागृति अवस्था में ही नहीं अपितु सुप्तावस्था में स्वप्नों के रूप में भी उनका साकार होते रहना प्रायः हो जाता था। इलाहाबाद मैं जब भी गया, विशेष रूप से जब मैं पचास वर्ष की आयु का हुआ तो ये यादें और भी गंभीर होती गयीं और उनका स्मरण होना और भी बढ़ गया। स्वप्नों का आना भी अधिक हो गया। मेरी यह स्थिति जाकर तब समाप्त हुई जब मैं दो हजार सत्रह के जून माह में वहाँ एक बार हो ही आया। मैं सीमा के साथ अपनी कार से महेशपुर तब गया जब इलाहाबाद में कुछ दिनों के लिए ठहरा था। बचपन में जो दूरियाँ बहुत अधिक प्रतीत होती थीं, जो वस्तुएँ बड़ी प्रतीत होती थीं, सब इस आयु में छोटी हो गयी थीं। ऐसा अनुभव हुआ जैसे सारे घर, स्टेशन, केबिन आदि बस चार कदम की दूरी में ही स्थित हों। अधिकांश वृक्ष अब नहीं रह गए थे और जो थे वो अभी नए लग रहे थे। अब ऊँट और इक्कों का उपयोग जो उस समय ट्रेन के टाइम पर झुण्डों में बाहर एकत्रित रहते थे, नहीं दिख रहे थे। वाहन का रूप रिक्शों ने ले लिया था, वो भी कम संख्या में। रास्ते भी बदल गए थे लेकिन स्टेशन के आस पास का स्थान व भवन ज्यों के त्यों थे। काल का प्रभाव चेतनायुक्त वस्तुओं पर अधिक पड़ता है और जड़ वस्तुएँ अधिकतर मानव जीवन काल में स्वतः कम ही परिवर्तित होती है। मैं प्रत्येक उन जगहों पर गया जहाँ जाया करता था। लेकिन स्टेशन मास्टर के कक्ष और उस मकान में जिसमे हम रहते थे, जाना उचित नहीं समझा। जाकर बताना कि मैं पचास वर्षों उपरान्त अपनी यादों को पुनः वास्तिक रूप में देखना चाहता हूँ, वहाँ के व्यक्तियों को कुछ अजीब सा लगेगा और उनका समय भी अनावश्यक नष्ट होगा, मैं नहीं गया। जिस क्वार्टर में हम रहते

थे उसमे अब कोई पुलिस विभाग का कार्यालय था। परन्तु मेरी इस यात्रा के बाद जो यादें और सपने प्रायः आकर व्याकुल किया करते थे, फिर आने बंद हो गये। इसी प्रकार संभव है अतृप्त इच्छाएँ मृत्यु पर आत्मा के साथ संयुक्त होकर अगले जन्म का हेतु बन जाती हों।

7

सुसंग और त्याग

मेरे पिता जी नियमित सुबह स्नान के उपरांत श्री रामचरितमानस व श्रीमद्‌भगवद्‌गीता का पाठ करते थे और फिर भोजन कर कार्यालय जाते थे। जब मैं बहुत ही छोटा था तो उनको भोजन की थोड़ी मात्रा निकाल कर भगवान को भोग लगा आचमन करते भी देखा था। यद्‌यपि बाद में यह भोग लगाने वाली क्रिया उन्होंने बंद कर दी थी। वो शुरू में बहुत ही धार्मिक व्यक्ति थे और गीताप्रेस की कल्याण पुस्तक के नियमित ग्राहक व सदस्य थे। लोग उन्हें कभी कभार गाँव में पंडित जी भी कहते थे। जब उन्नीस सौ छप्पन में उनका विवाह हुआ तो उसके उपलक्ष्य में उन्होंने गीताप्रेस गोरखपुर से श्रीमद्‌भागवत पुराण के दोनों खण्डों को डाक द्‌वारा मंगाया था और उस पर यह लिखा भी था। वो जो भी धार्मिक पुस्तक पढ़ते थे उसके महत्वपूर्ण अंशों को लाल नीली पेन्सिल से रेखांकित भी कर देते थे और छोटा सा हस्ताक्षर दिनांक सहित कर देते थे। पुस्तकों को अच्छे से कवर करना और अच्छे बड़े आकार के डिज़ाइन दार अक्षरों में उस पर पुस्तक का नाम लिख देना, उनका अनुकरणीय स्वभाव था। वे स्वभाव से जिज्ञासु प्रकृति के थे। चाहे दैनिक समाचार हो या अन्य कोई विषय वस्तु हो, यदि रुचिकर लगी तो अवश्य ही पढ़ डालते थे। कोई भी दवा खाने के पूर्व उसका कम्पोजीशन अवश्य पढ़ लेते थे और अपनी वृद्‌धावस्था तक उनको दवाओं का पर्याप्त ज्ञान हो गया था। आयुर्वेद की पुस्तक 'आरोग्य प्रकाश' उनके पास हमेशा रही क्योंकि वो आयुर्वेद में बहुत विश्वास करते थे। सायंकाल भोजन के पूर्व कुछ देर एक पीढ़े पर बैठ प्राणायाम करना उनके जीवन भर चला बस इसके कि आयु अधिक हो जाने पर वो अपने तखत पर ही बैठ कर प्राणायाम कर लेते थे। इसकी अवधि भी कम होती गयी थी। बचपन में मैं उनकी नकल भी किया करता था। एक बार बहुत बाद में मैंने उनसे यह पूँछ लिया था कि प्राणायाम ध्यान के समय वो क्या करते हैं। उन्होंने बताया था कि वे उस अवधि में दस बारह बार गायत्री मन्त्र को मन ही मन दोहराते हैं। मेरी यह जानने की जिज्ञासा वर्षों से बनी हुई थी और इस उत्कंठा को मैंने अपने और अन्य के लाभ के लिए इस प्रकार स्पष्ट किया था। किन्तु उनका यह भक्तिभाव, यह स्वाध्याय, नियमित प्राणायाम ध्यान, ज्ञान उनके

रीडगंज में जगन्नाथ प्रसाद जी के आने के बाद शनैः शनैः कम होता गया और बाद में मात्र रात्रि के प्राणायाम तक ही सीमित होकर रह गया। वो पारिवारिक मोह माया में पुनः फँसते चले गए थे और धीरे धीरे उनमे विवेक व न्याय, समता व निष्पक्षता का गुण कम होता गया था।

उनके स्वभाव में धन के प्रति आसक्ति और स्वार्थपरता के साथ अपने पराये का भेद भाव जैसी बातें इसी दौरान घर करने लगीं और वो व्यक्ति जो अपने साथ अपने भाइयों, रिश्तेदारों, परिवारजनों व अन्य के साथ निरंतर सहयोग करते थे, एक साधारण से व्यक्ति बनते चले गए। उन्होंने श्रीमद्‌भागवत पुराण का पूरा पाठ किया था। यह ग्रन्थ ऐसा प्रकाश है कि इसे श्रद्‌धा से अर्थ सहित पढ़ने के उपरान्त कोई भी व्यक्ति हो उसके अंदर वैराग्य की भावना और भक्ति भाव निश्चित ही जागृत जो जाती है। यह एक अमूल्य ज्ञान का भण्डार है जो विरक्ति के द्‌वारा ईश्वर में अनुरक्ति उत्पन्न कर निश्चित ही मुक्ति प्रदान कर सकता है, बस शर्त यह है कि वह उसी भाव में भावित रहे और इसका अध्ययन नियमित रूप से करता रहे। उसकी कथाओं को मात्र रोचक कहानियों के रूप में न पढ़े। श्रीमद्‌भागवत का पठन, पाठन, चिंतन और धारणा निश्चित ही मोक्ष दायक है। यह मेरा अपना स्वयं का सत्य विचार है। जब पूर्वकृत अगणित पुण्य अपना फल प्रदान करते हैं तभी श्रीमद्‌भागवत को पढ़ने, सुनने की प्रेरणा उत्पन्न होती है। पिता जी जब तक स्वाध्याय में निरत रहे वो अपने घर बाहर की जिम्मेदारियों का निःसंकोच उत्साहपूर्वक निर्वहन करते रहे। उन्नीस सौ अड़सठ के सत्र में कक्षा छह की प्रवेश परीक्षा हेतु वो मुझे राजकीय इण्टर कॉलेज स्वयं ले गए थे। उन्होंने श्री रामचरितमानस की तीन चौपाइयाँ मुझे लिख कर दी थी और याद करने को कहा था। उन्होंने मुझसे यह भी कहा था कि किसी भी परीक्षा के पूर्व इन चौपाइयों को मन ही मन सोच लिया करना, इससे उस परीक्षा में लाभ मिलेगा। वो कहते थे कि श्री रामचरितमानस की प्रत्येक चौपाई एक मंत्र का कार्य करती है। उन तीनों चौपाइयों को मैंने कंठस्थ कर लिया था और बिना भूले उनका मन ही मन चिंतन जीवन में प्रत्येक परीक्षा के अवसर पर अवश्य किया है। 'जेहि पर कृपा करहिं जनुजानी', 'मोरें हित हरि सम नहिं कोऊ' तथा 'मोरि सुधारिहि सो सब भाँती' तीन चौपाइयाँ कोई भी मानस का श्रद्‌धालु व रामभक्त अवश्य ही बता सकता है।

आजकल बच्चों को लोग प्रायः क्रिश्चियन स्कूलों में शिक्षा प्रदान किये जाने का प्रयास करते हैं जहां धार्मिकता के विषय में किसी प्रकार की चर्चा नहीं होती। ये ही बच्चे युवा होकर अपने को मॉडर्न प्रदर्शित करने लगते हैं और उनमें आधुनिकता और नास्तिकता प्रबल रूप से प्रभावी होने लग जाती है। वो धर्म को ढकोसला और कर्म पर अधिक विश्वास करने लग जाते हैं।

मैं पढ़ने में साधारण बालक था और कक्षा में कोई ख़ास पोजीशन पर नहीं होता था। और

न रहने के लिए कभी घर में कहा ही गया और न मैं चाहता ही था। हालाँकि छठे की प्रवेश परीक्षा में मेरा प्रदर्शन निश्चय ही अच्छा रहा होगा जिसके कारण मुझे कक्षा छह के वर्ग 'अ' में रखा गया था। तीन वर्ग थे। मेरी गणित कुछ कमजोर अवश्य ही रही होगी ऐसा मैं समझता था। कक्षा की वार्षिक परीक्षा में जब गणित प्रश्नपत्र देख कर घर में मुझसे उत्तरों के विषय में पूँछताँछ की तो तेज प्रकाश जी, जो यहीं पॉलीटेक्निक कर रहे थे, जान गए कि मेरी स्थिति संतोषजनक नहीं है और मेरे उत्तर लगभग सभी गलत हैं। नारायण प्रसाद जी भी उसी दिन फैज़ाबाद किसी कार्य से आये हुए थे। उन्होंने भी ऐसा ही महसूस किया। बहरहाल इन दोनों लोगों ने मेरा द्वितीय प्रश्नपत्र सुधर जाये इस बात का शायद निर्णय कर लिया था। इस दिन ग्रीष्म ऋतु की पूरी दोपहर इन लोगों ने मुझे बिठाये रखा और इस अगले प्रश्नपत्र के पाठ्यक्रम को तैयार कराया। मामा जी ने लकड़ी की स्केल का भी प्रयोग मुझमे भय उत्पन्न करने के लिए किया था। किन्तु उन लोगों का यह कार्य मेरे जीवन में एक टर्निंग पॉइंट साबित हुआ। परीक्षाफल आने पर गणित के प्रथम प्रश्नपत्र में मात्र साठ में आठ अंक मिले थे। किन्तु द्वितीय प्रश्नपत्र में मेरे शत प्रतिशत यानी साठ में साठ अंक मिले थे। तभी मुझे यह आभास हुआ कि यदि मैं परिश्रम करूँ तो प्रत्येक विषय में ही अच्छे अंक ला सकता हूँ। जब मैं कक्षा सात में पहुँचा तो आत्मविश्वास से परिपूर्ण था। अंग्रेजी सहित अन्य विषय तो रुचिकर थे ही। क्रिश्चियन विद्यालय में पढ़े होने के कारण इंग्लिश मेरी बेहतर थी।

जब तीन माह उपरान्त मेरी प्रथम त्रैमासिक परीक्षा हुई तो उसमें मेरे अच्छे अंक आये। इस कक्षा में कुछ नए छात्रों ने भी प्रवेश लिया था। मैं कक्षा में अगली पंक्ति में बैठता था जैसा कि पूर्व की कक्षाओं में। अमित सक्सेना और आलोक टंडन तो पिछली कक्षा में भी साथ में थे। अमित के पिता जी इसी कॉलेज में भौतिक विज्ञान के माध्यमिक कक्षाओं में अध्यापक थे। संजीव की बुआ जी राजकीय कन्या इण्टर कॉलेज की प्रिंसपल थीं। सिद्धार्थ टिंगल के पिता जी पुलिस अधीक्षक व अनुराग श्रीवास्तव के पिता जी उप पुलिस अधीक्षक के पद पर थे। एक चतुर्वेदी जिला क्रीड़ा अधिकारी का बेटा था। त्रैमासिक परीक्षा में अच्छे अंक आने के कारण इन सभी के सम्बन्ध मुझसे काफी घनिष्ट हो गए और आत्मीयता बढ़ने से हम सभी एक साथ ही प्रायः रहने लगे थे। यह ग्रुप अच्छे और पढ़ने लिखने वाले बच्चों का, आगे की पंक्ति में बैठता था। मैं किसी अधिकारी का बच्चा नहीं था लेकिन मेरे रहन सहन और व्यवहार में भगवती प्रसाद जी वाले गुण अधिक थे जिसकी वजह से मैं उनके साथ मिक्स अप हो गया था। मैं अनुराग को अपने सर्वाधिक प्रिय मित्रों में शुमार करने लगा था। हो सकता है उसके विचार मुझसे कुछ अधिक मेल खाते रहे हों। या हो सकता है मेरे और उसके सरनेम एक होने के कारण ऐसा रहा हो। छुट्टी के बाद हम सभी एक साथ कुछ दूर तक आते थे। अनुराग प्रायः मुझे प्रोत्साहित करता था कि मैं पढ़ने में तेज हूँ और मेरी क्लास में कोई पोजीशन ज़रूर आएगी। इस प्रकार इन बच्चों के साथ अधिकांश समय व्यतीत करना मेरे लिए कई प्रकार से लाभकारी सिद्ध हुआ। एक तो ये शिक्षित घरों के थे या जिनके पिता

अच्छे पदों पर सफल लोग थे दूसरा इनका भी पढ़ाई में रुचि लेना और तीसरा इन सबका आपस में कॉम्पिटिशन व सहयोग, मेरे व्यवहार और पढ़ाई में मेरी रूचि दोनों के परिष्कृत होने में सहायक बन गए और मेरे अंदर आत्मविश्वास तथा स्वाभिमान दोनों को सुदृढ़ करने में बहुत उपयोगी साबित हुए। अब मेरी गणना कक्षा के तेज बच्चों में होने लगी थी। यद्यपि इनमे से कई अगले सत्र में पिता या अभिभावकों के ट्रांसफर हो जाने की वजह से विद्यालय से चले गए किन्तु मेरा जो एक स्थान बन गया था वह पूर्ववत बरकरार रहा। कक्षा आठ की जनपदीय परिषदीय परीक्षा में मैं प्रथम श्रेणी में उत्तीर्ण हुआ और तीन विषयों गणित, संस्कृत व काष्ठकला में विशेष योग्यता प्राप्त की।

कक्षा छः के उपरान्त मुझे नहीं याद पड़ता कि पिता जी फिर कभी किसी कार्य से मेरे विद्यालय गए हों। मेरा दालमंडी वाला मकान इस योग्य नहीं था कि किसी मित्र को मैं घर तक लाऊँ। अब इस मकान में मात्र मेरा परिवार और रवि शंकर जी ही निवास कर रहे थे। कभी कभार बाबा जी अपने कार्यों से आया करते थे और मैं भी अब किशोरावस्था में प्रवेश कर रहा था। पिता जी की झुंझलाहट भी अब कम हो गयी थी लेकिन जिन गुणों आदर्शों की मैं उनसे अपेक्षा करता था उन्हें मैं उनमे काफी हद तक अब नहीं देखता था। जिस मकान में हम रह रहे थे उसके मकान मालिक के साथ न्यायालय में घर को खाली करने के लिए वाद चल रहा था। जनपद न्यायालय से केस अपने पक्ष में न आने पर पिता जी ने उच्च न्यायालय की लखनऊ पीठ में अपील कर रखा था। क्योंकि मकान खाली करने की स्थिति कई वर्षों से बनी हुई थी अतः कहीं अन्य स्थान पर कोई ज़मीन या छोटा घर मिल जाये तो उसे क्रय किये जाने के विषय में रवि शंकर जी पिता जी को प्रेरित कर रहे थे। यद्यपि इसके लिए पूँजी नहीं थी लेकिन पिता जी सहमत थे। रवि शंकर जी के इस सबल प्रयास का ही परिणाम था कि कन्धारी बाजार वाला मकान उन्नीस सौ उनहत्तर में क्रय कर लिया गया था। यह मकान तुलसीराम नाम के एक पान के थोक विक्रेता जिसकी दूकान चौक सब्जीमंडी से सटी हुई थी, का था। मकान के रजिस्ट्रेशन के समय मैं सबके साथ रजिस्ट्री कार्यालय तक गया भी था। इस मकान की स्थिति थोड़ा मरम्मत करने के बाद ही रहने वाली थी। कुल तीन हजार रुपये में इसे क्रय किया गया था जिसमे रजिस्ट्रशन शुल्क सौ रुपये शामिल थे। इस मकान को क्रय करने के लिये पिता जी की तरफ से कोई भी आर्थिक अंशदान नहीं था। रवि शंकर और माता जी के आग्रह पर बाबा जी ने अपनी सेविंग से एक हजार रुपये डाकघर के अकाउंट से निकाल कर दिए थे। बाकी पूरा शेष पैसा माता जी ने अपने जेवर, आभूषण बेंच कर दिए थे। बाबा जी का बिना किसी प्रकार के विचार या संकोच के इतने रुपये प्रदान करना बहुत बड़ी महानता की बात थी। उन्होंने तब तो मकान देखा भी नहीं था।

उनके पास मुझे लगता है और अधिक पैसे नहीं रहे होंगे अन्यथा और भी लिया गया होता। धन के मामले में बाबा जी के अंदर संग्रह का स्वभाव नहीं था। जब मैं फैज़ाबाद में उनके

पास रात में लेटता तो उन्होंने एक बार सिकंदर का ज़िक्र होने पर हमको बतलाया था कि जब उसका देहांत हुआ तो उसके दोनों हाथ बाहर निकाल दिये गए थे ताकि लोग ये समझें कि इतना बहादुर विश्व विजयी व्यक्ति भी जब संसार से जाता है तो कुछ लेकर नहीं जाता। वो कहते थे 'इकट्ठे कर ज़मीं के ज़र सभी मुल्कों के मालिक थे, सिकंदर जब गया दुनिया से दोनों हाथ खाली थे'। अतः उन्हें न तो धन संग्रह की लालसा ही थी और न ही लोभ था। धन संग्रह की लालसा ही लोभ उत्पन्न करती है। धन संग्रह मात्र भविष्य के कुछ माह अपने दैनिक व्ययों के लिए ही होना चाहिए जिस दौरान आपको स्वयं को आगे के लिए सँभलने का अवसर मिल जाए। ज्यादा लम्बे भविष्य को सोचकर योजना बनाना या उनकी पूर्ति के लिए धन का संग्रह, यह सुनिश्चित नहीं किया जा सकता कि उपयोगी साबित ही हो सके। क्योंकि भविष्य की कोई घटना, होना या न होना, अपने वश में नहीं होता। समय के गर्भ में अनेक ऐसी चीजें होती हैं जो हमारे कार्यों को प्रभावित करके किसी भी योजना को साकार होने में सहयोग या बाधा डालती हैं। इसी प्रकार की सोच भगवती प्रसाद जी की भी रही होगी। अन्यथा वो अपनी वृद्धावस्था के लिए संचित पैसे इस प्रकार न दे दिए होते। मैंने उन्हे कोई भी पूँछताँछ करते या टालने का प्रयास करते नहीं देखा था। उन्होंने यह नहीं सोचा कि उनके और भी पुत्र हैं जिन्हे पैसों की आवश्यकता पड़ सकती है। न ही उन्होंने यह जानने की कोशिश की कि मकान किसके नाम होगा या उस पर स्वामित्व किसका होगा। उन्होंने कोई भी गंभीर बात नहीं की थी और जिस समय मकान का रजिस्ट्रेशन हुआ वो फैज़ाबाद में थे भी नहीं। हालाँकि बाबा जी ने यह मकान देवी प्रसाद जी को ले जाकर दिखाया था। उनके इस कार्य पर उनकी सोच पर बहुत ही गहराई से ध्यान देने, सोचने और चिंतन करने की आवश्यकता है यदि उन्हें समझना हो तो। उन्होंने अपने शेष जीवन में उसे कभी वापस माँगा भी नहीं, न कहा ही। शेष जो पैसे लगने थे उसके लिए रवि शंकर जी ने माता जी को किस प्रकार सहमत किया, या वो स्वयं चाहती थीं, इस विषय में कोई बात मेरे सामने नहीं हुई और मैं नहीं जानता। लेकिन यह कि मकान उनके नाम रहेगा, हो सकता है उनको सहमत करने के लिए पर्याप्त रहा हो। मुझे भी इस बात की प्रसन्नता हुई थी। हालाँकि वह तुरंत रहने योग्य नहीं था लेकिन अपना मकान तो था जो वर्तमान में भी दालमंडी वाले मकान से अधिक अच्छा था और आकस्मिकता में सहारा तो था ही। पिता जी के पास यद्यपि उस समय पांच सौ रुपये थे जो उन्हें गांधी जन्म शताब्दी समारोह हेतु सरकार द्वारा प्रदान किये गए थे।

बाद में उन्होंने उस पैसे से तेज प्रकाश जी के साथ जाकर एक फिलिप्स का बड़ा ट्रांसिस्टर सेट क्रय किया था। यहाँ यह सोचने की बात है कि क्या रेडियो का क्रय किया जाना जब घर के लिए पिता से उधार लिए गए हों तो उचित था। क्या इसे टाला नहीं जा सकता था। क्या यह धनराशि यदि पिता जी दे दिए होते तो बाबा जी के पांच सौ रुपये बच न गए होते। विवेकपूर्ण निर्णय क्या होता। मेरे विचार से यह उचित नहीं था। तदोपरांत यह बात हमेशा मेरे मन में आती रही है और उद्वेलित करती रही है। जब भी मैं यह कहता था कि इस मकान में बाबा

जी के पैसे लगे हैं तो यह बात मेरे माता-पिता और भाई को हमेशा चुभती थी। पिता जी का यह कहना था कि उन्होंने इससे अधिक पैसे अपने भाइयों और परिवार के ऊपर व्यय किये थे जिसे बटवारे के दौरान उन्होंने एडजस्ट करा दिया था। लेकिन इस एडजस्टमेंट के लिए क्या कोई समझौता भगवती प्रसाद जी से हुआ था। इसका उत्तर नहीं में है।

भगवती प्रसाद जी ने समय से पूर्व रिटायरमेंट ले लिया था। बताते थे कि उन्हें धड़कन की बीमारी हो गयी थी और जनपद के मुख्य चिकित्साधिकारी के अंतर्गत गठित कमेटी से इसके लिए निर्णय लिवाना पड़ा था। उनकी पेंशन कम्यूटेशन के बाद बहुत ही कम बनी थी लेकिन उसी से वो अपना और गाँव के घर का व्यय चलाते थे। कभी कभी जिस डिब्बे में वो अपने पैसे रखते थे वो पूरा खाली हो जाता था और तब वो अपने आप पर ही व्यंग्यात्मक दुःख भी व्यक्त करते थे। ऐसा नहीं कि उनकी यह स्थिति हमेशा थी। जब वो रिटायर होने की सोच रहे थे तो एक बड़ा मकान उन्होंने स्वयं के पैसे से गाँव में नया निर्मित कराया था जिसमे हम लोग आज रह रहे हैं। दो आंगनों के साथ कई कमरे और शौचालय आदि सब कुछ उसमे था। मुझे प्रतीत होता है कि वह यह समझ गए थे कि एक ही मकान में वो और दुर्गा प्रसाद जी नहीं रह सकेंगे। और था भी यही। बाबा जी के पहुँचने पर दुर्गा प्रसाद जी बटवारे की मांग करने लगे थे लेकिन लोगों के समझाने पर उनकी पुत्री सीतादेवी जी के विवाह होने तक इसे टाल दिया गया था। यह निर्णय लिया गया था कि विवाह तक सभी एक में ही रहेंगे और उसके उपरान्त ही बटवारा किया जाएगा। विवाह में बाबा जी ने खुल कर पूरी शान से व्यय किया था। मैंने उनसे पूँछा था तो उन्होंने बतलाया था कि उनके पास तिरपन सौ रुपये उस समय थे। यह वर्ष उन्नीस सौ चौव्वन की बात है और उस समय इतने रुपये आज की तुलना में बहुत कीमत रखते थे। आज़ादी के पहले के शासन में पुलिस दरोगा, सब इंस्पेक्टर, एक प्रभावशाली पद हुआ करता था। कुछ दिनों के लिए वो ख़ुफ़िया पुलिस में भी थे और गाँधी जी, नेहरू और अन्य राजनेताओं के आने पर उनकी सुरक्षा के लिए नियुक्त होते थे। उन्होंने मुझे बतलाया था कि गाँधी जी हमेशा सरल व धीमे स्वर में भाषण देते थे और उसमे उग्रता या आवेश नहीं होता था। एक बार उनकी ड्यूटी वाइसरॉय के साथ भी कहीं पहाड़ो पर लगी थी जब उनका कैम्प वहाँ लगा था। वो बताते थे कि नदी के इस तरफ के प्रकाश को देखकर हाथियों के झुण्ड उस तरफ से चिग्घाड़ते थे। निश्चित ही वो एक योग्य अफसर रहे होंगे जिनका शारीरिक व्यक्तित्व और अंग्रेजी का अच्छा ज्ञान सभी को प्रभावित करता रहा होगा। शायद उन्होंने बताया था कि सर्वप्रथम वो मुंशी नियुक्त हुए थे लेकिन उनकी घुड़सवारी और योग्यता को देखकर उन्हें शीघ्र ही सहायक पुलिस निरीक्षक बना दिया गया था। उनके आगे के ऊपर के दो दांत हॉकी खेलते समय गेंद लगने से टूट गए थे। वो बतलाते थे कि पुलिस विभाग में प्रत्येक व्यक्ति एडजस्ट नहीं कर सकता इस विभाग में सेवा करने वालों के भीतर धीरे धीरे भिन्न भिन्न प्रकार के अवगुण आने की पूरी संभावना होती है और जो अपने को बचाकर निकाल ले जाये वह अपवाद ही होता है। पुलिस पर शीघ्र विश्वास नहीं

करना चाहिए। मैं उनके साथ कभी कभार पुलिस लाइन कार्यालय जाता था और उस समय वहाँ रखी रानी विक्टोरिया की विशाल सफ़ेद मूर्ति को देखता था। हालाँकि बाद में उसे हटा दिया गया था। वैसे भी जब मैं राजकीय इण्टर कॉलेज में पढ़ने लगा तो पुलिस लाइन के बीच से ही होकर जाता था। पुलिस बैरेक, उनका रहन सहन, मेस में भोजन करने अपने बर्तन लेकर जाना, मुगदर चलाना, कुश्ती व्यायाम करना और यहाँ तक कि दलेल पाए हुए पुलिस कर्मियों को भी, आदि उनकी क्रियाओं को रोज ही देखता था। बन्दूक कन्धों पर रख कर इन्हें चलते देखना थोड़ा विशेष लगता था लेकिन यह मैं जानता था कि किसी बात की सजा मिली होगी, जैसा बाबा जी ने बताया था। ऐसा मैं पूरे सात वर्ष जब तक इस कॉलेज में पढ़ा, मेरी नित्य की सामान्य क्रिया हो गयी थी। उस समय पुलिस लाइन की अश्वशाला भी काफी बड़ी थी और उसमे जो घोड़े घोड़ियाँ बंधी होती थीं उनके पास दीवार पर उनके नामों की प्लेट भी लगी हुआ करती थी। जब कभी पुलिस लाइन में रैली आदि आयोजित होती थी तो मैं पड़ोस के एक दो बच्चों के साथ स्पोर्ट्स देखने भी जाया करता था। हॉकी और फुटबाल में मेरी रूचि अधिक थी।

इस प्रकार बाबा जी के पोस्ट ऑफिस में जमा किए गए एक हजार रुपये और माता जी के जेवरों के द्वारा यह मकान जिसमे नेहा जन्म के उपरान्त रहीं क्रय किया गया था। यहाँ यह विचारणीय है कि माता जी अपने जेवरों को बेचने के लिए तैयार क्यों हो गयीं। यदि रहने के लिए कोई समस्या आती तो उसकी व्यवस्था का दायित्व तो पिता जी का भी बनता था। उनके इस कार्य अथवा कहें कि त्याग से उनको नुकसान ही हुआ क्योंकि स्त्रियों को प्रायः और अधिकांशतः आभूषणो की लालसा होती है और उनकी यही एक अपनी पूँजी होती है। पिता जी ने कोई अंशदान नहीं किया और बाद में भी इसकी कहीं प्रतिपूर्ति नहीं की। यह उनकी अपनी स्वार्थपरता और पैसे के प्रति उनके लोभ को प्रदर्शित करता है। वो सिद्धांतों पर चलने वाले व्यक्ति नहीं थे। मैं नहीं जानता कि उनका यह स्वभाव उनमे जन्मजात था या बाद में बन गया। किन्तु उनकी पूर्व की साधुता, धार्मिक पुस्तकों का स्वाध्याय और नियमित पूजा पाठ, इन सबका प्रभाव अब नहीं था। माता जी भी रवि शंकर जी के प्रेरित करने पर अब आभूषणों से रिक्त हो चुकी थीं। बचपन में मैंने नाक, कान, गले आदि के सोने के उनके जेवर उन्हें पहने हुए देखा ही था। उनका अभाव उन्होंने बाद में हमेशा अनुभव किया होगा। कंधारी बाजार के मकान की सुविधा बहुत लोगों ने बाद में उठाई। नेहा का मुंडन, देवेंद्र प्रकाश और नीता जी की शादी यहीं से हुई और अंत में पिता जी के देहान्त के उपरांत उनकी समस्त अंतिम क्रियाएँ भी यहीं से हुईं। जब उच्च न्यायालय में मुकद्दमा चला तो स्टे आर्डर तथा बाद में आदेश हमारे पक्ष में आने के कारण हम सभी लोग दालमंडी में ही पूर्ववत रहते रहे और उन्नीस सौ नब्बे तक रहे। कंधारी बाजार के मकान में दो किरायेदारों को रख दिया गया था। उनमे से एक ने किराया भी देना बंद कर दिया था क्योंकि वह रसीद चाहता था।

जहाँ तक मुझे याद पड़ता है कक्षा सात में एक परीक्षा हुई थी जिसके द्वारा मुझे दस रुपये प्रति माह की छात्रवृत्ति मिलने लगी थी। बहुत से सहपाठियों ने छात्रवृत्ति की परीक्षा में भाग लिया था। हालांकि मैं इसमें उत्तीर्ण नहीं हुआ था लेकिन विभाग के पास इस हेतु आबंटित पैसे अवशेष रह जाने की वजह से मुझे भी शामिल कर लिया गया था। शायद विभाग को यह महसूस हुआ कि गणित का प्रश्नपत्र अधिक कठिन होने के कारण काफी छात्र अनुत्तीर्ण हो गए थे और शासन को पुनः नयी मेरिट लिस्ट बनानी पड़ी। नयी मेरिट लिस्ट में मेरा नाम आ गया था और फिर मैं अगले दो वर्षों तक छात्रवृत्ति पाता रहा। यद्यपि छात्रवृत्ति प्रतिमाह थी लेकिन यह कई कई महीनों की एक साथ मिलती थी। मुझे प्रथम बार जब एक सौ बीस रुपये की धनराशि मिली थी तो उसे लाकर मैंने पिता जी को दे दिया था। उस समय फैज़ाबाद में हम दोनों लोग ही थे। इस उपलक्ष्य में वो मुझे शाम को 'हिन्दुस्तान की कसम' मूवी दिखाने ले गए थे। मैंने जब बाबा जी को यह बतलाया था तो वो भी बहुत प्रसन्न हुए थे। प्रायः अवसर मिलने पर दूसरों को बताते थे कि मुझे वजीफा मिलता है। उन्होंने कहा था कि मुझे पैसे पिता जी को न देकर स्वयं रखने चाहिए थे। उन्नीस सौ इकहत्तर में मैंने कक्षा आठ उत्तीर्ण कर लिया था और अब मैं हाई स्कूल में आ गया था। मैंने विज्ञान वर्ग के विषय लिए थे और अत्यधिक उत्साह के साथ पढ़ाई करना प्रारम्भ कर दिया था। कक्षा नौ और दस की शिक्षा मेरी बहुत ही अच्छे ढंग से हुई। मैं प्रत्येक विषय में काफी रूचि लेता था और अपने स्वभाव व पढ़ने में अच्छा होने की वजह से सभी अध्यापकों का प्रिय भी था। उस समय अधिकांश अध्यापक आदर्श होते थे और वो पूरी तन्मयता से बच्चों को पढ़ाने का कार्य करते थे। अपवाद तो सभी जगह मिल सकते हैं। इन अध्यापकों में नरेंद्र सक्सेना जी जीव विज्ञान व अंग्रेजी तथा कमला प्रसाद सहाय जी गणित के शिक्षक थे। सक्सेना जी से विद्यालय छोड़ने के बाद मात्र एक बार ही मिल सका। सहाय जी प्रायः सपत्नी पैदल रिकाबगंज आते जाते दिख जाते थे और मुलाक़ात हो जाती थी। वो रिटायरमेंट के बाद फैज़ाबाद में ही रहते थे। फुटपाथ पर बिलकुल किनारे किनारे ही वो चलते थे। बाद में मुझे किसी से यह समाचार मिला था कि सड़क दुर्घटना से ही उनकी मृत्यु हुई थी। सक्सेना जी भी अब नहीं रहे। हाई स्कूल मैंने उन्नीस सौ तिहत्तर में प्रथम श्रेणी में अच्छे अंको से उत्तीर्ण की थी।

देवी प्रसाद जी के नाती की तीन बार पढ़कर याद करने वाली घटना मेरे कक्षा नौ में आने पर हुई थी। कई बार वो और मैं विद्यालय साथ ही जाते थे। क्योंकि वो भी इसी कॉलेज में पढ़ते थे। मेरे हाई स्कूल के दो वर्ष बहुत ही आहलादपूर्ण थे क्योंकि स्कूल में मेरा अच्छा प्रभाव था। मेरा अच्छे अंकों का प्राप्त करना, अध्यापकों के साथ अच्छा व्यवहार और उनका भी मुझे महत्त्व देना, तथा साथियों का सहयोग काफी संतोष प्रदान करता था। रात्रि में मैं देर तक पढ़ता था और प्रातः चार बजे के आस पास जगकर पुनः अध्ययन करना और सभी विषयों में विद्यालय की पढ़ाई से आगे रहना, मेरे आत्मविश्वास को बढ़ाने और आत्म संतुष्टि के लिए

पर्याप्त था। घर में अधिक संलिप्त नहीं था किन्तु आवश्यक कार्यों में सहयोग करता रहता था। जब भी माता जी ने कहा बुरादे की अंगीठी भरने का कार्य, पत्थर के कोयले को फोड़ने का कार्य, घर में झाड़ू आदि कार्य मैं प्रायः निःसंकोच और सहर्ष करता था। कभी कभार देवी प्रसाद जी के घर भी जाता था जहाँ राजेश्वरी जी का परिवार रहता था। किन्तु उनके यहाँ मुझे वह आत्मीयता नहीं दिखती थी जो परिवार का होने के नाते प्रतीत होनी चाहिए थी। अपने पिता जी के विपरीत राजेश्वरी जी ने कभी मुझे प्रेम से सम्बोधित नहीं किया। इसी कारण निकट ही होने के बावजूद मैं उनके घर अधिक नहीं जाता था। इस आत्मीयता के न होने के पीछे मुझे दो बातें जान पड़ती हैं। एक तो यह कि देवी प्रसाद जी के दामाद थोड़ा घमंड पूर्ण और अंतर्मुखी, नीरस स्वभाव के थे। ससुराल की लम्बी चौड़ी संपत्ति उन्हीं की होनी थी। वह माध्यमिक स्तर के अध्यापक होने के कारण मेरे पिता जी से अधिक वेतन भी पाते थे। उनके घर में पर्याप्त घर गृहस्थी की सुविधाओं वाले सामान थे जो मेरे यहाँ बिलकुल नहीं थे। अध्यापकों में कुछ न कुछ मनःस्थित से सम्बंधित कमियाँ अवश्य होती है। ऐसा मेरी एक जिलाधिकारी ने मुझसे स्वयं एक बार गंभीरता से कहा था। दूसरी बात यह कि देवी प्रसाद जी की एकमात्र संतानों में उनकी पत्नी थी और वो यह सोचते थे कि हम लोगों का पितृसत्तात्मक होने के कारण उनके द्वारा देवी प्रसाद जी की पूरी संपत्ति प्राप्त होने पर हमलोगों में उनके प्रति ईर्ष्या, डाह व शत्रुभाव उत्पन्न हो सकता है। हालाँकि यह कुछ सीमा तक ही सत्य था। क्योंकि देवी प्रसाद जी को किसे अपनी संपत्ति हस्तांतरित करनी है वह पूरा उनके अपने विवेक पर निर्भर करता था और यह उनका अपना निर्णय होता। उनकी संपत्ति के विषय में यह सोचना कि वे अपनी पुत्री के होते संपत्ति अपने भाइयों को या उनके पुत्रों को प्रदान कर देंगे अनुचित ही नहीं बल्कि मूर्खतापूर्ण भी होता। जब भगवती प्रसाद जी को यह ज्ञात हुआ कि बड़े बाबा जी ने अपनी पूरी जायदाद अपनी पुत्री और नातियों को दे दी है और रजिस्ट्रेशन करा दिया है तो उन्होंने उनसे मात्र यही कहा था कि यदि वो यही कार्य बतलाकर किए होते तो इन्हें और भी अच्छा लगता और संतोष होता।

खैर, मैं तो देवी प्रसाद जी को अपना खून और परिवार ही मानता था क्योंकि मेरी इस जमीन जायदाद से न तो कोई रुचि ही थी और न कोई लालच ही। मैं जानता था कि मेरा उद्देश्य पर्याप्त शिक्षा प्राप्त कर उच्च स्तर की कोई सर्विस करना है। फिर भी मेरी कोई सीधी दुर्भावना उनके परिवार से कभी नहीं रही। मेरे सम्बन्ध भी व्यक्तिगत तौर से सभी से अच्छे ही बने रहे। मन में यह अवश्य रहता था कि मेरा संवाद उनसे हो रहा है जिनके मन में कहीं न कहीं हम लोगों के प्रति दुर्भावना पल रही है। परिवार के किसी भी सदस्य में किसी प्रकार का श्रेष्ठता का भाव चाहे किसी पद की हो चाहे धन संपत्ति की हो, कदापि नहीं होनी चाहिए। परिवार के सदस्यों को केवल रिश्ते व आयु से श्रेष्ठता या ज्येष्ठता का आकलन करना चाहिए। व्यक्तिगत गुण और अवगुण भी इस मापदंड के आगे मायने नहीं रखते। हाँ किसी के अवगुणों की आलोचना कोई सदस्य उपर्युक्त ज्येष्ठता के आधार पर करने का अधिकार

अवश्य रखता है। फिर यह तो अभी मेरी बाल्यावस्था ही थी। यदि कोई मेरे पहुँचने या मिलने पर प्रफुल्लित या उत्साहित नहीं होता तो मैं वहाँ जाना पसंद नहीं करता था। परन्तु थे तो ये लोग देवी प्रसाद जी के ही रक्त सम्बन्धी और जो स्नेह बड़े बाबाजी मुझसे रखते थे उसके आगे इन लोगों की उदासीनता को मैंने कभी भी गंभीरता से नहीं लिया।

जैसा कि कहते हैं 'ज्यों प्रति लाभ लोभ अधिकाई', लाभ के साथ साथ लोभ भी वृद्धि को प्राप्त होता है। यह विचित्र बात है कि यदि एक बार लाभ होने की प्रक्रिया जीवन में घर कर गयी तो उसी के साथ साथ लोभ भी बढ़ता चला जाता है। लाभ से मेरा तात्पर्य उस धन से है जो आपको अनधिकृत रूप से मिला हो। फिर धन का संग्रह करना उस व्यक्ति का स्वभाव बन जाता है। यह उस स्थिति में तो निश्चित ही है जब धन आने का प्रवाह उसकी आवश्यकता से अधिक हो। उन्नीस सौ तिहत्तर में मेरे पिता जी व भाइयों में आपसी बँटवारा हो गया था। इसके पीछे मूल कारण नारायण प्रसाद जी की पत्नी का घर के कार्यों में रुचि का न होना और अपने पति को अपने नियंत्रण में रखना था। मुझे प्रतीत होता है उनसे उनके माइके में भी कार्य नहीं करवाया जाता रहा होगा क्योंकि उनसे छोटी बहन घर के कार्यों की जिम्मेदारी अपनी मां के साथ उठाती रही होगी। मुझे यह ज्ञात हुआ था कि वहाँ घर के उनकी आय व्यय का हिसाब किताब का दायित्व इनके पिता जी इनको ही दे रखे थे। इनके पिता केदार नाथ जी राजस्व विभाग में सेवारत थे और देखने में अच्छे व्यक्तित्व के थे। चाची जी की गणित अवश्य ही अच्छी रही होगी क्यों कि मेरे बचपन में जोड़ घटाना गुणा भाग आदि के प्रश्न सॉल्व करने के लिए ये मुझे देती थीं और चेक भी करती थीं। इनका स्वभाव और व्यवहार मेरे प्रति तो अच्छा था ही। इनका मात्र परिश्रम से विलग रहना ही मुख्य रूप से इनमे एक बड़ी कमी थी। और यही विवाद का मुख्य विषय बन जाता था। वैसे ये शान्त स्वभाव की नहीं थीं और वाद विवाद जल्दी ही कर लेती थीं। यदि घर की एक बहू अन्य बहुओं के साथ घर के कार्यों में जो मुख्य रूप से भोजन पकाना और परोसने तक ही सीमित होता है, उसमे सहर्ष योगदान नहीं देती है तो उनका आपस में आत्मीयता के साथ रहना कठिन हो ही जाता है।

हमारा परिवार बड़ा था। कभी कभी तो बहुत लोग हो जाते थे जब हम सभी भी गाँव पर होते थे। घर में बाबा दादी जी, सभी चार भाई, उनमे तीन की पत्नियाँ और उनके बच्चे और यदि कृषि कार्य हेतु अन्य भी कोई व्यक्ति है, तो कुल मिलाकर इन सभी का भोजन बनाना होता था। खाने में दाल चावल रोटी सब्जी और प्रायः साथ में इतर कोई खानें की चीजें यथा चटनी सलाद आदि। मैंने उन्हें चूल्हे पर भोजन काल में कभी भी रोटियाँ सेंकते नहीं देखा था। जो रोटियाँ सेंकता है वह ही भोजन की प्रक्रिया का मुख्य सदस्य माना जाता है। प्रतिदिन दोनों टाइम दोपहर और शाम का यह कार्य होता था। कुछ लोग बाहर रहकर बनवाते थे और कोई एक रसोई में होता था। रसोई में रहने वाले को शुद्धता के साथ रहना होता था। नहाकर या

कपड़े बदल कर ही रसोई में प्रवेश करना होता था। मैंने पूँछा था कि यदि कोई बिना स्नान किये चला जाये तो क्या होगा जिसपर मुझे बताया गया था कि दादी जी फिर खाना नहीं खाएँगी। बाबा जी की पीढ़ी में तो खाना बनाने के लिए घर में 'महराजिन' लगी हुई थी जो घर में भोजन बनाने का कार्य करती थी। तो वर्तमान में काम तो अधिक होता ही था। इसमें नारायण प्रसाद जी की पत्नी का योगदान नाम मात्र का ही रहता था। कुछ पति होते हैं जो या तो अपनी पत्नी की कमी को अनदेखा कर देते हैं या वो अपनी पत्नी के द्वारा दिए गए तर्कों में औचित्य देखकर उस कमी को कमी नहीं मान पाते और विरोध न कर परोक्ष रूप से समर्थन करना प्रारम्भ कर देते हैं। इस कारण दादी और चाची जी में प्रायः नाराज़गी और विवाद भी हो जाता था। इनकी देवरानी और जिठानी इनसे कुछ कहने सुनने की आवश्यकता नहीं समझती थीं क्योंकि घर में बड़े लोग इस विषय को स्वयं देखने समझने में सक्षम थे और यह उनका ही दायित्व भी था।

8

विभाजन

नारायण प्रसाद जी घर से दो तीन किलोमीटर दूर स्थित देवगाँव में एक नए स्थापित विद्यालय में अध्यापन कार्य कर रहे थे। वो नियमित रूप से साइकिल से जाते थे। मठाधीश महंथ लालदास ने इस विद्यालय की स्थापना की थी। आज महंथ लालदास इंटर कॉलेज उस क्षेत्र का एक महत्वपूर्ण विद्यालय बन चुका है। उन्होंने रिटायर होने तक यहीं सर्विस की। घर में पिता जी को और अन्य भाइयों को यह प्रतीत होता था कि नारायण प्रसाद जी अपना वास्तविक वेतन छिपाते थे ताकि घर की ज़रूरतों में उनसे कोई अंशदान करने का आग्रह न करे और यह समझे कि वो अपनी पत्नी और बच्चों के लिए ही, जो बताते हैं, पूरा व्यय कर देते होंगे। लेकिन पिता जी ने बताया था कि उन्होंने उनकी वेतन पंजिका को देखा था और यह कि उस पर अधिक रुपयों का उल्लेख था जहां इनके हस्ताक्षर थे।

अब उन्होंने यह कब और कहाँ देखा था इस पर मैंने उनसे कभी नहीं जानना चाहा या यदि उन्होंने कुछ बतलाया था तो मुझे स्मरण नहीं है। लेकिन मुझे अब यह प्रतीत होता है कि आज जैसे निजी विद्यालयों में ऐसा प्रायः होता है हो सकता है तब भी होता रहा हो। इस वजह से नारायण प्रसाद जी से भाइयों को प्रत्यक्ष या परोक्ष विरोध रहने लगा था। ग्रामीण जीवन में उस समय नकद पैसे की ज़रुरत बहुत कम होती थी। किन्तु जब होती थी तो उसका अभाव मेरे घर में अवश्य ही दिखता था और विकल्प अनाज का विक्रय कर नकद प्राप्त करना ही रह जाता था। बाबा जी की पेंशन कम थी और पिता जी के पास अपने परिवार के व्यय हेतु वेतन से अतिरिक्त नहीं होता था कि कुछ दे सकें। अन्य दोनों भाई कोई धनोपार्जन का कार्य नहीं कर रहे थे। अनाज बेचकर घर चलाना भी हमेशा संभव नहीं था और न ही अच्छा समझा जाता था। ऐसे में नारायण प्रसाद जी का भी कोई सहयोग न करना उचित नहीं था। बाल्यावस्था में जब मैंने एक बार भगवती प्रसाद जी से उनकी पेंशन पूँछी थी तो उन्होंने बताया था कि बेंच देने के बाद कुल अट्ठाइस रुपये बनी थी। पेंशन को बेचना तब मैं नहीं समझ पाया था। मैं उनके साथ उस दौरान एक आध बार पेंशन कार्यालय भी गया

था। नारायण प्रसाद जी इन सब बातों पर जब कोई चर्चा होती थी तो मौन रहते थे। यह मौन रहना मेरी समझ में उनका शांत स्वभाव नहीं था अपितु क्रोध की ढिठाई के कारण होता था। शहर फैज़ाबाद से जब भी कभी वो लौटते तो सामान सहित सीधे अपने कमरे में ही जाते थे जैसे कुछ छुपाना हो। इस वजह से लोगों का संदेह और भी दृढ़ हो जाता था कि अपने व पत्नी बच्चों के लिए कुछ तो ऐसा अवश्य लाये होंगे जिसे वो बतलाना या दिखाना नहीं चाहते। उनका इस प्रकार सीधे अपने कक्ष में जाना मैं भी पसंद नहीं करता था क्योंकि मैं चाहता था कि वो बैठ कर कुछ बातचीत करें। मैं उनको बहुत पसंद करता था क्योंकि वो भी मुझसे स्नेह से काफी आत्मीयता भरी बातें किया करते थे। कभी कभी तो किसी कार्य को करने के लिए मेरी इच्छा भी पूंछते थे और पूरा सहयोग करते थे। वो जब होते तो कहते थे उनका क्रोध जब सिर से चलता हुआ नाक पर आ जायेगा तो मेरी पिटाई कर देंगे और मैं यह देखने की कोशिश करता था कि क्रोध के चलने का कोई लक्षण उनके चेहरे पर दीख रहा है या नहीं। अजय प्रसाद जी कम बोलते थे।

वैसे भी वो बच्चों को अपने इर्द गिर्द रखने का तरीका जानते थे। एक बार जब हम अपने परिवार सहित गाँव गए थे तो वो खाना खाने के पहले मेरे पुत्र को भी अवश्य पूंछते थे। एक बार तो वो उसे अपने साथ बहेड़ा बाजार भी स्कूटी से ले गए थे। तात्पर्य यह कि घर के अन्य सदस्यों का उनसे या उनकी पत्नी से सम्बन्ध कैसे हैं इसका किंचित मात्र भी प्रभाव मेरे ऊपर नहीं था। बँटवारा किये जाने का उद्द्येश्य यह था कि सभी अपना जीवन, अपने व्यय, अपने बच्चों का भरण पोषण स्वयं करें। घर और ज़मीन सभी का बँटवारा होना था। परंपरा के अनुसार ज़मीन के पांच हिस्से लगने थे। पैतृक संपत्ति में माता-पिता का भी बराबर हिस्सा लगता है। घर के विषय में यह निर्णय लिया गया कि कुल चार हिस्से लगाए जाएँगे क्योंकि बाबा दादी जी जिस किसी पुत्र, जिसे वो चाहेंगे उसके साथ ही रहेंगे। घर की अन्य सभी वस्तुएँ भी पांच भागों में विभाजित की जाएँगी। और अपनी वस्तुओं का उपयोग वो अपनी इच्छानुसार जिसके साथ रहेंगे, करने के लिए स्वतंत्र होंगे। घर तो क्षेत्रफल में काफी बड़ा था लेकिन निर्मित भाग का बराबर बटवारा कठिन था। पूर्व पच्छिम लम्बाई में नाप कर चार बराबर हिस्से किये गए थे। इसमें जो पूर्व का भाग था उसमे एक छतदार हिस्सा पच्छिमी भाग के हिस्से की तुलना में अधिक था। मध्य के दोनों भाग लगभग समान थे क्योंकि एक में एक वारामदा और एक में एक कमरा पड़ रहा था। यह तय किया गया कि जो पूर्वी भाग पायेगा वो पच्छिमी भाग में एक वारामदे के निर्माण हेतु धन उपलब्ध कराएगा। मैं दर्शक की भाँति सभी की बातें सुनता रहता था और आवश्यकता हुई तो नाप जोख में सहयोग कर दिया करता था। गणना करने की बुद्धिमत्ता भी मुझमे चाचा जी आदि की तुलना में अभ्यास होने की वजह से अधिक थी। इसका प्रमुख और पूरा उपयोग ज़मीन अर्थात खेतों के बँटवारे में अधिक हुआ था। अक्सर जो खेत ऐसे थे जिनकी चारों मेड़ें भिन्न भिन्न लम्बाइयों की होती थीं उन्हें कैसे विभाजित किया जाए ये उन लोगों के लिए कठिन समस्या वाला कार्य होता

था। इस प्रकार घर के चार हिस्से किये गए और उत्तर दिशा में एक गलियारे से होकर सभी का आने जाने के लिए पहले वाला ही मुख्य द्वार निश्चित किया गया जो आज तक है।

ऐसा इसलिए किया गया ताकि स्वयं को और बाहरी व्यक्तियों को भी यह प्रतीत हो कि हम सभी एक साथ ही हैं। व्यवस्था बहुत ही उपयोगी साबित हुई और हम सभी आज पचपन वर्ष बाद भी जब गाँव जाते हैं तो एक ही घर प्रतीत होता है। यह योजना और सोच निःसंदेह रवि शंकर जी की थी। यदि सत्य कहा जाए तो पूरा बँटवारा ही मुख्यतः इनके और पिता जी की इच्छा और प्रेरणा के कारण ही हुआ था। नारायण प्रसाद जी बटवारे के लिए कदापि सहमत नहीं थे। इसके पीछे भी वो अपना कोई लाभ सोचते रहे होंगे ऐसी भावना भी इन लोगों के मन में थी। अन्य सभी लोग जिसमे हरेंद्र प्रकाश जी के माता पिता और भगवती प्रसाद जी पूर्णतः निष्पक्ष या उदासीन भाव में थे। भगवती प्रसाद जी को तो कोई प्रभाव उनके घर के कार्यों से विरक्त रहने के कारण पड़ना ही नहीं था। उन्हें बस उनके जीवन की दैनिकचर्या सुचारु रूप से चलती रहे, उसी से मतलब था। कौन क्या कर रहा है, कैसे हो रहा है, उससे ज्यादा मतलब नहीं होता था और ध्यान भी नहीं देते थे जबकि वो मन बुद्धि और शरीर तीनों से स्वस्थ थे। घर के चारो भाग किसको मिलने हैं इसके लिए पर्ची डाली जानी थी। इस प्रक्रिया को स्थानीय भाषा में चिट डालना भी कहा जाता था। नारायण प्रसाद जी पता नहीं क्यों यदि बटवारा होता है तो घर से बाहर कभी चौपाल, कभी पाकड़ के वृक्ष के पास भुसैले आदि को दिए जाने के लिए कहते थे। यह वो व्यंग्य के रूप में कहते थे या वास्तविक यह मैं नहीं जान पाया। भुसैल तो रहने योग्य बिलकुल नहीं था। चौपाल में गुजारा हो सकता था। किन्तु इसके लिए कोई तैयार नहीं था। रवि शंकर जी का कहना था कि सभी जब एक ही दरवाजे से निकलेंगे तो बाहरी लोगों के लिए और वैसे भी सभी के लिए लाभकारी होगा अतः अंततः उन्हीं की बात सभी को स्वीकार हुई थी। इसके उपरान्त नारायण प्रसाद जी ने घर के सबसे पूर्वी भाग को लेने पर बल देना शुरू किया। मैं कारण नहीं समझ पा रहा था। हाँ यह अनुमान लगाता था कि सामने के भाग में होने पर वह निःसंकोच आ जा सकेंगे और उनकी किसी भी क्रिया पर किसी की दृष्टि नहीं पड़ पायेगी। यही उनकी जिद्द का कारण हो सकता था। हालाँकि मैं पूरी तरह अपनी इस बात को मान नहीं पाया। उनका यह भी कहना था कि वो नहीं चाहते कि इनके विद्यालय के लोगों को यह पता चले कि उनके घर में बटवारा हो गया है। एक में रहने पर धन संपत्ति की प्रतिष्ठा अधिक होती ही है। इसका तात्पर्य यह होता है कि सभी लोगों के विचार एक जैसे हैं और सभी ज़रुरत पर एक दूसरे का सहयोग करने के लिए तत्पर हैं। पूरी जमीन संपत्ति एक स्थान पर सम्मिलित होने पर उस पर अधिकार भी सम्मिलित माना जाता है और दूसरों की दृष्टि में यह एक बहुत ही अधिक सम्मान और प्रतिष्ठा की बात होती है। नारायण प्रसाद जी का यदि ऐसा विचार था तो उसमे कोई त्रुटि नहीं थी। उन्हें अपनी बात को सभी से सरलता से वार्ता के द्वारा स्पष्ट करना चाहिए था। लेकिन यदि मन न मिल रहे हों और स्वार्थपरता हो तो एक साथ रहना भी कष्टसाध्य ही होता है। और यह स्थिति हमारे

घर में आ चुकी थी। उनका घर के अगले पूर्वी भाग को लेने की जिद्द भी हो सकता है कि इसी हेतु से रही हो कि लोग विशेषतया उनके साथ कार्य करने वाले अन्य अध्यापकगण यही समझें कि नारायण प्रसाद जी का परिवार एक में ही है। जब चिट निकाली गयी तो मेरे पिता जी को पूर्वी और उसके बाद वाला नारायण प्रसाद जी को आया। अब लोगों के मस्तिष्क में यह आया कि यदि ये मध्य में रहेंगे तो लोगों के लिए समस्या हो जाएगी। वास्तव में लोगों का विचार अभी इनको ही अलग करके अन्य तीनों लोगों का साथ में रहने का ही था। पिता जी और रवि शंकर जी फैज़ाबाद में ही रहते थे और बाबा दादी जी को अजय प्रसाद जी के साथ ही अभी रहना था। वैसे भी नारायण प्रसाद जी की पत्नी दादी जी आदि से वाद विवाद में कोई संकोच नहीं करती थीं। नारायण प्रसाद जी भी बीच में रहने को अनिच्छुक थे क्योंकि वो तो पूर्वी भाग ही चाहते थे। रवि शंकर जी और अजय प्रसाद जी को पच्छिमी हिस्सा मिला था। अंततः ईश्वर का ध्यान करके पुनः एक बार चिट निकालने की प्रक्रिया की गयी। इस बार नारायण प्रसाद जी को उनकी इच्छानुसार पहला भाग ही चिट में निकला। उसके बाद अजय प्रसाद जी फिर पिता जी और अंत में रवि शंकर जी को मिला। यह विभाजन क्रम सभी ने स्वीकार किया और यह आजतक चला आ रहा है।

यहाँ ईश्वर की योजना का आभास होता है। घर का अगला भाग नारायण प्रसाद जी को मिलने के कारण ही जब नरेंद्र प्रकाश जी ने इसका लगभग पचपन वर्ष बाद स्वयं पुनर्निर्माण कराया तो उन्होंने मुख्य द्वार का रूप रंग भी परिवर्तित कराकर अधिक अच्छा, दर्शनीय करा दिया और यह नवीन दिखने लगा। मैंने भी मुख्य द्वार पर, ऊपर बाबा जी का नाम एक पत्थर पर लिखवाने का परामर्श दिया और उन्होंने मेरी और से इसे लगवा भी दिया। मैं समझता हूँ जिस प्रकार नरेंद्र प्रकाश जी गाँव पर ध्यान दे रहे हैं, यदि पिता जी ने पहली चिट को ही अंतिम मान लिया होता तो ऐसा न हो पाता।

घर के अन्य प्रयोग की वस्तुएँ यथा बर्तन, पलंग, चारपाइयाँ, बिस्तर, तखत, चौकियाँ, संदूकें, अलमारियाँ आदि सभी वस्तुएँ यथासम्भव बराबर या मूल्य लगाकर सर्व सहमति से पांच भागों में बांटे गए। वस्तुओं का वास्तविक मूल्य आँक पाना संभव था नहीं अतः ऐसी स्थिति में अनुमानित मूल्य लगाया गया था। कुछ वस्तुएँ जैसे पीतल की स्त्री करने का उपकरण नारायण प्रसाद जी ने अपने पास ही रखा। इसी प्रकार पीतल की सेंवई बनाने की मशीन हरेंद्र प्रकाश की माता ने रख ली। हालाँकि इनका एडजस्टमेंट मूल्य के अनुसार किया गया था। पूरा बँटवारा लगभग शांति पूर्वक संपन्न हुआ और मैं सभी की तरफ से यह निरीक्षण करता रहता था कि कहीं कोई त्रुटि न होने पाए। किसी प्रकार का विवाद और कटुता होने भी नहीं पाई थी और हम बच्चे जो जिस प्रकार प्रेम से रहते थे उस पर कोई प्रभाव नहीं पड़ने पाया था। मुख्य कारण यही था कि सभी एक ही घर में थे। लेकिन पिता जी समेत सभी भाइयों का नारायण प्रसाद जी के परिवार से और उनका भी इन तीनो के प्रति सम्बन्ध काफी

दिनों तक तनावपूर्ण बना रहा। यह भी तय हुआ था कि खेतों का बटवारा फसल कटने के बाद होगा और उस समय घर में जो अनाज आ चुका है या आएगा उसे ही अभी बराबर हिस्सों में आपस में बाँट लिया जाये। इस दौरान घर में वह शांति और प्रेम तो नहीं ही था जो भाइयों में आपस में प्रायः विवाह के पूर्व या बचपन में होता है। कभी कभार विवाद शोर का भी रूप ग्रहण कर लेता था जो कि आस पड़ोस तक सुनाई देता रहा होगा। क्योंकि दुर्गा प्रसाद जी के परिवार में मात्र कृपा शंकर जी इकलौते पुत्र थे इसलिए उनके यहाँ वो लोग वही अनुभव करते रहे होंगे जो आपस में 'पट्टीदार', जिस शब्द का प्रयोग हमने बाबा जी या चाचा जी लोगों के मुख से कभी नहीं सुना, आपस में करते हैं और दूसरे की समस्या में मनोरंजन देखते हैं। कृपा शंकर जी की बातों में यदा कदा ऐसा संकेत भी मिलता था जैसा लोग बताते थे। हमारे घर के बटवारे के लिए केवल नारायण प्रसाद जी की पत्नी ही एक कारण नहीं थी अपितु शांत और निरपेक्ष दिखने वाली मेरी माता जी का भी रवि शंकर जी की बातों से सहमत होने के कारण अप्रत्यक्ष रूप से पूरा योगदान था। मेरे संज्ञान में आया था कि एक बार नाराज़ होकर वो अलग रहने के लिए चौपाल जाकर वहाँ साफ़ सफाई भी स्वयं ही करना प्रारम्भ कर दी थीं। उस समय मैं गाँव में नहीं था किन्तु बताया गया था कि वो रोते हुए लिपाई का कार्य स्वतः जाकर करने लगीं थीं और दुर्गा प्रसाद जी के समझाने पर वापस पुनः अपने घर आयी थी। माता जी बोलती नहीं थीं लेकिन रोकर अपने प्रति संवेदना अवश्य प्राप्त कर लेती थीं। स्त्री का रोना प्रायः सभी को द्रवित कर देता है और अपने इस गुण का वो हमेशा लाभ उठा ले जाती हैं। जब तक वास्तविकता का ज्ञान न हो और सभी पक्षों के विचार न सुन लिए जाएँ तब तक चाहे जो भी हो उसके रोने या उसके अश्रुओं को देखकर द्रवीभूत कदापि नहीं होना चाहिए। यह तो स्पष्ट है कि इस बटवारे के पक्षधर लगभग सभी लोग थे। कुछ प्रत्यक्ष चाहते थे और कुछ अप्रत्यक्ष। बाबा जी किसी भी पक्ष में नहीं थे और मात्र बैठ कर वो गतिविधियों को देखते और बात चीत को सुनते रहते थे। यदि नाराज भी होते थे तो सभी को दोष देते थे। 'जहाँ सुमति तहँ सम्पति नाना' प्रायः कहते थे। मैं यह उनकी निष्पक्षता को यदि विपरीत ढंग से लूँ तो यह उनकी कूटनीति भी हो सकती है क्योंकि उनको उनसे ही कार्य पड़ते रहने की आशा थी और वो किसी को नाराज नहीं करना चाहते थे। अभी वो किसी पर निर्भर नहीं थे। यदि किसी पर शारीरिक या आर्थिक रूप से निर्भर होते तो हो सकता है उनकी नीति कुछ भिन्न होती और वो जिससे अधिक सहयोग मिलता रहा हो उसके पक्ष में बोलते भी।

भगवती प्रसाद जी पुलिस में काफी समय सेवारत थे और उन्हें सांसारिकता का ज्ञान नहीं था यह नहीं कहा जा सकता। वो लगभग पंद्रह वर्षों तक ग्राम प्रधान भी थे। तो उनके विभाजन में अधिक इन्वॉल्व न होने के दोनों पक्ष हो सकते है। वो जब क्रोध में आते थे तो उनका रूप वही हो जाता था जैसा कि पुलिस हवालात में कोई संगीन अपराधी के साथ पुलिस का होता है। वो कहते थे कि यदि पुलिस में होकर एक सांस में निरंतर गालियाँ कोई नहीं दे सकता तो वास्तविक पुलिस नहीं है। मैंने उनका वह रूप भी एक आध बार गाँव में देखा था। मैं ऐसा

समझता हूँ कि वो नारायण प्रसाद जी को मन में कुछ अधिक महत्त्व देते थे क्योंकि उनके भीतर ऐसे गुण थे जो गाँव में अपना प्रभाव बनाये रखने की क्षमता रखते थे। यदि कहीं उग्र होने की आवश्यकता हो या शक्ति प्रदर्शन का तो अन्य तीनों भाइयों में किसी में भी वे गुण नहीं थे। जहां लोगों को प्रसन्न रखते हुए अपना काम करवा लेने के गुण उनमे थे तो क्रोधित होने पर, चाहे वह बनावटी ही हो, ऐसा लगता था कि वो पुराने जमींदारी तंत्र में पहुँच गए हों। वो थे तो छोटे कद के लेकिन उनमे साहस और उग्रता बहुत ही अधिक थी, हालाँकि जब वो अध्यापन कार्य नियमित रूप से करने लगे तो खेती बाड़ी का कार्य उनका गौड़ हो गया था और तब वो सामान्य स्वभाव के हो गए थे। कहने का अभिप्राय यह कि वो समय की आवश्यकता के अनुसार व्यवहार करने में कुशल थे। मुझमे जो भी स्वाभिमान, गर्वयुक्त उग्र स्वभाव आया वो उन्हें और बाबा जी को ही देखकर ही आया। अपने इस गुण का प्रदर्शन उन्होंने एक बार मात्र मुझे दिखाने के लिए किया था जिसकी योजना उन्होंने स्वयं बनाई थी। यह गुण उनको भगवती प्रसाद या दुर्गा प्रसाद जी से प्राप्त हुआ रहा होगा। इसी गुण के कारण बाबा जी उन्हें अधिक सक्षम समझते थे और पसंद करते रहे होंगे। वो जानते थे कि व्यवस्था को बनाये रखने की योग्यता मात्र नारायण प्रसाद जी में ही है। इस वजह से गाँव में उनका प्रभाव भी अधिक था और लोग उन्हीं से किसी कार्य के विषय में सम्पर्क भी करते थे। उनका गाँव में लोगों द्वारा प्राप्त होने वाला यह महत्त्व भी मन ही मन अन्य भाइयों को खटकता था।

अन्य तीनो भाइयों में गंभीरता और स्वाभिमान की मात्रा बहुत ही कम थी। ये लोग अशिक्षित ग्रामीण लोगों से भी हंसी मजाक करते हुए ऐसा मिक्स अप हो जाते थे जैसा कदापि अपेक्षित नहीं होता था। ये घर के आंतरिक मामलों में तो वाद विवाद बड़ी कुशलता से कर लेते थे किन्तु बाहर कभी भी किसी की गलती पर भी ऊँचे स्वर में अपना क्रोध व्यक्त करते मैंने कभी नहीं देखा। यदि आप गाँव के उस वर्ग के लोगों से जो मजदूरी, किसानी आदि का कार्य आपके लिए करते हैं, उनके साथ बैठकर गपशप करने में अधिक रुचि लेते हैं और उन्हीं लोगों के समतुल्य होकर उनसे व्यवहार करते हैं तो यदि वो आपके कार्य में लापरवाही, शिथिलता या बेईमानी करते मिलें तो आप किस प्रकार कठोर शब्दों में उनसे कुछ कह सकते हैं। अतः एक दूरी या स्तर में अंतर तो रखना ही पड़ता है। चाहे यह गांधी दर्शन के विपरीत ही क्यों न हो। इसे आपकी व्यवहारकुशलता माना जाता है यदि आप आवश्यकतानुरूप अपने व्यवहार को समायोजित करने का गुण रखते हैं। ये गुण नारायण प्रसाद जी में थे और बाबा जी को उनके निश्चिन्त रहने में, उनको उनके दायित्वों से मुक्त रखने में, इनकी सफल भूमिका थी। इसी से इनका प्रभाव गाँव में वृद्धि कर रहा था और लोग किसी भी सहायता, परामर्श या निर्णय आदि के लिए दादी जी, अजय प्रसाद या घर में और भी कोई हो तो उनके पास न जाकर इन्हीं के पास आते थे। अजय प्रसाद जी का प्रभाव उनका गाँव में रहने के बावजूद बहुत ही कम था। यद्यपि सम्मान करने के लिए तो लोग बाध्य थे ही। कौन खेत किसे देना

है, क्या बुवाई होनी है, कब सिंचाई होनी है आदि आदि प्रकार के कार्यों का निर्णय नारायण प्रसाद जी के द्वारा ही प्रायः लिया जाता था। ये बातें अम्माजी को भी अखरने लगीं थीं। कुछ चर्चाएँ मैंने स्वयं सुनी थीं। तो नारायण प्रसाद जी का यह प्रभाव तथा इनकी पत्नी का घर में सामंजस्य न होना घर में बँटवारे के कारणों में एक यह भी था। मुझे यह तो पता नहीं चल पाया कि ऐसा क्या गंभीर कारण था जो माता जी चौपाल में जाकर निवास करने वाला कार्य समाज की प्रतिक्रिया को बिना दृष्टि में रखे उपहास हेतु कर बैठीं थीं। किससे क्या बात हुई जो आहत करने वाली थी या बँटवारे के लिए मूक रहते हुए दबाव निर्मित करना इसका उद्देश्य था।

आज उनका स्वभाव व धन के प्रति लोभ जो पूर्व में उन्होंने मेरी पत्नी को प्रदर्शित किया, को देखते हुए सीमा का कहना है कि वो प्रारम्भ से ही ऐसी रही होंगी और बटवारा करने के उद्देश्य से उन्होंने स्वयं ही किया रहा होगा। मैं इस बात को नकार पाने में स्वयं को सक्षम भी नहीं पाता। बँटवारे में दो अन्य वस्तुओं का भी समाधान किया जाना था। एक तो बाबा जी की बन्दूक और दूसरा एक बड़ा तालाब जिसका पट्टा बाबा जी ने सभी की रजामंदी से नारायण प्रसाद जी के नाम कर रखा था। उस समय यह निर्णय लिया गया था कि जिस प्रकार बागों के उत्पाद सभी को बराबर बराबर मिलेंगे उसी प्रकार यह भी सम्मिलित वस्तु मानी जाएँगी और जब समय आएगा तो इन दोनों का भी समाधान निकाला जाएगा। एक महत्वपूर्ण बात तो यह कि बँटवारे का निर्णय और घर के हिस्सों के निश्चित होने के बाद जो भोजन आदि अलग बनाने का कार्य हुआ वह माता जी द्वारा ही सर्वप्रथम किया गया था। अपने वाले हिस्से में एक उठाऊ चूल्हा रखकर उन्होंने अपना 'चूल्हा' अलग कर लिया था। रवि शंकर जी अविवाहित थे और फैज़ाबाद में थे। उनकी इस व्यवस्था में मात्र दादी जी शामिल थीं और घर में पहली बार भोजन उस स्थान से अलग बना जहां अरसों से बनता आया था। इस जगह नई रसोई में बाबा दादी जी और हमारे परिवार ने पहली बार खाना खाया था। वैसे भी इस स्थान पर कभी कभार खाने की विशेष वस्तुएँ बनाई ही जाती थी। मुझे अन्य लोगों के खाने की व्यवस्था कहाँ कैसे हुई वह अब स्मरण नहीं है। मुख्य चूल्हे का स्थान हरेंद्र प्रकाश जी की माता जी के भाग में पड़ा था। एक चूल्हा नारायण प्रसाद जी के हिस्से में भी था जिसपर प्रातः नित्य दलिया बनती थी या और कोई चीज पकाई जाती थी। यह बात नारायण प्रसाद जी ने मुझे बतलाया था कि उनके परिवार को प्रारम्भ में कृपा शंकर जी के घर से बहुत सहयोग मिला था। क्योंकि भगवती प्रसाद जी पत्नी सहित हम लोगों के साथ थे फलस्वरूप इस घरेलू बँटवारे का कोई मानसिक प्रभाव मुझ पर तो नहीं ही पड़ा था।

जब भी किसी घर में बँटवारा होता है तो न केवल घरेलू व्यवस्था बल्कि अन्य व्यवस्थाएँ जो संयुक्त परिवार को बलिष्ठ बनाये रखती हैं वे, आर्थिक स्रोत, व्यय व व्यवहार सभी प्रभावित होते हैं और परिवार के सदस्यों की मानसिकता के अनुरूप उनको दुःख या संतोष का अनुभव

होता है। एक विचित्र सी स्थिति बच्चों की होती है कि वे किस प्रकार का व्यवहार किसके साथ करें। और फिर सबकुछ सामान्य होने में बहुत समय लग जाता है। यह तो सत्य है कि समय के साथ साथ नयी व्यवस्था का निर्माण हो जाता है और वही नयी व्यवस्था सामान्य प्रतीत होने लगती है। मुझे ऐसा याद पड़ता है कि कुछ दिनों के भीतर अजय प्रसाद जी का भी भोजन हम लोगों के साथ ही बनने लगा था और नारायण प्रसाद जी के परिवार के अतिरिक्त शेष सभी लोग व्यावहारिक रूप से एक में ही रहने लगे थे। इस व्यवस्था पर वो प्रायः कहते रहते थे कि सभी ने उनको दूध की मक्खी की तरह निकाल दिया। लेकिन इससे मैं सहमत नहीं क्योंकि वो अपने आय व्यय को पारदर्शिता के साथ सबके सम्मुख रखने के लिए स्वतन्त्र थे। वो अपनी पत्नी के आगे अपनी विवेकशीलता से उनको भी समझाने का प्रयास कर सकते थे। वो खेती बाड़ी की व्यवस्था में स्वयं स्वतन्त्र निर्णय न लेकर अपने माता-पिता या भाइयों से भी विचार विमर्श कर सकते थे। वो शहर से लौटने पर सामान सहित सीधे अपने कक्ष में जाने को बाध्य नहीं थे। वो क्या आवश्यक वस्तुएँ लेकर आये हैं, यदि छुपाना नहीं था, तो दिखा सकते थे। उनके ऊपर जो संदेह उनके भाइयों को होता था उसका निराकरण संयुक्त परिवार में होते हुए उन्हें करना चाहिए था। यदि उनकी पत्नी के ऐसे निर्देश होते थे तो उन्हें उस पर आपत्ति करना चाहिए था और बड़ों के सम्मुख प्रकट करना चाहिए था। मैं यह कहूंगा कि 'दूध की मक्खी' कहने के पूर्व उनमे ये बातें स्पष्ट करने का साहस होना चाहिए था।

बँटवारे के उपरान्त क्योंकि सभी का अपना अलग परिवार हो गया था तो स्वाभाविक ही सयुक्त परिवार के बंधनों से भी सभी को स्वतंत्रता मिल गयी थी और सभी को अपने स्वामित्व का एहसास होना भी प्रारम्भ हो गया। ज्यादातर व्यवस्थाएँ दादी जी व अजय प्रसाद जी मिल कर चलाते रहे। पशुओं में बैल और हलवाह हम ही तीनो लोगों के हिस्से में आये थे। इस व्यवस्था से कुछ दिनों तक किसी को कोई विशेष लाभ नहीं मिला मात्र इसके कि नारायण प्रसाद जी, उनकी पत्नी और उनके बच्चे अब साथ नहीं थे। उनका परिवार कैसे चल रहा है इसके विषय में सोचने वाला हम लोगो में कोई नहीं था। भगवती प्रसाद जी के लिए सभी पूर्ववत थे और वो भी सभी के लिए पूर्ववत। उन्हें बस अपने कार्यों से मतलब था और इसके अतिरिक्त वो इस पूरे प्रसंग व घटना से अलग ही रहे। मुझे यह आभास होता था कि नारायण प्रसाद जी के बच्चे अभाव में अवश्य थे लेकिन मैं यह भी जानता था कि उनके पिता परिवार चलाने में सक्षम हैं और अपने बच्चों का ध्यान स्वयं दे लेंगे। अतः मैं अधिक चिंतित नहीं होता था यद्यपि उनकी बड़ी बेटी अभी ग्यारह बारह वर्षों की अवस्था की रही होगी, अधिक व्यस्त हो गयी थी क्योंकि घर के कार्यों का समस्त बोझ उनकी अम्मा जी ने उस पर डाल दिया था। उन्होंने वैसे भी कभी कोई कार्य नहीं किया था। उसे बाहर अन्य बच्चों के साथ खेलने कूदने का अवसर जो पहले ही कम मिलता था और भी कम हो गया। वो उससे इस प्रकार कार्य लेती थीं जैसे वह कोई युवा लड़की हो। और मेरा अपना यह मानना है कि इसका प्रभाव उसके स्वास्थ्य व वृद्धि पर भी निश्चय ही पड़ा था। उसने भी विकल्प न होने

के कारण इस दैनिक चर्या को अपना कर्तव्य मानकर स्वीकार भी कर लिया था। हालाँकि बड़े चाचा जी की तो वह प्रिय पुत्री थी ही जैसा मैंने उस समय और पश्चात् में भी कई अवसरों पर स्वयं देखा था।

पूर्व में एक बार घर में नारायण प्रसाद जी का अपनी माता जी के साथ किसी बात पर विवाद हो गया था। इनके भाई, हो सकता है पिता जी भी रहे हों, मेरे सहित गाँव पर थे, ये घर छोड़ कर कहीं अन्यत्र चले जाने के लिए कुछ आवश्यक सामान लेकर निकल पड़े। उस समय इनकी पत्नी माइके में थीं और ये पिता और पुत्री ही गाँव पर थे। ये बहुत ही क्रोध में थे। इनकी पुत्री दुखी होकर अपने पिता जी को रोकने का प्रयास करती रही लेकिन ये मानने को कदापि तैयार नहीं हो रहे थे। ये घर से निकल बाहर खलिहान तक चले भी गए थे जिधर से पैदल स्वरूपगंज जाया जाता था। मैं, इनकी पुत्री तथा अन्य एक दो लोग इनके साथ इनसे न जाने का आग्रह करते हुए उपस्थित थे। अंततः ये विभिन्न बातों को ध्यान में रखते हुए वापस आकर चौपाल में पड़े पलंग पर बैठ गए थे। मैं और इनकी बेटी इनके पास बैठे थे और उस समय इनका अपनी बेटी के साथ जैसा स्नेहपूर्ण संवाद मैंने देखा था उससे यह स्पष्ट था कि घर के कार्यों का बोझ पत्नी द्वारा ही इस पर डाला गया था। यह स्वाभाविक रूप से अपने पिता की पहली संतान व पुत्री होने के कारण अत्यधिक प्रिय थी।

पारिवारिक विभाजन के उपरान्त काफी दिनों तक इन्होने अपने विद्यालय, महंथ लालदास माध्यमिक विद्यालय, के सहकर्मियों को इस बात का ज्ञान नहीं होने दिया था कि बँटवारा हो चुका है। जो अध्यापक हमारे यहाँ इनसे मिलने आते भी थे घर के अगले भाग में इनके रहने के नाते और एक ही निकास होने की वजह से कोई अंतर नहीं महसूस करते थे और यह सिलसिला कई वर्षों तक चला। घर में अभी दीवारें नहीं खिंची थीं और सभी पूर्व की भांति प्रवेश करते और निकलते वक्त सामने पड़ते रहते थे जिसके कारण एक में ही होने का भ्रम बना रहा। जब नारायण प्रसाद जी घर से भाग जाने को तैयार थे या दिखावा कर रहे थे, तो उसके विषय में लोगों ने बाद में अनुमान लगाया था कि इनके मन में ससुराल जाने का विचार रहा होगा क्योंकि पत्नी वहीं थीं।

लेकिन मैं सोचता हूँ कि वो ऐसा न करते और थोड़ा दूर जाकर, समय व्यतीत करके, जब क्रोध शांत हो जाता तो वापस घर लौट आते। वे अपनी पुत्री मंजू जी को अकेले छोड़कर कदापि न जाते। यह बँटवारे के पहले की घटना थी। बँटवारे में किसको क्या वस्तुएँ मिलीं, खेत खलिहान का क्या भाग, किस दिशा में और अन्य समझौतों का विवरण एक रजिस्टर में मेरे पिता जी द्वारा लिखा और चित्रित किया गया था जो काफी समय तक हम लोगों के पास था और फिर उसकी प्रति बनाने के लिए अजय प्रसाद जी के पास चला गया था और वर्षोंपरांत वह न तो कभी दिखा और न ही उसकी कोई उपयोगिता रह गयी। उस पर सभी के हस्ताक्षर भी थे। भगवती प्रसाद जी का पहले वाला ही आदर सम्मान बना रहा और उनकी

रहने खाने सोने की नित्य क्रियाओं में कोई भी परिवर्तन नहीं आया। लेकिन इससे लोगों में संतोष और उत्तरदायित्व की भावना दोनों का प्रादुर्भाव हुआ। अजय प्रसाद जी के पास ज्यादा जिम्मेदारियाँ आ गयीं और वो दादी जी के साथ खेती बाड़ी का काम संभालने लगे। पिता जी का भी गाँव आना जाना बढ़ गया। वर्णन में तो यह एक बड़ा कार्य प्रतीत होता है लेकिन इसमें अधिक समय नहीं लगा था। कुछ सप्ताह के अंदर ही संपन्न हो गया था। सभी वस्तुओं पर चिट डाली गयी थी और जिसको जो मिला उसपर सहमत हो गया था। मेरे विद्यालय में अवकाश के समय में होने के कारण मैं भी उपस्थित था।

9

शिक्षा में व्यवधान

जुलाई उन्नीस सौ तिहत्तर में मैं कक्षा ग्यारह में आ गया था। नई पुस्तकें आईं कुछ नए मित्र बने, कुछ पुराने मित्र छूटे और नए उत्साह के साथ सब कुछ नया प्रतीत हो रहा था। मेरी आयु भी पंद्रह वर्ष की तरफ बढ़ रही थी। उस समय छोटे शहरों में टीन एज का कोई नामोंनिशान नहीं होता था। आजकल तो मैं पाता हूँ कि बच्चे तेरह वर्ष होने की प्रतीक्षा करते रहते हैं और निःसंकोच कहते हैं कि मैं टीनेजर हूँ। हालाँकि अपने पूरे परिवार के बच्चों में किसी के मुख से यह नहीं सुना लेकिन अपने ससुराल की ओर के एक आध लड़कों, लड़कियों को यह बतलाते सुना। खैर आज की तुलना उस समय से करना पूर्णतः अर्थहीन और आधारविहीन है। कक्षा ग्यारह में पुस्तकों, पाठ्यक्रम का स्तर बहुत ही अलग और कठिन होता है। और पूर्व की परीक्षाओं में आकर्षक व प्रशंसनीय अंक लाने का अर्थ यह नहीं कि उच्चतर माध्यमिक में भी वैसे ही, उतने ही परिश्रम में, उसी स्तर के अंक आ ही जायेंगे। मेरी गणित, भौतिक शास्त्र व अंग्रेजी, हिंदी में रूचि होने के कारण कोई असुविधा नहीं थी। लेकिन रसायन शास्त्र एक मात्र ऐसा विषय था जिसमे मैं अपने को असहज महसूस करता था। यद्यपि यह विषय ऐसा है जिसमे मैंने सामान्य, साधारण छात्रों को भी डॉक्टर ऑफ़ फिलासफी की डिग्री प्राप्त करते देखा है। किन्तु मेरे अंदर किस प्रतिभा या किस गुण की कमी थी जो रसायन शास्त्र में मैं रुचि नहीं ले पा रहा था, मैं नहीं समझ सका। यद्यपि मैं इसके अध्ययन में पर्याप्त समय देता था। गणित में तो मैं कैलकुलस में काफी अच्छा था। प्रभाकर मिश्रा जी जो गणित पढ़ाते थे, ने एक बार डाइनामिक्स का एक प्रश्न सोल्व करने के लिए मुझे बोर्ड पर बुलाया था और मैं उसे हल नहीं कर पाया था तब उन्होंने कहा था कि क्या मैं केवल कैलकुलस में ही शोध कर रहा हूँ। वे जानते थे कि मैं कैलकुलस में स्नातक स्तर के प्रश्न हल कर सकता हूँ। ऐसा मैं इसमे अत्यधिक रूचि के कारण कर पाता था। भौतिकी में तो मुझे स्वाभाविक रूप से ही काफी रुचि थी। कैलकुलस और भौतिक शास्त्र में घनिष्ट सम्बन्ध होता है। गणित की इस शाखा में सिद्धहस्त हुए बिना भौतिक शास्त्र में योग्यता ला पाना असंभव है। अन्य विषय जो थे उनमे भी मेरी पर्याप्त रूचि थी। किन्तु रसायन शास्त्र, उसमे जैसे मैंने स्वीकार कर

लिया हो कि जो जितना ही संभव होगा उतना ही परिश्रम करूँगा और परिणाम ईश्वर के हाथ। इस विषय का अध्यापन अशफ़ाकुल्ला जी करते थे और वो घर पर छात्रों को ट्यूशन भी देते थे। यह सभी छात्रों का कहना था कि जो उनसे घर पर ट्यूशन लेता है उसे वे प्रयोगात्मक परीक्षा में अच्छे अंक दिलाते हैं। साथ ही घर पर पढ़ने का लिखित परीक्षा में तो लाभ होता ही है। मेरे पिता जी की आर्थिक स्थिति मैं समझता था कि शायद ऐसी नहीं है कि मैं साठ रूपए प्रति माह की मांग रख सकूँ। यदि मैं जिद्द करता तो हो सकता है वो तैयार हो जाते लेकिन इससे घर का बजट अवश्य ही डिस्बैलेंस हो जाता जो कि मैं नहीं चाहता था। उन्होंने कभी मेरे मन में ऐसा विश्वास भी नहीं उत्पन्न किया कि वो मेरी पढ़ाई के लिए बाबा जी की तरह खेत भी मॉर्गेज कर सकते हैं। हालाँकि पिता जी का वर्तमान वास्तविक वेतन मुझे पता नहीं था कि मैं कुछ उस ढंग से सोचता। इस वजह से मैंने ट्यूशन के लिए सोचा ही नहीं। वैसे भी यह कोई बात नहीं कि जो ट्यूशन पढ़े उसे ही अशफ़ाक़ जी अपने अनुग्रह से अंक, प्रायोगिक परीक्षा में ही सही, दिलवाएँ। यह नैतिक रूप से भी उचित नहीं था ऐसा मेरा सोचना था। कभी कभी उनकी चुराई जाती हुईं नज़रों से मुझे एहसास होता था कि वो मुझसे ट्यूशन की चाहत रखते हैं। क्योंकि मैं हाई स्कूल में अच्छे अंक लेकर आया था।

इंटरमीडिएट की पढ़ाई मेरी सुचारु रूप से नहीं चल पायी। उसका मुख्य कारण मेरा उस आयु में होना था जिसमे मन स्थिर नहीं रहता। बाल्यावस्था से किशोरावस्था और फिर युवावस्था में प्रवेश अनेक प्रकार की मानसिक उहापोह की स्थितियों से होकर गुजरना होता है। इसमें जो सामंजस्य स्थापित कर ले जाता है वो अपने मूल उद्देश्य से नहीं विलग होता अन्यथा दिग्भ्रम का शिकार हो जाता है। इस सामन्जस्य को स्थापित करने में माता-पिता और उन लोगों की निकटता जो बच्चे के हितचिंतक हों बहुत महत्त्व रखती है। बालक या बालिका की मानसिक स्थिति को समझने का प्रयास करते हुए ही उसके साथ व्यवहार करना चाहिए। यदि स्वयं संभव न हो तो बच्चे की किसी भी प्रकार की प्रतिक्रिया या कार्य को दूसरे अनुभवी लोगों से बातचीत कर समझने का प्रयास करना चाहिए। किशोरावस्था प्रत्येक के लिए एक प्रकार की विशेष अनजानी विचित्र स्थिति लेकर आती है जिससे गुजरते समय बच्चे के प्रति प्रेम से शांत रहकर ही अपना व्यवहार निश्चित करना चाहिए। लेकिन मेरे साथ ऐसा नहीं हुआ था और मैं समुचित ढंग से स्वयं को घर में एडजस्ट कर पाने में थोड़ा कठिनाई महसूस कर रहा था। माता-पिता और रवि शंकर जी ही फैज़ाबाद में उस समय रहते थे और मेरी इन लोगों द्वारा की जाने वाली अवहेलना मुझे इन लोगों से थोड़ा विमुख करने लगी और इनके प्रति मेरे मन में नकारात्मकता सी आने लगी। मैं, क्योंकि मेरे पास मेरे भर को पैसे होते थे, इसलिए इन लोगों के प्रति उदासीन रहने लगा। ये लोग अपने में ही व्यस्त रहते थे और इन्हें भी मेरी कोई विशेष चिंता नहीं रहती थी। इन्हें मेरी शिक्षा कैसी चल रही है उसके बारे में भी अधिक रुचि नहीं रहती थी। बंटवारे के उपरान्त सभी के कार्य और प्राथमिकताओं में परिवर्तन आना भी इसका मुख्य कारण था। रसायन शास्त्र में जानते हुए कि मैं पर्याप्त रूप

से प्रगति नहीं कर रहा हूँ, मैंने ट्यूशन के विषय में नहीं सोचा। पिता जी बीबीसी लंदन सुनने के आदी थे और यह उनका नियमित का नियम था चाहे उससे मेरी पढ़ाई में व्यवधान ही क्यों न हो। यह उन्होंने स्पष्ट मुझसे कहा था। उन्हें मेरी आवश्यकताओं से कोई मतलब नहीं था। माता जी अपने अन्य दो बच्चों और रवि शंकर जी के साथ व्यस्त रहती थीं। फिर भी मैंने अपनी पढ़ाई जैसे भी हो रात्रि में अधिक से अधिक जागकर या प्रातः जल्दी उठकर करनी जारी रखी। गाँव में बंटवारे के पश्चात इन लोगों का वहाँ आना जाना भी बढ़ गया था और उसका भी प्रभाव मेरी दैनिक चर्या पर पड़ना स्वाभाविक था। जो विषय मै जितना समझ सकता था उतने पर ही मुझे संतोष था। लेकिन मैं जानता था कि रसायन शास्त्र में मेरा स्तर संतोषजनक नहीं है और दिनोदिन अरुचि के कारण वह सुधर नहीं पा रहा था। माध्यमिक कक्षा के इन दो वर्षों में मेरी मित्रता भी कुछ नए छात्रों से हुई जो पढ़ाई में तो उतने अच्छे नहीं थे किन्तु स्वभाव के अच्छे थे और मेरे विचार भी जिनसे मेल खाते थे। जो कक्षा में पढ़ाई की दृष्टि से शीर्ष स्थान पर रहने वाले छात्र थे वे सब ग्रामीण बैक ग्राउंड के थे, जो यहाँ छात्रावास में रहकर पढ़ रहे थे और मेरी सोच के अनुसार किताबी ज्ञान ही रखते थे। अक्सर ग्रामीण क्षेत्र के बच्चे गणित में अच्छे होते हैं और परिश्रमी होने की वजह से शहर वालों की तुलना में अधिक अंक लाते हैं। तो इनके तेज और आगे की पंक्ति में बैठने से मुझे कोई हीनता महसूस नहीं होती थी।

मैं काफी वर्षों बाद एक मीटिंग में एक यादव जी से मिला जो उस समय वरिष्ठ कोषाधिकारी थे। जब मैं कक्षा नौ में था तो उन्होंने उसी सत्र की दसवीं बोर्ड की परीक्षा में उत्तर प्रदेश टॉप किया था। इस प्रतिभा के अनुसार तो उनको कोई बहुत ही महत्वपूर्ण पद पर होना चाहिए था। हाई स्कूल या इंटर में अच्छी श्रेणी या अंक लाने का तात्पर्य आपके स्वर्णिम भविष्य की गारंटी नहीं है। अतः ये ग्रामीण क्षेत्र के लड़के मात्र पढ़ाई में ही तेज थे। इस वर्ष केवल एक मेरा मित्र ही इलाहाबाद इंजीनियरिंग कॉलेज प्रवेश परीक्षा में सफल हो पाया था। इसके पूर्व भसीन जी का सेलेक्शन आईआईटी में हुआ था जो मेरे मित्र और सीनियर थे। इसी काल में मेरा अनुभव चलचित्रों से, उनके नायकों, नायिकाओं से भी हुआ। जब हाई स्कूल जीव विज्ञान की प्रयोगात्मक परीक्षा में एक्सटर्नल परीक्षक मेरे सहपाठियों से पूँछता था कि चलचित्रों का कौन सा नायक सर्वाधिक प्रिय है तो मैं सोचता था कि मुझे तो इस क्षेत्र का कोई ज्ञान ही नहीं है।

जब मिलिट्री कैंट से आने वाले कक्षा के एक मित्र ने मुझसे पूँछा स्मोकिंग करते हो तो मुझे उसके बतलाने पर पता चला था कि स्मोकिंग किसे कहते हैं। पिक्चर को मूवी कहते हैं इसका ज्ञान मुझे एक मित्र द्वारा हुआ जो लखनऊ सैनिक स्कूल से पढ़ कर आया था। वह इसी वर्ष एनडीए में सेलेक्ट हो गया था। कहने का अभिप्राय यह कि मेरा जो सीमित ज्ञान था वह माध्यमिक कक्षा में आने के बाद थोड़ा विस्तृत होना प्रारम्भ हुआ। जब भी कॉलेज में

मध्यांतर में छुट्टी हो जाती और मूवी का समय होता तो हमारी मित्र मंडली जो तीन चार सहपाठियों और उनके मित्रों की थी, सहर्ष मूवी देखने चले जाते। कक्षा छोड़कर मैं संभवतः कभी नहीं गया। और यदि गया भी हूँगा तो महत्वपूर्ण क्लास कभी नहीं छोड़ा। पहली मूवी जो मैंने इस प्रकार देखी थी वह राजेश खन्ना की सुपरहिट 'दाग' थी। उस दिन मुझे पता चला कि इस कलाकार का नाम अधिकतर बच्चे उस प्रायोगिक परीक्षा में क्यों ले रहे थे। उसके उपरान्त फिर अपने जीवन काल में विवाह पूर्व जितनी मूवीज़ मैंने देखीं उनमे अधिकतर बिना घर पर बतलाये ही देखीं। मैं अब बहिर्मुखी सोशल स्वभाव का हो चुका था और मित्रों की सख्या बढ़ते बढ़ते अन्य विद्यालयों और मुहल्लों तक पहुँच गयी थी। फ़ैज़ाबाद नगर के सभी मोहल्लों में कोई न कोई मुझसे परिचित अवश्य था। छुट्टी के दिनों में हम लोग रिकाबगंज चौराहे या चौक घंटाघर पर इकट्ठे होते थे। माता-पिता जी को अधिक ज्ञान भी नहीं होता था लेकिन अवकाश के दिनों में बाहर जाने पर इन्हें पता रहता था। प्रायः जब कोई मित्र बुलाने घर पर आता था तभी मैं निकलता था और घर तक आने वाले बहुत सीमित थे जिन में से अधिकांश को ये लोग जानते थे। एक कारण यह भी था कि पढ़ाई को मैं पर्याप्त समय देता था। यदि उन्होंने कभी आपत्ति भी की तो मैंने प्रतिवाद भी किया कि मैं कोई लड़की नहीं हूँ। मुझे पर्याप्त आज़ादी थी। या तो उन लोगों को मुझ पर भरोसा था या वो मेरे प्रति उदासीन थे और मैं क्या करता हूँ कहाँ जाता हूँ इससे कोई मतलब नहीं था। मुझे लगता है ये सारी बातें ही रही होंगी।

उन्नीस सौ चौहत्तर में रवि शंकर जी का विवाह हुआ था। मेरे अध्ययन में विघ्न के रूप में इस आयोजन का भी बहुत योगदान था। वास्तव में इनके नेत्रों की ज्योति अब तक काफी कम हो चुकी थी और यह संभावना कम ही रह गयी थी कि वो आगे शिक्षा ग्रहण कर पाएँगे या कोई ऐसा कार्य कर सकेंगे जिसमे लिखा पढ़ी की आवश्यकता हो। पहले भी परीक्षा के दौरान कभी खिड़की के पास और कभी जहाँ प्रकाश हो बैठने की उन्हें अनुमति मिल जाती थी। किन्तु वो बाबा जी की इच्छा और सहयोग के बावजूद स्नातक की शिक्षा पूरी नहीं कर सके। एक बार परीक्षा काल के भीतर ही वह घर लौट आये और परीक्षा छोड़ दी थी। किसी सर्विस के लिए तो प्रयास करने का कोई प्रश्न ही नहीं था। ये मोहल्ले के कुछ बच्चों को ट्यूशन पढ़ा कर अपना जेब खर्च निकाल लेते थे। इनसे भी किशोरावस्था में मेरे संबंधों में थोड़ी दूरी आ गयी थी। किशोरावस्था में बच्चे अपने से बड़ों के क्रिया कलाप बहुत सूक्ष्मता से देखते हैं और उनमे यदि उनके कथनी और करनी में विरोधाभास देखते हैं तो उनके प्रति अपनी श्रद्धा और विश्वास को बहुत ही शीघ्र त्याग देते हैं और उनके मन में विद्रोहात्मक भावना भी जन्म लेने लग जाती है ख़ास तौर पर तब जब वो उस कार्य के लिए रोकते हैं जिन्हें वो खुद करते हैं।

एक बार वो नेत्र चिकित्सालय गए थे और उन्हें लौटने में बहुत विलम्ब हो गया था। माता जी के कहने पर मैं उन्हें देखने सीतापुर आँख अस्पताल पहुँचा तो वो आँखों को बंद किये एक बेंच

पर बैठे हुए थे। उनके नेत्रों में कोई इंजेक्शन लगाया गया था। मुझे आया देख वो रो दिए थे। उन्हें अंत में बहुत धुंधला दिखने लगा था। मात्र आवाज़ और आकार से वो पहचान पाते थे, जब तक कोई उनके बहुत निकट न पहुँच जाए। हालाँकि वो अपने सारे कार्य स्वयं कर लेते थे और इसमें उन्हें कोई असुविधा हो ऐसा परिलक्षित नहीं होता था। विवाह के समय इनकी आयु सत्ताईस वर्ष के निकट पहुँच रही थी और उस समय के अनुसार इस दृष्टि से अधिक ही हो गयी थी।

इनके अन्य भाइयों का विवाह बाइस वर्ष के भीतर ही हो गया था। इनकी शादियाँ आ भी रही थीं और सभी की इच्छा थी कि अब हो जानी चाहिए। किन्तु समस्या इनकी सहमति की थी। मुझे प्रतीत होता है ये अपनी नेत्र ज्योति की समस्या के कारण आत्मविश्वास में आई कमी के फलस्वरूप वैवाहिक दायित्वों के निर्वहन में अपने आपको असमर्थ पा रहे थे और इसी वजह से सहमत नहीं हो रहे थे। दो तीन लोग जो रिश्ते लेकर आये उनके विषय में तो मुझे ज्ञात ही है। एक भद्र व्यक्ति जो अपनी कन्या का रिश्ता लेकर बाबा जी से मिलने कई बार फैज़ाबाद मेरे घर भी आये लेकिन रवि शंकर जी की अनिश्चयपूर्ण स्थिति के कारण बात आगे नहीं बढ़ सकी। एक दो लोग गाँव पर भी आये थे।

एक संभावना और थी। जब जगन्नाथ प्रसाद जी मालीपुर में थे तो मेरी माता जी ने, हो सकता है रवि शंकर जी का मन समझ कर, उन्हें अकेला पाकर अपनी छोटी बहन का विवाह उनसे किया जा सकता है, की बात की थी। मैं वहाँ उपस्थित था और यह बात मेरे कानों तक आ गयी थी। जगन्नाथ प्रसाद जी ने उनकी बात सुनी थी लेकिन मुझे उनके चेहरे पर कोई सहमति या असहमति का भाव स्पष्ट नहीं हुआ था। वो जो भी कार्य कर रहे थे उसी में मशगूल थे। परन्तु आज उस बात को हुए तीन वर्ष से अधिक हो चुके थे और उनकी तरफ से कोई भी पत्र या सन्देश इस विषय में अब तक प्राप्त नहीं हुआ था। गाँव पर जब सब इकट्ठे होते थे तो इनके विवाह पर प्रायः गहन विचार विमर्श भगवती प्रसाद जी के सम्मुख हो जाता था। एक बार कुछ अधिक ही चर्चा हुई कि विवाह तो होना ही है अतः इस विषय को गंभीरता से लिया जाना चाहिए। इसी समय यह बात भी आयी की माता जी ने अपनी बहन के लिए अपने पिता जी से भी कहा था। कृपा शंकर जी भी उस समय वहाँ उपस्थित थे। जैसा उनका स्वभाव था, उन्होंने यह ज्ञात होने पर अपनी राय दी कि यदि ऐसा कुछ है तो जगन्नाथ प्रसाद जी को पत्र लिख कर यह स्पष्ट पूँछा जाय कि उनका इस विषय में क्या सोचना है और हाँ अथवा ना में उत्तर मिलने के बाद कोई अन्य निर्णय लिया जाए। उनका कहना था यह कार्य शीघ्र होना उचित होगा। जब वो अपने घर गए तो उन्होंने एक पोस्टकार्ड जो उनके पास था या जो दुर्गा प्रसाद जी उनको पत्र भेजने के लिए रखते रहे होंगे, बाबा जी के पास भिजवा दिया था। लेकिन इतनी बातें होने के बावजूद रवि शंकर जी विवाह के लिए सहमत नहीं हो रहे थे। तत्पश्चात उनको मनाने का कार्य माता जी ने किया था।

कुछ देर बाद मैं अकस्मात ही कमरे में गया तो देखा था कि माता जी उनके पास बैठी हैं और उनकी आँखों में आंसू भरे हैं और चेहरे पर दयनीय भाव था। रवि शंकर जी आँख बंद किये एक अन्य चारपाई पर लेटे हुए थे। निश्चय ही वो उनसे कम से कम इस प्रस्ताव पर तो सहमत हो जाने के लिए कहती ही रही होंगी। क्योंकि मैं वहाँ रुका नहीं इसलिए विस्तृत न तो जाना और न जानने का प्रयास ही किया। वास्तविकता यह थी कि मैं भी इस विवाह के पक्ष में नहीं था क्योंकि रजनी जी एक शिक्षित, शहरी वातावरण में पली बढ़ीं और एक अच्छी लड़की थीं और हमारे यहाँ के लिए उपयुक्त नहीं थीं। मेरे इनसे बचपन में बहुत ही प्रेम भरे सम्बन्ध थे। वो मुझसे आयु में करीब आठ वर्ष जेष्ठ थीं। मैं नहीं चाहता था कि इनका विवाह रवि शंकर जी से हो क्योंकि एक तो इनकी नेत्र ज्योति की समस्या, दूसरे कोई आय का स्रोत नहीं, तीसरा गाँव पर अधिक रहने की सम्भावना आदि स्थितियाँ विद्यमान थीं। लेकिन मेरा मात्र दर्शक की भूमिका में ही रहना उचित था। यद्यपि मैंने अपना विरोध पिता जी आदि से व्यक्त कर दिया था, और वह भी बल देकर, लेकिन जब माता जी इन्हें मना ले गयीं तो यही एक बड़ी बात थी। हो सकता है पूर्व में नाना जी के मालीपुर रहने पर ये लोग जब फ़ैज़ाबाद में एक साथ अध्ययन के उद्देश्य से रह रहे थे, एक दूसरे के स्वभाव से अच्छी तरह परिचित हो चुके रहे हों। इस प्रकार अंततः रवि शंकर जी का विवाह रजनी जी के साथ होना उस समय निश्चित हो गया जब रहमतपुर से जगन्नाथ प्रसाद जी का सकारात्मक उत्तर भगवती प्रसाद जी को गाँव पर पोस्ट द्वारा हस्तगत हुआ। तदोपरांत विवाह व अन्य रसमों की तिथियों को निश्चित किया गया जो कि धीरे धीरे पहले नज़दीकियों और फिर गाँव में प्रसारित हो गयी। सभी में एक उत्साह था क्योंकि परिवार में कोई विवाह काफी अंतराल पर होने जा रहा था। व्यय आदि के विषय में चर्चा और उसकी व्यवस्था किये जाने का कार्य किया जाने लगा।

बाबा जी के पास नकद इतने पैसे नहीं थे कि वे वैवाहिक सभी व्ययों का वहन कर लेते। हालाँकि इस विषय में मैं अधिक नहीं जानता क्योंकि इस में मेरी कोई रुचि नहीं थी। यह अवश्य पता है कि कुछ रुपयों की व्यवस्था उधार लेकर या अन्य कहीं से की गयी थी। विवाह के पूर्व ही एक वारामदे का निर्माण रवि शंकर जी के भाग में कराया गया था। इस जगह पर पूर्व में वर्षा ऋतु में छप्पर रख दिया जाता था और यह दक्षिणी कमरे के सामने का भाग था। जैसा कि बंटवारे के समय निश्चित किया गया था कि पूर्व का भाग पाने वाला एक वारामदे अथवा कमरे के निर्माण हेतु मुआवजा पच्छिम की ओर के भाग को पाने वाले को देगा, ऐसा नारायण प्रसाद जी ने नहीं किया था। इसके लिए रवि शंकर जी द्वारा उनसे कई बार आग्रह किया गया था। यह बात सत्य है कि नारायण प्रसाद जी कभी कभी जिद्द पर अड़ जाते थे। उन्होंने पैसे जब उपलब्ध होंगें तब देंगे कह कर टालते जा रहे थे। फलस्वरूप कोई विकल्प शेष न रह जाने की वजह से और कुछ रवि शंकर जी द्वारा विवेक का प्रयोग न करने के कारण वह अतिरिक्त वारामदा जो दालान के सामने था और नारायण प्रसाद जी के हिस्से में अतिरिक्त था और जिसमे ऊपर जाने के लिए जीना भी निर्मित था, उसको गिरवा दिया।

मैं उस समय वहाँ नहीं था। भगवती प्रसाद जी, जिन्होंने इसका निर्माण कराया था, उनको किस प्रकार का दुःख या कष्ट अनुभव हुआ था उसको तो उनसे पूँछने पर ही जाना जा सकता था। लेकिन निश्चय ही वो यदि कठोरता से निर्देश देते तो हो सकता है ऐसा न होता। इस वारामदे को गिराकर जो ईंटें, बल्लियाँ, पटाई का सामान आदि निकला, उनका उपयोग उस नए वारामदे के निर्माण में किया गया था। कुछ अन्य सामानों और व्यय के लिए अलग से व्यवस्था करनी पड़ी थी। जिस समय घर का यह भाग ढहाया गया उस समय नारायण प्रसाद जी सपरिवार अपनी ससुराल गए हुए थे। यदि वो उपस्थित होते तो निश्चित रवि शंकर जी इसे न गिरवा पाते। मैं जब फैज़ाबाद से गाँव पहुँचा था तो सब बदला बदला लग रहा था। मेरे अनुसार भी यह उचित नहीं किया गया था और बाबा जी को सख्त होना चाहिए था और पिता जी को विवेकपूर्ण निर्णय लेते हुए रवि शंकर जी को रोकना चाहिए था। एक प्रयोग में आते हुए निर्मित हिस्से को जिद्द और आंशिक लाभ के लिए नष्ट करना कदापि उचित नहीं था।

मेरा यह भी विचार है कि बाबा जी ने अपनी इस आयु में घरेलू मामलों से अपने आप को अलग रखना ही उचित समझा रहा होगा जो इस तोड़ने के कार्य में हस्तक्षेप नहीं किया। वो वैसे भी माया में अधिक नहीं फँसे थे और अपने कार्य से ही मतलब रखते थे। किन्तु यदि आप गृहस्थी, परिवार या समाज में हैं तो आपको निरपेक्ष रहते हुए भी अपने कर्तव्यों से पलायन नहीं करना चाहिए। पिता जी को बड़े होने का धर्म निभाते हुए इस कार्य को किये जाने से रोकना चाहिए था। इन्हें तो इस बात का भी ध्यान रखना चाहिए था कि इनके पास कंधारी बाजार के मकान में बाबा जी द्वारा प्रदान किये गए पैसे अभी देय हैं। संतोष रवि शंकर जी को भी करना चाहिए था और ईश्वर के न्याय पर विश्वास कर जिद्द नहीं करनी चाहिए थी और अन्य विकल्प तलाशना चाहिए था। लेकिन यह निम्न मानसिकता का परिणाम था जिसमे दूसरे का लाभ लोग नहीं सहन कर पाते चाहे अपना नुकसान ही क्यों न हो जाए। अब छत पर जाने का कोई साधन नहीं रह गया था।

मुझे ऐसा लगता है कि जो लोग अपनी अम्मा के जितना जिस मात्रा में प्रिय थे, उनमे उसी अनुपात में गाँव वाली प्रवृत्तियाँ भी थीं। रवि शंकर जी ने भी अपनी आँखें ठीक होने की अवधि में साहित्यिक और धार्मिक पुस्तकों का काफी अध्ययन कर रखा था। किन्तु अच्छे प्रसंगों को पढ़ना, उसके मर्म का ज्ञान होना और साथ ही उसे अपने जीवन में आत्मसात कर तदनुसार आचरण, व्यवहार करना, इन सब में बहुत अंतर है। वह वारामदा और जीना उस समय बहुत ही मजबूत और उपयोगी था और उसी घर का भाग था जिसमे इन लोगों ने अपना पर्याप्त समय गुजारा था। नारायण प्रसाद जी को भी इस प्रकार की परिस्थियों के निर्मित होने के लिए काफी हद तक इस दृष्टि से जिम्मेदार माना जाना उचित होगा क्योंकि उनको जो तय हुआ था उसके अनुसार उन्हें पैसे की किसी प्रकार व्यवस्था कर देना चाहिए था जिसमे वो सक्षम भी थे। जब वो लौट कर आये तो सबकुछ देख कर हतप्रभ रह गए थे।

तत्पश्चात उन्होंने काफी डाट फटकार की होगी लेकिन उससे अब कोई लाभ नहीं होना था। बाद में वह वैसे ही बहुत दिनों तक पड़ा रहा फिर नारायण प्रसाद जी ने वहाँ टिन शेड की व्यवस्था कर ली थी।

इन सब गतिविधियों के दौरान जो घर में चल रही थीं, मैं भी गाँव कई बार आया गया। कक्षा ग्यारह की वार्षिक परीक्षा का समय नज़दीक ही था और जून माह में विवाह निश्चित हुआ था। मेरी पढ़ाई में एकाग्रता नहीं बन पा रही थी। रसायन विज्ञान का अध्ययन भी मेरा, मेरे अनुसार, ठीक ही चल रहा था। कभी कभी होता यह है कि आप अपना आकलन सही ढंग से स्वयं नहीं कर पाते। और यह स्थिति छात्र के जीवन में तो कई बार आती है। फिर विद्यालयीय परीक्षा और बोर्ड, परिषद, की परीक्षा में अंतर होता है। मेरे अंक प्रत्येक विषय में संतोषजनक आ रहे थे और मैं यह समझ रहा था कि अच्छे अंकों से बोर्ड परीक्षा यानी कक्षा बारह की वार्षिक परीक्षा में प्रथम श्रेणी में उत्तीर्ण हो जाऊँगा जिसमे अभी एक वर्ष था। समय व्यतीत होता गया और जून माह में रवि शंकर जी का विवाह संपन्न हुआ। पैसों की कमी के कारण मितव्ययिता बरती गयी थी किन्तु सभी रसमें सोत्साह सम्पादित की गयी थीं। तिलक में जगन्नाथ प्रसाद जी अपने पुत्र देव प्रकाश जी, जो आयु में मुझसे लगभग डेढ़ वर्ष कम थे और नाई, के साथ रहमतपुर से आये थे। स्वरूपगंज से गाँव तक इन लोगों को पैदल ही आना पड़ा था जैसा उन्होंने बताया क्योंकि पहले से आने की तिथि की सही सूचना नहीं दे सके थे। उस समय संचार साधन बहुत ही सीमित थे और संदेशों का आदान प्रदान या तो डाक द्वारा या किसी व्यक्ति विशेष के द्वारा ही संभव होता था। उस समय स्वरूपगंज से गाँव तक का मार्ग लोग लगभग चार कोस अर्थात आठ मील बतलाते थे। कोई पक्का मार्ग नहीं था अपितु जो कच्चे रास्ते खेत खलिहान और बागों के मध्य से लोगों के निरंतर आने जाने से बन जाते थे, उन्हीं से होकर यात्रीगण यात्रा करते थे।

हमारे यहाँ जब भी कोई भोज आयोजित होता था तो उसमे ब्राह्मणों का महत्त्व सर्वाधिक और उनका योगदान अपरिहार्य होता था। वे ही आकर अपने खाने हेतु पूड़ी सब्जी और कोई मीठी चीज आदि जो भी सामग्री हों स्वयं तैयार करते थे। साथ ही वो इन भोज्य सामग्रियों को इतनी मात्रा में बनाते थे कि जितने भी आमंत्रित अतिथि हों वह सभी के लिए पर्याप्त पड़ जाये। यह परंपरा बहुत पुरानी थी और यदि कोई इसमें परिवर्तन करना चाहे तो बहुत ही कठिन था। क्योंकि यदि आपने पांच सौ लोगों को आमंत्रित किया है तो इतने लोगों के लिए पूड़ी सब्जी आदि को बनाने की न तो कोई क्षमता रखता था न अभ्यास ही। इतने लोगों का भोजन तैयार करना बहुत ही श्रम साध्य भी होता था। दूसरे का बनाया ब्राह्मण ग्रहण भी नहीं करते थे। इस बार कुछ ऐसी परिस्थिति उत्पन्न हो गयी थी जिससे गाँव का अधिकांश व मुख्य ब्राह्मण वर्ग हमारे परिवार से नाराज़ था। इसका क्या कारण था वह मुझे नहीं याद। ऐसा लोगों की बातों से मुझे पता चला था कि कोई ब्राह्मण किसी बात को लेकर बाबा जी से

असंतुष्ट था और उसी वजह से पूरा एक ब्राह्मण वर्ग ही एकमत होकर निश्चय कर लिए था कि जब तक वो स्वयं खेद नहीं व्यक्त कर लेते तब तक सभी तिलक महोत्सव का बहिष्कार करेंगे। लेकिन भगवती प्रसाद जी की अपनी एक प्रतिष्ठा व आत्मसम्मान था। उन्होने इस विषय में कोई भी बात ब्राह्मणों से करने का विचार तक नहीं किया। नारायण प्रसाद, अजय प्रसाद तथा दादी जी सभी ने मुख्य ब्राह्मणों से वार्ता और निवेदन किया लेकिन कोई सकारात्मक निर्णय नहीं हुआ और बहुसंख्यक ब्राह्मणों ने तिलकोत्सव के बहिष्कार का अपना निर्णय नहीं बदला। गाँव में ब्राह्मणो के एक दो परिवार और भी थे जिनका अपना अलग वर्ग था और वो स्वयं का भोजन अलग बनाते थे। इन थोड़े ब्राह्मणों के साथ गाँव के अन्य सभी लोगों ने सोत्साह भाग लिया था। इस वजह से सभी आमंत्रित लोगों के लिए भोजन पकाने हेतु गाँव के बाहर से हलवाई को तय करके बुलाया गया था। शम्भू शुक्ल जी ने अपने मित्रों से अलग होकर तिलक का धार्मिक अनुष्ठान संपन्न कराया था। शुक्ल जी का हमारे परिवार और दुर्गा प्रसाद जी के यहाँ विशेष महत्त्व था और घनिष्ठता भी थी। यह मेरे जन्म से चला आ रहा था और मैं देखता था कि उनका अधिकांश समय भी मेरे दरवाजे पर दुर्गा प्रसाद जी के पास अन्य लोगों के साथ बातचीत करते ही व्यतीत होता था। उनका अपना व्यक्तिगत परिवार नहीं था और वे निःसंतान थे। उनके खानदान में यद्यपि और लोग थे। वो रात्रि कहाँ व्यतीत करते थे अथवा उनका भोजन आदि कहाँ होता था इसका ज्ञान मुझको नहीं है। किन्तु जब वो काफी वृद्ध हो गए थे तो हमारी चौपाल में ही निवास करने लगे थे। मेरा समझना है जब तक इनके हाथ पैर चलते रहे तब तक वो यहीं बना खा भी लेते थे। बाद की स्थिति में उनके खानदान के एक व्यक्ति जिनका नाम नकछेद शुक्ल था अपने घर से भोजन लाकर इन्हें खिला जाते थे। इस प्रकार इनका जीवन कुछ वर्षों के उपरान्त समाप्त हो गया था। इनके पास जो थोड़ी बहुत जमीन थी वो इन्हीं नकछेद जी को प्राप्त हुई थी। शम्भू शुक्ल जी हल्का सा तुतला कर बोलते थे। और मुझे व चंद्र प्रकाश जी को उनके बोलने की नकल करने के कारण उनके द्वारा एक बार की गयी शिकायत पर डाँट भी पड़ी थी। मेरी बाल्यावस्था में मात्र वो ही एक ऐसे व्यक्ति गाँव में थे जो श्वेत टोपी हमेशा लगाए रहते थे। रवि शंकर जी के तिलक में यदि वो आगे ना आये होते तो विचित्र स्थिति उत्पन्न हो सकती थी।

बारात बस द्वारा स्वरूपगंज से रहमतपुर गयी थी। स्वरूपगंज तक सभी लोग बैलगाड़ियों में गए थे जिसमे परिवार के सभी लोग तथा अन्य भी सम्मिलित थे। देवी प्रसाद जी व दुर्गा प्रसाद जी उसमे शामिल थे। बद्री नारायण जी प्रतापगढ़ में बारात में शामिल हुए थे। वर्षा ऋतु होने के कारण स्वरूपगंज तक जाने में एक दो बौछारों का भी अनुभव लोगों ने ले लिया था। बस लगभग ग्यारह बजे स्वरूपगंज से चलकर सुलतानपुर, इलाहाबाद, फतेहपुर और ग़ाज़ीपुर होते हुए रहमतपुर रात्रि में लगभग आठ बजे के आस पास पहुंची थी। उस समय डलमऊ का पुल न निर्मित होने के कारण यह लम्बा मार्ग लेना पड़ा था। जगन्नाथ प्रसाद जी

मालीपुर से अवकाश प्राप्ति के उपरान्त उन्नीस सौ इकहत्तर में यहीं आकर सपरिवार रह रहे थे। मेरा यहाँ इन सभी से मिलना तीन साल से अधिक अंतराल पर हुआ था और सभी में, देखने पर, मुझे काफी परिवर्तन अनुभव हो रहा था। जिस दिन रात्रि में बारात पहुंची थी उस दिन तो द्वारचार और भोज में ही पूरा समय व्यतीत हो गया था और मेरी व्यक्तिगत रूप से अपने ननिहाल के किसी सदस्य से किसी प्रकार की कोई बात न हो सकी थी। रहमतपुर में नाना जी ने अपना मकान बनवा लिया था लेकिन इस विवाह के कुछ माह उपरांत ही वो सपरिवार फतेहपुर शहर आ गए थे और किराये के मकान में रहने लगे थे। वह मकान उन्होंने बाद में किसी अन्य को बेंच दिया था। उनके भाई के पुत्र संतलाल जी ने सत्य प्रकाश जी के बड़े पुत्र की शादी में मिलने पर मुझको व्यक्तिगत रूप से यह बताया था कि दादा जगन्नाथ प्रसाद जी को कम से कम उन्हें बतलाना चाहिए था क्योंकि मकान उनके घर के ठीक सामने था और वो स्वयं भी उसे खरीद सकते थे। संतलाल जी के विवाह में मैं उन्नीस सौ उनहत्तर में गया था।

बारात गाँव से ही सटे हुए एक विद्यालय में रुकाई गयी थी। भोजन आदि की व्यवस्था अधिक बाराती न होने के कारण घर के भीतर ही परंपरागत रूप से भूमि पर दरी बिछाकर बिठाल कर करी गयी थी। दूसरे दिन विदाई के उपरान्त बारात लगभग साढ़े दस ग्यारह बजे प्रातः उसी बस से वापस हुई थी। निवास से जनवासे तक दूल्हा दुल्हन पालकी से लाये गए थे। सुबह के समय चौथी रसम के विषय में जगन्नाथ प्रसाद जी ने भगवती प्रसाद जी आदि से वार्ता की और मेरी अनुपस्थिति में यह इच्छा व्यक्त की कि मैं वहीं रुक जाऊँ और जब कोई चौथी लेकर जायेगा तो उसके साथ मैं लौट जाऊँगा। अब यहाँ विशेष बात यह है कि इस हेतु घर के किसी सदस्य ने नहीं बल्कि बद्री नारायण जी ने किसी संदेश वाहक के माध्यम से मुझे बुलवाया था। हालाँकि जब मैं पहुँचा तो भगवती प्रसाद जी आदि सभी वहाँ बैठे थे। यह हमारे यहाँ बद्री नारायण जी के महत्व को इंगित करता है। बद्री नारायण जी ने मुझसे कहा कि मेरे नाना जी की ऐसी इच्छा है और मेरी इस सम्बंध में क्या प्रतिक्रिया है। मेरा स्वभाव कभी भी बड़े की इच्छा का विरोध न करने का था। यद्यपि मैं थोड़ा असमंजस में अवश्य था क्योंकि मैं अपने ननिहाल के लोगों से वर्षों से नहीं मिला था और वो मुझे थोड़ा अपरिचित से प्रतीत होने लगे थे। यह मेरी किशोरावस्था थी जिसमे बच्चे थोड़ा संकोची स्वभाव के हो जाते हैं। लेकिन मैंने अपनी मूक सहमति दे दी थी। विवाह के उपलक्ष्य में कुछ और भी रिश्तेदार रुके हुए थे और मेरा समय सभी में मिलजुल कर रहते हुए व्यतीत हो गया था। हालाँकि अब मेरा संकोच सभी के साथ समाप्त हो गया था लेकिन देव प्रकाश और रचना जी हमउम्र होने के नाते ज्यादा मेरे साथ रहे थे। कुछ दिनों बाद सभी रिश्तेदार चले गए थे और फिर मैं चौथी के लिए आने वाले दिन तक बहुत ही सहज ढंग से आनंद पूर्वक रहा। एक दो बार आंधी आने पर मैं रचना जी के साथ उनकी आम की बाग भी गया था। देव प्रकाश जी स्वभाव से ही दौड़ भाग नहीं करते थे। मैं और रचना जी रीडगंज में सिकड़ी भी खूब खेलते थे। मेरा परिचय वहाँ

अन्य परिवार के लोगों से भी हो गया था।

चौथ लेकर मैं और सत्य प्रकाश जी, मात्र हम दो लोग ही आए थे। कोई विशेष सामान आदि नहीं था। रहमतपुर से गाज़ीपुर तक बैलगाड़ी से हम लोग आये थे और फिर वहाँ से बस के द्वारा आगे की यात्रा की थी। यह मेरी यहाँ पर किसी विवाह में आने का द्वितीय अवसर था। इसके पूर्व उन्नीस सौ उनहत्तर की गर्मियों में मैं आया था जब जगन्नाथ प्रसाद जी के छोटे भाई कृष्ण बिहारी जी के पुत्र संतलाल जी का विवाह हुआ था। उस विवाह में नाना जी के परिवार के साथ ही माता जी और मैं, देवेंद्र प्रकाश जी आदि आये थे। पिता जी उस समय अस्वस्थ और कमजोर चल रहे थे। बाद में रवि शंकर जी के साथ बाबा जी भी शरीक होने हेतु आ गए थे। ये दोनों लोग मात्र चार पांच दिवस के लिए ही आये थे और बारात में शामिल होकर गहरूखेड़ा गाँव गए थे जहां से विवाह हो रहा था। रास्ता खराब होने के कारण और दो एक स्थानों पर बीच में बस के अधिक देर तक रुकने की वजह से दोपहर की निकली बारात रात्रि में बहुत ही विलम्ब से तकरीबन तीन साढ़े तीन बजे पहुंची थी। क्योंकि रात्रि भोज फिर नहीं हुआ था और फिर सुबह ही हम बच्चों ने खाना खाया था। बारात एक दिन पूरा रुक कर तीसरे दिन लौटी थी। वापसी में सभी लोग समय से रहमतपुर पहुँच गए थे। दुल्हन जीप से आयी थी और मेरे सामने ही उसकी परछन की गयी थी। संतलाल जी की बहन आभा जी इस कार्य में महत्वपूर्ण भूमिका में थीं। हालांकि अभी वो कोई विशेष बड़ी नहीं थी लेकिन साड़ी पहने हुई थीं और अच्छी लग रहीं थीं। संतलाल जी की दुल्हन के साथ बच्चा होने के नाते मेरा अधिक समय व्यतीत हुआ था और उनकी चलने पर छनकती हुई पायल मुझे आज भी याद है। इसके उपरान्त उनसे मेरी मुलाकात सत्य प्रकाश जी के पुत्र के विवाह में हुई जब वो वृद्ध और मैं वृद्ध होने की स्थिति में आ गया था।

रवि शंकर जी अपनी दुल्हन व बाराती सहित, ऐसा मुझे ज्ञात हुआ था, रात्रि लगभग आठ बजे बस द्वारा स्वरूपगंज पहुँच गए थे। बैलगाड़ियाँ जो दिन में इन्हें और बारातियों को ले जाने के लिए आयी थीं, वो लौट गयी थीं। दूसरे दिन पुनः उन्हें स्वरूपगंज भेजा गया था और रात्रि स्वरूपगंज में ही व्यतीत करके फिर बारात अपने गाँव पहुंची थी। वर्षा ऋतु होने के कारण इन लोगों को काफी असुविधा का सामना करना पड़ा था। मैं दैवयोग से इस परिस्थिति से बच गया था।

चौथ में हम दोनों लोगों को हलियापुर से लिवाने राम मिलन यादव जी और एक कोई अन्य, दो लोग साइकिल से आये थे और हम रात्रि करीब नौ बजे के आसपास अपने गाँव पहुँच गए थे। ऐसा मुझे स्मरण है कि चौथ में रजनी जी अपने बड़े भाई सत्य प्रकाश जी के साथ अपने माइके के लिए विदा कर दी गयीं थीं।

तत्पश्चात वो फिर अगले वर्ष ही आयीं। यद्यपि लगभग इसके चार माह बाद मैं और कृष्ण

प्रताप जी, सीतादेवी जी के पति, के साथ उन्हें लिवाने रहमतपुर गए थे लेकिन जनवरी माह में सत्य प्रकाश जी की शादी निश्चित होने के कारण नानी जी ने यह उचित नहीं समझा था कि उन्हें अभी जाकर पुनः शीघ्र ही इतनी लम्बी यात्रा कर फिर से आना पड़े। नाना जी उस समय उपस्थित नहीं थे। किन्ही कारणों से कृष्ण प्रताप जी रवि शंकर जी से किसी बात पर नाराज होने के कारण इनके विवाह में सम्मिलित नहीं हुए थे। यद्यपि उनकी पत्नी व परिवार सम्मिलित हुआ था। कभी कभी हम आवेश में ऐसा निर्णय ले लेते हैं जिन पर अवसर निकल जाने पर हमें अत्यधिक पश्चाताप होता है किन्तु हम समय में पीछे जाकर वह सब बदल नहीं सकते। कृष्ण प्रताप जी को भी ऐसा ही कुछ महसूस हुआ था। उन्होंने स्वयं ही यह आग्रह किया कि वो अपनी इस विवाह में अनुपस्थिति का निदान रवि शंकर जी की पत्नी को, जो चौथ में गयी थीं, रहमतपुर जाकर वहाँ से विदा कराकर लाने द्वारा करेंगे। अतः घर में यह निश्चय किया गया कि मैं और फूफा जी जाएँगे और रजनी जी को विदा कराकर लाएँगे। मैं समझता हूँ कि इस विषय में जगन्नाथ प्रसाद जी को पत्र द्वारा अवश्य अवगत कराया गया रहा होगा। मैं यह नहीं जानता कि उधर से इसकी सहमति का कोई पत्र आया था अथवा नहीं। अक्टूबर या नवम्बर माह के प्रारम्भ में हम दोनों लोग बस द्वारा फैज़ाबाद से कानपुर होते हुए गाज़ीपुर गए थे। वहाँ से पैदल दो किलोमीटर रात्रि में लगभग साढ़े सात आठ बजे के आस पास रहमतपुर पहुंचे थे। उन लोगों को संभवतः तिथि की सूचना पहले से नहीं थी क्योंकि कोई प्रतीक्षा करने जैसा उपक्रम नहीं दिखा था। कृष्ण प्रताप जी चकबंदी विभाग में सेवा करने के कारण ग्रामीण जीवन से अभ्यस्त थे और इसी गुण की वजह से अनजानी जगह में रात्रि में भी निश्चिंत और निर्भय होकर जाने में नहीं हिचकिचाए थे। वो बाराबंकी जनपद के मूल निवासी थे और उस क्षेत्र के लोग साहसी और निडर होते हैं। हालाँकि यह शुक्लपक्ष था और नहर के किनारे मार्ग पर घने पेड़ व खेत आदि भी थे।

तो एक तो जगन्नाथ प्रसाद जी अनुपस्थित थे तथा दूसरा सत्य प्रकाश जी का विवाह इसी मध्य जनवरी माह में निश्चित हुआ था अतः रजनी जी की विदाई के विषय में सहमति नहीं बन सकी। वहाँ से फैज़ाबाद आने में समय तो अधिक लगता ही था साथ ही व्यय भी पर्याप्त हो जाता था। दूरी भी लगभग सवा तीन सौ किलोमीटर थी। नानी जी ने यह निर्णय लिया कि सत्य प्रकाश जी की शादी में जब सभी लोग फैज़ाबाद से आएँगे तो लौटते समय साथ में इन्हे भी लिवा ले जाएँगे। अतः मैं और कृष्ण प्रताप जी दो रात्रि वहाँ व्यतीत कर लौट आये थे। जिस दिन रात्रि में हम दोनों रहमतपुर पहुंचे थे उस दिन वहाँ सभी लोग भोजन कर चुके थे। हम लोगों के लिए शीघ्रता से पूड़ी सब्जी बनायी गयी थी। गृह कार्य में मेरी सभी मौसी बहुत ही निपुण थीं। उनमे रजनी जी बड़ी होने के कारण अधिक जिम्मेदारी से कार्य करती थीं। उन्हें मैं महेशपुर से ही इस प्रकार दायित्व के साथ कार्य करते देखता चला आ रहा था। शारीरिक परिश्रम करने में भी वो कभी नहीं हिचकती थीं। इनके बाद अर्चना और रचना जी थी। इस बार जब मैं ननिहाल आया तो मैंने इन्हें भैंस का दूध दुहते भी देखा था। यह कार्य

थोड़ा कठिन होता है। सभी लोग बताते थे कि भैंस इनसे ही लगती है। नाना जी ने घर पर दूध की प्रचुरता बनी रहे इसलिये एक भैंस पाल रखी थी। यह कार्य उन्होंने रीडगंज में भी किया था। वहाँ उसका कार्य भोला नाम का एक व्यक्ति करता था जो लल्लू का छोटा भाई था जो महेशपुर प्लेटफॉर्म पर पेड़े और समोसे बेचते थे और ट्रेन पास हो जाने के बाद हम बच्चे भाग कर इन्ही के पास जाते थे। देव प्रकाश जी छोटे और अधिक प्रिय होने के कारण और रुचि भी न लेने की वजह से अवमुक्त रखे जाते थे।

मैं और फूफा जी फैज़ाबाद रात्रि होते होते पहुँच गए थे। यह स्वाभाविक था कि रवि शंकर जी हम लोगों की प्रतीक्षा करें। जब बिना उनकी पत्नी के हम लोग पहुंचे तो उनको निराशा तो हुई ही जैसा कि मैंने उनकी उस समय की भाव भंगिमा से महसूस किया था। तो इस प्रकार की पारिवारिक गतिविधियों में भी सहभागी होने के फलस्वरूप मेरी पढ़ाई का कार्य निश्चित ही प्रभावित होता रहा होगा जिसे मैं जब आज सोचता हूँ तो सत्य पाता हूँ।

समय व्यतीत होता गया और हमारी इंटरमीडिएट बोर्ड का अंतिम सत्र आ गया था। दो वर्ष के पाठ्यक्रम से परीक्षा होनी थी। मैं समझ रहा हूँ कि मैंने अपनी पढ़ाई के प्रति गंभीरता नहीं दिखाई थी। मैं अपनी पढ़ाई को लेकर इतना निश्चिन्त क्यों था इसका सत्य उत्तर प्रदान करने में मेरी स्मृति सक्षम नहीं है। हो सकता है मैं अपने को इतना प्रतिभावान समझता रहा और विश्वास कर बैठा कि जितना समय मैं अध्ययन को दे रहा हूँ उतना अच्छे अंक लाने के लिए पर्याप्त हैं। हो सकता है मैं अपने को 'किताबी कीड़ा' बनाकर ही न रखना चाहता रहा हूँ। हो सकता है मैं सामाजिक रूप से भी स्वयं को दृढ़ करना चाहता रहा हूँ। हो सकता है मैं अपने घर वालों की मेरी शिक्षा के प्रति उदासीनता के कारण अकेले स्वयं ही संघर्षरत न रहना चाहता रहा हूँ। हो सकता है मैं अपनी किशोरावस्था की मानसिक स्वप्नदर्शिता के प्रभाव में मग्न रहा हूँ। हो सकता है यह इन सभी का सम्मिलित प्रभाव रहा हो।

जनवरी उन्नीस सौ पछत्तर में सत्य प्रकाश जी का विवाह संपन्न हुआ। हम सभी लोग रवि शंकर जी सहित फतेहपुर लगभग दस दिनों के लिए गए थे। जगन्नाथ प्रसाद जी द्वारा लिया गया यह किराये का मकान यद्यपि छोटा था किन्तु पड़ोस के मकान का कुछ हिस्सा विवाह के अवसर पर मिल जाने के कारण और उनके द्वारा प्रदान सहयोग से एकत्रित लोगों को कोई असुविधा नहीं हुई थी। रिश्तेदारों में कोई भी अपरिचित न होने की वजह से कोई संकोच व झिझक भी नहीं थी। जो कुछ और सम्बन्धी थे वो स्थानीय होने के कारण दिन में आते और वैवाहिक कार्यों में सम्मिलित होकर वापस चले जाते थे। बारात कानपुर की लाल इमली फैक्ट्री के कैंपस में गयी थी और जयमाल, विवाह के उपरान्त दूसरे दिवस ही दुल्हन के साथ वापस फतेहपुर आ गयी थी। दुल्हन, माधुरी जी, पूर्व में सत्य प्रकाश जी से कानपुर में ही कहीं संयोग से मिल गयी थीं। दोनों लोगों में परिचय हुआ और उसी से सत्य प्रकाश जी को यह ज्ञात हुआ कि इनके पिता जी लाल इमली में ही सर्विस करते थे और वर्तमान

में अस्वस्थ चल रहे हैं। माधुरी जी शासकीय विद्यालय में अध्यापिका थीं और अपने माँ-बाप की अकेली संतान थी। ये हँसमुख, सरल, मृदुल स्वभाव की थीं और इनके प्रति इनकी स्थितियों परिस्थितियों को देखते हुए सत्य प्रकाश जी को इनसे सहानुभूति के साथ साथ उनके मन में इनसे विवाह का विचार जन्म कर गया था। विवाह से पूर्व ही इन्होने एक स्वेटर स्वयं बना कर सत्य प्रकाश जी को दिया था। ये सभी बातें मामा जी ने स्वयं जब वो शादी से पहले फैज़ाबाद आए थे, पिता जी को अवगत कराये थे। इसी प्रेम, सहयोग तथा आपसी संवेदना के फलस्वरूप दोनों लोगों ने एक दूसरे से विवाह का निर्णय कर लिया था। अतः यह एक प्रेम विवाह था जो माता-पिता की सहमति से संपन्न हुआ था। और यथार्थ में भी माधुरी जी ने आजीवन ससुराल के दायित्वों को निभाने में, शासकीय सेवा में रहते हुए, कभी कोई कमी नहीं रखी और सत्य प्रकाश जी को भी सहयोग प्रदान करती रहीं। उनकी हमेशा ही सभी ने प्रशंसा की और मेरा अपना भी यही अनुभव रहा। सत्य प्रकाश जी दूरभाष विभाग में सर्विस करते थे और उन्होंने गोरखपुर पॉलिटेक्निक विद्यालय से मेकैनिकल में डिप्लोमा प्राप्त किया था और तत्पश्चात इन्होने अपनी छह माह की इंटर्नशिप हम लोगों के साथ ही रहकर फैज़ाबाद में पूरी की थी। उसके बाद इनकी सर्विस लग गयी थी और मुरादाबाद में प्रशिक्षण लिए थे। ये परिवार को साथ लेकर चलने वाले मितव्ययी व्यक्ति थे और इंटर्नशिप में जो भी स्टाइपेंड पाते थे ज्यों का त्यों नाना जी को दे देते थे ऐसा मैने देखा था। गोरखपुर में इनकी डिप्लोमा की शिक्षा में इनके बड़े भाई श्री प्रकाश जी ने सहयोग प्रदान किया था जो रेलवे में कार्यरत थे और वहीं नियुक्त थे।

श्री प्रकाश जी का विवाह तभी हो गया था जब उनके पिता जी महेशपुर में स्टेशन मास्टर थे और फतेहपुर जनपद से हुआ था। इनकी बारात महेशपुर से ट्रेन द्वारा फतेहपुर गई थी और मैं भी गया था। बारात में इलाहाबाद से बाबा जी, पिता जी और रवि शंकर जी भी सम्मिलित हो गए थे। संगम के माघ माह के कुम्भ मेले के दौरान उन्नीस सौ छाछठ की जनवरी में इनका विवाह हुआ था। उनकी दुल्हन शकुन्तला जी भी बहुत मृदुभाषी, अल्पभाषी और शांत प्रकृति की थीं। परन्तु उनका अधिकांश समय अपने पति के साथ जहाँ भी उनका स्थानांतरण होता रहा, वहीं व्यतीत हुआ। यदि कभी अवकाश में आईं तो अधिकतर अपने माइके ही आईं। इस बात को सभी कहते थे किन्तु उलाहने के तौर पर कभी नहीं। एक मुख्य बात यह कि मैं इन्हीं के विवाह में पहली बार मोटर कार में बैठा था। विदाई के उपरांत दूल्हा और दुल्हन को कार से फतेहपुर रेलवे स्टेशन तक भेजा गया था और उस कार में मैं भी था। कार का द्वार खुलने पर भीतर के बल्ब का स्वतः जलना और बंद होने पर बुझना मेरे लिए कूतूहल की बात थी। विवाह के एक दो दिन पूर्व शहनाई बजाने वाले आ गए थे और महेशपुर के इनके निवास पर बाहर बैठ शहनाई बजा रहे थे। कुम्भ मेले की व्यवस्था हेतु बहुतेरे टेंट आस पास लगे हुए थे, ट्रेनों में काफी भीड़ चल रही थी।

विदाई के उपरान्त चौथ लेकर इनके पिता जी आये थे और बगल के एक खाली क्वार्टर में उनको ठहराया गया था। पूर्वाह्न में जब पिछले दरवाजे से पहली बार शकुंतला जी उनसे मिलने आयीं थीं तो संयोग से वहाँ केवल उनके पिता जी और मैं था। अपने पिता जी से उन्होंने थोड़ा अधिक ही मुस्कराहट के साथ हाथ जोड़कर नमस्ते कहा था। मैं वहाँ से अविलम्ब चला गया था। शायद मैं जानता था कि मुझे वहाँ नहीं रहना चाहिए था। इस प्रकार विदाई के वक़्त की वह कार मुझे आजतक भूल न सकी।

सत्य प्रकाश जी के विवाहोपरांत हम लोग कुछ दिन फतेहपुर में रहे और फिर वापस आ गए। दालमंडी वाले मकान में इसी दौरान चोरी हुई थी लेकिन चोर लोग कोई खास सामान नहीं ले जा पाए थे क्योंकि बगल में ऊपर सक्सेना जी जग गए थे और आहट पाकर शोर मचा दिए थे जिस वजह से सामने की ओर से घिर जाने के कारण चोर छत के रास्ते पीछे भटनागर जी के मकान से होता हुआ भाग गया था।

मेरी पढ़ाई फिर पूर्ववत चलने लगी। रसायन शास्त्र के अतिरिक्त सब विषय सामान्यतः ठीक थे। लेकिन अंग्रेजी जिस प्रकार की होनी चाहिए थी, नहीं थी। भौतिक शास्त्र सर्वाधिक संतोषजनक था, गणित में कुछ पार्ट मेरे लिए कठिन अवश्य थे जिनमे स्टैटिक्स प्रमुख थी। क्योंकि मैं अग्रणी छात्रों में सम्मिलित नहीं था इसलिए शिक्षकों ने मेरी अनुपस्थिति को गंभीरता से नहीं लिया था। वैसे भी अध्यापकों को इस बात से क्यों ही चिंता होती कि मैं क्यों अनुपस्थित था। अधिकांश शिक्षक उन छात्रों पर अधिक ध्यान देते हैं जो नियमित रूप से कोई न कोई बहाना खोजकर उनसे मिलते रहते हैं अथवा उनपर जो उनसे घर पर ट्यूशन लेते हैं या उनसे जो स्वयं से ही प्रतिभाशाली हों। मैं इन तीनों वर्ग में नहीं आता था। अनावश्यक किसी से बिना ज़रुरत, मात्र उनका ध्यान आकृष्ट करने के लिए, मिलने का कोई औचित्य नहीं था। मेरा यह सोचना मेरे स्वाभिमान के अनुरूप नहीं था। यदि हम अपने बल पर कुछ प्राप्त नहीं करते तो वह उपलब्धि पूरी तौर पर हमारी नहीं होती।

10

बुढ़ऊ की बाग़

रवि शंकर जी अपनी पत्नी सहित हम लोगों के साथ लगभग एक माह दालमंडी के मकान में रहे। इन लोगों को स्थान को लेकर कोई नवीन अनुभूति नहीं हुई होगी क्योंकि रजनी जी पूर्व में भी यहाँ पर्याप्त समय तक अपनी शिक्षा आदि अन्य कारणों से रह चुकी थीं। उनके लिए यह स्थान और लोग भी अपरिचित नहीं थे। सभी लोग उनके व सभी के स्वभाव को वो भी, भलीभांति जानती समझती थीं। केवल अब रिश्तों में अंतर आ गया था। परन्तु अभी उनका मिलना चौथ में जाने के बाद गाँव पर किसी अन्य परिवारजनों से नहीं हुआ था। इसमें दादी जी और बाबा जी प्रमुख थे। अतः फरवरी के अंतिम सप्ताह, मेरे ध्यान के अनुसार पच्चीस तारीख को, उनका गाँव जाना निश्चित किया गया। गाँव से स्वरूपगंज बैलगाड़ी आनी थी और मुझे मौसी जी को लेकर फैज़ाबाद से बस द्वारा जाना था। रवि शंकर जी क्यों नहीं गए यह मुझे याद नहीं। हो सकता है अपनी आँखों की वजह से उनका गाँव जाना और अकेले लौटना उचित या संभव न समझा गया रहा हो। हो सकता है गाँव में अधिक दिनों तक उनके रुकने पर वो यहाँ जो ट्यूशन आदि पढ़ाने का कार्य करते थे वह बाधित न करना चाहते रहे हों। जो भी हो, मैं रजनी जी को लेकर प्रातः की बस से निकला था। स्वरूपगंज में पहले से बैलगाड़ी पहुंची होने के कारण प्रतीक्षा नहीं करनी पड़ीं थी। मेरी स्मृति के अनुसार काली पाल, जो उस समय हमारे हलवाह थे, आये थे। कुछ अल्पाहार करके हम लोग चले और लगभग डेढ़ या दो बजे के करीब अपने गाँव पहुँच गए थे।

पहुंचने पर मैंने एक समस्या पूर्ण स्थिति देखी। लोगों ने बताया कि बाबा जी को दोपहर में जब बाहर धूप में बैठे हुए थे उसी समय उनको दिमाग पर लकवे का अटैक हुआ था। जब हम लोग घर पहुंचे थे तो वो वारामदे में पलंग पर शांत बैठे हुए थे और दादी जी, अजय प्रसाद जी की पत्नी और वो स्वयं उनके पास बैठकर यथासंभव उनके उपचार व सेवाकार्य में लगे थे। क्योंकि नई दुल्हन चौथी के बाद पहली बार आयी थी और वैसे भी हम लोगों को भूँख लगी होगी, इस आशय से हरेंद्र प्रकाश जी की माता जी ने शीघ्र ही हलवा बनाया था और हम लोगों

ने उसे खाकर दोपहर व्यतीत की थी।

भगवती प्रसाद जी, जहाँ बँटवारे के बाद प्रथम बार हम लोगों ने खाना खाया था, वहीं जो पलंग डाल रखा गया था, उसी पर दीवार का सहारा लिए शांत बैठे हुए थे। बाबा जी के पास अजय प्रसाद जी भी बैठे थे। मेरा अनुमान है नारायण प्रसाद जी अपने विद्यालय गए रहे होंगे। दादी जी और चाचा जी उनकी यथासंभव इस स्थिति में सेवा करके आराम प्रदान करने का प्रयास कर रहे थे। मेरा अनुमान है हो सकता है दादी जी उनके सिर पर कोई तेल लगाती रही हों। मैं और रजनी जी आँगन पर पड़ी हुई एक चारपाई पर बैठे हुए थे। यद्यपि मैं किशोर और समझदार था और बाबा जी से मेरी अत्यधिक निकटता थी, किन्तु मैं उनके पास मात्र चरणस्पर्श करने ही गया था। मुझे विश्वास था कि उनकी स्थिति के अनुसार उनका उपचार करने के लिए अन्य लोग तो हैं ही। उनके मस्तिष्क पर लकवे का आघात इस स्तर का हुआ था कि वो वैसे तो पूर्णतः सामान्य प्रतीत हो रहे थे किन्तु बोलने की क्षमता समाप्त सी हो गयी थी। वो बोल बात नहीं कर सकते थे। या तो स्वर निकाल पाने में जिव्हा असमर्थ थी या उनके मस्तिष्क का वह भाग जो वाणी को नियंत्रित करता है, उसने कार्य करना बंद कर दिया था। क्योंकि वो खाने पीने में भी अनिच्छा व्यक्त कर रहे थे इसका तात्पर्य यह कि उनके चेहरे तक प्रभाव था। इस पक्षाघात का प्रभाव उनके शरीर के किसी अन्य भाग पर अनुभव नहीं हो रहा था। ऐसा भी नहीं था कि उनके मुख से लार आदि स्रवित होती रही हो। ना ऐसा ही लग रहा था कि वो अपनी इस स्थिति से व्यथित, विचलित या निराश महसूस कर रहे हों। वह सबको पहचानते भी रहे होंगे नहीं तो कोई भिन्न प्रतिक्रिया करते। बस केवल उनकी वाणी ने ही उनका साथ छोड़ दिया था। रात्रि का भोजन जो भी संभव हो सका होगा दादी जी ने तसले में गर्मी उत्पन्न करने के लिए जो आग जला रखी थी, उसी के पास अजय प्रसाद जी के वारामदे के मध्य भाग में उनको बिठाल कर कराया था। क्योंकि मेरी वहाँ कोई आवश्यकता नहीं थी इसलिए मैं नहीं था। पर यह सुनने में नहीं आया कि वो भोजन नहीं कर सके थे। उनके दाँत इस अवस्था में पहले से ही कमजोर हो चुके थे और प्रायः रोटी दाल में भिगोकर ही खाते थे। मेरी ऐसी स्मृति है कि उन्होंने यही दाल में मसली हुई रोटी, दादी जी द्वारा चम्मच के उपयोग से थोड़ी मात्रा में खाई थी। मैं अपने घर की ओर पच्छिमी भाग में ही था। बाबा जी मेरे पहुँचने के बाद से ही मुझपर कोई विशेष ध्यान नहीं दे रहे थे। उन्हें कोई शारीरिक कष्ट न होने के कारण उनके दैनिक कार्य लगभग पूर्ववत ही थे। यदि कोई अधिक चिंतित था तो वह दादी जी थीं। वो उनके साथ ही जब तक वो जागते रहे लगी हुई थीं। दादी जी और बाबा जी की आयु में करीब दस वर्षों का अंतर था।

लोगों का यह सोचना था कि हो सकता है वो स्वतः ही सामान्य और स्वस्थ हो जाएँ। प्रातः जब उठकर वो लघुशंका के लिए गए थे तो दो चार अस्पष्ट कुछ शब्द बोले थे किन्तु उसके बाद जब चुप हुए तो फिर दिन भर नहीं बोले। मैंने और दादी जी ने यह भी देखा कि कभी

कभार उनको अपने वस्त्रों का भी ध्यान नहीं रहता था। मैं दो रात्रि वहाँ रहा और उन्हें केवल प्रातः ही कुछ शब्द बोलते सुना था। दूसरे दिन जब उनमे कोई सुधार नहीं हुआ तो देवी प्रसाद जी से परामर्श कर निश्चय किया गया कि उन्हें स्थानीय चिकित्सालय ले जाकर डॉक्टर को दिखाया जाये और उसी के अनुसार अब उचित उपचार किया जाए। किन्तु भगवती प्रसाद जी शायद यह नहीं चाहते थे। वो बोल तो नहीं सकते थे किन्तु इस बात का आभास किया जा सकता था कि वो यह नहीं चाहते। मैंने देखा था कि जब पूर्वाह्न में नारायण प्रसाद जी पूरी तैयारी कर उनको चिकित्सालय ले जाने के लिए उठने को कह रहे थे तो वो ना जाने के लिए दृढ़ थे। मैंने यह भी देखा था कि जब वो उनको हाथ पकड़ कर उठाने लगे तो बाबा जी ने अपने एक हाथ से चारपाई की ओरदावन को मजबूती से पकड़ लिया था। अंततः अधिक जिद्द या जबरदस्ती करने का इरादा छोड़ दिया गया और घर पर ही जो उपचार, सेवा संभव हो वही किये जाने का निर्णय दादी और नारायण प्रसाद जी द्वारा लिया गया था। मैं कमरे की खिड़की से यह सारी गतिविधियाँ शांति पूर्वक देख रहा था। फरवरी मार्च तक थोड़ा ठंढक रहती है इसलिए ये लोग अहाते में धूप में थे।

अगले दिन मुझे वापस फैज़ाबाद लौट आना था। प्रातः उनकी स्थिति कल की भांति ही थी। वो अपनी नित्यक्रिया स्वयं ही भलीभांति अभी भी कर रहे थे। बस बोलते नहीं थे और मुझे थोड़ा तो शिथिल प्रतीत हो ही रहे थे किन्तु उनका मस्तिष्क सामान्य विधि से कार्य नहीं कर रहा था। या हो सकता है इस ढीलेपन का कोई अन्य कारण रहा हो। दादी जी तो उनके पास ही निरंतर रह रही थीं। जब मैं तैयार होकर चलने लगा था तो मैंने उनके चरणस्पर्श किये थे। मैंने देखा कि उन्होंने मुझ पर दो सेकेंड के लिए अपनी दृष्टि डाली थी जिसमे कोई दुःख का भाव मुझे नहीं दिखा था। उस समय वो खड़े होकर दादी जी की सहायता से अपनी धोती पहन रहे थे। यह प्रातः नौ बजे के आस पास का समय रहा होगा। तत्पश्चात मैं किसी के द्वारा साइकिल से स्वरूपगंज आकर बस से फैज़ाबाद आ गया। इनका दिमाग वैसे भी कुछ माह से सामान्य रूप से कार्य नहीं कर रहा था। कुछ ही सप्ताह पूर्व ये फैज़ाबाद आये थे तो इनकी बातचीत से हम सभी को यह लगा था कि ये कुछ बातें बिना संदर्भ प्रसंग की बोल रहे थे। सभी ने उनके इस व्यवहार को थकावट से सम्बंधित होने के कारण मानकर नज़र अंदाज कर दिया था क्योंकि फिर ये सामान्य हो गए थे। इनके साथ देवी प्रसाद जी भी आये थे। पर वो पहले ही गाँव लौट गए थे। जब इन्होने बाद में वापस जाने की बात की तो सभी ने यह कहा कि अकेले वापस जाना उचित नहीं होगा और बाद में जाइएगा। यह कहकर पिता जी कार्यालय और रवि शंकर जी कहीं अन्य जगह चले गए थे। लेकिन उसके बाद लगभग ग्यारह बजे बाबा जी पुनः स्वयं अपने सामान आदि को रख गाँव वापस जाने के लिए तैयार हो गए थे। इन्होने यह बताया था कि इनकी देवी प्रसाद जी से आज की तारीख तय की गयी है और स्वरूपगंज सवारी इनको ले जाने के लिए आएगी। सवारी आकर खाली लौट जाए यह उचित नहीं होगा। और यही हम सभी से भी बता कर अकेले ही चले गए थे। बाद में यह ज्ञात हुआ

था कि वो लगभग चार बजे शाम को गाँव पहुंचे थे। दरवाजे पर उन्हें अकेले ही पैदल आते हुए देखकर नरेंद्र प्रकाश जी, जिनकी आयु लगभग नौ दस वर्ष रही होगी, ने इनसे पूँछा कि बाबा जी आप इस प्रकार पैदल अकेले ही कैसे आ रहे हैं। वे फैज़ाबाद गए थे इसकी जानकारी सभी को थी ही। इन्होने नरेंद्र प्रकाश जी को थोड़ा ऊँचे स्वर में उत्तर दिया था कि तुम यह क्यों पूँछ रहे हो, वो नज़दीक पुरवे तक ही तो गए थे। निकटतम पुरवा भी घर से दो किलोमीटर तो था ही। नरेंद्र प्रकाश जी को उनकी इस बात पर आश्चर्य हुआ था। यह भी ज्ञात हुआ कि ये स्वरूपगंज बस से न आकर किसी टेम्पो से आए थे और एक झोला उसी में भूलवश छूट भी गया था। किसी स्रोत से यह भी पता चला था कि कोई अंजान व्यक्ति इनको साइकिल से गाँव तक पहुँचा भी गया था। जैसा इन्होने बताया था कि बैलगाड़ी स्वरूपगंज आएगी, ऐसा कुछ भी नहीं था। इस घटना के उपरांत ये पुनः पूर्ववत सामान्य व्यवहार करने लगे थे और अपनी क्रिया कलापों में लग गए थे, स्वस्थ प्रतीत होने लगे थे।

तो इस प्रकार मैं घर परिवार के कार्यों में भी अपना योगदान बड़ों के निर्देशानुसार किया करता था। इन सब बातों का मेरी पढ़ाई पर प्रभाव अवश्य होता रहा होगा। लेकिन उस समय मध्यम वर्ग के सभी बच्चे इसी प्रकार अपना जीवन व्यतीत करते थे। पूरी तरह से डेडिकेटेड बच्चे कुछ ही होते थे जिनका अपना अलग स्टडी रूम होता था और पूरी तरह घर से विलग रहते थे। आधुनिक समय में तो माता-पिता अपने बच्चों से अधिक उनकी शिक्षा को लेकर स्वयं चिंतित रहते हैं और उनसे अधिकाधिक परिश्रम करने की अपेक्षा रखते हैं। परीक्षा में अधिक से अधिक अंक लाने की उम्मीद में बच्चों से अधिक अभिभावकों में आपस में प्रतिस्पर्धा रहने लगी है। उन्हें अपने बच्चों के मानसिक स्वास्थ्य, उनकी अपनी इच्छाओं से कोई सरोकार नहीं और इस वजह से अधिकतर बच्चे एकांगी बन कर रह जा रहे हैं। बहुआयामी व्यक्तित्व विकास तो मात्र कुछ ही बालकों और बालिकाओं का हो पाता है जो आगे जाकर समाज में अपना सम्पूर्ण योगदान कर पाते हैं। वे जहाँ, जिस क्षेत्र में जाते हैं वहीं अपनी प्रतिभा और उपयोगिता सिद्ध कर देते हैं। सर्वांगीण विकास के कारण इनके अंदर विवेकशीलता का भी समावेश रहता है। इनके अंदर सत्य, निष्ठा, परिश्रम, गंभीरता, सामान्य जनों के लिए आदर व समभाव की भावना जैसे अन्य गुणों की भी प्रवृत्ति विकसित हुई होती है।

मैं प्रायः प्रातःकाल बहुत जल्दी उठ जाता था और नित्य के कार्यों के उपरान्त अध्ययन में प्रवृत्त हो जाता था। घर के प्रवेश द्वार से जुड़ा हुआ कमरा ही मेरे रहने और पढ़ाई के लिए नियत था। पढ़ाई के लिए मैं लगभग नियमित रूप से रात्रि में देर से सोता भी था। यही सामान्य रूप से सभी गंभीर छात्रों की दैनिकचर्या हुआ करती थी। कोई कुशाग्र बुद्धि का और कोई अल्प बुद्धि का, जो कि ईश्वर द्वारा ही प्रदत्त प्रतिभा होती थी।

गाँव से लौटने के बाद तीसरे दिन प्रातः लगभग सात बजे दरवाजे पर किसी के आने की और

कुंढी खटखटाने की आवाज़ सुनाई पड़ी। दरवाजा मैंने ही खोला था और राम मिलन यादव जो हमारे गाँव पर हलवाह थे, और बहुत ही निष्ठावान, जिम्मेदार और परिश्रमी तेईस चौबीस वर्ष आयु के युवक थे, सायकिल सहित खड़े हुए थे। हालाँकि वो सामान्य भाव से हलकी सी मुस्कराहट के साथ प्रविष्ट किये, लेकिन हम सभी लोगों को थोड़ा आश्चर्य अवश्य हुआ कि किस विशेष कार्य से ये इतनी सुबह आये हैं। लेकिन शीघ्र ही स्वाभाविक रूप से हम लोगों ने उनसे गाँव घर का कुशल क्षेम पूँछा तो उन्होंने बताया कि बाबा जी का स्वास्थ्य बिगड़ गया है और वो यही सूचना देने के लिए साइकिल से सीधे गाँव से आए हैं। वो प्रातः अँधेरे में ही जंगलों से होते हुए एक कम्बल लपेट ठंढ में पचास किलोमीटर से अधिक मार्ग तय करके आये थे। अधिक विस्तार से पूँछने पर उन्होंने कहा था कि बहुत परेशान होने की बात नहीं है लेकिन जितना शीघ्र हो सके हम लोगों को पहुँच जाना चाहिए। लेकिन इतनी शीघ्रता में हम लोग, रवि शंकर जी सहित पिता जी का तैयार हो पाना कठिन था। पिता जी ने सोचा कि कार्यालय से अवकाश लेकर और वेतन भी लेकर जाना उचित होगा। लेकिन इस प्रकार देर से आने में भी कोई समस्या की बात न होती तो राम मिलन को प्रातः चार बजे ही जाड़े की रात्रि में चलने की क्या मजबूरी थी। मैं ईश्वरीय प्रेरणा से तुरंत उठा और जल्द से जल्द कपड़े आदि पहन कर घर की साइकिल से गाँव के लिए निकल पड़ा। जब कोई सन्देश लेकर आये और बताये कि तबियत ठीक नहीं है, तो मेरे मन में तुरंत यह विचार आया था कि ऐसी स्थिति में कभी भी उनके निधन की संभावना अवश्य होगी। मैं लगभग आठ बजे के पहले ही घर से निकल पड़ा था। क्योंकि कहीं रास्ते में रुका नहीं और स्वरूपगंज ढाई घंटे में पहुँच गया था। वहाँ मेरा मिलना अली मुहम्मद से हुआ जो साइकिल लेकर इस उद्देश्य से आये थे कि यदि कोई आता है तो उसे लिवाकर गाँव तक ले आएँगे। मैंने अली मुहम्मद से पूँछा कि घर पर बाबा जी का क्या हाल है। तो उन्होंने कहा था जैसा राम मिलन ने बतलाया है वैसा ही है। अली मुहम्मद हमारे परिवार, विशेष रूप से बाबा जी के बहुत ही वफादार व फ़रमाबरदार व्यक्ति थे। इन्हें बाबा जी ने कुछ बीघे जमीन पट्टे पर दी थी। इनको होमगार्ड में भी काम करने का अवसर दिलवाया था और ये इन बातों के लिए उनके ही नहीं अपितु हमारे परिवार के भी बहुत कृतज्ञ थे। वैसे भी ये जब फैज़ाबाद आते थे तो मेरे यहाँ ही रुकते थे। साथ ही इनका भी भोजन माता जी बनाती थीं और मैं ही ज्यादातर इनको रसोई से लाकर परोसता था। मज़ाक में मैं यह भी कहता था कि आप जाड़े में हमें ही परेशान करते हैं। ये बहुत ही अच्छे स्वभाव के व्यक्ति हैं। इनके स्वभाव और सहयोग की भावना के कारण ये मेरे परिवार में सभी के बहुत ही नज़दीकी व घरेलू बन गए थे। बाबा जी को जब कहीं साइकिल से पहुँचाने की बात होती थी तो कुछ गिने चुने लोगों में एक ये भी थे। इनके प्रति बच्चों में भी बहुत आदर की भावना थी और उनमे मैं भी शामिल था। हमेशा ही ये प्रसन्नचित्त मुद्रा में दिखते थे या इनका चेहरा ही ऐसा बन गया था। क्रोध और उद्विग्नता तो इनके भीतर मैंने देखा ही नहीं था। कोई इनके साथ भेदभाव था ही नहीं बस इनके प्रयोग के लिए मेरे यहाँ बर्तन अलग थे।

बस मात्र इतनी ही बात करके बिना रुके मैं स्वरूपगंज से गाँव चल दिया। गाँव पहुँचने पर अपने घर तक जाने का साइकिल रास्ता अपने ही घर के निकट यादव परिवारों के घरों के बीच से होकर गुजरता था। यद्यपि मेरी आयु लगभग सोलह वर्ष से कुछ ही अधिक थी लेकिन मैं जहाँ साहसी और परिश्रमी था वहीं मुझे मेरे मन की करने की स्वतंत्रता भी काफी हद तक मिली हुई थी। आधुनिक समय में लोग अपने बच्चों की सुरक्षा व सुख, आराम को लेकर अत्यधिक ध्यान देते हैं। मैं जब उन घरों के सामने से गुजरा तो वह जो नित्य की चहल पहल और गतिशीलता वातावरण में दिखनी चाहिए थी वह नहीं दिख रही थी। राम नेवाज के द्वार पर उनकी माँ और तीन चार युवतियाँ खड़ी होकर कुछ बातचीत करती अवश्य दिखीं। मैं साइकिल पर ही था कि राम नेवाज की माँ 'गुट्टा दादी' ने कहा कि भैया तुम बड़े समय से आ गए बस अभी लेकर ही गए हैं। मुझे निश्चित हो गया कि बाबा जी का देहांत हो चुका है। जब मैंने अपने घर में प्रवेश किया तो पहले आँगन में ही, जहाँ बँटवारे के बाद अभी दीवार नहीं पड़ी थी, दादी जी बहुत ही विकल और दयनीय स्थिति में विलाप करती दिखीं थी। देवी प्रसाद जी की पत्नी को मैंने उन्हें ढांढस दिलाते हुए देखा था। मेरे घर पहुंचते ही दादी जी रोती हुई मुझसे लिपट गयी थीं। उन्होंने कहा था कि भैया बाबा छोड़ गए। मैंने यह दृश्य देखकर यह अनुभव किया था कि वो आज अपने को विधि के विधान के आगे कितना असहाय पा रही थीं। यद्यपि वहाँ अन्य बहुत सी महिलाएँ भी थीं और निश्चय ही दुर्गा प्रसाद जी के परिवार के भी लोग रहे होंगे, लेकिन पहली दृष्टि इन्हीं दो लोगों पर पड़ी थी। तीसरी व्यक्ति रजनी जी थीं। मैं नहीं जानता कि किस कारण से उन्होने लाकर मुझे गुड़ के कुछ टुकड़े खाने के लिए दिए थे। मैं तुरंत ही बिना समय व्यतीत किये सीधे बुढ़ऊ की बाग जहाँ अंतिम क्रिया होनी थी वहाँ के लिए शीघ्रता से दौड़ता हुआ निकल गया था।

इस बाग को बुढ़ऊ की बाग कहते थे क्योंकि इसको सैकड़ों वर्ष पूर्व मेरे एक पूर्वज ने आम महुआ आदि के वृक्ष लगाकर तैयार किया था। ये पूर्वज मुझसे छह सात पीढ़ी ऊपर श्री सत्यकेतु लाल के श्वसुर थे। सत्यकेतु लाल, कश्यप गोत्र कायस्थ थे, और इनका नाम लोग सत्कूलाल बताते हैं। लेकिन मैं समझता हूँ कि यह सत्यकेतु ही रहा होगा। सत्कूलाल पुकारने में सहज था। इनके पुत्र शिवलाल जी थे। शिवलाल जी के रामचरन लाल और उनके रघुबीरलाल जी। सत्यकेतु जी रायबरेली की दिशा से अपनी भावज के व्यंग्य पर कि तुम निर्वंशी को प्रातः देख लिया और अब देखो मेरा दिन कैसा व्यतीत होता है, वे घर बार छोड़ कर देवगाँव के मठ आ गए और उसकी साफ़ सफाई जैसी परिचर्या करने लगे थे। इनकी आयु उस समय जैसा बताया गया चालीस पैतालीस के आस पास रही होगी। इनके स्वभाव व निष्ठापूर्ण कार्य से प्रसन्न होकर मठाधीश ने इनका विवाह हमारे गाँव की गुंजन या गुँजना नाम की कन्या से करा दिया था। इस विवाह से जो आगे पीढ़ियाँ चलीं उसी से हम लोगों का खानदान अस्तित्व में आया। हमारे परिवार के सभी गाँव में मृत लोगों का दाह संस्कार आज

तक इसी बाग में होता आया है।

जब मैं बाग में पहुँचा तो सबसे पहले चंद्र प्रकाश दौड़ते हुए भाग कर आकर मुझसे लिपट गए थे। हम दोनों लोग दुःख के कारण इसी तरह एक आध मिनट तक रोते रहे थे। किसी परिवार के व्यक्ति की हम लोगों के सामने यह प्रथम दुःखद घटना थी। फिर भगवती प्रसाद जी की उपस्थिति तो हम लोगों के लिए एक प्रतिष्ठा और सम्मान की हेतु होती थी। इनका दरवाजे पर बैठे रहना ही एक गर्व का एहसास कराता था। तदोपरांत हम दोनों लोगों ने शांत होकर उनको स्नान कराए जाते हुए देखा और अन्य अंत्येष्टि क्रियाओं में यथायोग्य सहयोग किया। रवि शंकर जी को राम मिलन ठीक अग्नि प्रदान किये जाने के पूर्व लेकर आ गए थे और फिर स्वरूपगंज वापस चले गए थे ताकि पिता जी को भी ला सकें। रवि शंकर जी बाबा जी को अंतिम समय में देखने का अवसर पा गए थे। अंत्येष्टि नारायण प्रसाद जी ने की थी और देवी प्रसाद तथा दुर्गा प्रसाद जी सहित सभी परिवार के लोग जो उस समय गाँव पर थे तथा और भी जान पहचान के लोग जिनको भी सूचना मिल गयी थी उपस्थित थे। हमारे पुरोहित व उनके वर्ग वाले अनुपस्थित रहे थे। दाह संस्कार जगदीश शुक्ल जी, जो अलग कड़ाह के थे, उन्होंने श्लोकों का उच्चारण कर संपन्न कराया था। तदोपरांत सभी लोग गाँव के पच्छिम दिशा में स्थित एक तालाब पर जाकर स्नान किये थे और तिलांजलि दिए थे।

इसके उपरान्त सभी अपने अपने घर चले गए थे। काफी लोग घर तक भी आये और थोड़ी देर बैठ कर फिर गए थे। मैं दो तीन दिन रुक कर फैज़ाबाद लौटा था। माता-पिता जी आदि सायं लगभग तीन बजे के करीब गाँव पहुंचे थे और तब तक अंत्येष्टि क्रिया पूरी हो चुकी थी। दादी जी की स्थिति सर्वाधिक दुःखद थी। वो रात में कभी कभी बाबा जी की उपस्थिति महसूस कर जग जाती थीं और सभी से कहती थीं देखो बाबू उस तरफ जा रहे हैं, उन्होंने देखा है। यह भ्रम किसी भी ऐसे व्यक्ति के अकस्मात चले जाने पर होता है जिसकी उपस्थिति एक लम्बे समय तक निरंतर बनी रही हो। भगवती प्रसाद जी मात्र चार पांच दिन ही अस्वस्थ अवस्था में रहे और वह अस्वस्थता भी केवल उनके न बोल पाने तक ही सीमित रही थी। मृत्यु के दिन उनके दो पुत्र और पत्नी रात्रि आठ बजे के आस पास उन्हीं के पलंग के निकट उनकी सेवा सुश्रूषा में लगे हुए थे। बताते हैं जब इनसे पूँछा गया कि क्या वो लेटना चाहेंगे तो उन्होंने अपने भावों से संभवतः सहमति दी थी। लेटते ही हलकी सी गले से आवाज़ आयी और उन्होंने अपने प्राण त्याग दिए थे। नारायण प्रसाद जी तुरंत देवी प्रसाद जी को लिवा कर लाये थे और उन्होंने नब्ज़ देखने के बाद 'ही इज़ नो मोर' कह कर यह सत्य बतला दिया था कि वो अब नहीं रहे। इस प्रकार इनका देहांत हम लोगों को सूचना मिलने के पूर्व ही विगत रात को हो चुका था। संदेशवाहक ने वही सूचित किया था जो उससे कहने के लिए कहा गया था और अली मुहम्मद ने भी सब जानते हुए वही बतलाया जो उनको उचित प्रतीत हुआ था।

भाइयों ने विचार विमर्श करके यह निर्णय किया कि श्राद्ध अर्थात सुध और तेरही अभी टाल

दिया जाये और फसल अदि जब तैयार होकर कट जाये तो एक माह के बाद की जाये। यह अधिक सुविधाजनक होगा। तेरही की व्यवस्था के लिए पर्याप्त समय भी मिल जायेगा। इस निर्णय के बाद सभी दैनिक कार्य धीरे धीरे सामान्य होते गए थे। जब छोटे पेड़ पौधों के मध्य कोई विशाल पेड़ होता है तो उसके कट जाने पर वह पूरा स्थान सूना सूना सा लगने लगता है और इस नई स्थिति में अभ्यस्त होने में बहुत समय लग जाता है। यही स्थिति मेरे घर और दरवाजे की थी। वो जहाँ बैठते थे, जहाँ भोजन करते थे, जहाँ शयन करते थे, वो सभी स्थान रिक्त हो गए थे और यह हमेशा के लिए ऐसा ही है इसकी कल्पना जल्दी नहीं हो पाती थी।

इस दुःखद घटना का भी मेरी पढ़ाई पर प्रभाव पड़ना निश्चित था। जब मैं बच्चा था और बाबा जी के पास रात में आँगन में लेटता था तो तारों को देखकर पूँछता था कि ये क्या हैं तो वो बस यही कहते थे कि सब भगवान की माया है। मैं जब उनका शरीर छूकर पूँछता था कि यह किससे बना है तो उनका उत्तर होता था कि यह मिटटी का बना हुआ है। मैं उनके इस उत्तर को समझ नहीं पाता था कि यह कैसे संभव है क्योंकि मिटटी तो ऐसी नहीं होती। उनकी इन गंभीर बातों की गहराई मैं अब समझ पाया हूँ। बोर्ड की कक्षा बारह की परीक्षा की तिथियाँ नज़दीक आती जा रही थीं। मुझे सुध और तेरही छोड़कर लगभग चौदह दिन पिता जी के साथ फैज़ाबाद में अकेले ही रहना पड़ा था। इन दो दिनों में पिता जी भी गाँव में थे। पूरी दिनचर्या ही बदल गयी थी। किन्तु जितना संभव था उतना मैं परीक्षा की तैयारी कर रहा था। बाबाजी की दशमी और त्रयोदशी प्रक्रियाएँ जब गाँव में सम्पादित की गयीं तो मैं उनमे सम्मिलित नहीं हो सका था। परीक्षा के दिनों में माता जी के वापस आ जाने से स्थिति पूर्ववत फिर हो गयी और परीक्षा मेरे अनुसार सन्तोषजनक तौर से समाप्त हो गयी। गर्मी की छुट्टियों में जैसा हम लोग गाँव जाया करते थे वैसे ही इस बार भी गए थे।

जो ब्राह्मणों का वर्ग बाबा जी से नाराज चल रहा था, वह भी बाबा जी की तेरही में बिना किसी शर्त के सम्मिलित हुआ और सब कुछ सामान्य हो गया। वास्तव में मेरे अतिरिक्त सभी उनके अंतिम कार्यों में चाहे परिवार के लोग हों चाहे गाँव के लोग जो उनसे शिकायतें भी रखते थे, सभी शामिल हुए थे और लोगों ने तेरही की व्यवस्था और भोज की प्रशंसा भी की थी।

11

सदमा एवं प्रत्युद्धरण

मेरा जब परीक्षाफल समाचार पत्र के माध्यम से घोषित किया गया तो मैं गाँव में ही था। जानने की उत्सुकता स्वाभाविक थी। पढ़ाई उतनी सुव्यवस्थित और रसायन शास्त्र में अपनी कमजोर स्थिति के बावजूद मैं प्रथम श्रेणी की आशा लगाए हुए था। मुझे यह पता चला कि परीक्षाफल वाला समाचार पत्र निकट बहेड़ा में उपलब्ध है। मैंने साइकिल से तीन किलोमीटर दूर जाकर अपने अनुक्रमांक को जब पत्र में खोजा तो वह द्वितीय श्रेणी के वर्ग में दिखा था। थोड़ा दुःखी व निरुत्साहित तो हुआ लेकिन जो था वह दिख रहा था। संतोष किया और धैर्य के साथ अगले दिन मैं बिना विलम्ब किये साइकिल से ही बरसात के मौसम में फैज़ाबाद आ गया था। घर में किसी की कोई ख़ास प्रतिक्रिया नहीं थी क्योंकि एक तो मैं पास हो गया था दूसरा मैंने उस ढंग का परिश्रम भी नहीं किया था।

अब मेरे मन में उत्सुकता यह जानने की थी कि किस विषय में कितने अंक मिले हैं और कितने अंकों की कमी से प्रथम श्रेणी नहीं आ सकी। कॉलेज पहुँचने पर मैं अपने कुछ मित्रों से तो मिला ही और साथ ही देवी प्रसाद जी के उन्ही नाती से भी मुलाकात हो गयी जो गणित में अतिरिक्त छात्र के रूप में परीक्षा दिए थे। जब मैंने उनसे अपनी श्रेणी की बात की तो उन्होने व्यंग्यात्मक व उपहास के ढंग से बात की थी। उन्होंने कहा था कि तीन नंबरों से प्रथम श्रेणी रुकी है। कुछ कष्ट तो हुआ लेकिन क्योंकि प्रतिद्वंद्वी व ईर्ष्यालु व्यक्ति का ऐसा ही स्वभाव होता है, जानते हुए मैंने अधिक मन पर नहीं लिया। परीक्षाफल के अंकों को देख यह स्पष्ट था कि यदि रसायन शास्त्र भी मेरा अन्य विषयों की भांति ही अच्छा होता और पढ़ाई के पूरे अवसर यथा ट्यूशन आदि, मिले होते तो प्रथम श्रेणी आसानी से आ गयी होती। रसायन शास्त्र में सैद्धांतिक परीक्षा में तो कम अंक आये ही थे साथ में प्रयोगात्मक परीक्षा में भी न्यूनतम उत्तीर्ण अंक ही मिले थे। मैं तीन अंक के ग्रेस मार्क्स से इसमें उत्तीर्ण हुआ था। हो सकता है यदि अशफ़ाकुल्लाह जी के स्कैम में मैं भी सम्मिलित हो गया होता तो कुछ और ही अच्छे अंक आ जाते। इसके बावजूद मेरे भीतर आत्मविश्वास की कोई कमी नहीं आयी

थी। मैंने बिना मानसिक दबाव के, स्वतन्त्र रूप से, प्रसन्नतापूर्वक, घर की व सामाजिक गतिविधियों में प्रतिभाग करते हुए अपने ये दो वर्ष व्यतीत किए थे जिसका अनुभव आज भी मुझे लाभ पहुँचा रहा है। मेरा मानना और विश्वास यह है कि किसी के जीवन की दिशा, उसके कार्यों का निर्धारण, उसकी सुख समृद्धि, संतुष्टि आदि सब किसी अलौकिक अदृश्य शक्ति के द्वारा निर्धारित की जाती है और उसी के द्वारा मन में प्रेरणा उत्पन्न की जाती है। मेरे भाईसाहब जी, देवी प्रसाद जी के नाती, ने जो उपलब्धियाँ प्राप्त कीं वे आज यदि तुलना करूँ तो भारतीय परिवेश में मेरी उपलब्धियों से अधिक नहीं हैं। कभी किसी के वर्तमान को देखकर उसका उपहास नहीं करना चाहिए। हम नहीं जान सकते कि समय के गर्भ में किसके लिए क्या छुपा कर रखा हुआ है। उन्होंने मेरी प्रगति को अपने नेत्रों स्वयं देखा या बाद में सुना भी होगा। हो सकता है उस समय वे भी कम आयु के थे और उनके व्यंग्य का यही कारण रहा हो।

सभी विद्यार्थियों की अंक सूची तो आ चुकी थी किन्तु व्यक्तिगत अंकतालिका अभी तैयार नहीं हुई थी। लेकिन उन्होने मेरे अंकों की जानकारी पहले से कर रखी थी। जब मैंने उनसे इस बात को कहा था तो उन्होंने तपाक से कहा था कि तीन अंकों से। लेकिन असलियत बाद में जब मैंने तिवारी जी, जो भौतिक शास्त्र के प्रवक्ता थे और जिनको अंक तालिका व अन्य प्रमाण पत्र बनाने का दायित्व दिया गया था, से मिला तो पता चली थी। मैं जानता था कि रसायन शास्त्र तो मुझको नुकसान पहुँचाएगा ही। लेकिन वह इस प्रकार से मेरे लिए हानिप्रद होगा इसका आभास नहीं था। मेरे इस विषय में उत्तीर्ण होने भर के लिए भी अंक नहीं थे और मुझे तीन अंकों का ग्रेस मार्क्स देकर उत्तीर्ण किया गया था। ये वही तीन अंक थे जिनका जिक्र मेरे भाईसाहब ने किया था। यहाँ यह बात सोचने और गौर करने वाली है कि उनकी इस बात से न केवल उन्होंने अपनी अपितु अपने माता-पिता की भी सोच स्पष्ट कर दी थी। उनमे प्रतिस्पर्धा, ईर्ष्या और अहंकार तो मेरे प्रति रहा ही होगा, साथ ही उनकी मानसिकता किस प्रकार की है यह भी उजागर हुआ था। माँ-बाप द्वारा दिए गए संस्कार ही कारण होते हैं ऐसे व्यवहार और व्यंग्यों का अपने छोटे के साथ। खैर, समय तो व्यतीत हो गया और सम्बन्ध पूर्ववत ही बने रहे लेकिन भावनाएँ जो प्रभावित हुईं वो ज्यों की त्यों ही रह गयीं। इन्होने मेरे साथ ही गणित विषय में एक्स स्टूडेंट की तरह परीक्षा दी थी और इसी कारण से वो जीआईसी आते जाते रहते थे। सहपाठियों द्वारा पता चला था कि वे साधारण अंकों से उत्तीर्ण हुए थे।

तदोपरांत मैंने शहर के एक मात्र अच्छे महाविद्यालय, साकेत, में प्रवेश लिया और रसायन शास्त्र छोड़ दिया। इसके विकल्प के लिए उपलब्ध विषयों में उस सत्र में एक विषय मनोविज्ञान भी उपलब्ध था। मैंने भौतिकी व गणित के साथ इसी विषय को लिया और फिर स्नातक कक्षा में नई उमंग के साथ अध्ययन करना प्रारम्भ कर दिया। ये दो वर्ष मेरे

छात्र जीवन के बहुत ही आनंदपूर्ण व सफल दोनों रहे। जहाँ मैंने अपने को विज्ञान संकाय के अग्रणी छात्रों में स्थापित किया वहीं तथाकथित राजनैतिक गतिविधियों में जुड़े हुए छात्रों में भी लोकप्रियता बना ली थी। भौतिकी और गणित के नाते विज्ञान संकाय और मनोविज्ञान के कारण कला संकाय दोनों में मेरी पैठ थी। इस हेतु और स्वयं के कूटनीतिक गुण के द्वारा कॉलेज में मैंने अपना महत्त्व स्थापित कर लिया था। दो वर्षों उपरांत मैंने अवध विश्वविद्यालय से स्नातक की डिग्री प्रथम श्रेणी में अच्छे अंकों से उत्तीर्ण की थी। मेरी अंक तालिका उन भाईसाहब ने भी देखी थी और कहा था कि जब नंबर मिलते है तो ऐसे ही मिलते हैं। वो दरवाजे से ही इसे देख चले गए थे। स्नातक की पढ़ाई के दौरान कोई विशेष व्यवधान नहीं आया था। भौतिक शास्त्र मेरा पसंदीदा विषय बन गया था। गणित भी दो एक उपविषयों को छोड़कर अच्छी थी। मनोविज्ञान तो मेरे लिए एक ऐसा विषय था जिसमे मैं न केवल स्नातक स्तर अपितु विदेशी लेखकों की अंग्रेजी भाषा में उपलब्ध पुस्तकों में भी काफी रुचि लेता था। मनोविज्ञान में एक उपविषय सांख्यकी का भी होता था जो मुझे रुचिकर और आसान भी लगता था। मैंने बीएससी में परिश्रम भी अधिक किया था। परीक्षा के दिनों में दस बारह घंटे तक निरंतर पढ़ता रहता था। विज्ञान विषयों को पूरी तल्लीनता से इतनी देर लगातार पढ़ना कठिन होता है।

स्नातक द्वितीय वर्ष की परीक्षा में भौतिक विज्ञान में मेरे कक्षा में सर्वाधिक अंक आये थे। प्रयोगात्मक परीक्षा में भी मुझे सबसे ज्यादा अंक मिले थे। प्रवक्ता वाणी मजूमदार जी मुझे अधिक मानती थीं जबकि मेरा उनसे अन्य प्रवक्ताओं की भांति सामान्य व्यवहार ही था। प्रयोगात्मक परीक्षा में प्राध्यापक वर्मा जी ने आकर मुझे देखा भी था कि मैं क्या ठीक से सूर्य की एंगुलर विड्थ निकाल रहा हूँ। वर्मा जी, वाणी मजूमदार जी के पति थे और लोग कहते थे कि उनका प्रेम विवाह हुआ है। उस समय इस प्रकार विवाह अपवाद स्वरूप ही होता था।

परीक्षाफल घोषित होने के बाद जब मैं वाणी मजूमदार जी से अचानक मिला तो मैंने इनका आभार स्वरूप चरण स्पर्श किया था। अपने जीवन में मैंने बहुत ही कम गैर सम्बन्धियों के पैर छुए हैं। मेरी कक्षा में एक छात्रा मेहरोत्रा जी थीं जो पिछले वर्ष प्रथम स्थान पर थीं। मैंने कभी उनसे बात नहीं की थी किन्तु वो जानती थीं कि उनकी प्रतिस्पर्धा मुझसे ही है। साकेत महाविद्यालय में मेरे मित्रों की संख्या और मेरा परिचय जितने लोगों से था फिर जीवन में कभी नहीं हो सका।

एक बार गणित के प्राध्यापक दूबे जी मुझसे इस बात पर क्रोधित हो गए थे कि मेरा एक जीव विज्ञान संकाय का मित्र उनके रोकने के बावजूद कक्षा में हठपूर्वक मुझे पेन वापस करने आ गया था। उन्होंने इसको अपना अपमान समझा था और एक ईशू बना लिया था। वो चाहते थे कि मैं उनसे कक्षा में माफ़ी माँगूँ। लेकिन मैं तैयार नहीं था। उन्होंने मुझे कुछ दिनों के लिए कॉलेज से सस्पेंड किये जाने का आदेश पारित करवाने की धमकी दी थी। किन्तु मेरा

व्यवहार इसी गणित विभाग के ही एक प्रभावशाली प्राध्यापक सिंह जी से बहुत ही अच्छा था। उन्होंने मेरा पक्ष लिया था और मुझे परेशान न होने को कहा था। ये तनाव कुछ दिनों तक चला और उसके पश्चात मैं फतेहपुर तेज प्रकाश जी के विवाह कार्यक्रम में चला गया और लौटने पर स्थिति सामान्य हो चुकी थी। इसी प्रकार एक बार गणित के ही प्राध्यापक यादव जी ने मुझे कक्षा में बात करते और हँसते हुए देख लिया और कक्षा में आगे आकर खड़े होने का निर्देश दिया था। मैंने इसे अपना अपमान समझा और स्पष्ट रूप से मना कर दिया था। कक्षा में इतने छात्रों और उसमे छात्राएँ भी थीं, के सम्मुख मेरी यह त्रुटि इतनी गंभीर नहीं थी कि वो मुझे लज्जित करते। तत्पश्चात वो उपस्थिति रजिस्टर उठा कर कक्षा का स्वयं बहिष्कार कर दिए थे। उन्होंने कक्षा में यह कहकर कि जब तक मैं उनसे इस बात के लिए कक्षा में ही क्षमा नहीं मांग लूँगा, वो शिक्षण कार्य लंबित रखेंगे और नहीं आएँगे। मैं क्षमा मांगने को अपनी बेइज्जती और तौहीनी महसूस कर रहा था क्योंकि ये बातें संकाय में प्रसारित हो चुकी थीं। जैसे जैसे दिवस व्यतीत होते गए, मेरे सहपाठियों की चिंता बढ़ती गयी क्योंकि उनकी पढ़ाई का नुकसान हो रहा था। विशेषता यह थी कि यादव जी ने कोई क्रोध नहीं व्यक्त किया था बस वो चाहते थे कि उनकी शर्त स्वीकार हो और उनका भी सम्मान पूर्ववत बना रहे। इस प्रकार लगभग दस दिन व्यतीत होने के उपरांत अपने कुछ मुख्य मित्रों के आग्रह पर मैंने अपने हठ को छोड़ने का निर्णय लिया। यादव जी से मिलकर यह निश्चित किया गया कि मैं बिना कक्षा में सामने आए क्षमा मांगने को तैयार हूँ और वो कक्षा लेना प्रारम्भ करें। परिणामस्वरूप वो कक्षा में आए और मैंने अपने स्थान पर ही खड़े होकर यह कहा कि यदि मेरे व्यवहार से उनको ठेस लगी है तो मैं उसके लिये उनसे क्षमा प्रार्थी हूँ। और इस प्रकार यह गतिरोध समाप्त हो गया था और सबकुछ सामान्य हो गया था।

महाविद्यालय में पर्याप्त संख्या में छात्राएँ भी थीं। क्योंकि यहाँ कोएजुकेशन था। किन्तु मेरे मित्रों का वर्ग उनसे दूरी बनाकर रखने को ही अपने तथाकथित अहम् या ईगो से जोड़कर देखता था, अतः मेरी किसी से स्वयं वार्ता नहीं हुई। वैसे यदि किसी ने स्वयं कार्यवश कोई आग्रह किया तो मैं उन्हें सहयोग अवश्य करता था। मैं खाली समय में ही मित्रों के साथ रहता था और अवकाश के दिनों में कभी कभार शहर में एक स्थान पर एकत्रित होकर मिलते थे। यदा कदा जो बहुत ही घनिष्ट होते थे उनके साथ मैटिनी शो में मूवी का कार्यक्रम भी बन जाया करता था।

इन दो वर्षों में कोई उल्लेखनीय बात परिवार में नहीं हुई और यही कारण था कि मेरी पढ़ाई में सुचारु गति बनी रही थी। रवि शंकर जी ने नाका मुजफ्फरा क्षेत्र में एक मकान किराये पर ले लिया था। रजनी जी ने कुछ दिन मनूचा बालिका महाविद्यालय में टाइपिस्ट की सर्विस की और फिर नवगठित कृषि विश्वविद्यालय में चली गयी थीं। टाइपिंग इन्होने फ़ैज़ाबाद में ही सीखी थी और इन्हीं को देख मैंने भी हिंदी टाइपिंग सीखने का प्रयास किया

था। कृषि विश्वविद्यालय का अस्थायी कार्यालय नाका पर ही था इसलिए उन्हें वहाँ सुविधा थी। नियमित तीन चार किलोमीटर आना जाना कष्टसाध्य और समय लगने वाला कार्य भी था। वैसे जब ये लोग हम लोगों के साथ दालमंडी में रहते थे तो इन्हें कुछ असुविधा हो रही थी। परिवार में रहने में असुविधा तो होती ही है किन्तु लाभ अधिक होते हैं। अतः समन्वय स्थापित करने का प्रयास भी करना चाहिये। उस दौरान कुछ दिनों के लिए सीतादेवी जी भी फैज़ाबाद हम लोगों के पास मिलने के लिए आ गयी थीं। आपस में इन लोगों के विचार विमर्श में इन लोगों के नाका जाकर निवास करने के निर्णय को बल मिला रहा होगा ऐसा मेरे परिवार का सोचना था। कुछ दिनों तक इसी घर में रजनी जी ने अपना और रवि शंकर जी का भोजन भी अलग बनाया था। वो हम लोगों के भोजन के उपरान्त सायंकाल में ही ऐसा करती थीं। मैं कभी बड़ों के मसले में हस्तक्षेप नहीं करता था और इनके कार्यों में भी नहीं किया था। लेकिन मैं यह नहीं कह सकता कि त्रुटि किस पक्ष की थी। सीतादेवी जी का भी योगदान हो सकता है क्योंकि उनका स्वभाव कुछ इस प्रकार का था भी। नारायण प्रसाद जी की पत्नी और दादी जी के मध्य विवाद में भी जब वो होती थीं तो ऐसा ही होता था। रवि शंकर जी स्वयं कहते थे कि ये लोग यदि प्रेम से कुछ दिनों तक एक साथ रह लें तो वह आश्चर्य की बात होगी। मुझे इनके मेरे मकान से जाने का विशेष अफ़सोस नहीं हुआ था और मैं साइकिल के द्वारा प्रायः इनके नए किराये के मकान में जाकर मिलता रहता था।

स्नातक हो जाने के पश्चात मुझे आगे भी शिक्षा लेनी थी यह निश्चित था। मेरे अंक इतने अच्छे थे कि मैं किसी भी अच्छे विश्वविद्यालय में अपनी रुचि के विषय में प्रवेश पा सकता था। प्रथम तो पहले से ही यह मेरी इच्छा थी कि मैं भौतिक शास्त्र में परास्नातक करूँ। द्वितीय विकल्प मेरे पास बीटेक करने का भी था जो विज्ञान में स्नातक के बाद त्रिवर्षीय कोर्स होता था और इलाहाबाद विश्वविद्यालय के जेके इंस्टिट्यूट में उपलब्ध था। इसे अब ट्रिपलआईटी के नाम से जाना जाता है। किन्तु इसके विषय में जब मैंने साकेत के भौतिकी के प्राध्यापक डॉक्टर निगम जी, जो रिकाबगंज में ही मुख्य मार्ग पर निवास करते थे और मैं कभी कभार इनके घर जाता भी था, से परामर्श किया तो उन्होंने मना कर दिया था। डॉक्टर निगम जी के तत्वावधान में एक पाक्षिक पत्र 'अवध अर्चना' नाम से प्रकाशित होती थी और मैंने उसके संपादक के सहयोग से अपनी दो कवितायें भी इसमें प्रकाशित करवाई थीं। किन्तु बाद में मैंने इस कार्य में रुचि लेना समाप्त कर दिया था। इसी पत्र में बाद में देवी प्रसाद जी के सबसे बड़े नाती जिन्होंने प्राचीन इतिहास में साकेत महाविद्यालय से शोधकार्य किया, उनके कई लेख धारावाहिक क्रम में प्रकाशित हुए थे। शायद उन्होंने इस विषय में पीएचडी भी कर ली थी। डॉक्टर निगम जी के परामर्श से मैंने बीटेक का विचार छोड़ दिया था और भौतिकी में परास्नातक करने का निर्णय लिया था। इसमें प्रवेश के लिए मैंने इलाहाबाद विश्वविद्यालय को आवश्यक फॉर्म व प्रक्रिया विधि आदि भेजने के लिए पत्र भेजा। अवध विश्वविद्यालय में भौतिक शास्त्र में परास्नातक की शिक्षा केवल एमएलके पीजी कॉलेज

बलरामपुर में ही थी। वर्तमान समय में तो इस विश्वविद्यालय का काफी विकास हो चुका है। उस समय मात्र कार्यालय ही था और हमारा बैच इसका प्रथम बैच था। इसके पूर्व सभी महाविद्यालय गोरखपुर विश्वविद्यालय से संबद्ध थे। जो भी हो, उस समय कृपा शंकर जी गोंडा जनपद स्थित बलरामपुर नगर में नियुक्त थे। अतः उनका पूरा परिवार वहीं रह रहा था, मात्र चंद्र प्रकाश जी जो दुर्गा प्रसाद जी के अस्वस्थ होने के कारण कृषि कार्यों के प्रबंधन के लिए गाँव पर रहकर वहीं स्थानीय विद्यालय में पढ़ भी रहे थे।

उन्नीस सौ सतहत्तर में कृपा शंकर जी ने अपना परिवार भी गाँव भेजने का निर्णय ले लिया था क्योंकि इनके वहाँ से स्थानांतरण के निर्देश आ चुके थे और जब भी कोई इनका चार्ज लेने आ जाता, इनको वहाँ से अन्यत्र जाना था। एमएलके महाविद्यालय बलरामपुर में स्थित था और शिक्षण में अवध विश्वविद्यालय का सर्वश्रेष्ठ महाविद्यालय माना जाता था। अतः मैंने वहाँ से भौतिक शास्त्र में परास्नातक करने के विषय में भी विचार किया था। इलाहाबाद विश्वविद्यालय को यद्यपि मैं प्राथमिकता दे रहा था किन्तु यदि किन्हीं कारणों से या मेरिट के आधार पर ही वहाँ प्रवेश न मिल सका तो एक अन्य विकल्प तो रहेगा ही। अतः मैंने बलरामपुर जाकर प्रवेश हेतु वहाँ भी अपना आवेदन पत्र दे दिया था। हालाँकि इसके पूर्व मैं इलाहाबाद में आवेदन कर चुका था। उस समय चंद्र प्रकाश जी भी वहीं पर थे और मैं उनके साथ तुलसीपुर स्थित देवी पाटन दर्शन करने भी गया था। दो तीन दिनों बाद मैं चला आया था और वो लोग भी गाँव चले गए थे। अब प्रतीक्षा इन स्थानों से प्रवेश हेतु संस्तुति के कॉल लेटर की थी। जुलाई माह प्रारम्भ हो गया था लेकिन अभी कहीं से पत्र नहीं आया था। ग्रीष्म ऋतु के लम्बे अवकाश से मेरा मन ऊबने लगा था।

एक दिन कृपा शंकर जी प्रातः करीब दस बजे ही फैज़ाबाद मेरे घर आ गए। प्रायः वो जब बलरामपुर से गाँव आते जाते थे तो समय रहने पर मिलने अवश्य आ जाते थे। लेकिन पूर्वाह्न में प्रायः कम ही आते थे। वो मुझे एमएलके कॉलेज के भौतिक शास्त्र विभाग की ओर से प्रवेश लेने हेतु जो पत्र गाँव के पते पर भेजा गया था, प्रदान करने आये थे। प्रायः पत्राचार हेतु मैं फैज़ाबाद का ही पता दिया करता था किन्तु ग्रीष्मावकाश में हो सकता है मैं यहाँ न रहकर गाँव में होऊँ, इसलिए मैंने गाँव का पता दिया था। अभी तक इलाहाबाद विश्वविद्यालय से कोई पत्र नहीं आया था। प्राप्त पत्र में दी गयी अवधि तक मैंने इलाहाबाद विश्वविद्यालय के पत्र की प्रतीक्षा की।

फिर मैंने यह सोचकर कि कहीं यहाँ की तिथि भी न निकल जाए और इलाहाबाद से भी पत्र न प्राप्त हो तो समस्या उत्पन्न हो जायेगी, बलरामपुर जाने का निर्णय किया। यह तो निश्चित था कि मुझे छात्रावास में रहना होगा लेकिन जब तक कृपा शंकर जी वहाँ हैं, उनकी इच्छा के अनुसार भी, मैं उनके साथ रह सकता था। वहाँ महाविद्यालय जाकर मैंने प्रवेश की प्रक्रिया प्रारम्भ की। इस कार्य में भौतिकी के प्राध्यापक ओपी सिंह जी ने काफी सहयोग किया था

और वो ही मेरे सारे आवश्यक फॉर्म आदि लेकर प्रवेश शुल्क तक जमा करने में मेरे साथ रहे थे। भौतिक शास्त्र विभाग पूर्व के राजा बलरामपुर की ड्योढ़ी नाम से जाने वाले आकर्षक भवन में स्थित था। इस तरह मैंने इस महाविद्यालय में परास्नातक की शिक्षा हेतु प्रवेश लिया। यह एक संयोग की बात थी जो कॉल लेटर ऐसे समय गाँव पहुँचा था कि वह ससमय मुझे कृपा शंकर जी द्वारा हस्तगत हो गया। गाँव से आना जाना लोगों का बहुत ही कम होता था। लगभग पंद्रह दिनों उपरान्त इलाहाबाद विश्वविद्यालय से भी प्रवेश हेतु मेरे चयन का पत्र आ गया था। लेकिन अब एक स्थान को छोड़कर वहाँ जाने में आर्थिक क्षति के साथ साथ छात्रावास आदि की व्यवस्था होने तक रहने के विषय में सोच वहाँ का विचार त्याग दिया था। बड़े विश्वविद्यालय को लेकर मन में हीन भावना भी कुछ तो थी ही। सभी पहलुओं को देखते हुए छोटे स्थान पर रहना मुझे आधिक उचित प्रतीत हुआ था। मेरे परिवार में भी इस समय सब सामान्य चल रहा था। यह अवश्य था कि पिता जी का और कभी कभी माता जी सहित दोनों लोगों का गाँव आना जाना अब अधिक होने लगा था। कृषि का दायित्व भी इन लोगों पर आ गया था। क्योंकि रवि शंकर जी के विवाह के मात्र कुछ ही दिन पूर्व अजय प्रसाद जी का परिवार भी अलग हो गया था फलस्वरूप दादी जी के साथ अब हम लोग ही रह गए थे। रवि शंकर जी गाँव कम ही जाते थे और व्यवस्था पिता व दादी जी ही चला रहे थे।

मैं प्रथम बार बलरामपुर दस दिनों के लिए एक साथ गया और फिर एक दो दिनों के लिए फैज़ाबाद लौट आया था। पहली बार घर छोड़ा था और इसलिए ये दस दिन भी बहुत लम्बा समय प्रतीत हुआ था। कृपा शंकर जी अपनों जैसा ही खयाल रखते थे लेकिन फिर भी अपना परिवार इतने दिवस के लिए छूटना थोड़ा खल रहा था। मैं प्रवेश ले चुका था और शिक्षण कार्य भी प्रारम्भ हो गया था। उसके बाद जब आया तो कुछ और दिन रुका और इस तरह फिर धीरे धीरे अभ्यस्त हो गया। घर यानी परिवार के लिए यह मेरा छूट जाना कोई विशेष प्रभाव डालने वाली घटना रही हो ऐसा मुझे नहीं प्रतीत हुआ। हो सकता है मेरे न रहने पर इन लोगों को और अधिक स्थान व स्वतंत्रता मिल गयी हो। देवेंद्र प्रकाश जी को मैंने गर्मियों में बहुत ही प्रभावी ढंग से राष्ट्रीय छात्रवृत्ति हेतु आवश्यक पाठ्यक्रम की तैयारी करवा दी थी और वो इसमें चयनित हो गए थे। फलस्वरूप उनकी आगे की शिक्षा बिरला विद्यामंदिर नैनीताल में होनी थी। वैसे तो इनको मूलतः यादविंद्र पब्लिक स्कूल पटियाला आबंटित हुआ था लेकिन दूरी और भाषा अदि समस्याओं का पूर्वानुमान लगाते हुए उसे निरस्त करा पिता जी ने पहले बसंत पब्लिक स्कूल वाराणसी और फिर नैनीताल के लिए करवा लिया था। जुलाई उन्नीस सौ सतहत्तर के प्रथम सप्ताह में पिता जी इनको वहाँ प्रविष्ट करा आये थे।

मेरी एमएससी की अपनी पढ़ाई भी प्रारम्भ हो चुकी थी। सीड स्टोर कार्यालय के पिछली तरफ हम लोगों का बलरामपुर में आवास था और वह एक गोदाम होने के कारण सब जगह बिजली होने के बावजूद उस एकान्त आवास में इलेक्ट्रिक कनेक्शन नहीं था और केरोसिन

तेल के लैंप व लालटेन से प्रकाश की व्यवस्था से ही रात्रि व्यतीत होती थी साथ ही मेरा अध्ययन भी। कोई विशेष असुविधा नहीं महसूस होती थी। एमएलके कॉलेज जाने के लिए यहाँ भगवतीगंज से केवल रिक्शा व इक्का ही साधन थे। रिक्शा अधिक खर्चीला था अतः इक्के से ही मैं आता जाता था। भोजन पकाने का कार्य राम सुमिरन महरा करते थे और मेरे न होने पर पर्याप्त मात्रा में भरपेट खाना मेरे लिए रखकर जाते थे जैसे वो जानते रहे हों कि मेरी आयु के किशोर युवा की डाइट क्या होती है। मेरा भौतिक शास्त्र विभाग का भवन भीतर से अत्यधिक सुन्दर और कलात्मक था।

क्योंकि भौतिकी में परास्नातक छात्रों की संख्या कम होती है अतः हम नौ या दस रहे होंगे। इन सब में केवल मैं फैज़ाबाद शहर के साकेत महाविद्यालय से स्नातक करके आया था। अन्य छात्र पूर्वी व अन्य जनपदों के ही थे। प्रतापगढ़ के कई प्राध्यापक वहाँ शिक्षण कार्य करते थे अतः इस जनपद के भी छात्र थे। पुस्तकें वैसे तो विभागीय पुस्तकालय में थीं किन्तु अपने पास स्वयं की पुस्तक होना अधिक सुविधाजनक और लाभप्रद होता है। इस कारण पुस्तकों को क्रय करने के लिए सीधे गोंडा होते हुए मैं लखनऊ जाता था। उस समय स्थानीय स्तर पर भौतिकी परास्नातक की पुस्तकें उपलब्ध नहीं थीं।

12

सहयोग और अग्रिम शिक्षा

मुझे स्मरण है कि अक्टूबर नवम्बर में कृपा शंकर जी को अवमुक्त करने के लिए कोई विभागीय कार्मिक आ गए थे और वो वहाँ से अन्यत्र चले गए थे। उनके वहाँ से जाते ही मैं कॉलेज के छात्रावास चला गया था और फिर शेष कार्यकाल वहीं व्यतीत कर अपनी पढ़ाई पूर्ण की थी। जब मैं भगवतीगंज में था तो कृपा शंकर जी के साथ नागपंचमी के त्यौहार में एक बार बलरामपुर से गाँव तक गया था। विशेष और आश्चर्य की बात यह थी कि स्वरूपगंज से गाँव के घर तक हम दोनों लोग उस वर्षा ऋतु की रात्रि में, जब रुक रुक कर बरसात हो जाती थी, पैदल पुरवों, गाँवों खेतों और जंगली रास्तों से होते हुए रात में लगभग दस बजे गाँव पहुंचे थे, बरसात की रात बहुत अंधकारमय होती है। पर वह जाना पहचाना रास्ता और अपना क्षेत्र था। बरसात में कुछ बरसाती नारे नरियाँ भी काफी तेज रफ़्तार से बहने लगती हैं जो कि रास्ते में दो तीन थीं भी। पहुँचने पर यद्यपि मैंने अपने घर में खाना खा लिया था लेकिन कृपा शंकर जी ने इस बात को सुनिश्चित करने के लिए किसी से पुँछवाया भी था। आज इस समय में इस प्रकार रात्रि में बारह तेरह किलोमीटर पैदल जाना, वह भी कुछ सामानों सहित, कल्पना कर पाना भी मुश्किल होगा।

कृपा शंकर जी का हमारे परिवार के साथ सम्बन्ध बहुत घनिष्ट रहा है। वह अपने घर के अकेले होने के कारण हमारे परिवार को अपना ही मानते थे और बाबा तथा दादी जी को उसी भांति सम्बोधित करते थे जैसे हमारे पिता जी आदि। उन्होंने अपना जीवन बहुत ही गरिमा और प्रतिष्ठित ढंग से व्यतीत किया। आर्थिक रूप से भी वो संपन्न थे। वो स्वाध्याय में भी काफी रुचि रखते थे और उन्होंने बताया था कि वो रात में कुछ पढ़ते पढ़ते ही सोना पसंद करते थे। उन्हें मेरे अनुसार विभिन्न विषयों की अच्छी जानकारी भी थी। गंभीर प्रकृति के व्यक्ति थे और लोगों के साथ स्तर के अनुरूप ही वार्ता करते थे। बलरामपुर में जिस प्रकार उनका मेरे प्रति प्रेम पूर्ण व्यवहार था वह प्रशंसनीय था। मैं भी उनकी सुविधा के लिए जो भी कार्य हों उन्हें स्वयं करने का हमेशा प्रयास करता था और कभी कभार ही सही मैं वहाँ उनके

हाथ पैर भी दबाता था। यद्यपि उन्होंने खेती बारी का पूरा कार्यभार चंद्र प्रकाश जी को सौंप रखा था लेकिन उन्हें हर बात का ध्यान रहता था। वो व्यवहारकुशल और बुद्धिमान व्यक्ति थे। लेकिन मैंने जैसा अनुभव किया, मेरे गाँव में जो भी पहुँच जाता है, मेरे खानदान भर में, उसके भीतर अपनी जमीन जायदाद को देखकर अहंकार की भावना अवश्य आ जाती है और वह केवल दूसरों के लिए ही नहीं अपितु अपने ही परिवारजनों के लिए भी होती है। गाँव में होने पर इनका व्यवहार कुछ ऐसा ही बाद में दिखने लगा था। उनके इकलौते पुत्र होने के कारण उनके पास संपत्ति भी हम लोगों की चार गुना थी। परिणाम स्वरूप उनकी बातों में यदा कदा इस प्रकार के लक्षण दिख जाते थे कि वो हम लोगों से अधिक श्रेष्ठता का भाव रखते हैं। उनकी भाषा कभी कभी पिता जी आदि से व्यंग्यात्मक भी होती थी। वो सात बच्चों के साथ सुख समृद्धि से युक्त थे। आवश्यकतानुसार व्यय करते थे जब वे बलरामपुर में थे तो एक बार चंद्र प्रकाश जी के साथ मुझे भी मूवी देखने भेजे थे। उनके कहने पर हम दोनों लोग देवी पाटन तुलसीपुर गए थे। प्रायः ही गाँव पर कोई न कोई आयोजन भोज किया करते थे। यह बात कि उन्होंने काफी धन अपनी प्रतिष्ठा बनाने में यथा घर का नवीनीकरण, चौपाल का पुनर्निर्माण, ट्यूब वेल लगाने, बन्दूक क्रय करने, मोटर बाइक लेने आदि में अवश्य किया लेकिन इसमें उन्होंने, मेरे विचार से, दूरदर्शिता नहीं दिखाई और इस कारण पूरा लाभ जैसा उन्होंने योजना बनाई थी, वह उन्हें नहीं मिल सका।

वो स्वयं भी लंबी आयु नहीं पाए थे। अन्यथा स्थिति आज कुछ भिन्न होती। हालाँकि मैंने उनसे यह बात कही थी कि गाँव में अगली पीढ़ी निवास नहीं करना चाहेगी अतः वहाँ इतना पैसे व्यय करना उचित नहीं होगा। उन्होंने कहा था जब तक वो हैं इसको इसी प्रकार अनुरक्षित रखेंगे और उसके बाद बच्चे जैसा चाहेंगे वैसा करेंगे। इस प्रकार मैंने उनको अपने बच्चों के भविष्य तथा शिक्षा दीक्षा के प्रति गंभीरता से सोचने का परामर्श दिया था। उन्होंने यह भी कहा था कि सब अपना मार्ग स्वयं तलाश लेंगे। ये बातें मेरी बलरामपुर में हुई थीं। उन्होंने कला में भी कोई डिप्लोमा किया था और कुछ समय मनोहर लाल इंटर कॉलेज में कला के अध्यापक भी थे। उन्होंने फैज़ाबाद में अलग रहकर पढ़ाई करी थी ऐसा मुझे बताया गया था। और इसके बाद वो सहकारिता विभाग में देवी प्रसाद के माध्यम से सर्विस पा गए थे जिसमे फिर वो कार्यरत रहते हुए जनपद आजमगढ़ से रिटायर हुए थे। बीच में कुछ वर्ष वो सुलतानपुर में भी रहे और जब कभी भी वो मुख्यालय आते थे तो मुझसे मेरे कार्यालय मिलने अवश्य आते थे। इनके कहने पर ही मैंने पान में हलकी तम्बाकू लेना प्रारम्भ किया था। इसके पूर्व अधिक नशे की तम्बाकू लेता था। कृपा शंकर जी का मेरे जीवन में बहुत ही महत्वपूर्ण योगदान इस ढंग से रहा कि वो मेरे परिवार के सदस्यों में मेरे काफी सन्निकट रहे। रवि शंकर जी के अंतिम संस्कारों में उनका मेरे साथ लगे रहना मेरे भीतर साहस जगाने का हेतु बना था क्योंकि मेरे पिता जी के अन्य भाई उस दौरान गाँव में ही अधिकतर रहे थे और ये दिन में तो आ ही जाते थे। इनके सभी पुत्र व पुत्रियाँ इनका सम्मान करते थे और

इनके संकेत मात्र से इनकी इच्छा समझ जाते थे और तदनुसार कार्य भी करते थे। इनकी पत्नी भी आज्ञाकारिणी और ध्यान रखने वाली थीं। मैं बचपन से इन्हें देखता आया था।

उन्नीस सौ सतहत्तर में ही सामान्य निर्वाचन हुए और केंद्र में नई सरकार निर्मित हुई। इसके पूर्व का आपातकाल और उसके विरुद्ध छात्रों का भी आंदोलन में शामिल होना, शिक्षण कार्यों में पूर्ण रूप से विपरीत प्रभाव डाल चुका था और यह प्रभाव परीक्षाओं पर भी पड़ा था। अध्ययनशील छात्रों के लिए यह हतोत्साहित करने वाला समय था। लेकिन समय के साथ साथ ही शैक्षिणिक कार्य कुछ महीनों में नियमित हो गए थे। कक्षा में कुछ प्राध्यापक तो बहुत ही गंभीरता से अध्यापन करते थे और कुछ ऐसे भी थे जो उतना रुचि नहीं लेते थे। अध्ययन इस दौरान स्वयं ही पुस्तकों से करना पड़ा था और मेरा संतोषजनक रूप से चल भी रहा था। अधिकतर स्वयं की पुस्तकें मेरे पास थीं। छात्रावास में वह डबल बेड रूम था किन्तु मैं पूरी अवधि उसमे अकेले ही रहा। सूर्योदय के पहले व्यायाम, स्नान कर अध्ययन करने का नियम बन गया था। चाहे ठंढक का ही मौसम क्यों न हो। छात्रावास में निवास का यह कालखंड, अच्छे मित्रों का साथ, भोजन, अध्ययन व मनोरंजन जीवन भर के लिए अविस्मरणीय बन गया। पिता जी आवश्यकतानुसार व्यय हेतु पैसे प्रदान करते थे। उन्होंने एक डायरी मुझे व्यय आदि नोट करने के लिए दी थी और तब से अपने व्यय को लिखित रूप से रखना मेरे स्वभाव में आ गया था और यह कार्य पच्चीस वर्षों तक चलता रहा। जो इस शताब्दी में प्रवेश करने के उपरान्त मैंने बंद कर दिया। अपने व्ययों का लेखा जोखा रखना यदि आपके पास सीमित पैसे हैं तो लाभकारी अवश्य होता है। ये यदि संसाधनों की कमी है तो आपके व्ययों को नियंत्रित करने में सहायक होता है और यदि कमी नहीं है तो आपको अपने भूतकाल में एक फोटो एलबम की भांति झाँकने में मदद करता है। जिस प्रकार मैं अब से चालीस पैंतालीस वर्ष पहले अपनी गतिविधियों का अंदाजा इसके द्वारा लगा सकता हूँ। हमारे भौतिकी विभाग में एक प्राध्यापक थे जिन्होंने आईआईटी कानपुर से डॉक्टरेट किया था। वो साइकिल से विभाग तक पढ़ाने आते थे उनका जीन्स, शर्ट, मोटी बेल्ट और सिगरेट का पीना उन्हें विशेष बनाता था। यद्यपि उनका शिक्षण कार्य प्रशंसनीय नहीं था।

डॉक्टर शुक्ला जी का उल्लेख मैंने इस लिए किया कि वो सबसे अधिक फैशनेबुल युवा अध्यापक थे। हालाँकि और भी प्राध्यापक थे जिन्हें युवा ही कहा जाएगा। उनकी आयु के समतुल्य कई लोग थे जो अच्छा पढ़ाते भी थे। लेकिन डॉक्टर शुक्ला जी को मैंने अपने अध्ययन काल में ही दूसरे रूप में परिवर्तित होते हुए भी देखा था। जब मेरी वहाँ की शिक्षा समाप्त होने को आयी तो इन्होने वैराग्य ले लिया था। संभवतः अपने परिवार को भी छोड़ दिए थे। पता नहीं ये क्यों इतना विरक्त हो गए थे। एक बार हम कुछ सहपाठी इनके निवास पर इनसे मिलने गए थे। ये श्वेत वस्त्र धारण किये मिले थे। सफ़ेद धोती लपेटे हुए, सफ़ेद कुरते में, सफ़ेद बिछौना, ओढ़ना और फर्श पर बिछी सफ़ेद दरी जिस पर हम लोग बैठे थे,

यही दृश्य था। अब ये संकाय में शिक्षण कार्य के लिए भी इसी प्रकार के परिधान में पैदल ही आते थे। इन्होने धूम्रपान भी छोड़ दिया था और प्रायः 'ओम' का उच्चारण करते थे। इस बदलाव का कारण हम लोगों ने उनसे जानना उचित नहीं समझा था लेकिन निश्चित ही किसी के माध्यम से ईश्वरीय प्रेरणा रही होगी। मनुष्य क्या करता है अथवा भविष्य में क्या करेगा इसका कारण कोई अदृश्य शक्ति ही होती है। जिसे हम ईश्वर कहते हैं या अन्य किसी सम्बोधन से अनुभव करते हैं। ईश्वर कभी तो स्वयं अदृश्य रूप से इन कार्यों को अकस्मात कर देता है और कभी किसी व्यक्ति या जीव को माध्यम बना देता है। इसे हम अपनी सीमित क्षमता वाली इन्द्रियों कर्मेन्द्रियों से या मानव द्वारा निर्मित किये उपकरणों से नहीं समझ सकते। स्वाभाविक ही डॉक्टर शुक्ला जी अब अधिकतर एकाकी ही रहते थे।

प्रोफ़ेसर सिंह, जो विभागाध्यक्ष थे उनके विषय में बस यही कहा जा सकता है कि वो अपने पद के अनुरूप शिक्षण कार्य में गंभीरता नहीं प्रदर्शित करते थे। उन्होंने कभी हम लोगों से यह जानने का प्रयास नहीं किया कि हम लोगों को अध्ययन में कोई असुविधा तो नहीं हो रही। पुस्तकालय के विषय में कभी उन्होंने ध्यान नहीं दिया। इस प्रकार परास्नातक की शिक्षा हम सभी छात्रों ने अपने स्वयं के परिश्रम, आपसी सहयोग और आंशिक रूप से प्राध्यापकों के शिक्षण के द्वारा समाप्त किया था। जिसमे पुस्तक से समझने की क्षमता अच्छी थी उसे उसी अनुपात में अंक मिले। प्रयोगात्मक परीक्षा में प्राध्यापकों से अपनी व्यक्तिगत नज़दीकी यहाँ भी अच्छे अंक प्राप्त करने में सहायक होती थी जिसका प्रभाव मुझ पर पड़ा था क्योंकि मैं इसमें विश्वास नहीं करता था। कक्षा का एक छात्र तो एक प्राध्यापक पाण्डे जी के घर पर ही निवास करता था और उनके घरेलू कार्यों में उसका सहयोग रहता था। उसे सर्वाधिक अंक मिले थे।

आपातकाल के बाद चले आंदोलन के कारण बहुतेरे विश्वविद्यालयों का सत्र विलम्बित हो गया था और जीरो सेशन किये जाने की चर्चा भी होने लगी थी। लेकिन कुछ अपवाद के अतिरिक्त ऐसा कहीं नहीं किया गया और धीरे धीरे सेशन को नियमित कर लिया गया था। हम लोगों की परास्नातक की शिक्षा जो जून उन्नीस सौ उन्यासी में पूरी हो जानी चाहिए थी, वह वर्ष के अंत तक चली और प्रायोगिक परीक्षाओं के उपरान्त अगले वर्ष जनवरी में जाकर समाप्त हुई थी। मैं प्रथम श्रेणी में अच्छे अंकों के साथ उत्तीर्ण हुआ था और कक्षा में द्वितीय पोजीशन थी। इन दो वर्षों में जब कभी महाविद्यालय लम्बे समय के लिए बंद होता था मैं तभी फैज़ाबाद आ जाता था। इस मध्य मैं लखनऊ भी विभिन्न कारणों से आता जाता रहा था। इसमें एक तो देवेंद्र प्रकाश जी जब नैनीताल से आ रहे हों तो उससे भी सम्बंधित होता था।

उन्नीस सौ छिहत्तर में तेज प्रकाश जी के विवाह में फतेहपुर अपने ननिहाल जाने के बाद फिर मैं अभी तक नहीं गया था। उन्नीस सौ अठत्तर में अर्चना जी का विवाह संपन्न हुआ था

किन्तु मैं अध्ययन में व्यवधान होने की वजह से नहीं गया था। उनके एक या दो पत्र मुझे बलरामपुर में प्राप्त हुए थे। उस समय डाक से ही समाचारों का आदान प्रदान होता था। इस मध्य रचना जी के भी कई पत्र आये थे। मैं इनके आग्रह पर समय निकाल कर उन्नीस सौ उन्यासी के अक्टूबर के प्रारम्भ में फतेहपुर करीब तीन वर्षों के पश्चात गया था। मैं वहाँ दो दिन रुका और माता जी का सन्देश कि उन्होंने रचना जी को साथ में लिवा लाने के लिए कहा है, नानी जी को दे दिया था। संयोग से जिस दिन मैं पहुँचा उसी दिन जिन महानुभाव से इनका विवाह निश्चित हुआ था और इनकी वरीक्षा होनी थी उन्होंने कहीं किसी से झगड़ा कर लिया और पुलिस केस हो गया था। वो एडवोकेट थे और वहीं न्यायालय में प्रैक्टिस करते थे। इस वजह से जगन्नाथ प्रसाद जी को यह विवाह स्थगित करना पड़ गया था। इस बात को भी ध्यान में रखते हुए नानी जी आदि ने रचना जी को मेरे साथ फैज़ाबाद भेज दिया था। यह विवाह अर्चना जी के पति जो स्वयं वकील थे, के माध्यम से तय हो रहा था।

जब जगन्नाथ प्रसाद जी रचना जी को एक डेढ़ माह उपरांत लिवाने आये तो उन्होंने फैज़ाबाद में पिता जी के माध्यम से इनके विवाह हेतु कई जगह संपर्क किया था और संयोग से शहर में ही एक जगह इनका विवाह तय हो भी गया। एक अरविन्द नामके महानुभाव जो हम लोगों के यहाँ आते रहते थे वो दूसरे पक्ष के भी परिचित थे और उन्ही के माध्यम से यह विवाह निश्चित हुआ था। विवाह तय होने में उनकी भूमिका महत्वपूर्ण थी क्योंकि उन्होंने रचना जी को देख रखा था। गोविन्द लाल जी एक निहायत ही सरल, गंभीर और सज्जन व्यक्ति थे और रेलवे में फायरमैन की सर्विस करते थे। अनूप कुमार जी इन्हीं के पुत्र थे जिनसे जगन्नाथ प्रसाद जी को अपनी पुत्री का विवाह करना था। विवाह तय करने में मेरे पिता जी की भी अच्छी भूमिका थी। इस दौरान मेरी पढ़ाई बलरामपुर और फैज़ाबाद दोनों स्थानों पर मिलकर भलीभांति चलती रही थी। सेशन लेट होने के कारण पढ़ाई के लिए अतिरिक्त समय मिल गया था। जब जगन्नाथ प्रसाद जी रचना जी को लिवाकर फतेहपुर लौटे तभी यह निश्चित कर गए थे कि शीघ्र ही वो सपरिवार आएँगे और यहीं से वरीक्षा तथा गोद भराई आदि की औपचारिकताएँ संपन्न करेंगे।

गोद भराई और वरीक्षा आदि का कार्यक्रम भलीभांति संपन्न किया गया था जिसमे हम लोगों का व्यवस्था में अति महत्वपूर्ण योगदान था। सामान्य ढंग से ही ये रसमें की गयी थीं जिसमे दोनों पक्षों के अधिकांश लोग सम्मिलित थे। नाना जी दोनों लोग, देव प्रकाश जी और दोनों छोटे मामा व मौसी, रचना जी सहित, फतेहपुर से आए थे और मार्च उन्नीस सौ अस्सी के अंतिम सप्ताह में सभी वापस लौट गए थे। गोद भराई की पूरी व्यवस्था मेरे यहाँ ही की गयी थी जिसमे गोविन्द लाल जी व उनके छोटे भाई के घर के सभी पुरुष व महिला सदस्य प्रसन्नतापूर्वक सम्मिलित हुए थे। विवाह के लिए अगले वर्ष के प्रारम्भ की तिथि निश्चित की गयी थी।

एमएससी में भी मेरी प्रथम श्रेणी आयी थी और मैने उत्तम अंकों के साथ इसे उत्तीर्ण किया था। भौतिकी में परास्नातक उत्तीर्ण करने के बाद मेरी इच्छा पीएचडी करने की थी किन्तु यह कार्य मैं किसी अच्छी यूनिवर्सिटी से करना चाहता था जिसकी प्रतिष्ठा व मान्यता राष्ट्रीय स्तर की हो। इसके लिए मैंने कई विश्वविद्यालयों जिनमे दिल्ली तथा मद्रास भी शामिल थे, पत्र भेजकर प्रक्रिया के लिए संपर्क किया था। यह कार्य मेरा ग्रीष्मावकाश भर चलता रहा था। पिता जी की इच्छा थी कि मुझे प्रतियोगिता परीक्षाओं के माध्यम से प्रशासनिक सेवा में जाना चाहिए। जब पीएचडी हेतु अभी कहीं कोई स्थान नहीं निश्चित हो पाया तो मैंने इलाहाबाद यूनिवर्सिटी में एलएलबी में प्रवेश हेतु आवेदन कर दिया था और मेरे पिछली कक्षाओं में अंको और श्रेणी को देखते हुए आसानी से प्रवेश भी मिल गया था। विश्वविद्यालय के कई छात्रावासों में भी मैंने आवेदन किया ताकि वहाँ रहकर सुचारु रूप से पढ़ाई या प्रतियोगिताओं की तैयारी कर सकूँ। विधि संकाय चैथम लाइन्स प्रयाग में था और मुझे इसी के सन्निकट ताराचंद छात्रावास में रूम मिल गया था। इसके पूर्व मैं प्रोवीसी से भी मिला था। हमारे रिकाबगंज मोहल्ले में ही हम लोगों के एक परिचित रहते थे जिनके वो सम्बन्धी थे और उनका एक पत्र मैंने प्रोवीसी को दिया था। मैं फैज़ाबाद इनके घर प्रायः आता जाता था। रवि शंकर जी ने इनके बड़े भाई के बच्चों को ट्यूशन दिया था और तभी से यह परिचय स्थापित हो गया था। इनकी पुत्री के साथ शिव प्रकाश जी के छोटे भाई के विवाह की भी बात चली थी। एक रिश्ता इनका जायस से भी किसी प्रकार से जुड़ा था।

जुलाई उन्नीस सौ अस्सी में मेरा विधि का अध्ययन प्रारम्भ हुआ। हॉस्टल अभी नहीं प्राप्त हुआ था अतः मुझे इलाहाबाद में ही निवास कर रही मौसी जी के यहाँ लगभग तीन माह के आस पास रहना पड़ा था। प्रेमलता जी के पति आपूर्ति निरीक्षक के पद पर किसी अन्य जनपद में नियुक्त थे और प्रत्येक सप्ताह अपने घर बच्चों के पास आ जाते थे। कभी कभी तो वो देर रात आकर प्रातः ही लौट भी जाते थे। रवींद्र नाथ जी का पैतृक निवास महेशपुर, प्रयागराज के निकट करवाडीह गाँव में स्थित था। बचपन में जब मैं एक बार महेशपुर में था तो इनके साथ साइकिल पर बैठ इनके घर भी गया था। उस समय लोग अपने सम्बन्धियों पर कितना विश्वास करते थे। मैं अधिक से अधिक पांच वर्ष का रहा हूँगा। विशेष बात तो यह कि इन्होने किसी को बतलाया भी नहीं था कि हम करवाडीह जा रहे हैं। लोगों ने यद्यपि साइकिल न होने पर इसका अनुमान लगा लिया था। वह पूर्वाह्न का समय था। मुझे स्मरण है कि मैं वहाँ जाकर सो गया था।

इनके यहाँ मुट्ठीगंज प्रयागराज में, जो मात्र दो छोटे कमरों का मकान था, बच्चों सहित छह लोग, रवींद्र नाथ जी को छोड़कर, रहते थे। छोटी बच्ची के साथ साथ प्रेमलता जी हम सभी लोगों का जिस ढंग से ख्याल रखती थीं आज के समय में संभव ही नहीं। मुझे कभी नहीं महसूस हुआ कि मैं उनके बच्चों से अलग हूँ। उनके बड़े पुत्र मनोज कुमार जी जो मुझसे एक

वर्ष करीब छोटे रहे होंगे, के साथ मेरा सर्वाधिक रहना घूमना फिरना आदि होता था। वो मेरे बहुत ही अंतरंग बन गए थे। मैं फैज़ाबाद से साइकिल ले गया था और घर से विश्वविद्यालय विधि संकाय तक अध्ययन हेतु इसी से जाता था। एक बार पिता जी मुट्ठीगंज आये भी थे। सितम्बर माह आते आते मेरा हॉस्टल में प्रवेश हो गया था और मैं ताराचंद हॉस्टल आ गया था। विधि विषय का अध्ययन मुझे बहुत रुचिकर लगने लगा था। प्राध्यापक भी विशिष्ट श्रेणी के थे और बहुत ही लगन से पढ़ाते थे। कुछ प्राध्यापकों की कक्षा में तो अन्य महाविद्यालय के भी छात्र आ जाते थे और लेक्चर हाल ऐसा लगता था कि किसी नई हिट मूवी का प्रथम शो हो। अध्ययन मेरा इसी प्रकार चलता रहा और मैंने प्रशासनिक सेवाओं से सम्बंधित एक दो प्रतियोगितात्मक परीक्षाएँ भी मात्र अनुभव और अपने आकलन के लिए दीं। मैंने यह अनुभव किया कि सामान्य ज्ञान और सामान्य अध्ययन में मुझे बहुत ही अधिक ध्यान देना पड़ेगा और तभी मुझे इस विषय में उपयुक्त आत्मविश्वास उत्पन्न होगा।

इलाहाबाद के छात्रावासों में छात्र बहुत ही डेडिकेशन के साथ परिश्रम अपने उद्देश्य की प्राप्ति के लिए करते हैं। उनका एक मात्र ध्येय प्रतियोगिता में अपना सर्वश्रेष्ठ करने का होता है। उनके चयनित विषय भी उसी के अनुरूप होते हैं। केवल कुछ ही छात्र दूसरे क्षेत्र के होते हैं जैसे विज्ञान और अन्य तकनीकी विषय के। मैं प्रतियोगिता परीक्षाओं के लिए बिलकुल नया था। मैं अच्छे विश्वविद्यालयों या संस्थानों से पीएचडी के लिए अभी भी प्रयासरत था। साथ ही विधि की पढ़ाई भी पूरे मनोयोग से कर पूर्ण करने का भी निश्चय कर चुका था। लेकिन खर्चे कम हों और पिता जी पर अधिक आर्थिक बोझ न पड़े इसलिए जैसे ही अवसर मिलता था मैं फैज़ाबाद आ जाया करता था। प्रारम्भ में तो रैगिंग से बचने के कारण भी ऐसा किया था। वह हॉस्टल में सेशन के प्रारम्भ का समय मेरे लिए बहुत ही तनावपूर्ण था। मैं रात्रि में देर से हॉस्टल आता था क्योंकि रैगिंग प्रायः रात्रि में ही होती थी। लेकिन एक बार जूनियर्स की कंबाइंड रैगिंग में मैं फँस ही गया था। उस दिन कुछ अधिक ही रैगिंग चली और सभी छात्रों से सीनियर्स ने महिला छात्रावास के सामने काफी शोर मचवाया। फ़ोन से छात्रावास की छात्राओं ने पुलिस को बुला लिया था और फिर हम पचासों छात्रों को पुलिस ट्रक से थाने पर ले गयी जहाँ हमने पूरी रात्रि व्यतीत की। दूसरे दिन वार्डन ने आकर हमें छुड़ाया था। तत्पश्चात समिति गठित हुई, जांच हुई सभी के स्टेटमेंट लिए गए थे। दूसरा कारण प्रायः ही माता-पिता जी का गाँव जाना होता था और मेरा देवेंद्र प्रकाश व नीता जी के अकेले होने पर फैज़ाबाद आना होता था। देवेंद्र प्रकाश जी बिरला विद्या मंदिर में दो वर्ष पढ़ाई करके आवश्यक अंक न ला पाने की वजह से आगे अध्ययन नहीं कर सके थे और वहाँ से वापस आ गए थे। इनका वहाँ स्वास्थ्य भी प्रायः ही ठीक नहीं रहता था। ऐसा इनका वहाँ के मौसम के अनुसार अपने खान पान को न करने की वजह से भी था। इनका स्वभाव ही कुछ ऐसा था। इसके अतिरिक्त ये वहाँ की अन्य गतिविधियों में संलिप्त रहे किन्तु तदनुसार अध्ययन

नहीं किये जिससे समय नष्ट हुआ। यहाँ पर पिता जी ने इनका प्रवेश अग्रवाल जी विधायक के सहयोग से राजकीय इंटर कॉलेज में करा दिया था और इन्होने यहाँ जीव विज्ञान विषय के साथ माध्यमिक परीक्षा उत्तीर्ण की थी। इन्होने इस कक्षा में रसायन विज्ञान में अशफ़ाक़ जी का ट्यूशन लिया था जो मैं नहीं कर पाया था। इनकी स्मरण क्षमता तो बहुत अच्छी थी लेकिन परिश्रम करने की नहीं थी। कुछ तो इनका माता जी का अधिक प्रिय होना भी था। मैं जब तक छात्रावास में रहा, मैंने मेस नहीं ज्वाइन किया क्योंकि मेरा वहाँ रहना अनिश्चित सा होता था। बाहर ही खाता था। मैं अन्य छात्रों से अधिक मिक्स भी नहीं हुआ क्योंकि मुझे लम्बे समय तक नहीं रहना था। साथ ही मित्रों की संख्या अधिक होने पर व्यय भी स्वाभाविक रूप से अधिक करना पड़ता है। अन्यथा आप को हीनता अनुभव होगी और कुछ समय पश्चात मित्रता पर भी प्रभाव पड़ेगा। अतः मित्र यदि पैसों की प्रचुरता नहीं है तो सीमित संख्या में ही होने चाहिए। विश्वविद्यालय के कुछ छात्रावासों में भिन्न भिन्न कारणों से कई वर्ग भी बन जाते हैं और यदि आप बहुत ही घुलनशील हैं तो एक वर्ग में आपको शामिल होना ही पड़ता है और यह अध्ययन में बाधक होता है। मैं समझता हूँ कि किशोरावस्था में थोड़ा समय निकाल कर मित्रों के मध्य रहना और अपनी शिक्षा को अधिक प्रभावित किये बिना उस आयु के अनुरूप गतिविधियाँ करना आवश्यक होता है। इससे समाज में आपका आत्म विश्वास बढ़ता है और साथ ही उस आयु में प्राप्त अनुभव आपके जीवन की एक धरोहर बन जाते हैं।

जनवरी उन्नीस सौ इक्यासी में फतेहपुर में रचना जी का विवाह हुआ। जब कभी मेरा मन होता तो मैं इलाहाबाद से फैज़ाबाद न जाकर फतेहपुर भी आ जाया करता था। यहाँ देव प्रकाश जी और रचना जी होती थी जो हमउम्र के ही थे और मुझे समय व्यतीत करने का अच्छा अवसर मिल जाता था। फैज़ाबाद की तुलना में यह नज़दीक भी था। देव प्रकाश जी रचना जी से छोटे थे और जैसा कहते हैं यदि भाई-बहन ऊपर नीचे के हों तो उनमे प्रायः वाद विवाद होता रहता है, इनमे भी ऐसा हो जाता था। वैसे भी देव प्रकाश जी पूर्व से ही अल्पभाषी थे। घर में आवश्यकता होने पर ही बातचीत करते थे। किन्तु मेरी इनसे बहुत अच्छी बनती थी। इनके साथ मेरा स्मरण रखने योग्य समय व्यतीत हुआ था चाहे फतेहपुर में हो चाहे जब वो फैज़ाबाद आए हों। सभी भाई-बहन इनसे बड़े थे और जो ट्विन्स थे वो काफी छोटे थे। रचना जी के विवाह में हमारा पूरा परिवार गया था। रवि शंकर जी के विषय में मुझे स्मरण नहीं है। यदि वो गए होते तो कुछ न कुछ अवश्य याद होता। अच्छा आनंददायक समय सोल्लास व्यतीत हुआ था।

विधि की पढ़ाई मेरी इस सबके बावजूद अच्छी चल रही थी। मैंने सभी विषयों की पुस्तकें क्रय कर रखी थीं और अंग्रेजी माध्यम से ही पढ़ व परीक्षा दे रहा था। कुछ कक्षाएँ विश्वविद्यालय के मुख्य भवन में भी प्राध्यापक ले लिया करते थे। इनकी कक्षाओं का शिक्षण महत्वपूर्ण तो होता ही था और मस्तिष्क में वो अपना स्थान लम्बे समय के लिए स्थापित कर लेती

थीं। इस विश्वविद्यालय के शिक्षण की गुणवत्ता की तुलना जब मैं एमएलके कॉलेज के साथ करता हूँ तो एहसास होता है कि डिग्री चाहे एक ही हो लेकिन उसकी श्रेष्ठता शिक्षण संस्था पर भी बहुत निर्भर करती है। परीक्षा के समय मुख्य कैंपस और सीनेट हाल में ऐसा प्रतीत होता था जैसे हवाई अड्डे पर सीक्योरिटी चेक हो। पुलिस, विभागीय प्राध्यापक गेट पर ही होते थे और परिचय पत्र, परीक्षा प्रवेश पत्र आदि भलीभांति देखा जाता था। लेकिन मैं भौतिकी में शोध को लेकर अभी भी प्रयासरत था। मैंने कई स्थानों पर इस आशय से अभी भी पत्र भेज रखे थे।

एक दिन मुझे केंद्रीय इलेक्ट्रॉनिक्स इंजीनियरिंग रिसर्च इंस्टिट्यूट, दिल्ली से पत्र मिला कि उन्हें एक जेआरएफ की आवश्यकता है और यदि मैं इच्छुक हूँ तो साक्षात्कार हेतु आ सकता हूँ। मैं शीघ्र ही सीधे इलाहाबाद से प्रथम बार दिल्ली गया। रात्रि रेलवे स्टेशन पर ही व्यतीत कर दूसरे दिन इंस्टिट्यूट जाकर सम्बंधित वैज्ञानिक से मिला। डॉक्टर अग्रवाल विनम्र स्वभाव के अच्छे व्यक्ति थे और इनका कार्य 'वॉइस रिकग्निशन सिस्टम व तकनीक' पर था। उनसे मिलकर मैंने आवश्यक बातें की। संयोग से वहाँ मेरे बलरामपुर के एक सीनियर अंसारी जी भी सर्विस कर रहे थे। वहाँ से लौटकर आने के कुछ दिन उपरान्त मैंने विचार विमर्श कर अपनी सहमति भेज दी थी। इसके कुछ ही सप्ताह बाद नियमानुसार शासकीय नियुक्ति पत्र भी आ गया था। यह संस्थान सीएसआईआर के अंतर्गत आता था जैसे लखनऊ का सीडीआरआई। मैंने अपना इलाहाबाद का छात्रावास अभी नहीं छोड़ा और ना ही विधि की पढ़ाई। यह सोचा कि यदि वहाँ मुझे पूर्ण संतुष्टि अनुभव हुई तभी यहाँ छोड़ूंगा। मैंने दिल्ली में संस्थान ज्वाइन कर लिया था। दिल्ली में यदि मेरा परिचित कोई व्यक्ति था तो अंसारी जी ही थे जो उस समय फैज़ाबाद के ही टांडा तहसील के मूल निवासी थे। इस वजह से उनकी मेरे प्रति आधिक संवेदना थी। उन्होंने संस्थान के निकट नेशनल फीज़िकल लेबोरेटरी की कॉलोनी में एक कमरा किराये पर ले रखा था। उनके कहने पर मैंने उनके साथ ही रहना प्रारम्भ कर दिया था। फैज़ाबाद में पिता जी के एक घनिष्ट मित्र शीतला सिंह जी मेरे घर के निकट ही रहते थे। उनकी पत्नी के चचेरे भाई दिल्ली में ही किसी पब्लिक स्कूल में शिक्षक थे। सिंह जी ने जब मैं पहली बार लौट कर आया तो एक पत्र अपने साले के नाम मुझे दिया था और उनका पता भी बतलाया था। पुनः दिल्ली जाने पर जब मुझे अवकाश मिला तो मैं उनके पते पर गया किन्तु वो नहीं मिले। उनकी पत्नी थी और वह पत्र मैं उनको हस्तगत करने के लिए निवेदन करके आ गया था। अगले ही दिन जगदीश पाल सिंह सायं कार्यालय बंद होने के समय मुझसे मिलने आ गए और उन्होंने आग्रह किया कि मैं उनके साथ ही क्यों न रहूं और मुझे लिवा ले गये। मैं अंसारी जी के साथ करीब एक माह रहा और प्रातः का नाश्ता और रात्रि का भोजन उन्ही के साथ करता था जो उनके मकान मालिक के साथ ही बनता था। लेकिन खाना अपने रूम में ही मंगवा कर हमलोग खाते थे। इस प्रकार मैंने भी उन्ही के साथ इतने दिनों तक निवास किया। जाते समय मैंने पर्याप्त रुपये अंसारी जी से

विचार करके मकान मालिक को दे दिए थे। इस बात में कोई संदेह नहीं किया जा सकता कि जिसने मुझे दिल्ली में सर्व प्रथम मार्गदर्शन दिया और फिर मेरे छोटे स्थान से जाकर एक बड़ी जगह पर रहने का साहस और अभ्यास कराया वो अंसारी जी ही थे। उन्होंने मुझे दिल्ली में स्थापित होने में जो सहयोग दिया वो अविस्मरणीय है। बाद में भी जब वो अपने घर जाते थे और मैं फैज़ाबाद में होता तो मुझसे मिलने आ जाते थे क्योंकि टांडा के लिए बस मेरे घर के निकट से ही जाती थी। वो संस्थान में वैज्ञानिक हो गए थे और इलेक्ट्रॉनिक्स में उन्हें अच्छा प्रयोगात्मक ज्ञान था। बाद में मैंने सुना था कि उनको सरकार द्वारा कोई पुरुस्कार भी प्रदान किया गया था। वो छोटे सामान्य कद के डार्क गेहुएँ रंग के हँसमुख और अच्छे स्वभाव के व्यक्ति थे। संस्थान में मैंने पांच माह कार्य किया था और इस दौरान मेरा और उनका घनिष्ट साथ रहा। उन्हें नमाज़ पढ़ते मैंने कभी नहीं देखा। वो गाँव से निकले हुए साधारण परिवार के व्यक्ति थे किन्तु आधुनिक सोच रखते थे। उनका सहयोग जो उन्होंने मुझे प्रदान किया वह उनके मानसिक सोच और धर्मनिरपेक्षता को प्रदर्शित करता है। मुझे भी कभी स्वयं या परिवार की ओर से किसी प्रकार के संकोच का आभास नहीं हुआ।

दिल्ली के इन्हीं दिनों में मेरा साथ शिव बरन चौबे जी से भी हुआ जो दिल्ली इलेक्ट्रिक सप्लाई अंडरटेकिंग में सर्विस करते थे और इसी विभाग की कॉलोनी में उनको मकान मिला हुआ था। उनका मूल निवास स्वरूपगंज के निकट भवानीगढ़ नामके गाँव में था। उनकी भाँति सरल और सहयोगी व्यक्ति मुझे उनके अतिरिक्त संभवतः आज तक नहीं दिखा है। उनको कान से थोड़ा कम सुनाई देता था किन्तु यह केवल उनका नज़दीकी ही अनुमान लगा सकता था। उनकी आयु पैंतालीस के इर्द गिर्द रही होगी। मुख्य बात तो यह है कि जेपी सिंह जी इन्हीं को आबंटित कॉलोनी के आवास में निवास करते थे। स्वयं चौबे जी अपने बड़े भाई के साथ बाराखंबा रोड पर रहते थे। जेपी सिंह जी संयोग से बलरामपुर भौतिकी विभाग में अंसारी जी के भी सीनियर बैच के थे और परास्नातक के उपरांत फरीदाबाद के एक प्रतिष्ठित पब्लिक स्कूल में अध्यापन का कार्य कर रहे थे।

मैं जेपी सिंह जी के साथ फिर लगभग दो माह रहा। इनकी पत्नी हम लोगों के लिए भोजन पकाती थीं। कुछ दिनों बाद फिर चौबे जी भी अपने एक पुत्र के साथ यहीं आकर रहने लगे थे। यह दो कमरों का मकान था किसी को कोई समस्या नहीं होती थी। अब सभी का भोजन एक साथ ही बनता था। एक विशेष बात यह कि मुझसे इन दो महीनों में जब तक मैं इन लोगों के साथ रहा किसी ने किसी प्रकार की खर्चे आदि की बात तक नहीं की जबकि मैंने अपनी ओर से आग्रह कई बार किया था। चौबे जी कहते थे कि जहाँ इतने लोगों का खाना बन रहा है उसमे आपका भी बनने में कितना लगेगा। आज के समय में ऐसा अविश्वसनीय ही नहीं असंभव है। अपने पाँच माह की दिल्ली निवास के दौरान मैं शायद ही दो माह अपने लिए हुए एक कमरे के किराये के मकान में रहा हूँगा। दिल्ली में जूनियर कर्मचारी प्रायः अपने आबंटित

मकान में एक कमरे को किराए पर दे देते हैं। जब मैं अकेले रहा तो दोपहर में संस्थान की कैंटीन और रात्रि के समय स्थानीय होटल में भोजन करता था। अवकाश के दिनों में दोपहर में थोड़ा असुविधा होती थी क्योंकि ग्रीष्म ऋतु और होटल कुछ तो दूर था ही। मेरा संस्थान छोड़ने का एक मुख्य कारण यह सोचना था कि दिल्ली जैसे बड़े नगर में यदि मैं रहा तो मुझे अनिश्चित समय तक इसी प्रकार का जीवन व्यतीत करना होगा और मेरी एलएलबी की पढ़ाई भी छूट जाएगी। यहाँ शोध का विषय भी मुझे अधिक रुचिकर नहीं प्रतीत हो रहा था। इलाहाबाद के छात्रावास के भी छूट जाने का डर था। साथ में यह था कि यहाँ पीएचडी होने में विलम्ब की संभावना अधिक थी क्योंकि शोध संस्थान होने के कारण यहाँ पर शोध पर बल अधिक था और शैक्षिक डिग्री पर कम। डॉक्टर अग्रवाल जी ने मेरे छोड़ने के उपरान्त किसी गणेशन नाम के कैंडिडेट को ले लिया था और वह बाद में वहीं वैज्ञनिक नियुक्त हो गया था।

शिव बरन चौबे जी को मैंने कभी क्रोध करते या आवेश में ऊंचे स्वर, आवाज़ में बोलते नहीं सुना। विद्युत विभाग में नियुक्त होने के कारण उन्हें अपने व्यक्तिगत विद्युत बिल यानी उपयोग में विशेष सुविधा मिलती थी। किन्तु इसके बावजूद बिजली खर्च में वो मितव्ययिता बरतने का ख्याल रखने को कहा करते थे। उनका कहना था कि ज़रुरत के लिए संकोच करने की बात नहीं है लेकिन अपव्यय नहीं होना चाहिए और स्वयं जहाँ अनावश्यक प्रकाश या पंखा चल रहा हो उसे बंद करते रहते थे। मुझे ऐसा लगने लगा था कि जेपी सिंह जी से अधिक मेरा ध्यान चौबे जी ही रखने लगे थे। लेकिन मुझे फिर भी अपनी व्यवस्था तो करनी ही थी और इस वजह से उसी कॉलोनी में स्वयं अपने लिए निवास हेतु स्थान तलाशना प्रारम्भ कर दिया था और साथ ही चौबे जी से भी निवेदन किया कि वे भी कोई कमरा खोजें। उन्हें एक कमरा शीघ्र ही द्वितीय तल पर मिल भी गया जो एक दो दिन में खाली होने वाला था। फिर भी उसे मैंने ले लिया और एडवांस भी दे दिया था। इसमें शिफ्ट हुए मुझे अभी दो ही दिवस व्यतीत हुए थे कि उस मकान के मालिक के कोई रिश्तेदार आ गए। परिणामस्वरूप मेरा कमरा भी वो लोग प्रयोग करने लगे। हालाँकि यह अस्थायी स्थिति थी लेकिन उनकी वजह से मैं देर रात तक सो नहीं पाता था। और कभी कभी तो बाहर जाकर निकट ही एक सिनेमा हाल या अन्यत्र पार्क आदि में बैठा रहता था। यह स्थिति जब मैंने चौबे जी को बतलाई तो उन्होंने अविलम्ब उस कमरे को छोड़ वापस उनके यहाँ लौट आने को कहा। और मैं पुनः उनके पास लौट आया। जो एडवांस दिया था उसे उन्होंने वापस ले लिया था। तदोपरांत उन्होंने एक और कमरा दिलवाया जिसमे मैंने फिर अपना आगे का समय व्यतीत किया था। दिल्ली में आवास की समस्या थी। अभी मैं कोई सर्विस नहीं कर रहा था कि मैं उसके अनुसार व्यय कर अच्छा आवास ले पाता। इंस्टिट्यूट का कोई अपना हॉस्टल न होना अल्पवेतन वाले कर्मचारियों के लिए वेतन को दृष्टि में रखते हुए असुविधाजनक और समस्या वाली बात थी। पब्लिक ट्रांसपोर्ट तंत्र भी था तो त्वरित किन्तु कार्यालय के समय में भीड़ भरा होता था। लम्बे समय तक स्वयं भोजन आदि की व्यवस्था करना आदि कुछ ऐसे

बिंदु थे जिन पर भी मैंने गंभीरता से विचार किया था, इस प्रतिष्ठित संस्थान को छोड़ने के पहले। यदि डॉक्टर अग्रवाल का कोलेबोरेशन किसी विश्वविद्यालय के साथ होता तो वहाँ के छात्रावास की सुविधा मिल सकती थी। यद्यपि यहाँ पर बाद में सर्विस मिल जाने की संभावनाएँ निश्चय ही थीं। जुलाई उन्नीस सौ अस्सी से दिसंबर उन्नीस सौ तिरासी के मध्य मैं इन्हीं पांच महीनों का अपना दिल्ली का प्रवास छोड़कर इलाहाबाद और फैज़ाबाद में मिला जुला कर रहा।

मेरी आयु आगे बढ़ती जा रही थी और अभी भी मैं अपने खर्चों के लिए पिता जी पर निर्भर था। मेरे विचार में यह उन्हें अच्छा नहीं लग रहा था। वह प्रायः कहते थे कि तुम्हारी जगह कोई और होता तो कमाने लग गया होता। यह मुझे बहुत ही तकलीफ पहुँचाने वाली बात होती थी। माता जी का भी उनकी इस बात पर कोई प्रतिवाद नहीं होता था। घर में अच्छी खेती थी। एक बार मैंने भगवती प्रसाद जी से बचपन में पूँछा था कि उनके पास कितनी जमीन है। उन्होंने स्पष्ट तुरंत बतलाया था कि एक सौ अट्ठाईस बीघे। जब खाने रहने की समस्या नहीं थी तो धन की इतनी लालसा क्यों। मैं पढ़ाई में कोई लापरवाही भी नहीं कर रहा था और विधि स्नातक की परीक्षाओं में भी अच्छे अंक आ रहे थे जो अभी अपूर्ण थी। एक बार बहुत पहले ही वो यह कह चुके थे कि उनको और बच्चों को भी देखना है इसलिए वो कोई भी महंगी शिक्षा मुझे अवसर मिलने पर भी दिला पाने में असमर्थ हैं। ये बातें मेरे माता-पिता की मेरे प्रति भावनाओं, त्याग व कष्ट सहने के लिए मेरे प्रति विमुखता, को बतलाने सोचने के लिए पर्याप्त हैं। कभी कभी विवाद अधिक हो जाता था और वो अपनी भाषा शब्दों पर नियंत्रण नहीं रख पाते थे। माता जी भी शायद उनसे सहमत रहती रही होंगीं क्योंकि वो कुछ नहीं बोलती थी। माता जी का चुप रहना इन घटनाओं से अपने स्वार्थ पर कोई प्रभाव का न पड़ना भी हो सकता है। जैसे जैसे लाभ बढ़ता है उसी के अनुसार लोभ भी बढ़ता जाता है।

मेरे प्रोत्साहित करने और देवी प्रसाद तथा कृपा शंकर जी द्वारा ट्यूब वेल लगवाया जाना देखकर पिता जी ने भी ट्यूब वेल लगवा लिया था और कृषि अच्छी हो रही थी। रवि शंकर जी की खेती भी साथ में होती थी और माता-पिता जी के नियंत्रण में थी। अतः किसी प्रकार का आर्थिक अभाव नहीं था। गाँव से जो भी धनोपार्जन होता था वह अधिकतर माता जी द्वारा उनके इच्छानुसार ही प्रयोग किया जाता था। और इसे उन्होंने आजीवन नहीं छोड़ा। मेरे ज्ञान के अनुसार जो अनाज अपने व रवि शंकर जी के परिवार के घरेलू उपयोग में आ जाता था उसकी पूर्ति गाँव से होने के बाद जो शेष रह जाता था उसके विक्रय से आने वाला पूरा पैसा माता जी का ही होता था। उसी से कृषि में लगने वाले व्यय का भी वो प्रबंध करती थीं।

मेरी इस सम्बन्ध में बात जब रजनी जी से हुई तो उन्होंने बताया कि उन्हें कैश पैसा कभी भी नहीं मिला। केवल खाने के लिए अनाज अवश्य मिल जाता था। यह मैं अभी शीघ्र ही उनसे जाना जब मैंने यह जिक्र किया कि आपका एक खेत जो उन्नीस सौ पचहत्तर में मोरगेज

किया गया था और जिसे मैंने अपनी स्कालरशिप के पांच सौ रुपये देकर छुड़ाया था, वो रुपये मुझे आजतक वापस नहीं मिले। उन्होंने उत्तर में यह कहा कि यह उस समय की बात है जब सम्मिलित खेती होती थी। इसलिए वो इस विषय में कुछ नहीं कह सकतीं। यह मेरे पिता जी का दायित्व था और उन्हें इसे समझना चाहिए था। लोभ के कारण लोग लाभ का उचित और विवेकपूर्ण प्रयोग भी नहीं करते जो कि सम्बंधित लोगों के साथ मतभेद का कारण बनता है।

जैसा कि इन दोनों बहनों के मध्य कालांतर में हुआ। रवि शंकर जी की सबसे बड़ी कमजोरी उनकी आई साइट का अधिक कम होना था। इसीलिए वो कृषि कार्य स्वयं देख पाने में सक्षम नहीं थे। इसके बावजूद भी उन्होंने अपनी खेती की जिम्मेदारी स्वयं ज्यों त्यों उठाने का निर्णय ले ही लिया था। स्वरूपगंज से साइकिल या अन्य साधन से वो गाँव आने जाने लगे थे। प्रारम्भ में तो स्वयं अकेले और बाद में जब उनकी तीसरी पुत्री बड़ी हो गयी तो उसे अपने साथ लेकर जाते थे ताकि सहायता के लिए कोई उपलब्ध रहे।

मेरे पिता जी यह नहीं समझते थे या समझना चाहते थे कि सर्विस पाना परिश्रम और धैर्य पर निर्भर करता है। यदि कोई भी छोटी अल्प वेतन वाली या प्राइवेट सर्विस करनी होती तो वह कहीं न कहीं तो मिल ही जाती। वो ये नहीं जानते थे कि प्रतियोगिता परीक्षाओं के परिणाम आने में ही काफी समय लग जाता है। और फिर उन परीक्षाओं की तैयारी भी तो समय लेती है। क्या वो सोचते थे कि विज्ञान में एमएससी उत्तीर्ण हो जाना ही प्रशासनिक सेवाओं में चयन सुनिश्चित कर देता है। मेरी एक कमी यह थी कि मैं किसी भी कुतर्क की बात को सुनकर बिना उसका खंडन किये नहीं रह पाता था। मैं प्रतिवाद अवश्य करता था जो कि वाद विवाद को बढ़ा देता था। एक बात तो यह होती ही है कि एक पीढ़ी के लोग या एक आयु के लोग प्रायः एक दूसरे का समर्थन करते हैं, यदि उनका स्वार्थ प्रभावित न हो रहा हो तो। ऐसी स्थिति में आपके सही होते हुए भी आपको समर्थन नहीं मिल पाता। यह स्वभाव मेरा लगभग अब तक के पूरे जीवन भर बना रहा। यद्यपि बाद के वर्षों में थोड़ा परिवर्तन आ गया था। इस स्वभाव का लाभ यह होता है कि जब लोग आपको जानने लग जाते हैं तो आपसे सोच समझ कर बात करते हैं। लेकिन परिवार में बात भिन्न होती है। घर में विवाद अधिकतर हानिकारक ही होता है क्योंकि आप सभी पर कुछ न कुछ वर्तमान में या भविष्य के लिए निर्भर होते हैं।

13

नियति का कृत्य

रवि शंकर जी को बाहर निकलने पर अपनी पत्नी या बेटी की ज़रुरत तो सहयोग के लिए रहती ही थी। इनको बंटवारे के समय जो घर का पिछला हिस्सा मिला था, वह अबतक अनाज या अन्य वस्तुओं को रखने में प्रयोग होता था। अतः निवास योग्य नहीं था। नारायण प्रसाद जी के जिस वरामदे को तोड़ कर, उसके मलबे को प्रयोग में ला जो निर्माण कराया गया था वह भी वारामदा ही था। सौभाग्य से रजनी जी सरकारी सेवा में थीं और उन्हें स्वरूपगंज के निकट विश्वविद्यालय में ही आवास आबंटित हो गया था अतः सुविधा हो गयी थी। रवि शंकर जी का स्वभाव प्रत्यक्ष रूप से किसी से विवाद करने का कभी नहीं रहा। ये वार्ता करते थे। किन्तु जो चाहते थे उसे फिर कर ही डालते थे। किसी से अधिक परामर्श करना इनकी आदत नहीं थी। ऐसा ही इन्होने जब फैज़ाबाद में अलग रहना प्रारम्भ किया तब भी था। पिता जी आदि से बिना किसी वाद विवाद के अपना अलग घर ले लिया था। समस्या किस पक्ष के कारण थी मैं आज तक नहीं जान पाया। मेरा अनुमान है ऐसा इन्होने उन्नीस सौ छिहत्तर के अंत या सतहत्तर के प्रारम्भ में किया होगा।

उन्नीस सौ सतहत्तर के अंतिम महीनों में दादी जी को पैरालिसिस हुआ था और उनके शरीर का बायाँ हिस्सा, जिसमे हाथ और पैर भी थे, प्रभावित हुआ था। इस लकवे ने उन्हें अकस्मात ही चारपाई पर पड़े रहने के लिए मजबूर कर दिया था। जब वे अस्वस्थ हुईं तो इन्हें फैज़ाबाद में राजकीय चिकित्सालय के उसी महिला वार्ड में एडमिट किया गया था जहा उन्नीस सौ उनहत्तर में उनके बायें स्तन का ऑपरेशन कर उसे निकाल दिया गया था। उनके स्तन में गाँठ थी। डॉक्टर प्रताप कृष्ण टंडन जी ने सर्जरी की थी। वो भी दालमंडी में ही रहते थे। उस समय उनको पिता जी ने चालीस रूपए प्रसन्नतापूर्वक दिए थे। लकवा यदि किसी को गंभीर रूप से प्रभावित कर देता है तो फिर पूरी तरह ठीक कम ही होता है। दादी जी के चेहरे पर थोड़ा कम प्रभाव पड़ा था किन्तु देखने पर आभास हो जाता था। इस वजह से उन्हें उनके बोलने, बात करने या भोजन आदि की प्रक्रिया में कोई असुविधा नहीं हुई थी। अस्पताल में कुछ

दिन उपचार के उपरान्त वो घर आ गयी थीं। तत्पश्चात हमारे घर पर ही उनका उपचार चला था। हाथ पैर की एक्सरसाइज, उनकी मालिश और अधिक से अधिक उपयोग किये जाने के लिए डॉक्टर ने निर्देश दिए थे जिनके अनुसार ये कार्य बिना किसी संकोच के माता जी व घर के अन्य सदस्यों द्वारा किये जाते थे। उन्हें सुबह दातून, पॉट में लैट्रिन लघुशंका आदि करने का सारा कार्य चारपाई पर ही कराया जाता था। कठिन जिम्मेदारी थी लेकिन सभी ने सोत्साह किया था। मैं तो बलरामपुर में ही था। भोजन आदि करने में देवेंद्र प्रकाश जी का सहयोग रहता था। अब इनके पुनः खड़े होने और स्वयं अपने कार्य करने की सम्भावना कम ही दिख रही थी। लेकिन यहाँ पर इतना लाभ तो उन्हें हो ही गया था कि वो अपना हाथ और पैर थोड़ा बहुत उठाने लगी थीं। शुरू में तो इन्हें हिला भी नहीं पाती थीं। माता जी का सहयोग बहुत ही सराहनीय था।

रवि शंकर जी का परिवार तो नाका स्थित एक मकान में रहता था। रजनी जी सर्विस करने की वजह से अवकाश नहीं पाती थीं किन्तु रवि शंकर जी इन्हें देखने आ जाते थे। इनकी एक छोटी बच्ची थी। दादी जी इस प्रकार लगभग दो माह फैज़ाबाद में रहीं और उसके उपरांत उन्हें गाँव ले जाया गया था। अब वो स्वयं ही सहारा लेकर बैठने की स्थिति में आ गयी थीं। किन्तु यह सभी स्वीकार कर चुके थे कि इनका स्वतः चलना अब नामुमकिन है। फैज़ाबाद में रहते हुए उनकी तबियत दो बार विभिन्न कारणों से अधिक खराब हुई थी।

एक बार पूर्वाह्न में उनको कुछ अधिक ही उलझन हुई और वो काफी घबरा गयीं। वो अर्थहीन बातें बोलने लगी थीं। मैं भी घबरा गया था। वो कह रही थीं कि कुछ लोग उनको घेरे हुए हैं और मार रहे हैं। माता जी श्री रामचरितमानस पढ़ने लगी थीं। मैं साइकिल से शीघ्र पहले पिता जी के कार्यालय गया और उनको ये सूचना देकर तुरंत वहीं से नाका रवि शंकर जी को भी यही स्थिति बतलाने चला गया था। यह लगभग ग्यारह साढ़े ग्यारह बजे की बात रही होगी। पिता जी ने डॉक्टर बुला उनका ब्लड प्रेशर चेक करवाया था। हालाँकि वो एक घंटे में सामान्य हो गयी थीं लेकिन वह समय मेरे लिए अभी अपरिपक्व होने के कारण बहुत ही विशेष आशंकाओं व घबराहट प्रदान करने वाला था। इसी प्रकार एक रात उनको पेट की गैस के कारण असह्य कष्ट हुआ था। सभी लोग उनकी सेवा में पूरी तरह लग गए थे। उनका कराहना सभी के लिए बहुत ही कष्टदायक था। पिता जी का एक विशेष स्वभाव यह था कि वो घबराते नहीं थे। या संभव है वो घबराहट के कारण शीघ्रता न कर पाते रहे हों किन्तु प्रदर्शित न करते रहे हों। इस रात वो अपने बिस्तर पर ही थे क्योंकि वो जानते थे कि अन्य लोग तो हैं ही। लगभग एक घंटे बाद उनकी तकलीफ काफी कम हो गयी थी। वो एक आध बार और भी इसी प्रकार परेशान हुई थीं लेकिन पीठ सहलाने पर डकारें आ जाती थीं और उन्हें आराम हो जाता था। दादी जी जब अस्पताल में एडमिट थीं तो उन्हें देखने कृपा शंकर जी शीघ्र ही आए थे जबकि नारायण प्रसाद जी कुछ दिन व्यतीत हो जाने पर आये थे। वो उनकी प्रतीक्षा कर

रही थीं और पता नहीं क्यों उन दिनों उनके भीतर नारायण प्रसाद जी व उनकी पत्नी के लिए कुछ अधिक ही स्नेह जागृत हो गया था। इस पंगुता के पश्चात मुझे फिर दादी जी के मुख पर वह प्रसन्नता नहीं दिखी जो पहले हुआ करती थी। स्वाभाविक भी था।

मेरे बचपन में जब हम लोग शहर से गाँव जाते थे तो दरवाजे पर, शिव भगवान के मंदिर के निकट, आकर बैलगाड़ी को हांकने की आहट लेती रहती थीं, यह जानने के लिए कि हम नज़दीक पहुँच गए क्या। जब बैलगाड़ी द्वार पर पहुंचती थी तो वो एक लोटे में जल लेकर हम सभी को उबारती थीं जिसे ढरकौना देना कहते थे। हमें तब तक बैलगाड़ी से न उतरने को कहा जाता था जब तक यह प्रक्रिया न हो जाए। दादी जी छोटे कद की थीं किन्तु गठीले शरीर की थीं। रंग गेहुआँ था। वो जब विवाहित होकर आई थीं तो मात्र बारह वर्ष की थीं और यहाँ आकर अपनी हमउम्र की घर में आने जाने वाली लड़कियों के साथ खेलती थीं। इन्हीं में रामनेवाज यादव की माँ 'गुट्टा' भी थीं जिनसे मेरा व्यवहार हमेशा ही घनिष्ट रहा। बाबाजी की आयु उनसे लगभग दस वर्ष अधिक रही होगी। उस समय विवाह माता-पिता के द्वारा ही तय किये जाते थे। इनके विवाह के समय रघुबीरलाल जी का देहांत हो चुका था और निर्णय माई व भाई लोगों द्वारा लिया गया रहा होगा। मुसाफिर खाना मुख्य मार्ग के निकट ही नयाकोट गाँव में इनका जन्म व पालन पोषण हुआ था। ये बताती थीं कि इनके पिता जी नारायण प्रसाद जी की भांति ही शारीरिक बनावट के दिखते थे। मतलब कम हाईट के थे। एक बार इनके माइके में कोई आयोजन था और मैं इन्हें वहाँ पहुँचाने गया था। मुसाफिर खाना से पैदल का रास्ता था। मेरा हाई स्कूल का परिणाम घोषित होना था और मैं पहुँचा कर दूसरे दिन ही लौट आया था। इनके पिता जी के पास जो भी जमीन व अन्य संपत्ति थी उसे भगवती प्रसाद जी ने लेने से मना कर दिया था। वो बताते थे कि उन्होंने कहा था कि मेरे पास जो जमीन जायदाद है उसी की देखभाल कर पाना कठिन हो जाता है। वो सब मेरे ज्ञान के अनुसार दादी जी के चचरे भाई को प्राप्त हुई थी और जब भी ये वहाँ जाती थीं तो उनके पुत्र के यहाँ ही रुकती थीं। और उनका भी सम्बन्ध इन लोगों के जीवनकाल तक तो बना ही रहा।

क्योंकि मैं अपनी पीढ़ी में सबसे बड़ा था अतः मेरा इनके साथ अधिक रहना हुआ था। मेरे बचपन में पारम्परिक कपड़े की गेंद बनाना, चिड़िया बनाना और अन्य मिटटी के खिलौने आदि कसगड़ के यहाँ से मँगा देना, इन्ही के द्वारा किया जाता था। जब मैं गन्ना स्वयं नहीं चूस सकता था तो ये उसे छीलकर छोटे छोटे टुकड़े सरौते से काट कर मुझे दिया करती थीं। जब भी ये फैज़ाबाद आतीं तो मुझसे कहानी की किताबें मांग कर पढ़ा करती थीं। मेरे सोने के समय रात में इनका गाँव की रोचक कहानियों का सुनाना मुझे आज भी याद है। ये खड़ी बोली बोल लेती थीं किन्तु अधिकतर अवधी ही बोलती थीं। जब ये मुझे दस नए पैसे को छह पैसे कह कर देती थीं तो मैं समझ नहीं पाता था। ये रूपया आना पाई के प्रचलन काल की थीं। बड़े होने पर भी गाँव जाने पर साथ ये ही रहती थीं और इनका बनाया खाना बहुत ही स्वादिष्ट

होता था जिसमे ये आलस्य कभी नहीं करती थीं। इन्हीं विशेषताओं के कारण ही मैंने बाबा जी को इनसे कभी नाराज़ होते नहीं देखा। मेरी बाल्यावस्था में खाने पीने की जो गाँव की विशेष प्रकार की वस्तुएँ होती हैं, वे मुझे इन्ही के माध्यम से मिलती थीं। मैं उस समय प्रायः घर में अपना समय इन्हीं के साथ व्यतीत करता था। ये एक धार्मिक प्रवृत्ति की महिला थीं जो व्रत उपवास नियमित रूप से किया करती थीं। मैंने इन्हें सप्तमी, एकादशी और पूर्णिमा को उपवास रखते स्वयं देखा था। बिना स्नान कर लिए और अपने शिव भगवान के मंदिर तथा पाकड़ वृक्ष पर जल चढ़ाये, सूर्य देव को अर्घ्य दिए कुछ भी नहीं खाती थीं। जब ये जल चढ़ाने जाती थीं तो मैं साथ में इनका गिलास लेकर जाता था जबकि ये लोटा लिए होती थीं। उसके उपरान्त ही भूना लाई चना नमक मिर्च के साथ इनका निश्चित अल्पाहार होता था। हरी मिर्च भी अक्सर मुझसे ही अहाते में लगे पौधों से तोड़ कर लाने को कहती थीं। क्योंकि ये सुबह से ही घर गृहस्थी के छुटपुट कार्यों में लगी रहती थीं इसलिए जलपान में प्रायः ही देर हो जाती थी जिसके लिए इनको यदाकदा कहा भी जाता था। बाबा जी इनके किसी कार्य में किसी प्रकार की अपनी इच्छा आरोपित नहीं करते थे और दोनों लोगों में आपसी समन्वय बड़ा अच्छा और अनुकरणीय था। उन्होंने कभी इनसे क्रोध या ऊँचे स्वर में बात नहीं की। गाँव में रहते हुए और पुलिस इंस्पेक्टर की पत्नी होते हुए भी इनकी भाषा में अभद्रता लेश मात्र भी नहीं थी।

हाँ यह अवश्य था कि अपना वर्चस्व बनाये रखने का गुण, किसी को दृढ़ता से कुछ न कह पाने का अवगुण, इनमे नहीं था और उसका लाभ इनकी बहुओं ने अवश्य उठाया था। किसी की कोई बात पसंद न आने पर चुप रहना और अपने क्रोध को भीतर ही भीतर जज़्ब कर लेना इनका स्वभाव था। अधिक बोलने पर ही ये प्रतिवाद करती थीं जैसे बाद में नारायण प्रसाद जी की पत्नी के साथ प्रायः हो जाता था। हालाँकि ये अपनी सभी बहुओं के साथ आवश्यकता पड़ने पर पूरा सहयोग करती थीं जैसा कि अधिकांश पौत्र पौत्रियाँ गाँव में इन्हीं की जिम्मेदारी और सानिध्य में जन्मे, जिसमे मैं भी शामिल था। इनके पुत्रों को इनमे विश्वास रहा होगा।

अजय प्रसाद जी के कई प्रारम्भिक पुत्रों का जन्म गाँव पर हुआ लेकिन दुर्भाग्य से कोई भी जन्म के उपरान्त अधिक दिनों या महीनों तक जीवित न रह सके थे। तब उनकी पत्नी को किसी ने परामर्श दिया कि वो जन्म देने के समय यहाँ न रहें और वो अपने माइके चली गयी थीं। उन्होंने और भी जो किसी ने राय दी थी उसे भी किया था। हरेंद्र प्रकाश जी का जन्म इसी के बाद हुआ था।

दादी जी का सम्मान घर में लगभग सभी सदस्य करते थे क्योंकि बाबा जी इन्हे महत्व देते थे। गाँव के लोग भी चाहे वो सामान्य लोग हों या जमींदार या किसी भी आयु वर्ग के, जब उन्हें कोई आवश्यकता होती थी तो इन्हीं से बात करते थे क्योंकि भगवती प्रसाद जी अपनी गरिमा और प्रतिष्ठा के अनुरूप ही बोलते थे। वो घरेलू मामलों में तो हस्तक्षेप जल्दी करते ही नहीं

थे और विशेष स्थिति में ही बोलते थे। ऐसा नहीं कि उनका यह व्यवहार लोगों में उनके प्रति नापसंदगी उत्पन्न करता रहा हो बल्कि सभी जानते थे कि वो जिस पद से रिटायर होकर आये हैं, उस पद की यही गरिमा व प्रभाव होता है। बंटवारे और बाबा जी के देहांत के पश्चात दादी जी हम लोगों के ही साथ थीं। निकास द्वार एक होने के कारण सभी सभी से मिलते जुलते रहते थे। बच्चों को तो दुर्गा प्रसाद और देवी प्रसाद जी के घर जाने की पूरी आज़ादी थी। होली के बाद दुर्गा प्रसाद जी दादी जी से होली के उपलक्ष्य में मिलने प्रायःआते थे। चारपाई पर बैठ वार्तालाप करते थे क्योंकि वो ही इनके एकमात्र देवर थे। मुझे यह देख हर्ष होता था। दादी जी इन्हें 'छोटकऊ' कहकर सम्बोधित करती थीं। लेकिन अब वो ही पैरालिसिस होने के बाद अपने प्रत्येक कार्य के लिए दूसरे पर निर्भर हो गयी थीं। गाँव पहुँचने पर प्रारम्भ में उनके दो माह के अंतराल के बाद मिलने के कारण सभी ने हाथोहाथ लिया था और उनकी दैनिक परिचर्या में किसी प्रकार की कमी नहीं रखी थी। क्योंकि अजय प्रसाद जी इन कार्यों में अधिक सहयोगी स्वभाव के थे अतः सर्वप्रथम उन्होंने ही सपत्नी इनका ध्यान दिया था। उनको नित्य कार्य कराना, भोजन नाश्ता आदि कराना सबकुछ, इन लोगों ने सप्रेम किया था। पेशाब पॉट में कराकर फेका जाता था और लैट्रिन के लिए ये चारपाई पर बैठ जाती थीं और नीचे कोई बर्तन रख दिया जाता था जिसे घर वाले ही बाद में हटाते थे। कठिन कार्य था लेकिन नियमित रूप से करना होता था।

मेरा अपना सोचना है कि लोग समझते थे कि ये इनके जीवन के अंतिम दिन चल रहे हैं और कुछ ही समय में हो सकता है ये न रहें। इसलिए सभी ने इनके कार्यों में बिना किसी संकोच या झिझक के प्रसन्नतापूर्वक इनकी सेवा सुश्रूषा की। किन्तु समय के साथ साथ वो इसी स्थिति में अभ्यस्थ व सामान्य सी होती गयीं। अब इनके पुत्रगण भी यह महसूस करने लगे कि इनका जीवन इसी प्रकार लम्बे समय तक रह सकता है। अतः इनकी देखभाल व अन्य कार्यों का सभी में विभाजन होना चाहिए ताकि एक व्यक्ति पर पूरा दायित्व तथा बोझ न पड़े। फलस्वरूप सभी के द्वारा यह निर्णय लिया गया कि इनकी परिचर्या सभी चारो भाई दो दो माह की अवधि के लिए क्रमिक रूप से करेंगे। इनके अपने व्यय यथा तम्बाकू के लिए चार रुपये प्रतिमाह देते रहने होंगे। ये बातें देवी प्रसाद जी की उपस्थिति में तय की गयी थीं। वस्त्र धोती वगैरह मिलकर सभी करेंगे। इनके जमीन का भाग, जो पांचवा हिस्सा था, उसे अब सभी लोग बराबर बराबर लेकर स्वयं खेती आदि कराएँगे। मैं उपस्थित था। व्यवस्था तो बहुत ही अच्छी की गयी थी लेकिन उसका दुष्परिणाम यह हुआ कि जिसके कार्यकाल में इनका दायित्व जिस पर रहा, उसे छोड़कर फिर दूसरा इनके पास जाना भी नहीं चाहता था कि कहीं कोई कार्य न करना पड़ जाए। और यदि किन्हीं कारणों से वह उपस्थित न रहा तो इन्हे प्रतीक्षा करनी पड़ती थी या निवेदन करना पड़ता था और वह मन दबाकर इनका कार्य करता था। लोगों का उत्साह धीरे धीरे कम होने लगा। क्योंकि फैज़ाबाद में पिता जी के दो माह पूरे हो चुके थे तो तदोपरांत नारायण प्रसाद, अजय प्रसाद और रवि शंकर जी का क्रम

आता था। नारायण प्रसाद और अजय प्रसाद जी ने अपने कार्यकाल में दादी जी का ध्यान समुचित रूप से दिया और उन्हें कोई समस्या या कष्ट का सामना नहीं करना पड़ा था। जब रवि शंकर जी का कार्यकाल आया तो उस समय हम लोग माता जी सहित गाँव पर ही थे। क्योंकि रवि शंकर जी स्वयं व रजनी जी सर्विस करने के कारण दादी जी की किसी प्रकार सेवा या उनको समय देने में असमर्थ थे इसलिए वो ना तो इन्हें लिवाकर फैज़ाबाद ही ले गए और न स्वयं ही गाँव आ सके। इसलिए उनके कार्यकाल में उनकी व्यवस्था देखने का कार्य माता जी ने प्रारम्भ किया था। परन्तु कुछ दिनों उपरान्त ही नीता जी अस्वस्थ हो गयीं थीं। उनका बुखार अधिक दिनों तक रहने के कारण ऐसी सम्भावना जान पड़ी कि उनको मियादी बुखार हो सकता है। कई प्रकार की उपलब्ध दवाएँ भी दी गयीं किन्तु कोई लाभ नहीं हुआ फलतः उनकी कमजोरी बढ़ती ही गयी। जब स्थिति गंभीर हो गयी तो यह निर्णय लिया गया कि उन्हें फैज़ाबाद ले जाकर उपचार कराया जाए। उनके जाने के उपरांत ग्रीष्मावकाश होने के कारण मैं गाँव पर ही रुक गया था। उनके जाने के बाद मैं अपना दोनों समय का भोजन रामतीर्थ पाल के सहयोग से बनवा लिया करता था। रामतीर्थ पाल रामदीन के पुत्र थे। रामदीन जब मैं गोद में लेने योग्य था तो मेरे यहाँ काम करते थे। इनके पिता राम आधार थे।

दादी जी का भोजन आदि उनको अजय प्रसाद जी के यहाँ से मिलने लगा और हम सभी लोग उनके कार्यों का ध्यान रखने लगे। इस अवधि में उन्हें प्रारम्भ में तो नहीं लेकिन बाद में उनकी उपेक्षा शुरू हो गयी। लैट्रिन के लिये कभी कभार उन्हें अपने यहाँ काम करने वाले बाहरी लोगों की भी सहायता मजबूरन लेनी पड़ने लगी। उनके स्नान, कपड़े आदि बदलने और कंघी आदि भी नियमित रूप से होनी बंद हो गयी। क्योंकि इस समय वो रवि शंकर जी के हिस्से में थीं, इस कारण ही उनकी यह उपेक्षा हो रही थी। मैं अकेले उनके सारे कार्य नहीं कर सकता था। उनकी चारपाई को भी एक स्थान से दूसरे स्थान तक ले जाना अकेले संभव नहीं था। रवि शंकर जी दादी जी के सर्वाधिक प्रिय थे। इस मध्य वो उनसे मिलने की कुछ अधिक ही इच्छा करने लगी थीं। एक बार जब मैं ट्यूब वेल हेतु पाइप लाने फैज़ाबाद गया था तो उन्होंने मुझसे उनको आने के लिए सन्देश भिजवाया था और उन्हें पूरी संभावना थी कि जब मैं लौटूंगा तो वो साथ में अवश्य आएँगे। लेकिन जब मैं अकेले लौटा था तो उनको बहुत ही निराशा हुई थी जो मुझे उनके चेहरे के भावों से अनुभव हुआ था। इस प्रकार उनकी रवि शंकर जी से मिलने की प्रतीक्षा का समय अभी समाप्त नहीं हुआ था। इसी बीच एक दिन बाहर का कमरा जो बाबा जी ने बैठक के रूप में बनवाया था और जिसका बँटवारा अभी नहीं किया गया था उस पर नारायण प्रसाद जी अपना नियंत्रण रखने के कारण उसे अंदर से बंद कर लिए थे। इस कमरे में दिन के समय दादी जी का कोई ब्लाऊज़ था जो भीतर ही छूट गया था। दादी जी ने संभवतः नारायण प्रसाद जी के बच्चों से दरवाजा खोल देने को कहा हो और उन लोगों ने उनकी इस बात पर ध्यान न दिया हो।

हमारे घर में राम मिलन कहाँर नियमित पानी भरने आते थे। इनका परिवार पीढ़ियों से काम कर रहा था। इनके माता-पिता का स्वर्गवास बचपन में ही हो गया था। इनका पालन पोषण इनके बाबा दादी और बुआ द्‌वारा किया गया था। बुआ अंततः इसी गाँव में सपरिवार बस गयी थीं। और वो भी कभी कभार काम के लिए आ जाती थीं। गदन कहाँर जो इनके पति थे वो भी बहुत हँसमुख और मेहनती व्यक्ति थे जो मुझे बचपन में खिलाते व चिढ़ाते, दोनों काम करते थे। दादी जी ने मिलन से बाहर के बैठके का दरवाजा थोड़ा उठाकर टेढ़ा कर खुलवा लिया और अपना ब्लाउज निकलवा लिया था। उनके इस कार्य को लेकर नारायण प्रसाद जी की पत्नी और उनकी पुत्रियों ने, जो कि समझदार हो चुकी थीं, उनसे बहुत अधिक और देर तक विवाद किया था। नारायण प्रसाद जी कहीं अन्यत्र रहे होंगे। नरेंद्र प्रकाश जी थे लेकिन ये वैसे भी कम इन्वॉल्व होते थे। हालाँकि एक आध वाक्य मैंने उनके भी सुने थे। दादी जी अजय प्रसाद जी के वारामदे में ही चारपाई पर रहती थीं। मैं और पिता जी उन दिनों वहीं थे लेकिन कोई भी आरती जी से शीघ्र विवाद नहीं करना चाहता था क्योकि फिर उनका निरंतर बोलते रहना जल्दी थमता नहीं था। हम लोगों को बुरा अवश्य लग रहा था लेकिन कुछ करने की स्थिति में नहीं थे। जब दादी जी फैज़ाबाद अस्पताल में एडमिट थीं तो उन्हें इन्हीं लोगों के प्रति बहुत प्रेम अनुभव होने लगा था और कहती थीं कि जी करता है नारायण प्रसाद जी की पत्नी को सीने से चिपका लें। मुझे बहुत ही आश्चर्य हुआ था कि क्या वास्तव में ऐसा है और यदि है तो यह परिवर्तन बहुत ही शांतिदायक है। यह वाद विवाद लगभग साढ़े सात बजे के आस पास हुआ होगा जब मिलन पानी भरने आते थे और लगभग तीस चालीस मिनट तो चला ही होगा।

क्योंकि यह समय रवि शंकर जी के हिस्से में आता था अतः जो खाना इस समय हम और पिता जी, जो उस समय यहीं थे, मिलकर बनाते थे वही उनको हम लोग ही कराते थे। रात्रि में हमने अहाते में चूल्हे पर तरोई की सब्जी और रोटी बनाई थी। ये गर्मी के दिन थे और खुले में भोजन बनाना अधिक सुलभ होता था। मैंने थाली में भोजन ले जाकर स्वयं उनको दिया था और उन्होंने चारपाई पर बैठकर खुद ही खाया था। हाथ मुंह धुलाने के बाद उन्होंने मुझसे नीम का सींका भी लाकर देने को कहा। उन्होंने यह भी कहा था कि मेरे पैर में चोट के बावजूद भी वो मुझसे इतना काम बता रही हैं। मैं कुछ भी नहीं बोला था लेकिन मन में प्रसन्न हुआ कि वो ऐसा समझ रही हैं। तत्पश्चात कुछ देर में मैं और पिता जी भी भोजन करके अपने वारामदे में उसी पलंग पर जिसपर बाबा जी को मैंने ब्रेन स्ट्रोक के बाद बैठे देखा था, दोनों लोग सो गए थे। दादी जी अजय प्रसाद जी के भाग में जहाँ थीं वहीं सोई थीं।

लोग कहते हैं कि यदि इकलौता पुत्र या पुत्री हो तो वृद्‌धावस्था में सहायता हेतु अन्य कोई दूसरा विकल्प नहीं होता और कष्ट की संभावनाएँ अधिक होती हैं। इसलिए कम से कम दो तो होने ही चाहिए। लेकिन यहाँ अपने ही घर में भगवती प्रसाद जी के अपने ही चार पुत्र और

एक पुत्री थी किन्तु उनकी पत्नी के कष्टकाल में उनके लिए ये सब ना होने के समान थे। इन दिनों उनकी उपेक्षा कुछ अधिक ही होने लग गयी थी क्योंकि उनसे अब किसी को कोई लाभ नहीं होना था। उनके पास ऐसा कोई गुप्त धन भी नहीं था जिसकी आशा में ही लोग उनसे अपना मधुर सम्बन्ध, दिखावटी ही सही, बनाये रहते। दूसरा, उनका बँटवारा होना भी शायद उचित नहीं था। यदि वो किसी एक के साथ रहतीं और उनकी संपत्ति का लाभ उनके जीवन काल में वही लेता तो हो सकता है कि उसकी लापरवाही पर अन्य भाई उसको उलाहना दे सकते। लेकिन यहाँ शारीरिक श्रम जुड़ा हुआ था जिससे सभी बचना चाह रहे थे। रवि शंकर जी की समस्या वाजिब भी थी। किन्तु उनको अपनी मजबूरी स्पष्ट कर देना चाहिए था जो उन्होंने नहीं किया था। एक बार जब मेरे सामने सीतादेवी जी ने कहा था कि तुम लोग यदि इनकी सेवा नहीं कर सकते तो हम ले जाएँ, मुझे भी अच्छा नहीं लगा था। यह निश्चित है कि विधि के विधान को अपने पुत्र पुत्रियाँ भी बदल नहीं सकते। किसी का अपना होना या न होना कोई मायने नहीं रखता। यदि ईश्वर चाहता है तो किसी न किसी को सहायता हेतु भेज भी देता है या हटा लेता है। सोचने का बिंदु यह नहीं कि कौन कितना गलत था। सभी माएँ अपने सभी बच्चों के प्रति एक अटूट बंधन तो महसूस करती ही हैं और उनमे किसी को कम ज्यादा पसंद भी करती हैं। दादी जी का रवि शंकर जी के प्रति अधिक लगाव नारायण प्रसाद जी के लिए उनसे दूरी का कारण था। यह दादी जी ने तब नहीं सोचा रहा होगा कि इसका दुष्प्रभाव इस सीमा तक हो सकता है। प्रेम या स्नेह किसी के प्रति स्पष्ट होना चाहिए छुपकर नहीं। कुछ छोटी छोटी बातें जो अंधप्रेम में की गयी होती हैं वो धोखे की श्रेणी में रखी जा सकती हैं। वैसे बड़ों को भी माँ-बाप की ये त्रुटियाँ अपने विवेक का प्रयोग कर ही आंकना चाहिए। जब सीमा लांघ दी जाए तो ही किसी प्रकार का निर्णय पूरी पारदर्शिता के साथ स्पष्ट करते हुए लेना चाहिए। जैसा कि मैंने अपनी माता जी से कई बार कहा कि यदि वो देवेंद्र प्रकाश जी के गलत आचरण को सहयोग प्रदान करना जारी रखेंगी तो मैं एक झटके में सब कुछ त्याग दूंगा। किन्तु संभवतः वो कल्पना ही नहीं कर पाती थीं कि कोई अपनी संपत्ति, उससे लाभ या अपने अधिकार से इस प्रकार विरक्त हो सकता है या त्याग भी सकता है। मैंने उन्हें पर्याप्त अवसर दिया किन्तु जब मुझको यह प्रतीत हुआ कि देवेंद्र प्रकाश जी के कृत्यों का प्रभाव मुझ पर भी पड़ सकता है तो अप्रैल दो हजार ग्यारह से मैंने अपना गाँव और फैज़ाबाद पूर्ण रूप से छोड़ दिया। मैं अपने बच्चों की शिक्षा और अपनी सर्विस पर किसी भी प्रकार का दुष्प्रभाव नहीं पड़ने देना चाहता था।

तो उस रात्रि मैं और पिता जी उसी पलंग पर सो गए थे। नारायण प्रसाद जी का परिवार हमेशा से ही प्रातः अँधेरा रहते ही जग जाता था। अभी पूरी तरह से रात्रि की कालिमा समाप्त नहीं हुई थी जब नारायण प्रसाद जी ने आकर दरवाजा दूर से ही खटखटाया। उन्होंने 'दादा दादा' कह कर आवाज दी थी जिसे सुनकर हम दोनों लोग जाग गए थे। बड़े चाचा जी ने वहीं से तेज और घबराहट के स्वर में कहा था 'अम्मा नहीं हैं'। और पिता जी ने उठते उठते स्वयं से

ही कहा था 'सालों ने मार दिया'। सत्य तो यह था कि दादी जी का स्वर्गवास सुप्तावस्था में ही गत रात्रि हो गया था। मुझे अनुमान है कि मृत्यु गत मध्य रात्रि के उपरांत हुई रही होगी। उन्हें भूमि पर लिटाया गया। सभी लोग एकत्रित हो गए। कुछ लोगों ने रोना भी प्रारम्भ कर दिया था जिनमे वो भी थे जिन्होंने कल सायंकाल उनसे लड़ाई झगड़ा भी किया था। नरेंद्र प्रकाश जी की अम्मा जी से मैंने उस समय यह कहा भी था कि आपका रोना उचित नहीं है क्योंकि उनकी इस स्थिति में आपका भी योगदान है। वो कुछ नहीं बोलीं थीं। कुछ ही देर में दुर्गा प्रसाद जी का भी पूरा परिवार आ गया था। लेकिन अब तो केवल दुःख ही शेष रह गया था और उनका शरीर जिसकी उपयोगिता ईश्वर के अंश के निकल जाने से शून्य रह गयी थी। अंतिम क्रिया की प्रक्रिया प्रारम्भ की गयी। आवश्यक वस्तुओं को बहेड़ा से मंगाया गया। लकड़ियों की व्यवस्था करनी थी। कुछ लकड़ियाँ जो पुरानी धन्नी, मोटी सूखे पेड़ों की लकड़ी गाँव के घरों में उपलब्ध थीं उन्हें लाने के लिए दो एक आदमियों को साथ लेकर मैं, चंद्र प्रकाश और सरपंच जी गाँव में निकले।

सरपंच जी गाँव के बड़े जमींदारों में माने जाते थे। यद्यपि इनके पिछले क्रिया कलापों की वजह से लोग इनसे काफी घबराते थे। वैसे अब ये बहुत ही बदल गए थे। प्रणाम करने पर बहुत ही अच्छे से उत्तर देते थे जिस कारण हम लोग भी इनसे बोलने बात करने में संकोच नहीं करते थे। इनके हाथों में बाद में कुष्ठ रोग का प्रभाव हो गया था। इनके साथ जाकर हमलोगों ने पर्याप्त लकड़ियों को एकत्र कर बुढ़ऊ की बाग में पहुंचवा दिया था। वहाँ चिता का निर्माण किया गया और फिर विधिवत दादी जी का दाह संस्कार नारायण प्रसाद जी द्वारा पूर्ण किया गया। संसार में अनेक अपने आत्मीय और प्रिय लोग इसी प्रकार बिछुड़ते जाते हैं और उनका स्थान दूसरे लेते जाते हैं। नारायण प्रसाद जी ने अपने परिवार में बाबा दादी जी के अतिरिक्त देवी प्रसाद जी की भी अंत्येष्टि की थी। उनका यह कार्य उनके पुण्ड्यों में निश्चित ही वृद्धि किये होगा। राजेश्वरी जी को जितना अनुग्रहीत होना चाहिए था उतना न तो वो हुईं और न ही उनके पुत्रों ने सोचा। अंत्यष्टि के दस दिवस उपरान्त दादी जी की सुध की गयी और फिर त्रयोदशी। पिता जी मृत्यु के अगले दिवस या जल्दी ही फैज़ाबाद चले गए थे। अपने और रवि शंकर जी के परिवारों में मात्र मैं ही रुका था। मुझको याद है कि ये लोग सुध के एक दिन पूर्व ही गाँव पहुंचे थे। मुझे ये ग्लानि होती थी कि हमारे घर के लोग इतना निश्चिंत होकर फैज़ाबाद में क्यों रुके हुए हैं जबकि यहाँ तेरही के लिए विभिन्न व्यवस्थाएँ कराई जानी थीं। ये लोग जब पहुंचे थे तो मैंने कुछ न कुछ तो कठोर वाक्य इन लोगों को कहे ही रहे होंगे। लेकिन ये लोग शांत रह गए थे क्योंकि गलत थे। मुझे याद है कि दादी जी के देहांत के बाद मैं इसी दिन प्रथम बार रोया था। थोड़ा बहुत मुझको बाद में यह पता चला, सत्य था अथवा नहीं, कि रवि शंकर जी को कोई स्वास्थ्य सम्बन्धी समस्या थी।

मैं दादी जी के सुध में सम्मिलित नहीं हो सका था क्योंकि प्रातः ही देवेंद्र प्रकाश जी को

नैनीताल से लिवाने चला गया था। उन्हें लिवाकर मैं जगदीशपुर की तरफ से होकर तेरही में गाँव पहुँचा था। जब स्वरूपगंज पहुंचे थे तो रात्रि हो गयी थी अतः उस रात हम दोनों लोग वहीं किसी दूकान के छप्पर में पड़े तखत पर व्यतीत किए थे और सुबह वहाँ से पैदल चले थे। रात्रि में बरसात भी बहुत अच्छी हुई थी। अब तो इस प्रकार सोने में पशुओं का भय कम, मनुष्यों का ही अधिक है। देवेंद्र प्रकाश जी को यह दुखद घटना गाँव के निकट पहुँचने पर एक व्यक्ति से बात चीत के दौरान ज्ञात हुई। जब हम घर पहुंचे तो तेरही के भोज की व्यवस्था, भोज्य पदार्थों को तैयार करने की प्रक्रिया चल रही थी। सायंकाल तेरही भोज का कार्य संपन्न होने के साथ दादी जी के कष्टों और उनके पुत्रजनों की समस्याओं का भी अंत हो गया। यह तो दुःख की बात थी ही कि वो हम लोगों के बीच नहीं रह गयी थीं लेकिन इससे अधिक दुःख मुझे उनकी अंतिम समय की कष्टप्रद और दयनीय अवस्था को देख कर था। उनकी उस समय की स्थिति को समय में वापस जाकर ही जाना जा सकता है। यह भी एक स्थिति आयी थी जब वो अपने दैनिक कार्यों को भी कभी कभी दूसरे लोगों से कहकर करवाती थीं। मुझे तो नहीं स्मरण कि मेरे जीवन काल में उन्होंने ऐसा कोई कार्य किया रहा हो जिसका परिणाम उनकी इस दशा के रूप में ईश्वर ने दिया हो। पूर्वकृत कर्म रहे हों तो अन्य बात है। यह अवश्य था कि उन्होंने अपने खान पान का समुचित ध्यान नहीं दिया था। शीघ्र जागना, विलम्ब से उनका अल्पाहार का लेना और सबसे अंत में भोजन। घी दूध का भी सेवन उन्होंने नहीं किया था। एक बार पहले भी उनको चक्कर और अचेतना हो चुकी थी किन्तु कमजोरी सोच कर किसी ने अधिक ध्यान नहीं दिया था। वो जानती थीं कि यदि आवश्यक हुआ तो 'बड़कऊ बेटउनू' जो कहकर वो पिता जी को सम्बोधित करती थीं, उनके उपचार हेतु स्वयं ही करेंगे। एक कार्य और मुझे उनका स्मरण दिलाता रहा है। जब मैं काफी छोटा था तो शाम के समय जब मैं बाहर से खेल कर आता था तो मुझे पैर धुलकर ही बिस्तर पर चढ़ने दिया जाता था। मुझे यह कार्य अँधेरे में जाकर पानी निकाल कर करने में बहुत कठनाई अनुभव होती थी। दादी जी मुझे बिस्तर पर पैर नीचे लटका कर बैठने को कहती थीं और स्वयं पानी लाकर मेरा पैर धुल देती थीं जिससे मैं एक बहुत बड़ी कठिनाई से बच जाता था। और तभी उनका कहानियों को सुनाने का कार्य किया जाता था। दादी जी अपनी इस स्थिति के लिए कुछ हद तक स्वयं भी जिम्मेदार थीं। उन्होंने बाबा जी की मृत्यु के उपरान्त यह नहीं कहा कि वो अपने हिस्से की सारी संपत्ति उसी को देंगी जो उनकी भविष्य में देखभाल करेगा। और इन चारों पुत्रों में जो तैयार होता और जिसे वो सर्वाधिक सक्षम व योग्य समझतीं उसके साथ अपना जीवन व्यतीत करतीं। उनका बँटवारा न होता। लेकिन यह मेरी एक सम्भावना मात्र है निश्चित सफल विकल्प नहीं। किन्तु लोग उसको उसके द्वारा स्वीकार किये गए दायित्वों का भलीभांति पालन करने के लिए आगाह तो कर ही सकते थे। दादी जी को भी अधिकार होता। मैंने अपनी माता जी को देवेंद्र प्रकाश जी के प्रति उनके प्रेम के कारण ही कुछ ऐसा निर्णय लिया। उन्हें मैं अपने साथ सुलतानपुर लाता था किंतु उनका मन देवेंद्र प्रकाश जी में लगा रहता था। मैं नहीं चाहता था कि उनका वही हाल हो जो दादी जी का हुआ था।

वो स्वयं ही कहती थीं कि जो मेरी सेवा करेगा उसी को अपना धन देंगी। जबकि उन्हें यह समझना चाहिए था कि मैं अभी तक जो कुछ माता या पिता जी के लिए शरीर या पैसे से करता आया था वह किसी प्रकार की आशा से नहीं किया था। वो स्वयं भी कह चुकी थीं कि वो देवेंद्र प्रकाश जी के बिना नहीं रह पाएँगी। उन्होंने एक बाग का अपना तीसरा हिस्सा भी बिना मेरी सहमति के बेच लिया था। दादी जी जिससे दूर रहती थीं उसके प्रति उनके भीतर प्रेम प्रवाहित होने लगता था और जिसके साथ रहती थीं उससे असंतुष्ट रहती थीं और उसके पहले के भी सहयोग को विस्मृत करने लग जाती थीं। आप जिसके साथ हैं उसके सम्मुख किसी अन्य की प्रशंसा करना परोक्ष रूप से जिसके साथ हैं उसकी भावना को निराश करना होता है। उनकी यह प्रकृति बाद में अधिक स्पष्ट हुई। किंतु जब कठिन समय था तो यह सब ध्यान देने की बातें नहीं थीं। उनके पंगु जीवन के निर्वाह किए जाने को उनके पुत्रों द्वारा विभाजन से हल नहीं करना चाहिए था। उन्हें विवेकपूर्ण निर्णय लेकर अपनी पत्नियों को निर्देशित करना चाहिए। सीतादेवी जी का यह कहना कि तुम लोग यदि इनका ध्यान नहीं दे सकते तो मुझसे स्पष्ट कहो। लेकिन पुत्रों के लिए जहाँ यह उनके आत्मसम्मान पर चोट थी वहीं उनका सहयोग भी कितना रहता वह भी अनिश्चित था। जो भी हो, उनसे कोई वाद विवाद नहीं करेगा, यह सभी को सुनिश्चित अवश्य करना चाहिए था।

14
भवितव्यता

ग्रीष्म कालीन अवकाश के समाप्ति पर मैं पुनः अपनी शिक्षा हेतु बलरामपुर चला गया था। जैसा कि मैंने एमएससी भौतिकी में करने के उपरान्त इलाहाबाद विश्वविद्यालय में विधि स्नातक की पढ़ाई के मध्य लगभग पांच माह ही दिल्ली के शोध संस्थान में कार्य किया था और पुनः इलाहाबाद वापस आ गया था तो अब फैज़ाबाद में रहना प्रायः इसलिए भी होता था कि माता जी गाँव चली जाती थीं और देवेंद्र प्रकाश जी आदि यहाँ अकेले रह जाते थे। घर भी उतना सुरक्षित नहीं था। किसी भी परीक्षा में, चाहे वो कॉलेज की हो चाहे कॉम्पिटिशन से सर्विस के लिए, व्यक्ति को यदि उसने पूरी लगन से, अन्य सब कुछ गौड़ रख कर तैयारी नहीं की, तो उच्च श्रेणी लाना या सफल होना असंभव है। व्यक्ति के जीवन में अपने उद्देश्य की प्राप्ति के अतिरिक्त यदि और भी कार्य हैं तो उसे उद्देश्य प्राप्ति के लिए आश्वस्त होना मात्र एक भ्रम है। इन कार्यों में लिप्त होने से असफलता का सर्वाधिक कष्ट तो स्वयं उस व्यक्ति को होता है जो इन कार्यों से जुड़ा और अपने भविष्य को प्रभावित किया। साथ ही जिससे सम्बंधित कार्य आपने किया उनका स्वार्थ तो सिद्ध होगा ही और वो आपकी असफलता पर व्यंग्य करने से भी नहीं चूकेंगे। मैं समझ रहा था कि इस प्रकार की पढ़ाई के उपरान्त मैं विधि स्नातक तो हो जाऊँगा लेकिन किसी प्रतियोगी परीक्षा में सफल नहीं। क्योंकि मैंने अभी भी मात्र पुस्तकीय ज्ञानार्जन ही किया था। बैंकिंग सेवाओं की प्रतियोगिता छोड़कर अन्य कोई प्रतियोगिता परीक्षा भी होती है इसका ज्ञान मुझे परास्नातक के पश्चात ही हुआ था। इसलिए मैं अभी भी पीएचडी के लिए प्रयासरत था। इससे मुझे मेरे व्यय और जीवनयापन के लिए छात्रवृत्ति मिल जाएगी दूसरा यह कि अच्छी विश्वविद्यालय से यह डिग्री मिल जाने पर किसी महाविद्यालय में अध्यापन का अवसर तो मिल ही जायेगा।

समाचार पत्र पढ़ने का मेरा स्वभाव या आदत जब मैं इंटरमीडिएट में था तभी से बन गया था। मेरे बचपन में दैनिक अर्जुन समाचार पत्र पिता जी नियमित रूप से मंगाते थे। उस समय मैं इसका एक पृष्ठ जो 'वीर बाल संसद' के शीर्षक से प्रत्येक रविवार को निकलता था,

उसे मैं ज़रूर पढ़ता था। आश्चर्य की बात तो यह थी कि रविवार को आने वाले इस भाग को न जाने कब से पिता जी ने पहले के अनेक सप्ताहों के आपस में नत्थी कर के रखे हुए थे। जिसको मैंने जैसे ही मैं पढ़ने और इसमें रूचि लेने योग्य हुआ पढ़ना प्रारम्भ कर दिए था। बहुत ही रोचक सामग्रियाँ इस पृष्ठ पर रहती थीं। कहानियाँ, कॉमिक्स, पज़िल्स आदि सब इनमें होता था। बस अंतर यह था कि वे वर्त्तमान की भांति रंगीन मुद्रित नहीं होते थे। उसके बाद अपनी बाल्यावस्था और किशोरावस्था के समय नन्दन, पराग आदि पत्रिकाएँ और फिर नवनीत, दिनमान, साप्ताहिक हिन्दुस्तान, धर्मयुग, इलस्ट्रेटेड वीकली, ब्लिट्ज, सन्डे आदि पीरिऑडिकल्स को भी लेकर नियमित रूप से पढ़ता था। फैज़ाबाद में बस स्टैंड पर और बलरामपुर के मार्केट में बुक स्टाल मेरे प्रायः ही आने जाने वाले स्थान थे। बलरामपुर के बुक स्टाल पर दिनमान कई बार जाने के उपरान्त भी जब नहीं मिला तो मैंने आवेश में स्टाल के विक्रेता से कहा था कि तुम्हारा स्टाल जला देने योग्य है और जब यह बात उस स्टाल के मालिक तक पहुंची तो बातचीत करके मामला शांत हुआ। जब सत्य प्रकाश जी फैज़ाबाद में इंटर्नशिप कर रहे थे तो उन्होंने नॉर्दर्न इंडिया पत्रिका न्यूज़ पेपर मंगाना प्रारम्भ किया था। तभी से मेरे मन में समाचार पत्रों को लेकर यह अभिरुचि उत्पन्न हो गयी थी। उपरोक्त कार्यों का लाभ यह हुआ कि मेरी हिंदी, अंग्रज़ी, साहित्य सम्बन्धी और विश्व की सामयिक विषयों की जानकारी काफी परिष्कृत हो गयी थी। एक दिन जब मैं फैज़ाबाद में था और हिंदुस्तान टाइम्स पढ़ रहा था तो उसमे एक छोटा सा विज्ञापन दिल्ली विश्वविद्यालय से सम्बन्धित दिखा था। यह उन्नीस सौ तिरासी के अगस्त सितम्बर की बात रही होगी। मेरी विधि की त्रिवर्षीय शिक्षा पूर्ण होने को थी। मात्र एक प्रश्नपत्र भारतीय संविधान का शेष था जिसे छात्रों ने सीनेट हॉल में परीक्षा के दौरान 'आउट ऑफ कोर्स' कह कर वॉक आउट कर दिया था और जिसका होना अभी निश्चित नहीं था।

विज्ञापन एसएसएन कॉलेज दिल्ली विश्वविद्यालय का था। उसमे एक जेआरएफ की आवश्यकता भौतिक शास्त्र विषय में उल्लेख की गयी थी। मैंने अपने सभी अंकपत्र, प्रमाणपत्र और डिग्री एक आवेदन पत्र के साथ दिए गए पते पर भेज दिए थे। कुछ सप्ताह उपरान्त वहाँ से प्रोजेक्ट इन्वेस्टिगेटर की तरफ से इंटरव्यू हेतु एक पत्र प्राप्त हुआ और मैंने निर्देशित तिथि पर पहुंचकर अपना साक्षात्कार दिया। उन्होंने कहा था कि कुछ आवेदक और हैं और सभी के इंटरव्यू के पश्चात जो निर्णय लेंगे उससे वो मुझे बाद में अवगत कराएँगे। मैंने दो माह करीब प्रतीक्षा की थी किन्तु कोई पत्र नहीं आया था। तदोपरांत मैंने अपनी ओर से निश्चित अंतराल पर दो तीन पत्र पीआई डॉक्टर नागपाल जी को लिखे थे और हर बार उन्हें आश्वस्त किया था कि उन्हें, यदि मुझे अवसर मिला तो, मेरे कार्य से कोई शिकायत न होगी। मेरे इस प्रकार आश्वस्त करने पर उन्होंने अंततः पत्र भेजा था और आकर प्रोजेक्ट में ज्वाइन करने को लिखा था। इस तरह मैंने जाकर दिल्ली विश्वविद्यालय के डिपार्टमेंट ऑफ़ फिजिक्स और एस्ट्रोफीजिक्स में जेआरएफ के रूप में कार्य प्रारम्भ किया था। विभाग

के प्रोफेसर डॉक्टर शेट्टी मेरे कोसुपरवाइजर थे। अब मेरी आयु पच्चीस वर्ष की हो चुकी थी। उस समय मेरे पिता जी ने कहा था कि कीचड़ में रहने वाले मेढक को उसी में रहना पसंद होता है। वे चाहते थे मैं आईएएस, पीसीएस बनूँ। किन्तु मैं पुनः शैक्षणिक क्षेत्र में जा रहा था। एक समय तो वो कहते थे कि मेरे स्थान पर कोई और होता तो कितने पैसे कमा चुका होता और दूसरी तरफ उनकी यह कामना थी जिसमे धैर्य से लम्बा तथा एकाग्रता से परिश्रम करना होता है। मेरा भी अब तक सर्विस में न होना और उनका इस प्रकार से मुझ पर कटाक्ष करना, मुझे ऐसा प्रतीत कराता था कि वो मुझे अपने ऊपर बोझ समझने लगे हैं। प्रायः उत्तर प्रतिउत्तर भी हो जाया करता था। मेरे मन मस्तिष्क पर भीतर ही भीतर तनाव रहने लगा था। इन स्थितियों में माता जी का मुझे कोई किसी प्रकार का भावनात्मक सहयोग भी नहीं प्राप्त होता था।

इन कारणों से मुझे स्वावलम्बी बन जाना अब आवश्यक महसूस होने लगा था। यद्यपि घर में ऐसी आर्थिक कमी नहीं थी कि उनका व्यवहार इस प्रकार का होता। एक बार बॉम्बे जब बीएआरसी के इंटरव्यू के लिए मैं जा रहा था तो वो स्टेशन जाकर मुझे ट्रेन में बैठने के बावज़ूद लौटने का आग्रह कर आये थे। मैं भी कुछ देर तक सोचने के बाद टिकट वापस कर घर लौट आया था। शायद यह उन्नीस सौ अस्सी की बात थी। गाँव पर खेती भलीभांति हो रही थी। रवि शंकर जी का भी दायित्व अब इन पर नहीं था। मात्र अपने परिवार के, मैं तथा दो अन्य और माता-पिता जी। मैं आज भी नहीं समझ सका कि ये मेरे धनोपार्जन के लिए इतनी शीघ्रता में क्यों थे। नीता जी अभी पढ़ ही रही थीं। या इनमें धन संग्रह की प्रवृत्ति घर करने लगी थी। या कोई अन्य कारण था। मुझे कोई छात्रवृत्ति भी नहीं मिल रही थी और इनसे कुछ भी पैसे मांगने में संकोच करने लगा था। मैं अपने आपको कर्जी सा अनुभव करने लगा था। एलएलबी को तो इन्होने व्यर्थ ही किया हुआ मान लिया था। यही कारण था कि मैंने अपनी पीएचडी की फेलोशिप से बचा कर समयोपरांत छह हजार रूपए का ड्राफ्ट बनवाकर पिता जी को लाकर दिया था। क्योंकि पिता जी ने ही मुझे व्यय पंजिका बनाने के लिए स्वयं दी थी अतः मेरे पास इलाहाबाद में उनके द्वारा प्रदान किये गए सारे खर्चों का लिखित ब्यौरा था और मैंने उनकी गणना कर ली थी। मुझे याद पड़ता है कि एलएलबी का यह व्यय करीब साढ़े तीन हजार के आस पास आया था। मैंने मान लिया था कि एमएससी का व्यय तो ये करते ही क्योंकि बीएससी में मेरे प्रथम श्रेणी में अच्छे अंक आए थे और मेरी शिक्षा आगे कराना तो इनका नैतिक, पारिवारिक व सामाजिक दायित्व था। अतः अब जब मैं पच्चीस वर्ष का हो गया और उनकी भावनाएँ इस प्रकार की थीं तो मैंने घर छोड़ दिल्ली जाना ही उचित समझा और दिल्ली विश्वविद्यालय में पीएचडी करने का निर्णय लिया।

इसके पूर्व मैं एक बार इसी सिलसिले में मैं दिल्ली डॉक्टर नागपाल से मिलने और गया था लेकिन वह नहीं मिल सके थे। उनके निवास का पता जानने के लिए मुझे डॉक्टर युधिष्ठिर

कुमार भून, जो हिंदी के प्राध्यापक थे, से मिलना पड़ा था। जब उनसे अपने आवास हेतु चर्चा की तो उन्होंने मुझे वहीं कॉलेज के निकट ही अपने एक मित्र के विषय में बतलाया जिनके यहाँ रूम उपलब्ध था। इस प्रकार मेरे रहने की व्यवस्था हो गयी थी। अंततः जब मैं अपना बिस्तर व कपड़े इत्यादि आवश्यक सामान लेकर गया तो चौबे जी के पास अधिक दिन नहीं रहना पड़ा था। उन्होंने मुझसे कहा कि मेरी चारपाई जो मैं उनके यहाँ ही छोड़ आया था, अभी भी उपलब्ध है। मैं अपने सभी सामानों सहित उनके पुत्र के सहयोग से अपने कमरे में शिफ्ट हो गया था। उन्होंने मेरी इस अपनी स्वयं व्यवस्था करने की क्षमता को सराहा भी था। अलीपुर स्थान शेरशाह सूरी मार्ग पर विश्वविद्यालय से डीटीसी की बस से लगभग बीस मिनट की दूरी पर स्थित था। एसएसएन कॉलेज यहीं पर स्थित था। यहाँ से यूनिवर्सिटी के लिए स्पेशल बसें प्रत्येक आधे घंटे पर कॉलेज समय पर उपलब्ध रहती थीं। अतः निवास सुविधाजनक था। घर छोड़ने के समय दुःख तो होता ही है। फैज़ाबाद हमेशा के लिए छूट रहा था ऐसी केवल सम्भावना ही नहीं अपितु लगभग निश्चित था। इसके पीछे मेरी महत्वाकांक्षा ही नहीं बल्कि मेरे माँ-बाप का मेरे प्रति रवैया अधिक जिम्मेदार था। मैंने तो एलएलबी कर रखी थी और आवश्यकता पड़ने पर वकालत का प्रोफेशन करने को भी तैयार था। मुझको यह अनुभव हो चुका था कि दिल्ली या किसी भी महानगर की तुलना में छोटे शहर में कम पैसे में भी अच्छा जीवन जिया जा सकता है। खेती पर्याप्त थी ही।

चंद्र प्रकाश जी संतोषजनक और प्रसन्न जीवन गाँव पर जिए और शहर में भी आकर व्यतीत किये। जब कि उनकी नियमित आय नहीं थी। चंद्र प्रकाश जी ने अपने बच्चों की शिक्षा के लिए जो प्रयास किए और उन्हें आर्थिक सहयोग प्रदान किया वह बहुत ही प्रशंसनीय है और अपने आप में एक उदाहरण है। इनका विवाह उन्नीस सौ उन्यासी की ग्रीष्म ऋतु में हुआ था और मैं इसमें सम्मिलित होने के लिए बलरामपुर से सीधे गाँव आया था। रात्रि बहेड़ा ब्लॉक में विजय पाल सिंह, जो वहीं सरकारी आवास में रहते थे और पिता जी के विभागीय मित्र थे, के दरवाजे उनकी व्यवस्थानुरूप व्यतीत कर प्रातःकाल गाँव पहुँचा था। घटनाक्रम इस प्रकार है।

फैज़ाबाद में सभी के पहले से ही गाँव चले जाने के कारण अपना घर बंद था। मैं जब फैज़ाबाद से स्वरूपगंज के लिए बस से चला तो शाम हो चुकी थी। स्वरूपगंज पहुँचते पहुँचते रात्रि के आठ अवश्य बज गए रहे होंगे और मैं अकेले पैदल जाने को सुरक्षित नहीं समझ रहा था। इसी बस में देवी प्रसाद जी के दामाद शिवराम जी भी आये थे। मेरे मन में यह विचार आया था कि हो सकता है ये भी गाँव चलें और मुझे कुछ सहारा हो जाए। लेकिन इस दौरान शिवराम जी ने एक बार भी यह जानने का प्रयास नहीं किया कि मैं कैसे जाऊँगा। वो कुछ देर वहीं आस पास रहे और फिर किधर चले गए मुझे पता नहीं चला। मैंने उनसे अपने स्वभाव के अनुसार प्रणाम तो किया ही रहा होगा। हो सकता है उनके मन में मेरे प्रति अच्छी भावना किसी वजह

से न रही हो। वो मुझको अपने पुत्र का प्रतिद्वंदी समझते रहे हों। या गाँव में उनके प्रतिद्वंदी से सम्बन्ध रखने के कारण ऐसा रहा हो। जो भी हो लेकिन यह एक सभ्य व्यक्ति से अपेक्षित नहीं था। संयोग से मुझे स्वरूपगंज में ही दो लोग मिले जो संभवतः किसी बड़े शहर से जहाँ वे अपना जीविकोपार्जन करते रहे हों, से आये थे। उनके पास पर्याप्त सामान था। उन्होंने मुझसे एक गाँव का रास्ता पूँछा जो बहेड़ा के निकट था और मैं जानता था। मैंने कहा मुझे भी उसी ओर जाना है और मैं उनको मार्ग बतलाते हुए उनके गंतव्य तक पहुँचा सकता हूँ किन्तु फिर उन्हें अपने गाँव से दो किलोमीटर आगे बहेड़ा तक मुझे किसी के साथ भिजवाना होगा। हम सभी लोग पैदल थे। मेरे ख्याल से उनके पास सामान भी होने के कारण सुरक्षा को भी दृष्टि में रखते हुए उन्हें मेरी शर्त ठीक जान पड़ी और उन्होंने इसे मान लिया था। हम दोनों के लिए यह व्यवस्था लाभकारी थी। लगभग ग्यारह किलोमीटर पैदल मार्ग तय कर भटपुरवा रात्रि साढ़े ग्यारह के आस पास हम उनके घर पहुंचे थे। उनके घर पहुँचने पर काफी चहल पहल मुझे दिखी। तत्पचात उन्होंने तुरंत ही किसी अन्य के द्वारा साइकिल से मुझे विजय पाल सिंह जी के घर पहुँचा दिया था।

शिवराम जी फैज़ाबाद में अध्यापकों के प्रशिक्षण केंद्र में प्रशिक्षक के रूप कार्यरत थे। इनसे मेरी कभी भी अधिक वार्ता नहीं हुई। इनका स्वभाव बच्चों से अधिक लगने का नहीं था। जब ये कभी मेरे घर आते या मैं इनके घर जाता तब भी सीधे बात बहुत ही कम हुई होगी। प्रायः प्रश्न करने पर इनका उत्तर भी प्रश्न के रूप में ही होता था जो अपने आप में एक गुण है। हरी रंग की स्याही का प्रयोग मेरे ज्ञान में अपने हस्ताक्षर आदि करने में अधिक करते थे। इनके भीतर देवी प्रसाद जी का दामाद, अधिक शिक्षित और सबसे बड़े होने का तथा जो भी अनजानी बातें हों, को लेकर कुछ अहंकार मुझे जान पड़ता था। एक बार मोहल्ले में इन्होने ओम प्रकाश अग्रवाल जी के यहाँ के किसी सदस्य से कहा था कि वो मोहल्ले में अपने को सबसे अधिक धनी यानी 'रिच' मानते हैं। ओम प्रकाश जी, वेद प्रकाश जी जो विधायक रह चुके थे, के बड़े भाई थे और इनके घर हम सभी का भी आना जाना रहता था। इनका आशय जो अचल संपत्ति इन्हें अपनी ससुराल में मिली थी को दृष्टि दिमाग में रख कर रहा होगा। जब कि नगरीय अचल संपत्ति और व्यवसायिओं से तुलना करने का कोई तुक नहीं बनता था। उनकी यह बात हम लोगों तक किसी प्रकार पहुँच गयी थी। वैसे ये साहसी व्यक्ति थे। क्योंकि गाँव प्रायः रात में ही स्वरूपगंज से पैदल पहुँचते थे। हालाँकि इनके पास एक पिस्टल थी जिसे ये हमेशा अपने पास रखते थे। यह पिस्टल शायद इन्होने बाराबंकी जनपद में छात्रों के साथ हुई किसी समस्या के उपरान्त ली थी। छात्रों से हुए विवाद के विषय में सीतादेवी जी के देवर शैलेन्द्र बहादुर जी ने बतलाया था जो उनके कहने के अनुसार घटनास्थल पर स्वयं उपस्थित थे। मैंने शिवराम जी को अंतिम बार उन्नीस सौ पंचान्नबे के आस पास देखा था जब मैं नेहा के साथ इनके घर गया था। इनके देहांत का समय तो मुझको स्मरण नहीं लेकिन सन दो हजार के इर्द गिर्द रहा होगा। अंतिम समय में ये अस्वस्थ हुए थे और दिल्ली

के किसी चिकित्सालय में इनको ऐडमिट करा कर उपचार चल रहा था। इनके सबसे छोटे पुत्र का निवास वहीं था। सबसे बड़े भाई जिन्होंने प्राचीन इतिहास में पीएचडी की थी वो लखनऊ में रहते थे। जो बीच वाले थे जिनका ज़िक्र मैं विस्तार से कर चुका हूँ वो संभवतः यूएसए में थे। इन लोगों ने कभी अपनी वास्तविक जानकारी स्वयं से नहीं दी। बीच वाले भाई ने पहले तो मेडिकल में प्रवेश हेतु प्रतियोगी परीक्षाएँ दीं और साथ ही जीव विज्ञान विषयों के साथ बीएससी भी करते रहे किन्तु सफल न होने के कारण बाद में जंतु विज्ञान में एमएससी और पीएचडी किये थे। और फिर विवाह कर छात्रवृत्ति से जल्द ही विदेश चले गए थे। जैसा मुझे ज्ञात हुआ था ये विश्व स्वास्थ्य संगठन की छात्रवृत्ति पाए थे और पहले स्विट्ज़रलैंड और बाद में यूएसए गए थे। यह भी ज्ञात हुआ था कि इनके श्वसुर विश्व स्वास्थ्य संगठन में कार्यरत थे। शिवराम जी के तीनो पुत्र पीएचडी किये जिनमे प्रथम और अंतिम काफी सफल रहे जिसमे जो सबसे छोटे थे वो सर्वोत्तम शिक्षा प्राप्त कर भारत सरकार के एक संस्थान में निदेशक पद तक पहुंचे। यूएसए उत्प्रवास करने वालों को परिश्रम अधिक है और जीवन में शान्ति कम है। शिवराम जी का स्वास्थ्य इनके उस अस्पताल में उपचार किये जाने के बावजूद नहीं ठीक हुआ और वहीं उनका देहांत हो गया था। आईसीयू में शीशे के बाहर से ये अचेत अवस्था में विभिन्न उपकरणों के मध्य लेटे देखे जा सकते थे। गाँव में घर और खेतीबारी की देखभाल के लिए जो व्यक्ति इन लोगों ने नियुक्त कर रखा था, उसे दिल्ली बुलाया गया था। इनकी अन्त्येष्टि वहीं पर की गयी थी जिसमे इनके ससुराल पक्ष का कोई भी उपस्थित नहीं था। हम लोगों को इनकी अंतिम क्रिया के विषय में कोई जानकारी ही नहीं मिली थी। दिल्ली से आने पर 'छुम्मू' ने बतलाया था कि उनका मृत शरीर काफी असामान्य हो चुका था और किसी प्रकार चद्दर में लपेट कर उठाया गया था। छुम्मू और उनके बड़े भाई भिखारी ने देवी प्रसाद जी के यहाँ बहुत लम्बे समय तक कार्य किया। शिवराम जी की मृत्यु प्रतीत होता था कुछ दिन पूर्व ही हो चुकी थी।

चंद्र प्रकाश जी का विवाह बारून बाजार के निकट किसी गाँव से हुआ था। बारात बस से गयी थी जिसमे हम सभी शामिल थे। जनवासा बाग में दिया गया था और अल्पाहार व दोनों समय भोजन की व्यवस्था बहुत अच्छी थी। दोपहर में खिलाया गया कच्चा भोजन मुझे आज भी स्वाद के लिए याद है। रात्रि में जागकर मुझे चुनरी डालने के लिए नाई राम उजागिर जी द्वारा ले जाया गया था। रात्रि में नृत्य का आयोजन चंद्र प्रकाश के पिता जी की और से किया गया था जो उस समय बारातियों के मनोरंजन हेतु की भी जाती थी। चंद्र प्रकाश की दुल्हन उनके अनुरूप देखने में तो नहीं थी किन्तु स्वभाव से काफी मिलनसार थी। बाराबंकी जनपद में उसकी शिक्षा हुई थी। जब गाँव में रहने लगी तो अक्सर दूर से ही देख मुझसे नमस्ते कर अभिवादन करती थी। चंद्र प्रकाश जी ने कभी भी उससे अप्रसन्नता नहीं व्यक्त की। यद्यपि घर के लोग बाद में उससे अप्रसन्न रहते थे किन्तु जब तक दोनों पक्षों के विचारों को न जान ले, किसी प्रकार का अपना विचार नहीं निर्मित करना चाहिए।

आज चंद्र प्रकाश के तीन पुत्र, बहुएँ और पोते पोतियाँ हैं और सभी प्रसन्न हैं। चंद्र प्रकाश और सरला जी ने हमेशा एक दूसरे को सहयोग दिया है। विवाह के समय इन दोनों की आयु बीस वर्ष के लगभग थी और दोनों ही इंटरमीडिएट कर रहे थे। एक विशेष घटना यह भी है कि मैं नींद आने पर रात्रि में नृत्य करने वाली के बिस्तर पर ही जाकर सो गया था और मुझे बाद में उठाया गया था। किसी ने भी मुझे कुछ कहा नहीं था किन्तु मुझे शर्मिंदगी तो हुई ही थी।

यदि मेरे पिता जी ने मुझे दो वर्ष का भी समय व प्रोत्साहन और दिया होता और एकाग्र होकर तैयारी करने को कहा होता तो हो सकता है मैं उनकी इच्छानुरूप परिश्रम कर प्रशासनिक सेवा प्राप्त करने में सफल भी हो जाता। उन्हें तीन वर्ष एलएलबी के दौरान मुझे पूर्ण एकाग्रता से घर को विस्मृत कर इसके लिए प्रयास करने को कहना चाहिए था और मुझे कोसना नहीं चाहिए था। हमेशा के लिए घर से दूर रहना मैं भी नहीं चाहता था। परिस्थितियों और दिल्ली विश्वविद्यालय की प्रतिष्ठा को देखते हुए प्राप्त अवसर को मैंने उनसे आर्थिक स्वतंत्रता प्राप्त करने के एक अच्छे अवसर के रूप में पाया था।

अलीपुर का मेरा कमरा एक मकान के भीतर का था और बहुत ही सुरक्षित तथा शांत स्थान पर स्थित था। कमरे की खिड़की दिल्ली नगर निगम के बालिका सेकण्डरी स्कूल के परिक्षेत्र में खुलती थी जिसमे बड़े बड़े वृक्ष आदि थे। यहाँ से सौ मीटर की दूरी पर ही महामार्ग और एसएसएन महाविद्यालय स्थित था जहाँ से यूनिवर्सिटी स्पेशल बसें जाती थीं। इस महाविद्यालय में ही डॉक्टर नागपाल वरिष्ठ प्रवक्ता थे। मैं इस बार जब तक दिल्ली में रहा यहीं निवास किया और विवाहोपरांत सीमा को भी यहीं लाया था। मकान के मालिक स्वयं दो और उनके दो सयाने पुत्र व पुत्री थे और सभी बहुत ही अच्छे स्वभाव के थे। दिल्ली विश्वविद्यालय देश की राजधानी में होने के कारण अपने भवन व शिक्षण सुविधाओं के साथ साथ गुणवत्ता में भी अपना एक अलग ही स्थान रखता था। फिजिक्स और एस्ट्रोफिजिक्स विभाग की नयी बिल्डिंग जिसमे ऊपर एक बड़े से गुम्बद के भीतर प्रयोगहीन दूरबीन लगी थी, उसी भवन के एक कक्ष में मेरे बैठने की व्यवस्था बनायी गयी। कुछ ही दिनों में कम्प्यूटर केंद्र, कारपा लाइब्रेरी, साइंस लाइब्रेरी, मुख्य लाइब्रेरी में मैंने अपनी सदस्यता ले ली और साथ ही कहाँ पर किस प्रकार की कैन्टीन्स हैं, कहाँ अन्य प्रकार के जलपान की व्यवस्था उपलब्ध है आदि की भी जानकारी मैंने प्राप्त कर ली। कुछ के विषय में तो डॉक्टर नागपाल ने ही अवगत करा दिया था और कुछ के बारे में एक दो मित्र जिनसे मेरा पहला संपर्क हुआ, उनसे जानकारी मिली। तदोपरांत मैंने अपने शोध से सम्बन्धित पुस्तकों और जर्नल्स का अध्ययन प्रारम्भ कर दिया था। मेरे शोध का विषय वायुमंडल की गतिशीलता का अध्ययन था। विशेषतया मध्य वायुमंडल। इस हेतु मुझे भारतीय मौसम विभाग, मुख्यालय प्रायः जाना होता था और यह सिलसिला अंत तक चलता रहा। बाद के दिनों में राष्ट्रीय भौतिकी प्रयोगशाला के कम्प्यूटर के उपयोग के लिए भी नियमित जाना पड़ता था। ये संस्थान

विश्वविद्यालय से दूर स्थित थे लेकिन दिल्ली को देखते हुए डीटीसी की सुविधाओं के नाते कोई समस्या नहीं होती थी। शोध का अभिप्राय यह नहीं होता कि आपको कोई नया अन्वेषण ही कर देना है। बल्कि आपको उस क्षेत्र में जो ज्ञान अभी तक मानव को उपलब्ध है उसको समझते हुए अपनी ओर से कुछ महत्वपूर्ण नयी जानकारी प्राप्त करना और उस ज्ञान में वृद्धि करना होता है। जब आपका योगदान और स्वयं का ज्ञान पर्याप्त समझा जाता है तो उसे आपको संकलित कर थीसिस के रूप में विभाग, विश्वविद्यालय को प्रस्तुत करने की अनुमति दी जाती है। तत्पश्चात विशेषज्ञों के आकलन के बाद प्रदान संस्तुति पर आपको पीएचडी डिग्री प्रदान की जाती है। इस डिग्री की प्राप्ति के लिए कितना कार्य पर्याप्त होगा और उसे किस प्रकार करना है इन सब बातों के लिए सुपरवाइजर का मार्ग दर्शन चाहिए होता है। अभ्यास हो जाने पर आप स्वतन्त्र रूप से स्वयं भी शोध करने की स्थिति में आ जाते हैं और अधिक मार्गदर्शन की आवश्यकता नहीं रह जाती। लेकिन कितना कार्य पर्याप्त होगा इसका निर्धारण तो सुपरवाइजर को ही करना होता है अतः कार्यकाल अनिश्चित है। यहाँ पहुँच कर मुझे पता चला कि पांच छह वर्ष से शोधार्थी लगे हुए हैं और उनका कार्य पूरा नहीं हुआ। कुछ सुपरवाइजर शीघ्रता करने के लिए कहते रहते हैं और कुछ कार्य हो जाने के बाद भी असंतुष्टि व्यक्त करते हैं। मैं तो तीन चार वर्ष के लिए ही सोच कर आया था। यदि इतने समय तक इस कार्य में लगा रहा तो जीवन का एक महत्वपूर्ण खण्ड तो इसी प्रकार व्यतीत हो जायेगा। इसलिए मैंने यह प्रयास प्रारम्भ किया कि साथ ही साथ ऐसी योग्यता भी विकसित करूँ कि जब भी उचित समझूँ, अन्यत्र जीविकोपार्जन की व्यवस्था कर सकूँ। अतः शुरू से ही मैंने कम्प्यूटर की पुस्तकों का अध्ययन प्रारम्भ कर दिया। मैं जानता था कि आने वाला समय इस विषय की योग्यता रखने वालों के लिए अत्यधिक उपयोगी होने वाला है। मेरे शोध कार्य में भी कम्प्यूटर का उपयोग होता ही रहता था। तो अपने शोध के समानांतर संगणक टेक्नोलॉजी का भी अध्ययन मैं गंभीरता से पुस्तकालय में करता रहता था। मेरे फैज़ाबाद आने का अब कोई समय निश्चित नहीं रह गया था। जब कोई लम्बा अवकाश हुआ या आवश्यकता हुई तो जाकर हो आता था। फेलोशिप पर्याप्त थी और इसमें से कुछ बच भी जाती थी। नाश्ता व खाना मैं यूनिवर्सिटी की कैंटीन या किंग्सवे कैम्प के होटल में कर लिया करता था। स्टूडेंट पास होने के कारण डीटीसी की बसों में यात्रा लगभग फ्री थी। लेकिन होटल का नित्य खाना स्वास्थ्य, समय और व्यय की दृष्टि से मुझे ठीक नहीं लग रहा था। अलीपुर में कोई अच्छा होटल न होने की वजह से यूनिवर्सिटी से लौटते समय ही खाना खा कर आता था। जलपान के लिए कुछ वस्तुएँ रूम पर रख ली थीं।

छब्बीस जनवरी उन्नीस सौ चौरासी को एक विशेष संयोग बना और देवी प्रसाद जी के मंझले नाती उस दिन इंडिया गेट की विशाल भीड़ में अचानक मिल गए। उस विशाल अगणित लोगों के जन समुदाय में इस प्रकार अचानक किसी निकट सम्बन्धी का मिल जाना दैवयोग कहा जाता है। वो उस समय एम्स में शोध अधिकारी के पद पर नियुक्त हो चुके थे। उन्होंने

वहीं जब बातचीत हुई तो मुझे परामर्श दिया कि मैं अपना खाना स्वयं बनाऊँ और इस हेतु यथावश्यक सामान अपने पास रख लूँ। उन्होंने मुझे एक छोटा प्रेशर कुकर भी रखने को कहा था। उनकी इस सलाह पर मैंने अपने रूम पर फिलहाल रात्रि का भोजन बनाना प्रारम्भ किया था जो मेरे लिए भविष्य में अत्यधिक सुविधाजनक एवं लाभप्रद सिद्ध हुआ। कुछ दिवस उपरान्त मैंने अवकाश के दिनों में दोपहर का भी भोजन बनाना शुरू कर दिया था। उनकी इस प्रेरणा से मेरी एक बृहद समस्या का निराकरण हो गया था। मुझे याद पड़ता है कि व्यवस्था आदि बनाने में मुझे कुछ समय लगा था और स्वयं कुकिंग का कार्य मैंने मार्च के महीने से प्रारम्भ किया था। उस मुलाकात के पश्चात उनके विदेश जाने के पूर्व दो बार उनसे उन्हीं के आवास पर मिला था। तत्पश्चात आज तक फिर नहीं मिला और न ही संपर्क हुआ। दिल्ली यूनिवर्सिटी से एक एरोग्राम उनके सौतेले मौसेरे भाई द्वारा बताये गए पते पर मैंने भेजा किन्तु कोई भी उत्तर प्राप्त नहीं हुआ। हो सकता है वो उस पते पर न रहे हों या व्यस्तता के कारण उत्तर न दे सके हों।

उस समय मेरी युवावस्था थी और दिल्ली से फैज़ाबाद आने जाने में कोई श्रम महसूस नहीं होता था। लखनऊ तक अनेको ट्रेन थीं और लखनऊ से फैज़ाबाद के लिए निरंतर बसें उपलब्ध रहती थीं। उस समय की सबसे कम समय लेने वाली गोमती एक्सप्रेस थी जो सात घंटे में दिल्ली से लखनऊ तक की यात्रा पूरी कर देती थी। दिल्ली में भौतिकी विभाग में मेरी जिससे सर्व प्रथम बात हुई थी वह इसी विभाग की इलेक्ट्रॉनिक्स की शोध छात्रा रेणुका माथुर जी थीं। उन्ही से मैंने विभिन्न प्रकार की विभागीय जानकारी जैसे शोध के विषय में, इसके अन्य पहलुओं के विषय में, आगे सर्विस की संभावनाओं आदि पर बातचीत की थी और उन्होंने मुझे अपना काफी समय दिया था। मैंने इनसे बात ही बात में कहा था कि मैं पीएचडी के पूर्व ही यदि कोई ठीक सर्विस मिल जाएगी तो इसे छोड़ दूंगा। और मेरी यह बात अंततः सत्य साबित हुई थी। उनकी सर्विस डीआरडीओ दिल्ली में ही लग गयी थी। एक शोध छात्र भूपत शर्मा जी थे जो मेरे ही कक्ष में बैठते थे जिनसे मेरी धीरे धीरे घनिष्टता हो गयी थी। इन्हीं के साथ मैं प्रायः निकलता था और यूनिवर्सिटी गेट पर स्थित टी स्टाल पर बैठ चाय, कोल्ड ड्रिंक या अन्य कुछ खाता पीता था। इनसे काफी देर तक बातें होती रहती थीं। यह स्टाल प्रतापगढ़ जनपद का एक व्यक्ति चलाता था। सिगरेट हम दोनों पीते थे लेकिन शर्मा जी ज्यादा ही पीते थे। मेरी दिन में यदि एक दो हो गयीं तो पर्याप्त थीं। सिगरेट पीना मैंने साकेत महाविद्यालय से ही प्रारम्भ कर दिया था। किन्तु संख्या हमेशा दिमाग में रही। दिल्ली पहुँच कर माता जी के कहने अनुसार कि पान खा लेना लेकिन सिगरेट नहीं, मैंने सिगरेट बंद सा ही कर दिया था। भूपत के अंदर कार्य करने की योग्यता व क्षमता अधिक थी। उन्होने पूरा अध्ययन यहीं से किया था। यहाँ का सिलेबस अवध यूनिवर्सिटी से अधिक विस्तृत और ज्ञानवर्धक था। एक बार मैं इनके घर भी गया था और ये भी मेरे रूम पर आये थे। इनके सुपरवाइजर डॉक्टर मनमोहन जी थे। जब उनको मेरे विवाह की जानकारी हुई थी तो उन्होंने

मेरे पास कम्प्यूटर सेंटर में स्वयं आकर मुझे शुभकामनायें दी थीं।

उसी के कुछ समय बाद डॉक्टर मनमोहन पोस्टडॉक्टोरल फेलोशिप के द्वारा क्वींस यूनिवर्सिटी ऑफ़ बेलफ़ास्ट चले गए थे। काफी समय पश्चात् वो किरोरीमल कॉलेज से विश्वविद्यालय मुख्य कैंपस आ गये थे और बाद में इस विभाग के विभागाध्यक्ष भी बने। भूपत जी ने स्वयं ही परिश्रम कर और पत्राचार द्वारा इनसे मार्गदर्शन प्राप्त किया, कई पेपर पब्लिश किये थे और मेरे पीएचडी छोड़ने के उपरांत डिग्री प्राप्त कर ली थी। भूपत जी के द्वारा मेरा परिचय कुछ अन्य छात्रों से भी हुआ था इनमे कुछ सरदार थे और बियर और वाइन भी पीते थे। एक बार इन लोगों ने मुझे काफी दबाव डालकर पिलाना चाहा था लेकिन मैंने बहुत ही दृढ़ता से, जिसमे आपसी मनमुटाव भी हो गया था, मना कर दिया था। इन लोगों ने भीतर से रूम तक बोल्ट कर लिया था। लेकिन बाद में मित्रता पूर्ववत हो गयी थी। इसके करीब दस बारह वर्षों उपरान्त पता चला था कि डॉक्टर भूपत, डॉक्टर नागपाल और प्रोफ़ेसर सक्सेना जी का स्वर्गवास हो गया था। प्रोफ़ेसर सक्सेना जी की बढ़ी लम्बी दाढ़ी, हमेशा सफ़ेद कुरता पायजामा पहनना और एक बार किसी कार्य से मेरी टेबल तक आना भूला नहीं जा सकता। पूर्व के दो लोगों की मृत्यु बहुत जल्दी हो गयी थी। सुना था डॉक्टर नागपाल जी को उच्च रक्त चाप हो गया था और कुछ समस्या उन्हें अपने पुत्र को भी लेकर थी। इनकी पत्नी भी एसएसएन कॉलेज में किसी अन्य विषय की प्रवक्ता थीं और इन्होने रोहिणी क्षेत्र में अपना मकान निर्मित करा लिया था। अपने शोधकाल में मैंने विभिन्न कार्यों से वीएसएससी त्रिवेन्द्रम, आइआइटीएम पुणे, इसरो बंगलोर, पीआरएल अहमदाबाद, गुजरात और गौहाटी विश्वविद्यालय आदि स्थानों का भ्रमण किया। दो शोधपत्र, इसरो से तीन वैज्ञानिक रिपोर्टें, कई शोध आर्टिकल पब्लिश करवाए और पोस्टर प्रस्तुत किये। मैंने इसी बीच कम्प्यूटर की कई प्रोग्रामिंग लैंग्वेजेज़ सीखीं। कई ऑपरेटिंग सिस्टम पर कार्य किया और पीसी से लेकर मेनफ्रेम तक प्रयोग किये। सत्य तो यह है कि मेरे समय में ही कम्प्यूटर का अपने देश में प्रारम्भ ही हुआ। मैंने पंचकार्ड्स भी खूब प्रयोग किये। यह सब सीखने का मुख्य उद्देश्य यही था कि मैं अपने भीतर ऐसी स्किल रखूँ कि कभी भी ज़रुरत पर कोई न कोई जॉब प्राप्त कर सकूँ। अच्छे एम्प्लॉयमेंट की समस्या प्रत्येक समय में रही है।

एक बार मैं जब किसी कार्य से फैज़ाबाद आया था तो डॉक्टर नागपाल जी मन ही मन काफी नाराज़ हुए थे। उन्होंने अकाउंट सेक्शन को मेरी फेलोशिप उनकी संस्तुति के बिना न देने को कह दिया था। मुझे यह बहुत ही अधिक बुरा लगा था। सामान्यतः सभी सुपरवॉइसर्स अपने स्टूडेंट्स के साथ इस प्रकार का व्यवहार करते रहते हैं। लेकिन मैं कुछ तो भिन्न था ही। मैंने इलाहाबाद यूनिवर्सिटी से एलएलबी भी कर रखी थी और आयु में भी अधिक था। मैं, जो भारतीय संविधान का पेपर परीक्षा के लिए बचा था, उसे डॉक्टर नागपाल जी की

सहमति से जाकर दे आया था और मैं विधि स्नातक हो चुका था। कुछ मेरा स्वभाव भी कम सहनशील होने का था। इसी प्रकार एक बार और मेरे फैज़ाबाद जाने पर वो नाराज़ हुए थे। होता यह था कि जब भी मैं आता था उनसे अनुमति लेकर ही आता था किन्तु कभी कभी आकस्मिक रूप से किसी आवश्यकतावश बिना उनके संज्ञान के भी आना पड़ जाता था। उस समय फ़ोन इतना तो उपलब्ध होता नहीं था। डॉक्टर नागपाल जी ने प्रारम्भ में ही मुझसे कहा था कि परिवार को तीन चार वर्षों के लिए तो भूल ही जाना पड़ेगा। लेकिन उनका यह कहना अतार्किक था। यह कैसे संभव है कि मनुष्य जो अपने परिवार से मायावश इतना बंधा हुआ है वह उन्हें भूल जाये। हाँ नियंत्रण लगाया जा सकता है। शोधकार्य के स्तर तक पहुँचने पर व्यक्ति अपने कार्य और समय के महत्त्व को इतना समझदार हो चुका होता है कि वह स्वयं इस बात का निर्णय ले सकता है। उन्होंने आवेश में यह कहा था कि मुझे यदि इस प्रकार कार्यों में व्यवधान कर अवकाश लेना है तो मैं पीएचडी छोड़ दूँ। मैंने कहा था कि वो मात्र एक बार इस प्रकार से होने पर पीएचडी छोड़ने को कह रहे हैं तो उन्होंने कहा था कि कितने बार के बाद वो मुझे कहें। तभी मुझे अनुभव हुआ कि मेरी पीएचडी और भविष्य तो एक व्यक्ति की संतुष्टि या असंतुष्टि पर निर्भर करते हैं। ऐसा होना बिलकुल उचित नहीं है और मुझे प्रत्येक स्थिति के लिए तैयार रहना चाहिए।

दिल्ली यूनिवर्सिटी में ज्वाइन करने के दो ढाई वर्षों में मेरी प्रगति काफी अच्छी हो चुकी थी। मैंने सीएसआईआर की एसआरएफ के लिए आवेदन कर दिया था। अभी तक मैं प्रोजेक्ट से फेलोशिप ले रहा था जिसमे पूरा अधिकार प्रोजेक्ट इन्वेस्टिगेटर के पास होता है क्योंकि प्रोजेक्ट की प्रगति का पूरा उत्तरदायित्व उसी का होता है। सीएसआईआर की सीनियर फेलोशिप शोधार्थी की योग्यता पर प्रदान की जाती है जो सीधे शोध करने वाले को मिलती है। सुपरवाइजर मार्गदर्शन के लिए होता है। अतः कुछ हफ़्तों बाद मुझे सौभाग्य से इस फेलोशिप में चयनित होने का पत्र प्राप्त हो गया था। भौतिकी विभाग से मात्र तीन लोगों का चयन हुआ था। मैंने डॉक्टर नागपाल जी का प्रोजेक्ट छोड़ इस फेलोशिप को ज्वाइन कर लिया था। वो भी प्रसन्न हुए थे।

एसआरएफ में छात्रवृत्ति भी बढ़ गयी थी। कुछ समय उपरान्त हम शोध छात्रों ने फेलोशिप को पुनः रिवाइज़ करने के लिए शासन को पत्र लिखा था। लम्बे समय तक कोई निर्णय न लिए जाने के कारण हम सभी ने विश्वविद्यालय अनुदान आयोग और सीएसआईआर मुख्यालय तक पैदल मार्च भी किया था। प्रोफ़ेसर यशपाल जी से जो संभवतः इस संस्था के प्रमुख से उनसे वार्ता हुई थी और उन्होंने इस पर ध्यान देने का आश्वासन दिया था। फलस्वरूप फेलोशिप में पुनः पर्याप्त वृद्धि हो गयी थी। पैदल मार्च के लिए पूर्व से सम्बंधित सुरक्षा अधिकारियों को अवगत कराया जाता है ताकि इस दौरान यथोचित पुलिस व्यवस्था की जा सके।

यदि गंभीरता से देखा जाये तो शोध कार्य विश्वविद्यालयों में उस गंभीरता से नहीं लिया जाता जैसा होना चाहिए। अधिकांश छात्र जो प्रोजेक्ट में रिसर्च करते हैं उनका मुख्य ध्येय प्रोजेक्ट के उद्देश्य को प्राप्त करना होता है। गुणवत्ता को पर्याप्त ध्यान नहीं मिल पाता। इसकी मुख्य वजह शोध छात्रों का अनिश्चित भविष्य होता है जिसकी उन्हें हमेशा चिंता बनी रहती है। पीआई की भूमिका भी बहुत महत्वपूर्ण होती है। उसकी सोच और अपने शोधार्थियों के प्रति उसका व्यवहार कितना सहयोगपूर्ण है, यह बात बहुत मायने रखती है। शोध कार्य के लिए उचित वातावरण का होना बहुत ही अधिक महत्त्व रखता है। यदि आप स्वतन्त्र प्रकार से प्रतियोगिताओं के माध्यम से छात्रवृत्ति लेकर शोध करने आये हैं तो स्वाभाविक ही आपके भीतर शोध के प्रति रुचि, योग्यता व परिश्रम की क्षमता होती है। आप स्वयं रिसर्च करते हैं और मार्गदर्शन की भी अधिक आवश्यकता नहीं होती। विश्वविद्यालयों में प्राथमिक कार्य शिक्षण होता है। बहुत ही कम संख्या में ऐसे विश्वविद्यालय भारत में हैं जहाँ शोध कार्य को भी बराबर महत्त्व पीएचडी सुपरवाइसर्स प्रदान करते हों। अधिकांश प्रोफेसर या प्राध्यापक अपने शोध छात्रों को पर्याप्त समय नहीं दे पाते और उसका परिणाम पीएचडी डिग्री में उन्हें अधिक समय का लगना होता है। इसके उपरान्त यदि उसने जो कार्य इस दौरान किया है, उस क्षेत्र में अपनी रुचि के अनुसार सर्विस खोजता है तो कभी तो शीघ्र और कभी इस कार्य में उसे समय लग जाता है। आयु बढ़ती जाती है। युवावस्था का महत्वपूर्ण समय व्यतीत हो जाता है। यदि उसका शोध में योगदान महत्वपूर्ण है तब तो उसे संतुष्टि मिलती है और वह अपनी रुचि की सर्विस प्राप्त कर फिर गृहस्थ जीवन में प्रसन्नतापूर्वक स्थापित हो जाता है। अन्यथा उसे अभी और संघर्ष करना पड़ता है और कुछ स्थितियों में वह अवसादग्रस्त होकर परिवार और मित्रों से अपने को अलग करने लग जाता है। अतः इस क्षेत्र में किसी को तभी प्रवेश करना चाहिए जब उसे इस कार्य में वास्तव में अभिरुचि हो और शोध की योग्यता भी हो ताकि सुपरवाइजर पर निर्भरता कम से कम हो। उसके पास शोध कार्य हेतु पर्याप्त समय देने के लिए उपलब्ध हो और किसी प्रकार की विशेष पारिवारिक जिम्मेदारी भी न हो। मेरे ये विचार अपने अनुभव के आधार पर व्यक्तिगत हैं और आवश्यक नहीं कि हमेशा स्थिति ऐसी ही हो।

मैंने एक बार एमएसटी राडार फैसिलिटी तिरुपति के प्रमुख, प्रोफेसर राव जी से, जिनके साथ मैं बंगलोर के होटल में एक ही रूम में रुका था, बात की कि आप लोगों की पीढ़ी अधिक परिश्रमी थी। अबके शोधकर्ताओं में वह इच्छाशक्ति नहीं है। तो उन्होंने कहा था कि ऐसा नहीं है। प्रत्येक कालखंड में ऐसे लोग निकल आते हैं जो उनसे पूर्व के लोगों का स्थान ले लेते हैं। और यह सत्य भी है। मेरा यह मानना सत्य नहीं है कि अबके युवा उतने कर्मठ और निष्ठावान नहीं हैं। जब समय आता है तो उनमें से कुछ पूर्व के शोधकर्ताओं से भी अधिक योग्यता प्रदर्शित करते हैं। मुझे अपने शोध कार्य के दौरान एक और अनुभव हुआ और वह

यह कि अपने भीतर कभी नकारात्मकता नहीं आने देना चाहिए। मैं उन्नीस सौ अस्सी में साक्षात्कार हेतु एक राष्ट्रीय प्रयोगशाला गया था। इंटरव्यू से मैं संतुष्ट था। लेकिन इस बीच मैं यह कह गया था कि मेरी एमएससी में प्रथम पोजीशन इसलिए नहीं आयी थी क्योंकि एक प्राध्यापक ने पक्षपात किया था। और यह कहना मेरे चयन में बाधक बन गया था। यह बात मुझे चयन समिति के ही एक सदस्य डॉक्टर पाण्डे जी ने स्वतः जब वो कई वर्षों बाद मुझसे एक कांफ्रेंस में मिले तो उन्होंने बतलाया था। वो मुझे पहचान गए थे जबकि मैं उन्हें भूल चुका था।

घटनाक्रम कुछ इस प्रकार था। डॉक्टर पाण्डे जी गौहाटी यूनिवर्सिटी जिस सिम्पोज़ियम में गए थे उसी में मैं भी गया था और संयोग से वो भी उसी होटल में ठहरे थे जिसमे मैं रुका था। किसी कार्यवश, सम्भवतः समय पूँछने के लिए वो मेरे रूम के दरवाजे को नॉक किये थे। मुझे देखते ही उन्होंने पूँछा कि क्या वो मुझसे पहले कहीं मिल चुके हैं। वार्ता के दौरान पता चला कि वो अहमदाबाद में कार्यरत हैं और फिर मेरा वहाँ जाना और उद्देश्य आदि स्पष्ट याद हो आया। वो जैसा मुझे याद पड़ता है आज़मगढ़ या कहीं इसी के निकट के मूल निवासी थे जो फैज़ाबाद के पड़ोस का जनपद है अहमदाबाद में संस्थान की कैंन्टीन में मुझे उनके साथ इंटरव्यू के उपरान्त कुछ देर बैठने का अवसर मिल गया था। लगभग पांच वर्ष तो व्यतीत हो ही चुके रहे होंगे। उन्होंने बताया था कि मेरे चयन के लिए सभी सहमत थे किन्तु मेरी उसी बात ने लोगों को शंकित कर दिया था और फिर मुझे नहीं लिया गया।

जब मैं उन्नीस सौ चौरासी में वीएसएससी त्रिवेन्द्रम राकेट डेटा लेने गया था तो जो साप्ताहिक रूप से लगभग पचास किलोमीटर ऊँचाई तक वायुमंडल के तापमान व हवा का वेग, दिशा आदि मापने हेतु राकेट प्रक्षेपित किये जाते थे, उसे भी देखने का अवसर मिला था। लांच के समय की गर्जना बहुत ही विशेष होती है। उस समय त्रिवेंद्रम में रेलवे स्टेशन के निकट ही कुछ बिल्डिंग्स आधुनिक प्रकार की थीं। शेष पूरे नगर में परंपरागत प्रकार से बने हुए आवास थे। नारियल के वृक्षों से नगर भरा हुआ था। सड़कें मार्ग सभी सँकरे थे और बमुश्किल दो वाहनों के लिए पर्याप्त रहे होंगे। स्थानीय यातायात के लिए वहाँ बस सुविधाएँ ही थीं किन्तु वो सुविधाजनक थीं। सुबह के समय और शाम को वीएसएससी के वैज्ञानिकों और अन्य कार्मिकों को नगर से वेली ले जाने और पहुँचाने के लिए पर्याप्त संख्या में बसें और जीपें चलती थीं जो अंतरिक्ष केंद्र की अपनी और विशेष रंग की होती थीं। उन पर केंद्र का नाम और भारत सरकार हिंदी व अंग्रेजी में लिखा होता था। प्रारम्भ के कुछ दिन मुझे होटल से लेने कार आई थी लेकिन बाद में मैं समय निश्चित न होने के कारण स्थानीय परिवहन से ही जाने लगा था। वैसे तो ट्रेन के केरला में प्रवेश करते ही वहाँ के वन वृक्षों की विशेष सुगंध महसूस होने लगती थी लेकिन त्रिवेन्द्रम नगर में नारियल के वृक्षों की ही महक प्रसरी रहती थी। सामान्य लोग हिंदी बिलकुल नहीं समझते थे किन्तु संकेतों से काम चल जाता था। मुझे

वहाँ का पान सुपारी व स्थानीय तम्बाकू का स्वाद अच्छा लगा था। एक पान केवल पांच पैसे में मिलता था। होटल के निकट रेलवे स्टेशन पर प्रातः दक्षिण भारतीय ब्रेकफास्ट और बस स्टेशन पर रात्रि में पराठे व करी मिल जाती थी। कुछ जानकारियाँ तो डॉक्टर नागपाल जी ने मुझे पहले से ही आते समय दे रखी थीं।

तभी मैंने प्रथम बार कन्याकुमारी और विवेकानंद रॉक मेमोरिअल भी देखा था। त्रिवेन्द्रम का कोवलम बीच, जहाँ पहली बार समुद्र देखा, वह भी सौंदर्य से परिपूर्ण प्राकृतिक स्थान था। उस समय बीच पर कठिनाई से सोडावाटर मिलता था। मुझे एक छोटी सी दुकान वहाँ दिखी थी। किन्तु अब तो वहाँ आधुनिक कॉन्क्रीट की बिल्डिंग्स अनगिनत हो गयी हैं। सारी हरियाली ही बुरी तरह प्रभावित हो चुकी है। वह स्वच्छता जो तब थी, उसकी कल्पना करना भी कठिन है।

उन्नीस सौ चौरासी के अक्टूबर के अन्तिम दिनों में ही तत्कालीन प्रधानमंत्री इंदिरा गांधी जी की हत्या हुई थी। उनकी मृत्यु के उपरान्त जो अराजकता दिल्ली में फैली थी उसे मैंने स्वयं देखा था। अगले दिन स्थिति बहुत ही गंभीर हो गयी थी। मैं त्रिमूर्ति भवन से कनॉट प्लेस, नयी दिल्ली स्टेशन, अजमेरी गेट, दरियागंज, कश्मीरी गेट होते हुए अन्तर्राज्यीय बस अड्डे तक पैदल आया था। पूरी व्यवस्था ही अनियंत्रित थी। जो चाहे सो जलाये, जो चाहे सो लूटे और बेफिक्र उठा कर ले जाये, यही दिखता था। जब मैं राष्ट्रपति भवन पर था तभी ऊँचाई तक जाते हुए धुएँ को देख शीघ्रता से लौटने लगा था। लूट, आग और धुआँ यही दीखता था। डीटीसी की बसें सुबह ग्यारह बजे तक पर्याप्त चल रही थीं किन्तु अपराह्न में बहुत ही कम हो गयी थीं। बस अड्डे से आज़ादपुर बस से और वहाँ से अलीपुर एक मारुति वैन में अनजान लोगों से लिफ्ट लेकर साढ़े आठ बजे पहुँचा था। आज के समय में तो अनभिज्ञ लोगों से लिफ्ट लेना निश्चित ही समस्याओं को आमंत्रित करना है। आज़ादपुर में पचासों ट्रकें जली हुई थीं और जल रही थीं।

इन्हीं दिनों मेरी तबियत भी कुछ खराब हुई किन्तु मैं नवम्बर के मध्य में ही एक कांफ्रेंस अटेंड करने बंगलौर भी गया था। अगली बार जब मैं दूसरी बार कॉन्फ्रेंस में प्रतिभाग के लिए त्रिवेन्द्रम गया था तो मेरे साथ डॉक्टर नागपाल जी का एक और शोध छात्र गया था और हम दोनों अवसर निकाल कर रामेश्वरम मंदिर भी गए थे, बस ताम्बरम रेलवे स्टेशन तक जाती थी उसके बाद ट्रेन से रामेश्वरम जाना होता था। तब सड़क पुल के निर्माण का कार्य प्रारम्भ हो चुका था। ट्रेन से समुद्र के ऊपर गुजरना भी विशेष अनुभव दिए था। उस समय रामेश्वरम में रुकने खाने के लिए कोई भी उचित व्यवस्था नहीं थी। मछलियों की महक रामेश्वरम पहुँचते ही आने लग जाती थी। अब तो यह पूरा ही बदल चुका है। इस प्रकार पीएचडी के दौरान मुझे काफी भ्रमण का अवसर मिला। जब मैं आईएमडी पुणे कार्यवश गया था तो समय निकाल कर गोवा भी हो आया था। मांडवी नदी का पुल गिर जाने के कारण पंजिम फेरी से जाना होता

था। यहाँ भी मछलियों की महक आती रहती थी और किन्तु हरियाली ज्यादा थी। पूर्वी घाट के पहाड़ों से गुजरती हुई छोटी लाइन की ट्रेन की यात्रा अत्यधिक आकर्षक और मनोहर दृश्य दिखाती है। रास्ते में पड़ने वाला दूधसागर झरना भी निकट और दूर दोनों स्थानों से दिखता है। इसी प्रकार जब मैं गुजरात विश्वविद्यालय गया था तो अहमदाबाद के सर्किट हॉउस में रुका था और वहाँ के सांस्कृतिक कार्यक्रमों को देखने का समय भी मिला था। मैंने पहली बार दूध के साथ कॉर्नफ्लैक्स वहीं खाया था।

अपनी पीएचडी के दिल्ली के इसी कार्यकाल में ही मैंने कम्प्यूटर का भी अच्छा ज्ञान और अनुभव लिया। यदि मैं कहूँ कि कम्प्यूटर के भारत में आगमन पर जिस पीढ़ी ने उसका प्रयोग सर्वप्रथम प्रारंभ किया तो वो हम लोगों की ही थी। हमारे विश्वविद्यालय में मेनफ्रेम, जो काफी बड़े होते थे, आईबीएम तीन सौ साठ मॉडल था। रिसर्च कार्यों के लिए फोरट्रान में प्रोग्रामिंग करता था जिसमे मैं एक्सपर्ट हो गया था। प्रोग्राम और डेटा अस्सी स्तम्भों के पंचकार्ड पर पंच करना, उनकी लिस्टिंग प्रिंट करना और जॉब सबमिट कर प्रोसेस्ड रेसल्ट अगले दिन प्राप्त करना होता था। तत्पश्चात अपने विभाग की सामान्य पीसी और अडवांस्ड पीसी पर कार्य किया। फिर पीसी तीन सौ छियासी का दौर आया जिसका प्रयोग मैंने दिल्ली और फिर एनआईसी में किया। जिस कम्प्यूटर मेनफ्रेम का प्रयोग मैंने सर्वाधिक किया वह वैक्स तीन सौ पचास और तीन सौ अस्सी मॉडल थे। वैक्स सिस्टम का प्रयोग मैं एनपीएल में डॉक्टर राव की अनुमति से वहीं जाकर किया करता था। आईबीएम कम्प्यूटर के बाद फिर पंच कार्ड का प्रयोग नहीं करना पड़ा था और मल्टीयूज़र वाले अच्छे पीसी आने लग गए थे जिनमे प्रोग्रामिंग व डेटा इंट्री कीबोर्ड से ही हो जाती थी। जब उन्नीस सौ बयासी में मैं सीरी में रिसर्च कर रहा था तो भी पंच कार्ड का प्रयोग किया था। उस समय मैं एनआईसी के इन्सडॉक, इंडियन नेशनल साइंटिफिक डॉक्यूमेंटेशन सेंटर, स्थित कम्प्यूटर टर्मिनल का प्रयोग करता था। कुछ समय के लिए मैंने दिल्ली स्कूल ऑफ़ इकोनॉमिक्स के यूनिक्स सिस्टम का भी प्रयोग किया था। मेरा अधिकांश समय या तो लाइब्रेरी में और या कम्प्यूटर सेंटर में ही व्यतीत होता था। यदि मैं कहूँ कि मेरा लगभग पूरा जीवन ही कम्प्यूटर के मध्य व्यतीत हुआ तो इसमें कोई अतिशयोक्ति नहीं होगी। इन दूसरे स्थानों के कम्प्यूटरों को प्रयोग करने के पीछे कारण यह था कि मेरे विश्वविद्यालय का जो संगणक केंद्र था वह मेरे वहाँ जाने के दो तीन वर्षों उपरान्त आग लगने से काफी क्षतिग्रस्त हो गया था और निष्प्रयोज्य हो गया था। छात्रों का कार्य लम्बी अवधि तक प्रभावित न हो इस हेतु विश्वविद्यालय ने प्राइवेट कंपनियों से उनके कम्प्यूटर को प्रयोग में लाने के अनुबंध कर लिए थे और उनको प्रयोग के अनुसार विश्वविद्यालय से पैसों का भुगतान कर दिया जाता था। यद्यपि यह बहुत ही महँगा पड़ता था। काफी समय तो नोइडा जाकर काम करना पड़ा। कंपनी अपनी कार हमें लेने व पहुँचाने के लिए भेजती थी और दोपहर का लंच भी देती थी। और इन सबका चार्ज अपनी बिलिंग में शामिल कर लेती थी ऐसा कंपनी के मालिक ने बतलाया था। यहाँ वैक्स कम्प्यूटर

था। इसी प्रकार टीसीएस का भी कम्प्यूटर कुछ अन्य शोधार्थियों के लिए लिया गया था। इन सारी व्यवस्थाओं के बावजूद मेरा कार्य कम से कम तीन माह तो बंद ही रहा था। मेरा पूरा काम ही कम्प्यूटर पर निर्भर था। मेरा शोध का शीर्षक ही 'न्यूमेरिकल मॉडलिंग ऑफ़ मिडिल एटमोस्फियरिक विंड्स' से सबंधित था।

मैं समाचार पत्र हिंदुस्तान टाइम्स नियमित रूप से लेता था और न्यूज़ के अतिरिक्त यदि सर्विस से सम्बंधित कोई विज्ञापन होता था तो उस पर भी ध्यान रखता था। एक बार शुरुआत में ही आईएमडी में यूपीएससी के माध्यम से कुछ पदों हेतु विज्ञापन निकला था और मैंने आवेदन फॉर्म जाकर सबमिट कर दिया था। साक्षात्कार में डॉक्टर कुलश्रेष्ठ जी, डीडीजी, आईएमडी विशेषज्ञ के रूप में आये थे। मेरा साक्षात्कार बहुत ही अच्छा होने के बावजूद मेरा चयन नहीं हुआ था। कुछ दिनों बाद उचित समय पाकर मैं जब आईएमडी गया तो उन्हीं से इसका कारण पूंछ लिया था कि ऐसा क्यों हुआ। तो उन्होंने मुझसे कहा था कि पीएचडी के उपरांत किसी वरिष्ठ पद पर ज्वाइन करो। इस पोस्ट पर ट्रांसफर पूरे देश के विभिन्न केंद्रों पर होता रहेगा जो अच्छा नहीं। यह मेरे खयाल से उन्नीस सौ चौरासी के प्रारम्भ की बात होगी।

तीन वर्ष पूरा हो चुका था और समय तेजी से बढ़ता जा रहा था। डॉक्टर नागपाल ने मेरी थेसिस के विषय में अभी तक कोई भी बात शुरू नहीं की थी। फेलोशिप सामान्यतः पांच वर्ष से अधिक नहीं होती। और थेसिस का कार्य प्रारम्भ होने के बाद कम से कम वर्ष भर तो लग ही जाते हैं। तत्पश्चात जीविकोपार्जन हेतु सर्विस की तलाश। खैर, मेरा सोचना यह था कि प्रत्येक कार्य समय पर पूरा हो। एक दिन मुझे हिंदुस्तान टाइम्स में नेशनल इन्फार्मेटिक्स सेंटर, एनआईसी, में नियुक्ति हेतु एक विज्ञापन दिखा। इसमें एक पद ऑफिसर और एक असोशिएट का प्रत्येक डिस्ट्रिक्ट के लिए था। सरसरी तौर पर देखने पर मुझे यह प्रतीत हुआ कि दोनों पदों की मात्र एक एक वैकेंसी है और मैंने ध्यान नहीं दिया था। किन्तु कुछ दिनों बाद मुझसे ऑपरेशनल रिसर्च विषय का एक शोध छात्र मार्ग में मिल गया और उसने पूँछा कि क्या मैंने उन पदों लिए आवेदन किया। कारण बताने पर उसने स्पष्ट किया कि दो रिक्तियाँ प्रत्येक जनपद में अर्थात छह सौ चालीस जिलों में हैं। और तभी मैंने डिस्ट्रिक्ट इन्फार्मेटिक्स ऑफिसर व असोशिएट दोनों के लिए अप्लाई किया था। यह आवेदन उन्नीस सौ छियासी अंत या सत्तासी में किया रहा होगा। केवल साक्षात्कार के द्वारा डीआईओ की नियुक्ति कर दी गयी। परास्नातक तथा राष्ट्रीय संस्थानों के दो वर्ष के अनुभव वालों को चयनित कर लिया गया। इसमें विश्वविद्यालय के अनुभव वालों को नहीं लिया गया था। वैसे भी मेरे पास कोई कम्प्यूटर से सम्बंधित डिप्लोमा या डिग्री नहीं थी और मैंने आशा भी नहीं की थी। उन्नीस सौ अट्ठासी में मुझे एनआईसी से एक पत्र प्राप्त हुआ जिसमे मुझे डीआईए की नियुक्ति हेतु प्रतियोगिता परीक्षा में सम्मिलित होने के लिए बुलाया गया था।

तिथि जुलाई माह की कोई थी और परीक्षा केंद्र मूलचंद फ्लाईओवर के पास केंद्रीय विद्यालय था। तब तक तो मैं इसके विषय में भूल भी चुका था।

मैंने परीक्षा अटेंड करने का निर्णय लिया कि इससे लाभ ही होगा। सुबह ही अलीपुर से निकल समय से परीक्षा केंद्र पहुँच गया था जो कि वहाँ से दूर था। हजारों अभ्यर्थी आये हुए थे। परीक्षाफल भी उसी दिन सायंकाल एनआईसी मुख्यालय पर घोषित कर दिया जाना था। मेरा इक्ज़ाम अच्छा हुआ था क्योंकि मैंने कम्प्यूटर के विषय में पर्याप्त अध्ययन कर रखा था। परीक्षा के बाद मैं और मेरा एक मित्र, दोनों एनआईसी आ गए और रेज़ल्ट की प्रतीक्षा करने लगे। शाम लगभग साढ़े सात बजे जब रेज़ल्ट निकला तो हम दोनों ही साक्षात्कार के लिए क्वालिफ़ाइड अभ्यर्थियों में थे। दिल्ली में आज बरसात भी बहुत हुई थी। वहाँ से लौटकर हम दोनों ने मुखर्जी नगर में एक स्थान पर खाना खाया और फिर आकर ज़ुबली हाल हॉस्टल में एक मित्र के रूम पर सोये थे। रात्रि काफी हो चुकी थी। कुछ ही दिनों के उपरान्त साक्षात्कार जिसकी तिथि भी उसी समय अवगत करा दी गयी थी, मुख्यालय पर ही होना निश्चित हुआ था। साक्षात्कार के दौरान जब नियुक्ति हेतु जनपद की बात हुई तो डॉक्टर महेश चंद्रा जी ने कहा कि यदि मेरा चयन हो जाता है तो नियुक्ति सुलतानपुर में हो जाएगी जो मेरी पहली चॉइस थी। मेरे अन्य दो पसंदीदा जनपद गोंडा और फैज़ाबाद थे। लेकिन विभिन्न वजहों से मैं फैज़ाबाद तो नहीं ही चाहता था।

मैंने जब विश्वविद्यालय में शोध कार्य प्रारम्भ किया था तो कुछ दिनों बाद ही ऐसा प्रतीत होने लगा था कि अब मुझे त्रिवेन्दम, बंगलौर, अहमदाबाद, पुणे या अन्य किसी बड़े और दूर स्थान पर ही सर्विस करनी होगी। अपने जनपद के निकट तो लगभग असंभव ही है। यदि एनआईसी की सर्विस प्रशासन से संयुक्त ना होती तो मैं अपने ही जनपद में नियुक्ति लेता। मैं जब भी किसी कार्य से एनआईसी मुख्यालय जाता तो मेरी यह इच्छा होती थी कि यदि यहाँ सर्विस मिल जाती तो मुझे अधिक संतोष होता। साक्षात्कार के बाद भी कोई निश्चित नहीं था कि मेरा चयन हो ही जाएगा क्योंकि किसी भी प्रतियोगी परीक्षा में सफलता की शत प्रतिशत संभावना तो नहीं ही होती। कुछ दिन तो रेज़ल्ट जानने की उत्कंठा अधिक थी किन्तु जब हफ़्तों कोई सूचना नहीं आयी तो मैंने आशा छोड़ दी और प्रतीक्षा करना बंद कर दिया।

मेरे अपने विचार में पीएचडी करने वाले अधिकतर तीन प्रकार के होते हैं। प्रथम वो जिनके भीतर अपने विषय का गहन अध्ययन करने की प्रबल अभिलाषा होती है और उन्हें वह विषय अत्यधिक प्रिय व रुचिकर लगता है। वो उस विषय के ज्ञान में अपना भी अंशदान करना चाहते हैं और उनका उद्देश्य भी इसी क्षेत्र में सर्विस कर आजीवन लगे रहने का होता है। द्वितीय प्रकार के छात्र वो होते हैं जिनका उद्देश्य किसी भी विषय जिसको वो आसान पाते हों उसमे पीएचडी कर उसी क्षेत्र में सर्विस प्राप्त कर अपना व अपने परिवार का भरण पोषण करना होता हैं। तृतीय प्रकार उन लोगों का होता है जो मात्र छात्रवृत्ति के लिए

पीएचडी ज्वाइन करते हैं और उनका उद्देश्य छात्रवृत्ति, छात्रावास, पुस्तकालय, संस्थान की अन्य सुविधाओं को लेते हुए कम से कम समय में तैयारी कर अपने पसंद की अन्य सर्विस प्राप्त करना होता है। बिना फेलोशिप के शोध सामान्यतया नगण्य संख्या में ही छात्र करते हैं या फिर वो जो अंशकालिक होते हैं। जब मैंने पीएचडी दिल्ली विश्वविद्यालय में प्रारंभ की तो मैं द्वितीय श्रेणी के शोध छात्रों में था। मैं जानता था कि इस कार्य में कम्प्यूटर का उपयोग अधिक है और किसी भी सर्विस में उससे जुड़ा रहना होगा जो कि मैं चाहता था। मेरे भौतिक शास्त्र में परास्नातक किये बहुत वर्ष व्यतीत हो चुके थे। और विधि में स्नातक भी हो चुका था। मेरी आयु भी बढ़ती जा रही थी और पिता जी की मेरे द्वारा उनसे आर्थिक सहयोग न लेने की भावना भी। इन्ही कारणों से ही मैंने पीएचडी करनी शुरू भी की थी। इस विशिष्ट डिग्री का उद्देश्य भी तो जीविकोपार्जन के लिए मार्ग ही प्रशस्त करना था। मैं यह भी समझता था कि मेरा स्वभाव किसी से स्वार्थ वश सम्बन्ध निर्मित करने का या चाटुकारिता का नहीं है। ईश्वर में आस्था होने के फलस्वरूप किसी के आगे स्वार्थ के लिए झुकना भी मेरे सिद्धांत के विपरीत था। अतः अपने आत्मसम्मान अथवा स्वाभिमान को हाशिए पर रख कहीं किसी जोड़ तोड़ के प्रकार की प्रक्रिया मैं कभी नहीं अपना सकता था। अर्थात दिल्ली विश्वविद्यालय में कहीं प्राध्यापक बनने के पूर्व जो आवश्यक तथाकथित प्रतिभा होनी चाहिए थी वह मुझमे नहीं थी। एक दो महाविद्यालयों में प्रवक्ता के पद रिक्त हुए और मुझसे डॉक्टर नागपाल ने अप्लाई करने और उन प्रोफेसर्स से मिलने को कहा था जो एक्सटर्नल परीक्षक के रूप में इस कार्य हेतु नियुक्त किये गए थे। तब साक्षात्कार ही चयन का माध्यम हुआ करता था और शैक्षणिक योग्यता व अनुभव ही देखा जाता था। मैं एक से मिला भी किन्तु बस परिचय के लिए। वैसे भी मैंने पीएचडी यह सोचकर नहीं ज्वाइन किया था कि यह मेरा लक्ष्य था। मैं अनिश्चित समय तक के लिए इस क्षेत्र में नहीं प्रविष्ट हुआ था। वायुमंडलीय विज्ञान का अध्ययन और इसमें शोध का सम्पूर्ण उपयोग अंतरिक्ष, मौसम या इसी प्रकार के कार्यों में संलग्न संस्थानों में ही हो सकता था। इसके अतिरिक्त डिग्री प्राप्ति के बाद दिल्ली के ही किसी महाविद्यालय में प्राध्यापक का कार्य मिलना था। और ये दोनों ही घर से दूर संभावनाएँ थीं। हालाँकि इन संस्थानों में कार्य करने पर व्यक्तिगत उन्नति की प्रचुर सम्भावनाएँ व अवसर दोनों ही थे। किन्तु यह जब तक पीएचडी पूरी न हो जाये तब तक धैर्य से लगे रहने वाला कार्य था।

15

विवाह एवं शिक्षा समापन

लेकिन मैं यह भी सोचने लगा था कि विवाह भी उचित समय पर होना चाहिए। इसलिए मैंने इस बात को अपने घर पर भी कह दिया कि उचित समय आ गया है और अब विलम्ब करना हानिकर होगा। मेरी अवस्था उन्तीस वर्ष के ऊपर हो चुकी थी और समय उपयुक्त था। फेलोशिप भी काफी मिल रही थी। मैं यह भी जानता था कि पिता जी की सामजिक परिचय परिधि बहुत विस्तृत नहीं है और सुशिक्षित व अच्छे परिवारों की संख्या अत्यधिक सीमित है। अच्छे रिश्ते भी मिलने में कठिनाई हो सकती है। अतः अभी से प्रयास प्रारम्भ हो जाना चाहिए। माता-पिता जी अधिकतर गाँव की कृषि और अन्य कार्यों में व्यस्त रहने लगे थे। पिता जी का इसी मध्य गाँव के ही सन्निकट बहादुरपुर खण्ड विकास कार्यालय में स्थानांतरण भी हो गया था और इस लिए माता जी प्रायः वहीं रहती थीं। फैज़ाबाद में देवेंद्र प्रकाश व नीता जी अपनी शिक्षा के उद्‌देश्य से ज्यादातर अकेले ही रहते थे। यह घर सुरक्षित नहीं था और मात्र दो लोगों का अकेले रहना जिसमे एक लड़की हो और भी सुरक्षित नहीं था। लेकिन पिता जी आदि इस बात को गंभीरता से नहीं समझ पा रहे थे या वो लापरवाही कर रहे थे। यदा कदा छोड़ माता जी को इन लोगों के साथ ही रहना चाहिए था। कभी कभार तो मुझे ऐसी स्थिति में दिल्ली से इन लोगों के विषय में सोचना पड़ जाता था। हमारे माँ-बाप अपने को अधिकांश की भांति बहुत अनुभवी और बुद्‌धिमान समझते थे लेकिन उन्हें यह नहीं ज्ञात था कि बच्चे चाहे जिस आयु वर्ग में हों विशेषतया युवावस्था तक, उन्हें संरक्षण चाहिए होता है। वो यह नहीं महसूस करते थे कि पुत्र पुत्रियों को वयस्क होने तक पूरी तरह स्वतंत्र नहीं छोड़ना चाहिए। वैसे भी इस आयु तक कुछ समस्याओं के हल के लिये उन्हें उनकी आवश्यकता होती ही होती है। और कुछ विशिष्ठ समस्याएँ होती हैं जिनका निदान अपने ही नज़दीकी कर सकते है। एक बार इन लोगों को इसी प्रकार की एक समस्या का सामना करना पड़ा था। एक बहुत ही घनिष्ट व्यक्ति द्‌वारा यह समस्या उत्पन्न की गयी थी। समस्या ऐसी थी की इन लोगों ने उसे माता-पिता जी से बताना भी लाभप्रद नहीं समझा और मुझे दिल्ली पत्र द्‌वारा अवगत कराया था। ये दोनों लोग विशेषतः देवेंद्र प्रकाश जी बहुत

ही अधिक तनाव में थे। और तब मुझे दिल्ली से आकस्मिक रूप से फैज़ाबाद आना पड़ा था। यद्यपि उस समय माता-पिता जी फैज़ाबाद आ गए थे, मैंने पत्र पिता जी को पढ़ने के लिए दे दिया था। तदोपरांत उस व्यक्ति के साथ इन्होने ज़रूरी कार्यवाही की थी। अब उस व्यक्ति की मृत्यु हो चुकी है। मेरा एक अनुभव और है और वह यह कि किसी भी बच्चे को यदि वह लड़की है तो विशेष रूप से कभी भी किसी भी आयु में उसे अपने परिचित के पास भी अकेले स्वतन्त्र नहीं छोड़ना चाहिए।

नीता जी ने गोंडा में एक वर्ष बीएड का अध्ययन वहीं किसी के साथ पीजी के रूप में निवास कर पूरा किया था। इनके साथ ही पढ़ने वाली एक अन्य लड़की से इनकी मित्रता हो गयी थी। वह गोंडा की ही मूल निवासी थी और उसके पिता जी कानपुर में सेवारत थे। उससे इन्होने मेरे विवाह के विषय में चर्चा की थी। इसी के उपरांत उसके पिता जी ने मेरे घर पर संपर्क किया था जिसमे हम भी सहमत थे। परिवार के लोग भी आपस में मिले और उनकी पुत्री से मैं भी मिला था। जब उसके माँ-बाप दिल्ली आकर मुझसे मिल लिए और एक रात्रि रुके भी तो यह सम्बन्ध विवाह में परिवर्तित करने का इन लोगों ने निर्णय लिया था। किन्तु मेरे माता-पिता पुरानी मानसिकता के भी थे। विवाह की रसमे किस प्रकार नया रूप ग्रहण कर चुकी हैं न तो उन्हें इसका ज्ञान था और न ही सामाजिक व्यवहार का। यह भी था कि पैसे के व्यय को बचाने में आत्म सम्मान को भी, मेरे विचार से, दृष्टि में नहीं रखते थे। इन लोगों ने गोद भराई की तिथि के विषय में लड़की के माँ-बाप को अवगत करा दिया था। उनकी ओर से निश्चय ही हाँ रही होगी। उस तिथि में केवल ये लोग ही कानपुर गए थे। संयोगवश लड़की के बाबा जी को हाथ में फ्रैक्चर हो गया था और वो वहीं अस्पताल में एडमिट थे। फिर भी यह उचित अवसर न होते हुए भी इन लोगों ने और लड़की वालों ने भी औपचारिक रूप से साड़ी आदि पहना कर गोद भराई की रसम पूरी कर दी थी और फैज़ाबाद लौट आये थे।

मैं भी एक बार कानपुर उन लोगों के बुलाने पर गया था और लड़की से मिला था जो प्रसन्न महसूस कर रही थी। मैं दिन भर वहाँ रहा था। उन लोगों के आग्रह पर मैं गोंडा भी गया था ताकि अन्य परिवार के सदस्य भी मुझसे मिल लें। क्योंकि लड़की के बाबा जी चिकित्सालय में थे और कोई भी वैवाहिक कार्यक्रम हो वह उत्साहपूर्ण वातावरण में सभी उपलब्ध संबधित लोगों की उपस्थिति में होना अच्छा होता है, इन लोगों को गोदभराई टाल देनी चाहिए थी। दूसरी बात यह कि दोनों पक्षों से कुछ और घनिष्ट सम्बन्धियों को भी उपस्थित रहना चाहिए था। तीसरी बात यह है कि इस कार्य को मात्र साड़ी और अंगूठी पहनाने की एक औपचारिकता मात्र नहीं समझना चाहिए था अपितु गंभीरता से लेना चाहिए था। इन सभी ने कुछ अधिक ही शीघ्रता दिखाई थी। कुछ फोटो आदि भी ली गयी थीं जो उन्ही के पास थीं। इन घटनाओं के बाद निकटता और बढ़ गयी थी। लेकिन एक बार दिल्ली से आते हुए जब मैं उनके घर गया तो उन लोगों ने बतलाया कि किसी जानकार ज्योतिषी को जब हम लोगों की जन्मपत्रियाँ

दिखाई गयीं तो उन्होंने विवाह के उपरान्त गंभीर प्रकार की समस्याओं का योग बतलाया है और यह विवाह न किये जाने की सलाह दी है। लड़की के बाबा और दादी जी भी उस समय कानपुर में उन्ही के परिवार के पास थे। बाबा जी तो शांत थे लेकिन उनकी दादी जी ने कहा था कि ऐसी बात न होती तो मेरे जैसे वर को इस स्थिति तक आकर वो कदापि न छोड़तीं। उन्होंने इसकी चचेरी बहन से विवाह का भी प्रस्ताव रखा था किन्तु मैंने मना कर दिया था। हालाँकि वह भी अच्छी लड़की थी और गोंडा में मैं उससे भी पर्याप्त मिल चुका था। मेरे लौटते समय लड़की के माँ-बाप आदि मुझे पहुँचाने गेट तक आये थे और आते जाने रहने के लिए कहे थे। मेरे और लड़की की चचेरी बहनों के साथ मेरा पत्राचार काफी दिनों तक निरंतर चला फिर मैंने ही क्रमशः बंद कर दिया। तो यह विवाह नहीं हो सका। गलती मुझे दोनो पक्ष की ही प्रतीत हुई थी।

एक अन्य विवाह के सम्बन्ध में जब लड़की के पिता हमारे गाँव वरीक्षा के लिए गए तो मिष्ठान्न आदि उन्होंने स्वरूपगंज की साधारण दूकान से क्रय किया था जो कि इस अवसर के अनुसार उपयुक्त नहीं थी। यह बात जब उनलोगों के संज्ञान में लाई गयी तो उन्होंने नाराजगीवश बात आगे नहीं बढ़ाई और अपनी चांदी की तश्तरी भी वापस नहीं ले गये जो माता जी के पास ही है। इस लड़की को तो मैंने देखा भी नहीं था और केवल उसके पिता से ही मेरी संछिप्त बातें हुई थीं। कानपुर के लोग गोदभराई की साड़ी और अँगूठी मेरी अनुपस्थिति में कुछ माह बाद वापस कर गए थे। एक और विवाह काफी हद तक तय होकर नहीं हो सका था क्योंकि लड़की के पिता अपने भाई लोगों पर निर्भर थे और वे अकारण ही रुचि नहीं ले रहे थे। मैं इनके यहाँ बाराबंकी गया भी था और लड़की से बातचीत भी यह मानकर किया था कि विवाह होना है। उसके पिता अपनी जीप से गाँव तक मुझे छोड़ने भी आये थे। एक और कन्या के पिता जी फोटो लेकर आये थे और देवेंद्र प्रकाश तथा नीता जी से मिलकर दे गए थे। इन लोगों ने उनसे कहा था कि निर्णय जैसा होगा आपको अवगत कराएँगे।

एक अन्य वेटिरिनरी सर्जन थे जो विवाह के इच्छुक थे। इन्होने अपने एक नज़दीकी सम्बन्धी को मुझसे मिलने दिल्ली भी भेजा था और उन्होंने इन लोगों से मेरी काफी प्रशंसा की थी। किन्तु उनकी लड़की और मेरी आयु में अधिक अंतर था। इस आयु के अंतर और मेरी गाँव से जुड़े रहने की बात के कारण लड़की के स्वभाव को देखते हुए इस सम्बन्ध को उन लोगों ने उचित नहीं समझा था। इन्हीं लोगों के माध्यम से मेरे विषय में जानकारी डॉक्टर रवि प्रताप जी के परिवार को मिली थी। उन्हें यह नहीं पता था कि किसी अन्य के द्वारा जानकारी मिलने पर इनके पिता जी मेरे यहाँ फोटो देकर वापस ला भी चुके हैं क्योंकि मेरे यहाँ से निर्णय में विलम्ब हो रहा था और उन्हें फोटो कहीं अन्यत्र देनी थी। जब डॉक्टर रवि प्रताप जी मेरे घर आये थे तो मैं भी था। उनकी मुझसे बातचीत भी हुई थी और मैंने कहा था कि उनकी बहन और मेरी आयु में बहुत ही कम अंतर है और विवाह की ऐसी कोई जल्दी भी

अभी नहीं है। पिता जी ने उनसे कहा था कि एक विवाह अस्सी प्रतिशत निश्चित हो चुका है और यदि किसी प्रकार की कोई संभावना बनती है तो उन्हें अवगत कराएँगे। इसके बाद ही स्वरूपगंज के मिष्ठान्न तथा वरीक्षा की घटना हुई थी। उस विवाह में तिलक और विवाह की तिथियाँ तक निर्धारित हो चुकी थीं। इसके उपरान्त पिता जी ने डॉक्टर रवि प्रताप जी को जो गोंडा चिकित्सालय में कार्यरत थे, पत्र से अवगत कराया था और अग्रिम कार्यक्रमों के विषय में चर्चा करने के लिए बुलाया था। रवि प्रताप जी अपने सभी भाई-बहनों में सबसे बड़े थे। इनसे छोटी बहन किसी विषय में परास्नातक और साथ ही संगीत में स्नातक भी थी। क्योंकि रवि प्रताप जी एमबीबीएस चिकित्सक थे, इसलिए यह स्वाभाविक मान लिया गया था कि परिवार सुशिक्षित होगा। उनके अपने व्यवहार से इनकी बहन के भी अच्छे स्वभाव की होने की आशा कर ली गयी थी। अतः माता-पिता जी ने अपनी ओर से विवाह की सहमति दे दी और लड़की को मिलाने के विषय में निर्णय दे दिया था। डॉक्टर रवि प्रताप जी पत्र पाते ही अविलम्ब फैज़ाबाद सीधे पिता जी के पास ही आये थे और ये बातें उनसे हुई थीं। उनका घर फैज़ाबाद में ही नियाँवा मोहल्ले में था जहाँ उनका पूरा परिवार अपने ही निर्मित मकान में निवास करता था। कन्या को देखने की तिथि और समय निर्धारित किया गया। उस समय यहाँ माता-पिता और नरेंद्र प्रकाश जी, जो उस समय फैज़ाबाद हमारे यहाँ ही रहते थे, मिलिटरी मंदिर, डोगरा रेजिमेंटल सेंटर में कन्या और उनके परिवार से मिले थे और विवाह तय कर लिया था। मैं भी एक बार देख लूँ यह कहा गया लेकिन इसे औपचारिकता समझ शादी की तैयारी करने को कह दिया गया था। इसके बाद मुझे पत्र से दिल्ली अवगत कराया गया।

यहाँ बात यह नहीं थी कि ये लोग मेरे विवाह में विलम्ब नहीं करना चाहते थे बल्कि बात यह थी कि जो तिथियाँ तिलक विवाह हेतु पहले से तय थीं और जिन्हें काफी लोग जान चुके थे, उन्ही पर ये शादी करना चाहते थे ताकि लोग कोई अन्य कारण न निकालने लग जाएँ। मैं भी शीघ्र ही दिल्ली से आ गया था और निर्धारित तिथि को नरेंद्र प्रकाश जी के साथ डॉक्टर रवि प्रताप जी के घर गया और सभी परिवारजनों से मिला। उनकी बहन का नाम सीमा था और वह भी आकर बैठी थी। विवाह क्योंकि अन्य लोगों ने काफी हद तक तय कर रखा था अतः मेरा नकारात्मक उत्तर होना तभी संभव था जब कोई विशेष कमी दिख जाय। मेरा सिद्धांत किसी भी लड़की को प्रत्यक्ष देखने के बाद नकारने का नहीं था। लड़की सीधी और स्वस्थ प्रतीत हुई थी। नाक उभरी हुई उसी प्रकार की थी जैसी मैंने अपने बाबा जी व उनके भाइयों की देखी थी। शिक्षा के विषय में लोगों ने बतलाया था कि बहुत तेज तो नहीं, सामान्य अंकों से उत्तीर्ण होती रही है। खैर, मुझे कोई सर्विस तो करवाना नहीं था, जैसा मैंने पहले से ही निश्चित कर रखा था। अतः यह एक प्रकार से आपस में मिलने का ही कार्य था। इनकी सबसे छोटी बहन काफी देर तक मेरे पास बैठी थी। तिलक व शादी की तिथियाँ पहले से ही निश्चित थीं और उन्ही तारीखों में तिलक व विवाह के उत्सव संपन्न हो गए थे। जुलाई उन्नीस सौ

अट्ठासी के प्रथम सप्ताह में बारात गाँव से गोंडा गयी थी और मेरे परिवार और ननिहाल व गाँव के अधिकांश आमंत्रित लोग सम्मिलित हुए थे। सात जुलाई को दुल्हन विदा कराकर दोपहर बाद लगभग तीन बजे कार से हम अपने घर गाँव आ गए थे। कृपाल सिंह जी के दरवाजे से अपने द्वार तक दुल्हन पालकी से परंपरा के अनुसार राम मिलन कँहार आदि के द्वारा लाई गयी थी। मैं राम नेवाज के घर के सामने से पैदल ही आया था। मेरी विवाहोपरांत पहली मुलाकात राम नेवाज की पत्नी से हुई थी। बरसात का मौसम होने के कारण कार दरवाजे तक आ पाना संभव नहीं था।

मैं प्रसन्न था क्योंकि जीवन की एक सामाजिक जिम्मेदारी जो व्यक्ति की होती है, उसे मैंने पूरी कर दिया था। मेरे माता-पिता मैं यह नहीं कहूंगा कि मितव्ययी थे। बल्कि वो अपनी प्रतिष्ठा को बनाये रखना है, इसके विषय में भी नहीं सोचते थे। जिस कार से दुल्हन विदा कराकर लाई गयी उसकी व्यवस्था डॉक्टर रवि प्रताप जी ने ही की थी जबकि वो हम लोगों द्वारा की जानी थी। जिस प्रकार एक बड़े जमींदार के पहले पढ़े लिखे लड़के का विवाह किया जाना चाहिए था, वैसा नहीं हुआ था। या तो वे करना नहीं चाहते थे और या पैसा नहीं खर्च करना चाहते थे अथवा वो महत्वहीन समझते थे। जानते तो थे ही कि किस प्रकार की व्यवस्थाएँ की जाती हैं क्योंकि एक दिन पूर्व ही कृपा शंकर जी ने अपनी दूसरी पुत्री का विवाह वहीं से किया था। पंडाल, कुर्सियाँ, मेजें, जेनेरेटर सेट, कोल्ड ड्रिंक, मिठाइयाँ आदि सब उपलब्ध हो सकता था। मेरे तिलक के एक दिन पूर्व के लिए इन्होंने कई व्यवस्थाएँ छोड़ रखी थीं। मै अपने विवाह की किसी भी व्यवस्था में दिल्ली में होने के कारण शामिल नहीं हो सकता था। मुझे किसी प्रकार के अनुष्ठान का अनुभव नहीं था। रवि शंकर जी का विवाह मेरे सामने हुआ था लेकिन वह समय दूसरा था। कितना व्यय होना है, कितना धन उपलब्ध है आदि कुछ भी मैं नहीं जानता था। तिलक के लिए क्या तैयारियाँ होनी हैं, सजावट, तिलक लेकर आने वालों के रहने खाने स्वागत आदि की व्यवस्था, आमंत्रित गाँव वालो के खाने को बनाने से लेकर खिलाने तक की व्यवस्था, मेज कुर्सियाँ, प्रकाश आदि किसी विषय पर न तो मुझसे कोई परामर्श ही किया गया और न बतलाया ही गया था। क्या क्या तैयारियाँ होनी हैं, कहाँ कितने आदमियों की आवश्यकता होगी का कुछ भी पूर्वानुमान नहीं किया गया था। मैं यह समझता था कि माता-पिता जी गाँव में ही रहने के कारण स्वतः सभी कार्यों का सुव्यवस्थित होना सुनिश्चित कर लिए होंगे। घर में और भी परिवार में सदस्य थे जो पहले शादियाँ कर चुके थे उनसे भी इन लोगों ने कोई सलाह मशवरा नहीं किया था। और अपनी ओर से कोई क्यों कुछ कहता। दूसरे की अव्यवस्था देख कर अधिकतर लोगों को आनन्द ही होता है। कम से कम व्यय में तिलक को संपन्न करना चाहे इनकी मंशा न भी रही हो, लेकिन सही व्यवस्था न कर पाना इनकी, जिसमे देवेंद्र प्रकाश जी भी सम्मिलित थे, अपने सम्मान और प्रतिष्ठा के साथ एक लापरवाही थी। जो ईश्वर की कृपा से गाँव के अनुरूप ठीक ठाक संपन्न हो गया था। गाँव वालों के लिए तो परंपरा अनुसार गाँव के ब्राह्मण ही भोजन यानी

पूड़ी सब्जी मिष्ठान्न आदि जो वो स्वयं खाते हैं, सभी के लिए पका ही देते हैं। अन्य सब्जी, गलका और बुँदिया आदि भी थी।

मैंने इन लोगों पर विश्वास किया था और वही मेरी गलती थी। मैंने इन लोगों की इस लापरवाही से भविष्य के लिए भी कोई शिक्षा नहीं ली थी। यदि इन लोगों ने मुझसे व्यय आदि की बात की होती तो उसके अनुसार मैंने योगदान किया होता क्योंकि मेरे पास भी पर्याप्त पैसे थे। प्रकाश के लिए पुरानी मिटटी के तेल की पेट्रोमैक्स, तिलक लेकर आने वाले अतिथियों के लिए कोई पंखा नहीं, नाश्ते के लिए स्थानीय हलवाई द्वारा बनाई गयी मिठाई व दालमोट आदि, खाने के लिए लिए घर पर बनाया गया सामान्य भोजन, और ऊपर से गर्मी का दिन। विद्युत् जेनेरेटर की व्यवस्था नहीं थी। राम तीर्थ पाल कितने लोगों को पंखा करता और वह भी कितना। तिलक लेकर आये लोगों को भूमि पर बिठाकर पुरानी विधि से भोजन कराया गया था। कोई ठंडा पेय या ऐसी मिठाइयाँ नहीं थीं जिन्हें ऐसे अवसरों के लिए उचित कहा जा सकता। तिलक के एक सम्बन्धी ऐसे भी थे जो पैर सिकोड़ कर जमीं पर नहीं बैठ सकते थे लेकिन घर में तो तुरन्त कुर्सी मेज भी उपलब्ध नहीं थी। यदि देखा जाय तो यह चंद्र प्रकाश जी के तिलक की भांति की व्यवस्था थी। कोई किसी प्रकार की विशेष सजावट नहीं थी। इसका प्रभाव, जो लोग हमारे गाँव के पिछड़ेपन को न जानते हों, उनके ऊपर अच्छा नहीं पड़ा था। एक विद्युत् जनरेटर, कुछ कुर्सियाँ और मेजें तथा कोल्ड ड्रिंक आदि की व्यवस्था इन लोगों को स्वरूपगंज से कर लेनी चाहिए थीं जैसा कि लोगों ने करना शुरू कर दिया था। खाना भी इन लोगों के लिए विशेष स्वादिष्ट होना चाहिए था या मेरे संज्ञान में तो लाना चाहिए था कि ये हो सकता है लेकिन कैसे किया जाये।

तीन चार सौ लोगों के खाने के लिए उबली आलू छीलने के लिए लोग उपलब्ध नहीं थे, पूड़ी हेतु आंटा सानने व मर्दने के लिए आदमी नहीं थे, पूड़ी बेलने के लिए महिलायें नहीं थीं। और इतने आमंत्रित लोगों को भोजन करने के लिए दोना पत्तल भी शाम छह बजे तक नहीं आया था। पिता जी को कोई चिंता नहीं थी लेकिन मुझे चिंता और घबराहट होने लगी थी। इन लोगों ने क्या सोच रखा था यह मैं नहीं समझ पाया। अंततः मैंने स्वयं व्यवस्था ठीक करने के विषय में निर्णय लिया। पहले तो मैंने अपने घर के आस पास रहने वाले यादवों और बरइयों के घर जाकर महिलाओं को सहयोग के लिए तुरन्त चलने का निवेदन किया और फिर साइकिल निकाल स्वयं बगल के उन पुरवों में गया जहाँ हम लोगों के निष्ठावान कार्य करने वाले लोग रहते थे। उनमें अनायक के पुरवा के रामदीन पाल और शंभर के पुरवा के गुरु बख्श यादव मुख्य थे। ये सभी लोग स्वाभाविक ही मुझको जन्म से जानते थे। गुरु बख्श सब्जी बनाने में विशेष योग्यता रखते थे। मैंने इन लोगों से यह कहा कि यदि ये लोग व्यवस्था नहीं सँभाल लेंगे तो आज हमारी जग हँसाई निश्चित है। तदोपरान्त मेरे यहाँ दस बारह व्यक्ति और पर्याप्त महिलायें पहुँचीं और पूड़ी सब्जी आदि बनने की प्रक्रिया में

यथावश्यक गति आई। इन्हीं लोगों ने आलू छीलने और सब्जी पकाने का कार्य किया।

मैं, चंद्र प्रकाश और नरेंद्र प्रकाश जी गाँव में घर घर जाकर पूड़ी बेलने को कह कर जल्दी आने का अनुरोध किये थे। दोना पत्तल के लिए नरेंद्र प्रकाश जी शीतला सिंह जी की मोटर साइकिल से आपूर्ति करने वाले के गाँव उसके निवास पर गए और आपूर्ति शीघ्र सुनिश्चित करवाने को कहा। इस प्रकार गाँव के न्योते गए लोगों के खाने की व्यवस्था हुई। इतना बड़ा आयोजन हमेशा से ही गाँव के लोगों के सम्मिलित श्रम से होता आया है। लेकिन यदि आप किसी को महत्व नहीं देंगे और उसको निवेदन करके नहीं बुलाएँगे तो वो स्वयं क्यों आएँगे। हम जमींदार होंगे लेकिन अब जागरूकता और स्वाभिमान सभी में आ चुका है। प्रत्येक कार्य पैसों से नहीं होता और कुछ कार्य बिना पैसे खर्च किये नहीं होते। पेट्रोमैक्स की व्यवस्था हमारे घर के पीछे निवास करने वाले जंगली बरई ने की थी जो नीता जी के विवाह में फैज़ाबाद भी गए थे और पान लगाने का कार्य किये थे। गाँव के लोगों को भोजन के अतिरिक्त और किसी वस्तु से सरोकार नहीं होता। उन्हें तो पूड़ी सब्जी गलका और मीठा पेट भर मिल जाये बस। और किसी बात से मतलब नहीं। वो अँधेरे में भी पत्तल से टटोल कर खा लेते थे। हमारा गाँव बहुत ही पिछड़ा था। यहाँ तो चार पांच दशक पूर्व पत्तल अदि की आपूर्ति की जिम्मेदारी जनजातियों की हुआ करती थी जिन्हे स्थानीय बोली में 'बनमानुस' कहते थे। वो ही खाने के बाद सभी की पत्तलें इकट्ठी करते थे और उसका बचा खाना स्वयं खाते थे।। उस समय पिता जी वहीं कार्यालय में नियुक्त थे और स्थायी तौर पर गाँव में रह रहे थे। इस पर भी व्यवस्था में शिथिलता क्यों थी जानना मुश्किल है। क्या उन्हें अपनी प्रतिष्ठा की चिंता नहीं थी या वो ईश्वर पर इतना भरोसा रखते थे कि सब कुछ वह ठीक कर ही देगा। डॉक्टर रवि प्रताप जी अपने सम्बन्धियों के साथ जिनकी संख्या कुल मिलाकर दस के अंदर ही थी जीप से सायं सात बजे के लगभग पहुँच गए थे। वे अपेक्षा करते थे कि जिस प्रकार की व्यवस्था आम तौर पर शहरों में होती है वैसी ही होगी लेकिन यहाँ वैसा नहीं था। हालाँकि हमारे गाँव के हिसाब से व्यवस्था काफी अच्छी थी। खाने के साथ स्थानीय बाजा, कोई विशेष खेल मनोरंजन के लिए, रात भर वीसीआर पर रामायण देखने का अवसर, बस इतना बहुत ही पर्याप्त था। अब तो समय बदल चुका है। हमारे गाँव में शहरी व्यवस्था के लिए स्वरूपगंज से ही संभावनाएँ बनती थीं। आने जाने के त्वरित साधन नहीं थे। समस्या तो अवश्य थी। लेकिन इस प्रकार के आयोजनों में व्यवस्था तो बनानी ही पड़ती है। कम से कम तिलक के अतिथियों के लिए तो विशेष व्यवस्था होनी ही चाहिए थी। क्योंकि मैं तिलक के कुछ ही दिन पूर्व दिल्ली से आया था और पिता जी आदि पर अधिक ही भरोसा करके बैठा था इसलिए गलती मेरी भी थी। डॉक्टर रवि प्रताप जी ने आपस में इस कमी को लेकर बातें भी की थीं जो मेरे संज्ञान में आ गयी थीं और वो मुझे बुरी भी लगी थीं। डॉक्टर रवि जी की बातें मुझे इसलिए बुरी नहीं लगीं कि उन्होंने कहीं किन्तु इसलिए कि स्थिति परिस्थितियों को जाने बिना उन्होंने यह कहा था। तिलक के उपरान्त इन लोगों ने रात्रि में ही वापस फैज़ाबाद लौटने के लिए कहा

और मैंने भी रुकने पर अधिक बल नहीं दिया क्योंकि मैं स्वयं व्यवस्था से असंतुष्ट था। यह उनकी अपरिपक्वता भी थी।

इससे अधिक कष्टदायक व्यवस्था इन लोगों ने देवेंद्र प्रकाश जी के तिलक वालों के रुकने में की थी। तब मैं उनसे बार बार खेद व्यक्त कर रहा था लेकिन कन्या के पिता जी ने किंचित भी असंतोष नहीं व्यक्त किया था। इसी प्रकार मेरी बारात जाने के लिए जो बस इन लोगों ने निश्चित कर रखी थी, वह दोपहर बारह बजे तक नहीं आयी। उसके लिए मुझे सीतादेवी जी के पुत्र सतीश कुमार जी को फैज़ाबाद भेजना पड़ा था और वो बस को साथ लेकर कैमरा मैन सहित गाँव आये। बारात की बस को फैज़ाबाद में रुका कर कोई आवश्यक सामान भी स्वयं जाकर मुझे खरीदना पड़ा था। बस भी सामान्य और पुरानी थी। गोंडा समय से हम लोग पहुँच गए थे और वहाँ व्यवस्था में कोई कमी नहीं थी। बरसात अधिक होने के कारण जयमाल का स्टेज शीघ्रता में बनाया गया था और सामान्य सा ही था लेकिन मुझे इन सब बातों को आकलन करने का न तो स्वभाव था और न कोई इसे लेकर मुझसे कानाफूसी ही करने वाला था। कृपा शंकर जी की दूसरी पुत्री का विवाह मेरे विवाह के एक दिन पूर्व ही हुआ था इस वजह से उनके यहाँ से केवल चंद्र प्रकाश जी ही मेरी शादी में सम्मिलित हुए थे। विवाह भली प्रकार से प्रसन्नता पूर्वक रात्रि में संपन्न हुआ था और दूसरे दिन अच्छा अल्पाहार कराने के पश्चात विदाई हुई थी।

पिता जी कुछ अस्वस्थ थे और उन्हें हरारत थी। मेरी बारात में अलीपुर से मेरे मकान मालिक भी सम्मिलित होने आये थे। मेरे विवाह में जो स्कूटर सीमा जी के पिता जी द्वारा दी गयी थी उसे देव प्रकाश व अनूप कुमार जी ड्राइव करके गाँव तक लाए थे। अनूप कुमार बहुत ही सरल और स्पष्टवादी व्यक्ति थे। रचना जी ने इसी बीच पुत्री को जन्म दिया था और वो नहीं आ सकी थीं। अनूप कुमार जी को ब्रेन ट्यूमर हो गया था और इनका निधन लगभग पचपन वर्ष की आयु में हो गया था। इनके पिता जी ट्रेन दुर्घटना में और माता जी की मृत्यु कोविड में हुई थी। बारात की बस शाम चार बजे के करीब गाँव पहुंची थी जबकि हम, नरेंद्र प्रकाश, नीता और महेश प्रकाश जी कार से दो बजे गाँव पहुँच गए रहे होंगे। महेश प्रकाश जी कार से ही, खाना खाकर, वापस लौट गए थे।

पहली रात्रि को थकावट के कारण जब मैंने सोने की बात की तो माता जी ने उग्र होकर मुझे बाहर जाकर सोने को कह दिया था और मैं बाहर वाले कमरे में जाकर सो गया था। देर रात कई लोग बुलाने आए जिसमे बुआ जी भी थीं किन्तु मैं नहीं तैयार हुआ था। जब माता जी ने आकर झूँठ ही यह कहा कि दुल्हन रो रही है तो मुझे घर जाना पड़ा था। विवाहोपरान्त मैं करीब दस दिन गाँव पर रहा था और फिर सीमा सहित फैज़ाबाद आकर दिल्ली चला गया था। पिता जी अस्वस्थ होने के कारण दूसरे दिन ही देवेंद्र प्रकाश व नीता जी के साथ फैज़ाबाद आ गए थे। दिल्ली विश्वविद्यालय में मेरे साथ के कुछ मित्रों को इसका ज्ञान था लेकिन

डॉक्टर नागपाल जी को मैंने नहीं अवगत कराया था। लौट कर जाने पर उन्होंने पूँछा था कि मैं लम्बे समय के लिए क्यों गया था तब मैंने उनको बतलाया था कि मैं अपना विवाह करने गया था।

उन्होंने मुझे शुभकामनायें देने के स्थान पर यह कहा कि अब तुम सर्विस के लिए 'क्राई' करोगे। जिन लोगों के संस्कारों में सज्जनता नहीं होती वो धन व पद पाने के उपरान्त भी सज्जनता का व्यवहार नहीं कर पाते। उनसे ऐसी अपेक्षा भी नहीं करनी चाहिए और यही कारण था कि मैंने उनसे विवाह के विषय में पूर्व में नहीं बतलाया था। मैं जानता था कि इनके मन में अपना और अपने प्रोजेक्ट से सम्बंधित स्वार्थ ही महत्वपूर्ण है और वो यह जानकर प्रसन्न नहीं होंगे। हमारे देश में पीएचडी सुपरवाइज़र की शर्तों पर होती है छात्र की संतुष्टि, कार्य की गुणवत्ता व मात्रा पर नहीं। अन्यथा यह भावना कुछ छात्रों में क्यों होती कि शोध छात्र सुपरवाइज़र का बंधक मजदूर सदृश होता है। यद्यपि यह सत्य नहीं है। डॉक्टर नागपाल जी को यह समझना चाहिए था कि मैं एमएससी, एलएलबी करके लगभग चार वर्ष और व्यतीत कर चुका था। उन्हें मुझे स्वयं थेसिस लिखने के लिए कहना चाहिए था जबकि मेरा कार्य जो मॉडलिंग का था, पब्लिश भी हो चुका था। उस समय तक मुझे स्मरण है मेरी छात्रवृत्ति डेढ़ हजार रुपये थी जो मुझे मिल रही थी यद्यपि अब यह बाइस सौ रुपये हो चुकी थी। यह हम दो लोगों के लिए पर्याप्त थी। मैं अपनी पत्नी से यह कह कर दिल्ली आया था कि अगले माह आकर उसे साथ ले जाऊँगा।

सीमा के पिता जी लोक निर्माण विभाग में सर्विस करते थे और बहुत ही साधारण, सरल स्वभाव के व्यक्ति थे। बनावटीपन, छल कपट और अहंकार निमेष मात्र भी नहीं था। राष्ट्रीय स्वयं सेवक संघ से जुड़े होने के कारण राष्ट्रीयता और हिंदुत्व भी उनके भीतर अधिक था। जब बात करते थे तो विभिन्न प्रकार की आप बीती घटनाएँ विस्तार से बतलाते थे। यह बात अलग थी कि श्रोता उसमे रुचि ले रहा हो या नहीं। जैसा सीमा बतलाती हैं, ये उनकी बहुत ही प्रिय थीं। मुझे भी विवाहोपरांत उनसे प्रायः मिलने का अवसर मिला और मैंने यह देखा कि उन्होंने अपने पुत्र की शिक्षा में जिस प्रकार त्याग किया, उसे कभी कहा नहीं।

सीमा के पिता कृपा नारायण जी का वेतन इतना नहीं था कि वो रवि प्रताप जी को एमबीबीएस की शिक्षा बिना किसी आर्थिक समस्या के दिलवा पाते। परिवार उनके एमबीबीएस शिक्षा में आने के उपरान्त बहुत ही आर्थिक कमी से होकर गुजरा था। किन्तु बाहर के लोग यह नहीं अनुमान लगा सकते थे कि ऐसी स्थिति घर की है। सीमा बताती हैं कि यह भगवान की ही कृपा थी जो परिवार के व्यय संभव हो पाते थे। इसके बावजूद कृपा नारायण जी ने कभी रवि प्रताप जी को कोई उलाहना नहीं दी और न उनसे खुलकर किसी प्रकार की मांग ही की। रिटायर होने के पश्चात भी उन्होंने मितव्ययिता के साथ अपना व्यय स्वयं उठाया। परिवार बड़ा होने के कारण पेंशन में कैसे व्यवस्था बनानी है वो इनकी

धर्मपत्नी बहुत ही अच्छी प्रकार सम्हालती थीं। सीमा की माँ बहुत ही व्यवहारकुशल और सामाजिक महिला थीं और कहना अतिशयोक्ति नहीं होगी कि उनमे जो विशेषताएँ थीं वो शायद ही अपवाद स्वरूप किसी महिला में अन्यत्र मिलतीं। आत्म सम्मान और स्वाभिमान था किन्तु अहंकार नहीं था कि उनका पुत्र डॉक्टर है इसका अनुभव होता। और यदि रहा भी होगा तो उसे उन्होंने अपनी कूटनीतिक विशेषता के कारण कभी दर्शित नहीं होने दिया। वो अपने परिवार की एक ऐसी कड़ी थीं जिसके द्वारा ही पूरा परिवार व सम्बन्धी आपस में जुड़े हुए थे।

मैंने दिल्ली में अपने निवास पर रूम से ही जुड़ी हुई किचेन को भी लेने के लिए अपने मकान मालिक से कह दिया था। और इस वजह से मैं अगस्त माह में माता जी आदि के न चाहते हुए भी अपनी पत्नी को दिल्ली लिवा ले गया था। तभी मैंने उनके बतलाने के अनुसार गृहस्थी के कुछ और बर्तनों और सामानों की व्यवस्था भी की। एक बार दो तीन दिनों का अवकाश था तो हम लोगों ने आगरा घूमने का कार्यक्रम बनाया। पूड़ी और राजमे की सब्जी पैक करके सीमा ने रखी थीं। लेकिन आईएसबीटी पहुँचने पर अकस्मात हरिद्वार की बस देखकर कार्यक्रम बदल गया और हम दोनों हरिद्वार तथा ऋषिकेश चले गए थे। मैं समझता हूँ कि यदि सीमा की जगह कोई और होता तो वो मेरे हरिद्वार जाने के निर्णय से सहमत न होता लेकिन यह उनकी धार्मिक प्रवृत्ति और स्वभाव में सहजता के कारण ही था जो वो तुरंत सहमत हो गयी थीं। यह मेरा प्रथम साथ साथ भ्रमण था जो एक तीर्थयात्रा में परिवर्तित हो गया था। बचपन से ही मैंने इन स्थानों के महत्त्व और प्राकृतिक सौंदर्य के विषय में पढ़ा और चित्रों में देखा था। तब का हरिद्वार व ऋषिकेश आज से बिलकुल भिन्न था जो यदि बतलाया जाय तो काल्पनिक और विश्वास से परे प्रतीत होगा। तीसरे दिन रात्रि में बस से दिल्ली और फिर प्रातः अपने निवास हम दोनों आ गए थे। वहाँ मुझे एक और अध्यात्मिक शिक्षा मिली थी जिसे मैं अपने जीवन में कभी भुला नहीं सका। गंगा जी में शवदाह के पश्चात अवशेष को प्रवाहित कर दिये जाने की परम्परा रही है। इसमें कुछ अधजली लकड़ियाँ देखकर मैंने निकट से गुजरते हुए एक साधु से गंगा जी की इस अपवित्रता पर प्रश्न किया था। उस समय हरिद्वार के घाट दोपहर में लगभग खाली ही रहते थे। खड़ाऊँ पहने और बढ़ी हुई श्वेत दाढ़ी वाले उन महात्मा ने मात्र दो चार क्षण रुक कर मुझसे कहा था कि मिटटी का शरीर अग्नि में भस्म होकर तो पवित्र हो ही गया और फिर गंगा जी में आकर उसमे कोई भी अपवित्रता कहाँ रह गयी। इस घटना से मैंने हरिद्वार को सत्य ही सन्यासियों तथा तपस्वियों के स्थल के रूप में महसूस किया था। मैंने यह जाना था कि वहाँ साधुओं में कुछ ऐसे अवश्य थे जो मायाजनित सांसारिक प्रपञ्च को समझते थे। भ्रमण बहुत ही अच्छा और अविस्मरणीय था। सितम्बर के तीसरे सप्ताह में मैं इन्हे लेकर फ़ैज़ाबाद आ गया था और एक दो दिन रुक कर वापस चला गया था।

मैं इस बात को जानता था कि माँ-बाप और परिवार के लोगों की भी यह इच्छा होती है कि घर में आये नए सदस्य के साथ अधिक से अधिक रहा जाए। अन्यथा इन्हें अभी फैज़ाबाद वापस लाने की कोई आवश्यकता नहीं थी। मैं प्रातः विश्वविद्यालय जाता था और सायं सात बजे के लगभग आते समय ही घर के लिए आवश्यक वस्तुएँ लेता हुआ अलीपुर आता था। फैज़ाबाद से लौटने के दूसरे दिन मैं पूर्व की ही भांति यूनिवर्सिटी गया। शाम को जब लौट कर आया तो मकान मालिक ने लाकर एक बड़ा सा लिफाफा मुझे दिया था जो रजिस्टर्ड पोस्ट से मेरी अनुपस्थिति में आया था और उनके पास रखा था। मैंने उसे खोलकर देखा तो यह उसी पद पर एनआईसी का नियुक्ति पत्र था जिसकी मैंने आशा छोड़ रखी थी तथा प्रतीक्षा करना महीनो पहले ही बंद कर दिया था। मुझे अत्यधिक प्रसन्नता हुई थी। इसलिए कि स्थायी सर्विस के साथ साथ मुझे अपने मूल जनपद के पास रहने का, कम्प्यूटर प्रयोग करने का, छोटे नगर के शांत वातावरण में जीवन व्यतीत करने का अवसर प्राप्त हुआ था। मैं तुरंत ही दिल्ली गेट जीपीओ गया और फैज़ाबाद टेलीग्राम कर सभी को अवगत कराया, क्योंकि यह सभी के लिए एवं विशेष रूप से सीमा के लिए भी ख़ुशी की बात थी। मुझे नहीं याद कि मैं अगले दिनों विश्वविद्यालय किन भावनाओं को लेकर गया था। मैं यह भी जानता था कि सर्विस में ज्वाइनिंग तिथि और समय का भी महत्त्व वरिष्ठता निर्धारण किये जाने में होता है। इन विषयों पर सभी का परामर्श लेने और पीएचडी छोड़ने साथ ही इस सर्विस को स्वीकार करने आदि के निर्णय लेने हेतु मैं पुनः फैज़ाबाद आ गया था। सर्विस के नियम, प्रोन्नति प्रक्रियाएँ तथा अन्य बिंदुओं को ध्यान में रखते हुए मैंने यह निर्णय लिया कि इस सेवा के अवसर को छोड़ना तो कदापि उचित नहीं है चाहे यह जूनियर पोस्ट ही क्यों न हो। घर के निकट और छोटे स्थानों में पैसे कुछ कम भी प्राप्त हों तो भी वह लाभप्रद ही होता है। अतः मैंने एनआईसी ज्वाइन करने का फैसला लिया और वापस दिल्ली आ गया और आवश्यक अभिलेख आदि एकत्रित करने का कार्य प्रारम्भ कर दिया।

दो दिन के भीतर ही डॉक्टर राम मनोहर लोहिया में अपना सम्पूर्ण मेडिकल चेकअप करवाया और रिपोर्ट प्राप्त की। एनपीएल और सीरी के दो वैज्ञानिकों से चरित्र प्रमाणपत्र प्राप्त किये। अपने सभी शैक्षणिक योग्यताओं के प्रमाणपत्र व डिग्रियों को संकलित किया और दो ही तीन दिवस के अंतराल पर तीस सितंबर उन्नीस सौ अठ्ठासी के पूर्वाह्न में एनआईसी मुख्यालय में सेवा ज्वाइन कर ली। मेरे ठीक पहले लखनऊ के एक मित्र ने ज्वाइन किया जिसकी जन्मतिथि और बचपन का नाम वही था जो मेरा था। इनका और मेरा साथ फिर लम्बे समय तक रहा। सीएसआईआर की एसआरएफ से अपना त्यागपत्र डाक के द्वारा मैंने भेजा था जिसकी प्रति डॉक्टर नागपाल जी को भी प्रेषित कर दी थी।

मैंने अपने घर जो उल्लास व ख़ुशी के भाव माता-पिता जी के चेहरों पर दिखने चाहिए थे, उसे अनुभव नहीं किया था। या तो इन लोगों ने यह प्रसन्नता अपने भीतर ही दबा रखी थी या मेरा

विवाह हो गए होने के कारण उनको कोई आर्थिक लाभ न मिल पाने की बात रही हो। अन्यथा हर्ष या मायूसी के कुछ शब्द तो बोलने ही चाहिए थे। यह अवश्य था कि मेरी यह पोस्ट राजपत्रित नहीं थी लेकिन भारत सरकार की तथा घर के निकट की तो थी। मुझे कोई ग्लानि नहीं थी क्योंकि इसे मैंने अपने अनुभवों के अनुसार उचित समझ कर चुना था। मैं जानता था कि इस विभाग में प्रोन्नति की नीति क्या है। मैं शीघ्र ही प्रोमोशन पा जाऊंगा क्योंकि मेरी शैक्षणिक योग्यता उसके उपयुक्त है। जिस वेतनमान पर मैंने ज्वाइन किया था उसके पुनर्निर्धारण की प्रक्रिया चल रही थी और लगभग छह माह में ही शासन की संस्तुति पर वेतन बढ़ गया था। तीन वर्ष बाद जब प्रोन्नति हुई तो वेतन राजपत्रित अधिकारी के समतुल्य हो गया था। इसके एक ही वर्ष के भीतर जब नए पदों पर नियुक्ति हुई तो प्रतियोगिता परीक्षा के द्वारा मैं जिला सूचना विज्ञान अधिकारी के रूप में सीधे नियुक्त हो गया। तत्पश्चात प्रत्येक तीन व चार वर्ष पर प्रोमोशन होते गए। मेरे मन में प्रायः वह छवि उभर आती है जब उस मित्र ने मुझे बताया था कि रिक्तियाँ प्रत्येक जनपद के लिए हैं और यही कहकर वह आगे बढ़ गया था। वह एक विशेष क्षण था जिसने मेरे भविष्य के जीवन के लिए एक दिशा निश्चित कर दी थी। इसके उपरान्त मैं उससे फिर कभी नहीं मिला। मनुष्य सोचता है कि वह जैसा चाहता है, यदि तदनुसार प्रयास और परिश्रम करता है तो वह घटित हो ही जाता है। लेकिन ऐसा है नहीं। प्रत्येक कार्य या घटना के संपन्न होने में किसी पराशक्ति, जिसको हम अपनी इन्द्रियों द्वारा नहीं जान सकते, का ही मुख्य योगदान होता है। वह शक्ति हमारे कर्मेन्द्रियों और ज्ञानेंद्रियों को प्रेरित करती है या किसी अन्य को प्रेरणा का माध्यम बनाती है। तभी तो एक एक क्षण व्यक्ति की भाग्य को बदलने की क्षमता रखता है। मेरे साथ ही, मेरे साथ रिसर्च करने वाले एक छात्र का चयन साक्षात्कार के बावजूद नहीं हुआ यद्यपि वह एमफिल भी था।

सीमा ने मेरे सर्विस प्राप्त करने पर प्रसन्नता अवश्य अनुभव की रही होगी। क्योंकि मैं कहता था कि यदि मेरी पसंद की सर्विस नहीं प्राप्त होती तो मैं फैज़ाबाद में वकालत करूँगा और गाँव की भी देखभाल करूँगा। सर्विस तो पीएचडी के बाद मिलनी थी ही किन्तु मैं उसकी प्रतीक्षा में अधिक समय देने के पक्ष में नहीं था। मेरे साथ के शोधछात्र यूनिवर्सिटी के महाविद्यालयों में मुझसे चार से पांच वर्ष उपरांत प्रवक्ता नियुक्त हुए थे। यहाँ तक कि छात्रवृत्ति की अवधि समाप्त होने के बाद उन्हें आर्थिक समस्याएँ भी आयीं। जो प्रायोगिक भौतिकी में शोध करते हैं उनकी सर्विस संभावनाएँ तुलना में अच्छी होती हैं। सैद्धांतिक भौतिकी में अध्यापन कार्य की ही संभावनाएँ अधिक होती हैं।

16

पारिवारिक अनुभव

सीमा ईश्वर में आस्था रखती थीं इसलिए अधिक सोच विचार नहीं करती थीं। कम से कम में भी उनको रहना आता था। बताती हैं जब रवि प्रताप जी अपनी एमबीबीएस की पढ़ाई कर रहे हे तो इनके परिवार के सभी सदस्यों ने स्वयं की आवश्यकताओं पर बहुत ही अधिक प्रतिबन्ध लगाया था क्योंकि कृपा नारायण जी के वेतन का आधा भाग तो उन्ही को भेज दिया जाता था। शेष वेतन में किस प्रकार इनकी अम्मा जी व्यवस्था करती थीं वह समझ पाना दूसरो के लिए कठिन था। बाहर के लोग या विद्यालय के मित्र यद्यपि यह आभास नहीं कर सकते थे क्योंकि इन लोगों का सभी से व्यवहार अथवा पहनावा आदि पूर्ववत ही बना रहा। हालाँकि इसी आर्थिक स्थिति के कारण इन बहनों और महेश प्रकाश जी की शिक्षा भी उचित समय पर व्यवस्थित रूप से नहीं हो सकी थी। इन्हीं अभावों के कारण सभी के मन में, विशेषतः सीमा के, ऐसी दृढ़ता आ गयी कि भविष्य में प्रत्येक परिस्थिति में रहने के लिए वह सदस्य अभ्यस्त हो गया। बाद में यदि कोई समस्या आई तो वह छोटी जान पड़ी। हाँ यह अवश्य हुआ कि सभी का भविष्य किसी न किसी प्रकार प्रभावित अवश्य हुआ। विवाह के दूसरे दिन ही मुझे यह आभास हो गया था कि सीमा एक जिम्मेदार और अच्छी गृहणी बनेगी। क्योंकि अपने नेकलेस के एक छोटे से टुकड़े को बिस्तर पर खोजने का इन्होने अच्छा और सफल प्रयास किया था। मैं तो उसका मूल्य और महत्त्व ही नहीं जानता था। इनकी एक सबसे बड़ी विशेषता यह थी कि ये प्रत्येक बात चाहे इन्हें प्रिय लगे या अप्रिय हँस कर टाल देती थीं। यदि कभी कुछ कहा सुना तो वह मुझसे ही था। इनके इस स्वभाव का लाभ हमारे परिवारजनों ने, माता-पिता जी और भाई-बहन आदि सभी ने जीवन पर्यन्त उठाया। मेरे अतिरिक्त आजतक मेरी पत्नी ने किसी से भी सीधे क्रोध में बातचीत नहीं कीं। जबकि माता-पिता जी छोड़ और तो सभी से बड़ी ये थीं ही। इनमे एक जो अवगुण था वह यह कि इनकी आवाज़ ऊँचे स्वर की थी। इसलिए इनका कुछ भी आवेश में कहना कठोर ही प्रतीत होता था। धीमे स्वर में तो हमसे भी इन्होने कभी बात नहीं की चाहे वह व्यक्तिगत ही क्यों न हों। यह प्रकृति इनके अन्य माइके के लोगों में भी थी। सादगी और कम में काम चलाने का

गुण इन्हें अपने पिता जी से प्राप्त हुआ रहा होगा। क्योंकि मैं पूर्ण शाकाहारी था, इस वजह से इन्होने भी मांसाहार छोड़ दिया था यद्यपि मैंने रोका नहीं था और इन्हें माइके में तो अवसर मिलता ही था और चाहतीं तो खा सकती थीं। मेरे जीवन में इनका योगदान इतना अधिक है कि आकलन असंभव है।

यदि कभी इनका मेरे साथ विवाद हुआ या वैचारिक भिन्नता हुई तो डॉक्टर रवि प्रताप जी को लेकर। क्योंकि वो इनके लिए आदर्श थे जबकि मैं उनके भीतर पूरे विश्वास के साथ दिखावा और चालाकी अनुभव करता था। ये उन्हें अपने पिता जी की ही भाँति ईमानदार समझती थीं और मै एक सामान्य चिकित्सक। मैं उनके व्यवहार और अन्य गुणों में कृत्रिमता की झलक देखता था। और मेरा तब का जो आकलन था वह समय के साथ साथ सत्य सिद्ध भी होता गया है। डॉक्टर रवि प्रताप ने अपने भाई-बहनों के लिए बहुत किया लेकिन वो अपनी प्रतिष्ठा के लिए अधिक, कर्तव्य समझ कर कम। साथ ही उस प्रकार नहीं जिस प्रकार इन लोगों ने उनके चिकित्सा शिक्षा में सहयोग किया था।

जिस समय मेरा विवाह हुआ उस समय डॉक्टर रवि प्रताप जी गोंडा में ही निवास कर रहे थे। इन्होने एक एडवोकेट के मकान में उसका कुछ भाग किराए पर ले रखा था। वकील साहब के कई पुत्रियाँ थीं जिनमे दो अभी अविवाहित थीं। उनमे से एक जो इनसे लगभग दस वर्ष छोटी थी, उसी से इनका विवाह हुआ था। सर्व प्रथम इन्होने विवाह वहीं पंजीकृत कराया था और फिर उसे लेकर फैज़ाबाद के होटल 'अलका राजे' आ गए थे। यहाँ पर इनका आर्यवैदिक ढंग से विवाह पड़ोस के ही एक घनिष्ट परिवार के निवास पर सम्पादित किया गया था। मैंने यह सुना था कि लड़की के माता-पिता की ओर से इन लोगों को प्रोत्साहन मिला था। किन्तु संयोग से मेरे संज्ञान में वकील साहब के सामने ही निवास करने वाले एक व्यक्ति के द्वारा यह भी आया था कि लड़की के पिता की ओर से विवाह हेतु दबाव भी बनाया गया था। सत्य क्या था इसके विषय में मैं कुछ नहीं कह सकता। इन लोगों ने, कहते हैं टेलीग्राम भेजकर मुझे आमंत्रित किया था किन्तु मुझे वह टेलीग्राम कभी नहीं मिला था। यह अंतर्जातीय विवाह था और लड़की क्षत्रिय थी। बाद में रिसेप्शन दिया गया था जिसमे मैं उपस्थित था। उनका इस प्रकार विवाह करना, मुझे मेरे अनुसार अनुचित लगा था क्योंकि उन्होंने इसे पारम्परिक ढंग से नहीं किया था। लड़की की आयु भी काफी कम थी। प्रथम बार जब उनकी दुल्हन से मेरा मिलना हुआ तो न उन्होंने मुझसे परिचय की रुचि प्रदर्शित की और न ही मैंने। मुझे अपनत्व नहीं अनुभव हुआ था। मुझे वो खुले मन की प्रतीत नहीं हुई थीं। क्योंकि सभी रिसेप्शन की व्यवस्था में व्यस्त थे अतः सीमा के घर वालों ने भी मेरा परिचय उनसे नहीं कराया था। डॉक्टर रवि प्रताप जी अपने परिवार में अपना वर्चस्व बनाये हुए थे और इसलिए सभी आवश्यकता से कहीं अधिक दुल्हन की सजावट और उनके कार्यों में ही संलग्न थे। रिसेप्शन लेडीज़ क्लब में हुआ था और मैं वहाँ अकेले असहज महसूस कर रहा था। अभी मैं भी उस

परिवार के सम्बन्धियों के लिए नया ही था। मैं सीमा को लेकर रात्रि में सभी के साथ दालमंडी आ गया था। हालाँकि मेरा यह कार्य डॉक्टर रवि प्रताप जी और अन्य लोगों को पसंद नहीं आया था।

एनआईसी ज्वाइन करने के बाद हम लोगों का दो माह का प्रशिक्षण नई दिल्ली मुख्यालय में हुआ था और उसके पश्चात जिस जनपद के लिए नियुक्ति हुई थी वहाँ के लिए कार्यभार संभालने हेतु सभी को अवमुक्त कर दिया गया था। लेकिन आठ लोगों को जिनमे तीन ऑफिसर और चार असोशिएट थे, को रोक लिया गया था। इनमे एक मैं भी था। ये वो लोग थे जिनके जनपदों में अभी कार्य प्रारम्भ हो पाना संभव नहीं था। अतः हम लोगों को गुजरात प्रदेश अस्थायी तौर पर भेजने का निर्णय लिया गया था। नवम्बर के अंत में हम लोग गांधीनगर गुजरात गए थे और डॉक्टर सुबीर रॉय जी को रिपोर्ट किये थे। मैंने सर्वप्रथम जनपद बनासकांठा, जिसका मुख्यालय पालनपुर में था, हेतु अपनी नियुक्ति करवा ली जहाँ फिर मैं अगले छह माह तक रहा। प्रारंभिक दिनों में वहाँ के शासकीय विश्राम गृह में रहा और तदोपरांत एक नए परिचित के माध्यम से अपना एक कमरे का निवास वहाँ के शिमला गेट एरिया में ले लिया था। हमलोगों की इस नियुक्ति को भ्रमण माना गया था और इसके लिए वेतन के अतिरिक्त यात्रा और रहने के लिए दैनिक भत्ता प्रदान किया जाना था। वहाँ के जिला कलेक्टर एचके दास जी से मेरे बहुत ही अधिक अच्छे सम्बन्ध थे। वह अभी युवा थे और ओडिसा राज्य के रहने वाले थे। मेरा कार्यालय ठीक उनके चैम्बर से लगा हुआ था। वो मुझे मिस्टर का प्रयोग करते हुए प्रथम नाम से सम्बोधित करते थे जब कि आरडीसी मुझे कुमार साहेब कहते थे। उनके बच्चे के जन्मदिन पर मैं और सीमा भी गए थे। उनकी सज्जनता थी कि कई बार उन्होंने अपनी कार से ही मुझे मेरे घर ड्राप करने का आग्रह किया लेकिन मेरा घर निकट ही होने के कारण मैंने हर बार अस्वीकार कर दिया था। वो सुबह समय पर कार्यालय आ जाते थे और पूरे दिन कार्य करने के उपरांत शाम को ही जाते थे। दोपहर का भोजन उनका कार्यालय ही आता था। उन्होंने मुझे बताया था कि वो ऑफिस का कोई भी कार्य घर पर करना अवॉइड करते हैं। उन्होंने मुझसे यह भी कहा था कि यदि मैं स्थायी रूप से वहीं गुजरात में रहना चाहूँ तो वो शासन से इसकी अनुशंसा कर सकते हैं लेकिन साथ ही यह भी कहा था कि घर के निकट नियुक्ति से अच्छा और कोई विकल्प नहीं होता। क्योंकि वो अपने घर से बहुत दूर नियुक्त थे और वो इसे महसूस करते रहे होंगे। पालनपुर में उन्होंने मुझे अपना पूरा सहयोग दिया था और मैंने वहाँ अपना कार्यालय स्थापित कर लिया था। उनका व्यवहार मुझसे मित्र की भांति था।

पालनपुर में निवास की व्यवस्था हो जाने के लगभग एक माह उपरांत मैं फैज़ाबाद आकर सीमा को लिवा ले गया था। अलीपुर दिल्ली के अपने आवास, जिसे मैंने अभी छोड़ा नहीं था, से कुछ सामान लेकर फिर वहाँ से हम दोनों पालनपुर आये थे। गुजरात का मेरा कार्यकाल

मेरे जीवन के सबसे अधिक शांतिपूर्ण और आनंद वाले समयों में से एक है। मेरी होली वहीं व्यतीत हुई थी क्योंकि उसी मध्य वीसैट ऐन्टिना इनस्टॉल किया जाना था। तत्पश्चात जब यह हुआ कि हम लोगों को वहाँ से अवमुक्त किये जाने का समय आ रहा है, जो कि जून में था, तो मैंने इन्हे फैज़ाबाद पहुँचाना उचित समझा था। जहाँ तक मुझे याद है सीमा वहाँ तीन माह के लगभग तो रही ही होंगी। इस दौरान एक बार दिल्ली जाकर मैंने अपना रूम भी छोड़ दिया था। अलीपुर का रूम मैंने यह सोचकर नहीं छोड़ा था कि हो सकता है पीएचडी के कार्यों से मैं यहाँ आऊँ। मेरे साथ गए हुए अन्य सात लोग भी भिन्न भिन्न जनपदों में जा चुके थे। किन्तु हम सभी आपस में विचार विमर्श करके एक साथ गाँधीनगर मुख्यालय आ जाते थे और कुछ दिन साथ व्यतीत करते थे। डॉक्टर रॉय, जिनका देहांत भी असामयिक और कम आयु में ही जल्दी ही हो गया था, कभी आपत्ति नहीं किये। जब सीमा पालनपुर में थीं तो मेहसाणा से प्रवीन सिंह और जामनगर से अनिल प्रभाकर मेरे यहाँ आए थे और खाना खाकर गए थे। प्रवीन सिंह से तो आजतक सम्बन्ध बने हैं लेकिन प्रभाकर कनाडा चले गए थे। गुजरात से डॉक्टर रॉय ने मेरे निवेदन पर मुझे पहली जून को अवमुक्त कर दिया था और मैंने लखनऊ में डॉक्टर गोयल से मिलने के उपरान्त चौदह जून उन्नीस सौ नवासी को सुलतानपुर जनपद ज्वाइन कर लिया था। और फिर यहीं से इकतीस अक्टूबर दो हजार अठारह को एनआईसी से कार्यमुक्त हो अवकाश प्राप्त किया। मैंने सूचना-विज्ञान असोशिएट से सेवा प्रारम्भ कर वरिष्ठ निदेशक (आईटी), भारत सरकार तक की यात्रा यहीं प्रारम्भ की और यहीं समाप्त की।

जब मैं यहाँ आया था तो विकास भवन निर्माणकर्ता संस्था द्वारा प्रशासन को हस्तांतरित नहीं किया गया था। मुझे अपना कम्प्यूटर केंद्र इसी में स्थापित करना था और सिविल तथा इलेक्ट्रिक फिटिंग आदि करा कम्प्यूटर इंस्टाल करवाने थे। इसी वर्ष लोकसभा निर्वाचन भी होना था। इस वजह से मेरा कार्य भी प्रारम्भ नहीं हो सका था और मैं फैज़ाबाद से ही आकर स्थिति की अद्यतन सूचना प्राप्त कर आवश्यक कार्य करता रहता था। जो मेरे कार्यालय से सम्बंधित पत्र मेरी अनुपस्थिति में आते थे वो वहाँ का सिक्योरिटी गार्ड लेकर रख लेता था।

डॉक्टर रवि प्रताप जी के रिसेप्शन से मेरा सीधे अपने घर आना सीमा को भी अच्छा नहीं लगा था। स्वाभाविक था उन्हें अपने घर की रौनक में रुचि का अधिक होना। घर के कुछ लोग तो अप्रसन्न थे ही जैसा उन्होंने बतलाया था। मुख्य कारण मेरे असहज होने का मात्र यही नहीं था कि टेलीग्राम वाली बात पर मुझे सन्देह हुआ था अपितु यह कि भोज मांसाहारी लोगों के लिए अधिक ध्यान में रख कर बनवाया गया था और शाकाहारियों के लिए कम। प्रायः यह होता है कि जहाँ सामिष भोजन बनता है वहाँ निरामिष लोगों की अवहेलना हो ही जाती है। तीसरी बात यह थी कि अभी मेरा विवाह भी शीघ्र ही हुआ था और मेरी घनिष्ठता उनके पक्ष के लोगों से अधिक नहीं थी। चौथी बात यह कि भीड़ वाले घर में निश्चिन्त होकर सोना

असंभव था और अपना घर ही ठीक और शान्तिपूर्ण लगा था। थोड़े दिनों का ही अवकाश होने के कारण सीमा को भी साथ ही रखना चाहता था। लेकिन मुझे कोई स्पष्टीकरण देने की आवश्यकता नहीं थी। डॉक्टर रवि प्रताप जी के अपने व्यक्तिगत निर्णयों से मुझे कोई शिकायत नहीं थी लेकिन उनका मेरे तिलक में यह कहना, यद्यपि उन्होंने सीधे हम लोगों से नहीं कहा था, कि अच्छा हुआ वो अपने मित्रों को संग नहीं लाये नहीं तो इस व्यवस्था से उनका परिहास होता, मेरे मन में अभी तो उनके प्रति एक नकारात्मकता निर्मित किये ही हुए था। वैसे मैं इस बात को उनके अन्य गुणों के कारण मन से मिटाने का प्रयास कर रहा था। यह अगस्त माह की बात है और इसी बार मैं सीमा को लिवाकर दिल्ली ले गया था। कई लोग रेलवे स्टेशन हम लोगों को विदा करने भी आये थे। उनमे डॉक्टर रवि प्रताप जी और उनकी पत्नी भी थीं। इन दोनों लोगों कंजक्टिवाइटिस होने के बावजूद।

पालनपुर एक साफ़ सुथरा अच्छा शहर था। गुजराती लोग थोड़ा अधिक व्यवहारकुशल होते हैं। शिमला गेट कॉलोनी के निकट ही मार्केट थी और भरपूर सब्जियाँ मिलती थीं। प्रायः हम दोनों शाम को साथ निकलते थे और निकट ही एक स्थान पर पानी पूरी खाते थे। वहाँ पानी पूरी भिन्न विधि से तैयार कर प्लेट में दी जाती थी। गोलगप्पों को विशेष प्रकार से दही चटनी और अन्य मसालों को ऊपर से डालकर दिया जाता था। खाना तो घर पर ही बनता था क्योंकि एलपीजी कनेक्शन मैं दिल्ली से ट्रांसफर करा लाया था। आवश्यक बर्तन भी दिल्ली से लेकर आया था। किन्तु मैंने यहाँ बेड की व्यवस्था नहीं की थी और पूरे कार्यकाल भूमि पर ही बिस्तर बिछाकर हमने व्यतीत किये थे।

विशेष बात तो यह कि मेरे परिवार के लगभग सभी लोग, पिता जी के भाई व उनके परिवार के भी सदस्य मेरे कार्य, सर्विस और पद के विषय में यदि पूँछा जाता तो कुछ भी नहीं बतला सकते थे मात्र इसके कि मैं नौकरी कर रहा हूँ। हो सकता है अनुमान लगाते रहे हों कि मैं अच्छे सरकारी पद पर हूँ। इनसे अधिक तो मेरे विषय में मेरे गाँव वाले जानते थे कि मैं राजपत्रित अधिकारी हूँ क्योंकि यदि कोई मुझसे कार्यालय में मिला तो उसने आकर मेरे बारे में गाँव में भी बताया था। मैंने अपने विषय में कभी किसी को स्वयं कुछ कभी नहीं बताया। घर और गाँव में जहाँ मैं पला बढ़ा वहाँ अपने पद प्रतिष्ठा का प्रचार या श्रेष्ठता का भाव रखना मूर्खता होती है। ऐसा मैंने कई लोगों से सुना है कि अच्छे पद पर पहुँच कर बच्चे अपने पिता तक को कार्यालय में पहचानने से मना कर देते हैं। एक के पिता का उदाहरण तो मैंने देखा ही था। जब पुत्र से मिलने पर बहुत बाद में मैंने बताया कि उनके पिता जी मेरी कक्षा में आये थे तो उन्होंने कहा कि वो कभी गए ही नहीं। उनके पिता का परिचय कक्षा के अध्यापक ने ही कराया था क्योंकि उनके पुत्र ने उस वर्ष उत्तर प्रदेश टॉप किया था। यह अहंकार अच्छा नहीं होता लेकिन जो स्वयं को धरातल पर रखते हैं और जड़ से जुड़े होते हैं या अच्छे सुसंस्कृत समृद्ध परिवार से होते हैं वो ऐसे नहीं होते। पद पाने पर अहंकार का आना स्वाभाविक होता

है किन्तु यदि सज्जनता धारण किये रहनी है तो इस भावना को त्यागना पड़ता है। कृपा नारायण जी को एक बार अपनी पत्नी से कहते हुए मैंने सुना था कि तुम्हारा लड़का गजटेड अफसर है। और इसी वजह से संभवतः डॉक्टर रवि प्रताप जी की बातों से मैं उनमे अहंकार का होना अनुभव करता था। सुलतानपुर में डॉक्टर सुबोध, डॉक्टर शर्मा और एक अन्य बच्चों के डॉक्टर मुझसे काफी घुलमिल कर बात करते थे। आपका गंभीर प्रकृति का होना अच्छा होता है लेकिन आपको घर परिवार व सम्बन्धियों से सहज और प्राकृतिक व्यवहार रखना चाहिए, अपनी श्रेष्ठता को त्याग कर। फैज़ाबाद में एक डॉक्टर को मैं पिता जी को दिखाने ले गया था और वो पूरे समय बहुत ही गंभीर मुद्रा में बिना आँख मिलाये बात करते रहे थे। और अंत में जब मैंने उनसे पूँछा कि क्या आप हँसते मुस्कुराते नहीं तो वो स्वयं हँस दिए थे। मैं जानता हूँ कि किसी से दूरी बनाये रखने के लिए सर्वप्रथम उससे कम से कम वार्ता करना ही आवश्यक होता है। डॉक्टर रवि प्रताप जी के मित्र या उनके पूर्वज गाँव से अवश्य जुड़े रहे होंगे। यदि वो तिलक में उन्हें भी साथ लाते तो उसमे किस प्रकार की बुराई। बस वास्तविकता बतलाने की ज़रुरत थी। और यदि ऐसा नहीं था तो इसका अभिप्राय यह कि उनका मित्रवर्ग अच्छे संस्कार और सज्जन लोगों का नहीं था और उनमे से था जो अपने को तथाकथित इलीट वर्ग का मान बैठे हैं। गाँव का जीवन, वहाँ की समस्याएँ ऐसे ही आयोजनों में तो प्रकट होती हैं। लेकिन यह अपने अपने सोचने की बात है।

सीमा बताती हैं कि इनके बड़े मामा मदनलाल जी भी कभी कभी बहुत उग्र हो उठते थे और एक बार किसी बात पर उनका भी डॉक्टर रवि प्रताप जी से इनके इसी स्वभाव के लिए विवाद हो गया था। इनके इस स्वभाव से सभी परिचित थे लेकिन इनकी माता जी एक ऐसी महिला थीं जिनके कारण इनके इस स्वभाव को सभी नज़रअंदाज कर देते थे। वैसे ये परिवार को लेकर सभी की आवश्यकताओं को ध्यान में रखते हुए सबसे मिलकर चलने वाले स्वभाव के थे किन्तु हो सकता है इनके ऊपर इनके मित्रों या पत्नी का प्रभाव पड़ने से बाद में ऐसा परिवर्तन आ गया हो। क्योंकि संगत का प्रभाव मनुष्य के जीवन पर बहुत ही अधिक होता है। उसे इस बात का अनुभव ही नहीं होता कि वह आमूल रूप से परिवर्तित हो गया है। धन की चाहत और संबंधों में घनिष्ठता प्रतिलोम ढंग से सम्बंधित होते हैं।

उन्नीस सौ इक्यान्नबे में सीमा से छोटी बहन का विवाह हुआ था। मैं तिलक में सम्मिलित हुआ था लेकिन विवाह में संसद के सामान्य निर्वाचन होने के कारण मैं बता आया था कि यह निश्चित नहीं है कि मैं विवाह में आ ही सकूँ क्योंकि मैं निर्वाचन कार्यों में व्यस्त रहूंगा। मेरी इस अनुपस्थिति को लेकर ये काफी नाराज़ हुए थे और इन्होने देवेंद्र प्रकाश जी से कहा था कि उन्होंने मेरी पत्नी के सीज़ेरियन ऑपरेशन में इतना सहयोग प्रदान किया था और मैं शादी में नहीं आया। व्यक्ति को यथासंभव किसी अन्य का सहयोग बिना उसके स्वभाव को जाने नहीं लेना चाहिए। इसी बात को लेकर जब मैं इनसे बस्ती में अस्पताल में मिला

तो इन्होने अन्य सम्बन्धियों के सामने ही मुझे उलाहना देना प्रारम्भ कर दिया था और यहाँ तक कहा था कि अब अम्मा पिता ही आपको आमंत्रित करेंगे, मैं कभी नहीं। इन्होने उस समय अनावश्यक ही अपना पूरा वेतन, नॉन प्रैक्टिसिंग भत्ता जोड़कर न जाने क्यों बतलाया था। ये उस समय पैथोलॉजी की क्लिनिक चला रहे थे जो फिर अवैध थी। मैंने कोई प्रतिवाद नहीं किया था क्योंकि वह हॉस्पिटल था और इनकी एक बहन वहीं एडमिट थी। मैं उसी दिन लौट आया था। खास बात तो यह कि सीमा या अन्य कोई भी उनके विरुद्ध कुछ भी सुनने को तैयार ही नहीं होते थे। ये भाई-बहन तो उन्हें वो कभी गलत भी हो सकते हैं, ऐसी बात तक मन में नहीं ला सकते थे। उन्हें ये लोग आदर्श जो मानते थे। लेकिन समय सब स्पष्ट कर ही देता है। सीमा ने जब भी मुझसे वाद विवाद किया तो मुख्यतः इन्हीं से सम्बंधित मुद्दों पर। डॉक्टर रवि प्रताप की बोलने की भाषा शैली तभी तक मृदु होती थी जब तक आपकी भी बातें उनके अनुसार हो, उन्हें भी प्रिय लगें। अन्यथा मृदुता क्या होती है उनको पता ही नहीं था।

मेरा मानना है कि 'वचने का दरिद्रता'। यदि आप किसी के गलत होने पर भी मृदु भाषा का प्रयोग करते हैं तो आपका कुछ नहीं जाता। दूसरा विकल्प होता है कि आप बोलिये ही नहीं, शांत रह जाइये। यह गुण तो यदि कोई सीखना चाहे तो प्रशासनिक अधिकारियों से सीख सकता है। वे आपस में झगड़े और दंगे पर आमादा लोगों की भीड़ को, स्वयं के अपमान को अनदेखा करते हुए भी, सुलह समझौता कराकर शांत करा ले जाते हैं। इनकी अम्मा जी कूटनीति से कार्य करती थीं। लेकिन उनको यह नहीं ज्ञात था कि यदि कोई उनसे भी अधिक समझदार है तो उनके व्यवहार को समझ ही जायेगा। उन्हें परिवार के लिए अपने पुत्र के आर्थिक सहयोग की नितांत आवश्यकता थी क्योंकि उनके परिवार के दायित्वों का निर्वहन मात्र पिता जी की पेंशन से उनके बगैर संभव नहीं था। वो स्वयं यह स्वीकार करती थीं।

उन्नीस सौ इक्यान्नबे के लोकसभा निर्वाचन में मतदान कार्मिकों की ड्यूटी मैंने और एडीएम (विकास) ने मिल कर कम्प्यूटर से निर्धारित की थी। यह कार्य उत्तर प्रदेश के मात्र चार जनपदों में हुआ था जिनमे मेरा भी था। मैं इस दौरान जब सीमा आदि विवाह में गोंडा गयी थीं, तो अकेले रहकर भोजन आदि की व्यवस्था स्वयं करता था। कार्यालय में कार्यों का कोई निश्चित समय नहीं था। इस असुविधा को न तो मेरे ससुराल वाले जानते थे और न ही इन्होने मुझसे कभी स्पष्ट पूँछा ही था। मैं भी कार्यालय में अपनी महत्ता और अनिवार्यता को ज़ाहिर नहीं करना चाहता था। एडीएम (विकास), पंकज जी, नेहा के जन्म के बाद एक बार नियाँवा गए भी थे। इनसे मेरी बहुत घनिष्ठता थी। इसी निर्वाचन के समय में ही मैंने महेश प्रकाश जी को अस्थायी रूप से डाटा एंट्री के लिए पंकज जी के कहने पर लगाया था। दो पदों की संस्तुति जिलाधिकारी से ली जा चुकी थी। इन्हें अस्थायी से कुछ समयोपरांत स्थायी कर दिए जाने की संभावना थी। जिन दो पदों पर नियुक्ति होनी थी उनमे एक पर जो नियुक्त हुआ वह आज स्थायी कार्मिक के रूप में वरिष्ठ हो चुका है। महेश प्रकाश जी

कार्यालय की कठिन दिनचर्या में स्वयं को एडजस्ट नहीं कर सके थे और दस पंद्रह दिनों बाद पहले टाइपिंग टेस्ट के लिए और फिर आने पर यह कहकर कि भैया ने विवाह की तैयारी के लिए बुलाया है वापस फ़ैज़ाबाद लौट गए थे। मैं उन्हें क्योंकि वे मेरे सम्बन्धी हैं इस कारण किसी प्रकार की छूट देना उचित नहीं समझ रहा था और चाहता था कि वो अन्य कर्मचारियों की भांति सुबह दस बजे से सायं कार्यालय बंद होने तक परिश्रम कर अपनी योग्यता स्वयं सिद्ध करें। उन्होंने अपनी किसी प्रकार की असंतुष्टि सीमा को भी नहीं बतलाया था। जब डॉक्टर रवि प्रताप जी से मैंने इस प्रकरण पर बात की थी तो उन्होंने कहा था कि अम्मा जी रोने लग गयी थीं और कह रही थीं कि महेश प्रकाश जी को दोपहर का खाना भी नहीं मिल पाता। जो भी हो वो अपनी बड़ी बहन के साथ थे इसलिए वास्तविकता छुप नहीं सकती थी। मैंने भी सोचा था कि डॉक्टर रवि प्रताप जी स्वयं अपने प्रभाव से इन्हें कहीं सर्विस दिलवाने के प्रति आश्वस्त होंगे।

जब मैं अकेले था तो रात्रि में कभी कभार पंकज जी के यहाँ खाने जाता था और कभी कभी वो भिजवा भी देते थे। मित्तल जी के सीडीओ नियुक्ति के बाद वो अडीशनल कमिश्नर के पद पर फ़ैज़ाबाद चले गए थे। उनको जो मैंने कम्प्यूटर की शिक्षा दी थी उसके लिए ही वो मेरे इतना कृतज्ञ थे। जैन जी उस समय जिलाधिकारी थे और प्रायः आकर मेरे ऑफिस में बैठ कम्प्यूटर सीखने का प्रयास करते थे। आज भी एनआईसी का महत्त्व जनपदीय स्तर पर इन्फॉर्मेशन टेक्नोलॉजी के प्रसार के कारण बहुत ही अधिक है और इसके प्रमुख डीआईओ का भी। यही कारण है कि डीआईओ को अपने क्षेत्र में अद्यतन ज्ञान रखने की आवश्यकता होती है। शासकीय डिजिटल संचार माध्यमों का केंद्र होने की वजह से चौबीसो घंटे अलर्ट रहना पड़ता है। 'ज्ञान ही शक्ति है' का हमेशा ध्यान रखना होता है ताकि उनकी अपरिहार्यता और सम्मान दोनो बना रहे। वर्तमान में शासन के लगभग सभी विभागों का कम्पूटरीकरण हो चुका है। उस समय कम्प्यूटर जानने वाले बहुत ही कम थे और उन पर निर्भरता कहीं अधिक थी। आज लगभग प्रत्येक कर्मचारी और अधिकारी कम्प्यूटर का पर्याप्त ज्ञान रखता है और अपने को उनसे श्रेष्ठ बनाये रखने के लिए अपने ज्ञान व स्किल को उनसे बेहतर बनाए रखना अनिवार्य है।

नेहा सीमा के गर्भ में माता जी के ट्यूमर की सर्जरी के पूर्व ही आ गयी थी। जब हम लोग फ़ैज़ाबाद गए तो यह सभी के संज्ञान में आया। देवेंद्र प्रकाश जी अपनी प्रकृति के अनुरूप अधिक प्रसन्न दिखे थे। माता-पिता और नीता जी ने कोई विशेष प्रतिक्रिया व्यक्त नहीं की थी जब कि ऐसा काफी प्रतीक्षा के उपरान्त हो रहा था। वहाँ तो नहीं किन्तु सुलतानपुर लौटने पर मैंने सीमा के खाने पीने पर विशेष ध्यान रखना प्रारम्भ किया था। मैंने गरी और छुहारा खूब खिलाया था। कहीं सुना था कि गरी खाने से बच्चा गोरे रंग का होता है, जिसे मैंने टेस्ट करना चाहा था। और यह सही निकला था। नेहा का रंग साफ़ था भी। जब उसका

जन्म हुआ था तो वह पर्याप्त गोरी थी। यह तो जाड़े के दिनों में धूप में निरन्तर रखने के कारण उसका रंग काला हो गया था। जब अधिक दिनों के बाद मैं नियाँवा गया, जहाँ इन दोनों को मैंने सुविधा के लिए भेज दिया था, तो नेहा का रंग इतना बदल चुका था कि मैं उसे पहचान ही नहीं सका था। मुझे दुःख हुआ था लेकिन सीमा के आश्वासन पर कि वो इसे पूर्ववत कर देंगी मुझे कुछ तसल्ली हुई थी। कुछ माह उपरान्त उसका रंग गेहुआं तो हो गया किन्तु फिर पूर्ववत नहीं ही हुआ। जब सीमा अपने माइके में थीं तो सीज़ेरियन के कारण इनका उपचार चल रहा था। शायद रक्त स्राव अधिक हो गया था। ये माता जी के साथ डॉक्टर से परामर्श करने गयी थीं। उसके बाद माता जी अपने घर और सीमा नियाँवा आ गयी थीं। डॉक्टर का प्रेसक्रिप्शन माता जी आदि ने देवेंद्र प्रकाश जी द्वारा सीमा के पास भिजवा दिया था ताकि नियाँवा के लोग दवाओं को क्रय कर लें। यहाँ शोचनीय बात तो यह थी कि इन लोगों ने मेरी अनुपस्थिति में यह नहीं सोचा कि अपनी ही बहू के लिए स्वयं दवा खरीद कर भिजवाया जाए। आत्मसम्मान भी व्यक्ति को ध्यान में रखना चाहिए। दवा की अधिकांश दुकानें रिकाबगंज में ही थीं। सीमा ने यह मुझे बतलाया था और मुझे विश्वास है कि यदि वो भ्रम में नही हैं तो झूठ नहीं बोलतीं। मेरे विचार से पिता जी को तो यह करना चाहिए थे कि दवाएँ क्रय कराकर प्रेसक्रिप्शन के साथ भेजते। लेकिन पिता जी अब अधिकतर माता जी के अनुसार चलने लगे थे। देवेंद्र प्रकाश जी ने तो कभी दूसरे के कार्यों में बुद्धि का प्रयोग किया ही नहीं। यदि पैसों का अभाव था तो मुझसे कहना चाहिए था, वैसे पिता जी अभी सर्विस में थे।

नेहा का सुलतानपुर में हम लोगों द्वारा अच्छा ध्यान दिया गया। उसका स्वास्थ्य अच्छा था और विकास भी ठीक हो रहा था। कॉलोनी में अकेली छोटी बच्ची होने के कारण सभी उसको खिलाना चाहते थे। पाण्डे जी की पत्नी तो उसकी तेल मालिश बहुत प्रेम से करती थीं। पहले बच्चे की प्रत्येक गतिविधि विचित्र प्रतीत होती है और प्रसन्नता प्रदान करती है। यही नेहा के साथ था। जब हम तीनों लोग शिमला गए तो वह मात्र दस महीनों की थी। लेकिन देखने में बड़ी प्रतीत होती थी। सुन्दर नाकनक्श होने के कारण लोगों की दृष्टि उस पर प्रायः चली जाती थी। इसने माँ का दूध कभी नहीं पिया और पाउडर का ही बना कर दिया जाता था। जन्म के उपरांत डॉक्टर ने भी अधिक नहीं कहा था और जो लोग साथ में थे उन्होंने बिना प्रतीक्षा किये इसके रोने पर बोतल से दूध पिलाना शुरू कर दिया था।

शिमला से लौट कर सीधे हम लोग फैज़ाबाद आ गए थे। तभी पाटेश्वरी देवी के मंदिर पर इसका मुंडन कराया गया था। इस समय ददिहाल और ननिहाल के सभी लोग मंदिर पर उपस्थित थे। सीमा के छोटे मामा, सदन लाल जी का परिवार और अन्य कई घनिष्ठ लोग भी थे। इसके और कन्धारी बाजार के मकान में शिफ्ट होने के उपलक्ष्य में पिता जी द्वारा एक प्रीतिभोज का भी आयोजन किया गया था मुंडन अक्टूबर उन्नीस सौ इक्यान्नबे में हुआ

था। सभी स्थानीय परिचित लोगों को आमंत्रित किया गया था। गाँव से हरेंद्र प्रकाश की माता आदि आये थे। उस समय संचार व यातायात के साधन सुलभ नहीं थे। वैसे भी बंटवारे के बाद से पिता जी और अन्य भाइयों में उतनी घनिष्ठता और प्रेम नहीं रह गया था कि कष्ट उठाकर कोई फैज़ाबाद तक आता। प्रतिद्वंदिता भी अधिक बढ़ गयी थी। यह आयोजन भी बहुत ही शीघ्रता में किया गया था। लेकिन यदि उन लोगों को समय से सूचित कर जोर देकर आमंत्रित किया जाता तो रवि शंकर जी को छोड़ अन्य सभी लोग तो अवश्य ही आते। रवि शंकर जी से मेरा विवाद पिता जी द्वारा निर्मित एक कमरे को लेकर उन्नीस सौ छियासी में हुआ था और उसका द्वेष उनमे अभी भी विद्यमान था। वो लोग मेरे विवाह के किसी रसम में भी उपस्थित नहीं हुए थे। वैसे भी रवि शंकर जी कहीं अकेले आने जाने की स्थिति में अपनी आँखों के कारण नहीं थे। उनके बच्चे अभी काफी छोटे थे। लेकिन स्वरूपगंज से फैज़ाबाद आना जाना आसान था। विदाई के बाद जब सीमा पहली बार गाँव आयी थीं तो दरवाजे पर शिव मंदिर पर सर्वप्रथम माथा टेकने के बाद वहाँ जो लोग थे, चंद्र प्रकाश के पिता और रवि शंकर जी के ही चरण स्पर्श परिवार में सबसे पहले किये थे। मुझे बतलाया गया था कि तिलक और विवाह की जो मिठाईयाँ स्वरूपगंज भेजी गयी थीं उन्हें भी इन्होने और रजनी जी ने नहीं स्वीकार किया था जबकि वो माता जी की सगी बहन भी थीं।

इस प्रीतिभोज में मेरा कोई भी आर्थिक योगदान नहीं था क्योंकि इस हेतु मुझसे पिता जी द्वारा कोई बात नहीं की गयी थी। तत्पश्चात हम लोग सुलतानपुर आ गए थे। अप्रैल उन्नीस सौ बान्नबे में कम्पटीशन से मैं डीआईओ के राजपत्रित पद पर नियुक्त हो गया था। यह भी मेरे लिए प्रसन्नता की बात थी। क्योंकि एनआईसी का वेतन कुछ विभागों को छोड़कर सबसे अधिक था। हालाँकि मैं पहले से ही कार्यालय का प्रभारी था। तीन चार माह के लिए शर्मा जी को मेरे वरिष्ठ के रूप में यहाँ नियुक्त किया गया था। वो एमटेक करने जेएनयू चले गए थे और मैं ही पुनः केंद्र का प्रभारी बन गया था। इन्होने भी डीआईओ की परीक्षा मेरे साथ दी थी लेकिन इनका चयन इस बार नहीं हुआ था। बाद में इन्होने वेस्पा और टीसीएस कंपनी ज्वाइन कर लिया और वर्तमान में यूएसऐ में हैं। इनसे मेरे सम्बन्ध आज भी हैं। इनका सुलतानपुर आना मेरे लिए बहुत ही लाभप्रद रहा क्योंकि केंद्र के भीतरी निर्माण में मुख्यतः इन्ही का योगदान था। इन्होने एमएमएम इंजीनियरिंग कॉलेज गोरखपुर से बीटेक किया था। पूर्व में ये प्रतियोगिता से ही एनआईसी में आये थे। शांत प्रकृति के थे और मुझसे आयु में कम थे। फिर भी मैच्योरिटी थी। एक बार मेरी और एडीएम (प्रोजेक्ट) के बीच कहासुनी हो गयी थी। इन्होने मुझे समझाकर उनकी लिखित शिकायत डीएम से करने को रोका था और बातों को अवॉइड करने की सलाह दी थी। कालोपरान्त उन्हीं एडीएम से मेरे अच्छे सम्बन्ध बन गए थे। एडीएम (प्रोजेक्ट) का भी देहांत कम आयु में ही हो गया था, ऐसा मेरे सुनने में आया था।

घर में नीता जी भी अब विवाह के योग्य हो चुकी थीं और उनके लिए उपयुक्त वर के विषय में जानकारी प्राप्त करने की प्रक्रिया प्रारम्भ कर दी गयी थी। हम लोगों ने कोई विशेष मानक नहीं तय कर रखा था। पिता जी के साथ सुलतानपुर में शास्त्री नगर स्थित एक घर गया था। एक लड़का हैदरगढ़ में था उससे मैं स्वयं मिलने गया था। एक पीडब्लूडी सुलतानपुर में अवर अभियंता थे जिससे मैं मिला था, जो रचना जी के फ़ैज़ाबाद स्थित घर के ठीक सामने का निवासी थे। यह जेई वाला विवाह इतने निकट ही एक अन्य सम्बन्धी के निवास होने की वजह से लड़के वालों ने उचित नहीं समझा था।

जब मेरा जन्म हुआ तो मेरी दादी जी ने यह माना था कि मेरा मुंडन संस्कार वो विंध्याचल देवी के मंदिर पर कराएँगी। किन्तु वो जा नहीं सकी थीं और उन्होंने यह दायित्व मेरे माता-पिता जी को सौंप दिया था कि ये लोग उचित समय पर जाकर कभी भी बाद में करवा देंगे। लेकिन वो लोग यह कार्य कभी नहीं कर सके थे। इन लोगों ने मुझसे कहा कि तुम लोग जब अवसर मिले तो विंध्याचल देवी के दर्शन कर आना। मैंने इस धार्मिक कार्य को लंबित रखना उचित नहीं समझा और विंध्याचल जाने का निर्णय लिया था। गाँव पर ट्यूब वेल लगने पर माता जी ने गंगा जी को चुनरी चढ़ाने की भी मानता की थी। अतः हम लोग पहले वाराणसी गए और गंगा जी को चुनरी चढ़ाने के बाद दूसरे दिन विंध्याचल गए। नेहा भी साथ थी। सीमा, नेहा और मैंने देवी जी के भावपूर्ण ढंग से श्रद्धा सहित दर्शन किये। मेरे मन में अकस्मात ही यह विचार आया था कि मेरा मुंडन यहाँ नहीं हो सका था किन्तु यदि मुझे आगे पुत्र हुआ तो उसका मुंडन मैं यहाँ देवी जी के समक्ष अवश्य कराऊंगा जिससे पुराना छूटा हुआ कार्य पूर्ण हो सके। और यह कार्य हम लोगों की भांति देवी जी ने लंबित नहीं छोड़ा और शिवेंद्र तुरंत ही गर्भ में आ गए थे। यह मार्च का प्रथम पक्ष रहा होगा।

उधर फैज़ाबाद में माता-पिता जी ने नीता जी के विवाह की बात शहर में ही स्थित एक परिवार में लगभग तय कर लिया था। मुझे मेरे घर के सामने घर में लगे फ़ोन पर अवगत कराया गया कि लड़के के परिवार वाले नीता जी को देखना चाह रहे हैं और विवाह से सहमत हैं। अतः हम सभी लोग अगले ही दिन फैज़ाबाद आ गए थे। देवेंद्र प्रकाश जी बंगलौर में जेसीओ आरटी पद पर भारतीय सेना ज्वाइन कर चुके थे।

इस समय नेहा की आयु लगभग साढ़े तीन वर्ष रही होगी। जब इसका जन्म हुआ था तो इसके बाएँ कंधे पर एक बड़े बटन के आकार का हल्का सा धब्बा जैसा था। उसे हम लोगों ने कोई लक्षण आदि समझा था। लेकिन वह निशान समय के साथ साथ कुछ गहरे रंग का होता गया। जब हम लोगों ने इसमें सुधार न होकर वृद्धि होती महसूस की तो सुलतानपुर में चिकित्सक से परामर्श किया। उन्होंने बताया कि यह हिमेंजिओमा है और इसका उपचार विशेष इंजेक्शन लगा कर ऑप्रेशन थिएटर में ही किया जायेगा। इस स्थान पर किसी प्रकार

की चोट आदि नहीं लगनी चाहिए अन्यथा रक्त स्राव रोकने में समस्या होगी। डॉक्टर सईद बहुत ही अच्छे और सरल सर्जन थे और जिला चिकित्सालय में ही नियुक्त थे। उन्होंने तीन या चार बार नेहा को उसी स्थान पर इंजेक्शन लगाया था। नेहा को हम लोग ओटी की नर्स को गोद में देते थे और फिर वो या डॉक्टर सईद स्वयं लाकर उसे बाहर हम लोगों को उचित परामर्श देकर पकड़ा जाते थे। मुझे यह बतलाया गया था कि इस स्थान को जहाँ पर यह है उसे खौलते विशेष प्रकार के पानी से जला दिया जाता है। उस पर लगाने के लिए दवा भी दी जाती थी। इस प्रकार यह हिमेंजिओमा का स्पॉट लगभग एक माह से अधिक के उपचार के बाद ठीक हुआ था। हालाँकि इसकी देखभाल काफी समय तक करनी पड़ी थी। निशान आज भी एक ठीक हुए घाव की भांति दिखता है। नेहा को जब इजेक्शन लगाया जाता था तो उसे बहुत ही कष्ट होता रहा होगा। क्योंकि जब वह बाहर लाई जाती थी तो उसका रो रोकर बुरा हाल हुआ रहता था। हम दोनों लोग उसे बोतल का दूध बनाकर देते थे और शांत करने का प्रयास करते थे। ऐसी परिस्थितियों में ही पति-पत्नी दोनों का एक दूसरे को सहयोग कितना महत्वपूर्ण होता है, पता चलता है। एक व्यक्ति अपने को कितना पंगु महसूस करता होगा यह सोचा जा सकता है। ये बातें उस समय की हैं जब नेहा माँ की गोद में ही रहती थी। नेहा को टांसिल्स की समस्या भी अक्सर हो जाती थी और उसके कारण कभी हल्का और अभी ज्यादा बुखार भी हो जाता था। उसके उपचार के लिए हम लोग प्रायः डॉक्टर शुक्ला जी जो सुलतानपुर के प्रसिद्ध बच्चों के चिकित्सक थे, के यहाँ जाते रहते थे। यह हमारी जन्म दी हुई पहली बच्ची थी और इसे कुछ भी हो जाता था तो हम लोग परेशान हो जाते थे। पालन पोषण और तत्सम्बन्धी समस्याओं का कोई पूर्वानुभव नहीं था और कोई परामर्श के लिए भी नहीं होता था। लेकिन यह स्वास्थ्य के दृष्टि से बचपन में कभी कमजोर या दुबली नहीं रही।

नीता जी को तैयार कर हम सभी लोग शाम को मिलिट्री मंदिर गए थे जहाँ पर सभी के मिलने का निर्णय लिया गया था। वर पक्ष से उसके पिता जी, वर के सभी भाई-बहन, दोनों बहनोई भी आये थे। लड़के की माँ का स्वर्गवास बहुत पहले ही हो चुका था। हम लोगों के लौटने के समय तेज आंधी आ गयी थी। लेकिन सभी लोग समय से अंधेरा होते होते अपने अपने घर वापस आ गए थे। बाद में मिलने पर वर के पिता जी ने माता जी आदि को विवाह की तैयारी प्रारम्भ करने को कहा था। लड़का माध्यमिक विद्यालय में प्रवक्ता था। ऋषि टोला में इनका निवास था। अपना नया घर भी इन्होने वहीं निकट ही बनवा लिया था। विवाह के तय होने में मेरी कोई भूमिका नहीं थी और न मुझसे कोई विचार विमर्श ही किया गया था। पूरी तरह यह माता-पिता जी द्वारा तय की गयी शादी थी। फिलहाल वर या उसके परिवार के सदस्यों में कोई ऐसी बात नहीं थी कि विवाह उचित न लगे। लेन देन के विषय में भी अपनी क्षमता के अनुरूप ही प्रतीत हो रहा था। वरीक्षा बड़े बहनोई के यहाँ और तिलक इनके नवनिर्मित मकान से किया गया था और तिलक में हमारे परिवार, पिता जी के अन्य सभी भाई, कृपा

शंकर और रवि शंकर जी सहित अन्य लोग भी सम्मिलित हुए थे। तिलक संपन्न करके रात्रि में ही हम लोग अपने घर आ गए थे। कृपा शंकर जी आदि बहादुरपुर अपने निवास पर चले गए थे। पचास हजार का चेक पिता जी ने यज्ञ नारायण जी को व्यय हेतु दिया था। विवाह के अपनी ओर के किये जाने वाले पैसों की व्यवस्था गाँव की कुछ ज़मीन जो पिता जी ने पहले ही बेंच रखी थी उससे, और देवेंद्र प्रकाश जी तथा मेरे दिए हुए पच्चीस पच्चीस हजार रूपए तथा पिता जी की अपनी बचत से की गयी थी। पांच हजार रूपए मैं पूर्व में कंधारी बाज़ार के घर के निर्माण के समय माता जी को उधार के रूप में उनके मांगे जाने पर दे चुका था। देवेंद्र प्रकाश जी रुपये देकर बहुत खुश नहीं थे। हम लोगों ने विवाह से सम्बंधित अधिकांश व्यवस्थाएँ की थीं।

इस दरमियान पिता जी से एक दो बार मेरा विवाद भी हुआ। उनके अनुसार पंडाल की व्यवस्था में मैंने अधिक व्यय कर दिया था या पैसे स्वयं के लिए बचा लिए थे। एक बार जब उन्होंने कुछ महत्वपूर्ण सामान बिना मेरी जानकारी के क्रय किया और मैंने यह कहा कि मुझे बतलाना अधिक उचित होता तो उन्होंने रोष में आकर कहा था कि अब क्या 'लोटा थाली' भी तुमसे पूंछ कर क्रय करूँगा आदि आदि। वर्षा ऋतु होने के कारण विवाह का पंडाल वाटर प्रूफ, बड़ा और सजावट के साथ निर्मित किया गया था। मैं अब विवाह की अन्य व्यवस्थाओं और कार्यों के लिए चिंतित था जिसके लिए पैसे इन लोगों को देने थे और डिले करते जा रहे थे। जब मैंने सीमा से कहा कि चलो तुम्हारे सोने के कड़े बेचकर व्यवस्था बनाता हूँ तो पिता जी ने पैसे बैंक से लाकर मुझे दिए थे। अधिकांश कार्यों की व्यवस्था हम दोनों लोग साथ निकल कर करते थे। एक से दो लोगों का होना निर्णय के लिए उपयोगी होता है और सहायता भी मिल जाती थी। देवेंद्र प्रकाश जी भी पर्याप्त एक्टिवनेस नहीं दिखा रहे थे। दिवस व्यतीत हो जाता था लेकिन जो कार्य सौंपा जाता था, वह अपूर्ण रह जाता था। जो कुछ कार्य नरेंद्र प्रकाश जी को कहा जाता था, वो करते थे लेकिन पैसों को लेकर हमारे माँ-बाप किसी पर विश्वास भी तो नहीं करते थे। मैं दहेज़ लेने और देने के सख्त खिलाफ था। किन्तु इस विवाह में मेरे विचार कोई अर्थ नहीं रखते थे। देवेंद्र पच्चीस हजार देकर कुछ विवाद किये थे और नीता जी दुखी हुई थीं। जबकि मैंने तो अपने परिवार का व्यय उठाने के बावजूद नीता जी के विवाह हेतु जो तय कर रखा था उसको कर्तव्य समझ कर दिया था।

विवाह भलीभांति संपन्न हुआ था। गाँव से सभी सपरिवार आये थे। साथ ही कुछ मुख्य ठाकुर ब्राह्मण भी उपस्थित थे। मेरी ससुराल से भी सीमा के दोनों मामा जी बच्चों सहित पहले से ही आवश्यक व्यवस्था में लगे हुए थे। ननिहाल से भी देव प्रकाश जी के अतिरिक्त सभी परिवार के लोग विवाह में सम्मिलित हुए थे। गाँव से हम लोगों के यहाँ कार्य करने वाले कुछ और भी लोग आ गए थे। कुल मिलाकर दोनों पक्षों के लोगों से भीड़ बहुत बढ़ गयी थी और पंडाल अपर्याप्त जान पड़ रहा था। विवाह के दिन डॉक्टर रवि प्रताप जी का भी सहयोग

बहुत सराहनीय था। उनके जीप से आने कारण आवश्यक सामानों को क्रय करने में बहुत ही सुविधा हुई थी। मुझे भी उनका साथ मिल जाने के कारण व्यक्तिगत रूप से अच्छा महसूस हुआ था। यही नहीं बल्कि सीमा के ममेरे भाइयों की उपस्थिति से भी मेरा काफी काम हल्का हो गया था। खाना बनाने वाला भी मेरी ससुराल के द्वारा ही सुझाया गया था जिससे उस कार्य में मुझे अधिक ध्यान देने की आवश्यकता नहीं पड़ी थी। बारात की अगवानी, स्वागत चांदी की तश्तरी में मिठाई, पान आदि रख कर होनी चाहिए, को लेकर वर के बड़े बहनोई से कुछ नोक झोंक अवश्य हो गयी थी लेकिन फिर सब नार्मल हो गया था। जनवासा यज्ञ नारायण जी द्वारा सुझाए गए 'होटल प्रेम' रिकाबगंज में औपचारिक तौर पर प्रदान किया गया था क्योंकि विवाह स्थानीय था और सभी को प्रीतिभोज के पश्चात अपने अपने घर लौट ही जाना था। दूसरे दिन विदाई खुशनुमा माहौल में हुई किन्तु विदाई होते ही फिर वैसी ही तेज वर्षा हुई जैसी विवाह के पहले दिन की रात्रि में हुई थी। स्थानीय होने के कारण अधिकांश बारातियों ने प्रातः का जलपान नहीं किया था। क्योंकि आर्यकन्या कॉलेज का मैदान काफी बड़ा था और वाटरप्रूफ पंडाल ऊँचाई की ओर बना था अतः उसपर वर्षा से कोई प्रभाव नहीं पड़ा था।

बारात के आगमन के समय का घटनाक्रम कुछ इस प्रकार से था। जयमाल के समय कन्या लहंगे में रहेगी ऐसी बात उन लोगों की तरफ से कही गयी थी। जब एक बार चौक में वर के बड़े बहनोई और छोटे भाई अकस्मात मिले तो उन्होंने यह बात पुनः दोहराई। मैंने उनसे कहा कि मेरी शादी में हम लोगों ने तो ऐसा कुछ भी ज़रूरी नहीं समझा था। तो उनके बहनोई ने कहा कि आपकी शादी शादी नहीं बल्कि तमाशा रही होगी। मैं चुप रह गया था लेकिन मेरे मन में इनके प्रति एक बुरी धारणा ने जन्म ले लिया था। इसके पूर्व भी कुछ इसी बात पर सीमा और वर की बड़ी बहन के मध्य जब ये उनके घर गयी थीं, तो कुछ बातचीत हो गयी थी। मैं इस वजह से कि मैं लड़की के पक्ष का हूँ या वैसे भी, अपने आत्मसम्मान को चोट पहुँचते नहीं देख सकता था किन्तु यहाँ चुप रहना ही उचित था। ये बात मन ही मन मेरे भीतर खटकती रही थी। जब बारात पहुंची तो माला लेकर हम सभी लोग उपस्थित थे। वर पक्ष की ओर से यह बात कही गयी कि चाँदी की तश्तरी में पान आदि रखकर अगवानी करनी चाहिए। महिलाओं की अगवानी इसी भांति कन्यापक्ष की महिलाएँ करें। क्योंकि सीमा पहले से ही नाखुशी के कारण अगवानी करने से हिचक रही थीं, फिर भी उन्होंने सामने आकर उनका स्वागत किया था। मैं और डॉक्टर रवि प्रताप जी वहीं पर थे और यह देखने सुनने पर उन्होंने मुझसे कहा कि ये लोग लालची हैं जो इस प्रकार कह रहे हैं। उनकी यह बात वर के बहनोई जी ने सुन ली और इसी को लेकर कुछ बहस हो गयी थी। मैं तो केवल देखता रहा था और कुछ बोला नहीं था। कुछ लोगों ने आकर विवाद शांत कराया था। इन सब घटनाओं को लेकर जो आत्मीय प्रेम मेरे और वर पक्ष के परिवार जनों के मध्य होना चाहिए था उसे फिर पूर्ववत होने में समय लगा था। बस ऊपर से दिखावा या औपचारिकता चलती रही थी। मैं उनके रिसेप्शन में भी

नहीं गया था। अन्य सभी लोग गए थे। यदि विवाह निश्चित हो जाने के बाद दोनों पक्ष एक दूसरे को अपने की भावना से देखें तो ऐसी स्थितियाँ नहीं उत्पन्न होंगी।

जब किसी कार्य के लिए हम निकलते थे तो सीमा भी साथ होती थीं, यह माता-पिता जी को पसंद नहीं आता था। एक तो हमारे गाँव के क्षेत्र का प्रभाव और दूसरा अपना भी स्वयं का स्वभाव। पिता जी कभी कभी बहुत कटु शब्दों का प्रयोग करने लगे थे। वो पहले ऐसे थे तो, किन्तु इतना नहीं थे। उनके साथ रहते हुए यदि उनकी बातों को भुलाया न जाए तो शायद रह पाना ही मुश्किल था। लेकिन एक अच्छाई भी उनमे थी। वह यह कि वो स्वयं भी बातों को कुछ ही समय में सामान्य करने का सफल प्रयास भी कर लेते थे। और यही कारण था कि उनके देहांत तक हमलोग उनके साथ जुड़े रहे। शादी के पंडाल की संरचना वर्षा ऋतु को ध्यान में रख कर मैंने करवाई थी इसलिए उसमे व्यय भी तदनुसार अधिक होना ही था। उन्होंने कहा कि तुमने अधिक दाम बताया है और कम पैसे में कराकर शेष अपने पास रख लिए होंगे। मुझे स्मरण हो आया जब रवि शंकर जी के विवाह में स्वरूपगंज से रहमतपुर के लिए बस तय की गयी थी तो जगन्नाथ प्रसाद जी को इसमें हुए व्यय किराए का आधा देना था। पिता जी ने मेरी याद के अनुसार संभवतः ग्यारह या चौदह सौ रुपये कुल बतलाये थे। मैंने सुना था कि श्री प्रकाश जी आपस में बात कर रहे थे और कह रहे थे कि इतना किराया नहीं लगा होगा, झूँठ बता रहे हैं। मुझे बुरा लगा था लेकिन वो उन लोगों की बातें थीं। आज मैं सोचता हूँ कि हो सकता है उनकी बात सही रही हो। क्योंकि आज उसी प्रकार का विचार उनके मन में मेरे प्रति आ रहा था। ईमानदारी से अपना समझ कर कार्य करने पर यदि अपने ही लोगों से यह आरोप सुनने को मिले तो कैसा अनुभव होगा यह सोचने का विषय है। जबकि विवाह में अनेकों ऐसे व्यय थे जिनका कोई हिसाब नहीं था और हम लोगों ने स्वयं खर्च किये थे। पिता जी ही नहीं, रवि शंकर जी भी कभी कभी कटु तो नहीं लेकिन अभद्र भाषा का प्रयोग कर जाते थे। इनके और नारायण प्रसाद जी की पत्नी के मध्य ऐसा मैंने पाया था। ठीक है मेरे बचपन में मेरे चारित्रिक विकास में इनका योगदान बहुत ही सराहनीय था लेकिन मेरी किशोरावस्था में विभिन्न कारणों से इनके साथ मेरे सम्बन्ध तनावपूर्ण रहे थे। इस दौरान कभी कभी इनकी भाषा अशोभनीय और असहनीय भी हो जाती थी। और ऐसा माता-पिता जी की उपस्थिति में भी होता था।

उन्नीस सौ बान्नबे की ग्रीष्म ऋतु में मेरी सबसे छोटी मौसी का विवाह हुआ। किरनलता जी जगन्नाथ प्रसाद जी के अंतिम दो जुड़वा बच्चों में से एक थीं। हम दोनों लोग नेहा सहित फतेहपुर गए थे। मेरे नाना नानी जी का देहांत हो चुका था। गर्मी अपने शिखर पर थी। जिस दिन विदाई हुई थी उस दिन उन लोगों ने जो प्रातः के जलपान के रूप में छोला भटूरा बनवाया था उसी को दोपहर के भोजन के तौर पर भी घर के आमंत्रित सम्बन्धियों को खिलाया था। भटूरा देर का सना होने की वजह से कुछ अधिक ही खट्टा हो गया था और खाने में ठीक नहीं

था। साफ़ पेय जल की भी व्यवस्था नहीं थी। मात्र सत्य प्रकाश जी को छोड़कर बाकी लोग कहीं अन्यत्र आराम करने चले गए थे। संज्ञान में यह भी आया था कि अन्य मामा जी और कुछ लोग वाइन या बियर लेने के कारण अलग चले गए थे। इसी दिन वटसावित्री व्रत भी था। मुझको पहले से ही उस भीषण गर्मी में यह अव्यवस्था असह्य हो रही थी। इसी बीच रचना जी आयीं और उन्होंने मुझसे थोड़ा दूरी पर लगे हैंडपंप से जाकर पीने के लिए पानी लाने को कह दिया। मेरी उनसे बहस हो गयी और मैंने कहा आपको अपने भाई लोगों से यह कहना चाहिए। बात तब अधिक बिगड़ गयी जब शाम को तेज प्रकाश जी ने किसी से अपनी बच्चियों के लिए मिल्कशेक लाने के लिए कहा। सायं के छह तो बजे ही रहे होंगे। मेरे मन में आज की इन लोगों की अव्यवस्था और पहले की भी घटनाओं जैसे मेरे बाबा या दादी जी की मृत्यु में किसी का न पहुँचना आदि को लेकर जो कुछ दिल में था वह सब निकल गया। और इसी क्रोध व विवाद के बीच मैंने सीमा से तैयार होने को कहा और नेहा सहित वहाँ से बस द्वारा इलाहाबाद होते हुए सुलतानपुर लौट आया। इलाहाबाद में पूरी रात्रि बैठ कर सुलतानपुर की बस के लिए प्रतीक्षा करना पड़ा था। डेढ़ वर्ष की नेहा के साथ यह कितना परेशानीयुक्त था वह हमलोग ही जानते थे। रजनी जी भी दो जुड़वा बच्चों जो मात्र तीन माह के थे को लेकर सपरिवार गयी थीं। वास्तविकता यह कि मेरे ननिहाल के सभी लोग पहले अपना स्वार्थ देखते हैं तब दूसरे के विषय में सोचते हैं। हालाँकि मिलने के समय वो बहुत ही स्नेह युक्त प्रतीत होंगे। ये लोग सिद्धांतों पर चलने वालों में नहीं हैं। सम्बन्धियों की सुविधा का ध्यान व उनका सम्मान बस केवल जगन्नाथ प्रसाद जी के जीवनकाल तक सीमित रह गया। यदि थोड़ा बहुत शेष है तो वह तेज प्रकाश जी की पत्नी तक। मैं सायं सात साढ़े सात बजे फतेहपुर से वापस चल दिया था लेकिन माता जी आदि सभी वहीं रुके रहे जैसे कोई बात ही नहीं हुई और मेरे पक्ष या विपक्ष में भी कुछ नहीं बोले थे। देवेंद्र प्रकाश जी की देव प्रकाश जी के साले और साली से कुछ अधिक ही घनिष्ठता हो गयी थी।

इस विवाह और घटना को हुए मात्र दो ही वर्ष हुए थे कि नीता जी का विवाह आ गया था। जो लोग फतेहपुर से विवाह में सम्मिलित होने आये थे उनके रहने और भोजन आदि की व्यवस्था कंधारी बज़ार में ही सामने के एक बड़े मकान में ऊपर कर दी गयी थी। मैं अभी पुरानी घटना को भूला नहीं था और इस वजह से सीमा से कह दिया था कि हम लोग ऊपर कदापि नहीं जायेंगे। यह बात भी ऐसा मै समझता हूँ कि माता और पिता जी को बहुत बुरी लगी थी। विवाह के एक दिन पूर्व व्यस्तता अधिक होती ही है और सभी को कोई न कोई कार्य आबंटित होता है। विवाह के कुछ दिनों पहले से सभी का भोजन ऊपर ही बनने लगा था और कुछ सदस्यों का नीचे घर पर आ जाता था। विवाह के पूर्व वाले दिवस रात्रि में हम व सीमा रात्रि के खाने की प्रतीक्षा करते रहे थे लेकिन रात ग्यारह बजे तक हम लोगों का खाना नहीं आया था। नीता जी ने शाम को ही खा लिया था और पिता जी ऊपर से ही खा आए थे। केवल हम दो लोग ही ऐसे थे जिसने कुछ नहीं खाया था। रात में आकर माता जी ने मुझसे कहा कि

जो खाना बनाया गया था वह समाप्त हो गया है कहो तो खिचड़ी बना लिया जाये। इस समय शिवेंद्र सीमा के गर्भ में थे। चार माह की स्थिति रही होगी। मैं उद्विग्न हो उठा। क्या माता जी को यह पता नहीं था कि उनकी गर्भवती बहू ने अभी तक कुछ नहीं खाया है। या वो समझती थीं कि मैं उनको ले जाकर किसी होटल से खिला लाया हूँगा। क्या वो यह नहीं जानती थी कि ऐसा मेरा स्वभाव नहीं है। क्या पिता जी को भी इस बात का ध्यान नहीं होना चाहिए था। क्या मेरी ननिहाल के लोगों से नाराजगी का परिणाम गर्भस्थ बच्चे को देना अपराध की श्रेणी में नहीं आता था। क्या यह इन लोगों की हमारे प्रति दुर्भावना का स्पष्ट उदाहरण नहीं था। क्या हरेंद्र प्रकाश जी की माता को भी इसका ध्यान नहीं था। उस रात्रि सीमा ने दूध, जो घर पर था पी लिया था और हम लोगों ने कुछ नहीं खाया था। मैं अपने स्वाभिमान को दृष्टि में रख कर जो निर्णय ले लेता हूँ उससे पीछे फिर नहीं हटता। मैं फतेहपुर की घटना इतनी शीघ्र कैसे भूल सकता था। इसीलिए हम दोनो ऊपर जहाँ भोजन बनता था वहाँ विवाह भर नहीं गए। इन लोगों की नाराजगी का मुख्य कारण यह भी था कि सीमा ने वहाँ न जाकर भोजन तैयार करने आदि के विभिन्न कार्यों में सहयोग जो नहीं किया था। यद्यपि वहाँ इन कार्यों के लिए पर्याप्त लोग थे, यह मुझे पता था।

मैं जितेंद्र सिंह जी के उस मकान में विवाह के उपरांत गया था या नहीं मुझे नहीं स्मरण। परन्तु मेरी फतेहपुर ननिहाल से आए किसी भी व्यक्ति से कोई बातचीत नहीं हुई थी। मेरे ससुराल के ही सदस्यों की संख्या इतनी थी कि आवश्यकता भी नहीं पड़ी। हरेंद्र प्रकाश की माता जी ने तो गाँव की कूटनीति के कारण जो किया सो किया। उनके अनुसार यह मेरे घर का मसला था और माता जी, जिनके हाथ में गाँव की संपत्ति का नियंत्रण था, से क्यों सम्बन्ध प्रभावित कर बहू के पक्ष में बोलतीं। राजकरन पाण्डे जी के तीनो बच्चे सुलतानपुर से शादी में आये थे और इसके फलस्वरूप नेहा को किसी प्रकार की समस्या नहीं हुई थी और सीमा को भी पर्याप्त आराम हो गया था। विवाह के दिन पाण्डे जी भी आ गए थे।

17

सम्मान, स्वार्थ एवं सम्पूर्ति

नेहा ने अभी विद्यालय जाना प्रारम्भ नहीं किया था। जब भी मैं किसी विभागीय कार्य से लखनऊ जाता था तो अंग्रेजी और हिंदी में भी उसके पसंद और आयु के अनुरूप कहानियों की पुस्तकें लेकर आता था। वह पढ़ने में काफी रुचि लेती थी। घर पर ही उसकी शिक्षा का स्तर जूनियर केजी से अधिक हो चुका था। मैं नियमित रूप से उसे पढ़ाया करता था। एक और विशेष बात यह थी कि मैं नेहा से उसके जन्म के उपरांत अंग्रेजी में ही बातें करने लगा था। मैं उससे कहता था कि मुझे हिंदी नहीं आती क्योंकि उसकी माँ उससे हिंदी भाषा में बात करती थीं। मैं उससे बिलकुल हिंदी नहीं बोलता था। जो मैं उससे कहता वो उसे हिंदी में अनुवाद कर अपनी माँ को बतलाती थी। मेरा उसके साथ इस प्रकार अंग्रेजी में ही बातें करना कुछ लोगों को तो मेरे पालन-पोषण का एक नवीन तरीका लगता था और कुछ लोगों को इसमें मुझे, अपने आप को विशेष प्रदर्शित करने का भाव नज़र आता था। लेकिन इसका परिणाम वो लोग आज प्रत्यक्ष देख सकते है जब वो एक इंग्लिश भाषी देश के विश्वविद्यालय में प्राध्यापक है और वह आयरिश और अंग्रेजों की तरह ही उच्चारण करके उनकी भाषा बोलती है। नेहा का एडमिशन मैंने सुलतानपुर के स्टेला मारिस कान्वेंट स्कूल में सीधे सीनियर केजी में कराया था। इसके जन्म प्रमाणपत्र के लिए मुझे गोंडा जाना पड़ा था और डॉक्टर रवि प्रताप जी के माध्यम से वहाँ की सीएमएस के हस्ताक्षर से एक पत्र लिखवा लाया था। किन्तु इस पत्र को यहाँ प्रिंसिपल सिस्टर निनिट ने स्वीकार करने से मना कर दिया था। बाद में जब मैंने सुलतानपुर के सीएमओ से वार्ता कर पुनः बल पूर्वक कहा तो अंततः वो मान गयी थीं। उसका प्रवेश लिखित परीक्षा द्वारा हुआ था और उसने सिस्टर निनिट से पूरी बातें अंग्रेजी में ही की थीं। एसएमसी स्कूल जनपद का सबसे अच्छा विद्यालय माना जाता था जिसमे प्रवेश के लिए अधिकांश अभिभावक इच्छा रखते थे। प्रवेश कठिन होता था। नेहा ने इस विद्यालय में कक्षा दस तक शिक्षा ली। इसके आगे इसमें व्यवस्था नहीं थी। यहाँ के अधिकांश तेज़ बच्चे चार किलोमीटर दूर केंद्रीय विद्यालय में सीनियर सेकेंडरी शिक्षा हेतु प्रवेश लेते थे। मैं नेहा को इतनी दूर नहीं भेजना चाहता था क्योंकि अपनी सर्विस के कारण और अन्य प्रकार

की सुरक्षा का भी ध्यान रखना था। अतः हाईस्कूल के उपरांत मैंने नेहा को शिक्षा के लिए फैज़ाबाद जहाँ माता-पिता जी रहते थे वहाँ भेज दिया था। नेहा अपने क्लास में तेज और पोजीशन होल्डर विद्यार्थियों में थी। हमेशा उसके अच्छे अंक आए और वह टॉप के पांच बच्चों में ही रही। स्कूल में आयोजित होने वाली विभिन्न एक्टिविटीज में भी वह प्रतिभाग करती थी और उसने प्रमाणपत्रों का ढेर लगा रखा है। वह शरीर और स्वभाव से भी काफी दृढ़ थी। किसी से दबती नहीं थी और बच्चे उससे अनावश्यक विवाद करने से घबराते थे यद्यपि यह सहशिक्षात्मक विद्यालय था। बोर्ड परीक्षाएँ सीबीएसई नयी दिल्ली से क्रियान्वित होती थीं। उसी के अनुसार सभी कक्षाओं का सिलेबस भी था। समय नष्ट न होने पाए इस हेतु मैंने इस पर पर्याप्त नियंत्रण लगा रखा था। इसने कभी ट्यूशन नहीं लिया। विद्यालय की पढ़ाई और मेरे सहयोग के द्वारा ही इसने अध्ययन कर अच्छे अंक लाये थे।

जब मित्तल जी, सीडीओ अपनी प्रथम नियुक्ति पर सुलतानपुर आये थे तो उनके साथ मेरे सम्बन्ध प्रारम्भ से ही घनिष्ट हो गए थे। वो हमारे घर के निकट ही सर्किट हाउस में रुके थे और उनके लखनऊ जाने पर सीमा और नेहा को मैंने उनकी पत्नी को कंपनी देने के लिए उनके रूम पर भेजा था। ये जब तक रहे मेरी मित्रता प्रगाढ़ बनी रही थी। इनके बच्चे के जन्मदिन पर हम लोग भी इनके आवास गए थे। मित्तल जी ने एक प्रीतिभोज भी आयोजित कर रखा था जिसमे मुझे सपरिवार कुछ ही लोगों को इन्होने बुलाया था।

एक बार भारत योजना आयोग के सचिव को एक अन्य संस्था एनआरडीएमएस ने जिसकी एक शाखा विकास भवन में ही थी, आमंत्रित किया था। हमारा एनआईसी भी योजना आयोग के ही अंतर्गत आता था। किन्तु मुझे उनके आने की कोई सूचना अपने मुख्यालय से नहीं मिली थी। जब उन्होंने एनआरडीएमएस के प्रमुख से मेरे कार्यालय के विषय में पूँछा तो उन्होंने उनको यह बतलाया कि सुलतानपुर में एनआईसी नहीं है। यह बात उन्होंने दिल्ली जाकर डीजी एनआईसी से कही थी और यह एक ईशू बन गया था। दिल्ली मुख्यालय से असिस्टेंट डाइरेक्टर मोनी जी और राज्य मुख्यालय लखनऊ से डॉक्टर गोयल जी को सुलतानपुर भेजा गया था। मैंने सुलतानपुर में एक बैठक आहूत कराई थी जिसमे जिलाधिकारी और मुख्य विकास अधिकारी सहित सभी अपर जिलाधिकारी और अन्य वरिष्ठ जनपदीय स्तर के अधिकारी प्रतिभाग किये थे। बैठक में यह गलत सूचना सचिव महोदय, योजना आयोग दिल्ली को दिए जाने और वर्तमान में यहाँ एनआईसी द्वारा सम्पादित किये जा रहे कार्यों आदि की चर्चा हुई थी। मोनी तथा डॉक्टर गोयल जी के सर्किट हाउस में रुकने खाने और वाहन आदि की व्यवस्थाएँ मैंने की थीं। दिल्ली जाकर मोनी जी ने मेरे विषय में अच्छी रिपोर्ट दी थी और उसका लाभ मुझे फिर अगले प्रोन्नति में भी मिला था। मिश्र जी उस समय जिलाधिकारी थे। इस व्यवस्था में मित्तल जी का बड़ा अच्छा सहयोग मिला था।

परन्तु इनके साथ की मेरे इस घनिष्ठता का एक अनुभव मुझे और भी मिला था। वह यह कि यदि आपकी किसी उच्च अधिकारी से नज़दीकी है तो उस अधिकारी के कुछ निर्णयों को लोग आपके परामर्श से किया हुआ भी समझ लेते हैं और वह निर्णय यदि किसी व्यक्ति से सम्बंधित है और उसके विरोध में है तो उस व्यक्ति के मन में आपके प्रति भी विरोध की भावना जन्म ले सकती है। आपके स्थानीय पुराने अनुभवों का गलत उपयोग भी अधिकारी कर सकता है। इसलिए ऐसी घनिष्ठता हानिप्रद भी हो सकती है। इसका प्रभाव सीधे मुझ पर पड़ा था। शासकीय वाहन चालक संघ मेरे विरोध में आ गया था। अच्छी बात तो यह थी कि इस संघ के ही एक ड्राइवर ने आकर मुझको यह अवगत करा दिया था और सावधान रहने के लिए सलाह दी थी। दिनेश जी पीडब्लूडी में ड्राइवर थे और संयोग से ये ही मेरे विवाह में विदाई के बाद कार से हमें गाँव तक छोड़ने गए थे। सीडीओ ने एक ड्राइवर के भाई की नियुक्ति यह कह कर रोक दी थी कि मेरी रिपोर्ट के अनुसार उसको कम्प्यूटर पर टाइपिंग भली भांति नहीं आती। जबकि ऐसा कुछ भी नहीं था। इस बात से ड्राइवर वर्ग मेरे विरोध में आ गया था। उस घटना के उपरान्त मैंने यह निर्णय लिया कि किसी भी वरिष्ठ अधिकारी से नज़दीकी न बनाई जाए और उसके साथ अधिक देर तक कार्यालय में उठना बैठना अवॉइड करे। इस मसले को शांत करने के लिए मुझे लोगों को काफी समझाना पड़ा था। अपना हित साधने के लिए कोई भी झूँठ बोल सकता है।

कम्प्यूटर का केंद्र होने के कारण मेरे कार्यालय में युवा आईएएस और पीसीएस अधिकारी कुछ सीखने और कुछ अन्य वजहों से आते ही रहते थे। मेरे ऑफिस में एक टेक्निकल वातावरण भी उपलब्ध हो जाता था। मेरा स्वभाव भी बातों को इधर की उधर करने का नहीं था और मुझसे या मेरे सम्मुख कही कोई भी बात कभी भी तीसरे तक नहीं पहुँच सकती थी। ऐसा सभी को विश्वास होता था। यह क्रम पूरे उन्नीस सौ नब्बे के दशक जारी रहा और फिर वीडियो कॉन्फ्रेंसिंग का समय आ गया। जून उन्नीस सौ नवासी में मैंने सुलतानपुर ज्वाइन किया था। मुख्यालय से कहा गया था कि डीएम के स्टेनो के पास जाकर ज्वाइनिंग लेटर दे देना है और रिसीविंग की प्रतिलिपि डाक द्वारा मुख्यालय भेज देना है। जब मैं उपाध्याय जी, स्टेनो से मिला था तो उन्होंने मुझे पहले जिलाधिकारी से मिलने को कहा। मैं और देवेंद्र प्रकाश जी स्कूटर से फैज़ाबाद से सुलतानपुर गए थे क्योंकि अभी वहाँ रहने की व्यवस्था मैंने नहीं की थी अतः सायं लौटना भी था। अच्छा संयोग तो यह था कि उस समय डीएम सुभाष जी अपने कैंप कार्यालय यानी आवास पर ही थे। मैंने जाकर उनको अपना परिचय दिया था और मेरे ज्वाइनिंग लेटर को उन्होंने हस्ताक्षर कर स्टेनो के लिए अग्रसारित कर दिया था। क्योंकि जनपदों में अभी एनआईसी नया विभाग स्थापित हो रहा था अतः डीएम को प्रारम्भ में पर्याप्त रूप से विभाग की क्या क्या गतिविधियाँ रहेंगी वो समझाना पड़ता था। सुभाष जी शान्त प्रकृति के व्यक्ति थे और लोगों के बताने के अनुसार अधिकांश कार्यालय के कार्य वो

अपने कैंप कार्यालय से ही सम्पादित करते थे। जौनपुर के हमारे सहयोगी डीआईओ ने मुझे बतलाया था कि जब वीसैट ऐन्टीना इंस्टाल हुआ था तो वो विकास भवन की तीन मंजिल के ऊपर छत तक गए थे। जौनपुर के डीआईओ को मेरी ज्वाइनिंग तक सुलतानपुर का भी दायित्व अस्थाई तौर पर दिया गया था। यहाँ आने के बाद मैं एक बार जौनपुर जाकर उनसे मिला भी था। कार्यालय कार्य से कहीं भी आना जाना हो तो उसके व्यय को लेकर हमारे विभाग ने कभी कोई आपत्ति नहीं की और न ही अनावश्यक नियंत्रण लगाया।

विकास भवन में शून्य तल पर एक बड़ा हॉल एनआईसी को प्रदान किया गया था। हालाँकि पूर्व में भूतल पर स्थान मिला था किन्तु मैंने ही शांति और एकांत को देखते हुए निचले तल पर उचित समझा था। प्रशासन भी उस समय एनआईसी का महत्त्व नहीं समझता था और शासन के निर्देशों के अनुसार मजबूरी में स्थान उपलब्ध करा रहा था। संभावना है कि तत्कालीन डीएम सुभाष जी ने भविष्य का आकलन कर ही भूतल पर कक्ष आबंटित किया रहा हो। किन्तु प्रारंभिक समय के लिये वह काम उचित था। मैंने यह सोचा था कि वैज्ञानिक संस्थानों के लिए शांति आवश्यक होती है और भूतल, वह भी प्रवेश द्वार के सन्निकट, शोरगुल की अधिक संभावना रहेगी। अतः जब मुझे शून्य तल जहां बैठक कक्ष और डीआरडीए का कम्प्यूटर कक्ष भी था, अधिक उचित जान पड़ा था और मैंने स्वीकार कर लिया था। अगस्त माह में मुकुल शर्मा जी की नियुक्ति भी डीआईओ सुलतानपुर हो गयी थी। उनके ज्वाइन करने के बाद आबंटित हाल में सिविल और इलेक्ट्रिकल कार्य प्रारम्भ हुए थे। इन कार्यों के लिए एनआईसी मुख्यालय से आवश्यक धनराशि हमें प्रदान की जानी थी किन्तु वह अभी कुछ शासकीय प्रक्रियाओं के कारण नहीं आयी थी। इस हेतु हम लोग तत्कालीन डीएम जैन जी से मिले और समस्या से अवगत कराने पर उन्होंने आवश्यक धनराशि एडवांस में एडीएम (प्रोजेक्ट) के माध्यम से उपलब्ध करा दी थी। यह धनराशि दिल्ली से प्राप्त होने पर वापस कर दी जानी थी। इस प्रकार हम लोगों ने अपने सान्निध्य में कम्प्यूटर आदि के इंस्टालेशन को दृष्टि में रखते हुए आवश्यक निर्माण कार्य कराया था। इस कार्य में दो तीन माह तो लगे ही रहे होंगे। इसके बाद ही शर्मा जी ने एनआईसी से त्यागपत्र देकर जेएनयू में एमटेक में प्रवेश ले लिया था। जब यह प्रतीत हुआ कि अब कार्य प्रारम्भ किया जा सकता है और विकास भवन शीघ्र ही शासन को हैंड ओवर हो जायेगा तो मैं उचित समय पर लखनऊ मुख्यालय गया था और शासकीय साधन के द्वारा समस्त हार्डवेयरऔर सॉफ्टवेयर आदि ले आया था। सुलतानपुर पहुँचने और सामान आदि कार्यालय में शिफ्ट करते करते रात के ग्यारह बज गयी थीं। उसके उपरान्त मैं रात्रि में ही बस से फैज़ाबाद आ गया था। कुछ दिनों उपरान्त फर्नीचर की भी आपूर्ति कर दी गयी थी। तत्पश्चात कम्प्यूटर आदि इनस्टॉल करा मैंने केंद्र को क्रियाशील कर लिया था।

यद्यपि अभी विकास भवन में अन्य कोई कार्यालय शिफ्ट नहीं हुआ था। अतः अधिकांश

समय अध्ययन और कम्प्यूटर से सम्बंधित विषयों को जानने समझने में ही व्यतीत होता था। इसके कुछ ही दिनों उपरांत जब एडीएम (प्रशासन), पंकज जी ने जनपद में कार्यभार संभाला तो उनकी मुझसे घनिष्टता बढ़ने लगी। इसके पूर्व वो सीतापुर में थे और वहाँ से वो एनआइसी का अच्छा अनुभव लेकर आये थे। उनका अधिकांश समय एनआईसी में रहना मेरे लिए विशेष रूप से लाभप्रद सिद्ध हुआ। इससे मेरा परिचय प्रशासन में अन्य अधिकारियों से भी तेजी से बढ़ा। जब विकास भवन में अन्य विभिन्न विभाग शिफ्ट हो गए, डीएम जैन जी भी प्रायः आने लगे जिससे मेरा प्रभाव व महत्त्व और भी बढ़ गया। शीघ्र ही मुझे सरकारी आवास भी प्रदान कर दिया गया और मैं सपरिवार उन्नीस सौ नब्बे के अंत तक वहाँ सेट हो गया।

नीता जी की शादी के अगले वर्ष पिता जी का रिटायरमेंट हुआ था। उन्होंने अपने रिटायरमेंट का वर्ष यानी कब होना है यह हम लोगों को स्पष्ट नहीं बतलाया था और जो वर्ष हम लोग समझते थे उसके अगले वर्ष अवकाश प्राप्त किये थे। और यह कहने पर मुस्कराए थे। देवेंद्र प्रकाश जी इस समय एमईएस आर्मी में बैंगलोर में ही सर्विस कर रहे थे। वो आर्मी की सर्विस की डिसिप्लिन और रहन सहन में स्वयं को ठीक प्रकार से ऐडजस्ट नहीं कर पा रहे थे जैसे नैनीताल में अपने तत्कालीन विद्यालय में। प्रायः पत्रों में अपना दुखड़ा लिखते थे और हम लोग यहाँ से समझाते थे। एक बार तो मैंने टेलीग्राम भी किया कि कहीं प्राप्त हुई सर्विस छोड़कर न आ जाएँ। फलतः कुछ दिनों में वो सामान्य हो गए थे। अब उनको अपने विवाह की चिंता हो रही थी क्योंकि उनका कहना था विवाहित न होने के कारण उनको कुछ अलाउंस कम मिल रहे थे। इनका कहना था कि यदि ये विवाहित होते तो वेतन कहीं अधिक होता। हालाँकि यह तर्क कुछ उचित नहीं प्रतीत होता था। मात्र भत्ते बढ़ जायेंगे इस लिए विवाह शीघ्र करने का कोई औचित्य तो था ही नहीं। पैसे और विवाह दोनों भिन्न बातें थीं जिसमे विवाह कोई ऐसी वस्तु नहीं थी कि जाकर कहीं से ले आये। मैं उनकी इस जल्दबाजी के पक्ष में नहीं था लेकिन एक बार जब वो अवकाश पर आये तो उन्होंने यह जिद्द कर दी कि बार बार अवकाश लेकर आना संभव नहीं है और यह कार्य हो जाना ही अच्छा रहेगा। मैं जब लखनऊ गया तो वहाँ शक्ति भवन के निकट स्थित टाइम्स ऑफ़ इंडिया कार्यालय जाकर देवेंद्र और नीता जी, दोनों के लिए ही वैवाहिक विज्ञापन प्रकाशन को दे दिया। पैदल ही कार्यालय खोजता हुआ गया था और स्वयं ही विज्ञापन का पेमेंट भी किया था। हालाँकि कोई भी रिश्ता इस माध्यम से अच्छा नहीं आया था। कुछ न कुछ कमियाँ सभी प्रोपोज़ल्स में थीं। यह मैं समझता हूँ उन्नीस सौ तिरान्नबे के अंत की बात रही होगी जब ये सर्विस पा चुके थे। लेकिन अब मई उन्नीस सौ पंचान्नबे आ चुका था और नीता जी का विवाह भी हो गया था। दैवयोग से इसी मध्य एक रिश्ता और आ गया। रविकांत जी अपने छोटे साले को लेकर फैज़ाबाद हमारे घर आये थे। ये उस समय बस्ती जनपद में पीडब्लूडी में अकाउंट अफसर थे। लड़की इलाहाबाद की रहने वाली थी और उसके पिता इलाहाबाद उच्च न्यायालय की सेवा से

रिटायर हो चुके थे। रविकांत जी बातचीत करने में बहुत ही एक्सपर्ट थे। और इस विवाह को लेकर उनके भीतर कोई शिथिलता नहीं दिखती थी। जब भी उनको किसी बात के लिए कहा जाता वो बिना किसी विलम्ब के आ जाते थे। वो हमेशा अपनी कार से आते थे जोकि उस समय के अनुसार के मॉडल की और पुरानी थी। और यह भी एक कारण था जो हमारे पिता माता जी उनके प्रभाव में आ गए थे। कन्या के विषय में जानकारी, बातचीत कम होती थी, अन्य अनावश्यक मुद्दों पर बातें अधिक होती थीं। मेरे पिता जी कभी भी आवश्यक बिंदु पर सीधे नहीं आते थे, यह उनका स्वभाव था। इनके विपरीत रविकांत जी बहुत ही फास्ट थे। एक बार हम लोगों से मिलने वो सुलतानपुर जाने वाली ट्रेन तक आ गए थे। मैं इस विवाह में भी निरपेक्ष ही था और वही कहता सुनता था जो उचित समझता था। जब कन्या को दिखाने की बात आयी तो ये लोग तुरंत तैयार भी हो गए थे। इसके पूर्व विवाह में होने वाले व्ययों आदि के विषय में पिता माता जी ने आवश्यक विचार विमर्श कर लिया रहा होगा। इस समय देवेंद्र प्रकाश जी अपनी ड्यूटी पर थे। किस ब्रांड का क्या सामान लिया जाना है, इसमें देवेंद्र प्रकाश जी के परामर्श से वार्ता माता जी द्वारा की गयी थी। तब तक इन लोगों का मिलना कन्या के सबसे बड़े भाई से भी हो चुका था। एक बार वो मेरे कार्यालय सुलतानपुर भी आए थे और मैंने उनसे कहा था कि मैं पिता जी आदि से शीघ्र निर्णय लेने को कह दूंगा। कन्या पक्ष ने पचास हजार रूपए पिता जी को व्यय हेतु प्रदान करने को स्वतः ही कह दिया था। हालाँकि मेरी स्मृति के अनुसार लड़की के बक्से के लिए दस हजार उन्होंने कहीं पर वर पक्ष से एडजस्ट किये थे। क्योंकि मैं विवाह में बिलकुल ही इन्वॉल्व नहीं था इसलिए या तो अलग रहता था या सुलतानपुर में। लड़की देखने हम लोग फैज़ाबाद आए थे। देवेंद्र प्रकाश जी भी फैज़ाबाद आ चुके थे। कन्या सहित उसके माता पिता को छोड़कर कुछ बच्चे, दो भाई और रविकांत जी आदि शानेअवध या तिरुपति होटल में रुके थे। शाम को अँधेरा होने के समय हम लोग, देवेंद्र प्रकाश जी सहित, होटल गए थे और सभी से मुलाकात हुई थी जिसमे कन्या भी थी। अल्पाहार उन लोगों ने कराया था। देवेंद्र प्रकाश जी लड़की से अलग से बात करना चाहते थे लेकिन रविकांत जी ने इस पर असहमति व्यक्त की थी। कारण निश्चित ही कोई न कोई तो रहा ही होगा। इसके पूर्व पिता जी आदि मिलिटरी मंदिर में कन्या को देख चुके थे। उस समय सीमा भी फैज़ाबाद में थीं। मैंने काफी बाद में रविकांत जी से इलाहाबाद में कहा भी था कि यदि मुझे निर्णय लेना होता तो मैं वर को कन्या से अलग से बात न करने देने के कारण विवाह की बात वहीं समाप्त कर दिए होता। उनका कहना यह था कि उन्होंने जो किया उसके निर्देश उनको कन्या के अभिभावकों से मिले थे। खैर हम लोग यह कहकर होटल से आ गए कि घर पर कुछ विचार विमर्श कर अवगत कराएँगे। एक दो घण्टे बाद आप घर आ सकते हैं।

लड़की किसी को यानी नीता, पिता जी, सीमा और मुझे भी उपयुक्त नहीं प्रतीत हुई थी। लेकिन देवेंद्र प्रकाश और माता जी जिन्हें धन की लोलुपता थी उन्होंने कोई आपत्ति नहीं की

थी। तो यदि ये दो लोग तैयार थे तो हम लोगों का कुछ भी कहना निरर्थक और व्यर्थ ही था। देवेंद्र प्रकाश जी की जल्दबाज़ी और माता जी उनके पक्ष में। बात तय हो गयी और जब कुछ देर बाद मेरे घर आए तो मैंने उन लोगों को इस बात की बधाई दी कि हम लोग विवाह के लिए तैयार हो गए हैं।

उन्होंने उसी समय इलाहाबाद दूरभाष पर अपने घर के अन्य लोगों को यह बात अवगत करा दी थी। तदोपरांत अगले दिन वो लोग इलाहाबाद और हम लोग संभवतः एक दो दिन और रुक कर सुलतानपुर लौट गए थे। विवाह हेतु सहमति प्रमुख रूप से देवेंद्र प्रकाश और माता जी की इच्छा के फलस्वरूप ही बनी थी। यदि कुछ भी कमी थी तो उसके लिए पिता और माता जी का उचित रूप से दृढ़ता का न दिखाना और देवेंद्र प्रकाश जी की शीघ्रता ही थी। यद्यपि भाग्य या ईश्वर का बनाया विधान कोई भी परिवर्तित नहीं कर सकता लेकिन विभिन्न प्रकार से किसी बात पर चिंतन तो मनुष्य के अधिकार में है ही। मैं तो इन लोगों के निर्णयों से शीघ्र सहमत होता ही नहीं था क्योंकि इन लोगों की सोच और मेरी सोच में बहुत ही अधिक अंतर था।

विवाह के दौरान मेरी इन लोगों से दूरी बनी रही। बाद में इन लोगों ने तिथियों का निश्चय किया। वरीक्षा और तिलक फैज़ाबाद में और गोद भराई तथा विवाह रविकांत जी ने अपने निवास बस्ती से किया था। वरीक्षा, फलदान में केवल मैं ही आया था। सीमा और नेहा सुलतानपुर में थे।

गोद भराई के लिए हम सभी लोग, यज्ञ नारायण जी सहित एक कार और एक मारुति वैन से बस्ती गए थे। वहीं पर फल, मिष्ठान्न, मेवा आदि क्रय कर रविकांत जी के घर गए थे। शहर अनजान होने की वजह से इस कार्य में विलम्ब हुआ था। शिवेंद्र पहले से ही अस्वस्थ दिख रहे थे। रास्ते में उनकी तबियत और बिगड़ गयी थी। उन्हें मीज़िल्स निकल आयी थीं और पूरा शरीर हल्का लाल हो गया था। बुखार भी था। इन्हीं परिस्थिति में हम दोनों लोगों ने रसमों को सम्पादित किया था। नीता जी भी गर्भवती थीं। इनके आराम करने की व्यवस्था अन्य कक्ष में कर दी गयी थी। सायं पांच बजे के आस पास हम लोग वहाँ से लौटे थे। यात्रा सभी की साथ ही प्रारम्भ हुई थी लेकिन कुछ दूर आने पर हमारी कारें अलग हो गयीं थीं। नीता जी दूसरी कार में थीं। पिता जी हम लोगों के साथ थे। नीता जी की कार बिछड़ जाने के कारण पिता जी बहुत व्याकुल हो गए थे। कई स्थानों पर कार रुकवा कर उन्होंने उस कार के आने की प्रतीक्षा की लेकिन वह कार या तो आगे निकल गयी थी या कहीं रुक गयी थी।

पिता जी को परेशान होने का कोई इतना बड़ा कारण नहीं था क्योंकि नीता, यज्ञ नारायण जी और पति साथ में थे। यह तो स्वाभाविक है कि पिता अपनी पुत्री को लेकर, उसकी सुरक्षा आदि का ध्यान रखे। विशेष रूप से जब पुत्री ऐसी स्थिति में हो। लेकिन यह व्याकुलता और

चिंता अपनी पुत्रवधू की इस स्थिति में होने पर क्यों नहीं थी। तब तो आप कहते थे कि जो औरतें सर्विस करती हैं वो बस से अकेले आती जाती हैं, या गाँव की महिलाएँ बोझा लेकर आती हैं और बच्चे को जन्म दे देती हैं। तब तो आपने यह चिंता नहीं की जब पूरे समय की गर्भावस्था में उनकी पुत्रवधू सरकारी बस से सुलतानपुर आती जाती थी तो वह गलत करती थी। तब तो आपने यह नहीं जानना चाहा कि क्या मैं वह सभी सावधानियाँ बरत रहा हूँ जो सकुशल बच्चे के जन्म के लिए अनिवार्य हैं। यह बातें तो मेरे मस्तिष्क में आतीं ही न यदि सीमा इनको व्यक्तिगत रूप से मुझे इंगित न करतीं। क्योंकि मुझे कोई अनुभव नहीं था और माता-पिता जी जो कहते थे उसे मैं सत्य मान लेता था। नेहा के जन्म के लिए मैं सीमा को बस से ही लेकर गोंडा गया था।

जब पिता जी रिटायर हो गए तो उसके उपरान्त मैं अपनी ओर से उन्हें पांच सौ रूपए प्रतिमाह उनके व्यक्तिगत व्यय के लिए देने लगा था। मैंने कभी भी नहीं जानना चाहा कि उनकी पेंशन कितनी थी। लेकिन अंदाज़ा था कि गाँव का राशन होने की वजह से वह पर्याप्त होगी।

नीता जी जब प्रथम गर्भ से थीं तो अधिकांश समय उन्होंने कंधारी बाज़ार में ही व्यंतीत किया था। घर के निकट ही एक व्यक्ति निवास करता था जो फलों के जूस का स्टाल लगता था। मैंने देखा कि मेरे पिता जी ने नियमित रूप से एक गिलास जूस नीता जी के लिए उससे कह रखा था और वह उसे प्रतिदिन प्रातः घर पर दे जाता था। मेरे मन में यह विचार तुरंत आया था कि ऐसा करने के लिए उन्होंने कभी मुझसे नहीं कहा जब नेहा या शिवेंद्र गर्भ में थे। मेरे मन में यह भी आया कि इसका अर्थ यह भी है कि इनके पास पेंशन के बाद पर्याप्त अथवा उससे अधिक पैसे हैं। मैं इनको अपने ऊपर व्यय हेतु पैसे देता था। जितना, जो भी ये अपनी पुत्री के विषय में सोचते थे उतना ही यदि अपनी बहू के लिए सोचते तो मेरे मन में इस प्रकार की भावनाएँ क्यों आतीं। नीता जी को या उनके पति को क्या सोचना चाहिए था वह एक अलग ही बिंदु है। यह माता जी का भी निर्णय रहा होगा। इन लोगों का जो व्यवहार सीमा के प्रति ऐसी स्थितियों में था और आज जो नीता जी के साथ था, इन दोनों में इतना भेद क्यों था। स्पष्ट है कि इन लोगों में अपने पराये का द्वैत भाव था। लेकिन इन लोगों को हमें अपना मार्गदर्शन तो देना चाहिए था ताकि मैं भी इसका ध्यान रखता कि सब कुछ सुरक्षित रहे। मेरी अनभिज्ञता का तो ध्यान रखना चाहिए था। गोद भराई के पश्चात हम सुलतानपुर आ गए थे। प्रायः ही ऐसा होता था कि जब हम लोग वहाँ कुछ दिन रुक जाते थे तो उनकी दैनिक क्रियाविधि जो स्वतन्त्र रूप से चलती रहती थीं उनमे व्यवधान आ जाता था और तब ये लोग कुछ ऐसा वातावरण निर्मित कर देते थे कि हम लोग वापस लौट जाएँ। इन लोगों के व्यय, खाने पीने का स्तर आदि हेतु व्यय हमसे कहीं अधिक थे। मैं इन लोगों से अधिक मितव्ययी था। इसलिए नहीं कि पैसे नहीं थे किन्तु इसलिए कि अनावश्यक व्यय न हो। हालाँकि मैं इन लोगों के रहन सहन को बुरा भी नहीं समझता था क्योंकि यह मेरा घर था जहाँ

अनेक परिचित, सम्बन्धी और मुहल्ले के लोगों का आना जाना होता रहता था। इसलिए यदि माता-पिता जी इस ढंग से रहते थे तो मुझे अधिक बुरा भी नहीं लगता था। परन्तु ये लोग स्वयं ही ऑकवर्ड महसूस करते थे और यह चाहते थे कि हम लोग वहाँ की गतिविधि न देखें। या हम लोगों के आने से इनका व्यय बढ़ जाता रहा होगा जो इन्हे नहीं पसंद था। हालाँकि मैं या सीमा जब भी मार्केट निकलते थे तो घर की आवश्यकता की वस्तुएँ क्रय कर लेते हुए आते थे। हो सकता है कि मुझसे और अधिक की अपेक्षा रखते रहे हों। लेकिन सुलतानपुर लौटने के बाद पिता जी फ़ोन से पुनः आने का आग्रह करने लग जाते थे।

तिलक और विवाह की तिथियाँ भी रविकांत जी ने इलाहाबाद घर के लोगों से मशविरा कर निश्चित करा ली थीं। इन सभी लोगों से किन्हीं विवादों के कारण, जो मुझे स्मरण नहीं, मैं काफी नाराज़ होकर फैज़ाबाद से इस बार सुलतानपुर लौटा था और सोच रहा था कि तिलक में नहीं जाऊंगा।

निश्चित ही विवाद देवेंद्र प्रकाश जी के किसी व्यवहार और माता-पिता जी के उनका पक्ष लेने के कारण हुआ रहा होगा। एक तो ध्यान आता है कि हमारे कंधारी बाजार वाले घर में इतनी जगह या कमरे नहीं थे कि नई दुल्हन को दिया जा सके और मैंने यह मसला उठाया था। संभव है इस बात पर विचार भिन्नता रही हो। बात सही भी थी। आखिरकार ऊपर एक कमरा बनवाने का कार्य प्रारम्भ हुआ था। या कोई अन्य कारण रहा हो जो मुझे याद नहीं। इन लोगों ने हमारा तिलक में आना अनिवार्य है इस बात पर कोई चर्चा हम लोगों से नहीं की थी। मेरे कार्यालय में फ़ोन था और उस समय मेरी कॉलोनी में परिचित लोगों के पास भी फ़ोन सुविधा थी। ऐसा प्रतीत हो रहा था कि ये लोग नहीं चाहते थे कि मैं तिलक में आऊं। हो सकता है ये लोग कुछ बातें मात्र अपने तक ही सीमित रखना चाहते रहे हों। या हम लोगों की उपस्थिति को अधिक महत्वपूर्ण न समझते रहे हों। मैं उहापोह की स्थिति में था कि जो रिश्तेदार या परिचित लोग हैं अथवा जो होने वाले नए सम्बन्धी हैं वो क्या सोचेंगे। लेकिन इन लोगों को इस बात की चिंता नहीं थी। या सोचते रहे होंगे कि अंततः हम स्वयं ही आएँगे। और हुआ भी यही था। हम लोग सपरिवार कंधारी बाजार नहीं गए बल्कि नियाँवा सीमा के माइके गए। एक दिन पूर्व ही हम फैज़ाबाद आ गए थे कि यदि इन लोगों ने इस बात का एहसास किया और हम लोगों की उपस्थिति चाही तो अचानक पहुँचना मुश्किल हो जायेगा। अतः एक दिन पूर्व पहुँच कर आगे की सोचते हैं। तिलक के दिन देवेंद्र प्रकाश जी का फ़ोन किसी अन्य कार्य से नियाँवा आया था और तब इन लोगों को हमारे पहुँचने का ज्ञान हो गया था। या देवेंद्र प्रकाश जी को स्वयं माता-पिता जी ने यह जानने के लिए नियाँवा भेजा हो। तो इस प्रकार वो नियाँवा आए थे और सीमा से चलने का आग्रह कर गए थे। हम लोगों ने परिवार और समाज की अपेक्षाओं को दृष्टि में रखते हुए कंधारी बाजार जाने का निर्णय लिया था और पूर्वाह्न में आ गए थे। मैंने यह सोचा था कि अभी तो सम्मिलित होना आवश्यक है, यदि कोई अन्य

बाते हैं तो उन्हें बाद में विचार विमर्श या निपटाने के लिए छोड़ देना ही बुद्धिमत्ता होगी। कम से कम अपनी छवि तो न बिगड़े।

शाम को तिलक की प्रक्रिया संपन्न हुई। लड़की के परिवार के लोग दोपहर में ही ट्रेन से आ गए थे जैसा कि पहले से निश्चित था और उनके रहने आदि की व्यवस्था पिता व देवेंद्र प्रकाश जी द्वारा ही की गयी थी क्योंकि मैं तो सुलतानपुर में ही था। ट्रेन कितने बजे फैज़ाबाद पहुंचती है इन लोगों को मालूम था। उन लोगों को उस गेस्ट हॉउस की भी सूचना पहले से दे दी गयी थी जहाँ उन्हें ठहरना है। प्रेम गेस्ट हाउस रिकाबगंज चौराहे के निकट स्थित था और नीता जी के श्वसुर के मित्र का था। यहीं पर नीता जी के विवाह में जनवासे की व्यवस्था भी की गयी थी। जो एक बड़ा हॉल इनके रुकने के लिए तय किया गया था उसमे न वातानुकूलन था और न ही कूलर आदि। सामने लोहे का शटर लगे होने के कारण और भी गर्म था। गर्मी में रुकना अत्यंत कष्टसाध्य था। पिता जी आदि यह पता भी नहीं कर रहे थे कि वो लोग वहाँ आकर किस स्थिति में हैं या उन्हें किसी प्रकार की कोई आवश्यकता तो नहीं है। वास्तव में वह निहायत ही सस्ता मात्र रात्रि व्यतीत करने हेतु निर्मित होटल था। न कोई सर्विस देने वाला न कुछ खाने पीने की व्यवस्था। इन लोगों की कुछ भी प्लानिंग नहीं थी और न ही कोई कार्य करने के लिए ही उपलब्ध था जिसे उनकी देख रेख सेवा के लिए नियुक्त कर दिया गया होता। तिलक चढ़ाने वालों में लड़की के वृद्ध पिता भी आए थे। मैं स्वयं को बड़ी विचित्र स्थिति में महसूस कर रहा था क्योंकि यह जानता था कि तिलक चढ़ाने जो लोग आते हैं उनका अच्छे से स्वागत अपेक्षित होता है। घर के लोग पिता मम्मी, देवेंद्र प्रकाश जी, पता नहीं क्यों बिलकुल भी चिंतित नहीं दिख रहे थे और पूरी तरह सामान्य थे। अंततः मैं गेस्ट हाउस स्वयं किसी के साथ गया था और येन केन प्रकारेण किसी प्रकार उनके जलपान अदि की कुछ व्यवस्था की थी। गेस्ट हाउस में पर्याप्त संख्या में ग्लास तक उपलब्ध नहीं थे। मैंने बतलाया कि उनकी तिलक आदि की पूरी व्यवस्था इन्हीं लोगों ने किया है और इसमें मेरा कोई भी, किसी प्रकार का योगदान नहीं है। अव्यवस्था के लिए खेद भी व्यक्त किया था। किन्तु लड़की पक्ष के लोगों ने किसी प्रकार की कोई शिकायत नहीं की थी। विशेष रूप से लड़की के पिता जी ने मुझसे परेशान ना होने को कहा था।

रात्रि में तिलक का प्रीतिभोज वहीं पर आयोजित किया गया था जहाँ नीता जी के विवाह में आयोजित था। घर व नियाँवा के सम्बन्धियों के अतिरिक्त केवल तिलक वाले थे और कोई भी भोज में नहीं आया था। सब सूना सूना लग रहा था। इस स्थति को देख कर रविकांत जी ने मुझसे जब पूँछा था तो मैंने जैसा मैं समझ रहा था कहा कि रात थोड़ा और समय बीतने पर आमंत्रित लोग आ सकते हैं। खैर वो लोग कुछ देर बाद चले गए थे लेकिन भोज में आने वालों की संख्या में कोई वृद्धि नहीं हुई। ऐसा नहीं कि भोजन भी बचा रह गया हो। नीता जी के श्वसुर प्रारम्भ में आये थे लेकिन बिना खाए ही लौट गए थे क्योंकि उनका विशेष ध्यान

नहीं दिया गया था। उनका यह व्यवहार भी रंग में भंग कर दिए था। दूसरे दिन जब भोज में कम लोगों के आने के विषय को लेकर चर्चा की गयी तो यह संज्ञान में आया था कि आमंत्रण कार्ड में कार्यक्रम का पूरा विवरण तो विधिवत दिया गया था किन्तु प्रीतिभोज आयोजन और उसमे सम्मिलित होने के विषय में कुछ भी नहीं छपा था।

मैं यह समझ गया था कि यह गलती से नहीं बल्कि जान समझ कर पिता जी आदि के द्वारा ऐसा किया गया था। अन्यथा भोजन तो सभी आमंत्रित लोगों के लिए बनवाया ही गया होता और उनके न आने पर बचा रह जाता। गोद भराई से लेकर विवाह तक देवेंद्र प्रकाश जी की मानसिक स्थिति अस्थिर सी थी। इसका कारण नहीं पता। कहते थे कि विवाह नहीं करेंगे। लेकिन अब तिलक के बाद पीछे हटने का प्रश्न ही नहीं उत्पन्न होता था। मुझे प्रतीत होता है कि उन्होंने बाद में यह महसूस किया कि इस विवाह का निर्णय जल्दबाज़ी में उन्होंने लिया। उनके इस व्यवहार से सभी परेशान थे और उन्हें समझाने तथा सामान्य करने का प्रयास भी कर रहे थे।

विवाह हेतु बारात बस से बस्ती गयी थी। वहाँ पर दूल्हे के लिए कार की व्यवस्था थी। शांतिपूर्ण और अच्छे माहौल में विवाह संपन्न हुआ। हालाँकि मेरा मंगलवार का व्रत था और मैंने फलाहार, बर्फी आदि ही खायी रही होगी। बारात जाने के पूर्व से ही नेहा की तबियत ठीक नहीं थी। उसे हरारत थी और मैं दवा लेकर गया था कि यदि बुखार बढ़ता है तो दवा खिला दूंगा। सुबह विदाई के समय बस चलने के पहले भी उसे वोमिटिंग हुई थी यद्यपि मैंने इसे रात्रि में मेडिसिन दी थी। देवेंद्र प्रकाश जी का विवाह हम लोगों के लिए मात्र एक घरेलू कार्यक्रम बनकर रह गया था। पूरी तरह से उल्लास, हर्ष और उत्साह से रिक्त था। जो वस्त्र तिलक में मेरे, सीमा आदि के लिए आए थे उन्हें हमने इन्हीं लोगों के लिए छोड़ दिया था। गोद भराई में जो नेग के रुपयों का लिफाफा मिला था उसे पिता जी ने मांग लिया था और मुझे यह भी नहीं पता कि उसमे कितने रुपये थे। पिता जी ने कहा था बहुत खर्चे हैं। व्यय करने के अलावा हमने लेने के विषय में कभी सोचा ही नहीं। चारों लोगों के लिफाफे बिना किसी झिझक दे दिए थे। शायद उन्हें किसी आकस्मिक स्थिति में पैसा ही सर्वस्व है इस पर अधिक विश्वास था। वो अपने पूर्व के गुणों को या तो विस्मृत कर चुके थे जब उन्होंने अपने भाइयों के ऊपर व्यय स्वभावतः किए थे या मितव्ययिता उनके भीतर संचय में परिवर्तित हो चुकी थी।

देवेंद्र प्रकाश जी विवाह के उपरांत कुछ दिवस फैज़ाबाद में व्यतीत कर पुनः अपनी ड्यूटी पर चले गए थे। इस समय इनकी पोस्टिंग दीमापुर पूर्वोत्तर क्षेत्र में हो गयी थी। जाने के लगभग दस दिनों उपरान्त वो पुनः वापस आ गए और उन्होंने कहा कि सीओ ने कहा है अपनी पत्नी को लेकर आओ और ये निशा जी को अपने साथ ले गए। कहते थे दो अतिरिक्त लोगों के लिए आर्मी का पास लेकर आये हैं और माता-पिता जी भी साथ चल सकते हैं। परन्तु ये लोग

नहीं गये थे। पर इनके जाने के बाद माता जी का मन नहीं माना और वो हरेंद्र प्रकाश जी को अपने साथ लेकर दो तीन दिनों के भीतर स्वयं अपने किराए से दीमापुर चली गयीं। विशेष बात तो यह थी कि पिता जी को ये लोग अकेले छोड़ कर गए थे। पिता जी अकेले कैसे रहेंगे, क्या खायेंगे, यदि कोई अकस्मिकता पड़ गयी तो क्या होगा आदि के विषय में उन्होंने कुछ भी नहीं सोचा। वो प्रायः ही अस्वस्थ हो जाते थे और ब्लड प्रेशर की दवाएँ हमेशा लेते रहते थे। नीता जी अपनी ससुराल में थी। ऐसी स्थिति में हम लोगों से नहीं रहा गया था और हम लोग सपरिवार सुलतानपुर से फैज़ाबाद पिता जी की देखभाल करने आ गए थे। यह माता जी की इतनी बड़ी लापरवाही या स्वार्थपरता या अंधप्रेम था जो उन्होंने कैसे कर लिया मैं आज तक नहीं समझ सका। दो लोगों का किराया व्यय करके पिता जी को अकेले छोड़कर दीमापुर जाना क्यों आवश्यक महसूस हुआ था। क्या उन्हें पिता जी से अधिक देवेंद्र प्रकाश जी की फ़िक्र थी। इसी प्रकार पिता जी को अस्वस्थ होते हुए माता जी रहमतपुर संतलाल जी के विवाह में भी गयी थीं। उस समय पिता जी अकेले होने पर अपने जीवन के प्रति काफी घबरा गए थे जो कि उनकी उस समय की दैनन्दिनी में स्पष्ट था। ऐसा उन्होने स्वयं बतलाया भी था। वो डायरियाँ माता जी ने पिता जी के देहांत के बाद कहीं रख दी थीं। उन्हें पढ़ने का अवसर कभी नहीं मिला। विचित्र बात तो यह थी कि माता जी आदि के दीमापुर जाने के बाद कुछ ही दिन व्यतीत हुए थे कि देवेंद्र प्रकाश जी की पोस्टिंग कहीं अन्यत्र हो गयी। फलस्वरूप इन तीनो लोगों को जल्द ही वापस फैज़ाबाद आना पड़ा था। काफी अंतराल पर जब इस विषय पर बात चली थी तो पिता जी ने निशा जी की सुरक्षा को इसका कारण बताया था। हास्यास्पद और सोचने वाली बात है। यह भी जाहिर हो गया था कि पिता जी माता जी के इस प्रकार उन्हें अकेले छोड़कर जाने से सहमत थे। नीता जी ने कंधारी बाज़ार आने से यह कहकर मना कर दिया था कि उनका बच्चा अभी बहुत छोटा है और यह संभव नहीं हो सकेगा। मात्र हम लोग ही थे जो उनसे संवेदनावश फैज़ाबाद आकर उनकी सुविधा और सुरक्षा के लिए रुके हुए थे।

एक बात और उल्लेखनीय है। देवेंद्र प्रकाश जी ने विवाह के उपरांत जब प्रथम बार पैसे भेजे थे तो वो अपनी पत्नी के नाम भेजे थे। शायद छह हजार रूपए का ड्राफ्ट था। ज्वाइंट एकाउंट तो इन्होने पहले ही खुलवा लिया था। मैंने तो अभी तक सीमा के साथ कोई ज्वाइंट एकाउंट ही नहीं खुलवाया था और जब कभी ज़िक्र किया तो माता जी कहती थीं कि इसकी क्या आवश्यकता है। इस के पहले भी मेरे जो पैसे पीएचडी के समय दिल्ली में बचते थे उसका कुछ भाग मैं लाकर इन्ही लोगों को देता था। मैंने तो बचपन में जब छात्रवृत्ति पहली बार मिली थी या मैंने जो छह माह ट्यूशन दिया था उसके पैसे भी लाकर माता-पिता जी को दिए थे। इसलिए यह मेरे लिए बहुत ही अचम्भे की बात थी। किन्तु पिता माता जी ने देवेंद्र प्रकाश जी से एक शब्द भी नहीं कहा था। पहली बार कमाए हुए पैसे माँ-बाप को देने से स्वयं को तो प्रसन्नता मिलती ही है। अब वो कितना प्रसन्न होते हैं यह उनपर निर्भर है। माँ-बाप पर सामान्य रूप से सभी बच्चों को विश्वास होता है कि वो ज़रुरत पड़ने पर भविष्य में साथ

होंगे। और ऐसा हुआ भी था। गुजरात जाते समय पिता जी ने मुझे आवश्यकता पड़ने पर पैसे दिए भी थे।

यहाँ बात पैसे की नहीं थी बल्कि यह कि पत्नी के नाम पैसे भेजने की थी जो माँ-बाप की अवहेलना तुल्य मुझे प्रतीत हुई थी क्योंकि निशा जी यहीं साथ में रह रह रही थी। यह देवेंद्र प्रकाश जी के आचार व्यवहार और उनकी सोच का बहुत ही सटीक उदाहरण था। यह इस बात का भी द्योतक था कि आगे सम्बन्ध कैसा होने वाला है। हालाँकि उन्होंने कहा था कि ड्राफ्ट केवल पत्नी के नाम ही बन सकता था। जो कि मुझे सत्य नहीं प्रतीत हुआ था क्योंकि अपने पैसे कोई किसी को भी ड्राफ्ट के माध्यम से दे सकता है। विवाह के पूर्व इन्होने शायद छह हजार लाकर पिता जी को दिए थे। जिसे पिता जी ने किसी योजना में लगा दिया था जो दीर्घकाल में बढ़कर काफी हो जाता। पिता जी ने हम लोंगों से बहुत ही प्रसन्न होकर बतलाया था कि अब उन्हें लड़का हो या लड़की, मुझे उनके लिये पैसे की कोई चिंता नहीं है। इतने आगे तक भविष्य का सोचना उनकी बुद्धिमानी थी या भ्रमित होना, मैं नहीं समझ पाया था। हालाँकि वह योजना बाद में असफल हो गयी थी और शायद मात्र मूलधन संस्था ने वापस कर दिया था। और दुःखद बात तो यह कि देवेंद्र प्रकाश जी आज भी निःसंतान ही हैं। इनके विवाह को अभी अधिक समय नहीं हुआ था और इतने दूर के लिए सोचना विवेकहीनता थी। मनुष्य को वर्तमान व भविष्य को लेकर अधिक बड़ी योजना नहीं बनाना चाहिए। समय बहुत ही शक्तिशाली होता है वो अपनी दिशा स्वयं निश्चित करता है और आप उसके साथ बंधे हुए स्वतः चलते चले जाते हैं।

इसके पूर्व शीत ऋतु में शिवेंद्र का जन्म सीज़ेरियन ऑपरेशन द्वारा फैज़ाबाद के राजकीय महिला चिकित्सालय में हुआ था। बच्चे की गर्भावस्था के दौरान उसकी प्रगति और अन्य चेक अप वहीं डॉक्टर सईदा से कराया जाता रहा था। यह सोचकर कि जो डॉक्टर सर्जरी करेगा उसे बच्चे की स्थिति का पूरा ज्ञान रहेगा। किन्तु ऐसा नहीं हुआ था और ऑपरेशन के समय डॉक्टर शकीला थीं। मैंने फैज़ाबाद मैं सीमा को अधिकतर उनके माता-पिता के साथ रखा था। नेहा के समय की मेरे घर में हुई लापरवाही का मुझे पूरा स्मरण था। सीमा का अधिकांश समय अपने ननिहाल गोंडा में व्यतीत हुआ था और इन लोगों को भी भी वहाँ का पूरा सहयोग मिलता रहता था। इनके नाना, अवध बिहारी जी अपनी प्राइवेट मेडिकल क्लिनिक घर के निकट ही चलाते थे। देखने में बहुत ही आकर्षक थे, जैसा सीमा बतलाती हैं, और अच्छे व्यक्तित्व वाले थे। लगभग पचास वर्ष की आयु में जब वो क्लिनिक से पैदल लौट रहे थे तो गली में अँधेरे के कारण फिसल जाने से गिर गए थे और उनके सिर में चोट आ गयी थी। दो तीन दिनों के उपचार के पश्चात् उनका असामयिक दुःखद देहांत हो गया था। सीमा के बाबा जी का नाम दुर्गा प्रसाद जी था और उनका देहांत अपनी आयु पूर्ण होने पर गोंडा में कृपा नारायण जी के घर पर ही हुआ था।

शिवेंद्र ने अपना समय गर्भ में पूरा कर लिया था। जब जन्म का समय आया तो मैं नियाँवा में ही था। वहीं पास में ही निवास करने वाले एक परिचित साइकिल रिक्शा वाले को रात्रि करीब साढ़े दस बजे बुलाया गया था और सीमा को अस्पताल पहुँचाया गया। परन्तु डॉक्टर ने यह कह कर कि अभी प्रतीक्षा करनी चाहिए और कल ऑपरेशन करना उचित होगा, घर वापस भेज दिया था। इन्हें मैं कंधारी बाजार अपने घर ले आया था। नेहा नियाँवा में ही थीं। दूसरे दिन इनको चिकित्सालय में पुनः एडमिट कराया था। सभी प्रकार के टेस्ट और तैयारी करते कराते बारह के लगभग बज गए थे। जब इन्हें ऑपरेशन के लिए ले जाया गया था तो मैं किसी कार्य से वहाँ नहीं था और आवश्यक पेपर्स पर कृपा नारायण जी ने हस्ताक्षर किये थे। लौट के आने के बाद हम सभी ओटी के बाहर थे। पिता जी घर पर थे। कोई भी ऑपरेशन हो और यदि बेहोश करके किया जाना है तो चिंता तो होती ही है। मुझे भी थी। सीमा को स्ट्रेचर पर लिटा कर ले जाते समय हम लोगों ने एक दूसरे को देखा था। अजीब सी मानसिक स्थिति होती है। नीता जी आदि नहीं थे। लगभग एक बजे बाहर आकर नर्स ने ऑपरेशन पूर्ण होने और शिवेंद्र के जन्म की जानकारी दी थी। जन्म का वास्तविक समय भी पता चला। उसके बाद ये दोनों सामान्य वार्ड में शिफ्ट कर दिए गए थे जहाँ मेडिकल स्टाफ निरंतर उपलब्ध रहता था। मुझे नेहा को लेकर भी चिंता हो रही थी जिससे मैं आज अभी नहीं मिला था। अतः मैं सर्व प्रथम कंधारी बाजार गया जहाँ पिता जी थे। मैंने देखा वो अस्पताल जाने के लिए निकल ही रहे थे। मैंने उन्हें बतलाया कि लड़के का जन्म हुआ है। उन्होंने सुना पर उनके चहरे पर कोई विशेष भाव मुझे नहीं दिखा था। कोई मुस्कराहट भी नहीं थी। उनका यह स्वभाव भी था। स्वाभाविक ही वो मन में तो खुश हुए ही होंगे ऐसा मैं मानता हूँ।

मैं तो प्रसन्न था ही। इसलिए कि पुत्री के साथ अब पुत्र भी हो गया और विशेष रूप से यह सोचकर कि ईश्वर ने अपना अनुग्रह मुझ पर किया था। वहाँ से मैं नियाँवा गया। नेहा निश्चिन्त थी और अपनी छोटी मौसी के साथ प्रसन्न थी। उसे बतलाया गया था कि माँ हॉस्पिटल गयी हैं। कुछ देर रुक कर उसे साथ लेकर मैं अस्पताल आ गया था। जहाँ शिवेंद्र माता जी की गोद में थे और रोने में लगे हुए थे। अब सीमा को होश आना प्रारम्भ हो गया था। शाम तक हम अधिकतर लोग वहीं रहे और बाद में सीमा की अम्मा और माता जी फिर रात भर वहीं रुकी थीं। ठंढक अपनी पराकाष्ठा पर थी। रात्रि में एक बार दस बजे मैं पुनः गया था लेकिन वार्ड में प्रवेश बंद हो चुका था और मैं बाहर से ही लौट आया था। दूसरे दिन जाने पर बताया गया कि शिवेंद्र ने रोना बंद नहीं किया था। ऑपरेशन हुए होने की वजह से उन्हें अपनी माँ के पास नहीं लिटाया गया था। जब सीमा के कहने पर उसे उनके पास लिटाया गया तो वह शांत हो गया और फिर निश्चिन्त होकर सो गया था। तीसरे दिन माँ और बच्चे को प्राइवेट वार्ड में शिफ्ट कर दिया गया जो एक कमरे का आँगन सहित पूरा मकान ही था। यहाँ धूप और लोगों के आने बैठने की अच्छी व्यवस्था थी। प्रारम्भ से ही लोग मिलने आ रहे

थे और बधाई भी देते थे। नीता की बड़ी ननद और नन्दोई दीपक जी सबसे पहले आने वालों में थे। उन्होंने बधाई दिया था और कहा था कि आपका परिवार अब पूरा हो गया। डॉक्टर रवि प्रताप जी भी एक विवाह में सम्मिलित होने सपरिवार आये थे और दूसरेदिन सुबह मिलने आये थे। विवाह सीमा की बहन के देवर का था।

प्राइवेट वार्ड में रात में मैं ही रुकता था। देवेंद्र प्रकाश जी सुबह चाय आदि लेकर आ जाते थे। अगले दो एक दिन सीमा की अम्मा जी और माता जी नियमित रूप से आयीं फिर अपने अपने कार्य में व्यस्त हो गयीं। अधिकतर मैं ही रहता था। उसके उपरान्त शिवेंद्र की लैट्रिन व सीमा के कपड़े मैं ही धुलता था और यह कार्य मैंने तब तक किया जब तक वहाँ हॉस्पिटल में रहा।

महिला चिकित्सालय के गेट के सामने ही एक पान की दूकान थी जो देशी पान बड़ा अच्छा लगाता था। मैं पान वहीं से खाता था और इन दस दिनों तक उन पानों का भरपूर आनंद उठाया। सुलतानपुर मैंने जिलाधिकारी के स्टेनो को पुत्र जन्म के विषय में बतला दिया था अतः अवकाश की कोई असुविधा नहीं हुई थी।

जब स्टिचेज़ कट गए तो सीमा को अस्पताल से डिस्चार्ज कर दिया गया और मैं इन्हें लेकर कंधारी बाजार आ गया। ड्रेसिंग का कार्य मैं ही समय समय पर करता था। इस दौरान घर में कोई बर्तन आदि साफ करने के लिए महरिन नहीं लगी थी। कार्यों में वृद्धि भी हो गयी थी। माता जी ने इस विषय में अधिक प्रयास भी नहीं किया। मैं तो किसी स्थानीय को जानता भी नहीं था। पुत्र जन्म का कोई उत्साह इन लोगों में बिलकुल नहीं था। एक आध माह के पश्चात पिता जी को माता जी का अधिक कार्य करना इतना बुरा लगा कि उन्होंने कहा कि वो कोई 'महरिन' नहीं हैं जो इतना काम कर रही हैं। उसी दिन से मैंने सीमा को घर के कार्य करने के लिए कह दिया यद्यपि अभी उनकी सर्जरी का घाव पूरी तरह ठीक नहीं हुआ था। मेरे ख्याल से उसी के परिणामस्वरूप इनके पेट की पेशियाँ हमेशा के लिए ढीली हो गयीं।

शिवेंद्र के होने पर भी सीमा की परवरिश वैसी नहीं हुई जैसी होनी चाहिए थी क्योंकि मैं सुलतानपुर आता जाता रहता था। मैं जो पैसे इनके अतिरिक्त खान पान हेतु देकर आता था उसका प्रयोग देवेंद्र प्रकाश जी अन्यत्र कर लेते थे। अंडों के लिए उन्होंने कहा था कि भैया ही लाएँगे, ऐसा सीमा ने बतलाया था। क्योंकि देवेंद्र शाकाहारी थे। नीता जी के लिए कुछ ही समय बाद माता जी स्वयं जाकर अंडे लाती थीं। मैंने इस दौरान किसी प्रकार की कोई प्रतिक्रिया लोगों को नहीं दी थी और सबकुछ शांतिपूर्वक चलता रहा। ये लोग जाड़े भर फैज़ाबाद में ही रहे। शिवेंद्र की तेल मालिश करने नाइन नियमित रूप से अस्पताल में जब ये लोग थे तब से ही आ रही थी। तत्पश्चात कुछ दिन नियाँवा रखकर लगभग तीन चार माह उपरान्त मैं अपनी पत्नी और दोनों बच्चों को सुलतानपुर लिवा लाया था। शिवेंद्र के जन्म में

जो भी चिकित्सीय या सम्बंधित व्यय थे सभी मैंने स्वयं किये थे।

शिवेंद्र का जब जन्म हुआ था तो वह बहुत दुबला था। ऐसा डॉक्टर ने पहले से ही बता रखा था। उसके पैर के पंजों का हिस्सा सामान्य से अधिक लम्बा था और ऊपर की ओर कुछ अधिक ही मुड़ जाता था। वैसे मैं यह जानता था कि यह अस्थायी है और समय के साथ सामान्य हो जायेगा। जब ये लोग अस्पताल में थे तभी शिवेंद्र की नाभी थोड़ा सूज आई थी। मैं स्वयं इसको अकेले गोद में लेकर कैंपस में ही एक डॉक्टर के आवास उसे दिखाने ले गया था। कुछ दिनों में यह ठीक हो गयी थी। बुकवा और तेल हीटर के सामने इनको लगता था। जो इस कार्य के लिए नाइन आती थी वो छुम्मू नाई की पुत्री थी जो उनके देहांत के बाद उन्हीं के यहाँ अपने पति व बच्चों सहित रहने लगी थी। छुम्मू जब मैं बालक था और दालमंडी में रहता था तो बाल बनाने के लिए बुलाए जाते थे। छोटे कद, दबे रंग के थे और चश्मा लगाते थे। धोती और कुर्ता पहनते थे तथा सीधे स्वभाव के थे। मेरे विचार में उनकी पुत्री भी उन्हीं के स्वभाव पर गयी है। जबकि हमारे घर के पास रहने वाला नाई बड़ा अप टू डेट रहता था। इसके होते हुए छुम्मू मेरे यहाँ क्यों आते थे इसके विषय में मुझे पता नहीं। एक बार बाल बनाते समय इन्होने हल्का सा कैंची का कट देवेंद्र प्रकाश जी के कान के पास लगा दिया था तब यह सोचकर कि इनको देखने में कुछ कठिनाई होती है, इनसे बाल कटवाना बंद कर दिया गया था। इनकी बेटी इनके पिता से हम लोगों के इस सम्बन्ध के नाते बहुत ही सहयोग के साथ व्यवहार करती थीं और नज़दीकी भी महसूस होती थी। किसी भी प्रयोजन में इन्होने कंधारी बाजार पहुँचने पर मेरे यहाँ अपना योगदान दिया था। पिता जी के निधन पर इनके लड़के ने सहयोग दिया था।

शिवेंद्र स्वास्थ्य से तो कमजोर थे लेकिन माँ का दूध बहुत स्वाद से पेट भर कर पीते थे। जब बच्चे माँ का दूध पीते हैं तो उन्हें शीतकाल के दिनों में बहुत सुविधा होती है। ऊपर का दूध पीने वाले बच्चों को और उनके माँ-बाप को विभिन्न प्रकार की असुविधाओं का सामना करना पड़ता है। इनका यह दुबलापन लम्बे समय तक रहा था।

मैं यह विश्वास करता हूँ कि शिवेंद्र का जन्म देवी विंध्यवासिनी के आशीर्वाद से हुआ है। और मैंने उसकी आयु एक वर्ष पूरी होने के पूर्व ही जैसा कि मैंने मन में मान रखा था, उन्हें देवी जी के स्थान पर ले जाकर उनका मुंडन करा दिया था। केवल मैं, सीमा और दोनों बच्चे ही गए थे। मैं जानता था कि यदि अन्य किसी को ले जाने की बात हुई तो कार्यक्रम बनने में व्यवधान आएगा। वैसे भी माता-पिता जी और नीता आदि ने शिवेंद्र के जन्म पर कोई विशेष उत्साह नहीं प्रदर्शित किया था। यदि माता-पिता जी को श्रद्धा होती तो मेरा मुंडन इन लोगों ने दादी जी के कहने के बावजूद विंध्याचल देवी मंदिर पर क्यों नहीं कराया था। हम लोग बस से विंध्याचल गए थे और ट्रेन से मुंडन करा इलाहाबाद होते हुए वापस सुलतानपुर आ गए थे। वह गले में गेंदे के फूलों की माला पहन कर प्लेटफॉर्म पर घुटनों के बल चल रहा

था। आश्चर्य की बात तो यह है कि वह अपने इस प्रकार प्लेटफॉर्म पर चलने की क्रिया आज भी उसे याद है ऐसा कहता है। वह बताता है कि मम्मी किस रंग की साड़ी पहने हुए थीं और ट्रेन किस दिशा से आई थी आदि। तत्पश्चात हम लोग प्रत्येक चार वर्ष में एक बार जब तक संभव हुआ विंध्याचल जाते रहे थे। जब शिवेंद्र अध्ययन के लिए रांची चले गए तो उसके बाद यह क्रम नहीं चल सका। लेकिन हमारा विश्वास व श्रद्धा ज्यों की त्यों देवी जी के प्रति बनी हुई है। शिवेंद्र के नाम को भी जन्म से पहले ही मैंने निश्चित कर लिया था कि पुत्र होने पर शिव भगवान के नाम पर रखूँगा। नाम के प्रथम भाग से देवी जी का भी स्मरण हो जाता है। बचपन में मैं इसे राजू कह कर बुलाता था और नेहा को रानी। ये नाम इन लोगों के बड़े होने तक चलते रहे। शिवेंद्र का तो वास्तविक नाम शीघ्र प्रचलित हो गया जबकि रानी नाम बहुत दिनों तक चला, सुलतानपुर कॉलोनी में वह खुशबू के नाम से जानी जाती थी जो कि अभी भी वो प्रयोग करते हैं।

18

पैतृक संपत्ति एवं स्वप्न

उन्नीस सौ अट्ठानबे की बात है। एक रात देवेंद्र की पत्नी या नीता जी का फ़ोन आया। उस समय मेरे और कंधारी बाजार दोनों स्थानों पर लैंडलाइन फ़ोन लग चुका था। फ़ोन का होना विशेष जाना जाता था क्योंकि कनेक्शन आसानी से नहीं मिलता था। मैंने ओवाइटी योजना में दस हजार रूपए जमा करके लगवाया था। उन्होंने बताया कि पिता जी को सुनाई नहीं पड़ रहा है। कुछ भी कहने पर कोई प्रतिक्रिया नहीं दे रहे हैं। मुझे बहुत चिंता हुई क्योंकि ऐसा कहा जाता है कि जीवन की समाप्ति के समय इन्द्रियाँ एक एक कर क्षीण होती जाती हैं। मैंने कहा था कि कल तक देखो हो सकता है सोने के उपरान्त आराम मिलने से ठीक हो जाए। सुबह होते ही मैं पहले किसी कार्य से ऑफिस गया। वहाँ से ही मैंने एक परिचित ईएनटी डॉक्टर सक्सेना जी से संपर्क कर उनको स्थिति बतलाया था। उनसे बात कर मुझको कुछ संतोष हुआ था कि कोई अधिक परेशानी की बात नहीं है। मैं वहीं से लगभग आठ बजे फैज़ाबाद आ गया था। घर पहुँचने पर पिता जी लगभग सामान्य दिख रहे थे और सभी से बातचीत भी सामान्य ढंग से कर रहे थे। मैंने सोचा कि रात में रेस्ट करने के कारण सुधार आ गया है। पहुँचने पर यह भी पता चला था कि माता जी देवेंद्र प्रकाश जी के साथ एक दिन पूर्व ही गाँव गयी थीं। पिता जी नहीं चाहते थे कि वो गाँव जाएँ। देवेंद्र प्रकाश जी के स्कूटर को उन्होंने पकड़ रखा था ताकि वो लोग न जायें लेकिन जिद्द करके वो चले ही गए थे। खैर, इस समय स्थितियाँ सामान्य ही प्रतीत हो रही थीं जैसा मैं उनसे वार्ता कर समझ पा रहा था। लेकिन प्रायः वो कोई बात सुनकर प्रतिक्रिया देने में कुछ समय लेते थे क्योंकि अन्य कार्य भी साथ साथ करते रहते थे। थोड़ा कुछ समय व्यतीत होने के बाद जब उनसे पूँछा कि क्या वो सेब खाएँगे तो वो शांत ही रहे जैसा कि अनिश्चय की अवस्था में किसी के भी उत्तर देने में होता है। नौ साढ़े नौ बजे तक मुझे उनमे चुप अधिक रहने के लक्षण दिखने लगे थे। अपने आप से जो थोड़ा बहुत वो कहना चाहते थे कहते थे लेकिन किसी प्रश्न का उत्तर देना कम करते जा रहे थे। नियाँवा सूचित किया गया और वहाँ से अम्मा जी के साथ महेश प्रकाश जी आ गए। वह बाहर की खिड़की पर बैठे थे और ऐसा मुझे प्रतीत हुआ जैसे किसी की प्रतीक्षा कर रहे हो।

यह समय दस बजे के आस पास का था। वो बार बार अपनी घड़ी भी देख लेते थे।

गाँव से जब भी कोई आता था तो वह लगभग इसी समय पहुंचता था। मेरे मन में विचार आया कि यदि ऐसा है तो निश्चित ही वो अपने अर्धचेतन मन से माता जी की प्रतीक्षा कर रहे होंगे। इन्हे माता जी के जाने की वजह से अवसाद हो सकता है। अतः मैंने महेश प्रकाश जी को तुरंत उनके वाहन से ही गाँव जाकर माता जी को लिवा कर लाने को कहा। वो गाँव चले गए। अब मैंने यह अनुभव किया कि वो बार बार अपनी अगूंठी की तरफ भी देख रहे हैं। मैंने ध्यान से देखा तो उसका नग उसमे नहीं था। यह अगूंठी मुझे याद नहीं कब से वो निरंतर पहन रहे थे। यह भी मेरे मन में एक शंका हुई कि ऐसा तो नहीं कि इतनी पुरानी अगूंठी का नग खो जाने से वो परेशान हो रहे हों। घर में प्रत्येक संभावित स्थान पर उसे खोजने का प्रयास प्रारम्भ किया गया लेकिन वह नहीं मिला। अब मैं उनकी चांदी की रिंग लेकर साइकिल से चौक गया और उसी तरह के नग की तलाश करना शुरू किया। कई दुकाने देखीं लेकिन उस तरह का नहीं मिल पा रहा थ। काफी खोजने पर एक स्वर्णकार के यहाँ मिला जहाँ से खरीद कर मैं उसे किसी अन्य जगह पर अगूंठी में लगवाकर घर लौटा और उन्हें पहनने को दी।

स्थिति थोड़ा बिगड़ी ही थी। कुछ भी बोलो कुछ भी पूंछो कोई भी प्रतिक्रिया नहीं दे रहे थे। सभी उपस्थित लोग अत्यधिक चिंतित और शोकाकुल थे। कुछ समय उपरान्त माता जी और देवेंद्र प्रकाश जी भी आ गए थे। इन लोगों के आने के बाद कुछ सुधार अवश्य दिखा था लेकिन सामान्य फिर भी नहीं हुए थे। नरेंद्र प्रकाश और चंद्र प्रकाश जी भी अब आ गए थे। यह निर्णय लिया गया कि किसी मनोचिकित्सक को दिखा दिया जाए। अतः हम लोग इन्हें लेकर नाका के पास स्थित डॉक्टर मधुकर जो अच्छे मनोचिकित्सक माने जाते थे, के पास गए और उनसे परामर्श कर आवश्यक दवाएँ आदि लीं। हम लोगों का प्रयास था कि किसी प्रकार का तनाव इनको न हो। अब तक लाभ यह हुआ था कि अब प्रश्न करने पर उत्तर देने लगे थे। लेकिन गंभीर अभी भी दिख रहे थे क्योंकि स्वतः अधिक नहीं बोल रहे थे। इन्हें लेकर हम, नरेंद्र प्रकाश और चंद्र प्रकाश जी आदि शाम को कंपनी गार्डेन, गुप्तारघाट स्थानों पर इनका मन बहलाने के लिए ले गए थे।

दूसरे दिन मैं संभवतः सुलतानपुर लौट आया था और यह जानकर कि पिता जी को विशेष स्वास्थ्य लाभ नहीं हो रहा फिर पूरे परिवार को लेकर फ़ैज़ाबाद आ गया था। हम लोगों ने यह भी देखा कि ये बार बार कम समय के अंतर पर ही लघुशंका को जा रहे हैं और जब भी जाते हैं तो नियमानुसार अपने हाथ और मुंह आदि भी धोते हैं। अतः यह भी आशंका हुई कि इस तरह तो इनको सर्दी भी लगने की संभावना पैदा हो जाएगी। और उस स्थिति में अधिक समस्या उत्पन्न हो जाएगी। शाम हुई और फिर रात्रि भी हो गयी किन्तु उनकी यह प्रक्रिया ज्यों की त्यों जारी रही। आशंका इस बात की हुई कि इस प्रकार ये थक भी जाएँगे और सो भी नहीं सकेंगे। अतः रात्रि करीब बारह बजे मैं, माता जी और देवेंद्र प्रकाश जी इन्हें लेकर

जिला चिकित्सालय गए और आकस्मिकता में एडमिट कर दिए। प्राथमिक उपचार हुआ और कैथेटर, जो मैं नज़दीक के मेडिकल स्टोर से क्रय करके लाया, लगाया गया था। माता जी अस्पताल में रुकी थीं और मैं घर चला आया था। मेरा ऐसा अनुमान था कि डॉक्टर मधुकर की दवा से इनको ऐसी समस्या उत्पन्न हुई थी। यह जुलाई का महीना रहा होगा। अगले एक दो दिन में हरेंद्र प्रकाश जी भी आ गए थे। अस्पताल में डॉक्टर भाटिआ के द्वारा उनका उपचार किया गया था और कुछ दिनों में ये पर्याप्त ठीक हो गए थे। हालाँकि डॉक्टर उन्हें अभी डिस्चार्ज नहीं कर रहे थे लेकिन पिता जी अपने द्वारा प्रयास करके डिस्चार्ज होकर हरेंद्र प्रकाश के द्वारा स्कूटर से ही घर आ गए थे।

यह समस्या माता जी के गाँव के प्रति आसक्ति, अपनी इच्छानुसार ही कार्य करना, पिता जी के निर्देशों पर ध्यान ना देने का परिणाम थी। इसके पूर्व वो इसी प्रकार इन्हें अकेले छोड़ दीमापुर चली गयी थीं और जब हम लोग पहुंचे थे, इन्हें उसी खिड़की पर अकेले बैठे बाहर की ओर नज़र लगाये हुए पाये थे। वास्तविकता यह थी कि गाँव का पूरा लाभ माता जी व्यक्तिगत रूप से लेती थीं। जब ये पैसे गाँव से लाती थीं तो कभी भी हम लोगों को तो नहीं ही बतलाती थीं। माता जी की इस तरह गाँव से होने वाली आय को स्वयं मात्र के प्रयोग में लाने के पीछे पिता जी की भी पूरी सहमति रहती थी। उनको यह पता था कि पैसे वो वहीं व्यय करेगी जहाँ पिता जी को वैसे भी खर्च करना पड़ता। इससे वो किसी अनुचित व्यय के विवाद से स्वयं को बचा लेते थे। यद्यपि पैसे के अमाउंट को वो भी नहीं जानते थे। गाँव में कृषि हेतु होने वाले झंझटों से भी पिता जी को छुट्टी मिली रहती थी। यह तो है कि पैसे कहीं अन्यत्र नहीं व्यय होते थे। हम लोगों या हमारे बच्चों को दस हजार रुपये के अतिरिक्त आज तक गाँव से कुछ भी नहीं मिला। ये रूपए उन्होंने नेहा के लिए कह कर दिए थे। मैं लेने को तैयार नहीं था किन्तु सीमा ने यह कह कर ले लिए थे कि गाँव पैतृक होने के कारण सभी का है। उनका इस विषय में क्या मत है उसके विषय में कुछ भी कहना तर्क वितर्क ही होगा। गाँव के जयकरन चौरसिया ने लम्बे समय तक हमारी कृषि का कार्य संभाला था। जो कृषि उत्पाद, गन्ना आदि उसके माध्यम से बिकता था वह उसे लाकर इनको फैज़ाबाद तक पहुँचा भी जाता था। यदि मैं कभी वहाँ रहा तो मुझे पता तक नहीं चल पाता था कि इन दोनों के मध्य कितने पैसे हस्तांतरित हुए। मुझे शंका तो रहती ही थी। माता जी जब भी गाँव से आती थीं तो अपने पर्स का विशेष ध्यान रखती थीं। मैंने अपने जीवन में कभी उनका पर्स स्पर्श नहीं किया। अपने नातियों पर थोड़ा बहुत व्यय समय समय पर अवश्य कर देती थीं। जब जयकरन चौरसिया के लगभग दस वर्षीय पुत्र की हाई फीवर से मृत्यु हो गयी तो वह अस्थायी रूप से गाँव छोड़कर अपने ननिहाल चला गया जहाँ उसके पिता को संपत्ति प्राप्त हुई थी। तदोपरांत यह कार्य एक दूसरे परिवार को माता जी ने सौंप दिया। माता व पिता जी ने बंटवारे और विशेषतया दादी जी के देहांत के उपरान्त गाँव की संपत्ति से होने वाली आय को स्वयं के नियंत्रण में ही रखा। इसी लाभ से यद्यपि वे वहाँ का अनुरक्षण भी करते थे।

मुझे ज्ञात था कि कोई बहुत अधिक नेट लाभ नहीं है किन्तु मैं इनसे पारदर्शिता की अपेक्षा तो करता ही था। तब मुझे आज शंकित होने का विचार न आया होता। कार होने के बाद मैं वहाँ से कभी कभार गेहूं, दाल लाया हूँगा किन्तु सुलतानपुर में स्टोर करने के लिए स्थान न होने के कारण मात्रा हमेशा कम ही रही। उसकी सफाई भी करवानी पड़ती थी। फिर पेट्रोल का व्यय भी यदि देखा जाय तो वहाँ से लाने में विशेष लाभ नहीं था।

मेरा अपना परिवार छोटा था और वेतन पर्याप्त था। अनाज का खर्च अधिक नहीं था और कार से जाकर लाने में कोई विशेष लाभ नहीं प्रतीत होता था। फिर बच्चों की शिक्षा मेरी प्राथमिकता थी। मैं उन्हें ना तो गाँव के कार्यों में संलिप्त करना चाहता था और न उन्हें अकेले छोड़ गाँव जाना, वहाँ रहना ही उचित समझता था। इन्हीं वजहों से मैंने अपने गाँव का अनाज, दलहन, तिलहन, आलू, प्याज, लहसुन तथा अन्य भी मौसमी वस्तुओं आदि का उपभोग अपवाद स्वरूप ही किया। जबकि नरेंद्र प्रकाश, हरेंद्र प्रकाश और रजनी जी का पूरा परिवार वहीं के उत्पाद का प्रयोग वर्ष भर करता था। फैज़ाबाद की भी आवश्यकताएँ वहीं से यदि माता जी चाहती थीं तो प्रयोग करती थीं अन्यथा बेच लेती थीं। मैं एनआईसी जैसे भारत सरकार के महत्वपूर्ण संस्थान में वरिष्ठ पद पर सर्विस कर रहा था और राजपत्रित अधिकारी था। इसलिए गाँव आने जाने के लिए समय भी कम उपलब्ध होता था।

पिता जी इस बार जो बीमार पड़े थे वह गंभीर स्थिति थी। इमर्जेंसी वार्ड से जनरल वार्ड में मैंने उन्हें अपने ही दोनों हाथों में उठाकर स्वयं शिफ्ट किया था। वो काफी कमजोर हो गए थे और पूर्ण रूप से उनका मस्तिष्क भी कार्य नहीं कर रहा था। डॉक्टर मधुकर जी की दवा ने उन्हें हानि अधिक पहुँचाई थी। स्वस्थ होने का मतलब एक प्रकार से उनका नया जीवन था। लेकिन मानव का यह स्वभाव होता है कि वह अपनी पुरानी स्थिति परिस्थितियों से कोई शिक्षा नहीं लेता। वह नहीं सोचता कि उसको यदि नया जीवन ईश्वर ने प्रदान किया है तो उसमे वह जीवन की नश्वरता को समझ अच्छे कर्म करे। लोभ और अहम् को त्याग कर सत्य पर आधारित सज्जनता का आचरण करे। लेकिन पिता जी कुछ ही दिनों में पूर्ववत हो गए। सांसारिकता और लोभ मोह में किसी प्रकार का भी परिवर्तन नहीं आया था। समय व्यतीत होता गया। कुछ माह पूर्व इन्होने बिना मुझसे कोई परामर्श किए गाँव के पुरवे की जमीन एक स्थानीय कृषक के हाथ एक लाख रूपए में बेंच ली थी। जब वह व्यक्ति अपने अन्य सम्बन्धियों सहित फैज़ाबाद मेरे यहाँ पैसे देने आया तब मुझे यह ज्ञात हुआ था। मुझे पैतृक संपत्ति बेचने का कोई अधिकार नहीं होता क्योंकि वह अपनी निर्मित नहीं होती। हम उसके ट्रस्टी मात्र होते हैं। केवल बहुत ही गंभीर परिस्थिति में जब अपरिहार्य हो जाए तभी इसके विषय में सोचना चाहिए। यदि हम आत्मा, परमात्मा और अदृश्य शक्तियों में विश्वास करते हैं तो सामान्य परिस्थिति में इसे बेचना अपने पूर्वजों के साथ धोखा होता है और उसका दुष्परिणाम भी हमे किसी दूसरे रूप में प्राप्त होता ही है और हम समझ नहीं पाते। मैं नाखुश

हुआ था, बाद में कुछ बहस भी हुई। परन्तु जब उन्होंने बात तय कर ली थी तो उससे पीछे हटना उनका बड़ा अपमान होता। इस समय तो ऐसी कोई विशेष आवश्यकता थी ही नहीं। अगर उनके मन में जमीन बेचने का विचार किन्हीं कारणों से आ भी गया था तो अपने प्रौढ़ और बड़े पुत्र से, जिसके स्वयं के बच्चे भी थे, से विचार विमर्श तो कर ही लेना चाहिए था। लेकिन वो जानते रहे होंगे कि मैं सहमत नहीं भी हो सकता हूँ। इसलिए ही छुपाकर यह कार्य किया। यह पिता जी के मनमानी और धन के लोभी होने और मेरे अस्तित्व को ही नकारने का एक उदाहरण था। कुछ दिनों बाद मेरी उनसे फिर इस विषय में बातचीत हुई और मैंने बिना परामर्श किए जमीन बेचने के लिए पुनः अपना असंतोष और क्रोध जताया। उन्होंने कहा कि तुम पैसे ले लो। मैंने कहा पैसे मुझे नहीं चाहिए लेकिन पुश्तैनी जायदाद बिना किसी आवश्यकता के बेचने पर मुझे आपत्ति है। मैंने पैसे लेने से मना कर दिया था किन्तु सीमा ने पचास हजार का चेक जो उन्होंने इनके नाम दिया था पिता जी से स्वीकार कर लिया था यह कह कर कि इस पर बच्चों का भी अधिकार है। इतना ही उन्होंने निशा जी को भी चेक के माध्यम से दे दिया था। कुल जमीन कितनी थी और कितने में बेचा था इसकी हमने कहीं अन्यत्र से जानकारी लेने का प्रयास कभी नहीं किया। यह सत्य था कि वह जमीन घर से थोड़ा दूरी पर थी लेकिन नरेंद्र प्रकाश जी की जमीन का कुछ भाग अभी भी वहाँ है और उसमे नारायण प्रसाद जी बाग लगवा दिए थे। चल और अचल संपत्ति दोनों का अलग अलग महत्व होता है। यदि जमीन की सुरक्षा का भय हो तो उसे बेचकर उस धन को अचल संपत्ति में ही परिवर्तित कर देना चाहिए और यह मेरे मस्तिष्क में हमेशा ही रहता था। अतः मैंने शहर में उपयुक्त स्थान पर ऐसे प्लाट को तलाशना प्रारम्भ किया जहाँ भविष्य में निवास बनाया जा सके। कंधारी बाजार का मकान तो छोटा था ही। महेश प्रकाश जी के मित्र दयानन्द पाठक जी की ज़मीन थी। उसे हम लोगों ने जाकर देखा। वह थोड़ा पीछे की ओर थी। लेकिन पाठक जी के माध्यम से निकट ही एक और विक्रय हेतु उपलब्ध जमीन के बारे में पता चला जिसे मैंने नब्बे हजार में उन्नीस सौ सत्तान्नबे में खरीद लिया था। पचास हजार पिता जी वाले जो सीमा ने लिए थे और शेष धनराशि मैंने अपने जीपीएफ से एडवांस लिया था।

यह जमीन मोदहा रेलवे क्रासिंग के निकट सिविल लाइंस क्षेत्र में थी किंतु अभी निवास योग्य विकसित नहीं थी। इसके पूर्व भी मैंने कई जगहों पर जमीनें देखी थीं लेकिन उनमे यह सबसे अच्छी लोकेशन पर थी। जिलाधिकारी कार्यालय, स्टेशन और विद्‍यालय सभी नज़दीक थे जिसके कारण मैंने इसका चयन किया था। एक और बात अनावश्यक ही मन में आई थी कि रिटायरमेंट के बाद पेन्शन आदि लेने में सुविधा रहेगी। हालाँकि मुझे अभी निर्माण कार्य कराकर यहाँ रहना नहीं था। मैं जानता था कि समय के साथ यह पूरा क्षेत्र एक दिन भलीभाँति विकसित हो जाएगा। मित्रसेन सिंह जी रेलवे में वहीं सर्विस करते थे। एक बार जब मैं उनसे मिला तो दयानन्द पाठक जी जो उनके आवास के सामने ही रहते थे, के कहने पर जमीन हमें देने पर सहमत हो गए थे। मैंने कोई तारीख और समय उनकी सुविधानुसार निश्चित किया

था। प्रातः साढ़े नौ बजे रेलवे स्टेशन के निकट मिलने की बात तय हुई थी। मैं सुलतानपुर से जीप के द्वारा नौ बजे ही वहाँ पहुँच गया था। समय पर वो मिले थे और मैंने उन्हें कुछ रुपये एडवांस देकर बात निश्चित कर ली थी और वापस सुलतानपुर लौट गया था। तदोपरांत एक तिथि जमीन के रजिस्ट्रेशन के लिए भी तय की और उस दिन मित्रसेन सिंह जी ने रजिस्ट्रार कार्यालय मेरे साथ जाकर विक्रय पत्र लिखने को अपने ही किसी परिचित को कह दिया था। तत्पश्चात शेष पूरी धनराशि कुछ रिकाबगंज के सेंट्रल बैंक और कुछ नाका मुजफ्फरा स्थित बैंक ऑफ़ बड़ौदा में उन्होंने मुझसे ही उनके अकाउंट में जमा करवाया था। कुछ रूपए नगद उन्होंने लेकर स्वयं रख लिए थे। लौट कर हम लोग स्कूटर से ही पुनः रजिस्ट्रेशन ऑफिस आ गए थे। वहाँ की सभी प्रक्रिआएँ, आवश्यक हस्ताक्षर, उँगलियों के निशान आदि रजिस्ट्रेशन डीड की पूरी कर ली गयीं थीं। यह जमीन मैंने सीमा के नाम खरीदा था। इसलिए नहीं कि कभी घरेलू बँटवारा हो तो विवाद न हो, अपितु इसलिए कि इनके पास भी किसी आकस्मिकता पर एक धन हेतु साधन उपलब्ध हो। प्रसन्नता थी कि मैंने एक महत्वपूर्ण कार्य किया था। एक अचल संपत्ति शहर में हो गयी थी और जो पैसे पैतृक संपत्ति को बेचने पर मिले थे उसमे अपनी ओर से भी मैंने जोड़ कर भविष्य के लिए एक अचल संपत्ति बनाई थी। मैंने लड्डू प्रसाद में चढ़ाया था और घर में सभी को प्रदान किया था। शाम को नरेंद्र प्रकाश जी भी आए थे। चंद्र प्रकाश जी को भी बतलाया था। यह कुल अठारह सौ वर्ग फ़ीट का प्लाट था जो कि आज क्षेत्र के विकसित हो जाने के कारण सभी प्रकार की सुविधाओं से युक्त है और कभी भी निर्मित कर इसमें निवास किया जा सकता है, किन्तु मुझे यह स्मरण है कि इसमें आधा तो पूर्वजों का ही योगदान है।

जनवरी उन्नीस सौ निन्नानबे में रवि शंकर जी का देहांत हुआ था और उनकी अंत्येष्टि विशेष परिस्थितियों में मैंने की थी। पूर्व में नेहा का एसएमसी में प्रवेश मैंने विद्यालय द्वारा निश्चित तिथियों के व्यतीत हो जाने के पश्चात सीनियर केजी में सीधे कराया था। किस प्रकार वहाँ की प्रवेश प्रक्रिया होती है इसका बिलकुल ही ज्ञान मुझे नहीं था। और यही रवि शंकर जी के देहांत के कारण शिवेंद्र के साथ भी हुआ। एडमिशन की प्रक्रिया बहुत पहले संभवतः दिसंबर में ही प्रारम्भ हो चुकी थी और मैं काफी लेट हो चुका था। जब प्रवेश के विषय में मैंने वहाँ की प्रिंसिपल से बात की तो उन्होंने यह कह कर कि सभी सीटें भर चुकी हैं और अब संभावना नहीं है, मना कर दिया था। मैंने उनसे बताया कि मेरी पुत्री वहीं पढ़ती है और मैं चाहूंगा कि दोनों एक ही साथ रहें। लेकिन फिर भी सिस्टर निनिट ने स्पष्ट मना कर दिया था। हाँ उन्होंने यह जरूर कहा कि जुलाई माह में विद्यालय का नया सत्र प्रारम्भ होने पर तब की स्थिति देखते हुए विचार कर सकती हैं किन्तु निश्चित नहीं है। इधर शिवेंद्र अब स्कूल जाने के लिए लालायित हो रहे थे। दीदी को जब सुबह माँ के साथ पहुँचाने जाते तो क्लास में कुछ मिनट बैठ लिखने पढ़ने की शौक पूरी भी करते थे। अतः मैंने इनका प्रवेश अन्य विद्यालय में कराने का निर्णय ले लिया क्योंकि अभी दो माह तो शिक्षण कार्य होना

ही था। ये तैयार होकर अपना बैग, टिफ़िन लेकर उस नए विद्यालय गए जहाँ एक शिक्षिका ने इनका टेस्ट लिया और ये टेस्ट में उत्तीर्ण हो गए। मैं पूरी तैयारी से गया था कि एडमिशन करा दूंगा। लेकिन महर्षि विद्यामंदिर के ही किसी स्टाफ ने यह कहा कि प्रवेश आप बाद में भी आकर करा सकते हैं क्योंकि अभी विद्यालय में शिक्षण कार्य नहीं चल रहा है। अतः मैं इनको वापस ले आया। जो टिफ़िन ये लेकर गए थे उसे इन्होने स्कूल में ही समाप्त कर दिया था। ये प्रसन्न थे कि एडमिशन हो रहा है। यह विद्यालय भी शिक्षा की दृष्टि से काफी अच्छा माना जाता था किन्तु निवास से थोड़ा दूर अवश्य था। यहाँ हिन्दू संस्कृति पर विशेष ध्यान दिया जाता था जबकि एसएमसी में यह माहौल बिलकुल नहीं था।

मैंने यह उचित समझा था कि जब शिक्षण कार्य अभी नहीं हो रहा है तो अनावश्यक फीस आदि जमा करने की क्या शीघ्रता है। जब कक्षाएँ प्रारम्भ होंगी तो आकर प्रवेश करा दूंगा। इसी बीच नेहा ने बताया कि उनकी प्रिंसिपल का स्थानांतरण हो गया है और अगले सत्र में वो यहाँ नहीं रहेंगी। इनकी प्रिंसिपल का नेहा के प्रवेश के समय मुझसे कई बार मिलना हुआ था और एक आध बार बाद में भी मिला था। वैसे भी जब मैं इसे विद्यालय पहुँचाने जाता था तो इनसे अभिवादन हो जाता था और इनके प्रति मेरे मन में एक अच्छी भावना थी क्योंकि विद्यालय इनके कार्यकाल में बहुत ही अच्छी प्रकार से संचालित हुआ था। शिवेंद्र के एडमिशन के सिलसिले में मैं अभी जल्दी ही मिला भी था जब इन्होने मना कर दिया था। इनके यहाँ से जाने के पूर्व मैंने सोचा कि मुझे इनको एक बार अपनी शुभकामनायें तो दे ही आनी चाहिए। इनका योगदान नेहा की प्रारंभिक शिक्षा में बहुत ही सराहनीय रहा था। अतः मैं गया और उनके इसी योगदान के लिए उनसे मिल उन्हें भविष्य के लिए शुभकामनायें दीं और चला आया था। वह एक अच्छी और लम्बे समय से यहाँ पर कार्यरत प्रिंसिपल थीं। वो नेहा को भी भलीभांति जानती थीं। शिवेंद्र ने नेहा को देख कर स्वतः और मैंने भी उसे पर्याप्त प्रारंभिक रूप से पढ़ा रखा था और जूनियर केजी के स्तर का ज्ञान उसको हो चुका था। जब दो भाई-बहन होते हैं तो छोटा बड़े को देखकर स्वयं ही पर्याप्त सीख लेता है। हाँ यह है कि दोनों में चार वर्ष का अंतर अवश्य होना चाहिए। जो नेहा करती थीं उसे ये भी करना चाहते थे। एक दिन विचित्र बात हुई। प्रायः लोग कहते हैं स्वप्नों की रचना उन स्थितियों, परिस्थितियों, अनुभवों, घटनाओं से होती है जो व्यक्ति के साथ कभी न कभी घटित हो चुकी हैं या ज्ञान में हैं और वो अचेतन या अर्धचेतन मस्तिष्क में समाई हों। किन्तु मेरे विचार से यह ही केवल कारण नहीं होता। मेरा अपना अनुभव है कि कुछ स्वप्न भविष्य में घटित होने वाली घटनाओं के प्रतिरूप भी होते हैं और कुछ स्वप्न घटित हो चुकी घटनाओं की पुनरावृत्ति होते हैं जो व्यक्ति से सम्बंधित है किन्तु संज्ञान में नहीं हैं। एक दिन रात्रि में मैंने स्वप्न देखा कि नेहा जब स्कूल से आयीं तो मेरे लिए एक लिफाफा लेकर आयीं हैं। जिसमे प्रेषित पत्र में लिखा था कि आप अपने बेटे का एडमिशन आकर करा लें। मैंने यह सोचा कि यह मात्र मेरे मन में शिवेंद्र के एडमिशन के विषय में एसएमसी में किये गए प्रयास के कारण होगा।

किन्तु आश्चर्य तो तब हुआ जब अगले ही दिन नेहा ने आकर मुझे एक एनवेलप दिया और कहा कि मुझे ऑफिस में बुलाकर दिया गया है कि इसे अपने फादर को दे देना। मैंने एनवेलप खोला और पाया कि वास्तव में उसमे सिस्टर निनिट ने मुझे शिवेंद्र के एडमिशन के लिए अपनी सहमति के साथ बुलाया था। मुझे आश्चर्य के साथ प्रसन्नता भी हुई थी। अगले दिन जाकर मैंने शिवेंद्र का एडमिशन करा दिया था और प्रिंसिपल को धन्यवाद दिया था। शिवेंद्र अपनी दीदी के साथ जब नया सत्र प्रारम्भ हुआ तो जाने लगे थे और उसके उपरान्त चौदह वर्ष उन्होंने इसी स्कूल में अध्ययन किया।

इधर मेरे कार्यालय का भी कार्य सुचारु रूप से चल रहा था। उन्नीस सौ पंचान्नबे में तिवारी जी डीएम थे। इनके कार्यकाल में शायद विधान सभा का सामान्य निर्वाचन हुआ था। निर्वाचन में मतदान कर्मियों की नियुक्ति एनआईसी के माध्यम से ही की जाती थी। नियुक्ति आदेश हेतु जो प्रिंटिंग होती थी उसका उपयोग आदेश टाइपिंग में होता था, जिसका कार्य बहुत श्रमसाध्य होता था। तिवारी जी ने मुझे मेरे सॉफ्टवेयर की लोजिक में एक परिवर्तन करने का परामर्श दिया था जिसके फलस्वरूप आदेश टाइपिंग में बहुत ही सुविधा हुई थी। क्योंकि यह बात मेरे दिमाग में नहीं आई थी इसलिए मुझे तिवारी जी की बुद्धिमत्ता अनुकरणीय दिखी थी। कालांतर में तिवारी जी मुख्य सचिव के पद तक पहुंचे थे और मेरे रिटायर होने के बाद जल्द ही वो भी रिटायर हो गए थे।

उन्नीस सौ निन्नानबे में श्रीवास्तव जी डीएम सुलतानपुर नियुक्त हुए थे। ये बाराबंकी जनपद के निवासी थे और यूपीएससी की परीक्षा में इन्होने अपने बैच में इंडिया में टॉप किया था। इनसे मेरी अधिक ही घनिष्ठता हो गयी थी। इनके समय में भी लोकसभा सामान्य निर्वाचन हुआ था। उस समय सुलतानपुर में आठ विधानसभा क्षेत्र थे। मैंने इनसे टॉप करने का मुख्य कारण पूँछा था और इन्होने बताया था कि उनकी गणित बहुत ही अच्छी थी और इसलिए इनकी प्रथम पोजीशन आई थी। ये बहुत ही अधिक कूटनीतिक और तेज़ दिमाग के व्यक्ति थे। श्रीवास्तव जी निःसंदेह एक अच्छे और सुदृढ़ आत्मविश्वास से युक्त प्रशासक थे। आईआईटी कानपुर से इन्होने ग्रेजुएशन किया था। लेट नॉमिनेशन जमा करने के कारण इन्होने भारतीय जनता पार्टी के प्रत्याशी का आवेदन निरस्त कर दिया था। यह लोकसभा सामान्य निर्वाचन उन्नीस सौ निन्नानबे की बात है। इन्होने ही अपने कैंप आवास से जुड़ा हुआ एक अन्य भवन कम्प्यूटर कक्ष के नाम से बनवाया था जो कि आजतक अब कैंप कार्यालय के लिए प्रयोग होता आ रहा है। भवन के विषय में परामर्श इन्होने मुझसे भी किया था। उसके पूर्व कैंप कार्यालय डीएम के निवास का ही सामने वाला कक्ष हुआ करता था। जिसके कारण जिलाधिकारी की निजता पर भी प्रभाव पड़ता था। उदाहरणार्थ डीएम तिवारी जी का चार पांच वर्ष का बच्चा कभी कभार स्वतः ही पर्दा हटा कर आ जाता था और उन्हें विकर्षण होता था। श्रीवास्तव जी विशेष धार्मिक तो नहीं थे लेकिन उनकी कुछ

बातें मुझे बहुत प्रेरणादायक लगी थीं और उनका प्रभाव मेरी सोच पर बहुत ही अधिक पड़ा था। इन्होने सरकारी आवासों के निरीक्षण और सत्यापन के लिए त्रिपाठी जी जो उस समय पीसीएस प्रोबेशनर थे, को नियुक्त किया था। इन्हीं के कहने पर श्रीवास्तव जी ने मुझे ऑफिसर्स कॉलोनी में नया आवास आबंटित किया था जहाँ मैंने फिर उन्नीस वर्ष निवास किया। श्रीवास्तव जी बहुत ही सरल और सीधे व्यक्ति थे लेकिन क्रोध में आने पर उनकी भाषा पुलिसिया हो जाती थी। त्रिपाठी जी और मेरा साथ घनिष्ट और आत्मीयता से युक्त रहा। निर्वाचन में उनसे मुझे बहुत ही सहायता मिली थी। सुलतानपुर नियुक्ति पर वो स्वयं मिलने मेरे कार्यालय अपने पीसीएस इंटरव्यू में पूंछे गए एक प्रश्न का समाधान पूछने आए थे। वास्तव में मैं उसी आवास में रहा जो उन्हें मिला हुआ था और उनका प्रोबेशन समाप्त होने वाला था। मेरी एक स्वाभाविक कमी थी और वह यह कि जब भी मैं किसी व्यक्ति से बिछड़ा तो बाद में फिर उससे संपर्क नहीं रखा। ना ही मैंने किसी भी प्रशासनिक अधिकारी से किसी प्रकार का लाभ ही लेना चाहा। किसी से किसी प्रकार के लाभ ना लेने के स्वभाव के कारण ही मैं सभी का विश्वासपात्र बन जाता था। जब आप किसी से कोई लाभ लेने की इच्छा रखते हैं तो वह व्यक्ति आपके निरपेक्ष अच्छे कार्यों को भी संदेह की दृष्टि से देखने लग जाता है। आपका सदव्यवहार, आपका सहयोगी स्वभाव आदि सब शंका की दृष्टि से ही देखे जाने लग जाते हैं।

19

पारिवारिक वैमत्य एवं शमन

सुलतानपुर टेलीफोन एक्सचेंज मार्ग पर एक मेडिकल स्टोर था। किसी सिंह जी का था यद्यपि वो बहुत कम ही वहाँ आते थे। उनसे मेरा विचार विमर्श दो तीन बार हुआ था। उन्होंने अपनी शिक्षा इलाहाबाद विश्वविद्यालय से की थी। यदि मैं कभी उधर से गुजरा और वो मिल गए तो उन्हें मैंने स्वामी प्रभुपाद जी की श्रीमद्भगवदगीता का अध्ययन करते ही देखा। कभी कभी मेरी उनसे आध्यात्मिक विषयों पर भी चर्चा हुई थी। उन्होंने जब वो इलाहाबाद में अध्ययन कर रहे थे तब की कोई घटना मुझे सुनाई थी जिसे उन्होंने स्वयं अनुभव किया था। घटना का मुझे स्मरण तो नहीं है किन्तु याद आता है सामिष भोजन और गंगा जी में स्नान से जुड़ी कोई विशिष्ट बात थी। उस घटना ने उनके जीवन पर बहुत ही गहरा प्रभाव डाला था और तबसे वो अध्यात्म की तरफ उन्मुख हो गए थे। श्रीमद्भगवद्गीता की शिक्षाओं का भी उनपर बहुत प्रभाव था। जो संयोगवश मेरा उनसे संपर्क हुआ उसने मुझे भी अत्यधिक प्रभावित किया था। मेरा श्री रामचरितमानस का स्वाध्याय तो पूर्व से ही निरंतर चल ही रहा था लेकिन ईश्वर की सत्ता के प्रति पूर्ण श्रद्धा और माया की शक्ति आदि से विरक्त होने के साधनों के प्रति मेरी साधना की प्रक्रिया इन्हीं लोगों की बातों से प्रारम्भ हुई थी। डीएम, श्रीवास्तव जी ने मल्टी डाइमेंशनल विश्व के अस्तित्व की व्याख्या भी अत्यंत गंभीरता से की थी। इनके पिता जी बहुत ही सीधे दिखते थे और प्रायः ही कैंपस में कर्मचारियों से बात करते दिख जाते थे। तदोपरांत मैंने अध्यात्म से सम्बन्धित बहुतेरी पुस्तकों का स्वाध्याय किया और मेरा जीवन काफी कुछ परिवर्तित और नियमित हो गया। मेरी यह नियमित प्रक्रिया तब से यथासंभव निरंतर चलती आ रही है। आध्यात्मिक विषय पर चर्चा के पात्र सभी लोग नहीं होते। जो उसका पात्र होता है उसे ईश्वर स्वयं किसी समर्थ व्यक्ति के पास पहुँचा देते हैं या समर्थ व्यक्ति को ही भेज देते हैं जो साधक को साधना में सहयोग प्रदान कर उसे और दृढ़ता प्रदान करता है। इसलिए माया को समझने के लिए ईश्वर में श्रद्धा और आस्था आवश्यक होती है और श्रद्धा तथा आस्था उत्पन्न होने में पात्रता। भगवान पतंजलि के योग सूत्र का

अध्ययन, तदनुसार अभ्यास आदि प्रारंभिक आवश्यकताएँ हैं। यह क्षेत्र ऐसा है जिसे केवल स्वयं अनुभव किया जा सकता है वाणी से इसकी व्याख्या असंभव है। सामान्य जन के लिए श्री रामचरितमानस का सानुवाद श्रद्धापूर्ण अध्ययन और भगवान राम के जीवन के कुछ गुणों का अपने भीतर समावेश कर लेना ही पर्याप्त है।

शिवेंद्र का एसएमसी में एडमिशन हो जाने से इन दोनों का एक ही विद्यालय हो गया था। जब मैं सिस्टर निनिट को स्थानांतरण के लिए उनका आभार और धन्यवाद व्यक्त करने गया था तो मेरे मन शिवेंद्र के विषय को लेकर किंचित मात्र भी कोई भावना नहीं थी। मैं मात्र उनके समय में नेहा की जो सुचारु और बहुआयामी शिक्षा दीक्षा हुई थी उसी के प्रति आभार व्यक्त करने गया था। वह मेरी हृदय से उत्पन्न उनके प्रति सद्भाव हेतु कर्टसी विज़िट थी। ऐसी कर्टसी विज़िट मैंने कभी किसी भी जिलाधिकारी के स्थानांतरण पर भी शायद ही किया रहा हो। और यह सिस्टर निनिट का अनुग्रह था जो उन्होंने मेरा एडमिशन वाला निवेदन याद रखा था जबकि उसके बाद दो माह व्यतीत हो चुके थे। जब तक मैं सुलतानपुर में रहा उनके बाद कोई भी प्रिंसिपल इतने दीर्घकाल तक नहीं रहीं। मेरा विद्यालय आना जाना भी नेहा के बड़े हो जाने के कारण कम हो गया था। अब ये लोग अपनी माँ के साथ ही ज्यादातर आते जाते थे और बाद में तो स्वयं ही रिक्शा कर या पैदल ही चले जाते थे। नेहा भी वहाँ से भलीभांति परिचित हो गयी थीं। मेरे पड़ोस में जिला उद्यान अधिकारी की एक बेटी थी जो नेहा से कुछ ही बड़ी रही होगी। वह शिवेंद्र को खिलाने अक्सर आ जाया करती थी और नेहा की मित्र बन गयी थी। इन लोगों से हम लोगों का घरेलू सम्बन्ध बन गया था। वह भी एसएमसी में ही पढ़ती थी।

शिवेंद्र दुबले पतले काफी समय तक रहे। इनके लिए कपड़े आदि बमुश्किल ही फिट मिलते थे। लम्बाई और चौड़ाई में सामान्य अनुपात नहीं था। लम्बाई के अनुसार है तो ढीला और यदि चौड़ाई के अनुसार है तो छोटा। जब ये छोटे थे तो प्रायः अस्वस्थ हो जाते थे। डॉक्टर वीके शुक्ला जी के यहाँ एक बार परामर्श हेतु जाने पर ये उनकी कार को ही लेने की जिद्द करने लगे थे। इन्हे ठंढक बहुत जल्दी लगती थी और जकड़न यानी न्युमोनिआ अक्सर हो जाता था। इन्हें मैं बड़े होने तक समझाता रहा हूँ कि इन्हें ठंढक से बच कर हमेशा रहना होगा। एक बार इन्हें रात्रि में करीब दस बजे हॉस्पिटल ले जाना पड़ा था। नेहा घर पर ही राजकरन पाण्डे जी की बड़ी लड़की के साथ थीं। इनको मार्केट से लाकर इंजेक्शन लगवाया था और कुछ देर बाद लाभ प्रतीत होने पर लौटे थे। एक बार जब ये माँ का ही दूध पीते थे तो इन्हे मीज़िल्स निकली थीं। हम दोनों लोग की पूरी रात जाग कर बीती थी। एक बार शिवेंद्र को लिवर और किडनी इन्फेक्शन की भी गंभीर समस्या हो गयी थी और इन्हें डॉक्टर शुक्ला जी के कहने पर एक प्राइवेट हॉस्पिटल में ऐडमिट करना पड़ा था। उस समय इनकी आयु सात आठ वर्ष की रही होगी। तब पाण्डे जी के पुत्र पंकज जी द्वारा बहुत ही सहायता मिली

थी। छोटे परिवार या न्यूक्लियर फेमिली में जब अपने घर का कोई भी सदस्य अस्वस्थ होता है तो बहुत समस्या हो जाती है। क्योंकि पूरी घर की जिम्मेदारी और अस्वस्थ सदस्य की भी देखभाल एक दो लोगों द्वारा किया जाना कठिन हो जाता है। पुराने समय में घर में कई सदस्य व सम्बन्धी हुआ करते थे और कोई भी समस्या हो आसानी से वह गुजर जाती थी। सभी का भौतिक और मानसिक सहयोग मिल जाता था। बड़े बुजुर्ग लोग अपने अनुभवों से भी सहयोग प्रदान किया करते थे। लेकिन मेरी स्थिति में ऐसा नहीं था। पिता जी के पास परिवार चलाने का लम्बा और अच्छा अनुभव था। अनुभव तो माता जी को भी रहा होगा किन्तु ऐसी स्थितियों में केवल पिता जी ही अपने आप आवश्यक सलाह देते थे। माता जी तो जैसे कुछ बताना ही नहीं चाहती थीं। जब देवेंद्र प्रकाश जी की गोद भराई में बस्ती जाते समय शिवेंद्र को देवी जी निकली थीं तो माता जी ने कहा था कल सुबह देवी जी के नाम पर एक लोटा जल उबार कर चढ़ा देंगे। लेकिन उन्होंने ऐसा नहीं किया था या भूल गयीं थीं। सीमा ने यह बतलाया था। अर्थ यह कि उनमे मेरे बच्चों के प्रति विशेष रूचि शायद नहीं थी।

मैं यह निश्चित रूप से कह सकता हूँ कि माता जी का व्यवहार और भावनाएँ मेरे, सीमा और मेरे बच्चों के लिए दूसरे प्रकार की थीं और अन्य अपने बच्चों के लिए दूसरी। और यह ऐसा नहीं कि मेरे विवाह के उपरान्त ही ऐसा हुआ। उसके पूर्व भी इसका आभास मुझे होता था लेकिन मैं उस पर अधिक ध्यान नहीं देता था क्योंकि मैं सबसे बड़ा था और यह मान लेता था कि माँ-बाप का अपने छोटे बच्चों का ध्यान अधिक देना स्वाभाविक होता है। मुझसे इन लोगों का अधिक स्नेह ना दिखाना यह भी हो सकता है कि मैं इन लोगों से वयस्क होने के बाद, यदि इनकी कोई बात मुझे नहीं पसंद आती थी तो, बहस कर लेता था। मैं इन लोगों की गलतियों का बहुत ही सूक्ष्मता के साथ प्रेक्षण करता था और उनको अपने सैद्धांतिक मापदण्ड पर उचित न पाकर मेरा मन विचलित हो जाता था। इन लोगों के मेरे प्रति इस व्यवहार का मुख्य कारण मैं यह ही समझता था। ये लोग मुझे भी अपनी सोच का ही देखना पसंद करते थे और मैं ऐसा नहीं था। मैं अपनी प्रशंसा नहीं कर रहा क्योंकि बड़ों की गलतियाँ नहीं निकालनी चाहिए। कमियाँ मुझमे भी थीं और इसका एहसास मुझे था। मुझे सबकुछ बिना किसी विरोध किए देखकर शांत रहना चाहिए था जो मैं नहीं कर पाता था और बोल ही देता था।

मेरे विवाह के बाद तो व्यवहार में अंतर स्पष्ट ही हो गया था। मुझे प्रतीत होता है कि माता जी सीमा के द्वारा प्रायः किसी भी नापसंद बात को इंगित न करने को उनकी अनुभवहीनता समझती रही हों। और शायद यही धारणा देवेंद्र प्रकाश और नीता जी की भी उनके प्रति थी। लेकिन ऐसा था नहीं। इनको प्रत्येक प्रकार का अच्छा पारिवारिक अनुभव था। सीमा का जन्म के उपरान्त अधिकांश समय अपने ननिहाल या वहाँ के संपर्क में व्यतीत हुआ था। गोंडा में इनके नाना जी का निवास था। उनकी पत्नी और चार पुत्रियाँ, दो पुत्र और बाद में

उनकी पत्नियाँ आदि सभी वहाँ निवास करते थे। कृपा नारायण जी का भी अपना मकान यहीं नज़दीक ही था। आजमगढ़, इनके ददिहाल में मात्र इनके बाबा जी और बड़े बाबू जी का परिवार था लेकिन बाबा जी के अतिरिक्त किसी से कभी किसी विशेष अवसर पर ही मिलना हो पाता था। दादी जी की मृत्यु बहुत पहले ही हो चुकी थी और अपने बच्चों का पालन पोषण दुर्गा प्रसाद जी ने ही किया था। क्योंकि इनके पिता जी सर्विस करते थे इस कारण भी गाँव से इनका विशेष सम्बन्ध नहीं रहा और वहाँ का पूरा लाभ इनके बड़े बाबू जी, मुरली मनोहर जी ने ही उठाया।

ये मात्र एक बार अपने गाँव बैजाबारी गयी थीं वो भी तब जब इनके बाबा जी की अंतिम क्रियाएँ उनकी गोंडा में मृत्यु के कई माह बाद संपन्न की गयी थीं। कृपा नारायण जी जब भी उनके बच्चों का जन्म होता था अपनी पत्नी को अपनी ससुराल भेज देते थे। ससुराल के निकट का आवास उनका स्वयं का खरीदा हुआ था जो कि बहुत ही नज़दीक था और कोई भी कभी भी आ जा सकता था। अतः सीमा की परवरिश अपने नाना नानी के सान्निध्य में अधिकतर अपने मामा मामी और मौसियों के साथ ही हुई। इन्होने परिवार में होने वाली प्रत्येक प्रकार की गतिविधियाँ करीब से देख रखी थीं और कहाँ किस प्रकार की प्रतिक्रिया दी जाए उसको भी जानती समझती थी। आपसी सम्बन्ध कैसे मधुर होते हैं और किस प्रकार बिगड़ते हैं अथवा किस प्रकार उन्हें बनाये रखने के लिए सहनशीलता धारण करनी पड़ती है इसका इन्हे प्रत्यक्ष अनुभव था। इसके अतिरिक्त ये स्वयं अपने यहाँ रवि प्रताप जी के उपरांत आयु में सबसे बड़ी थीं। फलस्वरूप घर के दायित्व का निर्वहन करना भी भलीभाँति जानती थीं। लेकिन विवाह के उपरान्त ये एक नए घर नए माहौल में आयीं जहाँ की अच्छाइयों या बुराइयों के विषय में इन्हे अभी समझना था। अतः ये शांत रहकर प्रसन्नता के साथ सब कुछ निरखती रहीं। मेरे घर के लोग इनके इस प्रेक्षण को न जानते हुए व्यवहार करते थे। किन्तु ये मन ही मन सब बातों का विश्लेषण करती रहती थीं। यदि कभी मुझसे कुछ कहती भी थीं तो स्वाभाविक रूप से मैं अपने परिवार का ही पक्ष लेता था। लेकिन अब मैं विचार करता हूँ तो सत्यता दिखती है। कोई भी किसी नए व्यक्ति पर शीघ्र विश्वास नहीं करता। मैं भी अपनी नवागंतुक पत्नी की ईमानदारी या सत्यनिष्ठा या सरलता को तुरंत उस समय नहीं स्वीकार कर सकता था और मुझे अपने घर वालों पर अधिक भरोसा रहता था। माता जी या भाई-बहन ने जो कहा वह ही सत्य माना। यदि इन्होने कभी कहा कि किसी का कोई कार्य या कोई बात इनको पसंद नहीं आयी तो मैं यह मान नहीं पाता था कि ऐसा हो भी सकता है। सोचता था कि कभी किसी की माँ गलत हो ही नहीं सकती या अपने ही भाई-बहन बड़े भाई की पत्नी के साथ नकारात्मक आचरण भी कर सकते हैं।

मैं देवेंद्र प्रकाश या नीता जी को अधिक दोष नहीं देता। मान लेता हूँ कि ये लोग बाइस वर्ष से अधिक उम्र के होने के बावजूद नासमझ थे। लेकिन माता जी की उस समय की जानबूझ कर

की गयी गलतियों को किस दृष्टि से देखा जाए। यदि उन्हें अपने वर्चस्व को बनाये रखने की ख्वाहिश थी तो उसमे तो कोई हस्तक्षेप हो ही नहीं रहा था। सीमा का कहना है कि माता जी ने आज तक इनके साथ बैठकर अपनी, अपने परिवार की या अपने बच्चों की कोई भी बात कभी नहीं की या बतलायीं। अकेले होने पर भी अधिकतर जितना आवश्यक होता था उतना ही बोलती थीं। खैर इसी प्रकार अब तो लम्बा समय व्यतीत हो चुका है। माता जी गाँव घर पर अपना एकाधिकार चाहती थीं जो कि उनके पास पहले भी था और बाद में मैंने दे ही दिया। और दो हजार ग्यारह के उपरांत तो वह पूरी तरह ही मिल गया जबसे मैंने गाँव व फैज़ाबाद का घर छोड़ा। पिता जी के देहान्त के बाद मैंने दायित्व उठाना चाहा था लेकिन माता जी ने ही कहा कि जो जिस प्रकार चल रहा है वैसे ही चलने दो। और मैंने उससे अधिक ही उनको अधिकार दे दिए। मैंने सबकुछ ही छोड़ दिया और गाँव व कंधारी बाजार के घर में फिर कदम नहीं रखा।

अप्रैल दो हजार ग्यारह में माता जी सुलतानपुर आई थीं। उनकी आयु उस समय इकहत्तर वर्ष हो चुकी थी। मैं यह नहीं चाहता था कि वो इस अवस्था में कहीं भी अकेले रहें। कुछ दिनों पूर्व मैंने अपनी जमीन की सुरक्षा के लिए एक दीवार गाँव पर बनवाई थी। उसे देखना आवश्यक था। अतः मैंने सोचा कि सीमा के साथ जाकर देख उसी दिन लौट आएँगे। शिवेंद्र की कक्षाएँ अभी चल रही थीं। माता जी सुलतानपुर में रहेंगी ही। लेकिन हमारे चलते समय माता जी ने कहा क्या हम भी साथ नहीं चल सकते। मैंने शिवेंद्र को अकेले रहने के लिए कहकर माता जी को भी साथ ले लिया था और कहा था कि साथ में आपको भी लौटना होगा। लेकिन गाँव पहुँच कर उन्होंने कहा कि हम यहीं रुक जाते हैं। कुछ कार्यों की देखभाल कर लें। मैंने दरवाजे से ही बिना घर के भीतर गए अपनी उस निर्मित दीवार का निरीक्षण किया और गाँव के ही एक दो लड़कों को उनका ध्यान रखने के लिए कहकर शीघ्र वापस सुलतानपुर आ गया क्योंकि शिवेंद्र अकेले थे।

इस घटना के लगभग दो सप्ताह बाद देवेंद्र प्रकाश जी अपनी पत्नी और उस बच्चे जिसको वो पालने के लिए पड़ोस की नर्स के माध्यम से पिता जी के जीवन काल में ही लाए थे, उसे लेकर गाँव आए। क्योंकि यह बच्चा अवैध ढंग से लाया गया था इसलिए मैं नहीं चाहता था कि उसे इस प्रकार जब तक कि विधिक ढंग से ये गोद न ले लिया जाए, गाँव लाएँ। इस दौरान चंद्र प्रकाश जी के यहाँ अखंड रामायण भी होनी थी। जब मुझे मेरे फ़ोन करने पर बच्चे को लेकर आने की सूचना मिली तो मैंने माता जी से कहा कि बच्चे को क्यों लाए हैं और उसके माँ-बाप के विषय में क्या बताएँगे। माता जी ने कहा कि तुम्हे सब पता है और तुम लोग ही तो लाए हो। मैंने माता जी से आवेश में कहा था कि मुझे ऐसी बदतमीजी पसंद नहीं है और आपकी इस बात पर क्या मैं पुलिस को सूचित कर स्वयं आऊँ। मुझे दूर से देवेंद्र प्रकाश जी कहते हुए सुनाई पड़े थे कि 'हाँ आ जाएँ'। फिर मैंने फोन डिसकनेक्ट कर दिया था। ये

उनका मुझे खुला चैलेंज था। शिवेंद्र ने कहा था कि मुझे तुरंत चलना चाहिए। मैंने शिवेंद्र को समझाया था कि इससे उनकी शिक्षा और मेरी सर्विस के कार्य में बहुत ही अधिक व्यवधान हो जाएगा। अतः शांति बनाये रखना ही उपयुक्त होगा। उसी दिन मैंने यह निर्णय ले लिया कि अब माता जी और देवेंद्र प्रकाश जी के साथ कोई भी सम्बन्ध नहीं रखेंगे। साथ ही अपने गाँव को और कंधारी बाजार के मकान को भी पूरी तरह माता जी के जीवनकाल भर के लिए त्याग देने का भी निर्णय किया। मैं नहीं चाहता था कि शासकीय महत्वपूर्ण पद पर रहते हुए मैं उनके इस आपराधिक कार्य में किसी भी तरह शामिल माना जाऊं। जब ये बच्चा आया था तो मैं फैज़ाबाद में था ही नहीं। मुझे पिता जी आदि के द्वारा यह बताया गया था कि यह किसी का त्यागा हुआ बच्चा था और दाई ले आई थी जिससे नर्स, जो पड़ोस में रहती थी, ने इनको पालने के लिए दिलवाया है। इसके उपरान्त हम लोग फैज़ाबाद आते जाते रहे और हमेशा देवेंद्र प्रकाश जी से इसे नियमानुसार गोद लेने के लिए आग्रह करते रहे। मैंने सीएआरए की वेबसाईट से कुछ प्रिंटआउट भी लाकर इनको बहुत पहले ही दिया था। इस घटना से मुझे यह चिंता हुई कि मेरी माता जी कभी भी कोई आरोप मुझ पर देवेंद्र के प्रति अंधप्रेम में लगा सकती हैं और सभी लोग उनकी बात पर वृद्ध और माँ होने के कारण अवश्य ही सत्य मानकर विश्वास करेंगे। एक बार मेरे नियमानुसार एडॉप्शन के विषय में कहने पर उन्होंने कहा था कि तुम्हे देवेंद्र प्रकाश जी की संपत्ति का लोभ हो गया है। इसके पूर्व भी मैं माता जी से कहा करता था कि सत्य के साथ रहिए नहीं तो मैं एक क्षण में सब कुछ त्याग दूंगा। किन्तु वो इसे गंभीरता से न लेकर मुस्कुराती थीं। शायद वो समझती थीं कि मैं संपत्ति के लाभ और लोभ को त्याग नहीं सकूंगा। गाँव में माता प्रसाद तिवारी जी की बहन ने हम लोगों से पूँछा था कि सुना है आप लोग चाची को अलग कर रहे हैं। उसने बताया था कि ऐसा चाची यानी माता जी ने उससे कहा था। जबकि मैं बंटवारे के विरोध में हमेशा रहा था और इस तरह की कोई बात कभी हुई ही नहीं थी। देवेंद्र प्रकाश जी के विवाह के बाद पिता जी ने भी एक बार कहा था कि उनका बस एक कार्य शेष रह गया है और वह है बँटवारा कर देना। मैंने उस समय भी उनकी बात का विरोध किया था। मैंने कहावत भी बताई थी कि बंटवारे के बाद पुत्र भी पड़ोसी हो जाता है। उस समय यह बात टल गयी थी क्योंकि मेरा गाँव के उत्पाद या लाभ से कोई विशेष सम्बन्ध नहीं रहता था।

मुझे लगता है जमीन जायदाद के बंटवारे को लेकर इन लोगों के अनुभव अच्छे नहीं थे। भगवती प्रसाद और दुर्गा प्रसाद जी के आपसी बंटवारे के समय हुए विवादों और स्वयं चार भाइयों के बंटवारे में आपसी मनमुटाव इन्होने देखे थे और सोचा होगा कि अपने सामने यदि यह कार्य हो जाता है तो उनके मार्गदर्शन में होने के कारण हो सकता है यदि समस्याएँ आएँ तो ये उसका निदान निकलवा सकें। यह भी हो सकता है कि इनकी सोच विपरीत रही हो। वो सोचते रहे हों कि यदि वो अपनी उपस्थिति में बँटवारा करवा लेते हैं तो तीन हिस्से लगेंगे और मेरा परिवार बड़ा होने के नाते मुझे मात्र अपने में ही संतोष करना होगा और शेष दो हिस्सों से

लाभ यदि वो देवेंद्र प्रकाश जी के साथ रहते हैं तो अधिक हो सकेगा। यह भी हो सकता है कि उनके मस्तिष्क में बंटवारे के बाद अपनी जमीन बेचने में आसानी का भी विचार रहा हो या चाहें तो अन्य किसी को भी प्रदान कर सकने का अवसर होना रहा हो। उन लोगों की मेरे प्रति भावना और पूर्व के व्यवहार को देखते हुए अंतिम बात अधिक सत्य प्रतीत होती है। आश्चर्य की बात तो यह है कि मेरे माँ-बाप अभी तक जो भी आर्थिक, मानसिक, शारीरिक सहयोग हम दोनों लोगों ने इनकी आवश्यकताओं के समय सुलतानपुर में रहते हुए, बच्चों की शिक्षा का ध्यान न देते हुए भी, किए थे वो सब ये विस्मृत कर चुके थे।

उन्नीस सौ छान्नबे में देवेंद्र प्रकाश जी को अपनी आर्मी की सर्विस में कोई ड्रिल करते समय कमर में चोट आ गयी थी और वो सर्विस से डिस्चार्ज कर दिए गए थे और अब ये सपत्नी माता-पिता जी के साथ ही कन्धारी बाजार में रहते थे। सेवाकाल को दृष्टि में रख सरकार ने उन्हें पेंशन प्रदान की थी। पेंशन कितनी थी, इनके और इनकी पत्नी के क्या व्यय थे, कितना पिता जी का व्यय बढ़ गया था, इस विषय में ना मैंने कभी जानना उचित समझा और न ही इन्होने बतलाया। मैं जानता था कि गाँव का अनाज है ही और शेष घर के व्यय में ये लोग अपनी व्यवस्था कर लेते होंगे। यद्यपि पिता जी पर आर्थिक प्रभाव पड़ना तो स्वाभाविक था ही। परन्तु व्यवस्था अच्छी चल रही थी, ऐसा मैं जाने पर अनुभव करता था। पिता जी ही अक्सर मुझसे बतलाते थे कि उनका दवाइयों पर व्यय बहुत ज्यादा है। पर मुझे कोई आर्थिक समस्या नहीं दिखती थी।

पिता जी के भाइयों के आपसी बंटवारे में तीन वस्तुओं का विभाजन आगे के लिए टाल दिया गया था। एक तो नएतारा नाम का बुढ़ऊ की बाग के निकट थोड़ा निचला क्षेत्र जो ग्राम समाज का था और जो उपयोग में नहीं आता था। बाबा जी जब ग्राम प्रधान थे और ऐसी जमीनों का पट्टा ग्रामीणों को दे रहे थे तो घर में यह विचार हुआ था कि इस तालाब को अपने खेतों और बाग के निकट होने के कारण क्यों न घर के ही किसी सदस्य के नाम आबंटित कर दिया जाए। बातें मेरी उपस्थिति में ही हुई थीं। पिता जी से लेकर रवि शंकर जी तक के नामों पर विचार हुआ था। नाम किसी के भी हो यह पारिवारिक संपत्ति ही मानी जाएगी ऐसा सभी का समझना था। विचार विमर्श के बाद यह निर्णय लिया गया था कि क्योंकि नारायण प्रसाद जी स्थायी रूप से गाँव पर रह रहे हैं और व्यवहार कुशल भी हैं, अतः नएतारा का पट्टा इनको ही दे दिया जाए। तदनुसार बाबा जी ने इस तालाब का पट्टा नारायण प्रसाद जी के नाम कर दिया था। दूसरा चौपाल और बाबा जी द्वारा निर्मित कराया गया वह बैठक कक्ष जो अपने घर के सामने बना हुआ था जिन्हे जब तक आवश्यकता न हो सम्मिलित रूप से प्रयोग किया जाना था। तीसरा बन्दूक जिसका लाइसेंस बाबा जी के नाम था। यह तय हुआ कि समय पर इन तीनो चीजों का बँटवारा आपस में सोच समझ के कर लिया जाएगा। बाबा जी के देहांत के बाद बन्दूक पहले तो दुकान पर जमा कर दी गयी थी लेकिन बाद में नारायण प्रसाद और

अजय प्रसाद जी की सहमति न होते हुए भी इसे रवि शंकर जी के नाम पिता जी ने करवा दिया था और उसे वो लेकर अपने पास रख लिए थे। बन्दूक रवि शंकर जी के नाम करवाए जाने के दौरान मैं फैज़ाबाद में ही था। किन्तु बन्दूक उनके नाम होने के बाद एक मूर्खता भरा यह निर्णय सभी ने लिया था कि यदि कोई विवाद हुआ तो नारायण प्रसाद और अजय प्रसाद जी नएतारा के मालिक तथा पिता जी और रवि शंकर जी बन्दूक के मालिक माने जायेंगे। इन लोगों ने जमीन और वस्तु दोनों को एक श्रेणी में कैसे रख लिया था। दो भिन्न प्रकार व प्रकृति की चीजों को लेकर यह निर्णय पूरी तरह से गलत था। दोनों की उपयोगिता भी भिन्न थी। बन्दूक के स्वामी दो लोग कैसे हो सकते थे इस पर किसी ने नहीं सोचा था।

कालांतर में यह तीनों भाइयों के लिए जिन्होंने इस बात पर चिंतन नहीं किया था उनके लिए नुकसानदेह साबित हुआ। नारायण प्रसाद जी ने क्रमिक रूप से अन्य भाइयों को नयेतारा के उत्पाद का हिस्सा देना बंद कर दिया और रवि शंकर जी ने बन्दूक कुछ दिनों तक तो अपने पास रखी और बाद में उसका क्या किया इसका कोई पता नहीं। यह नहीं ज्ञात कि क्या अपने जीवनकाल में ही उन्होंने उसे बेंच दिया था या उनकी मृत्यु के बाद रजनी जी ने। नयेतारा काफी विस्तृत क्षेत्र में था। वास्तविक क्षेत्रफल तो मुझे नहीं ज्ञात किन्तु निश्चित ही चार बीघे से कम नहीं रहा होगा। मैं इन चीजों के विभाजन में दर्शक की भांति था। इन लोगों ने उक्त समझौते पर हस्ताक्षर भी किए थे। मेरे स्मरण के अनुसार उस समय देवी प्रसाद जी और कुछ अन्य लोग भी उपस्थित थे। सत्यता तो यह थी कि इन लोगों का प्रमुख उद्देश्य इन मसलों को किसी भी भाँति समाप्त करना था। नारायण प्रसाद जी नएतारा में अन्य लोगों को भाग न देने के लिए पहले से ही निश्चय करके बैठे थे, जैसा मैं अनुमान लगाता हूँ क्योंकि पट्टा उन्हीं के नाम था। और यह व्यवस्था भी उनके इसी प्लान का हिस्सा थी। वो जानते थे कि पट्टा तो उन्हीं के नाम है और विधिक दृष्टि से यह उनकी इच्छा पर है कि वो उसमे हिस्सा किसी को दें या ना दें। वो वह समय भूल गए थे जब बाबा जी पट्टा देने का निर्णय ले रहे थे तो सभी ने कहा समझा था। उनका अकेले नएतारा का उपयोग में लाना केवल भाइयों के साथ ही नहीं अपितु पिता के साथ भी धोखा मैं मानता हूँ। इसी प्रकार बन्दूक के साथ भी जो कालांतर में हुआ उसकी जानकारी का सभी भाइयों को न दिया जाना भी गलत था। इसी प्रकार हमारे माँ-बाप का कंधारी बाजार के मकान को क्रय करने में बाबा जी से एक हजार रूपए लेकर उसे अन्य पारिवारिक व्ययों में एडजस्ट कर देना और अगले पांच साल में वापस न किया जाना भी बिलकुल गलत था। लेकिन सभी के पास अपने को सत्य और ईमानदार सिद्ध करने के लिए अनेकों अच्छे अच्छे तर्क अवश्य रहे होंगे ये गलतियाँ अब सुधारी नहीं जा सकतीं और न ही कोई सुधारने का प्रयास ही करेगा।

एक बात यह भी है कि अब वो चारो भाई स्वर्गवासी हो गए हैं और उनके बच्चों को उस समय की सभी बातों का ज्ञान भी नहीं है। तत्कालीन स्थितियों का जो दुष्प्रभाव पड़ना था वह तो

पड़ ही चुका है और जो शंकाएँ बच्चों के मन में घर कर गयी थीं उन्हें अब पुरानी स्थिति में ला पाना असंभव है। जो अन्य वस्तु थी वह चौपाल थी जो कि जमुना प्रसाद जी द्वारा बनवाई गयी थी और जिसका आधा हिस्सा हमारा अर्थात भगवती प्रसाद जी का था। साथ ही वह बैठक कक्ष जो बाबा जी ने अपने घर के बाहर बनवाया था और पक्की छत का था। यह काफी पहले की बात है। बुढ़ऊ की बाग में बाबा जी ने ईंट का भट्ठा लगवाया था। इसमें से ही ईंटों का प्रयोग कर यह कमरा बनवाया गया था। ईंटों की पथाई होते तो मैंने नहीं देखा किन्तु जब ईंटें पकने के लिए रखी जा रही थीं तो मैं वहाँ पर था। काफी ईंटें पक कर अच्छी निकली थीं। उस समय गाँव में जमीन की कोई कमी नहीं थी। अस्थाई कार्य तो कहीं पर भी खाली जमीन मिल जाए तो किया जा सकता था। भट्ठा भी जिस स्थान पर लगा था वह बाग में देवी प्रसाद जी के हिस्से के निकट था। यदि कोई जमीन अपने खेत बाग आदि के निकट है तो उसका प्रयोग प्रायः लोग ज़रुरत पड़ने पर कर लेते थे। यह भट्ठा जहाँ लगा था वह अपनी तो नहीं ही थी। आज उस स्थल का कोई पता नहीं है। देवी प्रसाद जी का ऐसा स्वभाव नहीं था कि वो अपनी भूमि पर अनुमति देते। जहाँ से मिट्टी निकाली गयी थी वह गड्ढा बहुत दिनों तक वहाँ था और मै उसे प्रायः ही एक पुरानी याद के रूप में देखता था।

नारायण प्रसाद जी का निवास घर के अगले भाग में था और यह पक्का कमरा उनके लिए अधिक उपयोगी और सुविधापूर्ण था। इसी कमरे को लेकर नारायण प्रसाद जी की पत्नी और दादी जी के जीवन की अंतिम शाम को वाद विवाद, बहस हुई थी। नारायण प्रसाद जी इस कमरे को अपने नियंत्रण में रखना प्रारम्भ कर दिए थे। वो इसे भीतर के रास्ते से जाकर प्रायः अंदर से ही बंद रखते थे और बाहर से कोई जाना चाहे तो कह कर खुलवाना पड़ता था। नारायण प्रसाद जी हम लोगों के वहाँ न रहने और अजय प्रसाद जी के सीधे होने का लाभ अक्सर उठाते थे जैसा कि गाँव में होता भी है। दादी जी की मृत्यु के उपरान्त इस कमरे को लेकर कोई स्थायी हल निकालने के विषय में भाइयों ने सोचना प्रारम्भ कर दिया था। इस दिशा में चौपाल का क्षेत्रफल, उसके मूल्य और बाबा जी के कमरे के मूल्य का आकलन उनमे लगी सामग्रियों के आधार पर करने का निश्चय हुआ। पूरी गणना का कार्य मैंने ही किया था। चौपाल में कितनी लकड़ी लगी है, कितना ईंटें लगी हैं आदि के आधार पर उसका मूल्य लगाया गया। यही प्रक्रिया कमरे को लेकर भी अपनायी गयी और सामान्य औसत मूल्य निकाला गया था। अंततः नारायण प्रसाद जी ने स्वीकार किया कि चौपाल और उसके सामने का जितना क्षेत्र उनके हिस्से में आता है वो उस पर से अपना पूरा अधिकार छोड़ देंगे और उसके बदले में ये घर के दरवाजे वाला कमरा ले लेंगे। कमरे पर अन्य तीनो भाइयों का कोई भी अधिकार नहीं होगा। तो चौपाल उन्होंने छोड़ दिया और कमरा इन तीनों लोगों ने। मालियत निकालने के बाद कुछ तो अंतर आया ही था किन्तु मुझे याद नहीं किसको लाभ हुआ था। लेकिन आज मुझे लगता है कि यह निर्णय सभी के हित में था। इस समय चौपाल गिर चुकी है। अजय प्रसाद जी ने अपने हिस्से को सामान आदि रखने के लिए बनवा लिया

था।

कुँए के पास का पूरा भू-भाग हमारा और सड़क के दूसरी तरफ नारायण प्रसाद जी का है। वहाँ पर रजनी जी ने अपना पूरा भाग शुक्ला जी को बेंच दिया है। इसी प्रकार मुख्य द्वार पर चारो लोगों का था किन्तु अपने हिस्से से अधिक में नारायण प्रसाद जी ने निर्माण कार्य करा लिया था। अतः वहाँ मात्र तीन लोगों का ही बचा है जिसमे मेरे हिस्से से हरेंद्र प्रकाश जी को वह भाग दिया जाना है जो उन्होंने कुँए के पास हमें दे दिया था। वह वर्तमान में जो कुँए पर हमारा है उसका आधा क्षेत्रफल के बराबर था। कुँए के पास की जिस जमीन को लेकर रवि शंकर जी से विवाद हुआ था, यह मान लिया गया था कि उन्होंने उसको सड़क के उस तरफ की हमारी जमीन से बदल लिया। इस प्रकार जो लंबित मुद्दे थे उनका भी समाधान किया गया था। अन्य खेत खलिहानों की जमीन को भी इसी प्रकार चार भाग लगा कर बांटा गया था।

अब गाँव में जमीन का बहुत ही अधिक महत्त्व हो गया है क्योंकि परिवारों में वृद्धि तो हुई किन्तु भूमि उतनी ही रह गयी। भूमि एक अचल संपत्ति होती है क्योंकि उसके क्षेत्रफल को कोई चुरा कर कम नहीं कर सकता और आने वाली पीढ़ियों तक के प्रयोग में आती है। लेकिन जिस पर हमारा विधिक और नैतिक हक बनता हो वहीं तक अपने को सीमित रखना चाहिए। अतिरिक्त के प्रति लालसा ही समस्याओं का मूल होती है। लेकिन ऐसा होता नहीं। एक एक बालिश्त के लिए लोगों में संतोष नहीं होता। संतोष हो भी नहीं सकता क्योंकि एक एक बालिश्त करके ही तो लोग बड़ी समस्या उत्पन्न करते हैं जो भविष्य में गंभीर रूप ले लेती है।

उन्नीस सौ निन्नानबे में रवि शंकर जी की अंत्येष्टि के बाद मुझे घबराहट होने लगी थी और मेरी विचित्र स्थिति हो गयी थी। मेरे मन में भय समाया हुआ था। दवा लेकर ही मैं स्वरूपगंज उनकी सुध और तेरही करने गया था। और तब से मुझे दवाओं से छुटकारा नहीं मिला। कुछ मर्ज ऐसे होते हैं जो रक्त में दवा की मात्रा पर ही ठीक रहते हैं। डॉक्टर ने यह कहा कि यदि दवा बंद कर देंगे तो पुनः कुछ माह बाद समस्या अनुभव होगी। एक बार जब मैं बलरामपुर में था तब अवसाद की दवा और मस्तिष्क के लिए टॉनिक वहाँ के डॉक्टर से लिया था। तत्पश्चात जब मैं दिल्ली यूनिवर्सिटी में था तब घबराहट और उच्च रक्तचाप की दवा वहाँ के हॉस्पिटल में डॉक्टर से परामर्श करके लिया था। और इस बार इन परिस्थितियों में दवाएँ प्रारम्भ किया। जब दाह संस्कार करके मैं सुलतानपुर लौटा तो एक दिन इतनी परेशानी हुई कि मैं जब डॉक्टर के पास जाने के लिए सीमा के साथ निकला तो मैं चलने में स्वयं को असमर्थ पा रहा था। अभी रिक्शा नहीं मिला था और आखिरकार मुझे एक स्थान पर बैठना पड़ गया था। बच्चों को अकेले घर पर छोड़कर निकला था। रिक्शे से मैं डॉक्टर रामजी गुप्ता जी के आवास गया। ये ह्रदय रोग विशेषज्ञ थे और राजकीय चिकित्सालय में नियुक्त थे।

उन्होंने मेरा ब्लड प्रेशर नापा, ईसीजी लिया और तत्पश्चात कुछ दवाएँ दी थीं। एक बार रात्रि के सवा ग्यारह बजे मैं हॉस्पिटल के इमरजेंसी गया था क्योंकि परेशानी महसूस कर रहा था। लेकिन मेरी समस्या चलती ही रही। एक बार मुझे ऑफिस में इतनी घबराहट हुई कि घर आना पड़ा था। मुझे इस प्रकार निरंतर समस्या होती रही थी। रवि शंकर जी की तेरही के उपरान्त लौटने पर डॉक्टर राम जी गुप्ता जी ने मेरे हृदय की जांच के लिए इलाहाबाद जाकर टीएमटी करवाने का परामर्श दिया। तब मैंने वहाँ जाकर मेडिकल कॉलेज के डॉक्टर अग्रवाल जी से अपना टीएमटी करवाया जिसका परिणाम निगेटिव आया था। टीएमटी कराने मुझे सपरिवार इलाहाबाद जाना पड़ा था। हरेंद्र प्रकाश जी उस समय सुलतानपुर में ही थे और मैंने उनसे साथ में इलाहाबाद चलने का आग्रह भी किया था ताकि सभी को ना चलना पड़े। लेकिन उनको उस दिन गाँव पर रहना अधिक महत्वपूर्ण लगा था और वो चले गए थे।

मैं, सीमा और दोनों बच्चे साथ इलाहाबाद गए थे। यह तो प्राथमिकता देने की बात थी। हरेंद्र प्रकाश की दृष्टि में उनका गाँव जाना आवश्यक था और मेरी दृष्टि में अपने स्वास्थ्य के विषय में शीघ्र से शीघ्र जानकारी प्राप्त करना। उनके साथ न जाने की मुझे उतनी चिंता नहीं हुई थी जितना कि उनकी विश्वसनीयता पर से मेरे विश्वास का हटना था और उनसे सहयोग की भविष्य में अनिश्चितता। बिना गंभीर स्थिति के चाहे वह मानसिक ही रही हो मैं इलाहाबाद टीएमटी कराने क्यों जाता। कोई अन्य कारण तो था नहीं। किसी का विश्वासपात्र बनने के लिए कुछ तो कष्ट उठाना ही पड़ता है। भविष्य में उनपर कैसे आंख बंद कर विश्वास किया जा सकता है, यह प्रश्न अब उत्पन्न हो चुका था। इलाहाबाद से आकर मैंने अपनी टीएमटी रिपोर्ट डॉक्टर राम जी गुप्ता जी को दिखाई थी। क्योंकि रिपोर्ट में सब नार्मल था अतः इन्होने मुझे हृदय रोग न होने के कारण स्वयं को किसी फिज़िशियन को दिखाने का परामर्श दिया। उसके बाद मैंने डॉक्टर राजीव श्रीवास्तव जी से संपर्क किया था। डॉक्टर श्रीवास्तव जी जनपद के अच्छे फिज़िशियन माने जाते थे। इनकी दवाओं और उपचार से मुझे संतोषजनक लाभ हुआ था। उन्हीं की बतलायी हुई दवाएँ मैं आज तक लेता आ रहा हूँ। बीच में जब इन्हे बंद किया तो कुछ माह उपरांत लक्षण पुनः दिखने लगे थे। मुझसे दो डॉक्टर कह चुके थे कि इसे बंद नहीं किया जा सकता बल्कि मात्रा अधिक करनी पड़ सकती है। दवा लेते चोबीस वर्ष तो हो ही चुके हैं। किन्तु अपनी इस समस्या के विषय में मैंने किसी को नहीं बतलाया। ना अपने माँ-बाप को और ना ही रजनी जी को। रवि शंकर जी की मृत्यु और मुझे अकस्मात उनके दाह का कार्य, जिसके लिए मैं तैयार होकर नहीं आया था, मेरे लिए अनपेक्षित और आकस्मिक था। किन्तु समय के साथ साथ व्यक्ति प्रत्येक परिस्थिति से ऐडजस्ट कर ही लेता है। मेरा अपना मानना है कि यदि कोई व्यक्ति अस्वस्थ होता है तो उसे सर्वप्रथम किसी फिजिशियन के ही पास परामर्श के लिए जाना चाहिए और उसके परामर्श पर ही किसी विशेषज्ञ से संपर्क करना चाहिए, विशेष रूप से तब जब रोग स्पष्ट न हो। मैं इतना चिंतित रहता था कि एक बार तो फैज़ाबाद से रात में आने के बाद सीधे डॉक्टर

गुप्ता जी के पास संपर्क करने गया था। आज डॉक्टर गुप्ता जी की ख्याति सुलतानपुर में तो है ही।

उन्नीस सौ इक्यान्नबे से लेकर कई वर्षों तक मुझे अस्थमा की समस्या भी हो गयी थी। मैंने देशी और अन्य दवाएँ जो चिकित्सकों ने बतलाईं उन्हें लिया लेकिन कोई लाभ नहीं हुआ था। सीमा सरसों का तेल और नमक प्रायः ही सीने पर गरम कर मलती थीं। थोड़ा बहुत लाभ तो हो ही जाता था। एक फिजिशियन ने तो सप्ताह भर का एंटीबायोटिक कोर्स ही करा दिया था जो निरर्थक रहा। तदोपरांत मैंने डॉक्टर गुप्ता जी से अस्पताल में जहां ये अभी नए नए नियुक्त हुए थे, से संपर्क किया था। डॉक्टर गुप्ता जी को अभी लोग जानते भी नहीं थे और ये अपने कक्ष में खाली ही बैठे थे। इन्होने मुझे कुछ ही दवाओं को प्रेस्क्राइब किया था जिन्हें लेने के पश्चात मुझे बहुत आराम मिला था। उनसे बताने पर उन्होंने उन्हीं दवाओं को नियमित रूप से लेते रहने को कहा था। वास्तव में ये एलर्जी की दवाएँ थीं और उन्हें यह अनुमान हो गया था कि मुझे किसी चीज से एलर्जी है। मै उन दवाओं को हमेशा अपने साथ रखता था और परेशानी होने पर ले लेता था। मुझे यह भी पता चल गया था कि मुझे मार्केट की धूल की हवा और ठंढी हवा से एलर्जी थी। मैंने मार्केट जाना बंद कर दिया और ठंढक में अपनी नाक पर हमेशा रूमाल या मफलर लगा लेता था। तीन चार वर्ष में दवाएँ भी बंद हो गयी थीं। मेरी यह समस्या भी इतनी गंभीर हो गयी थी कि एक बार आवास में पुताई का कार्य हुआ था तो मैं रात्रि में आधी रोटी तक नहीं खा सका था। पेट फूला हुआ महसूस होता था, सीधे लेटने में समस्या होती थी। समस्या के प्रारम्भ होते ही मैंने सिगरेट भी त्याग दिया था। तभी से डॉक्टर श्री राम जी गुप्ता जी मेरे विश्वसनीय चिकित्सक बन गए थे। यद्यपि ये हृदय रोग के विशेषज्ञ थे।

20

प्रभु जगन्नाथ

मैं कभी किसी को अपना परिचय नहीं देता था। डॉक्टर शर्मा जी ने कहा भी था कि यदि आप किसी को अपना परिचय नहीं देंगे तो आपको वरीयता कैसे मिलेगी। डॉक्टर सुबोध जी से परिचय तब हुआ था जब मैं डॉक्टर रवि प्रताप जी के साथ उनसे मिला था। मैं कोई भी सुविधा अपने पद के प्रभाव से विशेष ढंग से प्राप्त करने की तुलना में पंक्ति में लगना नैतिक रूप से अधिक उचित समझता था। मेरे बच्चे भी मेरी इस प्रकृति को जानते थे और उन्होंने कभी इस बात पर आपत्ति भी नहीं किया। उन्होंने भी कभी विशिष्ठ बनने की इच्छा नहीं व्यक्त की। क्योंकि वो विशिष्ट अधिकारियों की कॉलोनी में रहते थे अतः वो उनकी विशेषताएँ, सीमाएँ और कमियों आदि से भलीभांति परिचित थे। वैसे भी वो प्रशासन में मेरी महत्ता को जानते ही थे। वो यह भी जानते थे कि आपका ज्ञान, आपके कार्य आपको विशिष्ठ बनाते हैं। आपका व्यवहार आपको लोकप्रिय बनता है। आप स्वयं को आम व्यक्ति के रूप में रखकर ही स्वतन्त्र महसूस कर सकते हैं।

मेरा कार्यालय का कार्य अच्छा और संतोषजनक रूप से चल रहा था। ऑफिस में मुझे सभी सहयोगियों का पूरा साथ मिलता था। अधिकतर कार्य मेरे द्वारा ही प्रशिक्षित इन्हीं लोगों के द्वारा संपन्न किए जाते थे। जहाँ विशेष ध्यान देने की आवश्यकता होती थी वहीं मैं स्वयं दायित्व सँभालता था। मेरी विशेषता यह थी कि मैं सुबह से शाम तक बिना ब्रेक निरंतर अपनी कुर्सी पर बैठे रहने की क्षमता रखता था। जो इस प्रकार कार्य करने का अभ्यस्थ हो उसके लिए कार्यालय में कार्य कम पड़ जाते हैं। इसका लाभ मुझे अध्ययन और अन्य सॉफ्टवेयर विकसित करने के लिए समय के उपलब्ध होने के रूप में होता था। अपनी सर्विस के दौरान मैंने कार्यालय के सामान्य नियमित कार्यों के अतिरिक्त भी जो कार्य किए उन्होंने मुझे अन्य जनपदों के अधिकारियों से अलग और विशेष बना दिया। फलस्वरूप मेरी प्रोन्नति समयानुसार बिना किसी अवरोध के होती रही।

यदि सामान्य या अन्य कोई भी निर्वाचन हो तो उस समय ऑफिस कार्यों में अत्यधिक

वृद्धि तो हो ही जाती है बल्कि उत्तरदायित्व भी बढ़ जाता है। इस समय कार्यों को समयबद्ध होना ही नहीं बल्कि उनमे किसी प्रकार की त्रुटि भी गंभीर समस्या बन सकती है। सभी विधान सभा क्षेत्रों के लिए नियुक्त प्रेक्षकों के सामने अपनी कार्य कुशलता और निष्पक्षता का परिचय देने का यह अवसर होता है। यदि निर्वाचन सफलता पूर्वक हो गया तो वह एक उपलब्धि ही होती है। वर्तमान में निर्वाचन से जुड़े हुए लगभग समस्त कार्य कम्पूटराइज़ हो गए हैं और उन सभी के सफल क्रियान्वयन का उत्तर दायित्व एनआईसी के प्रमुख का होता है। निर्वाचन और मतगणना कार्मिकों की नियुक्ति का कार्य तो सर्वाधिक महत्वपूर्ण होता है जो यदि आपने ईमानदारी और बुद्धिमत्ता से सम्पादित किया तो आपके यश और यदि नहीं तो अपयश दोनों का हेतु बन सकता है। उन्नीस सौ निन्नानबे के निर्वाचन में एक प्रेक्षक पिछले निर्वाचन के किसी मतदान कर्मी का नियुक्ति पत्र लेकर मेरे पास आए थे और वर्तमान के सम्बंधित नियुक्ति पत्र से मिलाया था कि कहीं नियुक्तियाँ रिपीट तो नहीं कर दी गयीं। या तो वो अपनी किसी शंका का निराकरण कर रहे थे अथवा वो एक सस्पेंस युक्त भय मुझमे उत्पन्न करना चाह रहे थे। जो भी कारण रहा हो किन्तु मुझे हास्यास्पद लगा था। उस समय अन्य प्रेक्षक भी एनआईसी में ही थे। किसी भी निर्वाचन में जब से कम्प्यूटर का उपयोग किया जाने लगा है यह असंभव है कि मतदान या मतगणना कार्मिकों की नियुक्ति की पुनरावृत्ति हो। यद्यपि वो एक वरिष्ठ आईएएस थे।

वर्ष दो हजार एक में कृपा शंकर जी का भी आकस्मिक निधन हो गया था। अभी उनकी आयु भी कोई अधिक नहीं हुई थी और वो बहुत ऊर्जावान भी थे। पैंसठ छाछठ वर्ष के रहे होंगे। कोई सोच भी नहीं सकता था कि उनके भीतर ऐसी गंभीर समस्या विकसित हो रही है। रात्रि में इनके सीने में दर्द प्रारम्भ हुआ था। फरवरी माह की रात्रि की ठंढक और गाँव में कोई चिकत्सक भी नहीं। कोई वाहन भी उपलब्ध नहीं था कि उससे इनको फैज़ाबाद तुरंत लाया जा सके। उस समय एक सौ आठ नंबर की एम्बुलेंस सुविधा प्रारम्भ नहीं हुई थी। घर पर उनकी पत्नी, छोटा पुत्र व पुत्री ही थे। नारायण प्रसाद जी को बुलाया गया था और इन लोगों ने उनके सीने की सिंकाई, मालिश आदि जो भी संभव था किया कि यदि किसी वजह से दर्द है तो उसमें आराम मिलेगा। दो तीन दिनों पूर्व अपने ट्यूब वेल पर उन्होंने कोई भारी वस्तु भी उठाई थी जैसा पता चला था। चंद्र प्रकाश जी फैज़ाबाद में थे। शायद रात्रि के बारह बजे के आस पास की घटना रही होगी। मोबाइल फ़ोन उस समय प्रचलन में नहीं थे। लेकिन उनका वह दर्द ठीक नहीं हुआ था और रात्रि में दो तीन बजे उनकी मृत्यु हो गयी थी। उन्हें कोई असह्य पीड़ा नहीं थी अन्यथा कुछ तो प्रयास अस्पताल ले जाने का किया ही गया होता। हालाँकि उन्होंने उस समय यह कहा भी कि लगता है उनकी भी दशा रवि शंकर जी जैसी होगी। चंद्र प्रकाश जी और अन्य सभी प्रातः गाँव पहुँच गए थे। हमारे घर फैज़ाबाद स्वरूपगंज से हरेंद्र प्रकाश जी की बहन का फोन लैंडलाइन पर आया कि हम लोगों को गाँव का कोई समाचार मिला है या नहीं। नहीं कहने पर उन्होंने बतलाया था कि कृपा शंकर जी

की तबियत अत्यंत गभीर है। हमारा परिवार उस समय फैज़ाबाद में सीमा के ममेरे भाई के विवाह हेतु आया हुआ था। मैंने शीघ्र सीमा को तैयार होने को कहा और नाका मुजफ्फरा पहुँच एक जीप बुक कर गाँव पहुँचा। मेरे साथ माता जी भी गयी थीं। अपने दरवाजे पहुँच जब मैंने बांस के टुकड़ों को पड़े देखा तो एक भय मन में उत्पन्न हो गया था। मैं समझ गया कि समाचार दुःखद ही है। उनका शव वारामदे में शिव भगवान के मंदिर के विपरीत साइड में भूमि पर लिटाया हुआ था। मैं पास में जाकर बगल में बैठ गया था। मेरे मुख से राम राम निकला और मैंने कहा आपने इतनी जल्दी क्यों साथ छोड़ दिया। मुझे याद आया कि मैंने उनसे सुलतानपुर में पूँछा था कि क्या आप दवा नियमित रूप से लेते हैं और तब उन्होंने कहा था कि जब खतम हो जाती है तो गैप अवश्य हो जाता है।

मेरे मन में यह भी आया कि यदि रात्रि में ही किसी प्रकार ये फैज़ाबाद लिवा लाए गए होते तो संभावना थी कि जीवन बच जाता। लेकिन जो विधान में लिखा है उसे कौन बदल सकता है। वो नारायण प्रसाद जी की गोद में अपना सिर रखे हुए ही अंतिम समय व्यतीत किए थे। उन्होंने अपनी छोटी पुत्री जिसका विवाह अभी नहीं हुआ था, के विषय में भी अपनी चिंता व्यक्त किया था। उनका अंतिम संस्कार उनके सबसे छोटे पुत्र ने बड़े भाइयों के मतानुसार किया था। हम लोग उसी दिन सायं अंत्येष्टि के उपरान्त लौट आए थे। कृपा शंकर जी का सुलतानपुर आना और उनका मुझसे कार्यालय आकर अवश्य मिलना, भूल पाना असंभव है। उनके साथ मेरा लम्बा, आत्मीयता से भरा और महत्वपूर्ण समय व्यतीत हुआ था। वो अभी शरीर और स्वास्थ्य से वृद्‌ध की श्रेणी में नहीं आते थे।

इनके पिता दुर्गा प्रसाद जी का भी देहांत लगभग इसी आयु में हुआ था किन्तु वो लम्बे समय से अस्वस्थ चल रहे थे। एक बार उनको मानसिक समस्या भी हुई थी और वो घर का अनाज लोगों में बांटने के लिए बोरी को स्वयं लेकर निकल पड़े थे। और उस घटना के बाद वो पूरी तरह सामान्य नहीं हो सके थे। अधिकतर शांत बैठ कर ही कार्य कलाप देखते रहते थे। ऐसा सुनने में आया था कि इस घटना के पूर्व वो रात्रि में लघुशंका के लिए गलती से शिव भगवान के मंदिर की तरफ चले गए थे और तभी से विक्षिप्त हो गए थे। अंतिम समय में तो उन्हें अपनी नित्यक्रिया की भी चेतना नहीं रहती थी और बिस्तर पर ही लैट्रिन हो जाती थी। इस समय उनकी पत्नी और कृपा शंकर जी ने उनकी सराहनीय देखभाल व सेवा की थी। उनकी नाक पर एक फुड़िया हो गयी थी जो लम्बे समय तक रही और पूरी तरह कभी ठीक नहीं हुई। यदि उन्हें फैज़ाबाद में उपचार हेतु लाया गया होता तो लाभ अवश्य होता। मेरे विचार से उनका ब्लड शुगर अधिक रहता रहा होगा जिसकी वजह से फुड़िया ठीक नहीं हुई। उस समय मधुमेह आदि के परीक्षण जनपद चिकित्सालय में ही होते थे। मेरे विचार में कृपा शंकर जी फैज़ाबाद में निवास की समस्या के कारण उन्हें यहाँ नहीं ला सके होंगे। इनकी अम्मा जी का भी दादी जी की ही भाँति ब्रेस्ट कैंसर का ऑपरेशन हुआ था। तब वो हमारे यहाँ ही रही

थीं और पिता जी द्वारा चिकित्सालय सम्बन्धी सभी कार्य किए गए थे। उनके व्यक्तिगत सहायता के लिए राम नेवाज यादव की माँ आयी थीं। जब सर्जरी हुई थी तो कृपा शंकर जी भी उपस्थित थे।

एक घटना और है जिसका यहाँ उल्लेख करना आवश्यक है। दुर्गा प्रसाद जी के देहांत का समाचार हम लोगों को फैज़ाबाद में उनकी मृत्यु के तीन चार दिन बाद पिता जी के माध्यम से मिला था। लेकिन मुझे स्वप्न में यह समाचार मृत्यु के दिन ही मिल गया था। मैंने स्वप्न में एक चिता देखी जो लगभग जल चुकी थी और लोग वहाँ से जा चुके थे। किन्तु कुछ लपटें अभी उठ रही थीं जिससे उसके तुरंत के होने का एहसास हो रहा था। मैं एक खेत में खड़ा था और मेरे यहाँ कार्य करने वाले राम मिलन यादव वहीं हल जोत रहे थे। वो ऊँचे स्वर में बोल कर बता रहे थे कि वह देखो 'लंगड़' वहीं जलाए गए हैं। दुर्गा प्रसाद जी को गठिया की वजह से पैरों की समस्या थी और वो डंडा लेकर चलते थे। इस वजह से कुछ लोग उन्हें लंगड़ के नाम से भी सम्बोधित करते थे। वास्तविक नाम तो बहुत कम लोग ही लेते थे। प्रातः मैं जब जगा तो यह बात मैंने देवेंद्र प्रकाश और नीता जी को बतलाई थी। मेरा बताने का उद्देश्य मात्र यही था कि यदि सत्य है तो प्रमाण रहे। और मेरा यह स्वप्न सत्य साबित हुआ था। मेरा मानना यह है कि शरीर में कोई ऐसा तत्व है जो अदृश्य है और वह बाह्य जगत के उसी के प्रकार के अदृश्य तत्व से संयुक्त रहता है।

कृपा शंकर जी के सुध के दिन मैं पुनः गाँव गया था और भोजन के उपरान्त कुछ देर रुक कर सुलतानपुर वापस आ गया था। जिस पुत्र ने अंतिम क्रियाएँ की थीं, का मुझसे कहना था कि दो दिन बाद तेरही भी हो जाए और सभी लोग अपने अपने कार्यों में लगें। मायामय संसार इसी प्रकार चलता रहता है।

इसी वर्ष हरेंद्र प्रकाश जी की बहन का विवाह भी निश्चित हुआ था। हम सभी लोग गाँव गए थे। इनकी गोद भराई स्वरूपगंज में एक दूर के सम्बन्धी के यहाँ से की गयी थी। विवाह अच्छा हुआ था। वर वकील था। मैं तो तिलक में भी गया था और दूसरे दिन सुबह ही सुलतानपुर लौट आया था। लड़की गृहकार्यों में काफी निपुण थी। नीता जी के विवाह में इसकी आयु अधिक नहीं थी किन्तु इसने बहुत ही जिम्मेदारी से प्रशंसनीय सहयोग किया था। हमारा पूरा परिवार इनके विवाह में गाँव गया था। यहाँ तक कि पिता जी तथा नीता जी का भी पूरा परिवार आया था। गाँव के घर का अपना हिस्सा इतने लोगों के रहने के लिए अपर्याप्त था। केवल एक कमरा ही था। शेष अन्य कमरे व वारामदा कच्चा होने की वजह से जर्जर हो चुके थे और बुरी स्थिति में थे। क्योंकि नीता के पति और सतीश कुमार जी भी पहुंचे थे अतः यह स्थिति देख मुझे बहुत झेंप लग रही थी। मैं स्वयं तो यह जानता ही था कि मेरी सर्विस और पद के अनुसार ऐसी स्थिति नहीं होनी चाहिए। मेरे लिए मन ही मन यह लज्जित करने वाली बात थी कि लोगों को बैठने के लिए मैं ही न कह सकूं। देवेंद्र प्रकाश जी ने कभी भी

गाँव के रख रखाव के विषय में नहीं सोचा था। माता जी ने भी बिलकुल ध्यान नहीं दिया था अन्यथा इस पर विचार तो किया ही होता। देवेंद्र प्रकाश जी धन की येन केन प्रकारेण वृद्धि हो, इस मानसिकता के थे। जो भी पैसे इन्हें आर्मी की सर्विस के दौरान या डिस्चार्ज होने पर मिले उसे इन्होने बैंक में जमा कर रखा था। कितना था मुझे नहीं पता। यद्यपि वो तो नहीं, लेकिन पिता जी हमेशा उनकी ओर से कहते रहते थे कि उनके पास पैसे ही नहीं हैं। अपने गाँव के घर की इस बुरी स्थिति को मेरे द्वारा गंभीरता से लिए जाने का एक कारण और भी था। फैज़ाबाद में इन लोगों के पास कहीं से एक लाख रूपए की डिमांड फ़ोन पर की जा रही थी और न देने पर नुकसान पहुँचाने की धमकी भी। ये सभी लोग भय की स्थिति में बहुत ही होशियारी से घर से बाहर निकलते थे और कुछ दिनों के लिए फैज़ाबाद छोड़ने के विषय में भी सोचने लगे थे। लेकिन फैज़ाबाद छोड़कर सुलतानपुर आने के अतिरिक्त इनके पास अन्य कोई स्थान था ही नहीं। क्योंकि गाँव में तो अपना घर निवास योग्य ही नहीं था और शहर वाली सुविधाएँ भी नहीं थीं। यह बातें पिता जी ने मुझसे खुद कही थीं। अतः मैंने यह निश्चय किया कि गाँव में अपने घर में इतना निर्माण कार्य करवा दिया जाए कि आकस्मिकता आने पर वहाँ जाकर रहा तो जा सके। बाहर तो कमरे व लैट्रिन बनी ही हुई थी। अतः जब अगली बार माता जी गाँव गयीं तो मैं भी गया और इस हेतु मैंने उनसे विचार विमर्श किया। यह वर्ष दो हजार तीन की फरवरी की बात है।

गाँव में अधिक समय तक रुक कर यह निर्माण कार्य कराना किसी के लिए भी कठिन था। किन्तु वो तैयार हो गईं। उन्हें यह जानकार प्रसन्नता भी हुई कि पैसे मैं दे रहा हूँ। हालाँकि बाद में उन्होंने मुझसे कहा था कि कोई पूँछे तो कह देना घर के ही लोग बनवा रहे हैं। मैंने भी यह सोचा था कि मेरा उद्देश्य व्यक्तिगत प्रतिष्ठा नहीं है इसलिए कोई ध्यान नहीं दिया। चंद्र प्रकाश जी की अम्मा जी को छोड़कर न ही किसी ने यह पूँछा और न ही दुबारा ऐसा अवसर आया। उनसे मैंने कह दिया था कि सभी का है। लेकिन मेरे आने जाने की वजह से सभी को यह पता था कि मैं ही पैसे व्यय कर रहा हूँ। माता जी ने परिश्रम करके पहले तो पूरा कच्चा हिस्सा गिरवाकर उसका मलबा हटवाया। तत्पश्चात लगभग साढ़े चार सौ वर्ग फीट क्षेत्रफल पर लिंटल डलवा कर दो बड़े कमरों का निर्माण करवाया। निर्माण के दौरान मैं दो तीन बार गाँव गया था। जिसमे एक बार तो मैं केवल पैसे देने के लिए ही गया था जब मुझे बहेड़ा से गाँव तक पैदल जाना पड़ा था और पैसे देकर उसी दिन लौट भी आया था। मैं हलियापुर तक देवी प्रसाद जी के सबसे बड़े नाती के साथ उनके वाहन में आया था जो शाम को लौट रहे थे। हलियापुर से सुलतानपुर मार्ग दूसरा था।

मैंने इस कार्य में पुरे पैंतीस हजार रूपए व्यय किए थे। ये मेरे वेतन के पैसे थे और मेरा बैंक का सारा पैसा लग गया था जिस बात पर मेरे माँ-बाप को विश्वास नहीं हुआ था। इस प्रकार अब गाँव पर निवास के लिए हम लोगों के पास पर्याप्त स्थान उपलब्ध था। आगे ना तो मुझे

कोई और आवश्यकता ही थी न पैसे ही अतः प्लास्टर और फर्श आदि का कार्य मैंने आगे नहीं करवाया और न माता जी या देवेंद्र प्रकाश जी ने ही। दो हजार ग्यारह के बाद तो मैंने इसे देखा ही नहीं है। लिंटल पड़ने के दौरान मैं वहीं था और लिंटर खुलने के बाद मैं सपरिवार गया था। पिता जी भी गए थे। उस समय रवि शंकर जी का मकान होने की वजह से हम सभी लोगों को बहुत सुविधा हुई थी। रजनी जी ने अपनी एलपीजी गैस सहित पूरा मकान ही उपलब्ध करा दिया था। उनका इस मेरे निर्माण कार्य में सराहनीय योगदान था और मैं उनका आभारी हूँ। क्योंकि उसी समय हरेंद्र प्रकाश जी का पूरा परिवार अपने घर में ताला लगाकर कहीं चला गया था और यदि रजनी जी का घर और हैंडपंप न होता तो काम निश्चित ही रुक गया होता। अजय प्रसाद जी ने या उनकी पत्नी ने पूँछा तक नहीं था कि ऐसी स्थिति में कार्य कैसे होगा जबकि हम लोगों की अनुपस्थिति में हमारे पूरे घर का वो किसी न किसी प्रकार उपयोग किया करती थीं। उन्हें अपने आँगन की चाभी देकर जाना चाहिए था जिससे हमें पानी और छत पर जाने में सुविधा रहे। छत के लिए जीना उन्हीं के यहाँ था। विडम्बना तो यह है कि उनका ही परिवार वर्षों से हमारे कंधारी बाजार वाले मकान में आज निवास कर रहा है। लेकिन ईश्वर पर विश्वास होने के कारण मैंने यह सब भुला दिया था। हरेंद्र प्रकाश जी तो मुझसे बहुत ही छोटे हैं। उनसे कुछ कहने का प्रश्न ही नहीं उत्पन्न होता। गलती उनके माता-पिता की थी जिन्होंने उचित निर्णय न करके हरेंद्र प्रकाश जी को अनुकरणीय मार्ग नहीं दिखाया था। हो सकता है कुछ ईर्ष्या का अंश उनके मन में रहा हो।

मैंने और सीमा ने माता जी की यह बात भी सोची थी कि वो ऐसा क्यों चाहती थीं कि कमरे मैंने बनवाया इसको और लोग न जाने। लेकिन यह सोचकर कि यह बात तो सभी जानते हैं कि कौन बनवा रहा है। यदि मैं यह सभी से बतलाता फिरूँ कि मैंने बनवाया तो वह सभ्यता न होती। और यदि कोई कहे कि मैंने नहीं बनवाया तो कोई मुझे न्यायालय तो जाना नहीं है। असली मंतव्य तो माता जी ही जानें। कमरों का निर्माण हो जाने के बाद हम लोग सुलतानपुर चले आए थे और माता-पिता जी कुछ दिन और रुके थे तथा आँगन पर ईंट वगैरह बिछवा कर लौटे थे। दरवाजा व खिड़की भी बाद में लगवाया गया था। इस प्रकार किसी भी आपातकाल के लिए अपना घर गाँव में बन गया था और मन में एक सुरक्षा की भावना आज तक है। कोविड जैसी कोई स्थिति यदि आती है तो सिर छुपाने की जगह अब बन गयी थी। हम सभी को विश्वास है कि जहाँ जन्म हुआ, पूर्वज रहे वहाँ अपना आवास है। हालाँकि दो हजार ग्यारह के बाद मैं नहीं गया यह भी एक सत्य है।

कृपा शंकर जी अपने देहांत के समय छोटी बेटी के विवाह को मन में लिए हुए ही शरीर त्याग किये थे। पर उनके शुभ कर्मों या आशीर्वाद के फलस्वरूप इसी वर्ष के अंत में उसका विवाह रायबरेली जनपद के एक अच्छे वर के साथ हो गया था। विवाह फ़ैज़ाबाद में चंद्र प्रकाश जी ने बहादुरपुर आवास से किया था और हम सभी सम्मिलित हुए थे। उनकी यह पुत्री मुझसे

निकटता बचपन से ही रखती थी। मैंने एक फोटो इनके जयमाल के समय की ली थी जो इन्हें बहुत पसंद आयी थी और उसे इन लोगों ने एनलार्ज व फ्रेम भी कराया था। एक बार हम लोग इनके देवर के रिसेप्शन में रायबरेली गए थे। इसी के आस पास रवि शंकर जी की बड़ी पुत्री का विवाह भी हुआ था जिसकी बारात लखनऊ से स्वरूपगंज आई थी। इनका विवाह रवि जी, जो नेहा के जन्म का समाचार लेकर सुलतानपुर आए थे, के छोटे भाई से हुआ था। इनके तिलक में जाने के लिए हम लोग बच्चों सहित सुलतानपुर से फैज़ाबाद यह सोचकर आये थे कि सभी लोग फैज़ाबाद होते हुए लखनऊ जायेंगे। परन्तु बिना पूर्व सूचना के और बिना अवगत कराए रजनी जी की लड़कियाँ व अन्य लोग जगदीशपुर की तरफ से ही चले गए थे। मुझे यह मेरे फ़ोन करने पर उन लोगों के जाने के पश्चात ज्ञात हुआ था। यद्यपि यह विवाह तय कराने के लिए रजनी जी के आग्रह पर मैं नेहा को लेकर लखनऊ तक वर के घर गया था। किन्तु इन्होने न जाने क्या सोचकर ऐसा किया था। फिर इसी वजह से मैंने विवाह में भी न जाने का निर्णय ले लिया था और हम लोगों में से कोई नहीं गया था। रजनी जी और उनकी पुत्रियाँ स्वयं को आत्म निर्भर दर्शाना चाहती रही होंगी। इनके अनुसार इन्हें किसी के सहारे की आवश्यकता नहीं थी जैसा कि इन लोगों ने रवि शंकर जी के देहांत के समय भी प्रदर्शित करना चाहा था। ये सभी अपने स्वर्गीय पिता जी के लिए केवल आर्यसमाजी विधि से हवन आदि करके ही उनकी आत्मा को विदा कर देना चाहती थीं। सुनने में यह भी आया था कि यदि कोई दाह संस्कार हेतु स्वयं सहमत नहीं होता तो बेटियों से ही कोई करने को तैयार था। यह गलत भी नहीं था। संसार में कोई ऐसा व्यक्ति नहीं है जिसके न होने से परिवार या संसार की गतिविधियाँ रुक जाती हों। लेकिन यदि हम किसी से सहयोग के लिए एक बार निवेदन कर ही देते हैं तो हमारा कुछ जाता नहीं है। और यदि किसी ने सहयोग स्वतः प्रदान किया है तो उसे स्वीकार करना चाहिए और अपनी कृतज्ञता प्रगट करनी चाहिए। अपना कुछ नहीं जाता।

अपने पिता जी के देहांत पर सभी कार्यों के भलीभांति संपन्न होने के बाद मैंने नरेंद्र प्रकाश जी, चंद्र प्रकाश जी आदि को सहयोग के लिए उनका आभार व्यक्त किया था। पिता जी के शव को फैज़ाबाद तक लाने के लिए मैंने नीता के नन्दोई आदि का धन्यवाद किया था कि मैं उनके सहयोग के लिए हमेशा आभारी रहूँगा। बचपन में कक्षा में मेरे अध्यापक द्वारा बताया गया एक सूत्र 'वचने का दरिद्रता' मुझे हमेशा याद रहा है। इन सभी लोगों ने जो कुछ मैंने पूर्व में रवि शंकर जी के प्रति अपना कर्तव्य समझकर किया था उसे बिलकुल नहीं सोचा और मुझसे तिलक में जाने हेतु किसी प्रकार की भी इच्छा नहीं प्रदर्शित की थी। यही मेरे मन में मुख्य रूप से था जो मैं विवाह में भी नहीं गया। यद्यपि कुछ अन्य कारण भी थे। जबकि वर के सभी बड़े भाइयों को मैं भलीभांति वर्षों से जानता था। या हो सकता है ये लोग कुछ छुपाना चाहते रहे हों क्योंकि मैं आवश्यकता पड़ने पर सत्य बोलने में परहेज नहीं करता था। इसके उपरान्त मुझमें रजनी जी से मन की मधुरता में कुछ तो कमी आ ही गयी थी। लेकिन

मैंने इस बात को अधिक जाहिर नहीं होने दिया था। रजनी जी जिस दिन कृपा शंकर जी का देहांत हुआ था, स्वरूपगंज से गाँव तक उन्हें देखने भी नहीं आई थीं। यह बताया गया कि उनको उच्च रक्तचाप है और बहुत जल्दी घबरा जाती हैं। किन्तु उसके दूसरे दिन ही पूर्वाह्न में अपनी इसी पुत्री को विवाह हेतु किसी को दिखाने लाईं थीं। वो कंधारी बाजार भी आई थीं और उनकी इच्छा थी कि घर से सीमा साथ जाएँ लेकिन घर के एक महत्वपूर्ण सदस्य के देहांत के दूसरे ही दिन इस प्रकार की यह योजना मुझे कदापि उचित नहीं जान पड़ी थी और मैंने सीमा को जाने से रोक दिया था। वैसे आज के स्वार्थपरक युग में इसे अधिकतर लोग बुरा नहीं मानेंगे। लेकिन सबकी सोच भिन्न होती है। अपना स्वार्थ पूरा करने के लिए आज का आदमी किसी भी व्यक्ति, परम्परा, सज्जनता, विवेक, औचित्य आदि को त्याग सकता है। जो लोग ऐसे नहीं हैं उन्हें लोग पुरानी सोच का या मूर्ख कह कर उनसे सम्बन्ध ही कम रखते हैं। एक समय था गाँव में जिस परिवार से हमारे परिवार की लाग-डाट चल रही थी उस परिवार से कृपा शंकर जी व उनके परिवार ने भी बहुत अच्छे सम्बन्ध बना रखे थे। लेकिन मृत्यु इन बातों से परे की एक घटना होती है। कूटनीति से चलना गाँव का तो नियम ही होता है। गाँव के लोग विशेष रूप से बहुत ही पुरानी पुरानी बातें याद रखते हैं और उनका बदला समय आने पर निकालते हैं। जैसे राजनीति में कोई स्थायी शत्रु या मित्र नहीं होता उसी तरह गाँव की राजनीति में आपसी संबंधों का निर्माण होता है। यहाँ समय आने पर कोई किसी के साथ कोई मुरव्वत नहीं करता चाहे कितना भी घनिष्ठ रहा हो। परिवार के सदस्यों में भी यह बात, विवाह के पूर्व और माँ-बाप के होते चाहे न हो अन्यथा ऐसे ही होती है। हालाँकि यह भावना नहीं होनी चाहिए। किन्तु मेरे ग्रामीण क्षेत्र में तो है ही। लोगों में धार्मिकता नहीं रह जा रही है। आत्मा और परमात्मा के अस्तित्व, कर्म और कर्मफल में विश्वास शून्य होता जा रहा है। फिर रवि शंकर जी तो कृपा शंकर जी व उनके बच्चों के बहुत ही घनिष्ठ थे। ये गाँव जाने पर उनके दरवाजे पर ही अधिक समय व्यतीत करते थे और बच्चे भी स्वरूपगंज उनके पास आते जाते रहते थे। कृपा शंकर जी का उनके अंतिम कार्यों में भी बहुत योगदान था। रजनी जी को इन बातों को ध्यान में रख कर कोई योजना बनानी या स्थगित करनी चाहिए थी। उनकी सयानी पुत्रियाँ इस पर अपनी उचित राय दे सकती थीं।

वर्ष दो हजार तीन में महेश प्रकाश जी का विवाह हुआ था। लड़की फैज़ाबाद में ही एक निकट के मोहल्ले की थी। गोद भराई के लिए हम लोग भी गए थे और वरीक्षा भी हमारी उपस्थिति में नियाँवा में ही हुई थी। विवाह से सम्बंधित सभी वार्ताएँ और व्यवस्थाएँ डॉक्टर रवि प्रताप जी ने स्वयं ही की थीं। मैं किसी भी निर्णय में शामिल नहीं था। जिस दिन विवाह होना था उस दिन अपराह्न में बहुत ही अधिक वर्षा हुई थी। जयमाल, भोजन तथा अन्य जो सजावट आदि की व्यवस्था अंगूरीबाग विद्यालय में हुई थी सब अस्त व्यस्त हो गयी थी। मैंने भोजन नहीं किया था।

घटना क्रम के अनुसार जिस समय दुल्हन अस्थायी जयमाल स्थल पर लाई ज़ा रही थी, मैं एक अच्छी फोटो लेना चाह रहा था। लेकिन रवि प्रताप जी की पत्नी जो वहीं थीं उनको मेरे इस कार्य से विलम्ब होता प्रतीत हुआ था और उनकी भाव भंगिमा मुझे कुछ असहज करने वाली और नामुनासिब दिखी थीं। मैंने सीमा को बुलाया और उनके साथ वापस नियाँवा आ गया था। डॉक्टर रवि प्रताप जी की पत्नी अपूर्वा द्वैत प्रकृति की महिला थीं। ऐसे व्यक्ति कभी न कभी अपनी दोनों प्रकृति एक ही समय में प्रदर्शित कर जाते हैं जबकि अधिकतर वो समय व स्थान के अनुरूप प्रदर्शित करते हैं। जब दोनों प्रकृति एक साथ दिख जाती हैं तो समस्या उत्पन्न हो ही जाती है। इसको जो ऐसे व्यक्तित्व वाले के बहुत ही आत्मीय हैं वो तो जानते ही हैं किन्तु सूक्ष्म रूप से प्रेक्षण करने वाला भी समझ जाता है। मुझे इनके वास्तविक प्रकृति का ज्ञान अपने अनुभवों के कारण बहुत ही पहले से था। तदोपरांत मैंने अपनी दैनिक चर्या के अनुसार कार्य किए और फिर दूसरे दिन प्रातः विवाह स्थल पर गया था जहा सभी सजावट की वस्तुएँ छिछले जलाशय में पड़ी हुई सी दिख रहीं थीं। मेरे मस्तिष्क में यह आया था कि वर्षा ऋतु को ध्यान में रख कर व्यवस्था की या कराई जानी चाहिए थीं। विपरीत स्थिति या परिस्थिति के लिए बुद्धिमान व्यक्ति को हमेशा तैयार रहना चाहिए। इस सोच को जो लोग नकारात्मक सोच कहते हैं वो कभी न कभी धोखा उठाते ही हैं।

हरेंद्र प्रकाश जी की छोटी बहन का विवाह भी गाँव में वर्षा काल में ही हुआ था। मैंने सुलतानपुर से फोन के द्वारा हरेंद्र प्रकाश जी को यह बात बतला दी थी कि तेज आंधी पानी की स्थिति के लिए तैयार रहना। और ऐसा हुआ भी था। वास्तव में आंधी पानी आ गया था। लेकिन इसकी व्यवस्था पहले से थी। थोड़े ही समय में जयमाल का स्टेज अन्यत्र बन गया था और किसी प्रकार की भी अव्यवस्था नहीं होने पाई थी। मैंने यह भी सोचा था कि यदि महेश प्रकाश जी के विवाह में निर्णय लेने में और भी अनुभवी लोग होते तो कोई न कोई तो इस विषय पर ध्यान अवश्य ही दिए होता। हमेशा वैकल्पिक मार्ग ध्यान में होना चाहिए। वर्षा चार बजे के आस पास बंद हो चुकी थी। जब नियाँवा से लोग महेश प्रकाश जी की गोद भराई करने गए थे तो मैंने इन लोगों से यह पूँछ लिया था कि विवाह निश्चित हो चुका है या नहीं। इन लोगों के हाँ कहने पर मैंने इस रिश्ते को हुआ मान लिया था। अतः जब मैं उनके घर पहुँचा तो आवाज देते हुए सीधे घर के भीतर चला गया था। इन लोगों को कुछ आपत्ति भी हुई थी लेकिन किसी ने कुछ कहा नहीं था। महेश प्रकाश जी की ससुराल जाने का मेरा वही एकमात्र अवसर रहा है।

महेश प्रकाश जी के विवाह के पश्चात हम लोगों का भगवान जगन्नाथ स्वामी के दर्शन के लिए जाना निश्चित हो चुका था। पुरी का ट्रेन आरक्षण पहले से ही करा रखा था। हम लोग एक दिन पूर्व इलाहाबाद गए थे और देवेंद्र प्रकाश जी की ससुराल में एक रात्रि व्यतीत कर दूसरे दिन जगन्नाथ पुरी के लिए अपनी यात्रा प्रारम्भ किए थे। स्टेशन तक पहुँचाने उनका

छोटा साला भी गया था। जुलाई माह में पुरी की विश्व प्रसिद्ध रथ यात्रा का भी आयोजन होता है। हम लोग ईश्वर की प्रेरणा से इसी अवसर पर गए थे। जब सायंकाल हम लोग मंदिर पहुँचे तो तीनो रथ लगभग निर्मित हो चुके थे और सजावट का कार्य चल रहा था। उन्हें खींचने के लिए मोटे मोटे रस्से भी बँधे हुए थे। हम चारो ने बहुत ही निकट से निरीक्षण किया था। पुरी में रुकने के लिए वहाँ के डीआईओ डॉक्टर बहेरा ने होटल पूर्व से ही बुक करा दिया था। भगवान स्नान करने के बाद अस्वस्थ हो जाते हैं और प्रथम दिवस दर्शन नहीं हुआ था। अगले दिन उनका नवकलेवर दर्शन होना था जब उन्हें नए वस्त्राभूषण पहना पुनः उनके स्थान पर बिठाया जाना था। प्रसन्नता हुई थी कि ऐसा दर्शन होगा। दूसरे दिन हम सभी लोग प्रातः स्नान कर सुबह ही मंदिर गए थे और आवश्यक टिकट लेकर तथा अन्य औपचारिकताओं का पालन करते हुए मंदिर में प्रवेश किए थे। सौभाग्य का अवसर था। स्वामी जगन्नाथ महाप्रभु को उनके मुख्य मंडप के भीतर आरूढ़ किया गया था। हम सभी उनके निकटतम स्थान को स्पर्श कर मस्तक से लगाए थे। जिस भगवान के विचित्र आकार की फोटो मैं बचपन से हमेशा अपने गाँव के घर में देखा करता था, जिस छड़ी को दादी जी जगन्नाथ स्वामी की है कह कर बतलाती थीं और जो सागर से अवतरित भगवान के प्रतिरूप थे, वही प्रतिमा हमने मूर्तरूप में देखी थी। इन्हें ही आस्था रखने वाले साक्षात् ब्रह्म के रूप में पूजते हैं। उन्हीं महाप्रभु ने हमें अपने दर्शन का अद्भुत अवसर अपने नवकलेवर रूप में प्रदान किया था।

वहाँ से हम लोग वापस आ गए थे और अगले दिन उनकी रथ यात्रा द्वारा उन्हें अपनी मौसी के यहाँ जाने की प्रतीक्षा करते रहे। रथयात्रा के दिन पुरी का अपना विशेष रूप ही दिखता है। जो पुरी नगर अन्य दिनों में खाली सा दिखता है वह रथ यात्रा के दिन अपार श्रद्धालुओं से, जन समुदाय से आच्छादित हो जाता है। लाखों व्यक्ति इसमें सम्मिलित होने के लिए, बता पाना मुश्किल है कि कहाँ से एकत्रित हो जाते हैं। मंदिर से रथ यात्रा का गंतव्य स्थल जिसे गुंडिचा मंदिर कहते हैं, तक विशाल श्रद्धालुओं की भीड़ उपस्थित रहती है। प्रयास करने पर भगवान के रथ तक पहुँचा जा सकता था किन्तु बच्चों के साथ यह उचित नहीं था। हम लोग भगवान को रथ पर आसीन करते समय दूर से ही देखे थे और जिस रस्से से रथ को खींचा जाना था उसे स्पर्श कर एक सुरक्षित स्थान पर खड़े हो गए थे। भीड़ में विविध प्रकार की गतिविधियाँ, भिन्न भिन्न प्रकार के समुदायों द्वारा की जाती हैं। कोई झुण्ड में नृत्य करता है, कोई ढोल मृदंग आदि बजाता है तो कोई गीत गाता नजर आता है। कोई विशेष रूप का स्वाँग करता है आदि आदि अनेकों प्रकार से भक्ति का प्रदर्शन पुरुष और महिलाऐं करते दीखते हैं। यह सब रथ यात्रा के प्रारम्भ होने तक चलता रहता है। समुद्र का किनारा होने के कारण हवा में नमी बहुत रहती है और पसीना भी बहुत निकलता है। पसीने के कारण शरीर में पानी की कमी न हो इसलिए संस्थाओं द्वारा जल स्प्रे लगातार किया जाता रहता है। चिकित्सा और आकस्मिकता के लिए एम्बुलेंस तैयार रहती हैं और बहुत से कार सेवक

उपस्थित रहते हैं। समस्त व्यवस्थाएँ स्वतः चलती रहती हैं। पुलिस की उपस्थिति मात्र रथों के आस पास ही सीमित रहती है। भगवान को रथ में स्थापित करने और आगे की अन्य क्रियाओं में पर्याप्त समय लग जाता है। जो शहर अन्य दिन सामान्य सा दिखता है वह अकस्मात रथ यात्रा के दिवस कैसे इस जन समूह से भर जाता है और लाखों लोग एकत्रित हो जाते हैं, आश्चर्यजनक प्रतीत होता है। सायंकाल तक स्थिति पुनः सामान्य हो जाती है और फिर जिन्हें दर्शन करना होता है वो भगवान की मौसी के आवास पर जाते हैं। हम लोग अगले दिन वहाँ भी गए थे और वह कक्ष, स्थान देखा था जहाँ जगन्नाथ स्वामी को दस दिवस निवास करना था। क्योंकि गत शाम बरसात अधिक हुई थी इसलिए अभी भगवान जगन्नाथ अपने रथ पर ही विराजमान थे।

एक विशेष अनुभव यह भी हुआ कि भगवान के नेत्रों की विशेषता यह है कि हमेशा वो हमको ही देखते प्रतीत होते हैं चाहे जिस ओर हम जाएँ। यदि आप ईश्वर में श्रद्धा और विश्वास रखते हैं तो उनकी प्रतिमा में आपको उनकी ही अनुभूति होगी अन्यथा उस प्रतिमा का आपके लिए कोई महत्त्व नहीं। श्रद्धा में बहुत ही शक्ति होती है। जब कोई कहता है कि भगवान जगन्नाथ साक्षात् ब्रह्म हैं तो यह बहुत ही गंभीरता से चिंतन करने के उपरान्त ही समझा जा सकता है। यह वाक्य मात्र शब्दविन्यास नहीं है। ईश्वर, ब्रह्म, आत्मा, परमात्मा, निर्गुण, सगुण आदि ऐसी संज्ञाएँ हैं जिनका भाव मात्र समझा जा सकता है। इनको शब्दों में समझाया नहीं जा सकता। ये एक भिन्न स्तर पर पहुँच कर स्वयं के द्वारा ही जाने जा सकते हैं। अन्य कोई सहायता मात्र ही कर सकता है। और विशेष बात तो यह है कि दोनों स्तर निरपेक्ष हैं या तो आप उस स्तर पर रह सकते हैं और या इस। व्यक्ति एक साथ दोनों स्तर पर नहीं रह सकता। यह सत्य है कि भगवान किसी के लिए ब्रह्म हैं और किसी के लिए मात्र प्रतिमा। क्योंकि एक दो वर्ष बाद कभी बातचीत हो रही थी तो मेरे पिता जी ने कहा था कि तुम लोग वहाँ पिकनिक मनाने गए थे। सुनकर कष्ट हुआ था। वो स्वयं, जो एक समय काफी पूजा अर्चना और स्वाध्याय करते थे उनके द्वारा ही यह कहा जाना एक अनपेक्षित वाक्य था। संत महात्माओं का कहना है कि किसी भी भावना से ईश्वर नाम का उच्चारण मोक्षदायी होता है। इसी प्रकार एक गृहस्थ के लिए पिकनिक रूप में भी तीर्थ स्थल पर जाना कल्याणकारी ही होता है। फिर हमारा तो उद्देश्य धार्मिक ही था। इन सब कर्मों का अनुमोदन करना चाहिए। हम लोग वहाँ दो तीन दिन रुक कर वापस इलाहाबाद आ गए थे। पुरी यात्रा के समय ही हम लोग कोणार्क सूर्य मंदिर, भुवनेश्वर में लिंगराज मंदिर और मार्ग में एक हस्तशिल्प ग्राम भी गए। कोणार्क मंदिर की नक्काशियाँ और पत्थर पर उकेरी गयी आकृतियाँ अद्भुत कलाकृतियाँ हैं। महर्षि विश्वामित्र और मेनका की एक प्रतिमा जो उस समय हम दोनों लोगों को गाइड ने दिखलाई थी वह अब वहाँ नहीं है। उसे कलात्मकता की दृष्टि से भी देखा जा सकता था और अश्लीलता की भी। उस दृश्य को गाइड ने नेहा और शिवेंद्र को अन्यत्र भेज कर दिखलाया था। मैं नहीं समझता कि कोई भी गाइड मंदिर के मध्य

भाग में ऊपर की ओर जहाँ सामान्यतया दृष्टि न जा सके, उस गढ़े गए दृश्य को बेझिझक दिखलाने में अपने को सक्षम पाता रहा होगा। मेरे विचार से ठीक ही है।

इसके एक दो वर्ष पूर्व हम लोग बद्रिकाश्रम गए थे और भगवान बद्रीनाथ के दर्शन किए थे तब भी वह भावना हमें माता-पिता जी के भीतर नहीं दिखी थी जो घर के किसी भी व्यक्ति के वहाँ के दर्शन कर आने पर लोंगों को होती है। उस तीर्थ स्थल पर जाने वाले की लोग चरण धूलि अपने मस्तक पर लगाते हैं और उसका बहुत ही सम्मान करते हैं। वहाँ तक जाने की प्रेरणा और वहाँ के दर्शन का सौभाग्य कुछ ही लोगों को प्राप्त होता है। यदि इस यात्रा को पिकनिक भी मान लिया जाए तो उस समय बद्रीनाथ जी के मंदिर तक पहुँच पाना मृत्यु को साथ लेकर जाना होता है। यदि ईश्वर की दृष्टि आप से क्षण मात्र के लिए भी हट गयी तो मृत्यु आपको ग्रसित करने के लिए तैयार होती है। किन्तु हम लोग तो धार्मिक भावना से गए थे। वहाँ पहुँच हम लोगों ने वहाँ स्थित गर्म जल के कुंड में स्नान किया था और तत्पश्चात पिंडदान आदि करके भगवान बद्रीनारायण के दर्शन किए थे। वह समय उनके भोग का था और वहाँ के शंकराचार्य जी को भी देखने का अवसर मिला था। इसके उपरान्त मैंने वहाँ से दूरभाष पर पिता जी को अवगत कराया था कि हम लोगों ने सकुशल दर्शन कर लिए हैं। लेकिन उनमे मुझे विशेष हर्ष या उत्साह प्रतीत नहीं हुआ था। लेकिन मेरा वहाँ पवित्र कुंड में स्नान करना और अपने पूर्वजों का स्मरण करते हुए पूजा अर्चना करना उन सभी को तो शांति अवश्य ही प्रदान किए होगा। सीमा की माँ ने मेरे पैरों का स्पर्श इसी धारणा से किया था।

जब व्यक्ति साधना के द्वारा जीवन होते हुए माया से मुक्त हो जाता है तो ही उसके लिए तीर्थाटन आदि की आवश्यकता नहीं रह जाती। किन्तु माया से मुक्ति ईश्वर की कृपा बिना असम्भव है। तीर्थाटन भी साधना का एक छोटा सा अंग है। और साधना का कोई निश्चित समय निर्धारित नहीं है। ब्रह्म तो हमेशा ही अज्ञेय है। मैं बद्रिकाश्रम मात्र दर्शन के उद्देश्य से ही नहीं गया था अपितु इसलिए भी गया था कि बचपन से मैं यहाँ के विषय में सुनता आया था। लोगों का नाम भी ऐसा ही सुनता था। यह जिज्ञासा मेरी बचपन से थी कि ये कौन और कैसा स्थान है और उसे जब भी संभव हो प्रत्यक्ष देखूँ। यहाँ पहुँच कर मैंने यह महसूस किया था कि बिना किसी पराशक्ति के सहयोग के आप वहाँ तक नहीं पहुँच सकते। जब आप अपने पूर्वजन्मों के कर्मों के फलस्वरूप ही बिना श्रद्धा आस्था के जा रहे हों तब भी वह आपकी अपनी सोच है कि मैं घूमने के उद्देश्य से गया था। मैं पूर्णतः धार्मिक भावना से स्वयं को पवित्र करने के प्रयास के ध्येय से गया था बल्कि अपने बच्चों के भीतर भी सात्विकता का बीज रोपित करने गया था। वह बीज कभी न कभी तो अंकुरित होना ही है चाहे वर्तमान जन्म में चाहे अन्य किसी जन्म में क्योंकि ईश्वर के लिए काल की गणना का माप हम नहीं जान सकते। वैसे भी किसी अच्छे कार्य को करने से कोई क्षति तो नहीं ही होती।

इस प्रकार मैंने यह देखा कि मेरे माता-पिता जी को ये तीर्थ यात्राएँ महत्वहीन जान पड़ती थीं। लेकिन गृहस्थ आश्रम में रहने वाले को सात्विकता में वृद्धि करने के लिए तो यह निश्चित ही एक साधन है और इसकी प्रशंसा की जानी चाहिए थी। हो सकता है इसी कारण वो मुझे विंध्याचल देवी दर्शन कराने भी न ले गए रहे हों। किन्तु पिता जी हमेशा ही चित्रकूट जाने की इच्छा अवश्य ही व्यक्त करते थे। वह चित्रकूट जाना चाहते थे परन्तु संभवतः वहाँ की प्राकृतिक रमणीयता के कारण ऐसा रहा हो। या हो सकता है उनके अंतर्मन में उनके पूर्व के पुण्य प्रभाव से ऐसा रहा हो। एक समय ऐसा था जब वह श्री रामचरितमानस का पाठ नित्यप्रति किया करते थे जिसकी वजह से धार्मिक अंश भी रहा हो। हालाँकि उनका वास्तविक दृष्टिकोण क्या था यह मैं उनसे नहीं पूँछ सका था क्योंकि तब मेरी रुचि इन विषयों में नहीं थी। कृपा नारायण जी अपने अवकाश प्राप्त करने के बाद लगभग एक वर्ष चित्रकूट जाकर निवास किए थे। अपनी सर्विस में वो सपरिवार कर्वी में जिसका नाम परिवर्तित कर चित्रकूट कर दिया गया, वहीं नियुक्त भी रह चुके थे। चित्रकूट पर्वत उनके निवास से आठ दस किलो मीटर तो रहा ही होगा। प्रत्येक रविवार को वो वहाँ जाते थे और पर्वत की परिक्रमा भी करते थे। अतः उस स्थान से वो पहले से ही अत्यधिक प्रभावित थे। अपना पूरा परिवार फैज़ाबाद में छोड़कर अकेले ही वो चित्रकूट चले गए थे। घर से कभी कोई यह देखने नहीं गया कि वो वहाँ किस प्रकार अपना जीवन व्यतीत कर रहे हैं। क्योंकि सभी को यह ज्ञात था कि वो वहाँ सुरक्षित होंगे, सब उनका जाना समझा है। बीच में एक दो बार घर आए थे और पुनः सबको देख सुन कर चले गए थे। लेकिन उनको वहाँ के प्रभाव से ही यह ज्ञान हुआ होगा कि निस्पृह ढंग से तो वो चाहें तो घर पर भी रह सकते हैं, वो लौट आए थे। या हो सकता है कि स्वास्थ्य सम्बन्धी कोई समस्या हुई हो। इनके कुल चार पुत्रियाँ और दो पुत्र थे जिनमें अभी कुल दो का ही विवाह हुआ था। जिम्मेदारियाँ अधिक थीं किन्तु उन्हें डॉक्टर रवि प्रताप जी पर अपनी निर्भरता का और उनके सहयोग का भरोसा था। बच्चों की संख्या को लेकर वो कहते थे कि इनके जन्म लेने पर ससुराल के लोग बहुत प्रसन्न होते थे। पूर्व में भी, और चित्रकूट से लौटने के उपरान्त और भी, वे पारिवारिक कार्यों में लिप्त नहीं होते थे। यद्यपि यह दायित्वों के होते उचित नहीं था। जब एक बार वो चित्रकूट से आये थे तो दो ताबीजें बनवाकर लाए थे। एक उन्होंने सीमा को और दूसरी रवि प्रताप जी की पत्नी को दिया था। सीमा ने उसे श्रद्धापूर्वक कहीं सुरक्षित रख दिया था। शिवेंद्र का जन्म तब नहीं हुआ था।

पिता जी के बार बार चित्रकूट की चर्चा करने और स्वयं भी श्री रामचरितमानस का पाठ करने के कारण मेरे मन में भी चित्रकूट जाने की अभिलाषा ने जन्म लिया। सीमा मेरी इच्छा को पूर्ण करने में हमेशा सहमत रहती थी और सहायता करती थीं। वो भी कर्वी में रहे होने के कारण जब मैंने चलने को कहा था तो तुरंत तैयार हो गयी थीं। हम दोनों लोग तथा बच्चे

सुलतानपुर से इलाहाबाद होते हुए बस से चित्रकूट गए थे। इलाहाबाद में बस बदलनी पड़ी थी। यह लम्बी यात्रा थी। नेहा को बस या कोई वाहन जिसमे झटके लगते हों उनसे चलने में बहुत असुविधा होती थी। उसका जी मचलाने लग जाता था और वोमिटिंग भी होती थी। इस यात्रा में भी ऐसी ही समस्या इलाहाबाद के आगे आयी थी। उसे जल्दी जल्दी वोमिटिंग हो रही थी और वह बहुत ही परेशान हुई थी। हम लोगों ने संतरे खरीद कर रख लिए थे और उन्हें ही उसे डिहाइड्रेशन से बचने के लिए देते रहे थे। इलाहाबाद से चित्रकूट की दूरी पहले की तुलना में अधिक थी। वहाँ पहुँच कर हमने होटल लिया था। रात्रि के आठ तो बज ही गए रहे होंगे। उस समय कर्वी में अधिक होटल भी नहीं थे। यह करीब दस घंटे की यात्रा थी जो उस आयु में ही संभव थी। दूसरे दिन प्रातः नहा धोकर हम लोग चित्रकूट गए थे और मंदिर का दर्शन कर पर्वत की पूरी परिक्रमा की थी। शिवेंद्र छोटे थे लेकिन इन्होने भी पैदल ही पूरी परिक्रमा उत्सुकता के साथ सब कुछ निरीक्षण करते हुए की थी। वानरों के बच्चों की क्रीड़ा देखने के लिए ये कहीं कहीं रुक भी जाते थे और इन्हे बुलाना पड़ता था। मन्दाकिनी नदी में हाथ मुंह धुला था। तदोपरांत हम लोग वापस होटल लौट आये थे। चित्रकूट उस समय एक शांत स्थान था और वहाँ पहुँच कर मन को इसलिए भी विशेष अनुभूति होती थी कि भगवान राम, सीता जी और लक्ष्मण सहित जिस स्थान पर लम्बे समय तक निवास किए, उस स्थान पर हमारे चरणों ने स्पर्श किया है। यदि ईश्वर में श्रद्धा है तो यह स्थान राम के तपस्वी और सत्यनिष्ठ होने का साक्षात प्रमाण है कि अपने सिद्धांतों और सत्य के मार्ग पर चलने के लिए कितना कष्ट सहना पड़ता है। चित्रकूट की महिमा श्री रामचरितमानस के प्रेमियों को ही अनुभव हो सकती है।

दूसरे दिन हम लोग कर्वी से बाँदा आ गऐ थे जहाँ सत्य प्रकाश जी वर्तमान में सर्विस कर रहे थे। उनके यहाँ एक रात्रि हम व्यतीत किए थे। मात्र उनकी पत्नी और पुत्री ही वहाँ थीं। दोनों पुत्र इलाहाबाद में स्नातक की शिक्षा ले रहे थे। और वहीं रहते थे। रात्रि में सत्य प्रकाश जी ने उनसे फोन पर बात कर कुशलता की जानकारी ली थी। उचित खान पान के निर्देश भी दिए थे जो कि मुझे अपने बच्चों को कभी भी नहीं कहना पड़ा था। सत्य प्रकाश जी के बच्चे हॉस्टल में संभवतः नहीं रह रहे थे। मनुष्य जब भी माया के जाल में फँसता है तो वह सर्व प्रथम माँ-बाप के द्वारा निर्मित और उसके उपरान्त पत्नी व बच्चों के द्वारा बुने जाल में ही फँसता है। और फिर धन संपत्ति का क्रम आता है जिसका कारण ये सभी ही होते हैं। चित्रकूट पर्वत की परिक्रमा से एक तो पिता जी के जाने की इच्छा दूसरी सीमा के पिता जी का वहाँ से ताबीज बनवा कर लाना दोनों बातों का निराकरण हो गया था। शिवेंद्र का जन्म ताबीज वाली घटना के बाद हुआ था। मैंने कभी यह जानने की नहीं सोची कि वह ताबीज किस स्थान से किसके द्वारा बना कर दी गयी थी। बांदा से हम लोग ट्रेन से इलाहाबाद और सुलतानपुर वापस आ गए थे।

21

दुर्घटना

जब हम लोग जगन्नाथ पुरी से वापस लौटने के लिए स्टेशन पर आए तो इन लोगों को निर्धारित स्थान पर डिब्बे में बिठाकर मैंने सोचा कि फैज़ाबाद अवगत करा दूँ कि मैं वापस लौट रहा हूँ। एक तथ्य यह कि सूचनाएँ मैं ही देने का इच्छुक रहता था। माता-पिता जी ये नहीं कहते थे कि समय समय पर अपने लोगों की कुशलता देते रहना। स्टेशन पर पीसीओ होता अवश्य था किन्तु अधिक संख्या में नहीं। मैं प्लेटफार्म पर पीसीओ तलाश रहा था। पीसीओ डिब्बे से थोड़ा दूरी पर था। मैं वहाँ तक गया किन्तु फिर यह सोचकर कि अपने कम्पार्टमेंट से काफी दूर आ गया हूँ और यदि फ़ोन करने में व्यस्त हो गया तो ऐसा न हो कि ट्रेन कहीं चल दे इसलिए वापस लौट गया। इलाहाबाद पहुँचने पर पुनः देवेंद्र प्रकाश जी की ससुराल पर रुका क्योंकि कार वहीं खड़ी किया था। वहाँ पहुँचने के लगभग एक घंटे बाद देवेंद्र प्रकाश जी की पत्नी का फोन आया था और फैज़ाबाद के समाचार प्राप्त हुए। तभी यह भी पता चला कि स्नानालय में फिसल जाने से पिता जी के कूल्हे की हड्डी टूट गयी थी। यह भी ज्ञात हुआ कि यह दुर्घटना दो तीन दिन पूर्व हुई थी। संयोग की बात थी कि ऐसी दुःखद सूचनाएँ निशा जी द्वारा ही दी जाती थीं। डॉक्टर ने अपना प्राथमिक उपचार करने के उपरान्त उन्हें घर भेज दिया था और कहा था कि कुछ दिनों बाद ऑपरेशन कर हड्डी को रिप्लेस किया जाएगा। उनके पैर से एक भार लटका दिया गया था ताकि वह सीधी स्थिति में बना रहे। दूसरे दिन मैं सुलतानपुर आ गया था। फैज़ाबाद में देवेंद्र प्रकाश जी थे अतः अभी मेरे जाने की कोई शीघ्रता नहीं थी। अब पिता जी की सर्जरी और बोन रिप्लेसमेंट के लिए आवश्यक कार्य किए जाने थे जैसे कहाँ कराना है, डॉक्टर से मिलना, क्या क्या टेस्ट पहले किए जाने हैं आदि। देवेंद्र प्रकाश जी ने इस दौरान मेरी प्रतीक्षा करना ही उचित समझा था क्योंकि बिना मेरे ये निर्णय नहीं ले पा रहे थे। अगले दो दिन बाद मैं अकेले ही फैज़ाबाद गया था और नरेंद्र प्रकाश जी के साथ हड्डी के डॉक्टर अबूसलाम जी, जो सिविल लाइंस में अपना हॉस्पिटल स्थापित किए थे, उनसे मिला और उनसे ऑपरेशन के विषय में विचार विमर्श किया था। उन्होंने सर्जरी की तिथि भी निश्चित कर दी थी। साथ ही इस कार्य से सम्बंधित अन्य प्रिकॉशंस, चेकअप्स और

रिपोर्ट्स लाने के लिए बतलाया था। क्योंकि पिता जी के दर्द आदि के लिए दवाएँ चल रही थीं अतः उन्हें कोई शारीरिक पीड़ा या कष्ट नहीं था। मात्र यही कि उनको निरंतर बेड पर लेटे रहना पड़ता था। कुछ तो वह सहनशील थे और कुछ घर के लोगों द्वारा उनकी देखभाल, उन्हें अन्य कोई समस्या नहीं होने पाई थी। मैंने जो डॉक्टर ने कहा था या परामर्श दिए थे उनके अनुसार इन लोगों को तैयारी करने को समझा दिया था। ऑपरेशन के पूर्व उनकी नवीनतम ईसीजी रिपोर्ट साथ लेकर जाने के विषय में डॉक्टर ने कहा था। मैं सुलतानपुर इसके बाद लौट गया था और देवेंद्र प्रकाश जी से उचित समय पर ईसीजी करवाने के लिए कह आया था। लेकिन यह कार्य देवेंद्र प्रकाश जी नहीं करवा पाए थे और मुझे एक दिन पुनः फैज़ाबाद जाना पड़ा था। डॉक्टर एसबी सिंह जी अपने ही गाँव की एरिया के थे जो हृदय रोग विशेषज्ञ थे। मैं अकेले उनके आवास पर दोपहर में गया था। वहीं वो मरीजों को भी देखते थे। अतः मैंने पर्याप्त समय प्रतीक्षा की। फिर उनसे मिल कर मैंने आग्रह किया कि वो मेरे निवास पर चलकर पिता जी की ईसीजी कर दें ताकि उनका ऑपरेशन कराया जा सके। उन्होंने पुनः कुछ देर प्रतीक्षा करने को कहा था। मैं बैठ कर श्री रामचरितमानस की एक चौपाई, 'उर आनहु रघुपति प्रभुताई', मन ही मन दुहराता रहा था, कुछ देर बाद जब उनको थोड़ा अवकाश मिला तो मेरे साथ अपनी स्कूटर से कंधारी बाजार आए और उन्होंने पिता जी का ईसीजी लेकर उसकी रिपोर्ट प्रदान कर दिया था। यह कार्य अत्यंत महत्वपूर्ण था और मैंने सुलतानपुर से आकर ईश्वर की कृपा से स्वयं करवाया। देवेंद्र प्रकाश जी कहाँ थे, क्यों नहीं साथ गए थे आदि के विषय में मुझे कुछ भी स्मरण नहीं है। संभव है वो अपने तत्कालीन कार्यालय गए रहे हों। मैं उसी दिन सुलतानपुर लौट आया था क्योंकि अब ऑपरेशन ही होना था और मेरा परिवार भी यहीं था। मैं अपने बच्चों की शिक्षा में कम से कम व्यवधान डालना चाहता था। विद्यालय से भी यही निर्देश थे कि अनुपस्थिति होने पर अभिभावक लिखित रूप से अवगत कराएँगे। यह तो विद्यालय का नियम था परन्तु मेरे बच्चे भी अपनी कक्षाओं को छोड़ना नहीं चाहते थे। इस कारण जहाँ तक संभव हो आवश्यक कार्यों के लिए मैं अकेले ही फैज़ाबाद जाता था। एक दो दिन बाद हम सपरिवार फैज़ाबाद आऐ थे और पिता जी को डॉक्टर अबूसलाम के अस्पताल में एडमिट कराया गया था। उनका ऑपरेशन सफलतापूर्वक हो गया था और एक रात मैं वहाँ रुका भी था। किन्तु अगले दिन एक अन्य समस्या उत्पन्न हो गयी थी। उनका कैथेटर ठीक ढंग से नहीं लग पाया था जिसके कारण उनकी यूरीन पूरी तरह पास नहीं हो रही थी और उनके पेट में दर्द बढ़ता जा रहा था। डॉक्टर अबूसलाम जी उस दिन नहीं आए थे और उनका वार्ड बॉय ही उनसे संपर्क कर निर्देशित कार्य कर रहा था। वह यह नहीं समझ पा रहा था कि समस्या का कारण कैथेटर का ठीक ढंग से ना लगा होना है। वह पिता जी को सोने की दवा देकर दर्द का निराकरण करना चाह रहा था। रात्रि में डॉक्टर अबूसलाम जी के परामर्श से हमने एक अन्य चिकित्सक को भी बुलाया किन्तु वो भी कोई उपचार नहीं कर सके। पिता जी अपने पेट को कहते थे कि बहुत टाइट है। तब डॉक्टर अबूसलाम जी से पुनः बात करने पर पिता जी को उन्होंने दूसरे अस्पताल जो कसाब बाड़े मोहल्ले में डॉक्टर अफ़रोज़ जी का

था वहाँ ले जाने को कहा था। यहाँ पर कोई एम्बुलेंस उपलब्ध नहीं थी। अतः व्यक्तिगत रूप से एक मारुति वैन की व्यवस्था नीता जी के देवर द्वारा की गयी और उससे उन्हें डॉक्टर अफ़रोज़ जी के यहाँ पहुँचाया गया। नीता जी के पति भी उपस्थित थे। डॉक्टर अफ़रोज़ जी के यहाँ त्वरित कार्यवाही की गयी थी। वहाँ कैथेटर को सही ढंग से लगाने का प्रयास किया गया था किन्तु संभव नहीं हो पाया था। डॉक्टर ने कहा था कि अगले दिन पुनः लगाने का प्रयास करेंगे और यदि संभव नहीं हो सका तो लखनऊ ले जाना पड़ेगा। एमर्जेन्सी के कारण अस्थायी रूप से उन्होंने पेट पर एक ओपनिंग कर यूरिनरी ब्लैडर को खाली करने के लिए एक ट्यूब लगा दी थी। यह रात नौ बजे की बात रही होगी। हम सभी लोग वहीं थे। इससे पिता जी को बहुत रिलीफ मिली क्योंकि मूल कारण यूरीन का ना निकल पाना था।

मैं रात्रि में कंधारी बाजार आ गया था जहाँ नेहा आदि थे। माता जी और सीमा वहीं रुकी थीं। मैं फैज़ाबाद में पचीसों वर्ष से नहीं रह रहा था इसलिए स्थानीय व्यवस्था से जुड़ा कोई भी कार्य मुझे थोड़ा परेशानी वाला प्रतीत होता था। यदि सुलतानपुर में होता तो कोई असुविधा न होती। अब मेरे मस्तिष्क में कल के विषय में बातें चल रही थीं। यदि डॉक्टर कल भी कैथेटर न लगा सके तो निश्चित लखनऊ जाना होगा। मैंने अपने कार्यालय सुलतानपुर अवगत करा दिया था कि ऐसी समस्या आ सकती है कि मुझे पिता जी को लेकर लखनऊ जाना पड़े और मैं कार्यालय कुछ दिन और न आ सकूँ। सुबह उठने के बाद जब सारे कार्य हो गए तो जो भी अस्पताल से आया उसने मुझे बतलाया कि कैथेटर सही प्रकार से लग गया है और जो ट्यूब ऊपर से लगाई गयी थी उसे डॉक्टर ने निकाल दिया है। तब जाकर मुझे तसल्ली मिली थी कि एक बड़ी समस्या से भगवान ने बचा लिया। नरेंद्र प्रकाश और चंद्र प्रकाश जी समय निकाल कर आ जाया करते थे। इलाहाबाद से देवेंद्र प्रकाश जी के कुछ सम्बन्धी भी कुछ देर के लिए तभी आए थे जब पिता जी डॉक्टर अबूसलाम जी के यहाँ थे। उनमे रविकान्त जी भी थे। हरेंद्र प्रकाश जी भी गाँव से एक दिन के लिए तभी आए थे और कोई आवश्यक कार्य बता कर उसी दिन चले गए थे। अधिक लोगों की वहाँ आवश्यकता भी नहीं थी। हम भी नेहा और शिवेंद्र को लेकर सुलतानपुर लौट गए थे। सीमा अभी सहयोग के लिए फैज़ाबाद में थीं। कुछ दिन बाद हम पुनः बच्चों के साथ आए थे जब पिता जी डॉक्टर अफ़रोज़ के यहाँ ही थे। बस से रेलवे क्रासिंग पर उतर कर जीआईसी के मध्य से होते हुए यद्यपि रात हो गयी थी, अपना विद्यालय दिखाते हुए सीधे अस्पताल पहुँचे थे। पिता जी अब काफी स्वास्थ्य लाभ कर चुके थे लेकिन कैथेटर अभी लगा था और उन्हें चलना फिरना मना था। कुछ दिनों बाद उन्हें चिकित्सालय से अवमुक्त कर दिया गया था और धीरे धीरे वो सामान्य हो गए और चलने फिरने लगे थे। कूल्हे की हड्डी को रिप्लेस करने का जो ऑप्रेशन हुआ था वह भी अब ठीक हो गया था। किन्तु केथेटर बहुत दिनों तक लगा रहा था और उसे बदलवाने के लिए सप्ताह भर या कुछ इसी प्रकार के अंतराल पर जिला चिकित्सालय जाना पड़ता था। जब पिता जी अस्पताल में थे तो देवेंद्र प्रकाश जी अधिकतर बाहरी कार्यों में अपना पूरा सहयोग देते थे।

यद्यपि नीता जी का घर कुछ ही कदमों की दूरी पर था किन्तु उनसे कोई विशेष सहयोग नहीं मिला था। एक दिन महेश प्रकाश जी की दुल्हन तथा अम्मा जी कुछ देर के लिए डॉक्टर अफ़रोज़ के अस्पताल देखने आये थे। एक बार डॉक्टर रवि प्रताप जी भी समाचार लेने हेतु अस्पताल आए थे।

स्थिति जब सामान्य हो गयी तो हम सभी लोग सुलतानपुर आ गए थे। पिता जी से सम्बंधित इस आयु में उनकी यह दूसरी बड़ी समस्या थी। होता यह है कि डॉक्टर विशेषतः व्यक्तिगत अस्पतालों में, अप्रशिक्षित लोगों को नौकरी दे देते हैं और ऐसे कार्य करवाते हैं जो उन्हें भलीभांति करना नहीं आता और वो समस्याओं को और बढ़ा देते हैं। यदि वार्ड बॉय ने केथेटर लगा कर उसे भलीभांति चेक किया होता तो ब्लैडर इतना न भरता और उन्हें जो दर्द हो रहा था वह न होता। वो हमसे बार बार कह रहे थे कि पेट बहुत फूला हुआ है। लेकिन मैं मात्र डॉक्टर के परामर्श पर ही कुछ कर सकता था। इसके अतिरिक्त अपनी स्वेच्छा से कुछ भी करना एक अन्य प्रकार की समस्या को जन्म दे सकता था। डॉक्टर अबूसलाम जी को हड्डी के ज्ञान के अतिरिक्त वह ज्ञान नहीं था जिसके द्वारा उपचार डॉक्टर अफ़रोज़ के यहाँ किया गया। और ऐसा होना स्वाभाविक भी था।

नीता जी का निवास डॉक्टर अफ़रोज़ जी के चिकित्सालय से बेहद करीब था। लेकिन उनसे वह सहयोग नहीं मिल सका जो उनका घर वहाँ होने की वजह से मिल सकता था या मिलना चाहिए था। यद्यपि मुझे तो अपेक्षा भी नहीं थी। पिता जी आदि को चाहे उम्मीद रही हो। अस्थि रोगों के इस चिकित्सालय जो डॉक्टर अबूसलाम का था, वहाँ से पिता जी को डॉक्टर अफ़रोज़ के यहाँ शिफ्ट करने के लिए जो उनके देवर का मारुति वैन उपलब्ध कराने का कार्य था उसका आभार अवश्य ही माना जाना चाहिए। क्योंकि देवेंद्र प्रकाश जी या इनके कोई मित्र वहाँ नहीं थे जो इतने व्यवहार कुशल होते कि इस प्रकार की व्यवस्था तुरंत कर पाते। मैं हटने की स्थिति में नहीं था नहीं तो टैक्सी तो निश्चित ही शीघ्र मिल गयी होती। फिर ये लोग पैसों को भी तो बचाने का प्रयास करते थे।

इस कारण से भी जब मैंने अपनी वैगनआर क्रय किया तो यह भी ध्यान रखा कि यदि किसी को लिटाकर ले जाना हो तो वह संभव हो सके। इसके पीछे की सीटों को फोल्ड कर देने पर इस प्रकार पर्याप्त स्थान बनाया जा सकता था। कार मैंने अक्टूबर के अंतिम सप्ताह में क्रय किया था। नेहा और शिवेंद्र की अधिक इच्छा थी। अब स्कूटर से चारो लोग एक साथ नहीं निकल पाते थे क्योंकि ये लोग बड़े हो गए थे। माता जी की इच्छा नहीं थी क्योंकि उनके अनुसार उनके पास बहुत से काम थे जहाँ पैसे लगाए जा सकते थे। वो सोचती थीं की यदि हमने कार क्रय कर लिया तो उनका या गाँव का जो व्यय मैं वहन करता था, थोड़ा बहुत ही सही वह मैं नहीं कर सकूंगा। लेकिन जब मैंने बच्चों को पिता जी की सहमति लेने को कहा तो उन्होंने सहमति प्रदान कर दी थी। और तब ही मैं और नरेंद्र प्रकाश जी मारुति के शो

रूम शहादतगंज गए थे। किन्तु उस दिन वहाँ अवकाश था। वहाँ के सेल्स अफसर से मिलना चाहा लेकिन उनसे भी मुलाकात नहीं हो पायी। मैं मात्र परामर्श करने और मॉडल्स के मूल्य आदि जानने के उद्देश्य से गया था। क्या ईएमआई लाभप्रद होगा या कैश आदि से भुगतान करना ठीक होगा। दूसरे दिन जाने पर उन्होंने अपने शो रूम की कई गाड़ियाँ भी दिखाईं और वैगनआर का टेस्ट ड्राइव कर उसके वातानुकूलन का प्रभावी होना भी दिखलाया था। मैं सस्ती और निम्न मॉडल की कार लेना चाहता था लेकिन सभी की सहमति वैगनआर पर ही बनी थी। सीमा भी गयी थीं। मैंने डाउन पेमेंट के बाद जो शेष पैसे बचते थे उसे फाइनेंस करने की बात की और इसलिए सुलतानपुर आ गया था। अगले दिन ही बैंक से ड्राफ्ट बनवा कर मैं फैज़ाबाद लौट आया था।

जिस दिन कार खरीदनी थी उस दिन मैं, सीमा, देवेंद्र प्रकाश, नरेंद्र प्रकाश, चंद्र प्रकाश जी आदि सभी साथ गए थे और अत्यधिक उत्साहित थे। वैगनआर खरीदने के बाद हम लोग पहले कंधारी बाजार आए और वहाँ थोड़ी बहुत रसमें जैसे नीबू कुचलने का कार्य किया था। तत्पश्चात हम सभी लोग अयोध्या जी हनुमानगढ़ी गए और प्रसाद चढ़ाया। मंदिर में प्रसाद के साथ मिली ढेरों गेंदों की माला से चंद्र प्रकाश जी ने कार का बोनट भलीभांति सजा दिया था। और फिर रात में हमलोग घर आ गए थे। यदि चंद्र प्रकाश जी ने कार न सजाई होती तो ऐसा कदाचित न होता क्योंकि मेरा स्वभाव इन सब कार्यों में रुचि लेने का नहीं था। कार को रात में नियाँवा में खड़ी किया था ताकि सुरक्षित रहे। कंधारी बाजार में बाहर ही स्थान था। यह कार लगभग पौने चार लाख रूपए की मिली थी और इसने भविष्य में बहुत ही सुविधा प्रदान की थी। जिस समय मैंने इसे क्रय किया था उस समय सुलतानपुर में मुझे दो तीन वैगनआर ही दिखती थीं। इस कार को क्रय करने में डाउन पेमेंट के लिए कुछ पैसे देवेंद्र प्रकाश जी से मैंने लिए थे जो शीघ्र ही केवीपी को ब्रेक करके मैंने उन्हें वापस कर दिया था। पैसा ऐसी चीज है जो यदि कोई उधार के तौर पर देता है तो अधिकांशतः उसका मन उसी में लगा रहता है चाहे उसके पास कितना ही क्यों न हो। अतः उधार शीघ्र से शीघ्र वापस कर देना चाहिए। देने वाले की मानसिकता का भी ध्यान अवश्य रखना चाहिए। उचित यही होता है कि उतना ही उधार ले जो अविलम्ब माँगने पर वापस कर सके। तेज प्रकाश और रवि प्रताप जी ने भी नीता जी के विवाह में अपने दिए पैसे कोई न कोई कारण बताकर शीघ्र ही मांग लिए थे। ध्यान आता है कि माता जी ने देवेंद्र प्रकाश जी के पैसे वापस करने का आग्रह भी शीघ्र ही कर दिया था।

फैज़ाबाद, गाँव, गोंडा, वाराणसी, विंध्याचल, लखनऊ, इलाहाबाद, फतेहपुर, कानपुर और मथुरा, वृन्दावन आदि स्थानों पर यह कार हम लोगों को ले गयी जिसमे लखनऊ, इलाहाबाद और कानपुर तो नेहा और शिवेंद्र के शिक्षा के सम्बंधित कार्यों में बहुत ही अधिक आना जाना हुआ। गाँव भी प्रायः जाना हो जाता था। एक बार तो इस कार ने हम दोनो और शिवेंद्र को

गंभीर रूप से घायल होने से भी बचाया था।

घटना चौदह नवम्बर दो हजार नौ की है जब मैं, सीमा और शिवेंद्र नेहा को लखनऊ पहुँचाकर वापस सुलतानपुर आ रहे थे। तब अमहट चौराहे के निकट मेरी कार हाजी जी के पेट्रोल पंप के पास पहले एक ट्रक के टायर जिसे एक लड़का लुढ़काता हुआ रोड क्रॉस कर रहा था, उससे और फिर डिस्बैलेंस होकर लेफ्ट साइड में खड़ी एक ट्रक के सामने के साइड से टकराकर दुर्घटनाग्रस्त हो गयी थी। मेरी कार की स्पीड पचास के आस पास तो रही ही होगी। रात का अँधेरा था। अचानक मैंने देखा कि एक लगभग पन्द्रह अठारह वर्ष का लड़का ट्रक के टायर को लुढ़काता हुआ रोड क्रॉस कर रहा था। दूरी स्पीड के अनुसार इतनी कम थी कि मुझे यह पक्का हो गया कि इससे टकराना ही टकराना है। जब उसने अचानक मेरी कार देखी तो टायर को वहीं छोड़ भाग गया था। टायर सड़क पर गिर गया था। मेरे ब्रेक लगाते लगाते मेरी कार का दाहिना पहिया उस टायर से टकराया और कार बायीं और उछल कर सड़क के दूसरी ओर चली गयी और उस साइड में विपरीत दिशा में मुंह करके खड़ी एक ट्रक से आमने सामने सीधे टकरा कर ही रुकी।

इम्पैक्ट इतना शक्तिशाली था कि मेरी कार का बोनट का काफी हिस्सा क्षतिग्रस्त हो गया था। विंड स्क्रीन पूरी टूट गयी थी। बम्पर वगैरह फट गए थ। क्योंकि मैंने सीट बेल्ट नहीं लगा रखी थी इसलिए मेरा सीना स्टीयरिंग के ऊपर सीधे जा कर टकराया था। मुझे प्रतीत हुआ कि मेरी पसलियाँ निश्चित ही टूट गयी होंगी। पूरी सुन्न सी हो गयी थीं। मैंने अपने हाथों से अपना वक्ष टटोल कर यह जानने का प्रयास किया था कि ब्लीडिंग तो नहीं हो रही। यह सब क्षणों में हो गया था। कार के दरवाजे फँस गए थे जिन्हें वहाँ एकत्रित लोगों ने प्रयास करके खोला था और तब हम बाहर निकले थे। अपने को ठीक सुनिश्चित कर मैंने साइड में बैठी सीमा को देखा। उनके मत्थे से खून निकलता देख मैंने कहा कि तुमको चोट लग ही गयी। उन्होंने अपने दोनों हाथों से डैशबोर्ड का सहारा लेकर झटके को कम कर लिया था। खून अधिक निकलने के कारण उनकी आँखे और चेहरा भीगा हुआ था। वहाँ आस पास के काफी लोग एकत्रित हो चुके थे और उन्होंने सीमा को ले जाकर निकट ही पड़े हुए एक तखत पर लिटा दिया था। शिवेंद्र ने माता जी से पूँछा कि उनको दिखाई तो दे रहा है। मुझे भी यह शंका हो रही थी कि कहीं आँख पर चोट न आयी हो। लेकिन सामने वाला शीशा टूट कर माथे पर ही लगा था और आँख प्रभावित होने से बच गयी थी। यह स्पष्ट हो गया कि आँखें सुरक्षित हैं और गंभीर चोट नहीं है। अपने माथे को सीमा अपने हाथ से दबा रखे थीं जिससे रक्त स्राव भी जितना होना था हो चुका था। शिवेंद्र ने बताया कि उन्होंने अपनी आँखें बंद कर ली थीं और नीचे झुक गए थे। शिवेंद्र पीछे बैठे होने के कारण ठीक थे। मेरा फ़ोन कार में ही था। जब मैं उसे निकालने गया तो वह वहाँ पर नहीं था जहाँ रखा गया था। मुझे यह भी आशंका हुई कि कहीं इतने लोगों में कोई उसे उठा न ले गया हो। किन्तु ढूंढने पर वह नीचे जहाँ पैर रखते हैं,

वहाँ पड़ा हुआ था। मेरी उंगलियाँ फ़ोन पर नंबर डायल करने में काँप सी रही थीं। मस्तिष्क और अंगों में उचित संचार अवरुद्ध हो गया सा प्रतीत हो रहा था। मैं स्वयं के थोड़ा शांत होने की प्रतीक्षा कर रहा था जिससे उचित निर्णय ले सकूँ। मैंने देखा था कि वह ट्रक जिससे मैं टकराया था वह अब उस स्थान पर नहीं थी। इतना सब मात्र एक मिनट का वर्णन है।

मैं कुछ समझ नहीं पा रहा था कि इस अवसर पर क्या किया जाए। खास तौर पर दुर्घटना के तुरंत बाद। यदि स्थिति गंभीर हुई तो सर्वप्रथम मुझे किसे अवगत कराना चाहिए, इस ओर दिमाग गया था। लेकिन कुछ ही सेकंडों के बाद जब यह स्पष्ट हो गया कि विशेष गंभीर स्थिति नहीं है, विशेष रूप से सीमा, तब मैंने फ़ोन करने के विषय में सोचा। उँगलियाँ ट्रॉमा के कारण ठीक से चल नहीं रही थीं। जो नंबर डायल करना चाहूँ उस पर उंगली ही नहीं पड़ती थी। भीड़ के सभी लोग शोर भी करने में लगे हुए थे। कोई कुछ परामर्श दे रहा था कोई कुछ। किसी प्रकार मैंने जिलाधिकारी का मोबाइल नंबर डायल किया था। उधर से उनकी आवाज तो आ रही थी किन्तु शोर के कारण मेरी आवाज उधर संभवतः स्पष्ट नहीं हो रही थी। फिर कुछ और दूर जाकर मैंने डीएम के स्टेनो को फ़ोन मिलाया और फोन तुरंत ही कनेक्ट हो गया था। मैंने उन्हें बतलाया कि इस प्रकार मेरी कार का एक्सीडेंट हो गया है और चोट आई है। मैंने लोगों से पूँछ कर स्थान का नाम, हाजी साहब का पेट्रोल पंप, उनको बतलाया था। मुझे ऐसा लगा था कि स्टेनो की जगह किसी अन्य कर्मचारी ने फ़ोन उठाया था अन्यथा मुझे याद रहता क्योंकि मैं उनका स्वर भलीभांति पहचानता था। इसी मध्य संयोगवश नरेंद्र प्रकाश जी का फ़ोन भी फैज़ाबाद से आ गया था। मैंने उनसे कहा कि अभी मैं थोड़ा व्यस्त हूँ बाद में बात करूँगा। लेकिन शोर या भीड़ की बातों से उन्हें कुछ संदेह हो गया था कि स्थिति सामान्य नहीं है। अब क्योंकि मैंने डीएम कार्यालय फोन कर दिया था अतः आकर सीमा के पास खड़ा हो प्रतीक्षा करने लगा। एकत्रित लोग कहने लगे कि किसी अन्य वाहन से हमें अस्पताल जाना चाहिए। मैंने कहा मैं किसी की प्रतीक्षा कर रहा हूँ। कोई कहने लगा कि गाड़ी वीआईपी नंबर की है। और जहाँ तक मुझे अंदाजा है, क्योंकि प्रतीक्षा का समय लम्बा प्रतीत होता है, फोन करने के पांच मिनट के भीतर ही पुलिस की दो जीपें आ गयी थीं। शिवेंद्र ने जो भी सामान था कार से निकाल लिया और हम लोग उनमें से एक जीप में बैठ गए थे। कार जो आगे से पूरी क्षतिग्रस्त हो गयी थी, उसे वहीं छोड़ दिया था। जानता था कि पुलिस के नाते कोई उसे नुकसान नहीं पहुँचाएगा। बम्पर टूट कर लटक गया था और आगे वाला शीशा फटे हुए सफ़ेद कपड़े जैसा दिख रहा था। देखने से लगता था कि कार में जो लोग आगे बैठे रहे होंगे निश्चित ही उनकी दशा बहुत चिंतनीय रही होगी लेकिन यह एक गाड़ी का दूसरी स्थिर गाड़ी से इम्पैक्ट था। यदि दोनों गाड़ियाँ गतिमान होतीं तो वाकई में टकराव बहुत अधिक होता और वैगनआर अधिक भीतर तक डैमेज हुई होती। यह ईश्वर की कृपा थी जो हम सभी सुरक्षित थे।

जब मैं जीप में बैठा तो नरेंद्र प्रकाश जी का फोन पुनः आया और वास्तविक हाल बतलाने को कहा। मैंने बताया था कि कार का छोटा सा एक्सीडेंट हो गया है लेकिन चिंता की कोई विशेष बात नहीं है। विस्तृत बात मैं घर पहुँच कर करूँगा। जीप में एक सब इंस्पेक्टर और दो तीन कांस्टेबल थे। दूसरी जीप वहीं रुक गयी थी और कहीं अन्यत्र चली गयी होगी। सब इंस्पेक्टर ने कहा कि यदि हम सीट बेल्ट लगाए होते तो अधिक सुरक्षित रहते। वो हमें जिला चिकित्सालय ले गए। इमरजेंसी डॉक्टर के परामर्श पर सीमा के मत्थे पर तीन चार टाँके लगाए गए थे। मेरे कुहनी और पैर की स्किन रगड़ की वजह से कट गयी थी जिस पर ड्रेसिंग किया गया और कुछ दवाएँ एक पुलिस कर्मी ने बाहर से क्रय करके लाकर मुझे दी थीं। कुछ समय पश्चात वो लोग हमें हमारे आवास पर पहुँचा कर चले गए थे। मैंने एसआई को उनकी इस सहायता के लिए धन्यवाद किया था और आभार भी व्यक्त किया था। मैंने यह माना था कि जो कार्य उस दिन उन लोगों ने हमारे लिए किया था वह अत्यंत ही महत्वपूर्ण था और अपने परिवार से जैसा अपेक्षित होता है उससे कम नहीं था।

घर पहुँच कर मैंने नरेंद्र प्रकाश जी को पूरी जानकारी दी थी। उसके उपरांत चंद्र प्रकाश जी का, उनके छोटे भाई अखिलेश कुमार जी का और गाँव से नारायण प्रसाद जी का भी फोन समाचार लेने हेतु आया था। रात के साढ़े नौ तो बजते ही रहे होंगे। माता जी से भी बातचीत हुई थी और वो अगले दिन सुबह दस बजे तक सुलतानपुर आ गयी थीं। हालाँकि मैंने कहा था कि कोई गंभीर बात नहीं है। सीमा के दोनों हाथों की कलाई झटके के कारण अधिक प्रभावित हुई थी और वो हाथों से कोई भी दबाव पड़ने वाला कार्य करने में फिलहाल उस समय असमर्थ थीं। रात में हम लोगों ने क्या भोजन किया था बिलकुल याद नहीं है। दुर्घटना से अधिक दुर्घटना का मानसिक प्रभाव होता है जो सामान्य होने में कम से कम दो सप्ताह या गंभीरता के आधार पर अधिक समय लेता है। यह जो शॉक या ट्रामा होता है इसमें यह आवश्यक नहीं कि आपको चोट कितनी पहुँची या नहीं पहुँची, आप घायल हुए या किस मात्रा में घायल हुए या आपके सम्बन्धी यदि साथ में थे तो उनकी क्या स्थिति थी। यह आपकी मानसिक स्थिति पर निर्भर करता है। मुझको बस हलकी चोट पैर के घुटने के पास आई थी और कोई खास रक्त स्राव भी नहीं हुआ था। लेकिन मात्र इस बात का दिमाग में आना कि यदि उस ट्रक से टकराते वक्त थोड़ा भी कार की स्पीड अधिक होती तो क्या होता, भयाक्रान्त कर देता था। जब मैंने अपने वक्षस्थल को पकड़ा था तो यह सोचकर पकड़ा था कि क्या हड्डियाँ टूट तो नहीं गयीं। क्योंकि कुछ क्षणों के लिए वक्षस्थल पर स्पर्श का एहसास ही नहीं हुआ था। स्टीयरिंग पर सीना सीधे आकर टकराया था। यदि वेग थोड़ा भी अधिक होता तो फ्रैक्चर तो निश्चित था। साथ ही सीमा के सिर और कलाइयों पर भी अधिक आघात लगता। कलाई भी टूट सकती थी। सिर पर अधिक चोट लगने से बेहोशी या कुछ और भी गंभीर स्थिति आ सकती थी। तब परिस्थिति कितनी विषम होती इसकी कल्पना ही शॉक या ट्रामा उत्पन्न

करने का कारण था। जबकि ऐसा कुछ हुआ नहीं था।

रात में ठीक से नींद नहीं आई थी और भय की इस मनोस्थिति को सामान्य होने में दस पंद्रह दिन तो लग ही गए थे। कार्यालय में सभी को पता चल गया था और जो घनिष्ट सहकर्मी लोग थे वो मिलने भी आए। यह दुर्घटना बहुत ही गंभीर होती होती बची थी और इसके उपरान्त हमलोगों का इसे पुनर्जन्म माना जा सकता था और मैंने माना भी। यह पता था कि पुलिस का मामला होने के कारण कोई कार को क्षति नहीं पहुँचाएगा। और वह दुर्घटना स्थल पर ज्यों की त्यों पड़ी थी। दो दिन उपरान्त उसे टु चेन कराकर फ़ैज़ाबाद आरकेबीके मारुति एजेंसी पहुँचवा दिया था जहाँ उसकी मरम्मत आदि का कार्य किया गया था। एजेंसी के सेल्स मैनेजर ने कहा था कि यह कार आपके लिए काफी लकी सिद्ध हुई है क्योंकि इसने आप सभी का जीवन बचाया है। इस कार को मैंने पूरे बीस वर्ष प्रयोग किया था।

जब यह दुर्घटना हुई थी तो हरेंद्र प्रकाश जी का फ़ोन दूसरे दिन माता जी के सुलतानपुर पहुँच जाने के बाद आया था। उन्होंने बताया था कि गाँव से मैंने कल बहुत प्रयास किया किन्तु नेटवर्क न होने के कारण संपर्क नहीं कर सका था। शायद उनको पता नहीं था कि गाँव से ही कल मुझे फ़ोन रिसीव हो चुका था। हरेंद्र प्रकाश जी को मैंने यह परामर्श दिया था कि ऐसा करना उनके ऊपर से लोगों का भरोसा उठा देगा। ऐसी स्थिति में युवा होने के कारण वो कहीं भी अन्यत्र बाइक से जाकर भी संपर्क कर सकते थे।

सीमा के टाँके ठीक होने के पूर्व और बाद में भी ड्रेसिंग का कार्य कम्पाउंडर को घर पर बुलाकर या उसकी क्लिनिक पर स्वयं जाकर करवाया जाता था। गृहकार्यों के लिए जो लड़कियाँ आती थीं उन्ही से सीमा कलाइयों की मालिश भी कराती थीं।

डॉक्टर रवि प्रताप जी सपरिवार शाम को एक दिन आए थे और अम्मा जी भी साथ में थीं। लगभग दो घंटे रुककर वो लोग वापस फैज़ाबाद लौट गए थे। यदि हरेंद्र प्रकाश जी के भीतर गम्भीरता और अपने दायित्व का बोध होता तो वो सुलतानपुर आ भी सकते थे। या घर में ही नारायण प्रसाद जी से वार्ता तो कर ही सकते थे कि क्या उन्हें कोई मेरा समाचार मिला है। उनसे उनकी आयु और आदतों को देखते हुए रात बिरात कहीं भी आकस्मिकता पर पहुँचने की उम्मीद की जा सकती थी। उनकी विश्वसनीयता में पुनः क्षय हुआ था। माता जी के आ जाने से भोजन अदि की व्यवस्था में काफी आराम हो गया था। साथ ही मानसिक संबल भी मिला था। देवेंद्र प्रकाश जी आदि भी बाराबंकी से सपरिवार आए थे और उनकी पत्नी ने आते समय मार्ग पर खड़ी हुई हमारी डैमेज्ड कार भी देखी थी। चंद्र प्रकाश जी के बड़े बहनोई ने लाकर कच्ची शराब मालिश के लिए दी थी। कृपा शंकर जी की दो पुत्रियाँ जिनका विवाह सुलतानपुर में ही हुआ था, हमें देखने आई थीं। पूरी तरह से सामान्य होने में हमें एक माह से कम तो नहीं लगा रहा होगा।

22

वियोग और प्रवंचना

दो हजार चार में पिता जी को एक बार फिर आयु, अवस्था से सम्बंधित समस्या का सामना करना पड़ा था। जब इनके कूल्हे की शल्य क्रिया की गयी थी तभी से इनको यूरीन पास करने की समस्या हो रही थी इन्होने उस दौरान जब कैथेटर लगवाया था तो उसे निकालने पर यह निश्चित हो गया था कि कोई और भी समस्या है। इन्होने फिजिशियन से संपर्क किया था जिसने इन्हे प्रोस्ट्रेट की समस्या बतलायी थी। इस हेतु पीएसए आदि टेस्ट भी कराए गए थे और उसका बढ़ा हुआ पाया गया था। किन्तु अभी यह नॉनकैंसरस था। डॉक्टर ने ऑपरेशन ही इसका निदान बतलाया था। पिता जी ने पता किया कि कोई डॉक्टर देवा अस्पताल रीडगंज में साप्ताहिक तौर पर आते हैं और यहीं इसकी सर्जरी करते हैं। वैसे वो लखनऊ में केजीएमयू में कार्य करते हैं और आलमबाग में भी एक व्यक्तिगत चिकित्सालय में सेवाएँ प्रदान करते हैं। उनका नाम डॉक्टर पाहवा है। मैं जब लखनऊ अपने कार्यालय के किसी कार्य से आया तो मैंने आलमबाग जाकर यह सुनिश्चित किया कि जो जानकारी इनके विषय में मिली है वह सत्य है। जब इस बात पर भरोसा हो गया कि ये मेडिकल कॉलेज में सर्विस करते हैं और इनकी अच्छी प्रतिष्ठा है तो इन्हीं से ऑपरेशन कराने का निर्णय लिया गया।

देवा अस्पताल डॉक्टर रजनीश वर्मा जी के तत्वावधान में चलता था। डॉक्टर वर्मा जी, जीआईसी फैज़ाबाद में ही शिक्षा लिए थे और मुझसे एक वर्ष पीछे थे। हम लोग चेहरे से तो एक दूसरे को उस समय जानते ही थे। उनकी बहन डॉक्टर रेनू वर्मा जी भी चिकित्सक थीं। फैज़ाबाद में स्थानीय होने के कारण हम सभी को यह अस्पताल सुविधाजनक भी प्रतीत हुआ था। डॉक्टर रजनीश जी से मिलकर ऑपरेशन आदि की तिथि निर्धारित कर ली गयी। जिस दिन पिता जी को एडमिट कराया उस दिन काफी बरसात हुई थी। मैं अपनी कार से उन्हें लेकर गया था। हमारा पूरा परिवार फैज़ाबाद में ही था। होता यह था कि जब मुझे भी फैज़ाबाद में रहना होता था तो दोनों बच्चे भी फैज़ाबाद आते थे और कक्षाओं के कारण मेरे

साथ ही वापस लौट जाते थे। ऑपरेशन डॉक्टर पाहवा ने सफलता पूर्वक किया था और किसी प्रकार की कोई समस्या नहीं हुई थी। माता जी और सीमा रात्रि में वहीं रुकती थीं। दिन में लोग आते जाते रहते थे। एक सप्ताह करीब पिता जी वहाँ एडमिट थे और फिर पूर्णतः स्वस्थ होकर डिस्चार्ज हो घर आ गए थे।

वर्ष उन्नीस सौ अट्ठान्नबे के बाद हम लोगों की स्थिति ऐसी हो गयी थी कि जब असामान्य समय पर फोन की घंटी बजती थी तो मन आशंकाओं से घबरा जाता था कि फोन इस वक्त क्यों आया है। ये लोग, यानी पिता जी और कृपा नारायण जी भी एक बार काफी अधिक बीमार पड़ चुके थे और इनका स्वास्थ्य बहुत ही गिर गया था। कृपा नारायण जी तो लिवर की समस्या से पीड़ित हुए थे। ऐसा लगता था कि अब शायद ही सुधार आ सके। यही हाल पिता जी का भी हुआ था। कारण स्पष्ट याद नहीं है। इन लोगों की निरंतर इस प्रकार की स्थिति का बना रहना हम दोनों लोगों को हमेशा घबराहट की अवस्था में रहने का कारण बना रहता था।

और ऐसा ही समाचार एक दिन सुबह नियाँवा से प्राप्त हुआ। सुबह सुबह फोन आया कि सीमा के पिता जी काफी अस्वस्थ हैं और उन्हें डॉक्टर रवि प्रताप जी गोंडा ले जा रहे हैं। हम लोग यथाशीघ्र एक वाहन बुक कर सीधे नियाँवा फैज़ाबाद पहुंचे थे। उस समय उन्हें गोंडा ले जाने की तैयारी हो चुकी थी और ये लोग निकलने वाले थे। यह फरवरी दो हजार तीन की बात है। बैंक की चेक पर उनके अंगूठे का निशान रवि प्रताप जी के कहने पर मेरे सामने ही लिया गया था। इससे मैं समझ गया था कि अब यह उनसे मेरी अंतिम भेंट है। मैंने उन्हें आश्वस्त करने का प्रयास किया था कि वो ठीक हो जायेंगे। मैंने उनसे 'राम राम' कहने को कहा था जो उन्होंने उच्चारित भी किया था। उन्हें उलझन थी व कहीं दर्द भी महसूस हो रहा था। क्योंकि वो चलने के लिए शीघ्रता करने को कह रहे थे। मानसिक रूप से डिस्टर्ब भी लग रहे थे। वैसे भी उनका मस्तिष्क काफी दिनों से सामान्य रूप से कार्य नहीं कर रहा था। किसी को पहचानते थे तो कभी उसी को संदेह करने लग जाते थे। चेहरे पर हल्का पक्षाघात पहले हो ही चुका था। कुछ समय से बेड पर ही लैट्रिन हो जाती थी जिसे मात्र अम्मा जी ही साफ़ करती थीं। अम्मा जी ने स्वयं के स्वास्थ्य को देखते हुए, उनकी बहुत सेवा सुश्रूषा की थी। जब ये लोग गोंडा चले गए तो हम लोग कंधारी बाज़ार आकर सभी से मिल मिलाकर पुनः सुलतानपुर लौट गए थे। कुछ दिन पश्चात् समाचार मिला कि उनके स्वास्थ्य में सुधार नहीं हो रहा है। तब हम लोगों ने यह निश्चय किया कि माता-पिता जी कुछ दिनों के लिए सुलतानपुर आ जाएँ ताकि सीमा को गोंडा भेजा जा सके। बच्चों की परीक्षाएँ चल रही थीं। इस व्यवस्था के अनुसार सीमा को अकेले हमने बस से फैज़ाबाद भेज दिया और वहाँ से वो ममता जी के साथ गोंडा चली गयी थीं। सीमा वहाँ तब तक रहीं जब तक कृपा नारायण जी का जीवन रहा। उनकी आत्मा ने सीमा के सामने ही जिला चिकित्सालय में उनके पिता जी

का साथ छोड़ा था। बताती हैं कि बहुत ही हल्की सी 'खरखर' की आवाज हुई थी। उस समय मात्र वो और महेश प्रकाश जी ही वहाँ थे। उसी वक्त बिजली भी चली गयी थी। उनका दाह संस्कार फैज़ाबाद में जमथरा घाट पर किया गया था जिसमे मैं भी उपस्थित था। डॉक्टर रवि प्रताप जी की सबसे बड़ी समस्या उनकी क्लिनिक थी जिसे ये बंद नहीं कर सकते थे। इन्होने स्नातक के उपरांत पैथोलोजी में डिप्लोमा भी किया था। इसी कारण से वो इन्हें और बाद में अम्मा जी को चिकित्सा के लिए कहीं अन्यत्र नहीं ले जा सके। मृत्यु तो वृद्धावस्था के बाद होनी ही है किन्तु उसके कष्ट को कम और उसके समय को, यदि वैज्ञानिकता को ही स्वीकार किया जाए तो, आगे बढ़ाया अवश्य जा सकता है। गोंडा में अपनी नियुक्ति व निवास की सुविधा और निजी व्यवसाय का भी अप्रभावित रहना, दोनों बातें थीं। कृपा नारायण जी के देहांत के कुछ ही माह बाद महेश प्रकाश जी का विवाह संपन्न हुआ था।

मेरा अपना अनुभव है कि स्वास्थ्य लाभ निश्चित ही चिकित्सक की विशेषता, योग्यता, अनुभव और सोचने की क्षमता पर निर्भर करता है। कभी भी लाभ न होने की स्थिति में एक चिकित्सक के परामर्श पर ही नहीं निर्भर रह जाना चाहिए। मेरे पास इसके कई प्रमाण हैं। शारीरिक कष्ट को तो कम किए जाने का पूरा प्रयास होना ही चाहिए। कभी कभी वह व्यक्ति वर्षों जीवित रहा है जिसके जीवित रहने की आशा समाप्त हो चुकी हो। यदि उपचार असम्भव हो तो भी शारीरिक कष्ट का निवारण तो किया ही जाना चाहिए।

प्रत्येक चिकित्सक की अपनी विशेषताएँ और कमियाँ होती हैं। नेहा के हिमेनजियोमा के विषय में सुलतानपुर के करुणाश्रय अस्पताल के चिकित्सक ने कहा था कि इसके उपचार में सामान्य व प्लास्टिक सर्जन दो लोग लगेंगे और यहाँ सम्भव ही नहीं है। परन्तु इसी समस्या को सुलतानपुर जिला चिकित्सालय के सीएमएस, फिजिशियन व सर्जन सभी ने एक दृष्टि में जान लिया था और डॉक्टर सईद जी ने उस हिमेनजियोमा को ठीक भी कर दिया था। नेहा से ही सम्बंधित एक और रोचक केस है। ये जब कानपुर में थीं तो इनके पेट में बायीं ओर एक बड़ी आलू के आकार में छूने पर कुछ कड़ा सा प्रतीत होता था और उसमे हमेशा दर्द बना रहता था। इन्होने बहुत उपचार कराया आईआईटी के चिकित्सक से लेकर बाहर के प्रतिष्ठित चिकित्सालयों के अच्छे अच्छे डॉक्टरों को उसे दिखाया, अल्ट्रासाउंड भी करवाया, यहाँ तक कि एमआरआई तक चिकित्सकों के परामर्श पर करा डाला। लेकिन कुछ भी पता नहीं चला और दर्द की स्थिति ज्यों की त्यों ही बनी रही। जब हम लोग गए तो इनके मित्र के बताने पर एक चिकित्सक को उनकी क्लिनिक पर ले जाकर इन्हें दिखाया। उन्होंने उस भाग पर एक बैंडेज चिपकाने को दिया और कुछ दवाएँ भी खाने को दीं। उनके इस उपचार से मात्र एक डेढ़ सप्ताह में नेहा पूरी तरह स्थायी रूप से ठीक हो गयीं थीं। जब मैं दिल्ली में था तो मेरा पेट प्रायः खराब रहता था तो एक डॉक्टर ने पेट का एक्सरे करा दिया कि कहीं इंटेस्टाइनल टीबी तो नहीं है। लम्बे समय तक सिर दर्द रहा तो एक ने सिर का एक्सरे करा

दिया था। किन्तु जब एक चिकित्सक ने उच्च रक्त चाप और घबराहट की दवा दी तो सब ठीक हो गया। मैं महीनों अयोग्य चिकित्सकों के अनुसार ही चलता रहा था। तात्पर्य यह है कि किसी भी चिकित्सक को, कोई भी केस हो, अन्य अनुभवी चिकित्सक से भी परामर्श कर लेना चाहिए और अनुभवी व अच्छे चिकित्सक प्रायः छोटे शहरों में उपलब्ध नहीं होते। और यदि होते हैं तभी वो प्रभावी उपचार करते हैं अन्यथा मरीज को अन्यत्र जाने का परामर्श दे देते हैं। कभी कभी अप्रत्याशित भी होते देखा गया है।

नेहा का जन्म गोंडा में हुआ था। इनका यह नाम महेश प्रकाश जी द्वारा ही सुझाया गया था और मैंने इसका अनुमोदन कर दिया था। नेहा के जन्म में डॉक्टर रवि प्रताप जी के परिवार की महत्वपूर्ण भूमिका को स्वीकार करते हुए यह नाम रखा गया था। यह नाम सभी के स्नेह का प्रतीक है।

नेहा एसएमसी स्कूल में कक्षा दस तक पढ़ी थीं। इनके हिन्दी में अच्छे अंक नहीं आते थे। अन्य विषयों में बहुत अच्छी थी। जब मैंने इनकी शिक्षिका से यह बात कही तो उन्होंने इनको हिन्दी पढ़ाने पर विशेष ध्यान देने के स्थान पर अधिक अंक ही देने प्रारम्भ कर दिये थे। फलस्वरूप यह स्वयं का सही आकलन नहीं कर सकी और मैंने भी उतना ध्यान नहीं दिया। जिसका परिणाम यह हुआ कि इसके परिषदीय परीक्षा में जब इन्हें वास्तविक अंक मिले तो उतने अच्छे नहीं मिले जितने की आशा की थी। और इसका कक्षा में प्रथम स्थान नहीं आ सका। शिक्षक को कितना कैसा भी दबाव हो हमेशा बच्चे का सही मूल्यांकन करना चाहिए। उनका यह कृत्य कदापि उचित नहीं था। दो हजार छह से प्रारम्भ होने वाले सत्र में यह फ़ैज़ाबाद, जिंगल बेल अकादमी, में पढ़ने चली गयी थीं। यह विद्यालय फ़ैज़ाबाद का ही नहीं अपितु उस क्षेत्र का ही सबसे अच्छा विद्यालय माना जाता था। वहाँ इन्होने कक्षा ग्यारह में प्रवेश के लिए प्रवेश परीक्षा दी थी और सात चयनित बच्चों में इनका भी नाम आ गया था। ये घर से दो ढाई किलोमीटर की दूरी पर स्थित था। विद्यालय आने जाने के लिए वाहन की व्यवस्था की गयी थी। नेहा को फ़ैज़ाबाद भेजने के उपरान्त नए नए पारिवारिक अनुभव होने प्राप्त हुए। जिस प्रकार माँ-बाप के साथ बच्चे किसी भी कार्य के लिए, सुविधा के लिए सहज महसूस करते हैं और अपनी बात कह लेते हैं वैसा वो दूसरों से नहीं कह पाते। बाबा-दादी से तो यह संभव है किन्तु अन्य सम्बन्धियों से चाहे वो कितना भी घनिष्ठ या नज़दीकी ही क्यों न हों, के साथ उतना खुल कर बात नहीं कर पाते। कंधारी बाजार में बाबा-दादी, चाचा-चाची और नेहा को निवास करना था और कुल तीन कमरे ही थे। यदि कोई अन्य आ गया तो समस्या हो जाती थी।

अतः मैंने निर्णय लिया कि ऊपर एक छोटा कमरा नेहा के लिए अलग से बनवा दिआ जाए ताकि इन्हे अपनी पढ़ाई में किसी प्रकार का व्यवधान न हो। अतः सीमा इस कार्य के लिए फ़ैज़ाबाद चली गयीं। इन्होने महेश प्रकाश जी के सहयोग से यह निर्माण कार्य करवाया। मैं

बच्चों सहित सुलतानपुर में ही था और भोजन आदि स्वयं ही बनाता था। कमरा हॉस्टल के रूम की तरह था और इनके अकेले के लिए पर्याप्त था। मेरी याददाश्त के अनुसार कुल पच्चीस हजार से कुछ अधिक व्यय हुए थे। हालाँकि इन्हें उसमे रहने की आवश्यकता ही नहीं पड़ी।

पहली बार नेहा ने हम लोगों को छोड़ा था और हम लोगों के लिए भी यह बहुत अधिक मानसिक तनाव तथा परेशानी वाली स्थिति थी। उसके लिए भी रही होगी परन्तु कभी ऐसा प्रतीत नहीं होने दिया था। हम लोग यथासंभव प्रारंभिक दिनों में प्रत्येक सप्ताह मिलने फैज़ाबाद अवश्य ही जाते थे।

देवेंद्र प्रकाश जी का विवाह उन्नीस सौ पंचान्नबे में हुआ था किन्तु अभी तक उन्हें कोई बच्चा नहीं हुआ था। इनको सर्विस के समय में कमर में आई समस्या भी लम्बे समय तक चली और आज भी यदि सावधानी न बरतें तो बढ़ जाती है। इन्होने बच्चे के लिए जो भी टेस्ट या चेकअप आदि कराए हों उसके विषय में कभी न तो इन लोगों ने और न कभी माता जी आदि ने ही कुछ स्पष्ट बतलाया। यह संज्ञान में आया था कि डॉक्टर ने इनकी पत्नी के आंतरिक किसी अंग में कोई छोटा सा ऑपरेशन करने का परामर्श दिया था जिसके लिए माता जी सहमत नहीं हुई थीं। माता जी ने बताया था कि उन्होंने सोचा कि देवेंद्र की पत्नी का जीवन अधिक महत्वपूर्ण है, बच्चा नहीं। मैं नहीं जान सका कि क्या डॉक्टर ने ऐसा कोई ख़तरा भी बताया था या यह माता जी की अपनी कही हुई बात थी। फिर सहमति तो पति पत्नी की अधिक महत्त्व रखती है।

माता जी और ये लोग भी यह अब चाहने लगे थे कि यदि कोई नवजात बच्चा मिल जाए तो उसका ये पालन पोषण अपने बच्चे की भांति कर लें। मैं इन लोगों के क्रिया कलापों में अधिक हस्तक्षेप नहीं करता था क्योंकि ये लोग हमेशा अपने मन का ही करते थे, परामर्श का कोई प्रभाव नहीं पड़ता था। मेरा परामर्श तो कदापि नहीं, क्योंकि वह सिद्धांत और विवेक पर निर्धारित होता था। मैंने देवेंद्र प्रकाश जी को सीएआरए की वेबसाइट जो कि बच्चे के गोद लेने की प्रक्रिया आदि बतलाती थी, के कुछ महत्वपूर्ण पृष्ठ प्रिंट करके लाकर दिया था और पढ़ने को कहा था ताकि इन्हें एडॉप्शन से सम्बंधित प्रक्रिया की जानकारी हो जाए। मैंने यह भी कहा था कि यदि कोई ऐसा बच्चा मिल जाए तो देने वाले के द्वारा उसकी हस्तलिपि में जन्म, स्थान, समय आदि कम से कम लिखित रूप में अवश्य ले लेना। मैं गोद लेने के नियम भलीभांति जानता था। यद्यपि मैं यह समझता था कि अभी इन लोगों का ऐसा कोई निश्चित निर्णय नहीं है फिर भी मैंने यह सोचकर बतलाया था कि यदि चाहेंगे तो तदनुसार ही कार्य करेंगे। मेरे पिता जी तो ऐसे मसलों में चुप ही रहते थे।

देवेंद्र प्रकाश जी की पत्नी दर्शन नगर के झुनझुनवाला के किसी विद्यालय में अध्यापिका

थीं। एक दिन माता जी का फोन सुलतानपुर आया कि एक अस्पताल में कोई अपना नवजात बच्चा छोड़ गया है जिसे कोई दाई ले आई है और उसको किसी अच्छे परिवार को देना चाहती है ताकि उसका पालन पोषण भलीभाँति हो सके। उन्होंने यह भी बताया कि देवेंद्र प्रकाश जी की पत्नी को बतला दिया है और वो उसे लाने दाई के घर जाएँगी। यहाँ यह ध्यान देने की बात है कि मुझसे इस विषय में बिना कोई वार्ता किये और बिना एडॉप्शन की विधिक प्रक्रिया जो मैंने बतलायी थीं, को अपनाए इन लोगों ने यह इतना संवेदनशील और गंभीर कार्य करने का निर्णय ले लिया था। देवेंद्र प्रकाश जी और उनकी पत्नी पड़ोस में निवास कर रही नर्स, जिसके द्वारा बच्चे के विषय में जानकारी मिली थी, के बताए गए पते पर जाकर बच्चा ले आये थे। ऐसा हमे बताया गया था। जिस दिन माता जी का फ़ोन आया था उसी दिन ये लोग बच्चे को ले आए थे। मैं यह सोच भी नहीं सकता था कि यह कार्य ये लोग इतनी जल्दबाजी में करेंगे। मेरे मन में यह आया था कि एडॉप्शन की प्रक्रिया हो सकता है बाद में ये लोग पूरी करें। हमारे पिता जी को सामान्यतया लगभग हर विषय की बेसिक जानकारी अवश्य रहती थी किन्तु हो सकता है कि इस विषय में उन्हें न रही हो या उनको कोई मानने वाला ही न रहा हो। फिर भी पिता और अभिभावक होने के नाते उनका दायित्व बनता था कि उचित राय दिए होते। यद्यपि सभी अपनी इच्छा का कार्य करने के लिए कानूनी तौर पर सक्षम थे। पिता जी ने यह बताया था कि जिसके पास से बच्चा लाया गया है उसने बतलाया था कि यह किसी श्रीवास्तव का है। देवेंद्र प्रकाश जी की पत्नी ने बतलाया था कि बच्चे को लेने के लिए कुछ मुस्लिम भी उसके घर से कुछ दूरी पर बैठे थे किन्तु वह दाई किसी समृद्ध व हिन्दू परिवार को ही देना चाहती थी। बाद में वह एक बार बच्चे का निरीक्षण करने आई भी थी। पिता जी ने कहा था कि पालने पोसने के लिए लाए हैं। यह भी सुना कि फैज़ाबाद के ही एक प्राइवेट अस्पताल में उसका जन्म हुआ था। यह भी मुझे बतलाया गया कि उस दाई को प्रसन्न होकर इन लोगों ने ग्यारह सौ रूपए भी दिए थे। बच्चे के आने के बाद पुनः माता जी का फ़ोन आया था और हम लोग, नेहा की बोर्ड की परीक्षाएँ चल रही थीं किन्तु कुछ दिनों का गैप होने के नाते, उनके आग्रह पर फैज़ाबाद आ गए थे। एक दो दिन फैज़ाबाद में रुक कर और इन लोगों को परामर्श देकर कि कानूनी ढंग से गोद लेने की कार्यवाही करें, वापस सुलतानपुर आ गए थे। यह घटना मार्च दो हजार छह के प्रारम्भ की है। हम लोग देवेंद्र प्रकाश जी द्वारा किसी बच्चे के एडॉप्शन के पक्ष में थे ही किन्तु कार्य तो नियमानुसार होना ही चाहिए था। और बाद में भी जब तक उनसे संपर्क था कहते रहे। जब दो हजार ग्यारह में मेरे द्वारा इस बात को पुनः उठाया गया तो गाँव से माता जी का फोन पर यह कहना कि तुम्ही लोग तो लाए हो, झूँठ की पराकाष्ठा थी। हमारा इन सभी से जो सम्बन्ध विच्छेद हुआ उसका सबसे बड़ा कारण उनका हम पर यह आरोप लगाना भी था जबकि मैं किसी प्रकार भी इस कृत्य से जुड़ा हुआ था ही नहीं।

नेहा फैज़ाबाद में बाबा-दादी के पास थी और उसे हम लोगों से अलग रहने का तो कष्ट रहा

ही होगा। लेकिन वह यह भी जानती थी कि फैज़ाबाद का यह विद्यालय सुलतानपुर के विद्यालयों से अच्छा है और वह सुलतानपुर से बाहर पढ़ना भी चाहती थी। प्रायः होता है कि हमारी आदत, जिस प्रकार हम रहने के अभ्यस्त हो जाते हैं, उसमे यदि थोड़ा सा भी व्यवधान आता है तो हमें परेशानी होती है क्योंकि हम अब व्यवधान के कारण उत्पन्न स्थिति से विलग हो चुके होते हैं। पहले सम्मिलित परिवार होता था और प्रायः ही अन्य सगे सम्बन्धी भी आते जाते रहते थे। हमें एडजस्ट करने की अच्छी खासी आदत बनी रहती थी। फैज़ाबाद मेरे घर में अब ऐसा पिछले कई दशकों से जब से बँटवारा हुआ और फिर रवि शंकर जी ने अपनी गृहस्थी अलग बनाई तब से मेरे माता-पिता, देवेंद्र प्रकाश और नीता जी ही यहाँ रहते थे क्योंकि मैं अपनी परास्नातक की शिक्षा के लिए बलरामपुर और तत्पचात अन्यत्र चला गया था। जो लोग, यथा हरेंद्र प्रकाश, नरेंद्र प्रकाश जी आदि बीच में कुछ समय के लिए इनके साथ में रहे वो इनलोगों के साथ बचपन से मिलते जुलते रहते थे और समान स्तर के सम्बन्धी थे इसलिए आसानी से घुल मिल जाते थे साथ में समान वय के होने से मनोरंजन भी कर लेते थे। फिलहाल इधर काफी वर्षों से ये लोग अकेले ही स्वतंत्र ढंग से रह रहे थे। नीता जी भी विवाह के बाद से अपने घर ही रहती थीं और जब उन्हें अवकाश मिलता था या कोई आवश्यकता होती थी तो कंधारी बाजार आ जाती थीं। इन लोगों की जरुरत पर प्रायः नहीं। जैसे जब माता जी दीमापुर गयीं, जब पिता जी की तबियत खराब हुई अथवा जब माता जी पिता जी को अकेले छोड़ गाँव गयीं या अन्य भी कोई मुश्किल आई तब वो आग्रह करने पर भी सहायतार्थ नहीं आयीं थीं। उनके अनुसार क्योंकि लड़के ही संपत्ति के उत्तराधिकारी हैं इसलिए यह सब देखना उन्हीं का दायित्व व कर्तव्य है, जैसा उन्होंने एक बार कहा था। जब नेहा वहाँ रहने गयीं तो इन सभी लोगों की दैनिक चर्या में थोड़ा व्यवधान आ गया। किसी भी व्यक्ति के घर में आ जाने से कार्य भी बढ़ जाते हैं और व्यय भी। अपनी स्वततन्त्रता पर भी नियंत्रण लग जाता है, यदि आगंतुक समझदार है तो और भी।

नेहा कक्षा ग्यारह में थीं और पर्याप्त बुद्धिमान थीं। यद्यपि वह सभी के साथ अपनत्व के साथ रहने का प्रयास करती थीं लेकिन ये लोग उसे बच्चा नहीं मान पाते थे जैसा कि हम लोग यहाँ उसको मान कर ध्यान रखते थे। हम लोगों ने उसे बहुत ही सुख सुविधाओं में पालने का प्रयास किया था क्योंकि पहले बच्चे के साथ माँ-बाप का लगाव हमेशा ही अधिक होता है और अब और भी। एक तो बच्चा अधिकांशतः अधिक उम्र में होता है और दूसरा एक या दो ही होने होते हैं। यदि नेहा को कोई असुविधा या कष्ट है पता चलता था तो हम लोग चिंतित हो जाते थे। घर में फ़ोन था लेकिन यदि नेहा हम लोगों को या अपनी माता जी को फ़ोन करती तो पिता जी मिनट के अनुसार बिलिंग होने के कारण उस पर नियंत्रण लगाते थे। उनके लिए नियंत्रण स्वाभाविक रूप से उचित था किन्तु बच्चे का अपने माता-पिता से बात करने का मन भी उसकी स्वाभाविक आवश्यकता थी। यदि उसने बताया कि उसे मच्छरों के कारण सोफे पर सोना पड़ा तो हम लोग परेशान हो जाते थे। फ़ोन की समस्या का निराकरण के लिए

उसे हमने सेलफोन क्रय करके दे दिया था और फिर वह हम लोगों से लैंडलाइन पर बात कर लेती थी। यदि उसने बताया कि खाना उसकी पसंद का नहीं था तो न तो वह वहाँ किसी से कह सकती थी और न ही कोई वैकल्पिक व्यवस्था करने वाला ही था। माता-पिता जी उसे बचपन से मानते थे लेकिन इन लोगों को बच्चे के पालन पोषण का अभ्यास नहीं था या भूल चुके थे। देवेंद्र प्रकाश जी और उनकी पत्नी से उनके स्वभाव को देखते हुए उसका स्नेहयुक्त विशेष ध्यान रखने की अपेक्षा ही नहीं की जा सकती थी। इन लोगों ने यह नहीं समझा कि नेहा केवल आयु व शरीर व कक्षा में ही बड़ी थी, भावनाओं या मानसिक स्थिति के अनुसार वह बच्चा थी। यह केवल नेहा के लिए ही नहीं है। यदि कोई भी व्यक्ति आपके साथ में है तो आपको उसके स्थान पर स्वयं को रख कर सोचना चाहिए तब व्यवहार करना चाहिए। नेहा से हम लोगों ने कभी कोई भी गृहकार्य नहीं कराया था। खाने-पीने, सुख-सुविधाओं का पूरा ध्यान रखा था, बस वह पढ़ती थी और यही उसका एक मात्र कार्य होता था। माता-पिता जी के मन में अभी भी लड़की और लड़के के पालन पोषण, शिक्षा दीक्षा, सुख सुविधा में पुराने जमाने में जो भेद रखा जाता था उसकी भावना विद्यमान थी। ये लोग यह नहीं जानते थे कि इसे हमने अच्छी शिक्षा के लिए भेजा है बल्कि यह इसे किसी मजबूरीवश शायद समझते थे। सभी अपने आप में व्यस्त रहते थे। वह स्कूल से आने के बाद एकाकी महसूस करती रही होगी क्योंकि मात्र पिता जी के और किसी के पास उसके साथ बैठने या उसे बुलाकर बिठालने के लिए ना तो वक्त था न प्रेम ही। पिता जी के पास ही वह बैठती थी और उनकी शर्तों पर जबरदस्ती कुछ देर टीवी देखती थी। माता जी भी ध्यान देती थीं लेकिन उनके पास समय व सामर्थ्य दोनों ही कम थे। मैं तो आज भी अपने छोटे भाई-बहनों को देखता हूँ तो उनके बचपन का चित्र भी मन में उभर आता है।

इलाहाबाद में जब अपनी मौसी जी के यहाँ कुछ माह रहा था तो यूनिवर्सिटी से लौटने पर वो स्वयं ताज़ी चटनी पीसकर खाने के साथ देती थीं। क्योंकि उनका अपना पुत्र मुझसे थोड़ा ही छोटा था, अतः वो जानती थीं कि मेरा ध्यान भी उसी प्रकार रखना चाहिए जैसा वो अपने बच्चों का रखती थीं। लेकिन यहाँ ऐसा नहीं था। और हम लोगों को भी इन लोगों यानी माता-पिता जी आदि पर पूर्ण विश्वास नहीं हो पाता था। एक टीवी सीरियल 'शांति' नाम का प्रसारित होता था जो इन दोनों लोगों को बहुत अधिक प्रिय था। पिता जी से उसी मोहल्ले की एक सयानी लड़की अंगेजी पढ़ने आती थी। ये तीनों लोग उनके सीरियल देखने में व्यवधान न हो इसलिए कमरे को अंदर से बोल्ट कर लिए थे। उस समय नेहा चार पांच साल की बच्ची थी। वह बाहर से बाबा दादी को दरवाजा खोलने को रो रो कर कहती रही थी किन्तु इन लोगों ने दरवाजा नहीं खोला था। मेरे सम्मुख जब इस प्रकार का व्यवहार छोटे बच्चे के साथ अपनी इच्छापूर्ति के लिए कोई कर सकता है तो बड़ों के साथ तो और भी संभावित है। यह मेरा अपना सोचना था जो मस्तिष्क में इन लोगों को लेकर स्थापित था। इसीलिए मुझे यह पूर्ण विश्वास नहीं हो पाता था कि इन लोगों की तरफ से कोई कमी नहीं रहती रही होगी। मैं माता-पिता जी

को दोष नहीं दूंगा क्योंकि ये उनका स्वभाव था लेकिन यह तो सत्य था कि वो नेहा में अपनी बच्ची नहीं देख पाते थे।देवेंद्र प्रकाश जी और उनकी पत्नी के लिए तो ये बस एक व्यक्ति प्रतीत होती थी जिससे वो गपशप भी नहीं कर सकते थे। और तदनुसार ही उनका नेहा के साथ व्यवहार भी था। एक बच्चा भी ये लोग लाकर पाल रहे थे और साथ ही एक कुत्ता जो इनके लिए पुत्र से भी अधिक प्रिय था, उसे भी। उनके पास नेहा के विषय में सोचने का कोई न तो समय था और न ही कोई मानवीय कारण। घर का जो वातावरण एक सुशिक्षित, पढ़ने लिखने को प्राथमिकता देने वाला होना चाहिए वह अब पूरी तरह से नष्ट हो चुका था। पिता जी तो जब मैं नेहा की आयु का था, तब अपने बीबीसी समाचार को मेरी पढ़ाई से अधिक प्राथमिकता देते ही थे। कहते थे जहाँ जाकर बैठ कर पढ़ना चाहो जाओ। घर छोटा था और शोर से बाधा पड़ती थी। लेकिन मैंने इस उद्देश्य से एडजस्ट किया था कि इन स्थितियों से छुटकारा पाने का एक ही मार्ग था और वह था येन केन प्रकारेण पढ़ाई करना। इस दृष्टि से नेहा की समस्याएँ तो बहुत ही सरल थीं।

जब से नेहा फ़ैज़ाबाद रहने लगी थी मैं उसके खाने पीने से सम्बंधित व्यय के लिए पिता जी को अलग से पांच सौ रूपए देने लगा था। घर का अनाज होता ही था। अन्य खर्चों के लिए मैं इतना उपयुक्त समझता था क्योंकि शेष अन्य व्यय तो मैं करता ही था। इस प्रकार दो माह विद्यालय में शिक्षण कार्य चलने के उपरान्त ग्रीष्मावकाश हो गया था।

अधिक घटनाएँ या बातें तो अब विस्मृत हो गयी हैं। किन्तु यह स्मरण है कि नेहा को वहाँ अध्ययन हेतु उपयुक्त वातावरण नहीं मिल पाया था। एक बार देवेंद्र प्रकाश जी से उसके मोबाईल फ़ोन में कोई समस्या आ गयी थी और वह बहुत डिस्टर्ब रही थी। एक बार पेट में दर्द के कारण बिना खाना खाए ही रात में रह गयी थी। एक बार उसे सोफे पर ही सोकर रात व्यतीत करनी पड़ी थी। क्योंकि वह लम्बी थी इसलिए सोफे पर सोना असुविधाजनक अवश्य रहा होगा। जो कुत्ता इन लोगों ने पाल रखा था वह घर में प्रत्येक स्थान पर घूमता रहता था और यह मुझे पसंद नहीं था। पूरी आयु का होने के कारण उसकी क्रियाएँ भी असहज करने वाली होती थीं। मेरा कहना था कि इसे घर के बाहर रहना चाहिए क्योंकि कोई बहुत अच्छी प्रजाति का भी नहीं है और न ही उतनी स्वच्छता से रहता है। इस बात को लेकर, और भी जो बातें मन में संचित रही हों, उनके कारण सभी ने मुझसे काफी विवाद किया था। पिता जी ने कहा था जो बहुमत होगा वह किया जाएगा। यदि बहुमत 'सूअर पालने' का हुआ तो वो भी संभव है। देवेंद्र प्रकाश जी ने कहा था कि हम 'एक छत के नीचे' एक साथ नहीं रह सकते। इस विवाद के लिए कुत्ता तो एक विषय रहा ही होगा, वास्तविक कारण इन लोगों को हमारा फ़ैज़ाबाद आना जाना और उससे इन लोगों की प्रत्येक प्रकार की स्वतंत्रता में प्रतिबन्ध लगना था। इन लोगों की हमारे साथ न रहने की आदत पड़ चुकी थी। बीमारी या अन्य विषम स्थिति में इनका बड़ा पुत्र बनकर जो पूरी जिम्मेदारी निभाता था वही सामान्य

स्थितियों में महत्वहीन हो जाता था। क्योंकि वह अपना पूरा वेतन इनको लाकर देने के स्थान पर अपने परिवार हेतु स्वयं उपयोग करता था, जैसा हम लोग अनुमान लगाते थे। जो भी हो माँ-बाप की मेरे प्रति यह दुर्भावना क्यों थी यह ना मैं आज तक समझ सका, ना सीमा और ना ही मेरे बच्चे। बच्चे तो कहते है कि आप उनके पुत्र हैं ही नहीं। डीएनए टेस्ट करा लीजिए।

पिता जी अपने रिटायर होने के समय तक थोड़ा ठीक व्यवहार करते थे। रिटायर होने के उपरान्त जब वो अपना अधिकांश समय घर पर ही व्यतीत करना शुरू किए तो उनके स्वभाव में तेजी से परिवर्तन आने लगा था। वो धन को लेकर अधिक आसक्त होते गए और धन ही प्रत्येक दोष के मूल में होता है। मुझे लगता है वो अपने भविष्य के लिए धन संचित करने के लिए अधिक प्रयत्नशील या इच्छुक रहने लगे। लेकिन देवेंद्र प्रकाश जी का हमेशा ही पक्ष लेना यह माता जी की प्रेरणा से भी था। या वो सोचने लगे होंगे कि देवेंद्र प्रकाश जी उनके साथ रहने के कारण अधिक सहयोग करेंगे, इस कारण हो सकता है। उनके पास पैसे थे लेकिन वो चाहते थे कि उनके प्रोस्ट्रेट सर्जरी के लिए मैं उन्हें पैसे दूँ। मैंने कहा था कि जो आपके पास हैं उन्हें प्रयोग करिए और जब नहीं रहेंगे तो मैं दूंगा ही। उन्हें मेरी यह बात भी पसंद नहीं आई थी। मुझे ज्ञात था कि उनके अकाउंट में पैसे हैं। और आजतक उनके फिक्स्ड और सेविंग किसी भी अकाउंट के विषय में उनके देहांत के बाद माता जी ने मुझे कुछ भी नहीं बताया। हां यह पूँछने पर अवश्य बतलाया था कि नॉमिनी देवेंद्र प्रकाश जी को बना दिया है। इस विषय में उन्होंने कोई भी विचार विमर्श नहीं किया था। मेरे बड़े होने का कोई अस्तित्व ही नहीं समझा था। यह बात दो हजार नौ की होगी। मुझे अपनी हीनता महसूस हुई थी और यह मैंने उनसे कहा भी था। जबकि मैंने वर्तमान में ही अपने दोनों बच्चों को अपने प्रत्येक बैंक खाते, एफडी, लाकर और जमीन आदि की जानकारी दे रखी है क्योंकि समय कोई नहीं जानता कि कल क्या हो। मेरी ओर से न्याय होना चाहिए और मेरी अनुपस्थिति में जो रहेगा वो न्याय के रास्ते पर चलता है या नहीं उसके लिए उसकी जिम्मेदारी है।

ग्रीष्मावकाश के बाद जब विद्यालय खुले तो नेहा पुनः फैज़ाबाद आ गयीं। लेकिन पढ़ाई के लिए एक निश्चित शान्त जगह उसको नहीं मिल पा रही थी। ऊपर के कमरे में अधिक रहती थी। देवेंद्र प्रकाश जी उससे कहते थे कि उसने उनके कमरे पर कब्ज़ा कर लिया है। नीचे तो शोरगुल रहता ही था। इन व्यवधानों के कारण उसकी अपनी घर की पढ़ाई और अन्य विद्यालय के गृह कार्य पिछड़ते जा रहे थे। साथ ही वह कक्षा में भी सबके समान प्रगति नहीं कर पा रही थी। माध्यमिक कक्षाओं में ही कोर्स कठिन होने लग जाता है तो उच्चतर माध्यमिक की तो बात ही दूसरी है। इस वजह से जब उसे दो तीन दिनों की छुट्टी मिलती थी या वैसे भी सप्ताहांत पर वह अपने ननिहाल चली जाती थी। महेश प्रकाश जी लिवा ले जाते थे। वहाँ उसका मन अधिक लगता था क्योंकि वो लोग उसके खाने पीने का विशेष ध्यान

रखते थे। कंधारी बाजार में डिस्टर्बेंस अधिक होने और लोगों के बीच उसे अपनत्व वाला प्रेम या स्नेह न मिलने के कारण वह एक बार जब नियाँवा अपने ननिहाल गयी तो वहीं रुक गयी। मैंने भी सोचा उसे यदि वहाँ अधिक सुविधाजनक लगता है तो वहीं रहना ठीक है। मैं पर्याप्त, उचित ढंग से इस प्रकार आर्थिक सहयोग कर दूंगा कि उन लोगों पर कोई बोझ न पड़ने पाए। लेकिन मैंने देखा कि पढ़ाई के योग्य उपयुक्त वातावरण वहाँ भी नहीं है। कोई ऐसा कमरा नहीं जहाँ एकांत हो। यह अवश्य था कि वह यहाँ एकाकी नहीं महसूस करती थी। खाना पीना भी उसे यहाँ पसंद आ रहा था और लोग प्रेम से रख भी रहे थे। महेश प्रकाश जी की पत्नी इस विषय में नेहा का विशेष ध्यान रखती थीं। नेहा के कपड़े अदि भी वो सहर्ष धुल देती थीं। प्रत्यक्ष रूप से नेहा के वहाँ रहने पर किसी को कोई असुविधा होती नहीं प्रतीत हुई थी। मात्र एक बात के और वह यह कि पढ़ाई वैसी नहीं हो सकती थी जैसी हम लोग यहाँ सुलतानपुर में करने की सुविधा प्रदान करते थे। नेहा थोड़ा सोशल भी अधिक थीं। नियाँवा की ही दो लड़कियाँ जेबीए में इन्ही की क्लास में पढ़ती थीं। उनसे इनकी मित्रता हो गयी थी। हालाँकि उनको स्कूल ले जाने के लिए वाहन लगा था लेकिन कभी कभी बरसात के कारण समस्या हो जाती थी या कभी वाहन नहीं आया तो महेश प्रकाश जी को पहुँचाने जाना पड़ता था। सीमा की अम्मा जी, मुझे एहसास हुआ, कि नेहा को लम्बे समय तक रखने के लिए सहमत नहीं थीं अर्थात वो नहीं चाहती थीं। कारणों का कयास लगाना तो संभव है किन्तु आवश्यकता नहीं। जिम्मेदारी उठाना साहस का काम होता है। उनका कहना था कि महेश प्रकाश जी की पत्नी के माइके वाले सोचेंगे कि अपनी नातिन को रखकर उन्होंने अपनी बहू का कार्य और जिम्मेदारी बढ़ा दी है।

अतः एक बार जब हम लोग गए तो उन्होंने यह बात स्पष्ट रूप से कह दी और यह भी कहा कि 'भैया तुम अपनी बिटिया की व्यवस्था स्वयं देखो'। मेरे सामने अब विचित्र समस्या थी। मेरे घर के लोग नेहा को आवश्यक प्रेम स्नेह व सुविधा नहीं दे पा रहे थे और सीमा की माँ स्पष्ट रूप से ही अपने यहाँ रखने से मना कर दी थीं। इस बात की तो मैंने कल्पना ही नहीं की थी।

मैं तो बहुत ही विषम स्थिति में था। नहुष की भाँति अपने को अधर में पा रहा था। अपने ही परिवारजनों और सम्बन्धियों से इस प्रकार की प्रतिक्रिया का न तो मुझे पूर्वानुभव था और न आशा ही थी। वह भी जब कोई शिक्षा जैसे महत्वपूर्ण विषय पर सहयोग मांग रहा हो। मैं तो जिसके यहाँ भी रहा मुझे पूरा सहयोग मिला था और जो मेरे यहाँ आता था उसे हम लोग पूरा स्नेह देते थे और यदि वो चाहे तो लम्बे समय तक रखने को भी तैयार रहते थे। और यही मैंने पिता जी को मेरे बचपन में करते देखा था। सीमा के माइके से तो मैं मान कर चल रहा था कि हमारा कोई अधिकार नहीं बनता। और वहाँ के लिए प्रारम्भ से ही नहीं सोचा था। लेकिन हमारे माँ-बाप भाई बंधु समस्या उत्पन्न करेंगे यह कभी नहीं सोचा था।

अब हम नेहा के भविष्य को देखते हुए उन्हें कहाँ ले जाते। यहाँ से नाम कटा यदि सुलतानपुर ले जाऊँ तो वहाँ पर प्रवेश में समस्या आ सकती है। और उसके मित्रों के मध्य एक उपहास की बात भी, जो वह अनुभव करती। एक बार इसका विकल्प एक किराए का मकान लेकर सीमा और नेहा को फैज़ाबाद में रखना और मैं तथा शिवेंद्र सुलतानपुर में रहकर किसी भाँति दो वर्ष व्यतीत करूँ, भी मस्तिष्क में कौंध गया था जो कि व्यवहारिक नहीं था। फैज़ाबाद में जो कमरा ऊपर बनवाया था उसमे रहकर वो अपना समय व्यतीत कर सकती थीं मगर यदि पढ़ाई की बात की जाए तो उसके सुचारु रूप से चलने के लिए जो मन की शान्ति और प्रफुल्लतापूर्ण वातावरण घर का होना चाहिए वह नहीं मिल सकता था। जो अधिक समस्या थी वह देवेंद्र प्रकाश जी का व्यवहार और उस नए बच्चे के कारण भी थी। यदि देवेंद्र प्रकाश जी की पत्नी भी वैसा ही ध्यान रखतीं जैसा कि महेश प्रकाश जी की पत्नी ने रखा था, तो स्थिति दूसरी हो सकती थी।

लेकिन ईश्वर की माया बहुत ही विचित्र है। वह जब चाहता है तो कुछ असंभव नहीं है। हुआ यह कि देवेंद्र प्रकाश जी की सर्विस इंटरमीडिएट कॉलेज जिला शाहजहाँपुर में अध्यापक के रूप में लग गयी। क्योकि नीता जी बाराबंकी में पूर्व से ही एक विद्यालय में अध्यापिका के रूप में कार्यरत थीं अतः उनके पति और देवेंद्र प्रकाश जी ने शाहजहाँपुर जाकर हमारे मित्र एनआईसी के डीआईओ से सहयोग लेकर स्वयं को वहाँ से अवमुक्त करा, स्थानांतरण के उपरान्त बाराबंकी के उसी विद्यालय में सर्विस ज्वाइन कर ली जिसमे नीता जी कार्यरत थीं। तत्पश्चात उन्होने बहुत ही शीघ्र वहाँ अपना आवास ले लिया और पत्नी और उस बच्चे सहित सामान आदि लेकर चले गए।

वो नियाँवा गए थे और नेहा से यह कह आए थे कि हम लोग बाराबंकी जा रहे हैं और तुम चलकर अपने बाबा-दादी के साथ रहो। उन्होंने अतिशीघ्रता में यह कार्य किया और यह भी नहीं सोचा कि यदि नेहा नहीं आना चाही तो माता-पिता जी का अकेले इस अवस्था में कैसे काम चलेगा। मुझसे कोई विचार विमर्श नहीं किया था कि वैकल्पिक व्यवस्था क्या होगी। ख़ैर, तदोपरांत नेहा कंधारी बाजार आ गयी और माता-पिता जी को भी एक सहारा मिल गया। मेरी समस्या का समाधान हो गया था किन्तु भविष्य के लिए अनेक अनुभव दे गया।

नेहा अब फ्री होकर अपनी पढ़ाई लिखाई करने लगी थीं। किन्तु जो वो नुकसान उठा चुकी थीं उसकी भरपाई करना कठिन हो गया था। प्रत्येक विषय में कक्षा में पिछड़ गयी थीं। लेकिन अन्य शिक्षणेत्तर क्रिया कलापों और स्पोर्ट्स में वह उस विद्यालय में होने की वजह से अधिक सफलता और अनुभव ग्रहण कर पा रही थी। माता जी की जितनी क्षमता थी उसके अनुसार वो नेहा का ध्यान देती थीं और पिता जी भी प्रसन्नता पूर्वक रखते थे। इन लोगों के पास अब पर्याप्त समय भी था। इस प्रकार नेहा अगले दो वर्ष वहाँ शांतिपूर्वक रहीं और दो हजार आठ

में कक्षा बारह उत्तीर्ण करने के बाद फैज़ाबाद से हटीं। हम लोग भी जब समय मिलता था तो सुलतानपुर से फैज़ाबाद आते जाते रहते थे। नेहा के व्यय और पिता जी के खर्चों का भी ध्यान मैं जितना समझ पाता था उतना अवश्य रखता था। नेहा खेलों में अधिक रूचि लेने के कारण विद्यालय में प्रसिद्ध हो गयी थी और मतदान के द्वारा विद्यालय के अपने हाउस की उपाध्यक्ष और बाद में अध्यक्ष भी बन गयी थी। एक बार होटल कृष्णा पैलेस में चिकित्सकों की कांफ्रेंस हुई थी जिसमे उसे उदघोषक के रूप में बुलाया गया था। इसकी अंग्रेजी अच्छी होने के कारण इसे यह अवसर मिला था। यहाँ इसका व्यक्तित्व विकास काफी हुआ यद्यपि बोर्ड की परीक्षा में उतने अच्छे अंक नहीं आए थे जितने पढ़ाई करने वाले बच्चों के आते हैं। फिर भी प्रथम श्रेणी में अच्छे अंक थे। परीक्षाओं के समय हम लोगों में से कोई न कोई फैज़ाबाद में अवश्य रहा चाहे सीमा चाहे मैं। बोर्ड की परीक्षा में मैं परीक्षा केंद्र तक पहुँचाने व लाने जाता था। इसकी एक मित्र थी जो एसपी सिटी की लड़की थी और नेहा के पास कंधारी बाजार प्रायः आती जाती थी। उसके पिता बाद में सुलतानपुर उसी कॉलोनी में आकर रहे जहाँ हम लोग रहते थे। उससे इसकी मित्रता अभी भी बनी हुई है। इनकी एक और मित्र डॉक्टर कौशल जी की पुत्री भी बहुत ही घनिष्ठ मित्र थी। उसके साथ ये बंगलौर, जहाँ वह सर्विस करती थी, मैं भी छह माह लगभग रही थीं। उसका इनको वहाँ पर दिया गया सहयोग इन्हे कानपुर आईआईटी में पीएचडी प्रवेश में बहुत महत्वपूर्ण साबित हुआ। वह फैज़ाबाद की ही निवासी थी और ये लोग भी अभी तक सम्पर्क में हैं। संयोग से उसका विवाह मेरे एक बचपन के मित्र के बेटे से हुआ है जो रिकाबगंज में ही रहते थे। कक्षा बारह की परीक्षाएँ समाप्त होने के उपरान्त हम लोग नेहा को पुनः सुलतानपुर लिवा ले गए थे। अब माता-पिता जी अकेले हो गए थे। मुझे ध्यान पड़ता है कि उसके उपरान्त मैं एक बार फैज़ाबाद आया था और नेहा को लखनऊ परीक्षा दिलवाने पिता जी आदि सहित बाराबंकी जाकर रुका था और उन्हें अपनी कार से वापस फैज़ाबाद लाया भी था।

23

चार पेड़

गर्मी की छुट्टियाँ आम के लिए अधिक याद की जाती है। जो लोग गाँव से जुड़े होते हैं वो प्रायः अपना परिवार बच्चों के ग्रीष्मावकाश के दौरान गाँव पहुँचा देते हैं। बचपन में यही मेरे साथ भी था। मुझे याद है कि आमों के सीजन में हमारे गाँव में एक चारपाई के बराबर की जगह में भिन्न भिन्न प्रकार के आमों का ढेर लगा रहता था। साइड में ईंटें लगाकर उन्हें फैलने से रोका जाता था। खाने के बाद जो बचता था या जो पुराना हो जाता था उस आम का अमावट बनता था। अब से पचास साठ वर्ष पूर्व गाँव की स्थिति बिलकुल भिन्न थी। तब जंगल का क्षेत्रफल बहुत ज्यादा था और कृषि कम क्षेत्र में की जाती थी। सिंचाई के साधन न होने का कारण वह अनाज ही बोया, पैदा किया जाता था जिसे पानी की जरुरत कम होती थी या वर्षा के द्वारा पूरी हो जाती हो। अधिकतर सिंचाई कुओं, तालाबों, द्वारा पानी को खेतों तक पहुँचा कर की जाती थी। जंगल क्षेत्र अधिक होने के साथ साथ, बागों की बहुतायत थी। आम, महुआ, जामुन आदि ग्रीष्म ऋतु के दौरान फूलने फलने लगते थे और वर्षा प्रारम्भ होने के समय परिपक्व हो खाने के लिए तैयार हो जाते थे। मैं कभी सपरिवार बैलगाड़ी से तो कभी अकेले साइकिल के द्वारा और कभी कभी पैदल ही स्वरूपगंज से गाँव जाता था। एक विशेष अनुभव होता था। जब जंगल के बीच से गुजरते थे तो ढाँख यानी पलास के वृक्ष सर्वाधिक होते थे। अतः पूरा क्षेत्र ही लाल लाल टेसू के फूलों से आच्छादित रहता था। जितने फूल वृक्ष पर होते थे उतने ही उसके नीचे भूमि पर झड़ कर फैले रहते थे। अतः पूरा जंगल व भूमि दोनो ही रक्तिम लाल रंग का दिखने लगता था। फूल तो देखने में अत्यधिक आकर्षक होते थे किन्तु उनमे सुगंध का अभाव होना उनको निष्प्रयोज्य बना देता था और वो समय के साथ ही नष्ट हो जाते थे। लेकिन जब बागों के बीच से हम गुजरते थे तो वहाँ आम के वृक्षों की अधिकता होती थी और फिर महुए के पेड़ों की। यदि प्रातः जल्दी वहाँ से गुजरना हुआ तो जमीन पर टपके हुए महुओं की सुगंध वहाँ व्याप्त रहती थी और उन्हें एकत्रित करती हुई महिलाएँ या लड़कियाँ भी दिख जाती थीं। महुओं को प्रातः ही एकत्रित कर लिया जाता था। महुए ज्यादातर रात में ही टपकते थे। यदि हम थोड़ा दिन चढ़ने पर बाग से होकर गुजरते थे

जैसा प्रायः होता था तो आम के बौरों की महक से बाग भरी रहती थी।

अब तो पुराने वृक्षों के समाप्त हो जाने और नए वृक्ष न लगने के कारण जो इक्के दुक्के वृक्ष रह गए हैं उनके फूल फल आदि की महक का आभास ही नहीं होता। जो हैं उनमे किन्हीं में तो बौर या फूल आते हैं और किन्हीं में नहीं भी। उस समय की खेती भी प्राकृतिक लगती थी। भूमि तो उपजाऊ थी ही और उसमे गोबर की खाद का प्रभाव अनाज को शुद्ध और भोजन को स्वादिष्ट बनाता था। ज्वार, बाजरा, मक्का, काँकर, सनई, पेटुआ, उरद, अलसी, तिल, बर्रै, शकरकंद, रामदाना, लहड़रा, साँवा, कोदो, लहसुन, प्याज, मेथी, धनिया आदि की तो अब खेती लगभग होती ही नहीं जबकि पूर्व में इनका भी कम महत्त्व नहीं था। सरसों और चने का साग विशेष रूप से लोग पसंद करते थे। खेतों के बीच से गुजरने पर एक खास तरह की खुशबू सी अनुभव होती थी।

जब उन्नीस सौ नवासी में मैं गाँव से सुलतानपुर गया तो फैज़ाबाद से एक जीप बुक की थी। क्योंकि मेरा विवाह गाँव से हुआ था अतः विवाह का अधिकांश सामान सीधे गाँव ही गया था। बेड, सोफासेट, ड्रेसिंग टेबल आदि को वाहन से सुलतानपुर ले जाना था। फैज़ाबाद के भी घर का काफी अनुपयोगी सामान जैसे हम लोगों की सारी एकत्रित पुस्तकें और कुछ अन्य भी ऐसा विचार किया गया कि गाँव पहुँचा दिया जाए। इसी समय यह भी तय किया गया कि कंपनी गार्डेन की नर्सरी से दशहरी कलमी आमों के पौधों को भी खरीद कर लिए चला जाए और गाँव पर जो नज़दीक के खेत हैं उनमे उन्हें लगवा दिया जाए। खेतों को बाग में परिवर्तित करने का इरादा माता-पिता जी का ही था।

मैं, देवेंद्र प्रकाश जी, उनके एक मित्र और पिता जी सभी लोग सामान सहित, दशहरी के कलमी लगभग चालीस आम के पौधों को लेकर गाँव गए थे और वहाँ सारा सामान उतार कर और जिन आइटम्स का मैंने ज़िक्र किया उन्हें लदवा कर उसी जीप से सुलतानपुर आ गए थे। उस दिन वहाँ दुर्गा पूजा का मूर्ति विसर्जन चल रहा था अतः आवास तक पहुंचने के लिए हमें लोहरामऊ की तरफ से घूम कर जाना पड़ा था। सभी ने मिलकर और परिश्रम कर सामान को घर के प्रथम तल पर पहुँचाया था। उसके उपरान्त लगभग रात में साढ़े आठ बजे अपना कार्यालय देखते हुए फैज़ाबाद आ गए थे। देवेंद्र प्रकाश जी और उनके मित्र साथ में थे। जीप का पूरा खर्च मैंने किया था।

उस समय माता-पिता जी गाँव पर थे और इन आम के पौधों को उन्होने हलवाहों द्वारा रोपित करवा दिया था। धीरे धीरे वो पौधे बड़े होने लगे। जो किन्ही कारणों से सूख गए थे उन्हें स्वरूपगंज से नए पौधे मंगा कर उनसे रिप्लेस कर दिया गया था। गर्मी में यदि उनकी सिंचाई की आवश्यकता होती थी तो अपने आदमियों के द्वारा करा दी जाती थी। कई बार मैंने स्वयं अपने कुँए से बाल्टी में पानी ले जाकर उन्हें सींचा ताकि सूखने न पाएँ। आज वे

ही पौधे बड़े हो कर पेड़ बन गए हैं और वह स्थान बाग। उसी समय के आस पास नारायण प्रसाद जी ने भी वहाँ आम के पौधे लगवा दिए थे और वो भी अब इन्हीं के बराबर हैं। जब उनमे पूरी तरह से फल लगने लगे तो दो हजार दस के पूर्व दो तीन बार मैं भी अपनी कार से जाकर पर्याप्त आम लाया था। तब नेहा और शिवेंद्र अपनी संतुष्टि भर आम खाते थे और जो हमारे यहाँ काम करने आती थीं उन्हें भी दिया जाता था। एक बार तो इन दशहरी आमों को मैंने अपने कार्यालय के तीन चार लोगों को घर के लिए दिया था। मेरे जूनियर ऑफिसर के घर शिवेंद्र स्वयं देकर आये थे।

लेकिन अधिकतर माता-पिता जी इन आमों को बेचने के पक्ष में ही रहते थे और जो आम गाँव से फैज़ाबाद लाया जाता था, उसके साथ यही होता था। थोड़ा अपने प्रयोग में लाकर शेष का विक्रय। ये लोग मेरे आम ले जाने को भी प्रसन्नता की दृष्टि से नहीं देखते थे ऐसा मुझे उनकी बातों से स्पष्ट होता था। एक बार शिवेंद्र और पिता जी के मध्य कुछ सहज बातचीत हो रही थी तो न जाने किस प्रसंग पर पिता जी ने शिवेंद्र से कहा था कि 'तुम्हे भी हम चार पेड़ दे देंगे'। और आज मैं यही सोचता हूँ कि वो कितने लोभ या माया में आसक्त थे। अपने पौत्र को, अपनी वृद्धावस्था में लेने देने का तो कोई प्रश्न ही नहीं उत्पन्न होना चाहिए था। इस अवस्था में हम अपने जीवन के अस्तित्व का ही आकलन नहीं कर सकते हैं और न उपभोग की क्षमता का। न जाने कब जिसे हम आज अपना कह रहे हैं वो कल किसके उपयोग में आए। जिसे हम देकर भी जाएँगे वह उसका क्या करता है, कुछ कहा नहीं जा सकता। आज न पिता जी का ही कोई अस्तित्व रह गया और न शिवेंद्र ही छह वर्षों से विदेश में होने के कारण उसका उपयोग करने की स्थिति में हैं। यह सोच व्यक्ति कि मानसिकता को ही प्रदर्शित करता है। मुझसे तो आकर आज यदि कोई भी इस प्रकार पेड़ों से सम्बंधित प्रश्न करे तो मैं अपने निकटतम घर के सदस्य पर इस बात का दायित्व डाल दूंगा।

जब हम लोग नेहा को आईआईटी प्रवेश परीक्षा लखनऊ दिलाने गए थे तो लौटते समय बाराबंकी और फैज़ाबाद होते हुए सुलतानपुर लौटे थे। बाराबंकी में नीता जी के बच्चों को चिकेनपॉक्स हो चुका था और वो स्वस्थ भी हो चुके थे। लेकिन वहाँ से आने पर पहले शिवेंद्र और फिर नेहा को इस प्रकोप का सामना करना पड़ा। यह बहुत ही गंभीर स्थिति होती है। शिवेंद्र को भी काफी समस्या और तकलीफ हुई थी लेकिन उनके उपरान्त जब नेहा को हुई तो हम लोगों को मात्र चिंता ही नहीं बल्कि नेहा के कष्ट को देखकर अत्यधिक मानसिक तनाव के साथ साथ भय का भी अनुभव हुआ, परेशान हुए और घबराए भी थे। पूरे शरीर पर यहाँ तक कि आँख की पलकों पर भी दिख रही थीं।

बड़ी चेचक बहुत ही कष्टप्रद और खतरनाक होती है और इसका कोई उपचार नहीं है। इसीलिए इसको दैविक शक्ति की उपस्थिति मानकर इस दौरान प्रभावित के पास इतनी पवित्रता और घर में सात्विकता रखने के नियम बनाया गया है। फैज़ाबाद में देवकाली मंदिर

मार्ग पर जहाँ मेरा प्लाट है, एक सहायक अभियन्ता रिटायर होकर आए थे और अपना आवास निर्मित कर उसमे रह रहे थे। उनके लगभग पच्चीस वर्ष के पुत्र को जो वकालत कर रहा था, देवी जी निकल आयी थीं। उनका प्रभाव इतना अधिक था कि उसके मस्तिष्क के भीतर भी हो गयी थीं और अंततः उसकी दुःखद मृत्यु हो गयी थी।

यह नेहा के प्रभावित होने के पूर्व की घटना थी। नेहा इसके पूर्व भी दो बार खतरनाक स्थिति से गुजर चुकी थी। एक बार उसके गुर्दों में संक्रमण हो गया था। वह इतना अधिक हो गया था कि वह कमर तक सीधी करने में दर्द महसूस करती थी। झुक कर ही वह घर में यहाँ तक कि शौचालय तक जाती थी। उसके यूरीन में रक्त कोशिकाएँ आने के कारण उसका रंग भूरा सा हो गया था। डॉक्टर वीके शुक्ला जी के उपचार और उन्हीं के अनुसार देखभाल करने से वह ठीक हुई थी। उसके कष्ट और कमजोरी को हम लोग जो साथ थे वो ही जान सकते हैं। कुछ दिन खाने पीने पर बहुत परहेज करना पड़ा था और मात्र उबली तरोई का रस, वह भी बिना नमक, उसका भोजन हुआ करता था। उसकी देखभाल व सीमा के गृह कार्यों में सहायता के लिए नेहा की मौसी ममता जी फ़ैज़ाबाद से आकर कुछ दिन रही थीं। वो स्वतः ही समाचार पाकर आई थीं और इससे सभी को शरीर से ही नहीं बल्कि मानसिक रूप से भी सुरक्षा तथा संतोष दोनों प्राप्त हुए थे। यह हम लोगों के लिए बहुत ही तनावपूर्ण स्थिति थी, जैसा डॉक्टर शुक्ला जी के बताने पर हम लोग समझ रहे थे। मेरे यहाँ से किसी ने इसके विषय में विस्तृत रूप से नहीं पूँछा था। उस समय वह साढ़े नौ वर्ष की थी। नेहा के लिए दूसरी गंभीर व कठिन स्थिति तब हुई थी जब उसका स्कूटर से एक्सीडेंट हुआ था। वह स्कूटर चलाना सीख रही थी और अचानक एक्सेलिरेटर खिंच जाने के कारण वह स्कूटर सहित गिर गयी थी और घिसटती हुई काफी दूर चली गयी थी। माथे, हाथ, पाँव सब जगह से खून निकल रहा था। उस समय इसकी आयु बारह तेरह वर्ष की तो रही ही होगी। मैं बहुत ही मुश्किल से इसे उठा कर घर तक ला पाया था। हम लोग तुरंत उसे जिला चिकित्सालय लेकर गए थे जहाँ उसके भौं के ऊपर आँख के निकट ही टाँके लगाए गए और चोट के स्थानों पर ड्रेसिंग की गयी थी। आँखों और नाक के पास सूजन के कारण उसका चेहरा इतना बदल गया था कि पहचानना मुश्किल था। ईश्वर की बहुत बड़ी कृपा थी कि कहीं फ्रैक्चर नहीं हुआ था। देवेंद्र प्रकाश जी व उनकी पत्नी उसी दिन दोपहर में इलाहाबाद जाने के लिए आए हुए थे। दूसरे दिन सुबह ही ये लोग इलाहाबाद चले गए थे। नेहा की दुर्घटना के विषय में सुनकर एडीजे रज़ी अहमद जी और डीडीओ प्रमोद कुमार जी आए थे। लगभग दस दिनों में काफी हीलिंग हो गयी थी।

बाद में देवेंद्र प्रकाश और नीता जी, सभी लोग सपरिवार सुलतानपुर आए थे और फिर पर्याप्त दिनों तक रुके थे। इसी बीच देवेंद्र प्रकाश जी, शिवेंद्र और नीता जी के दोनों बच्चे हम लोग अपने गाँव आम लाने भी गए थे। वहाँ इन लोगों ने थोड़ी देर के लिए ध्यान हटने पर नीता जी के छोटे बच्चे को चोट भी लगा दी थी जिसके प्राथमिक उपचार के लिए मुझे स्वरूपगंज

तक जाना पड़ा था। उसकी ठुड्डी कट गयी थी और दो तीन टांके भी लगे थे। हुआ यह था कि ये सभी बच्चे चंद्र प्रकाश जी की छत पर खेलने चले गए। वहाँ नीता जी के बड़े बच्चे ने छोटे से कहा तुम कूदो मैं पकड़ लूंगा लेकिन यह हट गया और वह दो फीट ऊँचाई से वहीं गिर पड़ा था। मेरा यह अनुभव है कि कभी भी किसी अन्य छोटे बच्चे को अपने उत्तरदायित्व पर कहीं नहीं ले जाना चाहिए। ऐसे ही जब हम लोग नेहा की मौसी, रंजना जी को बच्चों सहित वृन्दावन लेकर गए थे तो उसमे छोटे वाले की तो आँख ही फूटती फूटती बची थी। वह कहीं अन्यत्र देख रहा था और सामने एक ठेले पर लोहे की सरिया लदी हुई जा रही थीं। उनके पिता जी नहीं गए थे। फिर भी आँख के ठीक ऊपर खरोच आ ही गयी थी और उसकी भी ड्रेसिंग करानी पड़ी थी। किसी भी स्थिति में कुछ न कुछ तो आरोप जो उन्हें साथ ले जाता है उस पर आ ही जाता है। यह दो हजार नौ के ग्रीष्मावकाश की बात है जब हम सभी मेरी कार से वहाँ घूमने गए थे।

इस बार जब हम पिता जी आदि को बाराबंकी से लाकर छोड़ने के बाद सुलतानपुर आए तो यह उनकी और हम लोगों की अंतिम मुलाक़ात थी। हमेशा ही जब हम लोग कार से सुलतानपुर के लिए चलने को होते थे तो पिता जी मुख्य गली तक आकर खड़े होते थे। और इस बार भी उन्होंने उसी प्रकार हम लोगों को विदा किया था। यह निश्चित जान पाना तो संभव नहीं था कि ऐसा हो सकता है। किन्तु उनके स्वास्थ्य व आयु को देखते हुए यह तो निश्चित ही कहा जा सकता था कि यह अंतिम विदाई भी हो सकती है। और मेरे मन में तो कदाचिद यह भय हमेशा ही बना रहता था।

जून मास की उन्तीस तारीख को उनकी तबियत अधिक खराब हुई। उन्हें सांस लेने में बहुत ही अधिक कठिनाई हो रही थी और रात फैज़ाबाद में माता और पिता जी ने जागते हुए काटी थी। माता जी के फ़ोन के द्वारा रात डेढ़ बजे मुझे यह जानकारी हुई थी। मैंने माता जी को परामर्श दिया था कि देवेंद्र प्रकाश जी को फ़ोन कर के बुला लीजिए और उनसे कहिए कि पिता जी को उपचार के लिए लखनऊ लेकर जाएँ और मैं दो दिन बाद आऊँगा। उस समय नेहा को चेचक के कारण बहुत अधिक कमजोरी आ गयी थी।

मेरा भी विभागीय प्रोन्नति हेतु साक्षात्कार लखनऊ में तीन जुलाई को होना था। मैं यह सोच रहा था कि लखनऊ में किसी अच्छे चिकित्सालय में इन्हे दिखाने पर लाभ अवश्य हो जाएगा। लखनऊ इनके आवास बाराबंकी से निकट भी था और नीता जी का पूरा परिवार भी बाराबंकी में रहता था। लखनऊ में उपचार की अच्छी सुविधाएँ भी थीं। तीस तारीख सुबह देवेंद्र प्रकाश और हेमेंद्र जी कार से फैज़ाबाद आए थे और पिता जी को सीधे लखनऊ ना ले जाकर बाराबंकी अपने आवास पर ले गए थे। पिता जी ने महेश प्रकाश जी को नियाँवा से बुलाया था और कहा था कि यदि तुम मुझे पहुँचाने चलोगे तभी मैं जाऊँगा। महेश जी को इंजेक्शन आदि लगाने व प्राथमिक उपचार का अपने पिता जी के उपचार से और डॉक्टर

रवि प्रताप जी के साथ रहने की वजह से अच्छा अनुभव था। स्पष्ट है कि पिता जी को देवेंद्र प्रकाश जी पर पूर्ण विश्वास भी नहीं था। महेश प्रकाश जी उन्हें बाराबंकी देवेंद्र प्रकाश जी के निवास तक पहुँचाकर वापस फैज़ाबाद आ गए थे। वहाँ पहुँच कर पिता जी के स्वास्थ्य में कुछ सुधार सा दिखा था। शाम को लगभग आठ बजे के आस पास हम लोगों ने फोन पर उनसे बात की थी तो आवाज से वह ठीक प्रतीत हो रहे थे। उन्होंने बताया था कि और सभी लोग किचेन की ओर हैं और खा पी रहे होंगे। मैंने उनसे कहा था कि हम सभी लोग दो जुलाई को आएँगे। यह बातें तीस जून की हैं। सीमा की भी बातचीत उनसे हुई थी।

अगले दिन जब स्थिति गंभीर नहीं दिखी तो ये सभी लोग थोड़ा निश्चिन्त हो गए थे या इन लोगों ने जिसमे माता जी भी शामिल थीं, उनकी उन्तीस की रात्रि वाली गंभीरता को नजरअंदाज कर दिया था और इनको उपचार के लिए लखनऊ किसी अच्छे चिकित्सक, विशेषज्ञ के पास इतने करीब होते हुए भी नहीं ले गए थे। हेमेंद्र को उच्च न्यायालय में कोई कार्य था, यह मुझे बतलाया गया था। परिणामस्वरूप पहली जुलाई को रात्रि होते ही पिता जी को पुनः कुछ समस्या शुरू हो गयी। अभी किसी ने भोजन भी नहीं किया था कि पिता जी को चिकित्सा हेतु इमरजेंसी जिला राजकीय चिकित्सालय ले जाना पड़ गया। देवेंद्र प्रकाश, नीता के पति और माता जी साथ में गए थे। मेरे पास देवेंद्र प्रकाश जी का फ़ोन आया कि 'मैंने पिता जी को ऑक्सीजन लगवा दिया है लेकिन वो लगवा नहीं रहे हैं, अब आगे मैं नहीं जानता'। फिर तुरंत उन्होंने कहा 'फोन रखिए सोनू बुला रहे हैं'। सोनू, हेमेंद्र जी का पुकारने वाला नाम था। उसके बाद जल्दी ही निशा जी का फ़ोन आया कि 'पिता जी नहीं रहे'। मैं यह नहीं जानता कि इन लोगों ने क्या यह सुनिश्चित किया था कि ऑक्सीजन सिलिंडर में ऑक्सीजन पर्याप्त थी या नहीं। क्योंकि ऑक्सीजन लगने के बाद तुरंत मृत्यु हो जाना थोड़ा संदेह पैदा करता है। एक बार शिवेंद्र के अस्वस्थ होने पर डॉक्टर वीके शुक्ला जी ने यह कहा था कि जब हम लोग समझते हैं कि उपचार संभव नहीं है तो उस केस को सरकारी चिकित्सालय रिफर कर देते हैं। देवेंद्र प्रकाश जी की पत्नी द्वारा फ़ोन पर देहांत की बात सुनते ही सीमा और नेहा दोनो रोने लगी थीं। मैंने इन लोगों को ढांढस बंधाते हुए कहा 'रोओ नहीं उन्हें माया से मुक्ति मिल गयी'।

यह निश्चित हुआ कि शव को एम्बुलेंस या वाहन मिलते ही फैज़ाबाद लेकर आएँगे। नीता जी की छोटी ननद का परिवार बाराबंकी में ही रहता था। नन्दोई शिक्षा विभाग के कार्यालय में कार्यरत थे, उनके सहयोग का आभारी रहना होगा, उनके द्वारा ही शव को लाने के लिए वाहन की व्यवस्था हुई थी। हम लोग तैयार हुए और उनके फैज़ाबाद पहुँचने के पूर्व फैज़ाबाद पहुँच गए थे। रात्रि के साढ़े दस बजे रहे होंगे। सोचा कि अभी इन लोगों के पहुँचने में समय लगेगा, हम लोग नियाँवा चले गए। वहाँ पहुँच कुछ देर रुक कर बच्चों को थोड़ा बहुत खिलाया, हम लोगों से खाया नहीं जा सका। तदोपरांत कंधारी बाज़ार आ गए। घर की चाभी

उपलब्ध थी। थोड़ी ही देर में नरेंद्र प्रकाश और चंद्र प्रकाश जी भी आ गए थे। पिता जी के शरीर को लाने के बाद कहाँ उन्हें लिटाया जाएगा उसकी व्यवस्था हम लोगों ने की। देवेंद्र प्रकाश जी, नीता जी का परिवार और माता जी आदि सभी लोग शव सहित करीब साढ़े ग्यारह बजे आ गए थे। अजीब बात तो यह थी कि ये सभी लोग पिता जी के मृत शरीर को घर तक लाने के उपरान्त ऊपर बच्चों को लेकर चले गए थे। नीचे केवल मैं, चंद्र प्रकाश, नरेंद्र प्रकाश और माता जी ही बैठे थे। परामर्श के लिए देवेंद्र प्रकाश जी को बुलाना पड़ा था। यह निर्णय लिया गया कि पिता जी की अंतिम क्रिया देवेंद्र प्रकाश जी ही सम्पन्न करेंगे क्योंकि मुझे अपने साक्षात्कार हेतु तीन तारीख को लखनऊ जाना आवश्यक था और नेहा के बीटेक में प्रवेश आदि के लिए तेरही के पूर्व ही इलाहाबाद जाना होगा। देवेंद्र प्रकाश जी को यह निर्णय बेमन से स्वीकार करना पड़ा था। प्रातः मैं और चंद्र प्रकाश जी ने मार्केट, किन्ही कारणो से बंद होने के बावजूद, दुकानों को थोड़ा थोड़ा खुलवाकर चौक बजाजा से, सभी आवश्यक सामानों के क्रय करने का कार्य किया था। फूल माला आदि मकबरे के निकट से खरीदा था। महेश प्रकाश जी ने जमथरा घाट पर चिता और शव को ले जाने हेतु वाहन की व्यवस्था कराई थी। हरेंद्र प्रकाश जी गाँव से आने में विलम्ब कर रहे थे। उन्हें नरेंद्र प्रकाश जी ने फोन कर अविलम्ब पहुँचने के निर्देश दिए। सारी परम्पराओं को संपन्न करने के उपरान्त उन्हें हनुमान मंदिर के निकट खड़ी बस तक कन्धों पर ले जाया गया था। रजनी जी के पुत्र शिवांश भी थे। स्थानीय सम्बन्धी और मोहल्ले के परिचित लोग घर तक विदा करने आए थे। शिवेंद्र भी साथ में ही थे। जो लोग घर तक नहीं आ पाए थे वे चिता स्थल, जमथरा घाट पहुंचे थे। गोंडा से डॉक्टर रवि प्रताप और बरौली से सतीश कुमार जी सीधे वहीं आए थे। सतीश कुमार जी मुखाग्नि देने के पूर्व पहुंच गए थे।

नीता जी के पति हेमेंद्र सुबह अपने विद्यालय जहाँ वो अध्यापन करते थे, उपस्थिति लगाने के लिए मुझसे कह कर चले गए थे। मैंने उन्हें रोका भी नहीं था। और बाद में वो जमथरा घाट पर ही मुझे दिखे थे। हेमेंद्र एक स्वार्थपर और धनलोलुप प्रकृति के व्यक्ति हैं। इन्होंने बाद में बार बार पिता जी को बाराबंकी ले जाने के लिए अपनी कार के प्रयोग किए जाने की उलाहना दी थी। और इन्हें उस गैस सिलिंडर का मूल्य भी निशा जी द्वारा चुका दिया गया था जो कार से पिता जी को ले जाने में लगा था। ये मुझसे विशेष ईर्ष्या रखते थे ऐसा लोगों ने मुझे बतलाया था।

मैंने यह ध्यान दिया है कि यह मानव स्वभाव है कि उसका मन वर्तमान में अधिक रहता है। भूतकाल से वह अतिशीघ्र बाहर आ जाता है और भविष्य में सोचने के लिए उसे परिश्रम करना पड़ता है। इसलिए अंत्येष्टि में जो वहाँ उपस्थित होते हैं, यदि वह चिता से दूर हैं, तो वो यह भी भूल जाते हैं कि वहाँ क्यों हैं और आपस में ऐसे बातचीत करते हैं जैसे वे किसी चाय की दूकान पर हों। उनके लिए सबकुछ बहुत ही कम समय में इस प्रकार सामान्य हो

जाता जैसे कुछ हुआ ही नहीं। सम्बन्धियों की बात तो अलग, अपने पुत्र, पुत्री व पत्नी भी अति शीघ्र इस दुःखद स्थिति को विस्मृत कर देते हैं। ऐसे कुछ ही लोग होते हैं जिनके न रह जाने पर आई शून्यता लम्बे समय तक महसूस होती रहे। पिता जी से मेरी सैद्धांतिक और वैचारिक भिन्नता रहती थी और कभी कभी वाद विवाद भी हो जाता था लेकिन उनमे कुछ ऐसी विशेषताएँ भी थीं कि उनसे मेरी कभी बातचीत बंद नहीं होने पाई यद्यपि मेरा स्वभाव इसके विपरीत था। नाराजगी होने पर मेरी सम्बंधित व्यक्ति से बोलचाल बंद हो जाती थी जो कि सप्ताह से लेकर महीनों तक नहीं होती थी चाहे वो अपने बच्चे, पत्नी ही क्यों न हों। इनकी अंत्येष्टि में सभी ने ऐसा सहयोग किया कि मुझे कोई, किसी प्रकार की समस्या नहीं होने पायी। जमथरा घाट से लौटने के बाद मैंने पाया कि माता जी बिलकुल सामान्य स्थिति में थीं। उन्होंने जहाँ पिता जी लेटते थे, उस बिस्तर के नीचे उनके द्वारा लिखकर रखे गए सभी कागज हटा दिए थे। प्रायः वो कुछ न कुछ लिख लेते थे और अपने बिस्तर को उठा तखत पर दबा देते थे। और भी जो उनकी डायरियाँ थीं उनको उन्होंने हटा कर कहीं अन्यत्र रख दिया था। अपनी दिनचर्या तो वो मेरी स्मृति प्रारम्भ होने के समय से ही लिखते आ रहे थे। और उन्हें अपने बॉक्स में वर्षानुसार रखते जाते थे। ईश्वर की प्रेरणा से नेहा ने दादी से पूँछकर उनकी अंतिम दैनन्दिनी अपने पास रख ली थी। नेहा इन दोनों लोगों के साथ दो वर्ष रही थीं और उन्हें इन लोगों से स्वाभाविक ही अधिक लगाव हो गया रहा होगा।

मुझे कुछ भी नहीं पता कि क्या क्या पत्र वो अपने नीचे रख कर सोए थे और यदि उनमे कोई विशेष बात थी तो क्या थी। उनकी क्या इच्छाएँ थीं या अपने बाद वो क्या चाहते थे कुछ भी पता नहीं। उस समय सामने मुझे कुछ दिखा नहीं और बाद में तो मेरा इन लोगों से सम्बन्ध ही नहीं रहा कि मैं कंधारी बाजार जाता। उनके जीवित रहते मैंने उनसे मृत्यु के उपरान्त के विषय में ऐसे ही जानना चाहा था कि उनके क्या विचार हैं तो उन्होंने कहा था कि यदि चाहे तो कुछ अंश बुढ़ऊ की बाग में स्मृति रूप में रख दे अन्यथा अंत्येष्टि कहीं भी की जा सकती है। उनके अस्थि अवशेषों को नरेंद्र प्रकाश और देवेंद्र प्रकाश जी ने अगले दिन एकत्रित कर सरयू जी में प्रवाहित कर दिया था। नरेंद्र प्रकाश जी के पूँछने पर मैंने उन्हें कुछ अंश ले आने को कहा था जिसे मैंने, मैं जब इलाहाबाद गया था तो गंगा जी में प्रवाहित कर दिया था।

मैं नेहा को लेकर सीट अलॉटमेंट की काउंसलिंग के लिए इलाहाबाद गया था। इस प्रक्रिया में अभ्यर्थी आवश्यक शुल्क जमा करने के पश्चात उपलब्ध इंजीनियरिंग कॉलेजों को अपनी पसंद के क्रमानुसार चयनित करता है। इस दिन अनुपस्थित रहने पर यह मान लिया जाता है कि अभ्यर्थी प्रवेश के लिए इच्छुक नहीं है और फिर उसे अवसर नहीं दिया जाता। मेरे पुराने मित्र प्रवीन सिंह जी इस कार्य से सम्बंधित पूरी तकनीकी व्यवस्था को देख रहे थे। नेहा की काउंसलिंग में उन्हीं का परामर्श था कि यदि एक वर्ष रुकने पर आईआईटी निश्चित ही मिल जाएगा ऐसी गारेंटी हो तभी काउंसलिंग छोड़िए अन्यथा किसी अच्छे कॉलेज में प्रवेश करवा

दीजिये। और मैंने काउंसलिंग करा दी थी। इसी दिन फैज़ाबाद में पिता जी की तेरही थी और मैं और नेहा लौट कर सायं देर से वापस फैज़ाबाद पहुंचे थे। तब तक काफी लोग खाना खाकर जा चुके थे। केवल मोहल्ले के घनिष्ठ लोग व कुछ सम्बन्धी और घर के लोग ही बचे थे। इस लिए गाँव के अन्य लोगों में अथवा रिश्तेदारों में कौन भोज में शामिल हुआ था उसका पूरा ज्ञान नहीं है।

तेरही का भोजन पकाने का कार्य मोहल्ले के ही हलवाई सुरेश जी ने किया था। सुरेश जी मेरी प्राथमिक शिक्षा के दौरान एक दो वर्ष मेरे साथ पढ़े थे। वह मुझे पहचानते तो रहे ही होंगे किन्तु संकोचवश बात नहीं किये होंगे। खाना अच्छा बना था क्योंकि जब हम लोगों ने अंत में खाया तो भी सब आइटम्स थे और स्वादिष्ट भी। तेरही का भोजन कंधारी बाजार के ऊपरी तल पर छोटा पंडाल लगा कर भलीभांति संपन्न हुआ था। पंडाल की व्यवस्था नरेंद्र प्रकाश जी के माध्यम से हुई थी। इस पूरे आयोजन के विषय में माता जी और थोड़ा बहुत देवेंद्र प्रकाश जी के ही द्वारा सभी निर्णय लिए गए थे। रात्रि में जब सारे कार्य संपन्न हो चुके थे तो बहुत वर्षा हुई थी। जब पिता जी के शव को घर से उठाया गया था तब भी हलकी वर्षा हो रही थी लेकिन कुछ देर में रुक गयी थी।

तीन तारीख को मैं प्रातः ही मैं लखनऊ अपने योजना भवन कार्यालय रिव्यू इंटरव्यू के लिए चला गया था। प्रशासनिक अधिकारी को मैंने अवगत करा दिया था कि कल ही मेरे पिता जी की अंत्येष्टि हुई है क्योंकि वो जलपान और खाने आदि की व्यवस्था कर रहे थे। प्रातः घर से चलते समय हेमेंद्र जी ने शुभकामनाएँ दी थीं। मैं समय से लखनऊ पहुँच गया था। मेरा साक्षात्कार वीडियो कॉन्फ्रेंसिंग के माध्यम से संपन्न हुआ था। मेरे अनुसार मैं एक डेढ़ बजे तक फ्री हो गया था। तत्पश्चात मैं बस के द्वारा फैज़ाबाद लौट पड़ा था। बरसात थोड़ी बहुत हो रही थी किन्तु मैं छाता लिए हुए था अतः कोई कठिनाई नहीं हुई। बस में भी अधिकांश सीटें खाली थीं और मैं बड़े ही आराम से बैठ कर आया था। क्योंकि साक्षात्कार अच्छा हुआ था अतः भीतर से खुशी का एहसास भी हो रहा था। मैं आश्वस्त था कि पदोन्नति हो जायेगी। अंत्येष्टि के दूसरे दिन घर के लोग एक टाइम ही भोजन करते हैं और वह भी जो एक बार में परोस दिया जाए। शाम पाँच बजे के आस पास मैंने घर पहुंच कर खाना खा लिया था।

तेरही के तीसरे दिन हम लोग अपनी कार से बच्चों व हरेंद्र प्रकाश जी के साथ वापस सुलतानपुर होते हुए इलाहाबाद नेहा का काउंसलिंग परिणाम व संस्थान के आबंटन का आदेश लेने आ गए थे। सुलतानपुर में नेहा और शिवेंद्र को घर पर छोड़ दिया था। इलाहाबाद हम लोग सबसे पहले प्रवीन सिंह जी के जरिये नेहा को आबंटित संस्थान का आदेश प्राप्त किए और उसके बाद फिर संगम पर जाकर पिता जी के अवशेषों को गंगा जी में प्रवाहित किया था और स्नान कर वापस सुलतानपुर आ गए थे। फैज़ाबाद से लौटने के पूर्व मैंने नरेंद्र प्रकाश और चंद्र प्रकाश जी को इस बड़े कार्य में सहयोग के लिए धन्यवाद कहा था। और

यह सत्य भी है। उन दिनों इन लोगों का जो सहयोग और योगदान था उसे भुलाया नहीं जा सकता। इन लोगों के बिना मुझे बहुत कठिनाई हुई होती।

देवेंद्र प्रकाश जी को पिता जी की अंतिम क्रियाओं को करने के लिए बाध्य होना पड़ा था क्योंकि उनके पास अन्य कोई विकल्प नहीं था। अन्यथा वो यह कार्य न करते। दूसरी बात यह कि वो यह कार्य मात्र तीन दिनों वाला ही करना चाहते थे जैसा आजकल लोग करने लगे हैं। त्रिरात्रि या आर्यसमाजी व्यवस्था के अनुसार लोग तीन दिनों में सभी कार्यों से अवकाश पा जाते हैं। इसका कारण एक तो लोगों के पास अब समय नहीं है या उन्हें ही तेरही की सभी व्यवस्थाएँ भी स्वयं करनी होती हैं, और या वह तेरह दिनों के कर्मकांड को अनावश्यक और आडम्बर मान लेते हैं। कुछ ऐसे भी व्यक्ति होते हैं जिन्हे न तो हिन्दू कर्मकांडों में कोई श्रद्धा विश्वास होता है और न मृतक के प्रति ही कोई सम्मान। वो अपने दैनिक क्रियाओं में किसी प्रकार का व्यवधान नहीं चाहते और जितने कम परिश्रम या स्वतंत्र रहते हुए छुट्टी पा लें अच्छा है, इस सोच के होते हैं। तो देवेंद्र प्रकाश जी प्रथम दिवस जिस दिन उन्होंने दाह संस्कार किया, वो अंदर से अत्यधिक क्षुब्ध थे। उनकी चुप्पी इस बात की द्योतक थी। किसी से सामान्य ढंग से बात नहीं कर रहे थे। सफ़ेद चिट को जिसे अंतिम क्रिया करने वाला गले में पहनता है, उसको बुरा समझ रहे थे और एक स्थान पर ना बैठकर पूरे घर में टहलते रहते थे। और उन नियमों का उत्साह पूर्वक पालन नहीं कर रहे थे जो अंतिम क्रिया को करने वाले को करना चाहिए। सुबह और शाम जहाँ जाकर तिलांजलि दी जाती थी और पीपल वृक्ष में बांधे गए घट में जल भरना और पिता जी के नाम पर दीप आदि जलाने आदि की जो प्रक्रिया की जाती हैं, उनको बिना किसी श्रद्धा आस्था के ये पूरी करते थे। इन्हें समझा बुझा और मनाकर भेजना पड़ता था। इनके साथ नाई को ध्यान रखने के लिए अवश्य भेजा जाता था। और कभी कभी तो मैं भी अलग से मात्र यह निरीक्षण करने गया कि सबकुछ ठीक से हो रहा है या नहीं। यह घट रिकाबगंज चौराहे के निकट होटल अलका राजे के सामने वाली गली में थोड़ा दाहिनी ओर एक प्राथमिक विद्यालय के बगल में स्थित एक स्थान पर पीपल के वृक्ष पर बाँधा गया था। वहीं एक हैंडपंप भी लगा था और इस कार्य के लिए अन्य लोग भी इसी स्थान का प्रयोग करते थे। सुध और पिंडदान का कार्य, बाल बनवाने का कार्य इसी जगह पर सम्पन्न किया गया था।

माता जी हमेशा इनके पास ही बैठी रहती थीं और धीरे धीरे न जाने क्या बातें किया करती थीं। मैं यह अनुमान लगाता था कि समझाती बुझाती रहती रही होंगी। फल, मेवा आदि खिलाती रहती थीं। हम लोग उनके आचार व्यवहार को देख घबराते थे कि कहीं ये बीच में ही न क्रिया छोड़ दें। यदि मुझे नेहा की काउंसलिंग तथा अपने रिव्यू इंटरव्यू का कार्य न होता तो मैं इनको यह क्रिया करने को कदापि न कहता। हालाँकि पिता जी ने एक बार क्रोध में मुझसे कहा था कि तुम मेरा अंतिम कार्य न करना। किन्तु क्रोध या आवेश में कही बात वास्तविक

और विश्वसनीय नहीं होती। मैंने उस समय ही यह विचार कर लिया था कि अब इनका यह आचरण देख भविष्य में इनसे अधिक सम्बन्ध नहीं रखना है। जो इनको पूरा सहयोग देने वाले पिता के प्रति यह व्यवहार कर रहा है उससे कोई भी आशा नहीं की जा सकती। पूर्व में दो हजार छह में भी इन्होने कुत्ते को लेकर मुझसे अनुचित व्यवहार किया था। दशमी यानी सुध के दिन भी इन्होने किसी प्रकार परम्पराओं को दरकिनार करते हुए दिखावे मात्र के लिए पिंडदान किया था और प्रक्रिया जल्द समाप्त करवा वहाँ से अकेले ही यह कह कर कि डेंटिस्ट से अप्वाइंटमेंट है चले गए थे। जबकि हम सभी लोग अभी स्नान आदि भी नहीं किये थे। सुध के दिन चंद्र प्रकाश जी सहित अन्य सभी उपस्थित थे। नारायण प्रसाद जी तथा चंद्र प्रकाश के दो छोटे भाई नहीं आ सके थे। जयकरन चौरसिया के पिता जी भी शामिल थे।

देवेंद्र प्रकाश जी ने इन दस दिनों में अपने व्यवहार व आचरण से हम लोगों को बहुत ही तनावपूर्ण स्थिति में रखा था। परन्तु इसके बावजूद माता जी ने इनको बाद में भी कुछ नहीं कहा था और ये उनका पक्ष उसी प्रकार लिए रहीं जैसे कुछ अनुचित हुआ ही न हो। क्या वो भी इनके इस व्यवहार में संलिप्त थीं। यह प्रश्न अभी भी मन में उठता है। हम लोग शांत थे मात्र इसलिए कि ये तेरह दिन किसी प्रकार शांतिपूर्वक, बिना मोहल्ले में उपहास हुए, व्यतीत हो जाएँ या कहीं ये आवेश में स्वयं को कोई क्षति न पहुँचा लें। नरेंद्र प्रकाश और हरेंद्र प्रकाश जी तो प्रायः रहते ही थे, चंद्र प्रकाश जी भी पत्नी सहित आते रहते थे। सीमा का कहना था कि इनके इस व्यवहार में हेमेंद्र जी का भी हाथ था। देवेंद्र प्रकाश जी जब सपत्नी बाराबंकी में रहते थे तो नीता जी के परिवार को इनके पड़ोस में ही रहने के कारण बच्चों को लेकर काफी सहयोग मिल जाता था क्योंकि ये दोनों पति व पत्नी सर्विस करते थे और देवेंद्र प्रकाश जी की पत्नी उनका ध्यान दे लेती थीं। अतः हेमेंद्र इनको अन्त्येष्टि, विशेष रूप से तेरह दिनों की क्रिया नहीं करने देना चाहते थे। उन्होंने इन्हें त्रिरात्रि के लिए प्रेरित किया था जो हमारे परिवारजनों को हमारी पारिवारिक परम्पराओं के अनुसार उचित नहीं जान पड़ा था। जैसा कि रवि शंकर जी की स्थिति में हम लोग रजनी जी से सहमत नहीं हुए थे। लेकिन दोष देवेंद्र प्रकाश जी का ही था क्योंकि कोई भी एक प्रौढ़ व्यक्ति को बरगला नहीं सकता, यदि वो स्वयं न चाहे तो। अंत्येष्टि के दूसरे दिन नीता जी ने सीमा से कहा भी था कि आज उनके पति किसी नाराजगी की वजह से वाद विवाद कर सकते हैं इसलिए शीघ्र ही सभी लोग अपने अपने बिस्तर पर जाकर आराम करें और एक साथ न बैठें।

पर इसी रात फतेहपुर से तेज प्रकाश जी की पत्नी अपनी छोटी पुत्री के साथ आ गयीं। हेमेंद्र की शिक्षापद्धति और अंग्रेजी माध्यम को लेकर नेहा व तेज प्रकाश जी की बेटी के साथ काफी देर तक बातें, तर्क वितर्क चलता रहा। मेरे रोकने पर उन्होंने मुझसे भी विवाद करना प्रारम्भ कर दिया। मैंने उनसे कहा कि ऐसे अवसर पर यह उचित नहीं है कि आप इस प्रकार रात्रि में शोर करें। किन्तु वो नहीं माने। मैंने उनसे कहा कि यदि आपको इस प्रकार ही करना

है तो आप ऊपर के कमरे में अथवा अपने घर जाइए। उन्होंने व्यंग्यात्मक भाव में कहा था कि 'यह आपका घर नहीं है '। यह भी कहा था कि 'अपने आप को अफसर समझते हैं'। 'बद्‌तमीज' शब्द भी धीमे स्वर में बोले थे जो मैंने सुन लिया था। मुझे सीमा वहाँ से हटा कर ऊपर ले गयी थीं। रात के ग्यारह तो बजते ही रहे होंगे। माता जी बिलकुल चुप थीं जैसे उनकी बात से सहमत रही हों। हालाँकि यह बात तो सत्य ही थी कि यह मकान माता जी के नाम था और मुझे इसकी लालच भी नहीं थी, किन्तु हेमेंद्र के इस कथन के पीछे कोई बात तो रही ही होगी।

एक दो वर्ष बाद जब माता जी सुलतानपुर आयी थीं तो वो शिवेंद्र से कह रही थीं कि गलती तुम्हारे पिता की भी थी। सुनकर मुझे अटपटा लगा था लेकिन सत्य का प्रमाण निष्पक्ष लोगों से ही लिया जाता है। कंधारी बाजार का मकान जिसमे हम सभी लोग रह रहे थे माता जी का ही था। लेकिन इन सभी लोगों ने इस प्रकार की कोई चर्चा कभी अवश्य की रही होगी तभी हेमेंद्र जी ने यह कहा था कि वह मेरा घर नहीं है। वर्ष दो हजार ग्यारह के मार्च के उपरान्त हमने इस मकान में भी प्रवेश नहीं किया। कई अवसरों, शादियों आदि में गया लेकिन वहाँ जाने को दिल ही नहीं तैयार हुआ। काफी दिनों से बिना किसी प्रकार का अनुरक्षण कराए हरेंद्र प्रकाश जी उसमे निवास कर रहे हैं। हेमेंद्र जी और उनके परिवार से हमारे सम्बन्ध उस रात्रि के उपरान्त समाप्त से हो गए।

पिता जी के देहांत के लगभग एक वर्ष पूर्व अजय प्रसाद जी का भी देहावसान हो चुका था। वो अपनी साली के यहाँ उनकी पुत्री के विवाह में मुसाफिर खाना सपरिवार गए थे। ठंढक के दिन थे और वो वहाँ दसियों दिन रुके थे। वो भी श्वसन तंत्र के मरीज थे और बहुत जल्दी ही उन्हें एस्थमा का दौरा पड़ जाता था। अक्सर वो सांस फूलने की बीमारी से ग्रस्त रहते थे। ठंढक के मौसम में तो हमेशा ही समस्या बनी रहती थी। मुसाफिर खाना मेरे गाँव से करीब तीस किलोमीटर दूरी पर था। लड़की का विवाह संपन्न हो चुका था और घर के लोगों का भोज, जिसे स्थानीय बोली में घरी पतरी कहते हैं, उस दिन था। प्रातः चार बजे के आस पास उनकी तबियत भी पिता जी की ही भांति अचानक गंभीर हुई थी। गरम चाय, निरंतर सिंकाई आदि का कोई लाभ नहीं हुआ और उनकी समस्या बढ़ती ही गयी थी और जैसा विधि का विधान सुबह होते होते उनकी मृत्यु हो गयी थी। उन लोगों ने एक जीप की व्यवस्था की थी और हरेंद्र प्रकाश जी तथा उनकी मम्मी, दो लोग, उनके निष्प्राण शरीर को अपने गाँव के घर ले आए थे। अपने दरवाजे पर चबूतरे पर उन्हें लिटाया गया था। हरेंद्र प्रकाश जी ने मुझे अवगत कराया था कि यह दुःखद घटना घट गयी। मैं और सीमा अविलम्ब तैयार होकर अपनी कार से गाँव के लिए चल दिए थे और समय से पहुँच गए थे। बुढ़ऊ की बाग में उनकी अंत्येष्टि हरेंद्र प्रकाश जी के द्‌वारा की गयी थी। दाह संस्कार समाप्त होने के पश्चात हम दोनों लोग उसी दिन सुलतानपुर लौट आए थे। तदोपरांत मैं उनकी सुध में दसवें दिन अकेले स्कूटर

से गया था और फिर तेरही में हम दो लोग ही गए थे। मुसाफिर खाना से कोई नहीं आया था। एक बार जब अजय प्रसाद जी ने सुना था कि हम व चंद्र प्रकाश दोपहर में बाग जाते हैं जहाँ चरवाहे और आम और महुआ की कुसली तोड़ने वाली गाँव की लड़कियाँ भी होती थीं तो इन्होने मुझसे क्रोध प्रदर्शित करते हुए पूँछा था कि मैं वहाँ क्या करने जाता हूँ और फिर मैं कभी नहीं गया था। उस समय मैं किशोरावस्था में था। मुझे इनके साथ रहने का अधिक अवसर नहीं मिला था फिर भी गर्मी की छुट्टियों में प्रातः भोर होते ही इनके साथ आम बीनने जाना मुझे याद है। अजय प्रसाद जी डाँटना तो जानते ही नहीं थे।

मेरे मस्तिष्क में बार बार यह आ रहा था कि अजय प्रसाद जी ने जहाँ अपना पूरा जीवन व्यतीत किया, जहाँ से उनका विवाह हुआ और जहाँ उनका परिवार फला फूला उस स्थान पर इनका देहावसान न होकर अन्यत्र ऐसी जगह हुआ जहाँ इन्होने कभी सोचा भी नहीं रहा होगा। ठीक उसी तरह जैसे पिता जी का जिन्होंने अपना पूरा जीवन फैज़ाबाद शहर में बिताया और गाँव तक नहीं जाते थे, उनकी मृत्यु बाराबंकी के जिला चिकित्सालय में हुई। भविष्य बहुत ही अप्रत्याशित स्थितियों को सँजोए रखता है और उचित समय पर ही दृश्य दृष्टि में लाता है। वर्ष दो हजार पांच में ऐसी ही एक अत्यंत दुःखद घटना हमारे परिवार में और घटी थी। चंद्र प्रकाश जी के छोटे भाई अखिलेश कुमार जी के गाँव आने की योजना थी। वो सपरिवार जगदीशपुर में रहते थे और प्रायः त्यौहार में बाइक से स्वयं या अपने किसी बच्चे के साथ गाँव अपने घर आ जाते थे जहाँ उनकी माँ और अन्य लोग रहते थे। यह दीपावली का त्यौहार था। इनकी पत्नी अक्सर साथ नहीं आती थीं और शेष बच्चों के साथ वहीं रुक जाती थीं। या तो उनके आने की इच्छा नहीं होती थी अथवा मोटर साइकिल से सभी लोग एक साथ नहीं आ सकते थे, इसका कारण रहता रहा होगा। हम लोग दोपहर में खाना खाकर पिता जी के पास कमरे में बैठे थे। उसी समय तीन बजे के आस पास चंद्र प्रकाश जी का लैंडलाइन पर फोन आया। मैंने ही फोन उठाया था। उन्होंने शीघ्रता में बतलाया कि अखिलेश जी की पत्नी अनीता मिटटी के तेल का स्टोव उलट जाने से, उनकी साड़ी में आग पकड़ लेने से काफी जल गयी थीं। उन्हें लेकर वो लोग जगदीशपुर से लखनऊ ले जा रहे थे लेकिन उनका जीवन नहीं बच सका। मैं भी लखनऊ जा रहा था किन्तु अब वापस फैज़ाबाद लौट रहा हूँ। फैज़ाबाद पहुँच कर बात करूँगा। गाँव चलना है क्योंकि वो लोग शव को लेकर अंतिम क्रिया के लिए वहीं जा रहे हैं। जब चंद्र प्रकाश जी आ गए तो मैं, सीमा, चंद्र प्रकाश जी पत्नी सहित और नरेंद्र प्रकाश जी मेरी कार से गाँव गए थे। दीपावली की रात होने के कारण कोई भी अन्य साधन उपलब्ध नहीं था अन्यथा संभवतः चंद्र प्रकाश जी हम लोगों को यह सब बताकर दीपावली में व्यवधान न भी डालते। या हो सकता है उन्हें मुझसे सम्बल मिलने की आशा रही हो। हम लोग रात्रि साढ़े आठ नौ बजे के लगभग गाँव पहुंचे थे। अखिलेश जी अपनी पत्नी के शव, बच्चे और उनके नाना नानी के साथ तब तक वहाँ पहुँच चुके थे। इन्हें भी शिव भगवान के मंदिर की विपरीत तरफ जिस स्थान पर चंद्र प्रकाश जी के पिता जी के शव को रखा गया था,

उसी प्रकार भूमि पर लिटाया गया था। मैंने उन्हें नहीं देखा क्योंकि वो छोटे भाई की पत्नी थीं और वैसे भी उनका चेहरा ढँका हुआ था। मैंने शंकर जी के मंदिर में बैठ कर थोड़ी देर अपना नित्य की भांति ध्यान लगाया था और दीपक भी जलाया था। यह दिवाली की रात थी और प्रत्येक घर और बस्ती बिजली की झालरों से सजी हुई थी। रात होने के साथ साथ पटाखों की भी आवाज सुनाई देने लगी थी। हम लोग जब गाँव पहुँचे थे तो वहाँ भी लोगों ने अपने घरों को यथाशक्ति झालर लगा कर सजाया हुआ था। हाँ हम लोगों के यहाँ कोई सजावट नहीं थी।

मैं अनीता जी के शव के पास थोड़ी देर रात में और सुबह जब लोग नित्यक्रिया के लिए जाने लगे तब बैठा था। रात्रि दालान में वहीं सामने ही पलंग पर लेटा था। यह कृपा शंकर जी के घर में दालान में रात व्यतीत करने और उनके घर में रुकने का संभवतः मेरा प्रथम अवसर था। थोड़ी देर के लिए हरेंद्र प्रकाश और नरेंद्र प्रकाश जी भी प्रातः आ गए थे। शेष वक्त बरई के परिवारों के कुछ घनिष्ट लड़के और अखिलेश जी आदि थे। अखिलेश जी ने चंद्र प्रकाश को पूँछने पर बतलाया था कि मिटटी का तेल भी गिरा हुआ था यानी चंद्र प्रकाश जी को वास्तव में कैसे यह दुर्घटना घटी थी इसकी पूरी और विस्तृत जानकारी अभी तक नहीं थी। अनीता जी की माँ उनके बच्चों को संभाले हुई थीं। मैंने चंद्र प्रकाश जी के घर के फ़ोन से पिता जी को फ़ोन किया था। सोचा कि कहीं इस घटना से पिता जी को मानसिक तनाव न हो जाए या उनको स्वास्थ्य की कोई समस्या हो। लेकिन उन लोगों के ऊपर इतना प्रभाव नहीं पड़ा था। और न ही गाँव में हमारे घर वालों पर। उसी रात गाँव में एक और हादसा हुआ था। सरपंच जी का एक युवा पुत्र भी अचानक किसी वजह से गुजर गया था। शेर बहादुर सिंह जी जिन्हे लोग हमेशा सरपंच ही कहते थे, गाँव के मुख्य लोगों में थे।

मृत अनीता के पिता जी प्रातः कुछ क्रोधित दिख रहे थे और घर के भीतर आकर कुछ बहस चंद्र प्रकाश जी से किए भी थे। मैं वहीं उपस्थित था और एक आध वाक्य बीच बचाव के लिए उनसे बोला भी था लेकिन वह समय शांत रहने का था और हम सभी लोग चुप रहे थे।

जैसे जैसे दिवस आगे बढ़ा दरवाजे पर भीड़ बढ़ती जा रही थी। महिलाएँ अधिक थीं। कुछ समय और व्यतीत हुआ और भीड़ काफी बड़ी हो गयी थी। भीड़ इस प्रकार की थी कि शव तक घर वालों का ही पहुंचना कठिन हो रहा था। सीमा और अन्य उपस्थित देवरानियों ने आवश्यक प्रक्रियाएँ कीं यद्यपि शरीर काफी जल चुका था और जैसा बताया गया, चेहरा पहचानने योग्य नहीं रह गया था। बुढ़ऊ की बाग में चिता तैयार की गयी और वहीं दाह संस्कार किया गया था। अनीता के बड़े पिता जी जिनकी इनके विवाह में महत्वपूर्ण भूमिका थी और जिनके साथ रहकर इन्होंने काफी समय शिक्षा हेतु व्यतीत किए थे, भी पहुँच गए थे। चिता से कालिमा लिए हुए उठता धुएँ का गुबार इसके पूर्व मैंने कहीं नहीं देखा था। सुना कि जिस समय घर पर यह दुर्घटना घटी थी उस समय अखिलेश जी अपने एक पुत्र के साथ वहीं स्थायी रूप से बंद एक फैक्ट्री के किसी मंदिर में गए हुए थे। वो वहीं कॉलोनी में अभी रह

रहे थे।

दाह संस्कार के उपरान्त हम लोग वापस फैज़ाबाद लौट आए थे और तत्पश्चात तेरही में गए थे। स्वरूपगंज से रजनी जी नहीं आयी थीं और पता यह चला था कि उन लोगों ने दिवाली की पूजा भी की थी। और हम लोगों के घर में कहीं उस रात विधिवत पूजा नहीं हुई थी। और फिर आजतक यह दीवाली उस उल्लास से कम से कम मेरे यहाँ तो नहीं ही मनाई गयी है। परम्परा के अनुसार मनानी भी नहीं है। मन में कोई अनहोनी न हो जाए यह भय बना रहता है।

मैं सीतादेवी जी के मृत्योपरान्त की क्रियाओं में बरौली में उपस्थित था। उनकी मृत्यु का समाचार मुझे सुलतानपुर में उनके घर के किसी सदस्य द्वारा दूरभाष पर प्राप्त हुआ था। यह इसके पूर्व की बात है। समाचार मिलते ही हम सभी लोग फैज़ाबाद होते हुए भिटरिया, बरौली पहुंचे थे। क्योंकि उनके यहाँ हमारे बच्चे भी पहले जा चुके थे इसलिए उनसे वो परिचित थे। देवेंद्र प्रकाश जी आदि फैज़ाबाद से जा सकते थे किन्तु नहीं गए थे। माता जी भी जाने की स्थिति में थीं। उन्होंने लम्बा समय उनके साथ व्यतीत किया था। सीतादेवी जी को डॉक्टर ने पानी देने से रोक रखा था। लोग कह रहे थे कि उन्होंने प्यासी स्थिति में सभी से पानी मांगते हुए ही प्राण त्यागे थे। लेकिन उनकी अंतिम क्रिया बहुत ही अच्छे से हुई थी। उनके पति, देवर, देवरानियाँ, ननद और माइके से अधिकांश लोग उनकी अंत्येष्टि में उपस्थित थे। पति केपी बहादुर जी ने अग्नि प्रदान की थी। चिता भी इस प्रकार जली थी जैसे अग्निदेव को भी कार्य संपन्न करने की शीघ्रता हो। धुएँ का कोई नामोनिशान तक नहीं था। हम लोग उसी दिन फैज़ाबाद लौट आए थे। तेरही में भी हम सम्मिलित हुए थे। बुआ जी से हम लोग प्रायः मिलते रहते थे। बचपन से ही मैं बड़ा होने के कारण उनका प्रिय था और वो मुझे भिन्न भिन्न प्रकार की रोचक बातें व कहानियाँ सुनाती थीं। जब भी वो आती थीं मुझे विशेष प्रसन्नता होती थी क्योंकि सतीश कुमार जी के साथ मुझे खेलने के लिए एक सदस्य और मिल जाता था। सतीश कुमार जी मुझसे छोटे और चंद्र प्रकाश से बड़े थे। अपने पास कार हो जाने के बाद मैं जब भी भिटरिया होते हुए लखनऊ जाता था, उनके गाँव बरौली जो वहाँ से निकट ही था, अवश्य हो आता था।

जब उनका स्वास्थ्य कुछ माह पूर्व अधिक बिगड़ा था तो वह समाचार हम लोगों को गाँव में होने पर मिला था और वहीं से हम लोग, हरेंद्र प्रकाश व उनकी माता जी भी कार से बरौली सीधे चले गए थे। पहुँचने पर देखा कि उनके परिवारजन उन्हें जीप पर लिटा चुके थे और लखनऊ ले जा रहे थे। वह अचेत अवस्था में थीं। मैंने और सीमा ने उनके चरण स्पर्श किए थे। उसके बाद उनका उपचार लखनऊ में हुआ और वो कुछ माह जीवित थीं। उनसे हमारी वही अंतिम मुलाकात थी। जब भी वो मिलती थीं तो जाते समय मुझे कुछ पैसे देकर जरूर जाती थीं। वह स्वभाव से भी अच्छी थीं और सभी से प्रेम का व्यवहार रखती थीं। शोर मचाते

हुए वार्ता करते मैंने उन्हें कभी नहीं देखा था। हाँ यह अवश्य है कि वो एक दूसरे की बातें छुपा नहीं पाती थीं। उनके पति केपी बहादुर जी का देहांत उनकी मृत्यु के लगभग दस वर्षों उपरान्त हुआ था। वो अपनी आयु पूरी होने तक सकुशल रहे और सतीश कुमार जी ने बताया था कि सभी परिचित लोगों से जो भी उनसे मिलने आता था, उससे अपनी की हुई गलतियों के लिए, यदि कोई हो तो, क्षमा याचना अवश्य करते थे। उन्हें ऐसा शायद आभास हो गया था जैसे अब उनकी विदाई का समय आ गया हो। यह समय स्थानीय निकाय के निर्वाचन का था इसलिए मैं इनकी मृत्यु के लगभग एक माह उपरांत ही बरौली जा सका था। ये भी एक सीधे और सज्जन व्यक्ति थे लेकिन थोड़ा ज्यादा ही मितव्ययी थे। एक बार मैं उनके साथ नवाबगंज जा रहा था तब इन्होने मुझे रिकाबगंज स्थित कलिका भंडार में रसगुल्ले खिलाए थे। नवाबगंज से उनकी बहन का विवाह शायद तय हो रहा था।

24
दर्शन उपरांत चक्रवात

पिता जी के देहान्त के उपरान्त कुछ दिन माता जी फैज़ाबाद में रुक कर फिर देवेंद्र प्रकाश जी के साथ बाराबंकी चली गयी थीं। यह पहले से ही पता था कि वो वहीं जाएँगी। वहाँ इनकी पुत्रवधू, नीता जी, उनके पति और बच्चे सभी थे और इनका मन वहाँ लगने और सामान्य होने की सम्भावना अधिक थी। वो स्वेच्छा से ही सुलतानपुर हम लोगों के साथ नहीं आयी थीं। फैज़ाबाद की गृहस्थी को इन्हे, हो सकता है हम लोगों की अनुपस्थिति में, व्यवस्थित करना रहा हो जबकि मैं अपनी सर्विस के कारण शीघ्र ही सुलतानपुर लौट आया था। अन्यथा सुलतानपुर ये स्वयं भी आ सकती थीं। माता जी एक ऐसे व्यक्तित्व की महिला हैं जिनके मन में क्या व कैसे विचार चल रहे हैं उनका अंदाजा लगाना ही असम्भव था। और इसलिए मैंने यह सोचना ही छोड़ दिया था कि वो क्या चाहती हैं। वो जो चाहती थीं उसे कर या यदि सम्भव हुआ तो करवा कर ही मानती थीं, जिसके लिए वो चारों नीति का प्रयोग कर सकती थीं।

नेहा का प्रवेश बीटेक मेकेनिकल अभियांत्रिकी में बीबीडी लखनऊ के एनआईईसी में करा दिया था। उनके किसी कार्य से जब मैं लखनऊ प्रथम बार गया तो बाराबंकी होते हुए गया था। मैंने सोचा था कि माता जी को पिता जी के न होने का अत्यधिक आघात लगा होगा और उनको इस बात का एहसास होना चाहिए कि मैं और सभी उनका ध्यान दे रहे हैं। लेकिन वो पूरी तरह पहले की ही भांति सामान्य थीं। मैंने माता जी को पिता जी के देहांत के बाद उनके लिए कभी रोते नहीं देखा था, ना ही उनके नेत्रों में आंसू। बाराबंकी की स्थिति के विषय में मैं नहीं जानता। उन्होंने बताया था कि पिता जी उनकी गोद में सिर रखे थे जब अचानक उनके हाथ और पैर के पंजे ऐंठने लगे और उसके बाद ही उन्होंने प्राण त्याग दिए थे। लेकिन देवेंद्र प्रकाश जी ने कहा था कि उनको ऑक्सीजन लगवा दिया है। ऑक्सीजन लगे हुए मरीज की बेड पर कोई अन्य नहीं बैठता क्योंकि उस स्थिति में सही ढंग से मास्क नहीं लग पाएगा और अस्पताल की बेड पर इतना स्थान भी नहीं होता। हाँ जमीन पर यदि बिस्तर है तो बात अलग

है। लेकिन अब यह सब सोचने और विश्लेषण करने से कोई लाभ नही है। वो ऑक्सीजन क्यों नहीं लगवा रहे थे जबकि इससे उनको आराम तुरंत ही मिल जाता। यह सब अब सोचने को ही रह गया है। मुझे बाराबंकी जाने पर ऐसा लगा जैसे उनके निधन के पश्चात ये लोग और भी निश्चिन्त हो गए हों।

नीता जी के पति से विवाद के कारण मैंने देवेंद्र प्रकाश जी से यह कह दिया था कि यदि ये उनके साथ निवास जारी रखते हैं तो मैं इनके पास भी नहीं आ पाऊंगा। इसलिए जब पहली बार मैं गया और माता जी को सामान्य तथा निश्चिन्त पाया तो फिर बाराबंकी देवेंद्र प्रकाश जी के निवास पर भी जाना बंद कर दिया था। एक बार जब माता जी से मिलना चाहा था तो बाराबंकी में मुख्य मार्ग पर ही बुला कर मिल लिया था। देवेंद्र प्रकाश जी द्वारा उस बच्चे को अवैध ढंग से रखना और हेमेंद्र जी का संग न छोड़ना, इन दोनों बातों ने और पूर्व के इनके आचार व्यवहार को दृष्टि में रखते हुए, मेरा और मेरे बच्चों का भी इनसे मन विमुख हो चुका था। लेकिन जहां तक संभव हो इतने सगे रिश्ते को तोड़ना उचित नहीं होता। कहावत है कि लाठी मारने से पानी अलग नहीं होता। अतः मैंने सोचा जहाँ तक संभव हो देखते हैं।

नेहा ने वर्ष दो हजार आठ से दो हजार बारह तक अपनी पढ़ाई लखनऊ में की। हम लोग सुलतानपुर से महीने पंद्रह दिन में एक बार लखनऊ उससे मिलने अवश्य जाते थे। एक बार मेरे होने पर बाराबंकी से देवेंद्र प्रकाश माता जी सहित उसके कॉलेज आए थे और फिर वहाँ से माता जी को लेकर हम दोनों लोग फतेहपुर सत्य प्रकाश जी के नए घर के निर्माण के उपलक्ष्य में आयोजित अखंड रामायण के दूसरे दिन पहुंचे थे। नेहा की पढ़ाई यहाँ सुचारु रूप से चल रही थी और वो जब उसका मन होता था तो अपनी छोटी मौसी रश्मि जी के पास एवं एक घनिष्ठ मित्र नेहा सिंह के यहाँ भी चली जाती थी। रश्मि जी यहाँ परिवार सहित रहती थीं। नेहा सिंह के केवल माता-पिता यहाँ थे और दो भाई फोर्स में सेवारत थे। न ही वह तेरह किलोमीटर दूर बाराबंकी गयी और न कभी उन लोगों ने बुलाया या मिलने ही आए। वह यहाँ भी वॉलीबाल टीम में थी और लखनऊ के आईटी कॉलेज के स्पोर्ट्स आयोजन में शामिल भी हुई थी। आईआईटी कानपुर और रुड़की में वार्षिक कार्यक्रमों में भी वह गयी थी। नेहा ने बीटेक, मैकेनिकल, प्रथम श्रेणी में उत्तीर्ण किया था और कभी भी बैक पेपर नहीं आया था। किन्तु कैंपस से किसी सर्विस में चयन नहीं हो सका था। इसने एयर फ़ोर्स में चयन हेतु लिखित परीक्षा पास कर ली थी परन्तु साक्षात्कार में इन्हे उपयुक्त नहीं समझा गया था। ये वाराणसी में इसी के सम्बन्ध में एक सप्ताह रुकी थीं। इस प्रकार जब इनकी सर्विस कहीं नहीं लगी तो इनको दुःख भी हुआ था। लेकिन मैं इन्हें अभी आगे पढ़ाना चाहता था क्योंकि मेरी दृष्टि में स्नातक होना कोई बड़ी शिक्षा नहीं थी। अतः मैंने इन्हें परास्नातक शिक्षा के लिए कई स्थानों पर प्रवेश परीक्षा हेतु आवेदन कराया। अंततः इनको मणिपाल और बिरला इंस्टिट्यूट ऑफ़ टेक्नोलॉजी, मेसरा से लिखित और साक्षात्कार के लिए बुलाया गया। अब

निर्णय यह करना था कि इनमे से किस संस्थान को चुना जाए क्योंकि दोनों द्वारा दी गयी तिथियों में इतना अंतर नहीं था कि दोनों जगहों पर प्लेन से भी पहुँचा जा सके। मैं बीआईटी मेसरा को नज़दीक होने के कारण प्राथमिकता दे रहा था लेकिन नेहा उसे पिछड़ा क्षेत्र बता यहाँ प्रवेश के पक्ष में नहीं थीं।

मैंने इंटरनेट व अन्य माध्यमों से अध्ययन कर यह जानकारी प्राप्त की कि बीआईटी, मेसरा बहुत ही पुराना और देश के महत्वपूर्ण संस्थानों में है। मैंने नेहा को अपनी इस बातसे समझा बुझा कर सहमत कर लिया और निश्चित तिथि पर नेहा को स्वयं लेकर रांची गया और लिखित परीक्षा दिलवाई। परीक्षा में उत्तीर्ण होने के उपरान्त इनका साक्षात्कार हुआ था और दूसरे दिन इन्हे प्रवेश हेतु पत्र प्राप्त हो गया था। शिक्षण व छात्रावास शुल्क आदि जमा करने की आवश्यक जानकारी लेकर हम दोनों वापस सुलतानपुर आ गए थे। हम लोग रांची रेलवे स्टेशन पर ही स्थित एक गेस्ट हाऊस में रुकते थे। तत्पश्चात समय पर पुनः हम दोनों लोग शुल्क के बैंक ड्राफ्ट, इनकी बेडिंग्स और कपड़े आदि लेकर बीआईटी गए और फिर ये वहीं रुक गयी थीं। इसने मैकेनिकल इंजीनियरिंग की 'कम्प्यूटर ऐडेड एनालिसिस ऐंड डिज़ाइन' में एमई वर्ष दो हजार बारह से दो हजार चौदह तक यहीं रहकर किया। ये वास्तव में एक अच्छा शिक्षण संस्थान था। बाद में शिवेंद्र ने भी यहीं से भौतिक शास्त्र में पोस्ट ग्रेजुएट किया था।

हेमेंद्र का साथ न छोड़ने के कारण देवेंद्र प्रकाश जी से मेरे सम्बन्ध अच्छे नहीं चल रहे थे। बच्चे को क़ानूनी तौर पर गोद न लेने की वजह से मैं उनसे और भी दूरी बनाकर चल रहा था। मैंने उनसे कहा था कि इस प्रकार लाकर किसी बच्चे को अपना जन्मा बताकर पालना बहुत बड़ा अपराध है। मैं यह भी समझता था कि इसमें उनके साथ जुड़ना मेरी भी इसमें संलिप्तता मानी जा सकती है। अतः मैंने इनसे लगभग पूरा ही सम्बन्ध विच्छेद कर रखा था। यह भी कह रखा था कि बच्चे को लेकर तब तक गाँव न जाएँ जब तक नियमानुसार कार्यवाही न कर लें। किन्तु इनको माता जी का सहयोग और बढ़ावा मिलता रहता था यद्यपि वो मेरी कही गयी सभी बातों को जानती थीं। अप्रैल माह दो हजार ग्यारह में चंद्र प्रकाश जी ने गाँव के घर में अखंड रामायण आयोजित की थी। हम लोगों ने शिवेंद्र की परीक्षा के कारण गाँव जाने का विचार नहीं किया था। तब माता जी की जो बातें हुई थीं उनसे मैं और भयभीत हो गया था। मैं उनकी बातों से आशंकित हो गया था कि ये किसी प्रकार का झूंठा आरोप कभी भी लगा सकती हैं। किसी के धार्मिक अनुष्ठान में व्यवधान न हो और शांति बनी रहे यह सोच कर भी मैंने उस समय कोई कार्यवाही नहीं की थी। हालाँकि क्रोध बहुत आया था। इसके पूर्व मार्च में सड़क के किनारे गाँव पर घर के निकट अपनी एक भूमि पर अतिक्रमण से बचाने के लिए मैंने एक दीवार उठवाई थी। उसी को देखने जब हम गाँव जा रहे थे तो माता जी भी मेरे साथ गाँव गयी थीं और वहीं रुक गयी थीं।

उन बातों के बाद से यदि मैं विषम परिस्थितियों में गाँव गया तो उसी दिन बिना घर में प्रवेश किए लौट आया और यदि फैज़ाबाद गया तब भी ऐसा ही किया या यदि आवश्यकता हुई तो होटल में रुक गया। इन लोगों ने भी कभी यदि फैज़ाबाद मिले तो घर चलने को नहीं कहा। हरेंद्र प्रकाश तो यह जानते ही थे कि घर पर जो अव्यवस्था इन्होने फैला रखी है उसे देखकर मैं बुरा महसूस करूँगा। मोहल्ले के बृजेन्द्र सिंह ने कहा भी था कि वहाँ आपके रुकने योग्य अब नहीं है।

चंद्र प्रकाश जी के दो बच्चों के विवाह के व जन्मदिन का कार्यक्रम, नरेंद्र प्रकाश जी की पुत्री की गोद भराई और विवाह, रचना जी के बेटी और पुत्र का विवाह तथा अनूप कुमार जी के देहांत व तेरही आदि ऐसे अवसर आए जब ये लोग मुझसे मिले और कंधारी बाजार चलने की जिद्द कर सकते थे। किन्तु ऐसा कभी नहीं हुआ। मैं न चाहते हुए भी कभी कभी देर रात सुलतानपुर अथवा लखनऊ लौट आता था। ये लोग आग्रह करने की स्थिति में थे भी नहीं और न ही मैं तैयार होता।

वर्ष दो हजार दस के अप्रैल में सीमा की अम्मा जी की तबियत अधिक खराब हो गयी थी और उन्हें लखनऊ लाकर केजीएमयू में एडमिट करना पड़ा था। उनकी किडनी वर्ष उन्नीस सौ छियान्नबे में ही खराब होनी प्रारम्भ हो गयी थी। थोड़ा भारी शरीर की होने के कारण उस समय किडनी की बायोप्सी डॉक्टर ने नहीं किया था किन्तु रवि प्रताप जी के अनुसार यह अवश्य कहा था कि ऐसी स्थिति में भी मरीज पन्द्रह बीस वर्ष जीवन व्यतीत कर सकता है। उसके बाद उनका दवाओं और परहेज के जरिए निरंतर इलाज चल रहा था। उन्नीस सौ छियान्नबे में उन्हें गोंडा से लखनऊ लाया गया था और रास्ते में इन्हें सीजर आया था। मैं दो तीन रात्रि तब मेडिकल कॉलेज लखनऊ में रुका भी था। कृपा नारायण जी के साथ रात में ही मैं लखनऊ पहुँच गया था जहाँ से सीमा के पिता जी फैज़ाबाद चले गए थे। वहाँ डॉक्टर रवि प्रताप जी और उनके अन्य सगे सम्बन्धी भी थे। सीमा गोंडा में ही थीं। रंजना जी के पति अम्मा जी की स्थिति गंभीर होने के बावजूद लखनऊ नहीं गए थे।

इस बार पुनः इन्हें लाकर लखनऊ के एक प्राइवेट अस्पताल दाखिल किया गया था और डायलिसिस की जाती थी। जब हम दोनों लोग लखनऊ आए थे तो उस दिन भी डायलिसिस होनी थी। किडनी अधिक खराब हो जाने के कारण अब यही एकमात्र इलाज था। दूसरा समाधान किडनी प्रत्यारोपण था जो कि उनकी आयु और स्वास्थ्य को देखते हुए सरल नहीं था। महेश प्रकाश और रवि प्रताप जी की पत्नियाँ भी थीं। मैंने परामर्श दिया था कि डायलिसिस कराई जाती रहनी चाहिए और यदि व्यय अधिक आता है तो हम लोग सहयोग कर सकते हैं। डॉक्टर रवि प्रताप जी की पत्नी व्यय को लेकर अधिक ही चिंतित प्रतीत हो रही थीं। हम लोग उनको देखकर उसी दिन वापस सुलतानपुर चले आए थे। कुछ ही दिनों

पश्चात डॉक्टर रवि प्रताप जी उन्हें डिस्चार्ज करा कर गोंडा लिवा ले गए थे और वहीं जनपद चिकित्सालय में प्राइवेट वार्ड में एडमिट करा दिए थे। यह कह कर कि डायलिसिस प्रक्रिया में इन्हें बहुत तकलीफ होती है और संक्रमण का भी डर है, उसे करना संभव नहीं। मैं समझ गया था कि अब इनके मृत्यु की प्रतीक्षा ही की जाएगी। तबियत न सुधरने के कारण मैंने सीमा को गोंडा पहुँचा दिया था। डॉक्टर रवि प्रताप जी का भी यही कहना था कि सभी लोग कुछ निश्चित दिनों के लिए यहाँ आ आकर इनकी देखभाल और सेवा में सहयोग करें। किन्तु सीमा पूरे समय रुकी रही थीं। शिवेंद्र की परीक्षा का समय चल रहा था इसलिए हम दोनों लोग सुलतानपुर में ही थे। अम्मा जी को अत्यधिक शारीरिक कष्ट था। पूरे शरीर में सूजन आ गयी थी। मैं जब उनसे अंतिम बार मिलकर सुलतानपुर आया था तो उनका आभार व्यक्त किया था कि उन्होंने अपनी पुत्री सीमा के माध्यम से मेरे जीवन की सफलता में अत्यधिक योगदान किया है और उन्होंने अपने जीवन में जितना मैने देखा है कोई विशेष त्रुटि नहीं की है।

मेरे आने के कुछ ही दिनों उपरान्त सीमा और महेश प्रकाश जी की उपस्थिति में उनका देहांत हो गया था। मेरा यह सोचना था कि यदि उनका उपचार कहीं अन्यत्र अच्छे चिकित्सालय में होता तो उनको तो नहीं बचाया जा सकता था किन्तु उनके कष्ट को तो कम किया ही जा सकता था। लेकिन ये चिकित्सा क्षेत्र की बाते हैं इसमें मेरा कोई विचार सही हो यह निश्चित नहीं कहा जा सकता। उन्हें वहाँ से नियाँवा फैज़ाबाद निवास पर लाया गया था। महेश प्रकाश जी ने पूरे दस बारह दिनों से अधिक जो उनकी सेवा की वह प्रशंसनीय थी। यहाँ उनका अंतिम संस्कार भी इन्होने ही किया था। इनके शव को विदा करते समय उपस्थित लोगों की संख्या को देख यह अनुमान लगाया जा सकता था कि उन्होने अपने जीवन काल में कितने अधिक लोगों में अपने स्वभाव और व्यवहार के कारण महत्त्व बना रखा रहा होगा और उन्हें सम्मान मिलता रहा होगा। हम और शिवेंद्र समाचार पाकर फैज़ाबाद आ गए थे। त्रिरात्रि के अनुसार अंतिम कार्य किए गए थे। उनके देहांत से एक सूनापन आ गया था। चिता के पास मैं और शिवेंद्र सबके चले जाने के बाद तक रुके रहे थे और मैंने शिवेंद्र से कहा था अब इनसे हम नहीं मिल सकेंगे। इनकी अग्नि क्रिया उसी स्थान पर हुई थी जहाँ कृपा नारायण जी की हुई थी।

हवन के दिन मैं डॉक्टर रवि प्रताप जी के साथ साकेत महाविद्यालय के निकट एक गुरुकुल से ब्राह्मणों को भोजन कराने के लिए लिवा कर लाया था। अम्मा जी का नाम गायत्री देवी था। डॉक्टर रवि प्रताप जी ने उन्नीस सौ छियान्नबे में लखनऊ में कहा था कि ये उनकी माँ हैं और अस्वस्थ हैं लेकिन उनका व्यवहार इनके लिए उतना अच्छा नहीं रहा जितना होना चाहिए था। सीधे शब्दों में ये उनको पसंद नहीं करते थे। वैसे यह उनका घरेलू मसला था और ऐसे मसलों की सत्यता कोई भी बाहरी व्यक्ति नहीं समझ सकता।
इसी वर्ष के अंत में दीपावली के एक दिन पूर्व हम लोग बच्चों सहित तिरुपति बाला जी

के दर्शन के लिए गए थे। लखनऊ से दिल्ली और वहाँ से हैदराबाद हाल्ट करते हुए प्लेन से तिरुपति पहुंचे थे। यह हम लोगों की प्रथम विमान यात्रा थी। सुलतानपुर में हमारे एक पूर्व परिचित की पुत्री का परिवार एनएस एनआईटी, दिल्ली कैंपस में निवास करता था। दीपावली की रात्रि उन्ही के यहाँ एक गेस्ट रूम में व्यतीत की थी। वो लोग एयरपोर्ट पर हमें लिवाने भी आए थे। हम सभी लोग करीब तीन बजे सायं तिरुपति एयरपोर्ट पहुँच गए थे जहाँ से ऊपर टैक्सी द्वारा गए थे। वहाँ निवास की व्यवस्था मंदिर ट्रस्ट द्वारा ही की जाती थी और ईश्वर की कृपा से हम लोगों को अच्छा और बड़ा रूम बिना पूर्व बुकिंग के, आसानी से मिल गया था।

हम लोग स्नान कर, कुछ खाया था या नहीं यह याद नहीं है, एक जीप से मंदिर पहुंचे थे और लगभग साढ़े सात बजे के आस पास पंक्ति में लग गये थे। जितना मैं समझता था उससे कहीं अधिक दर्शनार्थियों की भीड़ थी। कभी थोड़ा तेज और कभी धीरे धीरे लाइन आगे बढ़ रही थी और कभी कभी तो काफी देर तक रुकी रहती थी। तीन साढ़े तीन घंटे के उपरान्त मुख्य मंदिर पर पहुँच कर भगवान वेंकटेश के दर्शन हम सभी लोगों ने किए थे। मैंने कुछ क्षण भगवान बाला जी के सम्मुख रुक कर उनके दर्शन और द्वार पर लगे दंड का स्पर्श किया था। हम चारो लोग भगवान के विग्रह को देख वहाँ का प्रसाद ग्रहण कर मंदिर से बाहर आ गए थे।

बाहर जब निकले तो हलकी बूँदें पड़ रही थीं। वहाँ से, सामान आदि जो जमा किया था उसे लेकर, हम एक जीप से अपने निवास के निकट तक आए थे। वहाँ भोजन की कुछ दुकानें अभी खुली थीं और जो भी चावल करी आदि मिली उसी से हम लोगों ने पेट भरा था। रात्रि के साढ़े ग्यारह के ऊपर समय हो जाने के कारण अधिकांश दुकानें अब बंद हो चुकी थीं। ऊपर से बूंदा बांदी भी अब तेज हो गयी थी। खाना खाने के बाद हम लोग अपने कमरे पर आ गए थे। दर्शन हेतु लाइन जितनी लंबी लगी थी उसकी कल्पना हम लोगों ने नहीं की थी। एक तो पूरी लाइन दिखती ही नहीं थी और हम लोग यही सोच कर आगे बढ़ते जा रहे थे कि अब पहुँचने वाले ही होंगे। पंक्ति के स्थान पर ऊपर शेड लगा था और दोनों तरफ बैरियर था ताकि कोई बीच से न घुसे। दूसरे दिन प्रातः जब हम लोग सो कर उठे तो चक्रवात पहुँच चुका था और बहुत ही तेज हवाएँ और बरसात हो रही थी। हालाँकि प्लेन में भी चक्रवात के कारण लैंडिंग की समस्या बतलाई गयी थी लेकिन नीचे उतरने पर सब सामान्य था।

चक्रवात का दृश्य हमने पहली बार देखा था। यदि एक दिन पूर्व ही दर्शन न कर लिया होता तो आज घंटों वर्षा से भीग और वायु में खड़े रहने के पश्चात ही दर्शन हो पाते। या पता नहीं हम लोग ऐसा कर भी पाते या नहीं। इसके बावजूद क्योंकि आज ही का समय था इसलिए हमलोग छाता लेकर रूम से बाहर निकले और एक टैक्सी से एक अच्छे रेस्टोरेंट जाकर पेट भर इडली सांभर आदि खाया और कॉफी पी। फिर हमने उसी टैक्सी से वहाँ के कुछ मुख्य

दर्शनीय स्थलों तक जाने का निर्णय लिया। स्वयं का शरीर और छाता हवा के कारण रुकता नहीं था फिर भी उन महत्वपूर्ण स्थानों को नेहा और शिवेंद्र सहित हम लोगों ने भीगकर देखा था। अगले दिन हम लोग नीचे तिरुपति शहर में आकर भोजन किए थे। यह होटल बहुत अच्छा था और खाने के बाद दिया जाने वाला पान और भी विशेष था क्योंकि ऐसा मैंने आज तक कहीं नहीं पाया था। फिर वहाँ से हम लोग एयर पोर्ट आ गए थे। लखनऊ में मैंने अपनी कार रश्मि जी के यहाँ पार्क की हुई थी। वहाँ से हम लोग निर्विघ्न सुलतानपुर आ गए थे।

रश्मि जी के यहाँ हम कुछ अधिक ही दिनों बाद आए थे। इनकी अपने बड़े भाई डॉक्टर रवि प्रताप जी से इनके अपने स्वयं के प्रेम विवाह के प्रसंग में कुछ अधिक ही विवाद हो गया था और तभी से उन्होंने इनसे वार्ताक्रम बंद कर रखा था और उनके पक्ष में होने के कारण इनके अपने घर वालों ने और फलस्वरूप हम लोगों ने भी।

नेहा की छोटी मौसी हमारे विवाह में तेरह वर्ष के सन्निकट थीं और सीमा से इनको ज्यादा ही अटैचमेंट था। सीमा के विवाहोपरांत हमारे यहाँ आ जाने की वजह से ये ज्यादा ही परेशान रहती थीं। मैं भी इसीलिए इनको उसी भावना से देखता आया था। वर्ष दो हजार दस के बाद नेहा के लखनऊ में होने के कारण हम लोगों का इनके पास लखनऊ प्रायः आना जाना हो जाता था। इनके भी सम्बन्ध अपने घर के सदस्यों से अम्मा जी के देहावसान के पश्चात कुछ सामान्य हो गए थे और हम लोग भी इनके साथ सामान्य हो रहे थे।

इनकी छोटी बच्ची का जन्म ऑपरेशन द्वारा हुआ था। उस समय इनको सहयोग करने वाला कोई नहीं था। डॉक्टर रवि प्रताप जी की पत्नी दो तीन दिनों के लिए आई थीं और फिर कहीं अन्यत्र जाने की तैयारी करने हेतु इन्हें अकेले ही छोड़कर लौट गयी थीं। हालाँकि अभी जाने में काफी दिन अवशेष थे, जैसा मैंने गणना की थी। तब मैंने नेहा से, जो लखनऊ में ही हॉस्टल में रहती थी, फ़ोन पर कहा था कि ऐसी विषम स्थिति में उनके पास शीघ्र जाकर उनकी सहायता करो और मैं तुम्हारी माता जी को सुलतानपुर से भेज रहा हूँ। और मैंने सीमा को उनकी मदद के लिए लखनऊ लगभग एक सप्ताह के लिए भेजा था। जब मैंने समझा कि उनको पर्याप्त स्वास्थ्य लाभ हो गया है तो सीमा को बस से अकेले वापस सुलतानपुर बुला लिया था।

हम लोगों के लखनऊ निरंतर ही आते जाते रहने के कारण और बच्चों के भी आग्रह पर मेरे मन में विचार आया था कि लखनऊ में एक छोटा प्लाट क्रय कर लूँ। इस हेतु जब भी समय मिलता मैं जमीनों की जानकारी लेता रहता था और सीमा के साथ स्वयं जाकर अवलोकन भी कर आता था। लखनऊ में मकान होने पर शिवेंद्र और नेहा जहाँ भी रहेंगे या सर्विस करेंगे, उनका आवागमन सुलभ हो जाएगा। आज जिस घर में मैं रह रहा हूँ उस जमीन को इसी आशय से नेट द्वारा जानकारी प्राप्त कर मैंने जनवरी दो हजार तेरह में क्रय किया था। प्रातः

सुलतानपुर से आकर रजिस्ट्रार कार्यालय पहुँचा था। शिवेंद्र और सीमा साथ में थे। जमीन की रजिस्ट्री और शेष पैसे चेक से देने के बाद मैंने नरेंद्र प्रकाश जी को फोन से इसके विषय में अवगत कराया था। रात में हम लोग रश्मि जी के यहाँ ठहरे थे। इस महत्वपूर्ण कार्य की ख़ुशी में हम लड्डू मुंशी पुलिया से क्रय कर ले गए थे। अगले दिन नेहा से मिलता हुआ वापस सुलतानपुर आ गया था।

इस कार्य के दो माह पूर्व ही दिसंबर माह में हरेंद्र प्रकाश जी का विवाह हुआ था। किन्हीं व्यस्तताओं और कारणों से हम लोग इनके तिलक और विवाह में, जो रायबरेली जनपद से हुआ था, नहीं शामिल हो सके थे। वैसे भी हरेंद्र प्रकाश जी ने मात्र एक बार ही फोन से मुझे विवाह में शामिल होने के लिए कहा था। उनसे मैं यह अपेक्षा कर रहा था कि वो शादी में आने के लिए गंभीरता से आग्रह करेंगे क्योंकि मैं किसी की भी बारात में गाँव से नहीं गया था और संभव है वो इस हेतु सुलतानपुर भी आएँ। जब इन्हें अवसाद हुआ था तो मैं इनको फैज़ाबाद से सुल्तानपुर लाया था और इनको चिकित्सक को दिखा उपचार कराया था। इनको दवाएँ दिलवाई थीं और कुछ दिन अपने साथ रखा भी था। लेकिन इनकी ओर से ऐसा नहीं हुआ था। हरेंद्र प्रकाश जी के कुछ कार्यों व आचार से मैं पहले से ही संतुष्ट नहीं था। इनके भीतर संगत खराब होने के कारण अपने परिवार की प्रतिष्ठा के विपरीत कुछ अवगुण आ गए थे। इनसे सम्बंधित कई बातें मेरे संज्ञान में आई थीं जिनका उल्लेख अब महत्त्व नहीं रखता।

इनका विवाह संपन्न होने के एक सप्ताह के भीतर ही नारायण प्रसाद जी का हृदय गति रुक जाने से अकस्मात निधन हो गया था। वैसे उन्हें पहले से ही हृदय रोग था और उन्होंने अपनी एंजियोग्राफी भी कराई थी। लेकिन आयु और शारीरिक दृष्टिकोण से डॉक्टर ने स्टेंट लगाना या सर्जरी करना आवश्यक नहीं समझा था और दवाओं से ही उपचार नियमित चल रहा था। वो गाँव पर ही रहते थे और अपने दैनिक जीवन की सभी आधुनिक सुविधाएँ वहाँ भी बना रखी थीं। नरेंद्र प्रकाश जी आते जाते रहते थे और इनकी आवश्यकताओं की पूर्ति होती रहती थी। शरीर से एक्टिव थे बाहर से फिट तथा स्वस्थ दिखते थे। जिस रात्रि इनको हार्ट अटैक हुआ उस समय इन्हें वह दवा तुरंत नहीं मिल सकी जिसे वे हमेशा ऐसी स्थिति के लिए अपने पास रखते थे। एम्बुलेंस से स्थानीय अस्पताल तक पहुँचने के पूर्व ही उनका निधन हो गया था। हरेंद्र प्रकाश जी साथ गए थे। बताया गया कि उस दिन वो हरेंद्र प्रकाश जी के विवाह के कुछ सामानों को देखने के लिए जीना चढ़ कर छत पर भी गए थे।

क्योंकि हरेंद्र प्रकाश जी का विवाह हुए अभी चंद दिन ही व्यतीत हुए थे इसलिए इनकी माता जी ने कुछ रूढ़वादी परम्पराओं के कारण इन्हे नारायण प्रसाद जी के शव के निकट या शव यात्रा में बुढ़ऊ की बाग तक नहीं जाने दिया था जबकि इनके विवाह में उन्होंने अग्रणी और अभिभावक की भूमिका निभाई थी किन्तु इसी रूढ़िवादिता के कारण हरेंद्र प्रकाश जी इनके शव तक को स्पर्श नहीं कर सके। यह ही नहीं, जो भी इनकी अंत्येष्टि में उस दिन

आया उसका भी प्रवेश इनकी माता जी ने अपने घर में रोक दिया था। बड़े चाचा जी एक बार मेरे कार्यालय सुलतानपुर भी आए थे किन्तु मैं उस समय नहीं मिल सका था। एक बार वो आवास पर भी आए थे।

सुलतानपुर में हम लोगों को सुबह फोन के द्वारा यह दुःखद समाचार नरेंद्र प्रकाश जी ने दिया था और हम लोग, शिवेंद्र सहित, कार से गाँव के लिए चल दिए थे। साथ में नरेंद्र प्रकाश के मामा जी और छोटी मौसी के एक पुत्र भी गए थे। लगभग दस बजे हम लोग पहुँच गए थे। उनको सामने ही वारामदे में लिटाया गया था। ये भी आजीवन गाँव में रहे थे और शिक्षक होने के नाते इन्हें क्षेत्र में काफी लोग जानते भी थे। इनकी मृत्यु भी हम लोगों के लिए एक बड़ी क्षति थी जबकि वो अधिकतर अपने घर पर ही रहते थे। इनकी अंत्येष्टि अपराह्न तीन बजे तक पूरी हो चुकी थी। स्नान नज़दीक एक ट्यूब वेल पर किए थे और उसके बाद हम लोग वापस चले आए थे। हम लोग अपने घर प्रवेश नहीं किए थे। लौटते समय चंद्र प्रकाश की अम्मा जी ने कहा था कि 'भैया आते रहा करो तुम्हारा घर है'। मैंने उनसे कहा था कि मैंने सब छोड़ दिया है। माता जी ने बिना मेरी सहमति के बाग बेच ली और उन्होंने शिवेंद्र के जीवन के विषय में भी नहीं सोचा। हरेंद्र प्रकाश जी की माता जी और बहनें अपने किसी सम्बन्धी से बात कर रही थीं और उन लोगों ने मेरी और बिलकुल ध्यान नहीं दिया था। मैंने भी नजरअन्दाज कर दिया था। लौटते हुए रजनी जी स्वरूपगंज तक हमारी कार से ही आई थीं। नारायण प्रसाद जी से मेरी बचपन में बहुत नज़दीकी थी और वो भी मेरे मन की पसंद के अनुसार ही मुझसे व्यवहार करते थे। युवावस्था में मेरा इनसे मेरे घर वालों की प्रेरणा पर कभी कभार वाद विवाद भी हुआ होगा क्योंकि इन्हीं की भांति मैं भी बहुत जल्दी क्रोध में आ जाता था। जिस क्षेत्र में हमारा गाँव है वहाँ की भाषा ऐसी है जो यदि क्रोध में बोली जाती है तो दिल पर शूल की भांति लगती है। वहाँ के निवासियों के लिए वह सामान्य है। किन्तु मैं इसका अभ्यस्त नहीं था अतः मैं बर्दाश्त नहीं कर पाता था और शांत रहने की जगह अपने बड़ों से भी झगड़ा कर बैठता था। इनमे कभी कभार क्रोध में अनुचित भी बोल जाता था। लेकिन क्रोध बिना कठोर वचन के प्रभावी नहीं हो सकता। अतः वह स्वाभाविक था और पश्चाताप की आवश्यकता नहीं बनती थी। वह आयु ही ऐसी होती है।

25

सोने की अँगूठी

मुझे अपने माँ-बाप, विशेष रूप से पिता जी की, बहुत बातें जिन्हें व्यंग्य और आलोचना की श्रेणी में रखा जा सकता है, अन्य भाई या बहन की तुलना में अधिक सुननी व सहनी पड़ीं। इसका कारण यह था कि मुझे इनके साथ अधिक रहना पड़ा क्योंकि सर्विस अपेक्षाकृत देर से मिली और मैं इनपर आर्थिक रूप से अधिक निर्भर रहा। इनकी अपेक्षाएँ भी मुझसे शीघ्र ही धनोपार्जन की रही होंगी। मेरे सयाने और दो बच्चों का पिता होने के बावजूद जब वो क्रोधित होते थे तो अनाप शनाप बोल देते थे। मुझसे इतनी नाराजगी का कारण मेरे विचार से यह भी था कि मैंने इन लोगों को उतने पैसे कभी नहीं दिए जितना ये चाहते थे। मैं अपने परिवार का पालन पोषण इनके अनुसार नहीं कर रहा था। यदि मैं फैज़ाबाद में परिवार सहित रहता और अपना वेतन इन्हे देकर यहाँ से नियमित रूप से सुलतानपुर आ जाकर यानी कम्यूट करके सर्विस करता तो संभवतः इन्हे संतोष रहता। एक बार माता जी ने कहा था कि यदि पैसे बचाने हों तो मेरी राय से चलो। इन लोगों का और मेरे परिवार, बच्चों का जीवन बिलकुल भिन्न नियमों, सिद्धांतों और मूल्यों के अनुसार चल रहा था। ये लोग देवेंद्र प्रकाश जी द्वारा आर्मी कैंटीन से वाइन लेकर दूसरों को बेचने के कार्य को उचित समझते थे और मैं इसे अनैतिक। जब भी मैं गाँव के उत्पाद से कुछ स्वयं के लिए लाता ले जाता था तो इन सभी को बुरा भी लगता प्रतीत होता था। मेरा परिवार उतने ही सदस्यों का था जितने फैज़ाबाद में रहते थे। पिता जी ने एक बार खुल के असभ्यता के साथ कहा था कि जाकर वहाँ मजदूरों की भाँति परिश्रम करो तब लेकर जाओ। माता जी आदि ने वर्ष दो हजार ग्यारह अप्रैल के बाद यह प्रयास कभी क्यों नहीं किया कि मैं गाँव आऊँ-जाऊँ और जो संबंधों में दरार है उसे भरा जा सके। क्योंकि उन्हें वर्तमान स्थिति में अधिक लाभ था। मैंने उनको कहला दिया था कि मैं गाँव या फैज़ाबाद में जब भी कहें आने और बात करने को तैयार हूँ। लेकिन उन्होंने कभी भी ऐसा प्लान नहीं बनाया। वो मेरे घर आने को इच्छुक रहती थी लेकिन मैं चाहता था कि किसी अन्य सदस्य के सामने पैतृक घर पर वार्ता हो ताकि वो जाने कि किन समस्याओं पर क्या वार्ता हुई। माता जी कभी भी झूँठ बोल सकती थीं और उनके माँ और उम्रदराज होने की

वजह से लोगों द्वारा उन्ही की बात को सत्य माना जाना स्वाभाविक था।

झूँठ के विषय में यहाँ एक घटना का उल्लेख उचित होगा। जब पिता जी वर्ष दो हजार सात में अस्वस्थ हुए थे तब माता जी ने बताया था कि उनको उनके व्यक्तिगत चिकित्सक डॉक्टर वीरेंद्र सिंह जी जो रिकाबगंज चौराहे पर प्रैक्टिस करते थे, के पास जब वो लेकर गयीं तो उन्होंने उपचार करने से मना कर दिया और कहा आप लोग 'मुर्दा' लेकर आए हैं मै उपचार नहीं कर पाऊँगा। और तब वो इन्हे लेकर अन्यत्र गयी थीं। डॉक्टर वीरेंद्र सिंह जी से इनका उपचार वर्षों से चल रहा था और पिता जी उनसे फोन पर भी परामर्श लेते रहते थे। किन्तु जब मैंने उनके पास जाकर इस बात के विषय में पूँछा कि उन्होंने ऐसा क्यों कहा था, तो उन्होंने स्पष्ट इस बात को कहे होने से इंकार कर दिया था और कहा था कि मेरा काम ही मरीजों का उपचार है मैं मना तो कभी कर ही नहीं सकता। तो मेरा माता जी पर विश्वास नहीं रह गया था। लेकिन वह इतने सरल व प्रेम से झूँठ बोलती हैं कि कोई उसे गलत नहीं मान पाएगा। आज वो चौरासी वर्ष की होने पर भी उसी प्रकृति की हैं। मुझे उनके असत्य से भय लगता है।

विगत तेरह वर्षों में दशहरी आमों की पूरी बाग का वह कैसे उपभोग करती या करवाती हैं मैं नहीं जानता। वर्ष दो हजार अठारह तक शिवेंद्र और दो हजार इक्कीस तक नेहा यहाँ थीं किन्तु वो गाँव के अपने आमों को नहीं चखे। शीशम के पेड़ की पूरी लकड़ी जिसे लाकर घर पर रखने के लिए पैसे मैं दे आया था आज कहाँ है कुछ पता नहीं। जो सम्मिलित बाग इन्होने बेचा उसमे मेरा भाग किस स्थान पर है इन्होने रेखांकित या अलग करके नहीं बेचा था। अनगिनत ऐसे कार्य इनलोगों ने पिता जी के जीवित रहते और न होने के बाद भी किए हैं जो मुझे हानि पहुँचाने वाले थे किन्तु हम सभी ने संतोष किया। किन्तु माता जी के पास एक कुशल अधिवक्ता की भाँति सब का उत्तर है। पर उनकी इस अवस्था में और उनकी आयु को दृष्टि में रखते हुए मुझे प्रत्येक स्थिति में चुप ही रहना है। और सभ्य व संस्कारी पुत्र को यदि मजबूरी न हो तो चुप रह भी जाना चाहिए।

देवेंद्र प्रकाश जी को बच्चे को कानूनी रूप से अडॉप्ट करने के लिए मेरा निरंतर कहने का अभिप्राय यह कैसे हो सकता है कि मुझे उनकी संपत्ति की लालच हो गयी थी, जैसा उन्होंने कहा था। इन लोगों की इस प्रकार की बातों को मैं अनसुना करता रहा। ऐसा नहीं है कि माता जी का बचपन का स्नेह मुझे याद नहीं है जब वो मुझे 'गले का हार' या 'मेरा लाल' कह कर दुलारती थीं। लेकिन यह भाव बहुत ही कम समय के लिए रहा और उनके शीघ्र ही जो अगले दो बच्चे हुए, वो प्रायः बीमार रहते थे और उनका पूरा ध्यान उन्हीं पर केंद्रित हो गया। नीता जी के जन्म तक मैं बड़ा हो गया था। मेरे बाद जो पुत्र हुआ उसका जीवन अल्पकाल के लिए ही था। देवेश कुमार के समय में चिकित्सीय सुविधाएँ बहुत ही सीमित थीं। पिता जी ने यथासंभव उनका उपचार फैज़ाबाद और लखनऊ तक कराया था किन्तु असफल रहे थे। मेरे सामने ही वह बच्चे के रूप में प्राण विहीन दालमंडी वाले मकान में भूमि पर लेटे थे और

माता जी रो रही थीं। बाबा जी शांत बैठे थे और पिता जी संभवतः श्री रामचरितमानस पढ़ रहे थे। मैं भी बच्चा था और वहीं लेटा हुआ था। घर में और कोई नहीं था। सुबह होने पर हमारे गाँव के नाई मनीराम जी पत्नी सहित बुलाए गए थे और फिर अंतिम व्यवस्थाएँ हुई थीं। घर को धुला जाना भी मुझे स्पष्ट याद है। मनीराम जी का पूरा परिवार पुराने पैराडाइज़ सिनेमा के आगे कहीं रहता था। इनके छोटे भाई का नाम रामउजागिर था और वो गाँव में हम लोगों के बाल बनाने आया करते थे। हमारे पुश्तैनी नाई थे। वो जब मेरे बाल बनाते थे तो धीरे धीरे मुझसे बातें भी किया करते थे। वो अक्सर मुझसे कहते थे कि जब अफसर बन जाना तो उन्हें भूल न जाना, क्या कारण था मै आज तक समझ नहीं सका। मैं सोचता था कि अफसर कोई बड़ी सरकारी नौकरी होती होगी। लेकिन अभी से उसका क्या सोचना। मैं उस समय शैशव अवस्था में रहा हूँगा। परन्तु मैं यह बात कभी नहीं भूला हालाँकि अफसर बनने के बाद में उनसे मिल नहीं सका। उनका निवास मुख्य गाँव से कुछ दूर सुल्तान के पुरवे में था।

किसी से भी वाद विवाद करने का तात्पर्य होता है बात बढ़ाना, आवेश और क्रोध में आना और मानसिक कष्ट उठाना। क्योंकि इसमें हार उसी की होती है जो बोल कर थक जाता है और शांत हो जाता है या उठ कर अन्यत्र चला जाता है। इसलिए मैंने अपने परिवार के इन लोगों से कभी भी बहस नहीं की और शांत हो गया। यदि फैज़ाबाद में रहा तो सुलतानपुर चला आया और यदि फोन पर बात हुई तो फोन कट कर दिया। मैंने सीमा को भी कह रखा था कि माता जी से अब कोई शिकवा शिकायत करने की आवश्यकता नहीं है क्योंकि उनकी आयु ऐसी हो चुकी है जिसमे उनकी स्थिति कभी भी दादी जी वाली हो सकती है। अतः मात्र व्यक्तिगत समाचारों के और कोई बात नहीं करनी है। वैसे भी इन लोगों से दूर होने और सम्बन्ध तोड़ने के बाद हम लोगों को बहुत ही शान्ति मिली और हम अपना पूरा ध्यान बच्चों की शिक्षा और अपनी सर्विस पर केंद्रित करने में अधिक प्रभावी हो गए थे। यद्यपि इस कारण शिवेंद्र व नेहा गाँव की मौसमी प्राकृतिक वस्तुओं जैसे शकरकंद, नई आलू, मटर, सरसो और चने का साग, रसियाव, नया गुड़, आम, महुआ, जामुन आदि, जिसका आनन्द बचपन मे मैंने लिया था, उनसे हमेशा ही वंचित रहे। मैं पहले ही माता जी को बार-बार कहता था कि यदि आप लोगों का व्यवहार नहीं बदला तो मैं कभी भी पलक झपकते सब कुछ त्याग दूंगा। तब वो व्यंग्यात्मक मुस्कराहट के साथ 'हूँ' करती थीं जैसे कहती रही हों कि मैं ऐसा नहीं कर पाऊंगा। वो ये समझती थीं कि जमीन जायदाद, धन संपत्ति को त्यागना आसान नहीं होता। कंधारी बाजार के मकान को तो मैं हमेशा ही संदेह की दृष्टि से देखता था क्योंकि ये माता जी के नाम था और उन्होंने पहले ही कहा था जो मेरी सेवा करेगा उसी को मैं अपने पैसे दूँगी। हेमेंद्र का पिता जी की मृत्यु के उपरान्त यह कहना यह घर आपका नहीं है, मैंने इसमें कुछ तो गंभीरता पाया ही था। माता जी ने कभी बाद में भी नहीं कहा कि अंत में सब तुम लोगों का ही तो है।

माता जी की एक सोने की अंगूठी दालमंडी में ही वर्षों पूर्व खो गयी थी। शायद उन्होंने आंटा सानते वक्त उतार दी थी जिसे चूहे उठा ले गए थे और फिर बहुत ढूंढने के उपरान्त भी नहीं मिली थी। मेरे कुछ रूपए जब मैं अहमदाबाद गया था तो जेब कतरों ने निकाल लिए थे। मुझे बहुत कष्ट हुआ था। मैंने घर पर बताया ही नहीं था और कह दिया था कि एक मित्र ने उधार लिए हैं, वापस मिल जाएगा। उस समय मैं इलाहाबाद हॉस्टल में रह रहा था। मैंने उस क्षति को एक माह दिन में मात्र एक समय भोजन कर के पूरा किया था। मैं महावीर हनुमान जी पर बहुत श्रद्धा रखता था और व्रत रखता था। मैंने मन में यह विचार किया कि उन्हें इस श्रद्धा को सुदृढ़ रखने के लिए कुछ तो करना ही होगा। और वह खोई हुई अंगूठी मुझे खोने के कई वर्षों बाद घर में अकस्मात ही एक अनपेक्षित स्थान पर धुएँ से बिलकुल काली और गन्दी अवस्था में मिल गयी थी। वास्तव मे यह टिन की छत मे लगे बाँस के खोखले मे पड़ी थी जिसमें मैने अनायास ही हाथ डाल दिया था। और जब मैंने उसे टूथ ब्रश से साबुन से साफ़ किया तो वह सोने की थी और सोने जैसी चमक उठी थी। इस घटना को मैने हनुमानजी के चमत्कार के रूप मे स्वीकार किया था। उस समय मैं फैज़ाबाद में अकेला ही था। जब माता जी आयीं तो मैंने उन्हें ख़ुशी से दिखाकर वह दे दी थी। उन्होंने कहा था कि इसे मैं तुम्हारे विवाहोपरांत तुम्हारी दुल्हन को दे दूंगी। लेकिन उन्होंने ऐसा नहीं किया था। दसियों वर्ष बाद जब उन्होंने देने का उपक्रम किया तो उनके भीतर की भावना को मैंने आंकते हुए उसे सीमा को नहीं लेने दिया था और वह उन्हीं के पास रही। तब से हनुमान जी में मेरी अटूट श्रद्धा बनी हुई है किन्तु मैंने फिर कभी कोई इच्छा उनसे नहीं की है। अन्तर्यामी होने के नाते वो तो सब जानते ही हैं।

मार्च दो हजार ग्यारह में मैं अपनी दोनों जमीनों के दाखिल ख़ारिज के उद्देश्य से अंतिम बार कंधारी बाजार गया था। माता जी बिना सूचित किए अचानक उसी दिन सायं फैज़ाबाद आ गयी थीं जैसे वो हमें चेक करने आयी हों नहीं तो मोबाइल फोन तो सभी लोगों के पास था ही। देवेंद्र प्रकाश जी पहुँचाकर तुरंत ही बाराबंकी लौट गए थे। क्या उन्हें हम पर संदेह था और वो यह सुनिश्चित करने आई थीं कि कुछ वस्तुएँ जो वहाँ पर थीं उन्हें हम न देखने पाएँ। वहाँ यद्यपि अभी भी बहुत से हमारे महत्वपूर्ण सामान पड़े हुए हैं। आशा करता हूँ कि उन्हें ये लोग बाराबंकी नहीं उठा ले गए होंगे। स्टील अलमिरा जो मैंने दिल्ली की छात्रवृत्ति से पैसे बचाकर उन्नीस सौ बयासी में क्रय की थी और इलाहाबाद से लाया था, उनमे वह भी है। माता जी ने कभी इस विषय में न कोई बात कही न किसी से कहलाया ही। यह अलमिरा मैं बस द्वारा वहाँ से लाया था। प्रेमलता जी के बड़े पुत्र मनोज कुमार जी सिविल लाइन्स बस स्टेशन तक सहायता के लिए आए थे। मनोज कुमार जी से मेरी दिली आत्मीयता थी।

शिवेंद्र का हायर सेकण्डरी दो हजार तेरह में पूरा हुआ था। शिवेंद्र अपनी कक्षा के श्रेष्ठतम बच्चों में तो नहीं लेकिन परिश्रमी अवश्य थे। कक्षा दस की परीक्षा में वो कक्षा में भी पोजीशन

लाए थे और इनकी ग्रेड पॉइंट बहुत ही अच्छी थी। इन्हे शिक्षा मंत्री भारत सरकार द्वारा प्रशंसा पत्र भी प्रदान किया गया था जिसमे जिन बातों का उल्लेख किया गया था आज उनकी विदेश जाने के बाद प्रासंगिकता अधिक महत्व रखती है। कक्षा बारह में उन्होंने बिना किसी कोचिंग या ट्यूशन के स्वतः अध्ययन कर विज्ञान विषयों के साथ बहुत ही अच्छे अंक प्राप्त किए थे। मैं इन्हें बीटेक नहीं कराना चाहता था और इनकी भी कोई बहुत इच्छा नहीं थी। इसका एक कारण तो यह था कि बीटेक डिग्री धारकों की संख्या बढ़ती जा रही थी और उस अनुपात में सर्विस के अवसर नहीं उत्पन्न हो रहे थे। दूसरा कारण यह था कि पुरानी आईआईटी या एनआईटी संस्थाओं में प्रवेश निश्चित नहीं था। इन्हें भौतिक विज्ञान में रूचि भी थी। मैं यह भी जानता था कि भौतिकी में विशेष योग्यता रखने वालों की संख्या दिनो दिन घटती जा रही थी और इसलिए इस क्षेत्र में अध्ययन करने वालों का महत्त्व हमेशा रहेगा। अतः इन्होने बीएचयू, दिल्ली विश्वविद्यालय, जेएनयू तथा बीआईटी मेसरा में विज्ञान स्नातक के लिए आवेदन किया था। क्योंकि नेहा उस समय बीआईटी मेसरा में थीं अतः हम लोगों ने उनके परामर्श, सुविधा और वहाँ के शैक्षिक वातावरण को दृष्टि में रखते हुए इनका एडमिशन वहीं करा दिया। वहाँ इनका प्रवेश मेरिट के आधार पर हुआ था। दिल्ली विश्वविद्यालय की भी लिस्ट निकल चुकी थीं किन्तु प्राप्त महाविद्यालय और दिल्ली की अन्य समस्याओं के कारण वहाँ नहीं कराया था। दिल्ली यूनिवर्सिटी में स्नातक स्तर पर छात्रावासों की सुविधा कम ही उपलब्ध थी। वैसे भी दिल्ली में रहना विशेषतः यूपीएससी की प्रतियोगिताएँ की दृष्टि से अधिक लाभप्रद होता है। एक वर्ष नेहा और शिवेंद्र दोनो रांची में एक ही संस्थान में रहे और शिक्षा प्राप्त की। यह हम सभी के लिए निश्चिन्त रहने के उद्देश्य से अच्छा था, क्योंकि शिवेंद्र ने पहली बार घर छोड़ा था। अगले चार वर्ष भी इसी संस्थान में पढ़े और प्रथम श्रेणी में भौतिकी में परास्नातक होकर निकले।

नेहा की मास्टर्स डिग्री भी वर्ष दो हजार चौदह में पूरी हो गयी थी और तत्पश्चात वो बंगलोर सर्विस करने के उद्देश्य से चली गयीं जहाँ उनकी जेबीए की मित्र और फैज़ाबाद के डॉक्टर कौशल जी की पुत्री सर्विस कर रही थी। ये दोनों अगले कुछ मास एक साथ बहुत ही प्रेम और सहयोग के साथ रहीं। नेहा सर्विस के प्रयास के साथ कोचिंग द्वारा प्रतियोगी परीक्षाओं हेतु तैयारी भी कर रही थीं। नेहा ने यहीं पर प्राइवेट कम्पनियों में सेवा करने वालों की सुविधाओं व समस्याओं को नज़दीक से देखा और अनुभव प्राप्त किया। मैंने नेहा को परामर्श दिया कि पीएचडी करके शैक्षणिक संस्थाओं में सेवा करना अधिक शांतिदायक होता है। विशेष रूप से महिलाओं के लिए। इन्होने इसके उपरान्त पीएचडी प्रवेश के लिए आईआईटी गांधीनगर, पटना, कानपुर, खड़गपुर और रोपड़ में आवेदन किया था। इन्होने गाँधीनगर, कानपुर और पटना में प्रवेश परीक्षाएँ अटेंड की थीं। कानपुर के प्रोफेसर जैन जी से संपर्क करने पर उन्होंने मुझे बताया था कि कानपुर में प्रवेश कठिन है किन्तु यहाँ के मैकेनिकल की मान्यता अधिक है। कानपुर और खड़गपुर की परीक्षा तिथियाँ ओवरलैप कर रही थीं।

और यह बहुत ही प्रसन्नता की बात थी जब इनको आईआईटी कानपुर में प्रवेश मिल भी गया। लिखित परीक्षा और साक्षात्कार के माध्यम से चयन हुआ था। जिस दिन कानपुर की चयनित छात्रों की लिस्ट निकली, ये आईआईटी पटना में परीक्षा देने गयी थीं। लिखित परीक्षा के उपरान्त इनको मेरा सन्देश मिला था और तब इन्होने वहाँ के साक्षात्कार में भाग ही नहीं लिया था। यद्यपि इनको फ़ोन के माध्यम से बार बार बुलाया जा रहा था। लेकिन ये पटना म्यूजियम देखने चली गयीं थीं। इनकी रुचि पुरानी वस्तुओं और ऐतिहासिक स्थलों को देखने में अधिक थी जो कि आज भी इनके स्वभाव में है। कानपुर में शुल्क जमा करने और प्रवेश की तिथि भी लिस्ट के साथ ही सूचित की गयी थी जिस पर पहुँचना निश्चित रूप से आवश्यक था। संभवतः एक सप्ताह के भीतर की ही तिथि थी। आईआईटी कानपुर सुलतानपुर के नज़दीक होने के कारण हम लोग खुश भी थे। उल्लेख की गयी तिथि को आवश्यक अभिलेख और शुल्क का बैंक ड्राफ्ट आदि लेकर शिवेंद्र, जो छुट्टी पर आए हुए थे, के साथ नेहा बस से आईआईटी कानपुर गयीं और कार्य पूर्ण कर उसी दिन रात्रि में लगभग दस बजे वापस सुलतानपुर आ गए थे। पयागीपुर चौराहे से हम लोग इन्हें घर लिवा लाए थे। इनकी यह साढ़े चार सौ किलोमीटर से अधिक की यात्रा थी। अच्छी बात यह थी कि कार्य हो गया था।

अगले दिन मुझे और सीमा को गुरुग्राम जाना था। नरेंद्र प्रकाश जी ओपन हार्ट सर्जरी के लिए मेदांता अस्पताल में एडमिट थे। जिस दिन ये फैज़ाबाद से जा रहे थे उस दिन भी मैं इनसे मिला था और इनको मानसिक रूप से दृढ़ रहने को समझाया था। मैंने कहा था कि किसी प्रकार से घबराने की जरुरत नहीं है। वैसे ये साहसी व्यक्ति हैं और ईश्वर में आस्था रखते हैं। अपनी मानसिक व्यग्रता चेहरे से नहीं प्रदर्शित होने देते। यह भी एक विशेष गुण होता है जो सभी में नहीं मिलता। ये, इनकी पत्नी और पुत्र बस तीन लोग ही गए थे। वैसे एलआईसी से जुड़े होने के कारण इनका परिचय बहुत विस्तृत है। अपने घर परिवार में सभी जानते थे किन्तु और कोई भी साथ नहीं गया था। कोई तभी जाता जब ये कहते कि तुम्हारा चलना आवश्यक है। और यह इन्होने किसी से कहा नहीं। बिना कहे जाने पर कोई कृतज्ञता न होती, यही लोगों ने सोचा होगा। इनकी सर्जरी की तिथि में डॉक्टर त्रेहन जी के उपलब्ध न होने के कारण कुछ परिवर्तन आ गया था जिसके कारण मैं ऑपरेशन के दो दिन बाद पहुँचा था। हृदय और मस्तिष्क की शल्य क्रियाएँ बहुत ही काम्प्लेक्स होती हैं। अपने ही घर का सदस्य होने से ऐसे अवसर पर हम लोगों ने इनके पास जाना आवश्यक समझा था। इनकी सफल शल्य क्रिया के उपरान्त खतरे से बाहर देख और आगे के विषय में जानकारी लेकर अगले दिन हम लोग वापस सुलतानपुर आ गए थे। नेहा और शिवेंद्र यहाँ अकेले थे।

नरेंद्र प्रकाश जी के पुत्र ने काफी परिपक्वता और जिम्मेदारी से वहाँ की सभी आवश्यकताओं और कार्यों को मैनेज किया था और इसके लिए आशीष जी की प्रशंसा की जानी चाहिए। पूर्ण

रूप से स्वस्थ होने के बाद ये लोग वहाँ से ट्रेन के द्वारा फैज़ाबाद वापस आ गए थे। यह अत्यधिक संतोष की बात थी और गंभीर परिस्थितियों में स्वतः कौन कौन आगे आता है इस विषय पर भी काफी प्रकाश डालने और सोचने वाला अवसर भी था।

नेहा और शिवेंद्र जब तक रांची में रहे, इन्हें इलाहाबाद तक छोड़ना और वहाँ से इनके आने पर सुलतानपुर लाना हम लोग कार से ही करते थे। रांची के लिए ट्रेन वहीं से उपलब्ध थी। एक बार रात्रि में कोहरे के कारण बहुत कठिनाई हुई थी। हम लोग बीआईटी रांची भी पांच छह वर्षों में तीन चार बार गए थे। इसी प्रकार नेहा के कानपुर आने पर वहाँ भी माह दो माह में एक बार अवश्य जाना होता रहा था। इस दौरान वह दो बार यूएसए, जापान, ग्रीस व चेकिआ अपने शोध से सम्बंधित कार्यों से गयी। उसका अकेले यूएसए जाना उसके साहस का द्योतक तो था ही साथ में हम लोगों के उसके आत्मविश्वास पर भरोसा करने का भी एक उदाहरण था। दिसंबर दो हजार चौदह से लेकर मार्च दो हजार बीस तक वह आईआईटी कैंपस में रही।

शिवेंद्र ने प्रारम्भ के वर्षों में उतना परिश्रम नहीं किया लेकिन बाद में उसे कवर कर लिया और भौतिकी में इंटीग्रेटेड एमएससी प्रथम श्रेणी में उत्तीर्ण की। शिवेंद्र यहाँ अपनी शिक्षा के अंतिम दो वर्षों में इंटर्नशिप के लिए एक बार आईएसआई कोलकाता और एक बार आईआईएसएआर कोलकाता में एक माह सवा माह के लिए गए थे। प्रोफेसर प्रशांत पाणिग्रही जी ने इनका बहुत अधिक सहयोग किया था। उनके द्वारा शिवेंद्र को प्रदान की गयी सहायता के लिए उनकी भूरि भूरि प्रशंसा की जानी चाहिए। संयोग से एक बार जब वो आईआईटी कानपुर आए थे तो मैं व सीमा उनसे मिले भी थे और उनके प्रति अपना आभार व्यक्त किया था। शिवेंद्र ने भी कोलकाता में एक छोटे किराए के कमरे, जो इन्होने दिलवाया था, में रहकर अपनी इंटर्नशिप पूरी की थी। कमरा अत्यधिक छोटा और कोलकाता के उमस वाले मौसम के अनुसार कष्टदायी था। संस्थान के हॉस्टल में कोई दुर्घटना घट जाने के कारण उन्हें ऐसा करना पड़ा था। कुछ दिन शिवेंद्र उनके आवास पर भी रहे किंतु इसमें कुछ विभागीय लोगों को आपत्ति थी। शिवेंद्र वहीं निवास करने वाले माध्यमिक कक्षा के छात्रों के साथ भोजन करते थे। खाना पकाने वाली आती थी। यह शिवेंद्र का कठिन समय था। हमलोग एक बार गए थे। जब दूसरी बार ये कोलकाता गए थे तो प्रोफ़ेसर पाणिग्रही जी ने अपना आवास ही इनको और एक अन्य छात्र जो आईआईटी खड़गपुर का था, को निवास के लिए दे दिया था क्योंकि उनको एक अन्य आवास आबंटित किया जा चुका था। आज शिवेंद्र फ़्रांस और वह छात्र भी यूरोप में शोध कार्य कर रहा है। शिवेंद्र बीआईटी छोड़ने के पूर्व ही स्लोवाकिया में पीएचडी हेतु चयनित हो चुके थे। छात्रवृत्ति सहित यह चार वर्षों का कॉन्ट्रैक्ट था। अतः उनका भी पीएचडी करना निश्चित हो गया था। इन्हे दक्षिण फ्रांस में भी एक स्थान पर अवसर मिल रहा था किन्तु इन्होने स्लोवाकिया स्वीकार कर उसे छोड़ना उचित नहीं समझा था। शिवेंद्र का भौतिकी में निष्णात डिग्री दो हजार अठारह में पूर्ण हुई थी।

शिवेंद्र दिसंबर माह में ब्रातिस्लावा, स्लोवाकिया चले गए थे। इनके पेपर्स आने में प्रशासनिक प्रक्रियाओं के कारण, वहाँ के प्रोफ़ेसर द्वारा प्रयास करने के बावजूद काफी समय लग गया था। शिवेंद्र तब तक हम लोगों के साथ रहने का समय पा गए थे।

इसी वर्ष अगस्त माह में नरेंद्र प्रकाश जी की अम्मा जी का भी देहांत किडनी में आई समस्या के कारण हो गया था। हम लोग समाचार पाकर उनकी अंत्येष्टि और तेरही में गए थे। नरेंद्र प्रकाश जी ने उनका अंतिम संस्कार किया था। शिवेंद्र भी साथ में थे और वहाँ इनके विदेश जाने के विषय में सुनकर चंद्र प्रकाश जी बहुत प्रसन्न हुए थे और इनके भविष्य के लिए शुभकामनाएँ भी दी थीं। नरेंद्र प्रकाश जी की माँ का नाम आरती देवी था वो कुछ दिनों से अयोध्या के चिकित्सालय में एडमिट थीं। जैसा ज्ञात हुआ था, अंतिम कुछ दिनों में इन्हें अधिक शारीरिक कष्ट था।

26
अवकाश एवं कोरोना कहर

मेरी सर्विस सुचारु रूप से पूर्ववत चल रही थी। जब प्रथम बार सुलतानपुर से अलग कर अमेठी को छत्रपति साहूजी महाराज नगर बनाया गया था तभी वहाँ के मूल निवासी महामहिम भरत जगदेव जी, राष्ट्रपति कोआपरेटिव रिपब्लिक गुयाना, अपने पूर्वजों का गाँव देखने आए थे। मेरे द्‌वारा उनके गाँव में एक अस्थायी कम्प्यूटर केंद्र स्थापित किया गया था। उन्होंने एक वेब पोर्टल जो दिल्ली में विकसित किया गया था उसका और मेरे द्‌वारा इस नए जनपद की हिंदी में बनाई गयी वेबसाईट का शुभारम्भ भी किया था। इस व्यवस्था की प्रशंसा की गयी थी। हिंदी में बनी हुई किसी जनपद की उस समय की एक मात्र वेबसाइट थी। एनआईसी लखनऊ मुख्यालय और प्रशासन के भी वरिष्ठ अधिकारी उपस्थित थे। मैंने सुलतानपुर में कुछ ऐसे कार्य किए जिन्हे बाद में अन्य जनपदों में भी प्रयोग किया गया। मैंने कई रिपोर्ट्स भी तैयार कीं और विश्लेषणात्मक उपयोगी पत्र भी लिखे और प्रकाशित करवाए। मैंने ऑनलाइन, क्लाउड बेस्ड लाइब्रेरी पर एक पत्र लिखा और उसे इंद्रप्रस्थ विश्विद्‌यालय द्‌वारा आयोजित एक अंतर्राष्ट्रीय कांफ्रेंस में स्वयं प्रस्तुत किया था। मेरी सर्विस के दौरान मैंने उन्तालीस आईएएस जिलाधिकारियों, कई मुख्य विकास अधिकारियों और संयुक्त मजिस्ट्रेटों के साथ कार्य किया जिनमे चार पांच को छोड़ अन्य सभी के साथ मेरे सम्बन्ध अच्छे रहे। ये लोग आधुनिक तकनीक का केंद्र होने के कारण मेरे कार्यालय प्रायः ही आते रहते थे। सीडीओ नारायण जी तो अधिकांश समय एनआईसी में ही व्यतीत करते थे। मेरा पूरा सर्विस का कार्यकाल मात्र कुछ अवसरों को छोड़ शांतिपूर्ण और आराम से व्यतीत हुआ था। कुछ अधिकारियों से वाद विवाद भी हुआ। कुछ अधिकारियों ने लखनऊ मुख्यालय तक मुझसे अपनी अप्रसन्नता की शिकायत भी की थी किन्तु मै सत्य और सिद्‌धांतों पर कार्य करता था और इसलिए उनका कोई प्रभाव नहीं पड़ा। मैंने यथासंभव पूरी ईमानदारी की जिसके कारण भी कुछ नाराजगी हुई लेकिन मैंने अपनी गरिमा बनाए रखी। किसी का कोई कार्य सिफारिश से नहीं किया जिनमे प्रभावशाली लोग भी होते थे। स्थानीय होने के कारण छोटे नेताओं और पत्रकारों को समझा बुझा लेता था। लोगों

ने मुझे अनसोशल व अहंकारी भी समझा। एनआइसी सुलतानपुर मेरे द्वारा ही स्थापित और विकसित किया गया था इसलिए यहाँ मेरे ही निर्णय सर्वोपरि होते थे। कम्प्यूटर से जुड़े प्रत्येक मसले चाहे वो क्रय से सम्बंधित हों, चाहे प्रमाणित करने से या नियुक्ति आदि से, मैंने हमेशा निष्पक्ष और निर्भय होकर ही उनका समाधान किया या निर्णय लिए। मुझे मुख्यालय तथा यहाँ पर भी कार्यालय के सभी अधिकारियों तथा कार्मिकों का अच्छा सहयोग प्राप्त हुआ। सर्विस के अंतिम कुछ वर्षों में मैंने और भी ध्यान रखा। इस प्रकार मेरी पूरी सेवा सुलतानपुर में ही प्रारम्भ होकर यहीं पर इकतीस अक्टूबर दो हजार अठारह में सकुशल समाप्त हो गयी।

मेरा विदाई समारोह योजना भवन लखनऊ में आयोजित किया गया था जिसमे नीता वर्मा जी, महानिदेशक एनआईसी वीडियो कॉन्फ्रेंसिंग के जरिए दिल्ली से सम्मिलित हुई थीं और भविष्य के लिए अपनी शुभकामनाएँ दी थीं। इनसे मेरी पहली भेंट तब हुई थी जब ये हम लोगों को मुख्यालय पर सर्विस ज्वाइनिंग के उपरान्त प्रशिक्षण देने आती थीं। तब हम लोग युवा थे। एक बार आईआईआईटी इलाहाबाद में भी हम मिले थे। उन्होंने कहा भी कि हम पहले भी एक दो बार मिल चुके हैं। रिटायरमेंट के अवसर पर ही मुझे डॉ सौरभ गुप्ता, डीडीजी तथा एसआईओ उत्तर प्रदेश द्वारा पेंशन पेमेंट आदेश भी प्रदान कर दिया गया था और अगले माह से बिना किसी व्यवधान के पेंशन मेरे बैंक अकाउंट में आने लग गयी थी सभी भुगतान भी शीघ्र ही हो गए थे। मैंने एनआईसी की अपनी पूरी सेवा में सात प्रोमोशन, पद और वेतनमान प्राप्त किए और वरिष्ठ निदेशक, आईटी, के पद से रिटायर हुआ।

विकास भवन सुलतानपुर के प्रांगण में एक पीपल का वृक्ष कुछ कर्मचारियों ने पौधे के रूप में रोपित किया था। इसके बड़े होने के बाद इसको एक शंकर भगवान के पूजा स्थल के रूप में परिवर्तित कर दिया गया था। वृक्ष बड़ा होता गया और इसके किनारे चबूतरा भी निर्मित कर दिया गया था। इस कार्य में डीआरडीए के कर्मचारियों का महत्वपूर्ण योगदान था। इसके शिवलिंग को बृजेन्द्र त्रिपाठी जी अयोध्या से लेकर आए थे और मुझे अवगत करा दिए थे।

मैंने जो जमीन लखनऊ के वृन्दावन योजना के निकट ले रखी थी, उसकी देखभाल के लिए यहाँ प्रायः आता जाता रहता था। एक बार जब आया तो निकट ही दो मकानों का निर्माण कार्य चल रहा था। उन लोगों ने मुझे परामर्श दिया कि मैं भी यदि चाहूँ तो जो मिस्त्री उनके मकानों को बना रहा है, उसी के द्वारा अपना भी बनवा सकता हूँ। क्योंकि नेहा कानपुर में थीं तथा शिवेंद्र को भी अब मेसरा, रांची की शिक्षा पूरी होने में और मेरे रिटायरमेंट में भी अधिक समय नहीं बचा था, इसलिए मुझे मकान बनवाना उचित भी जान पड़ रहा था। जमीन की सुरक्षा की दृष्टि से भी यह आवश्यक था। अतः मैंने उस मिस्त्री से गंभीरता से बातें कीं और सुलतानपुर आ गया। यहाँ आकर ईश्वर की प्रेरणा से मैंने एक एग्रीमेंट तैयार किया और एडवांस राशि के चेक के सहित दो तीन दिन के भीतर ही सुलतानपुर से लखनऊ पुनः आकर

उस मिस्त्री से गृह निर्माण की बात की और एग्रीमेंट पर हस्ताक्षर लेकर एडवांस दो लाख रूपये दे दिए। उसे मकान की डिज़ाइन भी प्रदान कर दी थी जिसे मैने ही बनाया था। आठ दस दिनों उपरान्त जब पिलर के लिए गड्ढे खुद गए थे तो मैंने सीमा के साथ आकर अन्य लोगों के समक्ष स्वयं ही भूमि पूजन किया था व प्रसाद वितरित किया था। मैंने अपनी यह योजना परिवार में किसी को भी नहीं बतलायी थी। यहाँ तक की शिवेंद्र और नेहा भी नहीं जानते थे। अबरार शेख से मेरा छह माह में मकान निर्मित करने का एग्रीमेंट था ताकि मेरे अवकाश प्राप्ति तक यह उपलब्ध रहे। रिटायर होने के एक माह पूर्व मुझे इंटरनेट पर एक किराए का मकान वृन्दावन योजना में उपलब्ध दिखा था। मैंने फ़ोन द्वारा संपर्क कर रंजना त्रिपाठी जी से बात की और उस मकान को किराए पर ले लिया था, जिससे अपने घर की फिनिशिंग तक मैं यहाँ सुविधा पूर्वक रह सकूँ। यह मकान मुख्य रायबरेली रोड और मार्केट के निकट होने के साथ साथ शांत स्थान पर था। दो लोगों के लिए मुझे पर्याप्त लगा था। हम जब अपने रिटायरमेंट के फंक्शन में लखनऊ आए थे तो रंजना त्रिपाठी जी को एक माह का किराया एडवांस कर गए थे।

हम सभी लोगों ने सुलतानपुर नवम्बर के अंतिम सप्ताह में छोड़ दिया था और इस मकान में शिफ्ट हो गए थे। शिवेंद्र के साथ होने की वजह से मुझे शिफ्टिंग में काफी सहायता मिल गयी थी। सामान पैकर्स द्वारा ट्रक से लाया गया था। हम लोग शिवेंद्र सहित कार के द्वारा पहले ही पहुँच गए थे। रात्रि आठ बजे के आस पास हम लोग लखनऊ आ गए थे। सुलतानपुर से जाने की सूचना जो लोग घर में नित्य कार्य करने आते थे उनको छोड़ कर अन्य किसी को नहीं दिया था। अन्यथा अधिक लोग विदा करने पहुँच जाते और अनावश्यक भीड़ व समस्या होती। रात का भोजन रंजना त्रिपाठी जी द्वारा अपने घर पर ही कराया गया था। दूसरे दिन उनके पति राजीव मुखर्जी जी ने गैस सिलिंडर आदि की व्यवस्था कर दी थी। सेट होने में इन लोगों द्वारा काफी सहायता की गयी थी। यहाँ रहने पर शिवेंद्र को अपना वीसा बनवाने में भी बहुत आराम हुआ था क्योंकि उन्हें इस कार्य के लिए दिल्ली जाने हेतु प्लेन की सुविधा उपलब्ध थी। एक दो बार तो वो उसी दिन जाकर लौट भी आए थे।

अंततः उन्हें वीसा मिल गया था और वो दिसंबर दो हजार अठारह में विएना चले गए थे। लखनऊ एयरपोर्ट पर छोड़ने हम सभी लोग गए थे और इनकी माँ हमेशा की भांति काफी दुखी थीं, रोई भी थीं। हम लोगों को मानसिक कष्ट अवश्य हुआ था किन्तु हम लोग उनके जीवन में कितने दिन सहयोग देते यही सोचकर संतोष करना पड़ा था। नेहा के साथ होने के फलस्वरूप वियोग का कष्ट बँट गया था। बच्चों के भविष्य के लिए उन्हें दूर भी भेजना पड़ सकता है। विएना एयरपोर्ट से इनके सुपरवाइजर इन्हें अपनी कार से ब्रातिस्लावा ले गए थे और इनके रूम पर पहुँचा दिए थे। तदोपरांत कुछ दिनों में शिवेंद्र वहाँ अभ्यस्त हो गए थे। इंटरनेट के माध्यम से इनसे नियमित बातचीत होती रहती थी।

नेहा शीघ्र ही कानपुर लौट गई थीं और अपने कार्य में व्यस्त हो गई थीं। फिर भी नज़दीक होने के कारण मिलना आसान हो गया था क्योंकि अब वो स्वयं भी आ जाती थीं। अपनी सर्विस सफलतापूर्वक समाप्त होने के पश्चात् सर्वप्रथम मार्च दो हजार उन्नीस में हम दोनों लोग ऋषिकेश, हरिद्वार और मसूरी गए थे। उसके बाद अगस्त में पुनः जगन्नाथपुरी और लिंगराज मंदिर दर्शन हेतु गए थे। इसके अगले माह हम दोनों लोग आस्ट्रिआ में विएना होते हुए ब्रातिस्लावा गए थे। नेहा भी चेकिआ होते हुए यहीं मिली थीं। शिवेंद्र एयरपोर्ट पर हमें रिसीव करने आए थे। हम चारो लोग विएना, पेरिस, जिनेवा, मोनथ्रू आदि स्थानों पर रुकते हुए वेवी, स्विटज़रलैंड तक गए थे। प्रत्येक स्थान पर दो तीन दिन रुके थे हम लोग। और सबसे अंत में ब्रातिस्लावा गए थे और इनका हॉस्टल, लैब व इंस्टिट्यूट भी देखने गए थे। यह पूरी यूरोप की यात्रा करीबन दस दिनों की थी। शिवेंद्र के पास से हम लोग बस से विएना और फिर वहाँ से सीधे स्वदेश आ गए थे। शिवेंद्र बस पर बिठाने आए थे और वहीं पर इनका एक बहुत ही घनिष्ठ व सहयोगी मित्र भी मिल गया था। जीन जी ने बाद में शिवेंद्र का बहुत सहयोग किया था और उससे अचानक मिल जाना एक ईश्वर निर्धारित संयोग ही था। उसे हम लोग आज भी याद करते हैं। रंजना जी के घर में रहने के कारण हम लोगों को घर की सुरक्षा की कोई चिंता नहीं थी क्योंकि ये लोग ऊपर वाली फ़्लोर पर रहते थे। वहाँ से लौटने के बाद नवम्बर माह में हम काशी विश्वनाथ मंदिर दर्शन हेतु वाराणसी भी गए थे।
मेरा अपना घर यहाँ नीचे का फ्लोर जो रहने के लिए पर्याप्त था बन चुका था। लेकिन कहीं बाहर जाने पर सुरक्षा को देखते हुए अभी हम लोग रंजना जी के मकान में ही थे। यहाँ हम लोग अकेलापन भी नहीं महसूस करते थे। क्योंकि शिवेंद्र और नेहा को पता नहीं था कि अपना मकान बन चुका है इसलिए जब पहली बार इन्हे हमलोग दिखाने लाए तो ये अचम्भित हो गए थे।

इसी वर्ष दिसंबर दो हजार उन्नीस में कोविड की शुरुआत हो गयी थी और मार्च दो हजार बीस में यह महामारी इंडिया में भी पहुँच गयी थी। पूरा विश्व प्रभावित था और सारी गतिविधियाँ, लोग एक दूसरे के संपर्क में ना आएँ इसलिए बंद की जा रही थीं। सारे संस्थान, कार्यालय, परिवहन सेवाएँ, कम्पनियाँ आदि बंद किए जा रहे थे। नेहा भी मार्च में इस लॉकडाउन के पूर्व आईआईटी से घर हम लोगों के पास आ गयी थीं। नेहा ने यहीं रहकर वर्क फ्रॉम होम के अनुसार इंटरनेट के माध्यम से अपने सभी शेष कार्य समाप्त किए। पेपर पब्लिश किए, थीसिस लिखी और वह पीएचडी हेतु रिकमेंड भी हुई। यहीं पर इन्होने पोस्टडॉक के लिए प्रोजेक्ट भी लिखे, साक्षात्कार दिए और प्रतिष्ठित ज़्यूरिख़ यूनिवर्सिटी स्विट्ज़रलैंड और मेरी क्यूरी जैसी फ़ेलोशिप पाने में भी सफल रहीं।

शिवेंद्र ब्रातिस्लावा स्लोवाक अकादेमी ऑफ़ साइंसेस में अपने कार्य में व्यस्त थे। लेकिन प्रगति उस गति से नहीं चल रही थी जिसकी अपेक्षा थी। एक वर्ष तो इनका अपने शोध के

विषय में अध्ययन करते हुए ही व्यतीत हो गए। इनके सुपरवाइजर मित्रवत व्यवहार रखते थे और इन्हें अपनी ओर से अच्छी ग्रेड देते रहते थे। एक वर्ष उपरान्त कोविड की गंभीरता के कारण लॉकडाउन घोषित हो गया और लैब आदि सब बंद हो गए। सुपरवाइजर के द्वारा शोध हेतु उचित मार्गदर्शन न मिलने के कारण जब इनका मिनिमा डिफेन्स हुआ तो चेकिआ के परीक्षक, जो इनके पीएचडी गाइड के मित्र भी थे, ने इनकी मिनिमा थेसिस की संस्तुति नहीं की जबकि वह इनके गाइड के पर्यवेक्षण में लिखी गयी थी। इनके जो इंडिया के लैब मित्र थे उन्होंने इनकी कोई सहायता नहीं की थी। मात्र जीन जी के, जो इनके साथ हमेशा रहे और सहयोग देते रहे। अंततः सितम्बर दो हजार बीस की उस कोविड की महामारी में जब भी फ्लाइट संभव हुई ये वापस इंडिया हम लोगों के पास आ गए। नेहा पहले से ही यहीं थीं। वह समय ऐसा था जब लोग सड़क पर निकलते डरते थे कि कहीं कोविड का इन्फेक्शन न लग जाए। इस कारण हम लोग, शिवेंद्र, नेहा सभी लगभग छह महीने एक साथ ही रहे। मैंने शिवेंद्र को चाहा कि इंडिया में ही पीएचडी या जो भी चाहें करें लेकिन इन्होने यूरोप में ही पीएचडी करने की सोच रखी थी और उस दिशा में प्रयास करते रहे थे। इन लोगों का इतने दिनों तक एक साथ रहने का यह संयोग दो हजार छह के बाद प्रथम बार आया था। रंजना जी ने जो ब्रॉडबैंड लगवा रखा था उसका प्रयोग नेहा ने भरपूर किया था जिसके लिए हम रंजना जी के आभारी हैं। मई माह में मैंने अपना भी ब्रॉडबैंड कनेक्शन ले लिया था। कोविड के दौरान सभी शैक्षणिक कार्य, प्रत्येक कक्षा के, ऑनलाइन ही हो रहे थे। मेरा यह मकान इतने सदस्यों के लिए किराए की दृष्टि से छोटा था किन्तु नेहा और शिवेंद्र ने दो कमरों में अपनी व्यवस्था कर ली थीं और अध्ययन, लेखन व विभिन्न संस्थानों में अपने कार्यों से सम्बंधित मीटिंग्स और साक्षात्कार जारी रखे थे। सभी हमेशा घर में ही बंद रहते थे। शिवेंद्र ने साथ में रहते हुए विदेश की अच्छी संस्थाओं में पीएचडी के लिए अपना आवेदन व इंटरव्यू आदि ऑनलाइन ही दिए। और इनका पिछला अच्छा रिकॉर्ड देखते हुए फ्रांस सरकार की एक प्रतिष्ठित छात्रवृत्ति मिल भी गयी। अबतक लोग कोविड के साथ रहना भी सीख चुके थे। हाथों को हमेशा धुलते रहना, स्टेरिलाइज़र का प्रयोग करते रहना, हमेशा मास्क लगाए रहना और दूसरों से दूरी रख अपने को संक्रमण से बचाना इसका प्रभावी निदान था जो अधिकांश लोग अपनाने लगे थे। इसी प्रकार हम लोग साथ साथ रहे। आपस में बहस और विवाद भी होता था। सभी घर में बंद रहने के कारण उसके दुष्प्रभाव से कुछ न कुछ तो मानसिक तनाव में थे ही। नेहा एक दो बार संस्थान से अनुमति लेकर आईआईटी गयीं और अपने सारे सामान वहाँ से ले आईं। कोविड की भयावह स्थिति सर्वविदित है। इसके इन्फेक्शन में आए मरीज के निकट कोई नहीं जाता था, मृत्यु पर मृतक को कोई नहीं स्पर्श करना चाहता था। वृद्ध और पहले से रोगों से ग्रसित का जीवन बहुत ही भाग्य से बच पाता था। विदेश यात्रा के उपरान्त चौदह दिन सबसे अलग रहना होता था जिसे क्वारेंटाइन कहते थे। यह स्थिति पूरे विश्व की थी।

बहुत से अपने परिचित लोगों की मृत्यु हुई थी। नीता जी बहुत ही अधिक प्रभावित हुई

थीं और ऑक्सीजन तक लगाने की स्थिति आ गयी थी। देवेंद्र प्रकाश जी को हॉस्पिटल में एडमिट होना पड़ा था। रचना जी की सास का निधन कोविड से ही हुआ था। मेरे एनआईसी के चार घनिष्ट मित्र जीवन खो बैठे थे। क्योंकि मैंने अपने नवनिर्मित मकान में पूजा व हवन स्वयं ही कर ली थी इसलिए शिवेंद्र व नेहा को यदि कुछ विशेष खाना पीना होता था तो स्कूटी से यहीं चले आते थे। कुछ मन भी बदल जाता था। हम लोग छत पर ही थोड़ा बहुत टहल लेते थे।

नेहा की पीएचडी थेसिस ऑनलाइन सबमिट हो चुकी थी। उनका चयन पोस्टडॉक के लिए प्रतिष्ठित मेरी क्यूरी तथा ज़्यूरिक विश्वविद्यालय, स्विज़रलैंड दोनों स्थानों पर हुआ था। लेकिन उन्होंने अपने सुपरवाइजर प्रोफ़ेसर बिसाख भट्टाचार्य जी के सुझाव पर मेरी क्यूरी फेलोशिप आयरलैंड में स्वीकार कर ली थी और ज़्यूरिक वाली छोड़ दी थी। यह दो वर्ष के लिए थी। कॉन्ट्रैक्ट और वीसा आदि मिल जाने के पश्चात जून दो हजार इक्कीस में नेहा टेक्नोलॉजिकल यूनिवर्सिटी ऑफ़ शन्नोन, एथलॉन, आयरलैंड के लिए चली गयी थीं। वहाँ सर्व प्रथम इन्हे डब्लिन के होटल में ग्यारह दिन क्वारेंटाइन करना पड़ा था। इसके तीन महीने पूर्व शिवेंद्र की भी टैलेंट वीसा की प्रक्रियाएँ पूरी होते ही वो सीएनआरएस लैब, लील यूनिवर्सिटी में फ्रांस पीएचडी करने चले गए थे। नेहा ने एथलॉन से ही अपनी थेसिस ऑनलाइन डिफेंड की थीं। आईआईटी का कनवोकेशन भी अधिकांश छात्रों के लिए ऑनलाइन हुआ था जिसमे माननीय प्रधान मंत्री नरेंद्र मोदी जी विशेष अतिथि थे। नेहा ने भी ऑनलाइन ही कनवोकेशन अटेंड किया था। इन्हें डिग्री डाक द्वारा प्रेषित की गयी थी। इन दोनों लोगों द्वारा स्वयं अपनी योग्यता पर इन फेलोशिप्स को प्राप्त करना हम लोगों के लिए बहुत ही ख़ुशी की बात थी।

इन लोगों की इस उपलब्धि पर जो हमारे शुभ चिंतक और सुशिक्षित सम्बन्धी अथवा मित्र थे उनके द्वारा इनकी हमेशा ही प्रशंसा की जाती रही है और उस समय भी की गयी थी जब ये लोग गए थे। इन लोगों के विदेश चले जाने के उपरान्त हम लोग पुनः अकेले हो गए थे लेकिन रंजना जी और उनके परिवार के कारण काफी संतोष था और यही मुख्य कारण था कि हमने अपने मकान में शिफ्ट करने के विषय में नहीं सोचा था। इसी बीच मैंने अपने मकान की ऊपरी फ्लोर पर भी आवश्यक निर्माण करा लिया। लेकिन इस घर में अभी भी ताला ही लगा था। जहाँ हम लोग रह रहे थे वहाँ अपने को अधिक सुविधायुक्त महसूस कर रहे थे क्योंकि क्षेत्र से भलीभांति वाकिफ़ हो गए थे। यह भी संतोष था कि यदि कोई आवश्यकता पड़ी तो रंजना जी आदि का संभावित सहारा भी है। हम लोग परिवार जैसे रहते थे। उनका छोटा बच्चा भी स्वयं निःसंकोच चला आता था। जब हम इस मकान में आए थे तो वह एक वर्ष का भी नहीं था। रंजना जी के माँ-बाप और भाई लोग गोमती नगर में रहते थे और उनके आते जाते रहने से भी चहल पहल रहती थी।

अपने परिवार में केवल नरेंद्र प्रकाश जी का फोन समय समय पर समाचारों के लिए आता रहता था। और किसी से कोई विशेष संपर्क नहीं था। चंद्र प्रकाश जी का फ़ोन कभी कभार ही आता था। कोविड में उनकी बीच वाली बहू भी गंभीर रूप से बीमार हुई थी। सीमा के ममेरे भाई लोगों और कुछ सुलतानपुर के मित्रों से भी संपर्क होता रहता था। ये लोग कोविड के उपरान्त आए भी थे। फैज़ाबाद से महेश प्रकाश और ममता जी भी किसी कार्य से आने पर मिलने आ जाते थे। देवेंद्र प्रकाश और नीता जी के परिवार के साथ कोई सम्बन्ध नहीं था हालाँकि जब नीता जी बीमार पड़ी थीं तो उनका समाचार सीमा ने लिया था। दो हजार सोलह में जब नरेंद्र प्रकाश जी की बेटी की गोद भराई व विवाह हुआ था तो हम लोग उसमे सम्मिलित हुए थे। नेहा कानपुर से सीधे फैज़ाबाद आई थीं। हम लोग होटल में रुके थे। इनके बेटे का विवाह मई दो हजार इक्कीस में हुआ और कोविड की स्थिति के कारण हम लोग नहीं पहुंच पाए थे। इन्होने बहुत ही सीमित संख्या में स्थानीय लोगों को ही आमंत्रित भी किया था। हम लोग बहुत ही सावधानी पूर्वक रहने के कारण और ईश्वर की कृपा से ही कोविड से अप्रभावित बच गए थे।

निशा जी ने सीमा को फ़ोन पर बतलाया था कि जब देवेंद्र प्रकाश जी को हॉस्पिटल में क्वारेन्टाइन किया गया था तो वो स्वयं वहाँ से चले आए थे और तब पुलिस लेकर गयी थी। कोविड वर्ष दो हजार इक्कीस के अंत तक कम हो गया था। तब तक मात्र आवश्यक सेवाएँ ही चल रही थीं, वह भी पूरी सावधानी से। अब वैक्सीनेशन भी प्रारम्भ हो चुका था और कहीं आना जाना हो तो इसका और कोविड निगेटिव होने के प्रमाणपत्र साथ लेकर हवाई यात्रा संभव थी। किन्तु चौदह दिनों तक सबसे अलग रहना और पुनः टेस्ट कराकर नेगेटिव होने पर ही बाहर निकलना अभी भी जारी था। नेहा और शिवेंद्र दोनों को कई बार इन प्रक्रियाओं से गुजरना पड़ा था।

चंद्र प्रकाश जी के बड़े पुत्र की गोद भराई तथा विवाह वर्ष दो हजार पंद्रह और बीच वाले पुत्र का दो हजार सोलह में फैज़ाबाद में हुआ था। हम लोग सुलतानपुर से सम्मिलित हुए थे। रचना जी के भी बड़े पुत्र और पुत्री का विवाह भी वहीं हुआ था और हम गए थे। जब शिवेंद्र को गए वर्ष भर से ऊपर हो गए तो हम लोगों ने उनसे मिलने का कार्यक्रम बनाया और अगस्त में उनके पास लील जो पेरिस से लगभग ढाई सौ किलोमीटर के आस पास दूर है, वहाँ गए। सीडीजी पेरिस एयरपोर्ट पर शिवेंद्र अपने विश्वविद्यालय की मित्र अलिसा के साथ कार से हमें लिवाने आए थे। नेहा को जर्मनी में कुछ कार्य था और वो वहाँ से हम लोगों के पास सीधे पेरिस और फिर साथ मे लील आ गयी थी। उसके पश्चात हम सभी रोम, वेनिस और ब्रुसेल्स घूमने गए थे। अंत में हम दोनों लोग लील में रुककर लगभग पंद्रह दिनों उपरान्त स्वदेश लखनऊ आ गए थे। नेहा लील में कुछ दिन रुक कर पेरिस होते हुए किसी कॉन्फ्रेंस में सम्मिलित होने इटली चली गयी थीं। इनके दो वर्ष पूर्ण हो रहे थे किन्तु इनका कार्यकाल

छह माह के लिए बढ़ा दिया गया था। और ईश्वर के अनुग्रह से यह समय व्यतीत होने के पहले ही इनकी नियमित सहायक प्रवक्ता के पद पर एसईटीयू वाटरफोर्ड में उच्चतम वेतन पर नियुक्ति हो गयी। यह इनकी एक बड़ी उपलब्धि थी और अत्यधिक प्रसन्नता की बात थी।

हम लोग अभी भी रंजना जी के मकान में रह रहे थे। सीमा के बड़े मामा मदनलाल जी का फ़ोन हर दस पंद्रह दिन में समाचारों के लिए आता रहता था। सीमा भी उनका समाचार ले लेती थीं। बुज़ुर्गों में अब ये ही थे जो इनके ननिहाल की स्मृति पुनर्जीवित कर देते थे। वो प्रायः मिलने के लिए आने को कहा करते थे। अतः हम लोग मार्च दो हजार तेइस में गोंडा उनसे मिलने गए थे। उनका इसी वर्ष अगस्त में कुछ ही दिनों की अस्वस्थता के उपरांत सहज ढंग से स्वर्गवास हो गया था। हम लोग तेरही में सम्मिलित हुए थे।

चंद्र प्रकाश जी की अम्मा जी दो हजार इक्कीस से ही अस्वस्थ चल रही थी उन्हें कई प्रकार की समस्याएँ थीं। ये अधिकतर स्वरूपगंज में अपने छोटे पुत्र के परिवार के साथ रहती थीं। आलोक कुमार जी ने स्वरूपगंज में अपना मकान बनवा लिया था और यहीं रहकर अपना कार्य व गाँव की भी निगरानी किया करते थे। अपनी अम्मा जी का उपचार ये आवश्यकतानुसार फैज़ाबाद या जगदीशपुर स्थित चिकित्सालयों से करवा रहे थे। संभवतः इनके यकृत में भी कोई समस्या थी। वर्ष दो हजार बाइस के प्रारम्भ में इनका स्वास्थ्य अधिक बिगड़ गया था और ये कुछ खा पी नहीं पा रही थीं। जो भी खाती थीं प्रायः वमन हो जाता था। धीरे धीरे यह स्थिति गंभीर होती गयी थी और ये तरल वस्तुएँ भी थोड़ा बहुत ही हजम कर पाती थी। फरवरी माह के आस पास इनको अखिलेश कुमार जी अपने साथ जगदीशपुर लिवा ले गए थे और वहीं इनकी देखभाल व संभव उपचार किया जा रहा था। अखिलेश कुमार जी की सुलतानपुर और मुसाफिर खाना में निवास कर रही बहनें भी पर्याप्त सहयोग कर रही थीं। परन्तु अपनी बीमारी व अस्सी वर्ष से अधिक की आयु के कारण मार्च माह के प्रारम्भ में इनका निधन हो गया था। उन्हें जगदीशपुर से गाँव लाया गया था और इनकी अंतिम क्रिया चंद्र प्रकाश जी ने बुढ़ऊ की बाग में की थी। मृत्यु के दिन हम लोग लखनऊ से गाँव गए थे। यहाँ से दूर होने की वजह से तेरही में नहीं जा सके थे। हम लोगों के साथ इनका व्यवहार बहुत ही स्नेहपूर्ण रहा और मिलने पर प्रेम पूर्वक इनका बोलना भूला नहीं जा सकता। इनका अपनी बहुओं के साथ कैसा व्यवहार था यह कह पाना मुश्किल है। हालाँकि सीमा को अनीता ने एक बार यह दिखाया था कि उनके होते हुए ये कमरे में ताला लगा कर गाँव में गया जी जाने के पूर्व अक्षत छिड़कने गयी थीं। गीता जी के पति ने बतलाया था कि पुत्रियों ने ही इनका अंतिम समय पार किया था। आशय मैं नहीं समझ सका था।

27

शिक्षा से सम्मान

इसी वर्ष हम लोगों ने अपने नए घर में आ जाने का भी निश्चय किया। यह पूरी तौर पर निर्मित था ही। यद्यपि मन निश्चय नहीं कर पा रहा था लेकिन बुद्धि ने यह निर्णय ले ही लिया। शिवेंद्र और नेहा के न होने के कारण हम लोगों ने कोई विशेष आयोजन करने का नहीं सोचा। अतः मार्च की नवरात्रि में सत्यनारायण भगवान की कथा अपने नवनिर्मित मकान में स्थानीय परिचित लोगों को आमंत्रित कर आयोजित की थी।

तदोपरांत अप्रैल माह के मध्य में पैकर्स के द्वारा इस घर में शिफ्ट हो गए थे। यह मकान रंजना त्रिपाठी जी के यहाँ से दो ढाई किलोमीटर पर शांत और स्वच्छ क्षेत्र में था। हफ्ते दस दिन में ब्रॉडबैंड, गैस के पते में परिवर्तन, समाचार पत्र, दूध आदि की व्यवस्थाएँ हो गयीं थीं और स्थिति सामान्य हो गयी थी।

जब मैंने नवरात्रि में सत्यनारायण भगवान की कथा सुनी थी तो संयोगवश रश्मि जी अपनी बेटियों सहित चंडीगढ़ से अपने घर लखनऊ आयी हुई थीं। उन्हें भी हमने आमंत्रित किया था और वो और उनकी छोटी बेटी एक दिन पूर्व ही आ गयी थीं। उनके आ जाने से सीमा को व्यवस्था आदि में बहुत आराम हो गया था। शेष पूजा से सम्बंधित सामग्रियों को मैं ले आया था और जो बचीं उन्हें पंडित जी। अन्य व्यवस्थायें स्थानीय एक व्यक्ति ने करवायी थीं। कथा समाप्त होने के बाद रश्मि के पति डॉक्टर दीपक जी और उनकी बड़ी बेटी भी आ गयी थी, ये लोग पहली बार इस घर में आए थे। पूजा पूर्ण होने के बाद कुछ देर हम लोग रुक कर वापस रंजना जी के यहाँ लौट गए थे। चौदह अप्रैल को यहाँ शिफ्ट होने के उपरान्त ही शिवेंद्र आदि सीधे यहीं आए थे। तभी पीजीआई के सम्मुख देवी जी के मंदिर में हम सभी ने जाकर प्रसाद चढ़ाया था और घंटी बांधी थी। गृह निर्माण प्रारम्भ होने के पूर्व हमने यह विचार किया था।

शिवेंद्र की मित्र अलिसा को मई जून के महीनों में दिल्ली के किसी फ्रेंच विद्यालय में इंटर्नशिप करनी थी। क्योंकि शिवेंद्र इनके माँ-बाप से भी परिचित थे इसलिए इन्होने उसके

साथ इंडिया आकर दिल्ली में उसके रहने आदि की व्यवस्था किए जाने और हम लोगों से भी मिल लेने का विचार बनाया। अलिसा प्रथम बार विदेश की यात्रा कर रही थीं और उन्हें यहाँ का कोई अनुभव नहीं था। दिल्ली ज्वाइन करने के उपरान्त जब स्कूल में छुट्टियाँ हुईं तो वह लखनऊ आ गयीं और यहाँ से हम सभी लोग शिवेंद्र सहित बंगलौर, मैसूर घूमने चले गए थे। इसके बाद शिवेंद्र वापस फ्रांस लौट गए थे और अलिसा दिल्ली में जून के अंत तक इंटर्नशिप के लिए रही। जब उन्हें वापस लौटना था तभी हम लोग आयरलैंड के वीसा के लिए दिल्ली गए थे और उन्हें चेक इन तक जाकर सुरक्षित विदा किया था। अक्टूबर माह में हम लोग नेहा के पास पंद्रह दिनों के लिए गए थे। दिल्ली से ज्यूरिक होते हुए डब्लिन पहुंचे थे। वहाँ एयरपोर्ट पर नेहा पहले से ही उपस्थित थीं। वहाँ से उन्ही की कार से हम वाटरफोर्ड शाम तीन बजे पहुँच गए थे। नेहा अपनी ही कार से स्वयं ड्राइव करके आई थीं। नेहा ने इस दौरान वहाँ के निकट के सभी दर्शनीय टूरिस्ट स्थानों, वाटरफोर्ड शहर और अपना विश्वविद्यालय घुमाया था। वहाँ का स्वच्छ वातावरण और हरियाली बहुत ही शान्तिदायक अनुभव होता था। वहाँ के खाने पीने की वस्तुओं में स्वाद अधिक आता था। बाद में डब्लिन से इस्तांबुल होते हुए हम लोग स्वदेश आ गए थे। डब्लिन एक दिन पहले आकर होटल में रुके थे। नेहा भी पहुँचाने आई थीं। अब हम सभी को यह विश्वास हो चला था कि ये दोनों लोग विदेश में लम्बे समय तक रहने वाले हैं। वहाँ की शांति, सुरक्षा और अन्य सुविधाएँ यहाँ से काफी उत्कृष्ट हैं। उन्हें वह सब यहाँ उपलब्ध नहीं हो सकता। यहाँ की सोच व सस्कृति वहाँ से बिलकुल भिन्न है। अच्छाइयाँ वहाँ अधिक हैं, कमियाँ कम। ऐसा मेरा मानना है। यूरोप के जीवन में तनाव कम है।

यह मकान बड़ा, हवा और प्रकाश से पूर्ण और सुखदाई है। आयरलैंड हम लोग इसी मकान से गए और नवम्बर में मैंने अपनी बीस वर्ष पुरानी वैगनआर को हटा नयी कार टाटा टिआगो क्रय कर ली। उस कार का रजिस्ट्रेशन समाप्त भी होने वाला था। मैं रंजना त्रिपाठी जी के मकान में लगभग साढ़े चार वर्ष रहा। यद्यपि सोच कर यह आया था कि अधिकतम छह माह रहकर अपने स्वयं के आवास पर आ जाऊंगा किन्तु देखते देखते कोविड के कारण इतना समय व्यतीत हो गया। लोग ऐसा मानते हैं कि किराए के मकान में रहने से पैसे व्यर्थ जाते हैं। किन्तु ऐसा है नहीं। हम मकान और उस स्थान की सुविधाओं को किराया देकर उसी तरह खरीदते हैं जैसे कहीं जाने के लिए टैक्सी कार की सुविधा प्राप्त करते हैं। यहाँ रुक जाने का यह भी एक मेरा नजरिया था।

सतीश कुमार जी से मेरी मुलाकात दो हजार उन्नीस के नवम्बर महीने, जब रवि शंकर जी की सबसे छोटी पुत्री का विवाह था, के बाद नहीं हुई। वर्ष दो हजार अठारह में जब मैं सुलतानपुर में सर्विस कर रहा था तो एक रात्रि करीब साढ़े सात बजे इनका फ़ोन प्राप्त हुआ। इन्होने जौनपुर से फ़ोन किया था जहाँ इनकी रिश्तेदारी या कहें तो ससुराल थी। इनकी पहली

पत्नी से एक बच्ची थी जिसे उसके ननिहाल वालों ने माँ की मृत्यु के उपरान्त ले लिया था। इन लोगों ने भी मेरे खयाल से अधिक प्रयास नहीं किया ताकि एक जिम्मेदारी से बच सकें। तब से मेरी समझ के अनुसार सतीश कुमार जी और उनकी पहली ससुराल वालों में कुछ मनमुटाव चल रहा था। इनका दूसरा विवाह भी जौनपुर से ही हुआ था। इन्होने फ़ोन पर मुझसे कहा कि उनकी जान खतरे में है और लोग इनको मारने के लिए तलाश रहे हैं। इनकी पत्नी और पुत्र भी इसमें शामिल हैं। ये वहीं किसी पानी की टंकी के नीचे छुपा हुआ अपने को बता रहे थे। ये मुझसे चाहते थे कि मैं वहाँ पुलिस को फोन करके इनको सुरक्षा प्रदान करने के लिए कहूँ। मेरे मन में विचार आया कि यदि ये मुझे फ़ोन कर सकते हैं तो वहाँ स्वयं पुलिस को क्यों नहीं बुला रहे। मैंने इनके बेटे की फेसबुक का अकाउंट चेक किया और पाया कि उसने थोड़ी देर पहले ही कोई चीज पोस्ट की है। मैंने यह अर्थ निकाला कि कोई ऐसी विशेष चिंता की बात नहीं है अन्यथा वह एफबी पर पोस्ट करने की स्थिति में ना होता। मैंरे पास सतीश कुमार जी के अतिरिक्त और किसी का फोन नंबर नहीं था। अतः मैंने नरेंद्र प्रकाश जी को फोन कर पूरी बातें विस्तार से बतायीं और उनसे कहा कि वे सतीश कुमार जी की पत्नी या पुत्र से संपर्क कर वास्तविक जानकारी प्राप्त करें। जब मुझे उनके द्वारा उनके बेटे से बात कर जानकारी मिली और पता चला कि वो मानसिक रूप से कुछ विक्षिप्त हैं तो मैंने नरेंद्र प्रकाश जी से कहा कि वो उन्हें फैज़ाबाद बुलाकर उनका उपचार कराएँ और उनके परिवार वालों को सूचित कर दें। फलस्वरूप सतीश कुमार जी को उनकी पत्नी व पुत्र दूसरे दिन टैक्सी कार के द्वारा फैज़ाबाद कंधारी बाजार ले आए। यहाँ हरेंद्र प्रकाश जी पहले से ही सपत्नी रह रहे थे। कुछ दिन सतीश जी का एक साइकियाट्रिस्ट से उपचार कराने के पश्चात हरेन्द्र प्रकाश जी उन सभी को उनके घर बरौली, बाराबंकी पहुँचा आए थे। मैं यह सोच रहा था कि यदि मैंने उनपर विश्वास करके जौनपुर जिले के एसपी के पास फ़ोन कर दिया होता तो कैसी मूर्खता हो गयी होती। विवाह में मिलने पर मैंने उनसे केवल यही कहा था कि तुम तो मुझे बहुत बुरी स्थिति में डाल दिए होते। उसके बाद फिर संपर्क न मैंने ही किया न उन्होंने ही। सुना था कि उन्होंने लखनऊ में जानकीपुरम क्षेत्र में अपना मकान बनवाया है और गृह प्रवेश में फैज़ाबाद व गाँव में सभी को सूचित किया था। मुझे परन्तु कोई सूचना नहीं थी।

अपने दोनो बच्चों के विषय में मेरा मानना है कि नेहा की जेबीए तथा बीआईटी और शिवेंद्र की बीआईटी की पांच वर्ष जो शिक्षा थी उसका यह प्रभाव था कि इनका व्यक्तित्व विकसित हो पाया। नेहा तो वैसे भी बहुमुखी थी किन्तु शिवेंद्र को बीआईटी में ही अपने ज्ञान और अनुभव के विस्तार का अवसर प्राप्त हो सका। सुलतानपुर में एक बार वीडियो कॉन्फ्रेंसिंग के अवसर पर जनपद न्यायाधीश से मेरी बात हुई थी और उन्होंने बीआईटी मेसरा की प्रशंसा करते हुए कहा था कि वहाँ के बच्चे विदेश तक जाने का अवसर पाते हैं। इसी प्रकार एक एफसीआई फैज़ाबाद के कार्मिक ने भी जेबीए की प्रशंसा की थी। उस समय मैंने यह सोचा तक नहीं था कि आजकल के इस विश्व में जहाँ अवसरों की संख्या अभ्यर्थियों की तुलना में

नगण्य है, ऐसा संभव भी होगा। जिस प्रकार एक छोटे जनपद के माहौल में रहकर मेरे दोनों बच्चों ने अपनी शिक्षा पाई थी यह कठिन अवश्य था। किन्तु यह हम दोनो लोगों का सौभाग्य था कि दोनों को ही विदेश जाने का अवसर प्राप्त हुआ। बच्चों की सफलता से उनकी प्रशंसा का ज्ञान उन्हें तो नहीं हो पाता किन्तु माँ-बाप को इसका ज्ञान होता ही है और इसलिए उन्हें ही ख़ुशी अधिक होती है। नेहा की नियुक्ति आयरलैंड में कारलो और वाटरफोर्ड दो स्थानों पर एक साथ हुई थी लेकिन वाटरफोर्ड द्वारा अधिक वेतन प्रदान किए जाने के कारण इन्होने वहाँ ज्वाइन किया था। क्योंकि इनकी मेरी क्यूरी फेलोशिप बहुत अधिक थी इसलिए इन्हें सहायक प्रवक्ता का अधिकतम वेतन प्रदान किया गया था।

शिवेंद्र की योग्यता और क्षमता को मैं भलीभांति नहीं जानता था क्योंकि वो कभी लिख कर नहीं पढ़ते थे और फिजिक्स या मैथ्स को पढ़ कर नहीं सीखा जा सकता। इनके अंक अच्छे आते थे यद्यपि इनका परिश्रम उस स्तर का नहीं होता था। जब वो यहाँ थे, मैंने यही अनुभव किया कि वो मात्र आवश्यकता भर ही पढ़ते हैं। लेकिन लील, फ्रांस जाकर उन्होंने जो अपने शोध पत्र प्रकाशित किए और कॉन्फ्रेंसों में शोध कार्य प्रस्तुत किए या सेमिनार आदि दिए उनसे इनकी योग्यता में मैं चाहे संदेह करूँ किन्तु वे उसका प्रमाण तो थे ही। और इनके इन्हीं कार्यों को दृष्टि में रखते हुए इनके सुपरवाइज़र प्रोफ़ेसर मिखाइल कोलोबोव जी ने इन्हें अपनी पीएचडी थेसिस प्रस्तुत करने की सस्तुति भी दी थी। इन्होने परिश्रम करके डेढ़ माह में अपनी थेसिस यूनिवर्सिटी को रिव्यूअर्स को प्रेषित करने के लिए सबमिट कर दी थी। अच्छी और विशेष बात तो यह थी कि सभी तीनों रिव्यूअर्स, जो इनके शोध विषय के विशेषज्ञ और फ्रांस, फ़िनलैंड तथा बेल्जियम के विश्वविद्यालयों में प्रोफेसर थे, ने बिना किसी संशोधन के इनकी थेसिस स्वीकार कर ली थी। शिवेंद्र ने हम लोगों को अवगत कराया था कि उनका पीएचडी डिफेन्स मार्च दो हजार चौबीस के अंतिम सप्ताह में होना निश्चित हुआ है और यदि इस विशेष अवसर पर हम लोग भी उपस्थित रहें तो उन्हें अच्छा लगेगा। क्योंकि यह शिवेंद्र और हमारे पूरे परिवार के लिए एक बड़ी उपलब्धि थी अतः हम लोगों ने फ्रांस जाना निश्चय किया और जनवरी माह में ही वीसा बनवाने का कार्य प्रारम्भ कर दिया। हम लोग दिल्ली गए और आवश्यक जटिल प्रक्रिया संपन्न कर दूसरे दिन वापस आ गए। ईश्वर की शक्ति या कृपा, तीसरे दिन वीसा हमें लखनऊ में हस्तगत हो गया था। इतने कम समय में फ्रांस का वीसा मिल जाना शायद ही कभी किसी के साथ हुआ हो। तत्पश्चात टिकट आदि लिए और होली के पूर्व ही शिवेंद्र के पास पहुँचने की तिथि तय कर ली थी। शिवेंद्र चाहते थे कि हम लोग अधिक दिनों के लिए आएँ क्योंकि उन्होंने बड़ा आवास ले रखा था। यद्यपि वीसा एक माह के लिए मिला था किन्तु नए ठंढे देश में कैसी असुविधा हो, सोचकर बीस दिनों के लिए वहाँ रहने का निश्चय किया था। शिवेंद्र के डिफेन्स की तिथि भी निश्चित हो चुकी थी।

दिल्ली से पेरिस तक तो हम लोग सुविधापूर्वक पहुँच गए थे, वहाँ से लील ट्रेन से जाना था। हमारी हवाई जहाज पहुँचने और ट्रेन के समय में तीन घंटे का अंतराल था। किन्तु लगेज लेने और इम्मीग्रेशन काउंटर पर भीड़ होने के कारण ऐसा प्रतीत हो रहा था कि ट्रेन छूट सकती है। अतः मैंने शिवेंद्र को इंटरनेट से वॉइस कॉल करके स्थिति बतलाई। उन्होंने एक सिक्योरिटी वाले की बात अलिसा से फ्रेंच में करवाई थी और मेरा इम्मीग्रेशन अविलम्ब हो गया था। वहाँ एयरपोर्ट और रेलवे स्टेशन नज़दीक होने के बावजूद भी चार पांच सौ मीटर तो दूर थे ही। लोगों ने जो प्लेटफार्म बतलाया वहाँ जाकर हम प्रतीक्षा करने लगे। मेरी ट्रेन लेट थी और मैं यह नहीं जानता था कि उसके पूर्व दूसरी ट्रेन आ रही है। क्योंकि सही सूचना देने वाला वहाँ कोई नहीं था और ट्रेन पर उसका नंबर भी न जाने कहाँ लिखा था मैं उसके छूट जाने के भय से टिकट में उल्लिखित कोच नंबर के डिब्बे में सीमा सहित चढ़ गया क्योंकि यह सभी ने कहा था कि इस प्लेटफार्म से ट्रेन लील ही जाएगी। किन्तु इस डिब्बे में वह सीट संख्या थी ही नहीं जो हमारे टिकट पर अंकित थी। मैं परेशान था। रात्रि नौ बजे होने की वजह से कम्पार्टमेंट में हलकी रोशनी ही थी और जिससे भी कुछ पूँछो वह अंग्रेजी न जानने के कारण उत्तर ही नहीं दे रहा था। ईश्वर को याद करके मैंने सीमा को बुलाया और खाली सीट पर बैठ गया। हम लोग थक भी गए थे। स्वतः प्रेरणा से मैंने बगल में बैठे एक युवा से बात की और वह थोड़ा बहुत मेरी बात समझ गया। मेरे पास ट्रेन में इंटरनेट न होने से मैं शिवेंद्र से संपर्क भी नहीं कर सकता था। उसने यह बात समझी और मेरा फ़ोन लेकर उसने मुझे अपने फ़ोन से वाई फाई दे दिया था। तब मैंने शिवेंद्र से बात किया और उस युवा की भी बात करवाई। उसने बताया कि ट्रेन लील में ही अन्य स्टेशन पर जाएगी और शिवेंद्र को यह बतला भी दिया क्योंकि उन्हें हमें कार से रिसीव करने आना था। यदि वह युवा मेरी सहायता न करता तो मुझे क्या क्या समस्याएँ होतीं उनकी मात्र कल्पना ही की जा सकती है। वास्तविकता यह थी कि जिस ट्रेन का टिकट मेरे पास था उसे लील यूरोप स्टेशन जाना था और जिस पर मैं बैठा था वह लील फ्लान्द्र जा रही थी। दोनों स्टेशन आस पास ही थे। शिवेंद्र अलिसा की कार लेकर आए थे ताकि हम लोगों को समस्या न हो। रात ग्यारह बजे के पहले ही हम शिवेंद्र के निवास पर पहुँच गए थे।

होली का त्यौहार पचीस व शिवेंद्र का पीएचडी डिफेन्स उन्तीस मार्च को था। अतः अगले दिन ही होली थी। अपराह्न में अलिसा की माँ और छोटी बहन भी आ गए थे और शिवेंद्र आदि ने थोड़ा सूखे रंग के साथ होली मना ली थी। कोई विशेष भोजन नहीं बना था। डिफेंस की पार्टी की तैयारी में भी अलिसा ने बहुत सहयोग किया था। डिफेन्स के अवसर पर शिवेंद्र के सभी मित्र, प्रोफेसर कोलोबोव जी व विषय विशेषज्ञ लोग, जिनमे फ़िनलैंड से महिला प्रोफेसर इंटरनेट के माध्यम से जुड़ी थीं, डॉक्टर पटेरा जी, वाटरफोर्ड से नेहा, हम दोनों लोग, अलिसा के माता-पिता, भाई, छोटी बहन आदि सभी लोग उपस्थित थे। शिवेंद्र की प्रस्तुति

दोपहर एक बजे प्रारम्भ हुई थी और एक घंटे तक चली थी। उसके उपरांत रिव्यूअर्स व जूरी के सदस्यों के शिवेंद्र से प्रश्नोत्तर हुए थे। यह प्रक्रिया अपराह्न तीन बजे समाप्त हो गयी थी। लगभग पंद्रह मिनट के लिए आपस में विचार विमर्श हेतु सभी सदस्य अन्यत्र कक्ष में चले गए थे। इसके पश्चात जूरी के अध्यक्ष ने आकर सबका निर्णय सुनाया था कि शिवेंद्र को उनके शोध कार्य के लिए पीएचडी डिग्री हेतु संस्तुति प्रदान की जाती है। उपस्थित सभी ने तालियाँ बजा कर प्रसन्नता व्यक्त की थी। जूरी के सभी सदस्यों ने एक एक कर शिवेंद्र के कार्य, उनके व्यवहार व सभी के साथ सहयोग की भावना की प्रशंसा की थी। उनके पीएचडी डाइरेक्टर प्रोफेसर कोलोबोव ने कहा कि जिस प्रकार नए विषय में इन्होने परिश्रम करके समय के भीतर ही अपना कार्य समाप्त किया वह प्रशंसनीय है। इन्होने यह भी कहा कि शिवेंद्र बहुत ही सोशल थे। इसके पश्चात् शिवेंद्र ने पीएचडी की शपथ पहले अंग्रेजी में और फिर स्वेच्छा से फ्रेंच में भी ली। अब वो अपने नाम के पूर्व डॉक्टर लगाने के लिए अधिकृत हो गए थे। शिवेंद्र ने अपने सुपरवाइजर प्रोफेसर मिखाइल कोलोबोव व डॉक्टर दिमित्री होरोश्को जी को परंपरा के अनुसार गिफ्ट भी दिए थे। प्रोफेसर कोलोबोव जी जाते समय मुझसे स्वयं मिल कर गए थे जैसा कि सामान्यतः उनका स्वभाव नहीं था। डॉक्टर होरोश्को जी बेलारूस के थे और इनका शिवेंद्र की डिग्री प्राप्ति में महत्वपूर्ण योगदान था। वहीं निकट एक अन्य मीटिंग हाल में स्थानीय डिशेज़ की खाने पीने हेतु व्यवस्था की गयी थी। जहाँ वहाँ की परम्परा के अनुसार वाइन व बियर आदि भी थे। सभी जूरी के सदस्यों, अन्य विभाग के लोगों, मित्रों व परिचितों ने वहाँ खाया पिया और आपस में मिले जुले। हम लोगों ने वहाँ की मिठाइयाँ, कोक, जूस आदि लिया था। यह पूरी पार्टी जिसे शिवेंद्र ने आयोजित किया था, सायं छह बजे तक चली थी। फिर हम सभी व शिवेंद्र अपने घर अलिसा की कार से आ गए थे। यह सभी के लिए विशेष हर्ष का दिवस था। शिवेंद्र ने फ्रांस के विश्वविद्यालय से भौतिक शास्त्र में डॉक्टरेट की, यह हमारे परिवार के लोगों के लिए तो गौरव की बात थी ही अपितु भविष्य की पीढ़ी को भी प्रेरणा प्रदान करने वाली उपलब्धि है। हम लोग नौ अप्रैल तक लील में रहे और फिर पेरिस होते हुए अगले दिन स्वदेश लखनऊ आ गए थे। पेरिस तक शिवेंद्र और अलिसा हमें छोड़ने आए थे।

मैं अपने जीवन के कार्यों व उपलब्धियों से पूर्णतः संतुष्ट हूँ। बच्चे उच्च शिक्षा प्राप्त कर विदेश गए और मैं आर्थिक रूप से समृद्ध रहा। आज के युग में सिद्धांतों पर चलते हुए अपनी सर्विस सफलता पूर्वक समाप्त की। मैंने अपने स्वभाव में अध्यात्म को महत्त्व देते हुए अनेको इससे सम्बन्धित ग्रन्थों वा पुस्तकों का अध्ययन किया। गंगोत्री का जल रामेश्वरम ले जाकर शिव जी को अर्पित कर गंगा सागर में पूर्वजों को स्मरण किया। द्वारिका पुरी, बद्रीनाथ, जगन्नाथ पुरी, काशी आदि तीर्थ स्थलों का स्पर्श किया। यथासंभव परिवार जनों को भी सहयोग देने का प्रयास किया। किन्तु जैसे जैसे आयु बढ़ती गयी मुझे अच्छे और बुरे दोनों प्रकार के अनुभव प्राप्त होते गए और अंत में मैंने यह पाया कि ऐसे लोग बहुत ही कम

हैं जिनसे हमें अच्छे अनुभव मिले हों। अधिकांश लोगों से मैंने जब उनके व्यवहार का गहन विश्लेषण किया तो मैं ऐसे नतीजे पर पहुँचा कि उनके अच्छे व्यवहार के पीछे भी कोई न कोई स्वार्थ छुपा होता था। विशेष रूप से यदि वह अपने ही परिवार का कोई सदस्य हो या घनिष्ठ सम्बन्धी हो। अच्छी नीति तो यह होती है कि आप जब भी हो सके दूसरों की सहायता अवश्य करें लेकिन सोच विचार कर और इस अपेक्षा से नहीं कि वह आपको आवश्यकता पर वैसा ही सहयोग देगा। ठीक यही बात अपने प्रोफेशन में भी आपको प्रयोग में लानी चाहिए। आप अथक परिश्रम करें, ईमानदारी और सिद्धांतों पर चलें, नैतिकता कभी न छोड़ें किन्तु दूसरे से भी इसी प्रकार के स्वभाव को धारण करने के विषय में आशा बिलकुल ही न करें। न उसको अपनी भाँति कार्य करने को बाध्य करें और न ही उसकी अनुपस्थिति में उसकी आलोचना करें। यही नीति मैंने अपनी सर्विस में अपनायी थी। दूसरों को अपने अनुसार चलने में मैं बाधक कभी नहीं बना। जब लम्बे समय में लोग आपके स्वभाव और कार्य प्रणाली को जान जाते हैं तो वो स्वयं जैसे भी हों आपका या तो सम्मान करने लग जाते हैं या आपके मार्ग में ही नहीं आते। आप सभी से सहज ढंग से बात करने की स्थिति में होते हैं। यह भी आवश्यक है कि सर्विस में आप अपने अहंकार को पद के समक्ष वरीयता न दें। जो हमसे वरिष्ठ पद पर हैं वो पद सम्माननीय है और उस स्थान पर जो भी हो, चाहे उसमे कितनी भी कमियाँ हों उसका आदर ही अपना कर्तव्य बनता है।

मैंने अपने बच्चों में ये ही गुण विकसित करने का प्रयास किया है और वो पर्याप्त परिश्रमी, ईमानदार और वरिष्ठ लोगों का सम्मान करने की प्रकृति के हैं। मैं ऐसा विश्वास करता हूँ कि ये दोनो भविष्य में अपने निर्णय बुद्धिमत्ता पूर्वक लेने में सक्षम होंगे। मैं ईश्वर की प्रेरणा से ही अपने गाँव या परिवार से लिप्त नहीं हुआ अन्यथा हम लोगों की भी सोच उन्ही लोगों की भांति संकुचित बनी रहती और हम सभी वह हासिल न कर पाते जो किए। गृहस्थ आश्रम में रहने वाले व्यक्ति के जीवन की सफलता का आकलन कैसे किया जाए इस पर भिन्न भिन्न लोगों की भिन्न भिन्न राय हो सकती है। लेकिन मैं तो यह समझता हूँ कि यदि किसी गृहस्थ का जीवन सत्य का पालन करते हुए बिना किसी शारीरिक या मानसिक कष्ट के व्यतीत हो जाता है और वह अपने बच्चों को सही संस्कार देकर अपने से बेहतर शिक्षा प्रदान कर आत्मनिर्भर बना देता है तो वह उसके जीवन की सामान्य स्तर की सफलता है। माता-पिता, भाई बंधुओं, सम्बन्धियों और समाज को सहयोग प्रदान करना यह अन्य विभिन्न बातों और परिस्थितियों पर निर्भर करता है और यदि आप ये कार्य भी साथ में करने में सफल हैं तो यह उच्च स्तर की सफलता मानी जानी चाहिए।

श्रीमद्भगवद्गीता के अनुसार व्यक्ति माया के वशीभूत होकर यंत्रवत गतिशील रहता है। जो कुछ भी घटित होता है वह ईश्वर की प्रेरणा से होता है, हम स्वयं को कर्त्ता मूर्खता और अज्ञान के कारण समझते हैं। इसी वजह से हम अपने भविष्य की योजना तो बना सकते हैं

किन्तु उसके मूर्त रूप लेने के विषय में आश्वस्त नहीं हो सकते।

शेष विश्व से अलग एक द्वीप जैसे गाँव में मेरा जन्म हुआ था जहाँ से शहर आना जाना अत्यंत ही कठिन था। वर्षा ऋतु में तो यह असंभव ही हो जाता था। लोगों के कन्धों पर डोली पर बैठ ही संभव हो पाता था। घोड़ा, बैलगाड़ी अथवा पैदल ही चार कोस अर्थात लगभग तेरह किलोमीटर जंगलों और खेतों के मध्य से होते हुए फैज़ाबाद से आमघाट मार्ग तक पहुँचना होता था। यह आमघाट गोमती नदी के इस किनारे पर था और नदी पर पुल न होने के कारण जो एक्का दुक्का बसें चलती थीं, वहीं तक जाती थीं और उनके लौटने की प्रतीक्षा कभी कभी घंटों करनी पड़ जाती थी। यदि किसी के पास बाइसिकिल हुई तो सूखे मौसम में उसका सहारा मिल जाता था। जंगल में भैंसे, सांड़ और भेड़ियों का भी भय बना रहता था। मेरा गाँव जनपद के सबसे पिछड़े क्षेत्र में स्थित माना जाता था। बताते हैं जब मैं कुछ माह का हुआ तो माता जी मेरे सहित फैज़ाबाद आ गयी थीं क्योंकि पिता जी यहीं सर्विस कर रहे थे और उनके छोटे भाई लोग अपनी पढ़ाई। दालमंडी के उस मकान में मैंने अपने जीवन के लगभग तीस वर्ष व्यतीत किए थे। यह मकान किसी भी दृष्टि से परिवार सहित रहने के लिए उपयुक्त नहीं था। छत टिन की थी और फर्श पर मात्र ईंटें लगी थीं। एक पतली सी नाली थी जिससे पानी निकलने में कठिनाई होती थी। उस समय का शौचालय था जो आज के आधुनिक युग में उपयोग योग्य ही नहीं कहा जा सकता है। इसी घर में मैं घुटनों के बल चला और चींटों चीटियों के साथ खेला और उनके द्वारा काटा भी गया। बहुत ही नज़दीक से पौधों, पत्तियों और फूलों की विशिष्ट गतिविधियों का निरीक्षण किया। धीरे धीरे मैं बड़ा होता गया और फिर एमएससी के लिए यह स्थान जब छूटा तो फिर स्थायी तौर पर यहाँ निवास का समय कभी नहीं आया। विभिन्न स्थानों पर शिक्षा ग्रहण कर जब मैं सुलतानपुर आया तो पूरी सर्विस वहीं व्यतीत कर अवकाश प्राप्त कर अंत में निवास करने सपरिवार लखनऊ आ गया। यदि मैं अपने अतीत पर दृष्टि डालूँ तो ईश्वर की कृपा से मेरा अब तक का जीवन पारिवारिक दायित्वों का निर्वाह और यथोचित पुरुषार्थ करते हुए सुख समृद्धि के साथ सफलता पूर्वक व्यतीत हुआ है जिसके लिए मैं ईश्वर को बारम्बार साभार हृदय से नमन करता हूँ।

www.ingramcontent.com/pod-product-compliance
Lightning Source LLC
LaVergne TN
LVHW040414051026
849517LV00002B/307
* 9 7 9 8 8 9 7 4 4 0 7 1 9 *